महानिर्वाणतन्त्रम्

(मूल तान्त्रिक ग्रन्थ)

MAHĀNIRVĀNA TANTRA

(TĀNTRIK TEXTS)

with the

COMMENTARY OF HARIHARANANDA BHARATI

Edited by

ARTHUR AVALON

VOL. XIII

SINCE 1901

MOTILAL BANARSIDASS

PUBLISHING HOUSE

महानिर्वाणतन्त्रम्

(मूल तान्त्रिक ग्रन्थ)

कुलावधूत हरिहरानन्द भारती विरचितया

टीकया समेतम्

आर्थार एवेलनेन सम्पादितम्

SINCE 1901

मोतीलाल बनारसीदास

पब्लिशिंग हाउस

*4thReprint: Delhi, **2026***
First Edition: Madras, 1929

Also available at:
MOTILAL BANARSIDASS PUBLISHING HOUSE

- 4637/20, F-2, Hari Sadan, First Floor, Ansari Road, Darya Ganj Delhi–110 002 *Tel.*: (+91-11) 4559 7999
- 1st Floor, 1/2 Rathnavilas Road, Basvanagudi, Next to Pai Vista Convention Hall, South End Circle, Bengaluru–560004 (India) *Tel.*: +91-80-41275911

ISBN: 978-93-5903-159-0 (Hardcover)
ISBN: 978-93-5903-179-8 (Peperback)

Printed & Published by
Rajendra P Jain *for*
Motilal Banarsidass Publishing House
A-44, Naraina Industrial Area, Phase I, New Delhi–110 028 (INDIA)
Email: naraina@mlbd.in Website: www.mlbd.in
Tel.: (+91-11) 4751 1592

INTRODUCTION

According to the Mahāsiddhasāra Tantra the Mahānirvāna belongs to the Rathakrāntā which according to the Shaktimangala Tantra is the country north of the Vindhya Hills up to and including China.

As to the suggestion that this Tantra is a modern one, written with the object of pushing the Reformist views of the celebrated Raja Rammohan Roy and his Guru Hariharānanda Bhāratī, the reader is referred to the Chapter on the "Religion of the Shāktas" which is to be found in the third edition of "Shakti and Shākta". The Raja based the teachings of his Brāhma Dharma on the first three chapters of this Tantra. He was himself initiated by Hariharānanda after Purashcharana. He never discarded his *Upavīta* which was found on his person when he died at Bristol in England. It is also well known that when he went to England he took with him all his personal servants. He had a Shaiva wife and his son by this wife also accompanied him to England. It has been to some a riddle how it was that the Raja based himself on a Tantra if this class of scripture is always as worthless as what it has been generally supposed to be. To meet this difficulty it has been suggested that the Mahānirvāna was a fabrication in whole or in part of Hariharānanda or that it has been tampered with by him with a view to check the abuses which were then current among Shākta Sādhakas. As against this view there are some arguments which have been set out in the Chapter above cited of "Shakti and Shākta".

The fourteen chapters published in this volume being the first part of the Mahānirvāna (the second portion of which has not yet been obtained), was first published by the Ādibrāhma Samāja in the Shaka era 1798 (A.D. 1876) under the editorship of Ānanda Chandra Vedāntavāgīsha. The Tantra has been the subject of commentary by Hariharānanda. The manuscript of the commentary which is with the editor, is almost entirely in the Raja's handwriting. In the beginning of each chapter of the Commentary the Raja writes *Om namo Brahmane* and in the beginning of the Commentary to the 9th Chapter there is in addition to the above the following invocation "*Shrī-Shrī-nātha-pādāmbhoje niyatam matirastu me*", which shows that the Raja who willed that his mind should ever rest on the lotus feet of the holy Guru maintained his faith in the continuance of the traditional spiritual heritage (*Guru-pāramparya-krama*) which necessarily implies an attachment to a particular Sampradāya. The Samāja published both the texts and this commentary.

The text was next published in the Bengali era 1293 (A.D. 1886) by Krishna Gopāla Bhakta with Jaganmohana Tarkālangkāra as editor. This edition contained besides Bhāratī's commentary an accurate Bengali translation as also copious explanatory notes by Tarkālangkāra. Bhakta's edition is apparently indebted to the Brāhma Samāja publication for both the text and commentary. Jīvānanda Vidyāsāgara also published the text and commentary in Devanāgara character. Shyāmā Charana Kaviratna brought out an edition of the book in the Bengali year 1313

(A.D. 1906) in which he gave the text as also a translation in Bengali. This popular Tantra has also been published with Bengali translations by the proprietors of the Bengali Papers 'Basumatī' and 'Bangavāsī'. R. M. Chattopādhyāya has also published the text. The text has also been issued by the Venkateshvara Press of Bombay with a Hindi translation. A noteworthy, though incomplete, edition (for it ends with the 158th verse of the 6th chapter) was published by Shrī Shāktānanda Sarasvatī of the Dandī Sabhā of Benares who began the publication of this book in the year 1293 (A.D. 1886) with an Ādhyātmika Vyākhyā by one Shankarāchārya as also a Bengali translation. The latter commentator gives an esoteric interpretation criticising both Hariharānanda and Tarkālangkāra.

The present text is based on that of Bhakta and of the Raja.

A. A.

Oxford, 21st September, 1928.

श्रीश्रीशिवायनमः

महानिर्वाणतन्त्रस्य सूचीपत्रम्

प्रथमोल्लासे

द्वितीयोल्लासे

तृतीयोल्लासे

चतुर्थोल्लासे

पञ्चमोल्लासे

षष्ठोल्लासे

पृष्ठाङ्क

अष्टमोल्लासे

नवमोल्लासे

दशमोल्लासे

एकादशोल्लासे

द्वादशोल्लासे

त्रयोदशोल्लासे

D

पृष्ठाङ्क

चतुर्दशोल्लासे

पृष्ठाङ्क

सूचीपत्रं समाप्तम् ।

महानिर्वाणतन्त्रम्

प्रथमोल्लासः

गिरीन्द्रशिखरे रम्ये नानारत्नोपशोभिते ।
नानावृक्षलताकीर्णे नानापक्षिरवैर्युते ॥ १ ॥

ओं नमो ब्रह्मणे ।
ओं अहं ब्रह्मास्मि ब्रह्मैवाहमस्मि ।

कृत्वा षडाम्नायममेयशक्तिः सदाशिवः प्रेरित आदिशक्त्या ।
जगाद सेतुं कुलवारिराशेर्निर्वाणतन्त्रं महता समस्तम् ॥

स्मारं स्मारं परंब्रह्म नामं नामं गुरोः पदम् ।
निरपेक्षं वचः शम्भोर्विवृणोमि यथामति ॥

वेदादिबोधितसमस्तपुण्यकर्म्मोच्छेदकातिनिन्दितानन्तपापकर्मप्रवर्त्तककलियुगागमने सति परमात्मचिन्तनाद्यननुरक्तानां नानाविधपापकर्म्मप्रसक्तानां नराणां कथं निस्तारो भविष्यतीति सञ्चिन्तयन्ती पार्वती कैलासशिखरे तिष्ठन्तं कारुण्यवन्तं सदाशिवं प्रति तेषां निस्तारोपायमप्राक्षीदेतत्तदेवाह—गिरीन्द्र-

सर्वर्त्तुकुसुमामोदमोदिते सुमनोहरे ।
शैत्यसौगन्ध्यमान्द्याढ्यमरुद्भिरुपवीजिते ॥ २ ॥
अप्सरोगणसङ्गीतकलध्वनिनिनादिते ।
स्थिरच्छायद्रुमच्छायाच्छादिते स्निग्धमञ्जुले ॥ ३ ॥
मत्तकोकिलसन्दोहसङ्घुष्टविपिनान्तरे ।
सर्वदा स्वगणैः सार्द्धमृतुराजनिषेविते ॥ ४ ॥

शिखर इत्यादिभिः । तत्र तस्मिन् गिरीन्द्रशिखरे पर्वताधिराजस्य कैलासस्य शृङ्गे स्थितं मौनधरं मौनिनं शिवं वीक्ष्य विलोक्य लोकानां हितकाम्यया जनानां हितेच्छया पार्वती देवी विनयावनता सती शिवमब्रवीदित्येकादशश्लोकस्थितैः पदैरन्वयः । मौनधरमित्यनेन कथानवसरो दर्शितः । रम्ये इत्यादीनि सप्तम्यन्तानि त्रयोदशपदानि गिरीन्द्रशिखरे इत्यस्य विशेषणानि । चराचरजगद्गुरुमित्यादीनि द्वितीयान्तानि पदानि तु शिवमित्यस्येति बोद्धव्यम् । रम्यते क्रीड्यते सिद्धचारणादिभिर्यत्र तद्रम्यं तस्मिन् । पोरदुपधादित्यधिकरणे यत् । नानारत्नोपशोभिते अनेकैः पद्मरागमरकतादिभी रत्नैर्विराजिते । नानावृक्षलताकीर्णे अनेकैर्वृक्षैरनेकाभिर्लताभिश्च व्याप्ते । नानापक्षिरवैर्युते नानाविधानां पक्षिणां शब्दैर्युक्ते ॥ १ ॥

सर्वर्त्तुकुसुमामोदमोदिते सकलवसन्ताद्यृतुसम्बन्धिपुष्पसम्बन्धिभिरतिमनोहारिभिर्गन्धैः सुरभीकृते अतएव सुमनोहरे अतिमनोहारके शैत्येन सौगन्ध्येन मान्द्येन चाढ्यैः युक्तैः मरुद्भिर्वायुभिरुपवीजिते ॥ २ ॥

अप्सरोगणेत्यादि । अप्सरसां गणैः समूहैः सङ्गीतो यः कलध्वनिर्गम्भीरः शब्दस्तेन निनादिते शब्दिते । स्थिरा अचञ्चला छाया येषां द्रुमाणां तेषां छायाभिश्छादिते छन्ने । स्निग्धं चिक्कणञ्च तन्मञ्जुलं सुन्दरञ्चेति स्निग्धमञ्जुलं तस्मिन् ॥

मत्तेत्यादि । मत्तानां कोकिलानां सन्दोहेन समूहेन सङ्घुष्टं संशब्दितं विपिनान्तरं वनमध्यं यस्मिन् तस्मिन् । सर्वदा सर्वस्मिन् काले स्वगणैर्भ्रमरादिभिः सार्द्धमृतुराजेन वसन्तेन निषेविते ॥ ४ ॥

सिद्धचारणगन्धर्वैर्गाणपत्यगणैर्वृते ।
तत्र मौनधरं देवं चराचरजगद्गुरुम् ॥ ५ ॥
सदाशिवं सदानन्दं करुणामृतसागरम् ।
कर्पूरकुन्दधवलं शुद्धसत्त्वमयं विभुम् ॥ ६ ॥
दिगम्बरं दीननाथं योगीन्द्रं योगिवल्लभम् ।
गङ्गाशीकरसंसिक्तजटामण्डलमण्डितम् ॥ ७ ॥
विभूतिभूषितं शान्तं व्यालमालं कपालिनम् ।
त्रिलोचनं त्रिलोकेशं त्रिशूलवरधारिणम् ॥ ८ ॥

सिद्धेत्यादि । देवयोनिभिः सिद्धैः चारणैर्गन्धर्वैः गाणपत्यगणैर्गणपतिस्वामिकैर्गणैश्च । वृते रुद्धे । देवं दीप्तिमन्तं । चराचरजगद्गुरुं चराणां जङ्गमानामचराणां स्थावराणाञ्च जगतां पितरम् ॥ ५ ॥

सदेत्यादि । सदा सर्वदा शिवं कल्याणं यस्य यस्माद्वा तं । सदा आनन्दः सत् सर्वदास्थायी वा आनन्दो यस्य तं । सतः साधून् वा आनन्दयति यः तं । करुणामृतसागरं दयारूपस्य पीयूषस्य समुद्रं । कर्पूरकुन्दधवलं कर्पूरकुन्दवत् शुभ्रं । शुद्धसत्त्वमयं विमलसत्त्वगुणप्रधानं । विभुं व्यापकम् ॥६॥

दिगित्यादि । दिगेवाम्बरं वस्त्रं यस्य तं वस्त्ररहितमित्यर्थः । दीननाथं दरिद्राणां जनानां भर्त्तारं । योगीन्द्रं योगः परमात्मचिन्तनं तद्वत्सु श्रेष्ठं । योगिवल्लभं योगिनान्दयितं । योगिनो वल्लभाः प्रिया यस्येति वा तं । गङ्गायाः शीकरैरितस्ततो विक्षिप्तैरम्बुकणैः संसिक्तेन जटामण्डलेन जटासमूहेन मण्डितम्॥७॥

विभूतीत्यादि । विभूतिभूषितं भस्मभिरलङ्कृतं । शान्तं संयतान्तःकरणं । व्यालाः सर्पा एव माला यस्य तं । कपालिनं नृकपालशालिनं । लोच्यते दृश्यते यैस्तानि लोचनानि नेत्राणि तानि त्रीणि यस्य तं । त्रिलोकेशं त्रयाणां लोकानामधिष्ठातारं । त्रिशूलवरधारिणं त्रिशूलेषु वरं त्रिशूलञ्च वरञ्च वा धर्त्तुं शीलं यस्येति त्रिशूलवरधारी तम् ॥ ८ ॥

आशुतोषं ज्ञानमयं कैवल्यफलदायकम् ।
निर्विकल्पं निरातङ्कं निर्विशेषं निरञ्जनम् ॥ ९ ॥
सर्व्वेषां हितकर्त्तारं देवदेवं निरामयम् ।
प्रसन्नवदनं वीक्ष्य लोकानां हितकाम्यया ।
विनयावनता देवी पार्वती शिवमब्रवीत् ॥ १० ॥

श्रीपार्वत्युवाच ।

देवदेव जगन्नाथ मन्नाथ करुणानिधे ।
त्वदधीनाऽस्मि देवेश तवाऽऽज्ञाकारिणी सदा ॥ ११ ॥
विनाऽऽज्ञया मया किञ्चिद्भाषितुं नैव शक्यते ।
कृपालेशो मयि चेत् स्नेहोऽस्ति यदि मां प्रति ।
तदा निवेद्यते किञ्चिन्मनसा यद्विचारितम् ॥ १२ ॥

आश्वित्यादि । आशु शीघ्रं तोषस्तुष्टिर्यस्य तम् । ज्ञानमयं ज्ञानं तत्त्वतः समस्तपदार्थावबोधस्तदात्मकम् । कैवल्यफलदायकं निर्वाणरूपस्य फलस्य दातारम् । निर्विकल्पं निर्गतो विकल्पो विविधा कल्पना यस्मात् तम् । निरातङ्कं निर्गतः आतङ्कः तापशङ्का यस्मात् तम् । निर्विशेषं नानाविधभेदरहितम् । निरञ्जनं अविदुषामप्रत्यक्षम् ॥ ९ ॥

सर्वेषामित्यादि । निरामयं निर्गत आमयो व्याधिर्यस्मात्तम् ॥ १० ॥

पार्वती शिवं प्रति किमब्रवीदित्यपेक्षायामाह—श्रीपार्वत्युवाच । देवदेवेत्यादि । हे देवेश देवानामिन्द्रादीनामपि नियन्तः यतोऽहं त्वदधीना तव वशीभूता सदा सर्वस्मिन् काले तवाऽऽज्ञाकारिणी चाऽस्मि । अतस्तवाज्ञया विना किञ्चिदपि भाषितुं कथयितुं नैव मया शक्यते ॥ ११ ॥ १२ ॥

त्वदन्यः संशयस्याऽस्य कस्त्रिलोक्यां महेश्वर ।
छेत्ता भवितुमर्हो वा सर्वज्ञः सर्वशास्त्रवित् ॥ १३ ॥

श्रीसदाशिव उवाच ।

किमुच्यते महाप्राज्ञे कथ्यतां प्राणवल्लभे ।
यदकथ्यं गणेशेऽपि स्कन्दे सेनापतावपि ॥ १४ ॥
तवाग्रे कथयिष्यामि सुगोप्यमपि यद्भवेत् ।
किमस्ति त्रिषु लोकेषु गोपनीयं तवाग्रतः ॥ १५ ॥
मम रूपाऽसि देवि त्वं न भेदोऽस्ति त्वया मम ।
सर्वज्ञा किं न जानासि त्वनभिज्ञेव पृच्छसि ॥ १६ ॥
इति देववचः श्रुत्वा पार्वती हृष्टमानसा ।
विनयावनता साध्वी परिपप्रच्छ शङ्करम् ॥ १७ ॥

त्वदन्य इति । त्वत्तोऽन्यस्त्वदन्य इति पञ्चमीतत्पुरुषः । त्वदिति पञ्चम्यन्तं भिन्नं वा पदम् ॥ १३ ॥

पार्वत्या प्रष्टव्यमर्थमभिजिज्ञासुः श्रीसदाशिव उवाच । किमुच्यते इत्यादि । गणेशेऽपि स्कन्दे कार्त्तिकेये सेनापतावपीति व्याहरता भगवता महादेवेन तयोर्महावीरत्वेन मदतिप्रियत्वादतिगुह्यस्याप्यर्थस्य बलात्कारेणाप्यभिधायने योग्यत्वमस्तीति सूचितम् ॥ १४ ॥

तवाग्रे इति । तवाग्रतस्त्वदग्रे गोपनीयं त्रिष्वपि लोकेषु किं वस्त्वस्ति अपितु न किञ्चिदित्यर्थः । अग्रे इत्यग्रतः आद्यादिभ्य उपसंख्यानमिति सप्तम्यन्तात् स्वार्थे तसिः ॥ १५ ॥

मम रूपेत्यादि । रूप्यते रूपक्रिया विशिष्टा विधीयते इति रूपा । कर्मण्यच् । मम रूपा मद्रूपशालिनीत्यर्थः । मत्स्वरूपेति पाठे तु मया सह समानमेकं रूपं यस्याः सा । अनभिज्ञेव अविदुषी इव ॥ १६ ॥ १७ ॥

श्रीआद्योवाच ।

भगवन् सर्वभूतेश सर्वधर्मविदां वर ।
कृपावता भगवता ब्रह्मान्तर्यामिना पुरा ॥ १८ ॥
प्रकाशिताश्चतुर्वेदाः सर्वधर्मोपवृंहिताः ।
वर्णाश्रमादिनियमा यत्र चैव प्रतिष्ठिताः ॥ १९ ॥
तदुक्तयोगयज्ञाद्यैः कर्मभिर्भुवि मानवाः ।
देवान् पितॄन् प्रीणयन्तः पुण्यशीलाः कृते युगे ॥ २० ॥
स्वाध्यायध्यानतपसा दयादानैर्जितेन्द्रियाः ।
महाबला महावीर्य्या महासत्त्वपराक्रमाः ॥ २१ ॥

पार्वती शङ्करं किं परिपप्रच्छेत्याकाङ्क्षायामाह श्रीआद्योवाच भगवन्नित्यादि । हे भगवन् ऐश्वर्य्यादिशालिन् । सर्वभूतेश सर्वेषां भूतानां नियन्तः । यथा श्रुतिस्मृतिसंहिताद्युपदेशेन सत्यत्रेतादौ भवता लोका निस्तारिता एवं दुष्टकर्मप्रवर्त्तके पापिनि कलावपि केनाप्युपायेन दयावता भवतैव मनुष्या उद्धर्त्तव्या इत्याशयेनाह—कृपावतेत्यादि ॥ १८ ॥

प्रकाशिता इत्यादि । सर्वे धर्मा उपवृंहिता वर्द्धिता येषु ते ॥ १९ ॥

तदुक्तेत्यादि । कृते युगे सत्ययुगे । भुवि पृथिव्याम् । पुण्यशीला मानवाः तदुक्तयोगयज्ञाद्यैर्वेदभाषितैर्निस्तारोपायभूतैर्यज्ञादिभिः कर्मभिर्देवान् पितॄंश्च प्रीणयन्तस्तर्पयन्त आसन्निति पञ्चमश्लोकस्थितेन पदेनान्वयः ॥ २० ॥

स्वाध्यायेत्यादि । स्वाध्यायो वेदाध्ययनं ध्यानं परमात्मचिन्तनं तपः कृच्छ्रचान्द्रायणादि दया निष्कारणपरदुःखनाशेच्छा दानं न्यायार्जितस्य धनादेः पात्रेऽर्पणं तैः सर्वैर्विशिष्टा मानवा आसन् । जितेन्द्रिया इत्यादीनां सर्वेषां जसन्तानां पदानामासन्नित्यत्रान्वयो विधातव्यः । जितेन्द्रिया वशीकृतचक्षुरादयः ।

देवायतनगा मर्त्त्या देवकल्पा दृढव्रताः ।
सत्यधर्मपराः सर्वे साधवः सत्यवादिनः ॥ २२ ॥
राजानः सत्यसङ्कल्पाः प्रजापालनतत्पराः ।
मातृवत् परयोषित्सु पुत्रवत् परसूनुषु ॥ २३ ॥
लोष्टवत् परवित्तेषु पश्यन्तो मानवास्तदा ।
आसन् स्वधर्मनिरताः सदा सन्मार्गवर्त्तिनः ॥ २४ ॥
न मिथ्याभाषिणः केचित् न प्रमादरताः क्वचित् ।
न चौरा न परद्रोहकारका न दुराशयाः ॥ २५ ॥
न मत्सरा नातिरुष्टा नातिलुब्धा न कामुकाः ।
सदन्तःकरणाः सर्वे सर्वदाऽऽनन्दमानसाः ॥ २६ ॥

महाबला महासामर्थ्याः । स्थौल्यसामर्थ्यसैन्येषु बलमित्यमरः । महावीर्य्या महाप्रभावाः महातेजसो वा । वीर्य्यं प्रभावे शुक्रे च तेजःसामर्थ्ययोरपीति मेदिनी । महान्तौ सत्त्वपराक्रमौ व्यवसायशौर्य्ये येषान्ते महासत्त्वपराक्रमाः ॥२१॥

देवायतनेत्यादि । देवायतनगा देवतामन्दिरगामिनः । मर्त्त्या मरणशीला अपि देवकल्पा ईषदूना देवाः देवतुल्या इत्यर्थः। दृढं व्रतं नियमो येषान्ते। साधवः स्वस्वधर्मवर्त्तिनः । सत्यवादिनः सत्यं यथार्थाभिधानं तस्य वक्तारः ॥ २२ ॥

राजान इत्यादि । सत्यः सङ्कल्पो मानसं कर्म येषान्ते । परयोषित्सु परस्त्रीषु परसूनुषु अन्यपुत्रेषु ॥ २३ ॥ २४ ॥

नेत्यादि । न प्रमादरताः सावधाना इत्यर्थः । न दुराशया न दुष्टाभिप्रायाः ॥ २५ ॥

नेत्यादि । न मत्सरा नान्यशुभद्वेषिणः । नातिरुष्टा न बहुक्रोधशालिनः । सर्वदा आनन्दो यत्र एवम्भूतं मानसं हृदयं येषान्ते ॥ २६ ॥

भूमयः सर्वशस्याढ्याः पर्ज्जन्याः कालवर्षिणः ।
गावोऽपि दुग्धसम्पन्नाः पादपाः फलशालिनः ॥ २७ ॥
नाऽकालमृत्युस्तत्रासीत् न दुर्भिक्षं न वा रुजः ।
हृष्टाः पुष्टाः सदारोग्यास्तेजोरूपगुणान्विताः ।
स्त्रियो न व्यभिचारिण्यः पतिभक्तिपरायणाः ॥ २८ ॥
ब्राह्मणाः क्षत्रिया वैश्याः शूद्राः स्वाचारवर्तिनः ।
स्वैः स्वैर्धर्मैर्यजन्तस्ते निस्तारपदवीं गताः ॥ २९ ॥
कृते व्यतीते त्रेतायां दृष्ट्वा धर्मव्यतिक्रमम् ।
वेदोक्तकर्मभिर्मर्त्त्या न शक्ताः स्वेष्टसाधने ॥ ३० ॥
बहुक्लेशकरं कर्म्म वैदिकं भूरिसाधनम् ।
कर्तुं न योग्या मनुजाश्चिन्ताव्याकुलमानसाः ॥ ३१ ॥
त्यक्तुं कर्तुं न चार्हन्ति सदा कातरचेतसः ।
वेदार्थयुक्तशास्त्राणि स्मृतिरूपाणि भूतले ॥ ३२ ॥
तदा त्वं प्रकटीकृत्य तपः स्वाध्यायदुर्बलान् ।
लोकानतारयः पापात् दुःखशोकामयप्रदात् ॥ ३३ ॥

भूमय इति । पर्ज्जन्या मेघाः ॥ २७ ॥

नेत्यादि । तत्र कृतयुगे । रुजो रोगाः । सदा आरोग्यं येषान्ते । तेजोरूपगुणान्विताः तेजसा रूपेण अन्यैश्च गुणैर्युक्ताः ॥ २८ ॥

ब्राह्मणा इत्यादि । यजन्तः परमेश्वरमर्च्चयन्तः ॥ २९ ॥

कृते इत्यादि । कृते सत्ययुगे व्यतीते विगते सति त्रेतायां चायातायां सत्यां यदा वेदोक्तकर्मभिर्मर्त्त्या मनुष्याः स्वेष्टसाधने आत्मनोऽभीष्टसम्पादने शक्ताः समर्था न बभूवुः । यदा च भूरीणि बहूनि साधनानि यस्य तद् भूरि-

त्वां विना कोऽस्ति जीवानां घोरसंसारसागरे ।
भर्त्ता पाता समुद्धर्त्ता पितृवत् प्रियकृत् प्रभुः ॥ ३४ ॥
ततोऽपि द्वापरे प्राप्ते स्मृत्युक्तसुकृतोज्झिते ।
धर्मार्द्धलोपे मनुजे आधिव्याधिसमाकुले ।
संहिताद्युपदेशेन त्वयैवोद्धारिता नराः ॥ ३५ ॥
आयाते पापिनि कलौ सर्वधर्मविलोपिनि ।
दुराचारे दुष्प्रपञ्चे दुष्टकर्मप्रवर्त्तके ॥ ३६ ॥

साधनम् । अतएव बहुक्लेशकरं बहूनां क्लेशानां जनकम् । अथवा बहुभिः क्लेशैः क्रियते निष्पाद्यते यत्तद् बहुक्लेशकरम् । बाहुलकात् कर्म्मण्यच् । अतएवेदृशं वैदिकं कर्म्म कर्त्तुं चिन्ताव्याकुलमानसा मनुजा मनुष्या योग्या न बभूवुः । यदा च सदा कातरचेतसः सर्वदा अधीरस्वान्ता मनुजा वैदिककर्मत्यागे नानादोषश्रवणात् तत् कर्म्म त्यक्तुं बहुक्लेशसाध्यत्वात् कर्त्तुञ्च नार्हन्ति स्म तदा धर्म्मव्यतिक्रमं धर्म्मोल्लङ्घनं धर्म्मविपर्य्ययं वा दृष्ट्वा स्मृतिरूपाणि वेदार्थयुक्तशास्त्राणि भूतले प्रकटीकृत्य तपःस्वाध्यायदुर्बलान् लोकान् जनान् पापात् त्वमतारयः तारितवानित्यन्वयः ॥ ३०—३३ ॥

त्वामिति । यतस्त्वमेवम्भूतोऽतस्त्वां विनेत्येवं योजनीयम् । घोरसंसारसागरे भयानकसंसारसमुद्रे । प्रभुर्जगत्पतिः ॥ ३४ ॥

तत इत्यादि । स्मृत्युक्तसुकृतोज्झिते स्मृतिभिरुक्तानि यानि सुकृतानि पुण्यानि तैरुज्झिते त्यक्ते । धर्मार्द्धलोपे धर्मस्यार्द्धं लुम्पतीति धर्मार्द्धलोपस्तस्मिन् । स्मृत्युक्तसुकृतोज्झिते इति धर्मार्द्धलोपे इति च द्वापरे इत्यस्य विशेषणं मनुजे इत्यस्य वेति बोध्यम् । आधिर्मानसी व्यथा ॥ ३५ ॥

आयाते इत्यादि । दुराचारे दुष्ट आचारो यत्र तस्मिन् ॥ ३६ ॥

न वेदाः प्रभवस्तत्र स्मृतीनां स्मरणं कुतः ।
नानेतिहासयुक्तानां नानामार्गप्रदर्शिनाम् ॥ ३७ ॥
बहुलानां पुराणानां विनाशो भविता विभो ।
तदा लोका भविष्यन्ति धर्मकर्मबहिर्मुखाः ॥ ३८ ॥
उच्छृङ्खला मदोन्मत्ताः पापकर्मरताः सदा ।
कामुका लोलुपाः क्रूरा निष्ठुरा दुर्मुखाः शठाः ॥ ३९ ॥
स्वल्पायुर्मन्दमतयो रोगशोकसमाकुलाः ।
निःश्रीका निर्बला नीचा नीचाचारपरायणाः ॥ ४० ॥
नीचसंसर्गनिरताः परवित्तापहारकाः ।
परनिन्दापरद्रोहपरिवादपराः खलाः ॥ ४१ ॥
परस्त्रीहरणे पापशङ्काभयविवर्जिताः ।
निर्धना मलिना दीना दरिद्राश्चिररोगिणः ॥ ४२ ॥
विप्राः शूद्रसमाचाराः सन्ध्यावन्दनवर्जिताः ।
अयाज्ययाजका लुब्धा दुर्वृत्ताः पापकारिणः ॥ ४३ ॥

नेत्यादि । प्रभवः समर्थाः ॥ ३७ ॥ ३८ ॥

उच्छृङ्खला इत्यादि । उद्गतं शृङ्खलं वेदादिरूपनिगडो येषां ते उच्छृङ्खला बन्धनरहिता इत्यर्थः । लोलुपाः अतिलुब्धाः । क्रूराः निर्दयाः । निष्ठुराः परुषवादिनः । दुर्मुखाः अबद्धमुखाः । शठाः अनृजवः ॥ ३९ ॥

स्वल्पेत्यादि । स्वल्पायुषश्च ते मन्दमतयश्चेति कर्मधारयः ॥ ४० ॥

नीचेति । खला दुर्जनाः ॥ ४१ ॥

परस्त्रीत्यादि । परस्त्रीहरणे पापशङ्काभयविवर्जिताः परस्त्रीहरणनिमित्तकपापे उद्वेगसाध्वसरहिताः । मलिनाः मलदूषिताः । दीनाः खेदवन्तः । दरिद्राः दुर्गतिमन्तः ॥ ४२ ॥ ४३ ॥

असत्यभाषिणो मूर्खा दाम्भिका दुष्प्रपञ्चकाः ।
कन्याविक्रयिणो व्रात्यास्तपोव्रतपराङ्मुखाः ॥ ४४ ॥
लोकप्रतारणार्थाय जपपूजापरायणाः ।
पाषण्डाः पण्डितम्मन्याः श्रद्धाभक्तिविवर्जिताः ॥ ४५ ॥
कदाहाराः कदाचारा भृतकाः शूद्रसेवकाः ।
शूद्रान्नभोजिनः क्रूरा वृषलीरतिकामुकाः ॥ ४६ ॥
दास्यन्ति धनलोभेन स्वदारान्नीचजातिषु ।
ब्राह्मण्यचिह्नमेतावत् केवलं सूत्रधारणम् ॥ ४७ ॥
नैव पानादिनियमो भक्ष्याभक्ष्यविवेचनम् ।
धर्म्मशास्त्रे सदा निन्दा साधुद्रोही निरन्तरम् ॥ ४८ ॥
सत्कथालापमात्रञ्च न तेषां मनसि क्वचित् ।
त्वया कृतानि तन्त्राणि जीवोद्धारणहेतवे ॥ ४९ ॥

असत्येत्यादि । दाम्भिकाः दम्भो धर्मध्वजित्वं तद्वन्तः । व्रात्याः षोडशवर्षपर्य्यन्तमप्यसंस्कृता भ्रष्टगायत्रीका विप्रा भविष्यन्तीति पूर्वेणान्वयः ॥ ४४ ॥

लोकेत्यादि । पाषण्डाः वेदवाह्यरक्तपटमौञ्ज्यादिव्रतचर्य्याशालिनः । श्रद्धाभक्तिविवर्जिताः श्रद्धा वेदादौ दृढ़प्रत्ययः भक्तिः प्रीतिजनकव्यापारः ताभ्यां हीनाः ॥ ४५ ॥

कदाहारा इत्यादि । भृतकाः भरणायत्तजीवनाः अतएव शूद्राणामपि सेवकाः । क्रूराः कठिनाः । वृषलीरतिकामुकाः शूद्रारतिकामयितारः ॥ ४६–४८ ॥

सदित्यादि । सत्कथालापमात्रं चेत्यत्र च शब्दः तु इत्यर्थे ॥ ४९ ॥

निगमागमजातानि भुक्तिमुक्तिकराणि च ।
देवीनां यत्र देवानां मन्त्रयन्त्रादिसाधनम् ।
कथिता बहवो न्यासाः सृष्टिस्थित्यादिलक्षणाः ॥ ५० ॥
बद्धपद्मासनादीनि गदितान्यपि भूरिशः ।
पशुवीरदिव्यभावा देवता मन्त्रसिद्धिदाः ॥ ५१ ॥
शवासनं चितारोहो मुण्डसाधनमेव च ।
लतासाधनकर्म्माणि त्वयोक्तानि सहस्रशः ॥ ५२ ॥
पशुभावदिव्यभावौ स्वयमेव निवारितौ ।
कलौ न पशुभावोऽस्ति दिव्यभावः कुतो भवेत् ॥ ५३ ॥
पत्रं पुष्पं फलं तोयं स्वयमेवाहरेत् पशुः ।
न शूद्रदर्शनं कुर्य्यात् मनसा न स्त्रियं स्मरेत् ॥ ५४ ॥
दिव्यश्च देवताप्रायः शुद्धान्तःकरणः सदा ।
द्वन्द्वातीतो वीतरागः सर्वभूतसमः क्षमी ॥ ५५ ॥

निगमेत्यादि । यत्र तन्त्रादिषु । सृष्टिस्थित्यादिलक्षणाः सृष्टिस्थित्यादिस्वरूपाः ॥ ५० ॥

बद्धपद्मेत्यादि । यत्रेत्यनुषज्यते आदिना मुक्तपद्मासनादेः संग्रहः ॥५१॥

शवासनमिति । अत्रापि यत्रेत्यस्यानुषङ्गः । शवासनं मृतशरीरासनम् ॥ ५२ ॥ ५३ ॥

कलौ युगे पशुभावदिव्यभावयोरसत्त्वे हेतुं दर्शयितुं प्रथमतः पशुदिव्ययोर्विधेयानि यानि कर्माणि तानि दर्शयति द्वाभ्याम् । पत्रमित्यादि । आहरेत् आनयेत् ॥ ५४ ॥

दिव्यश्चेति । भवेदित्यध्याहार्य्यम् । देवताप्रायः देवतुल्यः । द्वन्द्वातीतः सुखदुःखशीतोष्णादियुगलानि द्वन्द्वानि तान्यतीतोऽतिक्रान्तः तत्सहनशील

कलिकल्मषयुक्तानां सर्वदाऽस्थिरचेतसाम् ।
निद्रालस्यप्रसक्तानां भावशुद्धिः कथं भवेत् ॥ ५६ ॥
वीरसाधनकर्म्माणि पञ्चतत्त्वोदितानि च ।
मद्यं मांसं तथा मत्स्यमुद्रामैथुनमेव च ।
एतानि पञ्चतत्त्वानि त्वया प्रोक्तानि शङ्कर ॥ ५७ ॥
कलिजा मानवा लुब्धाः शिश्नोदरपरायणाः ।
लोभात्तत्र पतिष्यन्ति न करिष्यन्ति साधनम् ॥ ५८ ॥
इन्द्रियाणां सुखार्थाय पीत्वा च बहुलं मधु ।
भविष्यन्ति मदोन्मत्ता हिताहितविवर्जिताः ॥ ५९ ॥

इत्यर्थः । वीतरागः वीतो विशेषेण गतो रागः प्रीतिर्मात्सर्यं वा यस्य यस्माद्वा सः । रागोऽनुरागे मात्सर्ये इति कोश. । सर्वभूतसमः सर्वेषु भूतेषु समः रागद्वेषादिशून्यः । क्षमी परेणापकारे कृते तस्य प्रत्यपकारानाचरणं क्षमा तद्वान् ॥ ५५ ॥

एवं पशुदिव्ययोर्विधेयानि कर्म्माणि प्रदर्श्येदानीं सर्वदा चञ्चलचित्तानां निद्रालस्यप्रसक्तानां नानाविधदुष्कृतशालिनां पशुदिव्यविधेयकर्म्मसाधनायोग्यानां कलिजन्मनां मनुष्याणां पशुभाववदिव्यभावौ न सिध्यत इति प्रतिपादयितुमाह । कलीत्यादि ॥ ५६ ॥

वीरेत्यादि । हे शङ्कर लोककल्याणकर्तः पञ्च मद्यादीनि तत्त्वानि उदितान्युक्तानि येषु । एवम्भूतानि वीरसाधनकर्म्माणि मद्यमांसादीनि पञ्चतत्त्वानि च त्वया प्रोक्तानीत्यन्वयः ॥ ५७ ॥

कलिजा इति । तत्र मद्यादिपञ्चतत्त्वेषु ॥ ५८ ॥

इन्द्रियाणामिति । मधु मद्यम् ॥ ५९ ॥

परस्त्रीधर्षकाः केचिद्दस्यवो बहवो भुवि ।
न करिष्यन्ति ते मत्ताः पापायोनिविचारणम् ॥ ६० ॥
अतिपानादिदोषेण रोगिणो बहवः क्षितौ ।
शक्तिहीना बुद्धिहीना भूत्वा च विकलेन्द्रियाः ॥ ६१ ॥
ह्रदे गर्त्ते प्रान्तरे च प्रासादात् पर्वतादपि ।
पतिष्यन्ति मरिष्यन्ति मनुजा मदविह्वलाः ॥ ६२ ॥
केचिद्विवादयिष्यन्ति गुरुभिः स्वजनैरपि ।
केचिन्मौना मृतप्राया अपरे बहुजल्पकाः ॥ ६३ ॥
अकार्य्यकारिणः क्रूरा धर्म्ममार्गविलोपकाः ।
हिताय यानि कर्म्माणि कथितानि त्वया प्रभो ॥ ६४ ॥
मन्ये तानि महादेव विपरीतानि मानवे ।
के वा योगं करिष्यन्ति न्यासजातानि केऽपि वा ॥ ६५ ॥
स्तोत्रपाठं यन्त्रलिपिं पुरश्चर्य्यां जगत्पते ।
युगधर्म्मप्रभावेण स्वभावेन कलौ नराः ।
भविष्यन्त्यतिदुर्वृत्ताः सर्वथा पापकारिणः ॥ ६६ ॥

परस्त्रीत्यादि । परस्त्रीधर्षकाः परस्त्र्यभिभवकर्त्तारः । दस्यवश्चौराः । ह्रदे अगाधजलाधारे । प्रान्तरे ग्रामस्य दूरे वृक्षलतादिशून्येऽध्वनि ॥ ६०–६२ ॥

केचिदिति । गुरुभिः पित्रादिभिः । मौनाः न किञ्चिदपि व्याहरन्तः । योगं तन्त्रादिप्रयुक्ततत्तत्पुण्यकर्मरूपमुद्धारोपायम् । पुरश्चर्य्यां पुरश्चरणम् ॥ ६३–६६ ॥

तेषामुपायं दीनेश कृपया कथय प्रभो ।
आयुरारोग्यवर्च्चस्यं बलवीर्य्यविबर्द्धनम् ॥ ६७ ॥
विद्याबुद्धिप्रदं नृणामप्रयत्नशुभङ्करम् ।
येन लोका भविष्यन्ति महाबलपराक्रमाः ॥ ६८ ॥
शुद्धचित्ताः परहिता मातापित्रोः प्रियङ्कराः ।
स्वदारनिष्ठाः पुरुषाः परस्त्रीषु पराङ्मुखाः ॥ ६९ ॥
देवतागुरुभक्ताश्च पुत्रस्वजनपोषकाः ॥ ७० ॥
ब्रह्मज्ञा ब्रह्मविद्याश्च ब्रह्मचिन्तनमानसाः ।
सिद्ध्यर्थं लोकयात्रायाः कथयस्व हिताय यत् ॥ ७१ ॥
कर्त्तव्यं यदकर्त्तव्यं वर्णाश्रमविभेदतः ।
विना त्वां सर्वलोकानां कस्त्राता भुवनत्रये ॥ ७२ ॥

इति श्रीमहानिर्वाणतन्त्रे सर्वतन्त्रोत्तमोत्तमे सर्वधर्म्मनिर्णयसारे श्रीमदाद्यासदाशिवसंवादे जीवनिस्तारोपायप्रश्नो नाम प्रथमोल्लासः ॥ १ ॥

तेषामित्यादि । तेषां नराणाम् । आयुरारोग्यवर्चस्यम् आयुषे आरोग्याय वर्चसे तेजसे च हितम् ॥ ६७ ॥

विद्येत्यादि । येन उपायेन ॥ ६८–७० ॥

ब्रह्मज्ञा इति । ब्रह्मविद्याः सर्वं ब्रह्मैवेति प्रज्ञावन्तः । लोकयात्रायाः लोकनिर्वाहस्य ॥ ७१ ॥ ७२ ॥

इति श्रीमहानिर्व्वाणतन्त्रटीकायां प्रथमोल्लासः ।

द्वितीयोल्लासः

इति देव्या वचः श्रुत्वा शङ्करो लोकशङ्करः ।
कथयामास तत्त्वेन महाकारुण्यवारिधिः ॥ १ ॥

श्रीसदाशिव उवाच ।

साधु पृष्टं महाभागे जगतां हितकारिणि ।
एतादृशः शुभः प्रश्नो न केनापि कृतः पुरा ॥ २ ॥
धन्याऽसि सुकृतज्ञाऽसि हिताऽसि कलिजन्मनाम् ।
यद्यदुक्तं त्वया भद्रे सत्यं सत्यं यथार्थतः ॥ ३ ॥
सर्वज्ञा त्वं त्रिकालज्ञा धर्म्मज्ञा परमेश्वरि ।
भूतं भवद्भविष्यञ्च धर्म्मयुक्तं त्वया प्रिये ॥ ४ ॥

ओं नमो ब्रह्मणे ।

शङ्कर इदानीं कृतजीवनिस्तारोपायप्रश्नां पार्वतीं तत्प्रश्नञ्च स्तुवंस्तां प्रत्युत्तरं दातुमुपक्रमते । इतीत्यादि । लोकशङ्करः जनानां कल्याणस्योत्पादकः । महाकारुण्यवारिधिः महादयासमुद्रः ॥ १ ॥

सर्वज्ञेत्यादि । भवत् वर्त्तमानम् ॥ ४ ॥

यथातत्त्वं यथान्यायं यथायोग्यं न संशयः ।
कलिकल्मषदीनानां द्विजादीनां सुरेश्वरि ॥ ५ ॥
मेध्यामेध्याविचाराणां न शुद्धिः श्रौतकर्म्मणा ।
न संहिताद्यैः स्मृतिभिरिष्टसिद्धिर्नृणां भवेत् ॥ ६ ॥
सत्यं सत्यं पुनः सत्यं सत्यं सत्यं मयोच्यते ।
विना ह्यागममार्गेण कलौ नास्ति गतिः प्रिये ॥ ७ ॥
श्रुतिस्मृतिपुराणादौ मयैवोक्तं पुरा शिवे ।
आगमोक्तविधानेन कलौ देवान् यजेत् सुधीः ॥ ८ ॥
कलावागममुल्लङ्घ्य योऽन्यमार्गे प्रवर्त्तते ।
न तस्य गतिरस्तीति सत्यं सत्यं न संशयः ॥ ९ ॥
सर्वैर्वेदैः पुराणैश्च स्मृतिभिः संहितादिभिः ।
प्रतिपाद्योऽस्मि नान्योऽस्ति प्रभुर्जगति मां विना ॥ १० ॥

कलीति। कलिकल्मषदीनानां कलियुगसम्बन्धिदुष्कृतहेतुकदुर्गतिशालिनां मेध्यामेध्याविचाराणां पवित्रापवित्रविचारशून्यानाम् अतएव द्विजादीनां ब्राह्मणप्रभृतीनां श्रौतकर्म्मणा वेदोक्तेन कर्म्मणा शुद्धिर्न भवेत् ॥ ५–६ ॥

सत्यमिति । हीत्यवधारणे ॥ ७ ॥

श्रुतीत्यादि । हे शिवे सुधीर्विचक्षणः आगमोक्तविधानेन देवान् यजेत् पूजयेत् इति पुरा पूर्वं श्रुतिस्मृतिपुराणादौ मयैवोक्तमित्यन्वयः ॥ ८ ॥ ९ ॥

स्वमतप्रामाण्याय प्रथमत आत्मन एव सर्वोत्तमत्वं व्याहर्त्तुमाह सर्वैरित्यादि । यत इत्यध्याहार्य्यम् । प्रतिपाद्यः बोधयितव्यः ॥ १० ॥

आमनन्ति च ते सर्वे मत्पदं लोकपावनम् ।
मन्मार्गविमुखा लोकाः पाषण्डा ब्रह्मघातिनः ॥ ११ ॥
अतो मन्मतमुत्सृज्य यो यत् कर्म्म समाचरेत् ।
निष्फलं तद्भवेद्देवि कर्त्ताऽपि नारकी भवेत् ॥ १२ ॥
मूढो मन्मतमुत्सृज्य योऽन्यन्मतमुपाश्रयेत् ।
ब्रह्महा पितृहा स्त्रीघ्नः स भवेन्नात्र संशयः ॥ १३ ॥
कलौ तन्त्रोदिता मन्त्राः सिद्धास्तूर्णफलप्रदाः ।
शस्ताः कर्म्मसु सर्वेषु जपयज्ञक्रियादिषु ॥ १४ ॥
निर्वीर्याः श्रौतजातीया विषहीनोरगा इव ।
सत्यादौ सफला आसन् कलौ ते मृतका इव ॥ १५ ॥

आमनन्तीति । सर्वे ते वेदादयो मत्पदं मदीयं स्थानं लोकपावनं लोकानां पूतत्वजनकमामनन्ति बोधयन्ति । ब्रह्मघातिनो भवेयुरिति शेषः ॥ ११ ॥

अत इत्यादि । उत्सृज्य परित्यज्य । तत् कर्म्म ॥ १२–१३ ॥

अथ वेदोक्तानां मन्त्राणां कलौ निष्प्रभावत्वं तत्तत्फलानिष्पादकत्वञ्च प्रतिपादयंस्तन्त्रोदितानामेव मन्त्राणां सिद्धत्वात् झटिति तत्तत्फलप्रदातृत्वाच्चाति-प्राशस्त्यमाह कलावित्यादिभिः ॥ १४ ॥

निर्वीर्य्या इत्यादि । ये श्रौतजातीया वेदोदिता मन्त्राः सत्यादौ युगे सफलास्तत्तत्फलोत्पादका आसन् ते सर्वे मन्त्राः कलौ युगे विष-हीना उरगाः सर्पा इव निर्वीर्या निष्प्रभा मृतका इव तत्तत्फलानिष्पादकाश्च बोद्धव्या इत्यन्वयः ॥ १५ ॥

पाञ्चालिका यथा भित्तौ सर्वेन्द्रियसमन्विताः ।
अमूरशक्ताः कार्येषु तथान्ये मन्त्रराशयः ॥ १६ ॥
अन्यमन्त्रैः कृतं कर्म्म बन्ध्यास्त्रीसङ्गमो यथा ।
न तत्र फलसिद्धिः स्यात् श्रम एव हि केवलम् ॥ १७ ॥
कलावन्योदितैर्मार्गैः सिद्धिमिच्छति यो नरः ।
तृषितो जाह्नवीतीरे कूपं खनति दुर्मतिः ॥ १८ ॥
मद्वक्त्रादुदितं धर्म्मं हित्वाऽन्यद्धर्म्ममीहते ।
अमृतं स्वगृहे त्यक्त्वा क्षीरमार्कं स वाञ्छति ॥ १९ ॥
नान्यः पन्था मुक्तिहेतुरिहामुत्र सुखाप्तये ।
यथा तन्त्रोदितो मार्गो मोक्षाय च सुखाय च ॥ २० ॥
तन्त्राणि बहुधोक्तानि नानाख्यानान्वितानि च ।
सिद्धानां साधकानाञ्च विधानानि च भूरिशः ॥ २१ ॥

पाञ्चालिका इत्यादि । भित्तौ स्थिताः सर्वैरिन्द्रियैः समन्विता युता अमूः पाञ्चालिका वस्त्रदन्तादिभिर्निर्म्मिताः पुत्तिका यथा कार्येष्वशक्ता असमर्था भवन्ति तथैवान्ये तन्त्रोक्तभिन्ना मन्त्रराशयो मन्त्रसमूहाः कलौ तत्तत्कार्यानिष्पादका ज्ञेयाः । पाञ्चालिका पुत्तिका स्याद्वस्त्रदन्तादिभिः कृतेत्यमरः ॥ १६ ॥

अन्येत्यादि । यथा वन्ध्यास्त्रीसङ्गमोऽपत्यरूपफलसाधको न भवति एवमन्यमन्त्रैः कृतं यत् कर्म्म । तत्र तस्मिन् कर्म्मणि कृते सति फलसिद्धिः फलनिष्पत्तिर्न स्यात् केवलं श्रम एव स्यात् । हीति निश्चितमेतत् ॥ १७ ॥ १८ ॥

मद्वक्त्रादिति । मद्वक्त्रात् मम मुखात् उदितं कथितम् । ईहते वाञ्छति । आर्कम् अर्कवृक्षोद्भवम् ॥ १९ ॥

नान्य इति । अमुत्र परे लोके ॥ २० ॥ २१ ॥

अधिकारिविभेदेन पशुबाहुल्यतः प्रिये ।
कुलाचारोदितं धर्म्मं गुप्त्यर्थं कथितं क्वचित् ॥ २२ ॥
जीवप्रवृत्तिकारीणि कानिचित् कथितान्यपि ।
देवा नानाविधाः प्रोक्ता देव्योऽपि बहुधाः प्रिये ॥ २३ ॥
भैरवाश्चैव वेताला वटुका नायिका गणाः ।
शाक्ताः शैवा वैष्णवाश्च सौरा गाणपतादयः ॥ २४ ॥
नानामन्त्राश्च यन्त्राणि सिद्धोपायान्यनेकशः ।
भूरिप्रयाससाध्यानि यथोक्तफलदानि च ॥ २५ ॥
यथा यथा कृताः प्रश्ना येन येन यदा यदा ।
तदा तस्योपकाराय तथैवोक्तं मया प्रिये ॥ २६ ॥
सर्वलोकोपकाराय सर्वप्राणिहिताय च ।
युगधर्मानुसारेण याथातथ्येन पार्वति ॥ २७ ॥
त्वया यादृक्कृताः प्रश्ना न केनापि पुरा कृताः ।
तव स्नेहेन वक्ष्यामि सारात्सारं परात्परं ॥ २८ ॥

अधिकारीत्यादि । हे प्रिये अधिकारिविभेदेनाधिकारिणां विशेषेण पशूनां बाहुल्यतश्च हेतोः क्वचित् कुलाचारोदितं कुलाचारोक्तं धर्म्मं गुप्त्यर्थं कथितम् ॥ २२ ॥

जीवेत्यादि । अधिकारिविभेदेनेत्यनुषज्यते । कानिचित् तन्त्राणि । अपीत्यस्य जीवप्रवृत्तिकारीणीत्यत्रान्वयः कर्त्तव्यः ॥ २३ ॥ २४ ॥

नानेत्यादि । सिद्धोपायानि सिद्धाः सिद्धिमन्त उपाया येषु तानि ॥ २५ ॥

यथेत्यादि । यथा यथा यादृशा यादृशाः प्रश्नाः तथैव तादृशमेवोत्तरम् । सर्वलोकोपकारायेत्यस्य त्वया यादृक्कृतः प्रश्न इत्यनेनान्वयः करणीयः ॥ २६–२८ ॥

वेदानामागमानाञ्च तन्त्राणाञ्च विशेषतः ।
सारमुद्धृत्य देवेशि तवाग्रे कथ्यते मया ॥ २९ ॥
यथा नरेषु तन्त्रज्ञाः सरितां जान्हवी यथा ।
यथाऽहं त्रिदिवेशानामागमानामिदं तथा ॥ ३० ॥
किं वेदैः किं पुराणैश्च किं शास्त्रैर्बहुभिः शिवे ।
विज्ञातेऽस्मिन् महातन्त्रे सर्वसिद्धीश्वरो भवेत् ॥ ३१ ॥
यतो जगन्मङ्गलाय त्वयाऽहं विनियोजितः ।
अतस्ते कथयिष्यामि यद्विश्वहितकृद्भवेत् ॥ ३२ ॥
कृते विश्वहिते देवि विश्वेशः परमेश्वरि ।
प्रीतो भवति विश्वात्मा यतो विश्वं तदाश्रितम् ॥ ३३ ॥

वेदानामित्यादि । सारं स्थिरांशम् ॥ २९ ॥

अथ सर्वतन्त्रेभ्यो महानिर्वाणतन्त्रस्य सदृष्टान्तं श्रैष्ठ्यमाह । यथेत्यादिना । तन्त्रज्ञा उत्तमा इति शेषः । इदं महानिर्वाणतन्त्रम् ॥ ३० ॥ ३१ ॥

यत इत्यादि । विनियोजितः प्रवर्त्तितः ॥ ३२ ॥

ननु विश्वहितोत्पादकोपायकथनाद्भवतः को लाभोऽत आह कृत इत्यादि । हे देवि विश्वहिते कृते सति विश्वेशो विश्वेषामस्मदादीनां सर्वेषां नियन्ता परमेश्वरः प्रीतो भवति । ननु विश्वहितोत्पादनात् परमेश्वरे कथं प्रीतिरुत्पद्यते तत्राह विश्वात्मेति । यतः परमेश्वरो विश्वमात्मनि यस्य तथाभूतो भवति अतो विश्वहितोत्पादनेन तत्र प्रीतिर्जायते इति भावः । ननु तस्य विश्वात्मत्वमेव कथं स्यात्तत्राह यतो विश्वमित्यादि । यतो विश्वं तदाश्रितं तं परमेश्वरमाश्रितं वर्त्ततेऽतो विश्वात्मा स भवति ॥ ३३ ॥

स एक एव सद्रूपः सत्योऽद्वैतः परात्परः ।
स्वप्रकाशः सदापूर्णः सच्चिदानन्दलक्षणः ॥ ३४ ॥
निर्विकारो निराधारो निर्विशेषो निराकुलः ।
गुणातीतः सर्वसाक्षी सर्वात्मा सर्वदृग्विभुः ॥ ३५ ॥
गूढः सर्वेषु भूतेषु सर्वव्यापी सनातनः ।
सर्वेन्द्रियगुणाभासः सर्वेन्द्रियविवर्जितः ॥ ३६ ॥

अथ सत्यत्वात्तद्ध्यानादेः सर्वेषां प्रीतिजनकत्वान्निर्वाणहेतुत्वाच्च परमात्मैवैको ध्येयः पूज्यः सुखाराध्यश्चेत्यभिधातुं प्रथमतः परमात्मन एवैकस्य सत्यत्वं तदन्यस्याखिलपदार्थस्य मिथ्यात्वमस्तीति प्रतिपादयति स एक एवेत्यादिभिः । सद्रूपः सत्स्वभावः स परमेश्वर एवैकः सत्यः तदन्यस्तु सर्वः पदार्थोऽसत्यो ज्ञेयः । तत्सत्यत्वे हेतून् दर्शयन्नाह अद्वैत इत्यादि । यतोऽद्वैतः सजातीयविजातीयद्वितीयशून्यः अतएव परात् ब्रह्मादेरपि परः श्रेष्ठः । स्वेनैवात्मनैव प्रकाशते इति स्वप्रकाशः चन्द्रसूर्य्यादिप्रकाशनिरपेक्ष इत्यर्थः । सदापूर्णः सर्वदा अखण्डः । सच्चिदानन्दलक्षणः सन्तौ सर्वदा स्थायिनौ यौ चिदानन्दौ ज्ञानानन्दौ तत्स्वरूपः ॥ ३४ ॥

निर्विकारः प्रकृतेरन्यथाभावो विकारः तद्रहितः । निराधारः आश्रयशून्यः । निर्विशेषः स्वगतभेदरहितः । निराकुलः आकुलताशून्यः । गुणातीतः गुणाः शीतोष्णाः सुखदुःखादयः सत्त्वादयो वा तानतीतोऽतिक्रान्तः । सर्वसाक्षी सर्वेषां शुभाशुभकर्मणां साक्षात् द्रष्टा । सर्वात्मा सर्वस्वरूपः । सर्वदृक् अखिलस्य पदार्थस्यावलोकयिता । विभुः प्राप्तसमस्तैश्वर्य्यः ॥ ३५ ॥

सर्वेषु चराचरेषु भूतेषु गूढः संवृतः । सर्वव्यापी सकलपदार्थव्यापनशीलः । सनातनः आद्यन्तशून्यः । सर्वेन्द्रियगुणाभासः सर्वाणीन्द्रियाणि गुणांश्च तद्विषयानाभासयति यः तथाभूतः । सर्वेन्द्रियविवर्जितः चक्षुरादिसकलेन्द्रियशून्यः ॥ ३६ ॥

लोकातीतो लोकहेतुरवाङ्मनसगोचरः ।
स वेत्ति विश्वं सर्वज्ञस्तं न जानाति कश्चन ॥ ३७ ॥
तदधीनं जगत् सर्वं त्रैलोक्यं सचराचरम् ।
तदालम्बनतस्तिष्ठेदवितर्क्यमिदं जगत् ॥ ३८ ॥
तत्सत्यतामुपाश्रित्य सद्वद्भाति पृथक् पृथक् ।
तेनैव हेतुभूतेन वयं जाता महेश्वरि ॥ ३९ ॥
कारणं सर्वभूतानां स एकः परमेश्वरः ।
लोकेषु सृष्टिकरणात् स्रष्टा ब्रह्मेति गीयते ॥ ४० ॥
विष्णुः पालयिता देवि संहर्त्ताऽहं तदिच्छया ।
इन्द्रादयो लोकपालाः सर्वे तद्वशवर्त्तिनः ॥ ४१ ॥
स्वे स्वेऽधिकारे निरतास्ते शासति[1] तदाज्ञया ।
त्वं परा प्रकृतिस्तस्य पूज्याऽसि भुवनत्रये ॥ ४२ ॥

लोकातीतोऽतिक्रान्तलोकः । लोकहेतुः भुवनवीजम् । अवाङ्मनसगोचरः वाचो मनसश्चाविषयः । सर्वज्ञः स परमात्मा विश्वं सर्वं जगद्वेत्ति जानाति तं परमात्मानन्तु कश्चन अपि न जानाति अतः परमात्मैवैकः सत्यः तद्भिन्नस्त्वखिलः पदार्थोऽनेवम्भूतत्वादसत्य इत्यर्थः ॥ ३७ ॥

तदधीनमित्यादि । यत इति अध्याहार्यम् । यतः सर्वं जगत्तदधीनं परमात्मवशवर्त्ति । सचराचरं जङ्गमस्थावरसहितं त्रैलोक्यं तदालम्बनतः परमात्मावलम्बनतस्तिष्ठेत् । इदमवितर्क्यमनूहनीयं जगत् तत्सत्यतां परमात्मसत्यत्वमुपाश्रित्य इयं पृथ्वी इमा आपः अयं वायुरित्यादिरूपेण पृथक् पृथक् सद्वत् सत्यवद्भाति प्रकाशते इत्यन्वयः । वयं शङ्करादयः ॥ ३८ ॥ ३९ ॥

कारणमित्यादि । एकः केवलः । तदिच्छया परमेश्वरेच्छया । सृष्टिकरणाल्लोकेषु ब्रह्मा स्रष्टेति गीयते शब्द्यते । तदिच्छयैव सृष्टजगत्पालनात्

[1] वसन्तीति पाठः ।

तेनान्तर्यामिरूपेण तत्तद्विषययोजिताः ।
स्वस्वकर्म्म प्रकुर्व्वन्ति न स्वतन्त्राः कदाचन ॥ ४३ ॥
यद्भयाद्वाति वातोऽपि सूर्यस्तपति यद्भयात् ।
वर्षन्ति तोयदाः काले पुष्पन्ति तरवो वने ॥ ४४ ॥
कालं कालयते काले मृत्योर्मृत्युर्भियो भयम् ।
वेदान्तवेद्यो भगवान् यत्तच्छब्दोपलक्षितः ॥ ४५ ॥
सर्वे देवाश्च देव्यश्च तन्मयाः सुरवन्दिते ।
आब्रह्मस्तम्बपर्यन्तं तन्मयं सकलं जगत् ॥ ४६ ॥
तस्मिंस्तुष्टे जगत्तुष्टं प्रीणिते प्रीणितं जगत् ।
तदाराधनतो देवि सर्वेषां प्रीणनं भवेत् ॥ ४७ ॥

विष्णुः पालयितेति गीयते । तत्संहरणाच्चाऽहं संहर्त्तेति गीयते । इन्द्रादय इत्यादि । तद्वशवर्त्तिनः परमेश्वराधीना ये इन्द्रादयो लोकपालास्ते सर्वे स्वे स्वेऽधिकारे निरताः सन्तस्तदाज्ञया लोकान् शासतीत्यन्वयः ॥ ४०–४२ ॥

तेनेत्यादि । तेन परमात्मना तत्तद्विषययोजिताः तस्मिन् तस्मिन् विषये प्रवर्त्तिताः । न स्वतन्त्राः न स्वाधीनाः ॥ ४३ ॥ ४४ ॥

कालमित्यादि । काले प्रलयसमये कालमपि कालयते नाशं गमयति । भियो भयस्य । यत्तच्छब्दोपलक्षितः यत्तच्छब्दाभ्यां बोधितः ॥ ४५ ॥

सर्वे इत्यादि । तन्मयाः परमात्मस्वरूपाः । आब्रह्मस्तम्बपर्यन्तं ब्रह्माणमारभ्य तृणादिगुच्छपर्यन्तं सकलं सम्पूर्णं जगत्तन्मयं परब्रह्मस्वरूपं भवति ॥ ४६ ॥

तस्मिन्नित्यादि । अत इति शेषः । तस्मिन् परमात्मनि ॥ ४७ ॥

तरोर्मूलाभिषेकेण यथा तद्भुजपल्लवाः ।
तृप्यन्ति तदनुष्ठानात् तथा सर्वेऽमरादयः ॥ ४८ ॥
यथा तवार्च्चनाद्ध्यानात् पूजनाज्जपनात् प्रिये ।
भवन्ति तुष्टाः सुन्दर्यस्तथा जानीहि सुव्रते ॥ ४९ ॥
यथा गच्छन्ति सरितोऽवशेनापि सरित्पतिम् ।
तथार्च्चादीनि कर्म्माणि तदुद्देश्यानि पार्वति ॥ ५० ॥
यो यो यान् यान् यजेद्देवान् श्रद्धया यद्यदाप्तये ।
तत्तद्ददाति सोऽध्यक्षस्तैस्तैर्देवगणैः शिवे ॥ ५१ ॥
बहुनाऽत्र किमुक्तेन तवाऽग्रे कथ्यते प्रिये ।
ध्येयः पूज्यः सुखाराध्यस्तं विना नास्ति मुक्तये ॥ ५२ ॥
नाऽऽयासो नोपवासश्च कायक्लेशो न विद्यते ।
नैवाऽऽचारादिनियमो नोपचाराश्च भूरिशः ॥ ५३ ॥

परब्रह्माराधनतः सर्वेषां प्रीणने दृष्टान्तमाह तरोरित्यादि । तद्भुजपल्लवाः तरोः शाखाः किसलयानि च । तदनुष्ठानात् परमेश्वराराधनात् ॥ ४८ ॥

यथेत्यादि । पूजनात् मानसार्च्चनात् ॥ ४९ ॥

यथेत्यादि । तदुद्देश्यानि स परमात्मा उद्देश्यो येषामर्च्चादिकर्मणां तानि ॥ ५० ॥

यो य इत्यादि । यद्यदाप्तये यस्य यस्य फलस्य लाभाय । अध्यक्षः सर्वेषां प्राणिनां तत्तत्क्रियासु प्रवर्त्तकः ॥ ५१ ॥

बहुनेत्यादि । सुखेनाराध्य उपास्यः सुखाराध्यः ॥ ५२ ॥

सुखाराध्यत्वमेव दर्शयन्नाह । नायास इत्यादि । आयासः परिश्रमः ॥ ५३ ॥

4

न दिक्कालविचारोऽस्ति न मुद्रान्याससंहतिः ।
यत्साधने कुलेशानि तं विना कोऽन्यमाश्रयेत् ॥ ५४ ॥

इति श्रीमहानिर्वाणतन्त्रे सर्वतन्त्रोत्तमोत्तमे सर्वधर्म्मनिर्णयसारे श्रीमदाद्यासदाशिवसंवादे जीवनिस्तारोपायप्रश्नो नाम द्वितीयोल्लासः ॥ २ ॥

तं परमात्मानम् ॥ ५४ ॥

इति श्रीमहानिर्वाणतन्त्रटीकायां द्वितीयोल्लासः ।

तृतीयोल्लासः

श्रीदेव्युवाच ।

देवदेव महादेव देवतानां गुरोर्गुरो ।

वक्ता त्वं सर्वशास्त्राणां मन्त्राणां साधनस्य च ॥ १ ॥

कथितं यत् परं ब्रह्म परमेशं परात्परम् ।

यस्योपासनतो मर्त्यो भुक्तिं मुक्तिञ्च विन्दति ॥ २ ॥

केनोपायेन भगवन् परमात्मा प्रसीदति ।

किं तस्य साधनं देव मन्त्रः को वा प्रकीर्त्तितः ॥ ३ ॥

किं ध्यानं किं विधानञ्च परेशस्य परात्मनः ।[1]

तत्त्वेन श्रोतुमिच्छामि कृपया कथय प्रभो ॥ ४ ॥

श्रीसदाशिव उवाच ।

अतिगुह्यं परं तत्त्वं शृणु मत्प्राणवल्लभे ।

ओं नमो ब्रह्मणे ।

कैवल्यार्थं परमात्मैव ध्येयः पूज्यः सुखाराध्यश्चेत्याकर्ण्य तद्ध्यानादिकं जिज्ञासुः सदाशिवं प्रशंसन्ती देव्युवाच । देवदेवेत्यादि । देवतानां गुरोर्बृहस्पतेरपि गुरो । विन्दति लभते । तस्य परमात्मनः[1] तत्त्वेन याथार्थ्येन ॥ १–४ ॥

[1] परेतस्य महात्मनः इति वा पाठः ।

रहस्यमेतत् कल्याणि न कुत्रापि प्रकाशितम् ।
तव स्नेहेन वक्ष्यामि मम प्राणाधिकं परम् ॥ ५ ॥
ज्ञेयं भवति तद्ब्रह्म सच्चिद्विश्वमयं परम् ।
तथा तत्त्वस्वरूपेण लक्षणैर्वा महेश्वरि ॥ ६ ॥
सत्तामात्रं निर्विशेषमवाङ्मनसगोचरम् ।
असत्त्रिलोकीसद्भानं स्वरूपं ब्रह्मणः स्मृतम् ॥ ७ ॥
समाधियोगैस्तद्वेद्यं सर्वत्र समदृष्टिभिः ।
द्वन्द्वातीतैर्निर्विकल्पैर्देहात्माध्यासवर्जितैः ॥ ८ ॥

अथोत्तरयन् सदाशिव उवाच । अतिगुह्यमित्यादि । अतिगुह्यमतिरहस्यं परं तत्त्वं परं ब्रह्म । तत्त्वं ब्रह्मणि याथार्थ्ये इति कोशः । रहस्यं गुह्यम् ॥ ५ ॥

ज्ञेयमित्यादि । हे महेश्वरि सच्चिद्विश्वमयं सत् सदा स्थायि चित् चैतन्यं विश्वमशेषं जगत् एतत् स्वरूपं यदतिगुह्यं तत् परं ब्रह्म । तत्त्वस्वरूपेण ब्रह्मणः स्वरूपेण लक्षणेन तटस्थैर्वा लक्षणैर्यथावत् ज्ञेयं भवति । लक्ष्यते ज्ञायते पदार्थो यैः तानि लक्षणानि तैः । करणे ल्युट् ॥ ६ ॥

ननु किं तत्तत्त्वस्वरूपं येन परं ब्रह्म ज्ञेयं भवेदित्यपेक्षायां ब्रह्मणः स्वरूपं निरूपयति सत्तामात्रमित्यादि । यत् सत्तामात्रं केवलपरमार्थसत्त्वस्वरूपं । निर्विशेषं स्वगतभेदरहितम् । अवाङ्मनसगोचरं वचो मनसश्चाग्राह्यम् । असत्त्रिलोकीसद्भानम् असत्या मिथ्याभूतायास्त्रिलोक्याः सद्भानं सद्वद्ज्ञानं यस्मात् तद्ब्रह्मणः स्वरूपं स्मृतम् ॥ ७ ॥

तच्च ब्रह्मस्वरूपं परमहंसैरेव वेदितव्यमित्याह समाधीत्यादिना । सर्वत्र समदृष्टिभिः सर्वत्रारिमित्रादौ समा तुल्या दृष्टिर्येषां तैः । द्वन्द्वातीतैः अतिक्रान्तसुखदुःखशीतोष्णादिभिः । निर्विकल्पैर्नानाविधकल्पनाशून्यैः । देहात्माध्यासवर्जितैः शरीरनिष्ठात्मत्वबुद्धिरहितैर्योगिभिः । समाधियोगैः समाधिश्चित्ते-

यतो विश्वं समुद्भूतं येन जातञ्च तिष्ठति ।
यस्मिन् सर्वाणि लीयन्ते ज्ञेयं तद्ब्रह्म लक्षणैः ॥ ९ ॥
स्वरूपबुद्ध्या यद्वेद्यं तदेव लक्षणैः शिवे ।
लक्षणैराप्तुमिच्छूनां विहितं तत्र साधनम् ॥ १० ॥
तत्साधनं प्रवक्ष्यामि शृणुष्वावहिता प्रिये ।
तत्रादौ कथयाम्याद्ये मन्त्रोद्धारं महेशितुः ॥ ११ ॥

कामश्चम् योगाः परमेश्वरैकपरतासम्यग्दर्शनादयः तै करणैः तद्ब्रह्म वेद्यं भवति । अथवा समाधीयते चित्तमस्मिन्निति समाधिः परमेश्वरः उपसर्गे घोः किरित्यधिकरणे किः । तत्र योगाः सम्यग्दर्शनादयो येषां तैः समाधियोगैर्जनैः ॥ ८ ॥

तटस्थलक्षणानि दर्शयन्नाह यतो विश्वमित्यादि । यतो हेतुभूतात् विश्वमशेषं जगत् समुद्भूतं जातम् । जातञ्च सन्निधं येनापलम्बनभूतेन तिष्ठति । प्रलयकाले सर्वाणि चराण्यचराणि च भूतानि यस्मिन् लीयन्ते लीनानि भवन्ति तद्ब्रह्म तटस्थैरेतैर्लक्षणैर्ज्ञेयं वेदितव्यम् ॥ ९ ॥

स्वरूपलक्षणेन तटस्थलक्षणेन च वेदितव्यस्य ब्रह्मणो भेदो नास्तीति प्रतिपादयितुमाह स्वरूपबुद्ध्येत्यादि । हे शिवे स्वरूपबुद्ध्या यद्ब्रह्म वेद्यं ज्ञेयं भवति तदेव ब्रह्म तटस्थैरपि लक्षणैर्वेद्यं भवेत् । स्वरूपलक्षणेन ब्रह्माधिगन्तुमिच्छतां जनानां साधनानपेक्षत्त्वात्तटस्थैरेव लक्षणैस्तदधिगन्तुमिच्छतां साधनमभिधातुमाह लक्षणैरित्यादि । तत्र स्वरूपलक्षणतटस्थलक्षणेषु मध्ये तटस्थैर्लक्षणैर्ब्रह्माप्तुमधिगन्तुमिच्छूनां जनानां साधनं विहितम् ॥ १० ॥

तदित्यादि । हे प्रिये तत्साधनं तटस्थलक्षणैर्वेद्यस्य ब्रह्मणः साधनमहं प्रवक्ष्यामि अवहिता सावधाना सती त्वं शृणुष्व । तत्र साधने वक्तव्ये आदौ प्रथमतो महेशितुर्महेश्वरस्य मन्त्रोद्धारं कथयामि ॥ ११ ॥

प्रणवं पूर्वमुद्धृत्य सच्चित्पदमुदाहरेत् ।
एकं पदान्ते ब्रह्मेति मन्त्रोद्धारः प्रकीर्त्तितः ॥ १२ ॥
सन्धिक्रमेण मिलितः सप्तार्णोऽयं मनुर्मतः ।
तारहीनेन देवेशि षड्वर्णोऽयं मनुर्भवेत् ॥ १३ ॥
सर्वमन्त्रोत्तमः साक्षाद्धर्म्मार्थकाममोक्षदः ।
नात्र सिद्धाद्यपेक्षाऽस्ति नारिमित्रादिदूषणम् ॥ १४ ॥
न तिथिर्न च नक्षत्रं न राशिगणनं तथा ।
कुलाकुलादिनियमो न संस्कारोऽत्र विद्यते ।
सर्वथा सिद्धमन्त्रोऽयं नात्र कार्या विचारणा ॥ १५ ॥
बहुजन्मार्जितैः पुण्यैः सद्गुरुर्यदि लभ्यते ।
तदा तद्वक्त्रतो ज्ञात्वा जन्मसाफल्यमाप्नुयात् ॥ १६ ॥

मन्त्रोद्धारमेव कथयति प्रणवमित्यादिना । पूर्वं प्रथमं प्रणवमोङ्कारमुद्धृत्य ततोऽनन्तरं सच्चित्पदमुदाहरेत् वदेत् । सच्चित्पदान्ते च एकं ब्रह्मेत्युदाहरेत् । ततश्च ओँ सच्चिदेकं ब्रह्मेत्याकारको मन्त्रो निष्पन्नः। मन्त्रोद्धारोऽयमेव प्रकीर्त्तितः कथितः ॥ १२ ॥

सन्धीति । हे देवेशि सन्धिक्रमेण मिलितः सङ्गतोऽयं मनुर्मन्त्रः सप्तार्णः सप्तवर्णको मतः । तारहीनेन प्रणवत्यागेनायं पूर्वोक्त एव मनुः षड्वर्णो भवेत् ॥ १३ ॥

अथेमं मन्त्रं स्तौति सर्वेत्यादिना । अयं मन्त्रः सर्वेषु मन्त्रेषूत्तमः श्रेष्ठः । सर्वमन्त्रोत्तमत्वमेवाह साक्षादित्यादिना ॥ १४ ॥

न तिथिरिति । तिथिर्न गणनीयेति शेषः ॥ १५ ॥

अथैतस्य मन्त्रस्य ग्रहीतुः पुरुषस्य सर्वोत्तमत्वं प्रतिपादयितुमाह बह्वित्यादि । तद्वक्त्रतः सद्गुरुमुखात् मन्त्रमिमं ज्ञात्वा ॥ १६ ॥

चतुर्वर्गं करे कृत्वा परत्रेह च मोदते ॥ १७ ॥
स धन्यः स कृतार्थश्च स कृती स च धार्म्मिकः ।
स स्नातः सर्वतीर्थेषु सर्वयज्ञेषु दीक्षितः ॥ १८ ॥
सर्वशास्त्रेषु निष्णातः सर्वलोकप्रतिष्ठितः ।
यस्य कर्णपथोपान्तप्राप्तो मन्त्रमहामणिः ॥ १९ ॥
धन्या माता पिता तस्य पवित्रं तत्कुलं शिवे ।
पितरस्तस्य सन्तुष्टा मोदन्ते त्रिदशैः सह ।
गायन्ति गायनीं गाथां पुलकाञ्चितविग्रहाः ॥ २० ॥
अस्मत्कुले कुलश्रेष्ठो जातो ब्रह्मोपदेशिकः ।
किमस्माकं गयापिण्डैः किं तीर्थैः श्राद्धतर्पणैः ॥ २१ ॥
किं दानैः किं जपैर्होमैः किमन्यैर्बहुसाधनैः ।
वयमक्षयतृप्ताः स्म सत्पुत्रस्यास्य साधनात् ॥ २२ ॥

चतुर्वर्गमिति । धर्मार्थकाममोक्षैरुपलक्षितो वर्गः समूहश्चतुर्वर्गस्तम् । त्रिवर्गो धर्मकामार्थैश्चतुर्वर्गः समोक्षकैरित्यमरः । परत्र परलोके ॥१७॥ निष्णातो निपुणः । कर्णपथस्योपान्तं प्राप्तः कर्णपथोपान्तप्राप्तः । मन्त्र एव महामणिः ॥ १८ ॥ १९ ॥ पितर इति । गीयते इति गायनी ताम् । ल्युट् वेति बाहुलकात् कर्मणि ल्युट् । पुलकैः रोमहर्षणैरञ्चिता अधिगता विग्रहा देहा येषां तथाभूताः सन्तः । [पुलकाङ्कितविग्रहा इति पाठेऽप्यङ्कितं चिह्नितमित्यर्थः] ॥ २० ॥

तां गाथामेवाह अस्मत्कुल इत्यादिभ्यां द्वाभ्याम् । ब्रह्मोपदेशिकः ब्रह्मोपदेशवान् । अक्षयतृप्ताः अविनश्वरतृप्तिमन्तः ॥ २१ ॥ २२ ॥

शृणु देवि जगद्वन्द्ये सत्यं सत्यं मयोच्यते ।
परब्रह्मोपासकानां किमन्यैः साधनान्तरैः ॥ २३ ॥

मन्त्रग्रहणमात्रेण देही ब्रह्ममयो भवेत् ।
ब्रह्मभूतस्य देवेशि किमवाप्यं जगत्त्रये ॥ २४ ॥

किं कुर्वन्ति ग्रहा रुष्टा वेतालाश्चेटकादयः ।
पिशाचा गुह्यका भूता डाकिन्यो मातृकादयः ।
तस्य दर्शनमात्रेण पलायन्ते पराङ्मुखाः ॥ २५ ॥

रक्षितो ब्रह्ममन्त्रेण प्रावृतो ब्रह्मतेजसा ।
किं बिभेति ग्रहादिभ्यो मार्त्तण्ड इव चापरः ॥ २६ ॥

तं दृष्ट्वा ते भयापन्नाः सिंहं दृष्ट्वा यथा गजाः ।
विद्रवन्ति च नश्यन्ति पतङ्गा इव पावके ॥ २७ ॥

न तस्य दुरितं किञ्चिद्ब्रह्मनिष्ठस्य देहिनः ।
सत्यपूतस्य शुद्धस्य सर्वप्राणिहितस्य च ।
को वोपद्रवमन्विच्छेदात्मापघातकं विना ॥ २८ ॥

शृण्वित्यादि । साधनान्तरैः साधनविशेषैः ॥ २३ ॥ मन्त्रेत्यादि । किमवाप्यं किं लब्धव्यमस्ति अपि तु सर्वं वस्तु लब्धमेवास्तीत्यर्थः ॥ २४ ॥ तस्य ब्रह्मभूतस्य दर्शनमात्रेण पराङ्मुखाः सन्तो ग्रहादयः पलायन्ते ॥ २५ ॥ रक्षित इत्यादि । ब्रह्मभूतो जनो ग्रहादिभ्यो विभेति भीतो भवति किम् । किन्तु न बिभेतीत्यर्थः । मार्त्तण्ड इव सूर्य इव ॥ २६ ॥ तमित्यादि । तं परब्रह्मोपासकम् । ते ग्रहादयः । विद्रवन्ति पलायन्ते । पतङ्गा इव शलभा इव ॥ २७ ॥ शुद्धस्य निर्मलान्तःकरणस्य ॥ २८ ॥

ये द्रुह्यन्ति खलाः पापाः परब्रह्मोपदेशिने ।
स्वद्रोहं ते प्रकुर्वन्ति नातिरिक्ता यतः सतः ॥ २९ ॥
स तु सर्वहितः साधुः सर्वेषां प्रियकारकः ।
तस्यानिष्टे कृते देवि को वा स्यान्निरुपद्रवः ॥ ३० ॥
मन्त्रार्थं मन्त्रचैतन्यं यो न जानाति साधकः ।
शतलक्षप्रजप्तोऽपि तस्य मन्त्रो न सिद्ध्यति ॥ ३१ ॥
अतोऽस्यार्थञ्च चैतन्यं कथयामि शृणु प्रिये ।
अकारेण जगत्पाता संहर्त्ता स्यादुकारतः ॥ ३२ ॥
मकारेण जगत्स्रष्टा प्रणवार्थ उदाहृतः ।
सच्छब्देन सदा स्थायि चिच्चैतन्यं प्रकीर्त्तितम् ॥ ३३ ॥
एकमद्वैतमीशानि वृहत्त्वाद्ब्रह्म गीयते ।
मन्त्रार्थः कथितो देवि साधकाभीष्टसिद्धिदः ॥ ३४ ॥

य इत्यादि। ये पापाः पापशालिनः खला दुर्जनाः परब्रह्मोपदेशिने जनाय द्रुह्यन्ति तस्यापकारं विदधति ते पापाः स्वद्रोहमेव प्रकुर्वन्ति। परब्रह्मोपदेशिने इति क्रुधद्रुहेर्ष्यासूयार्थानां यं प्रति कोप इति सम्प्रदानत्वात् चतुर्थी सम्प्रदाने इति चतुर्थी। परब्रह्मोपदेशिजनद्रोहकरणात् स्वस्यैवापकारस्योत्पादने हेतुं दर्शयन्नाह नातिरिक्ता इत्यादि। यतो हेतोः सतः साधोर्ब्रह्मभूताद्ब्रह्मोपदेशिनो जनात् तेऽतिरिक्ता भिन्ना न भवन्ति अतः स्वद्रोहमेव प्रकुर्वन्तीति भावः ॥ २९ ॥
स तु ब्रह्मनिष्ठस्तु ॥ ३० ॥

मन्त्रार्थमिति। तस्य साधकस्य। यतो न सिद्ध्यति अतः प्रथमतः प्रणवार्थं निरूपयति अकारेणेत्यादिना ॥ ३१ ॥ ३२ ॥

अथ सच्चिदादिपदार्थमाह सच्छब्देनेत्यादिना ॥ ३३ ॥ ३४ ॥

मन्त्रचैतन्यमेतत्तु तदधिष्ठातृदेवता ।
तज्ज्ञानं परमेशानि भक्तानां सिद्धिदायकम् ॥ ३५ ॥
अस्याधिष्ठातृ देवेशि सर्वव्यापि सनातनम् ।
अवितर्क्यं निरातङ्कं वाचातीतं निरञ्जनम् ॥ ३६ ॥
वाङ्मायाकमलाद्येन तारहीनेन पार्वति ।
दीयते विविधा विद्या माया श्रीः सर्वतोमुखी ॥ ३७ ॥
तारेण तारहीनेन प्रत्येकं सकलं पदम् ।
युग्मयुग्मक्रमेणाऽपि मन्त्रोऽयं विविधो भवेत् ॥ ३८ ॥

अथ मन्त्रचैतन्यमभिधत्ते मन्त्रेत्यादिना । हे परमेशानि या तस्य मन्त्रस्याधिष्ठात्री देवता तस्या यत् ज्ञानमेतदेव मन्त्रचैतन्यं जानीहीत्यन्वयः । तच्चाधिष्ठातृदेवताज्ञानं भक्तानां सिद्धिदायकं भवेत् ॥ ३५ ॥

नन्वस्य मन्त्रस्य काऽधिष्ठात्री देवतेत्यपेक्षायामाह अस्येत्यादि । हे देवेशि सर्वव्यापि सकलपदार्थव्यापनशीलम् । सनातनं प्रागभावध्वंसरहितम् । अवितर्क्यमनूहनीयम् । निराकारमाकृतिशून्यम् । वाचातीतमतिक्रान्तवाक् । निरञ्जनम् मनश्चक्षुराद्यविषयभूतम् । यद्ब्रह्म तदस्य मन्त्रस्याधिष्ठातृ भवेत् ॥ ३६ ॥

वागित्यादि । हे पार्वति वाङ्मायाकमलाद्येन ऐमिति ह्रीमिति श्रीमिति वीजमाद्यं यस्य तथाभूतेन । तारहीनेन प्रणवरहितेन पूर्वोक्तेन मन्त्रेण क्रमतो विविधा अनेकप्रकारा विद्या दीयते विविधा माया दीयते सर्वतो मुखं यस्या एवम्भूता श्रीर्लक्ष्मीर्दीयते । यथा ऐं सच्चिदेकं ब्रह्मेत्यनेन मन्त्रेण विद्या दीयते । ह्रीं सच्चिदेकं ब्रह्मेत्यनेन माया दीयते । श्रीं सच्चिदेकं ब्रह्मेत्यनेन तु श्रीरिति ॥ ३७ ॥

अथैतस्यैव मन्त्रस्य नानाविधत्वं सम्पादयति तारेणेत्यादिना । पूर्वोक्तमन्त्रस्य प्रत्येकं पदं सकलं वा पदं तारेण प्रणवेन सहितं कर्त्तव्यं

ऋषिः सदाशिवो ह्यस्य छन्दोऽनुष्टुबुदाहृतम् ।
देवता परमं ब्रह्म सर्वान्तर्यामि निर्गुणम् ॥ ३९ ॥
चतुर्वर्गफलावाप्त्यै विनियोगः प्रकीर्त्तितः ।
अङ्गन्यासकरन्यासौ कथयामि शृणु प्रिये ॥ ४० ॥
तारं सच्चिदेकमिति ब्रह्मेति सकलं ततः ।
अङ्गुष्ठतर्जनीमध्यानामिकासु महेश्वरि ॥ ४१ ॥
कनिष्ठयोः करतलपृष्ठयोः सुरवन्दिते ।
नमः स्वाहा वषट्हूँ वौषट् फड़न्तैर्यथाक्रमम् ॥ ४२ ॥

तारहीनेन प्रणवत्यागेनोपलक्षितं वा विधेयम् । ततश्चायं मन्त्रो विविधो भवेत् । युग्मयुग्मक्रमेणापि प्रणवसहितस्तद्रहितो वायं पूर्वोक्तो मन्त्रो विविधोऽनेकप्रकारको भवेत् । तारसहितं तद्रहितं प्रत्येकं पदं यथा ओं सत् । ओं चित् । ओं एकम् । ओं ब्रह्म । सत् । चित् । एकम् । ब्रह्म इति । प्रणवसम्बद्धं तदसम्बद्धं समस्तं पदम् यथा ओं सच्चिदेकं ब्रह्म । सच्चिदेकं ब्रह्मेति । युग्मयुग्मक्रमतो यथा ओं सद्ब्रह्म । ओं चिद्ब्रह्म । ओं एकं ब्रह्म । ओं सच्चित् । ओं चिदेकम् । सद्ब्रह्म । चिद्ब्रह्म । एकं ब्रह्म । सच्चित् । चिदेकमिति ॥ ३८ ॥

अथास्य मन्त्रस्य ऋष्यादिकमाह ऋषिरित्यादिना सार्द्धेन । अस्य मन्त्रस्य । सर्वान्तर्यामि सर्वान्तर्नियन्तृ ॥ अस्य मन्त्रस्य सदाशिव ऋषिरनुष्टुप्छन्दः सर्वान्तर्यामि निर्गुणं परमं ब्रह्म देवता धर्म्मार्थकाममोक्षावाप्तये विनियोगः । शिरसि सदाशिवाय ऋषये नमः मुखेऽनुष्टुप्छन्दसे नमः हृदि सर्वान्तर्यामिनिर्गुणपरमब्रह्मणे देवतायै नमः धर्म्मार्थकाममोक्षावाप्तये विनियोगः । इति ऋषिन्यासं विधायाङ्गन्यासकरन्यासौ विधातव्यौ अतस्तावभिधातुमाह अङ्गन्यासेत्यादि ॥ ३९ ॥ ४० ॥

तयोर्म्मध्ये प्रथमतः करन्यासमाह तारमित्यादिभ्यां सार्द्धाभ्यां द्वाभ्याम् । हे महेश्वरि हे सुरवन्दिते नमःस्वाहावषट्हूंवौषट्फड़न्तैः अन्तभूतैर्नमःस्वाहावषट्

न्यसेन्न्यासोक्तविधिना साधकः सुसमाहितः ।
हृदादिकरपर्यन्तमेवमेव विधीयते ॥ ४३ ॥
प्राणायामं ततः कुर्यान् मूलेन प्रणवेन वा ।
मध्यमानामिकाभ्याञ्च दक्षहस्तस्य पार्वति ॥ ४४ ॥
वामनासापुटं धृत्वा दक्षनासापुटेन च ।
पूरयेत् पवनं मन्त्री मूलमष्टमितं जपन् ॥ ४५ ॥
अङ्गुष्ठेन दक्षनासां धृत्वा कुम्भकयोगतः ।
जपेद्द्वात्रिंशताऽऽवृत्त्या ततो दक्षिणनासया ॥ ४६ ॥
शनैःशनैस्त्यजेद्वायुं जपन् षोड़शधा मनुम् ।
वामनासापुटेऽप्येवं पूरकुम्भकरेचकम् ॥ ४७ ॥
पुनर्द्दक्षिणतः कुर्यात् पूर्ववत् सुरपूजिते ।
प्राणायामविधिः प्रोक्तो ब्रह्ममन्त्रस्य साधने ॥ ४८ ॥

हूंवौषट्फट्रूपैः पदैर्विशिष्टं तारं प्रणवं सदिति चिदिति एकमिति ब्रह्मेति । ततोऽनन्तरम् । ओं सच्चिदेकं ब्रह्मेति सकलञ्च पदम् अङ्गुष्ठतर्ज्जनीमध्यानामिकासु कनिष्ठयोः करतलपृष्ठयोश्च न्यासोक्तविधिना सुसमाहितोऽतिसावधानः सन् साधको यथाक्रमं न्यसेत् । क्रमो यथा ओं अङ्गुष्ठाभ्यां नमः । सत्तर्ज्जनीभ्यां स्वाहा । चिन्मध्यमाभ्यां वषट् । एकमनामिकाभ्यां हूँ । ब्रह्म कनिष्ठाभ्यां वौषट् । ओं सच्चिदेकं ब्रह्म करतलपृष्ठाभ्यां फट् । इति करन्यासः । अथाङ्गन्यासमाहार्द्धेन हृदित्यादि । हृदादिकरपर्य्यन्तं प्रत्येवमेव न्यासो विधीयते । यथा ओं हृदयाय नमः । सच्छिरसे स्वाहा । चिच्छिखायै वषट् । एकं कवचाय हूँ । ब्रह्म नेत्रत्रयाय वौषट् । ओं सच्चिदेकं ब्रह्म करतलकरपृष्ठाभ्यां फट् इति ॥ ४१–४३ ॥

एवमङ्गन्यासकरन्यासौ विधाय प्राणायामो विधेय इत्याह प्राणायाम-मित्यादिना । ततोऽनन्तरम् ओं सच्चिदेकं ब्रह्मेत्यादिमूलमन्त्रेण प्रणवेन ओं-

ततो ध्यानं प्रकुर्वीत साधकाभीष्टसाधनम् ॥ ४९ ॥

हृदयकमलमध्ये निर्विशेषं निरीहम्
हरिहरविधिवेद्यं योगिभिर्ध्यानगम्यम् ।
जननमरणभीतिभ्रंसि सच्चित्स्वरूपम्
सकलभुवनवीजं ब्रह्म चैतन्यमीड़े ॥ ५० ॥

कारेण वा प्राणायामं कुर्य्यात् ॥ ननु प्राणायामः कथं विधातव्य इत्यपेक्षायां तद्विधानमाह मध्यमेत्यादिभिः सार्द्धैश्चतुर्भिः । हे पार्व्वति दक्षिणहस्तस्य मध्यमानामिकाभ्यामङ्गुलिभ्यां वामनासापुटं धृत्वा मन्त्री साधकोऽष्टमितं मूलमन्त्रं जपन् सन् दक्षिणनासापुटेन पवनं बायु पूरयेत् । ततो दक्षहस्तस्यैवाङ्गुष्ठेन दक्षनासापुटं धृत्वा कुम्भकयोगतो द्वात्रिंशता आवृत्त्या मूलमन्त्रं जपेत् । ततः षोड़शधा मनुं मूलमन्त्रं जपन् सन् दक्षिणनासयैव शनैः शनैर्वायुं त्यजेत् । ततो वामनासापुटेऽप्येवमेव पूरककुम्भकरेचकं कुर्यात् क्रमेणैवाकृष्ट निश्चलं विमुक्तञ्च श्वासं विदध्यादित्यर्थः । पूर्ववत् पुनर्दक्षिणतोऽपि पूरककुम्भकरेचकं कुर्यात् । ब्रह्ममन्त्रस्य साधने एष प्राणायामविधिः प्रोक्तः । पूरकादिस्वरूपमाह योगियाज्ञवल्क्यः

नासिकोत्कृष्ट उच्छ्वासो ध्मातः पूरक उच्यते ।
कुम्भको निश्चलश्वासो मुच्यमानस्तु रेचकः ॥ इति ॥ ४४–४८ ॥

इत्थं प्राणायामं कृत्वा परब्रह्मध्यानं कर्त्तव्यमित्याह तत इत्यादिना ॥ ४९ ॥

अथ तद्ध्यानमाह हृदयेत्यादि । हृदयकमलस्य मध्ये स्थितं चैतन्यं चेतनं ब्रह्माहमीड़े ध्यायामीत्यन्वयः । धातूनामनेकार्थत्वादीड़धातोर्ध्यानेऽर्थेऽपि प्रवृत्तिः । निर्विशेषमित्यादीनि ब्रह्मणो विशेषणानि । निर्विशेषं नानाविधभेदशून्यम् । निरीहं निराकाङ्क्षम् प्राप्तसमस्तैश्वर्यमित्यर्थः । ध्यानगम्यम् ध्यानेनावगन्तव्यम् । जननमरणभीतिभ्रंसि जन्ममृत्युनिमित्तक भयापहन्तृ ।

ध्यात्वैवं परमं ब्रह्म मानसैरुपचारकैः ।
पूजयेत् परया भक्त्या ब्रह्मसायुज्यहेतवे ॥ ५१ ॥
गन्धं दद्यान्महीतत्त्वं पुष्पमाकाशमेव च ।
धूपं दद्याद्वायुतत्त्वं दीपं तेजः समर्पयेत् ।
नैवेद्यं तोयतत्त्वेन प्रदद्यात् परमात्मने ॥ ५२ ॥
ततो जप्त्वा महामन्त्रं मनसा साधकोत्तमः ।
समर्प्य ब्रह्मणे पश्चाद्वहिःपूजां समारभेत् ॥ ५३ ॥
उपस्थितानि द्रव्याणि गन्धपुष्पादिकानि च ।
वस्त्रालङ्करणादीनि भक्ष्यपेयानि यानि च ॥ ५४ ॥
मन्त्रेणानेन संशोध्य ध्यात्वा ब्रह्म सनातनम् ।
निमील्य नेत्रे मतिमानर्पयेत् परमात्मने ॥ ५५ ॥
ब्रह्मार्पणं ब्रह्महविर्ब्रह्माग्नौ ब्रह्मणा हुतम् ।
ब्रह्मैव तेन गन्तव्यं ब्रह्मकर्म्मसमाधिना ॥ ५६ ॥

सच्चित्स्वरूपं सदास्थायिस्वरूपं ज्ञानस्वरूपञ्चेत्यर्थः । सकलभुवनबीजं समस्तस्य भुवनस्य कारणम् ॥ ५० ॥

एवं ब्रह्म ध्यात्वा तस्य पूजनं विधेयमित्याह ध्यात्वेत्यादिना । मानसैर्म्मनःसङ्कल्पितैः । ब्रह्मसायुज्यहेतवे ब्रह्मत्वनिमित्ताय । स्याद्ब्रह्मभूयं ब्रह्मत्वं ब्रह्मसायुज्यमित्यपीत्यमरः ॥ मानसानुपचारानेवाह गन्धमित्यादिना ॥ ५१ ॥ ५२ ॥

तत इति । महामन्त्रम् ओं सच्चिदेकं ब्रह्मेत्याद्यात्मकम् । समर्प्य महामन्त्रजपहेतुकं फलं दत्त्वा ॥ वहिःपूजामेवाह उपस्थितानीत्यादिना । उपस्थितानि समीपे स्थितानि ॥ अनेन इतोऽनन्तरमेव वक्ष्यमाणेन मन्त्रेण ॥ ५३–५५ ॥

अथ गन्धपुष्पाद्यर्पणमन्त्रमेवाह ब्रह्मार्पणमिति । अर्प्यते दीयतेऽनेनेत्यर्पणं स्रुवादि यज्ञपात्रम् तदपि ब्रह्मैव । दीयमानं हविर्घृतादिकमपि ब्रह्मैव ।

ततो नेत्रे समुन्मील्य जप्त्वा मूलं स्वशक्तितः ।
तज्जपं ब्रह्मसात् कृत्वा स्तोत्रञ्च कवचं पठेत् ॥ ५७ ॥
स्तोत्रं शृणु महेशानि ब्रह्मणः परमात्मनः ।
यत् श्रुत्वा साधको देवि ब्रह्मसायुज्यमश्नुते ॥ ५८ ॥
नमस्ते सते सर्वलोकाश्रयाय
नमस्ते चिते विश्वरूपात्मकाय ।
नमोऽद्वैततत्त्वाय मुक्तिप्रदाय
नमो ब्रह्मणे व्यापिने निर्गुणाय ॥ ५९ ॥
त्वमेकं शरण्यं त्वमेकं वरेण्यं
त्वमेकं जगत्कारणं विश्वरूपम् ।

ब्रह्मैवाग्निस्तस्मिन् । ब्रह्मणा कर्त्रा हुतं हवनमपि ब्रह्म । अग्निश्च कर्त्ता च हवनक्रिया चापि ब्रह्मैवेत्यर्थः । एवं ब्रह्मण्येव कर्म्मात्मके समाधिश्चित्तैकाग्र्यं यस्य तेन पुंसा ब्रह्मैव गन्तव्यं प्राप्तव्यं न तु फलान्तरमित्यर्थः ॥ ५६ ॥

तत इत्यादि । समुन्मील्य उद्घाट्य । मूलं मूलमन्त्रम् । ब्रह्मसात् ब्रह्माधीनम् ॥ ५७ ॥

स्तोत्रमिति । ब्रह्मसायुज्यमश्नुते ब्रह्मत्वं प्राप्नोति ॥ ५८ ॥

अथ तत्स्तोत्रमाह नमस्ते इत्यादि । सते सदा स्थायिने । सर्वलोकाश्रयाय सकललोकाधारभूताय । चिते चैतन्याय । विश्वरूप आत्मा यस्य तस्मै । अद्वैततत्त्वाय सजातीयविजातीयात्मगतभेदरहिततत्त्वाय । ब्रह्मणे अतिबृहते अतएव व्यापिने सकलवस्तुव्यापनशीलाय । निर्गुणाय सत्त्वादिगुणरहिताय ॥ ५९ ॥

त्वमेकं जगत्कर्त्तृपातृप्रहर्त्तृ
त्वमेकं परं निश्चलं निर्विकल्पम् ॥ ६० ॥
भयानां भयं भीषणं भीषणानां
गतिः प्राणिनां पावनं पावनानाम् ।
महोच्चैःपदानां नियन्तृ त्वमेकं
परेषां परं रक्षकं रक्षकाणाम् ॥ ६१ ॥
परेश प्रभो सर्वरूपाप्रकाशिन्
अनिर्देश्य सर्वेन्द्रियागम्य सत्य ।
अचिन्त्याक्षर व्यापकाव्यक्त तत्त्व
जगद्भासकाधीश पायादपायात् ॥ ६२ ॥

त्वमित्यादि । एकं मुख्यं केवलं वा । शरणे रक्षणे साधु इति शरण्यम् । तत्र साधुरिति यत् । वरेण्यं वरणीयम् । जन्ममृत्युदुःखादिभीरुभिरुपासनीय-मित्यर्थः । परं श्रेष्ठम् । निर्विकल्पं नानाविधकल्पनाशून्यम् ॥ ६० ॥

भयानामित्यादि । भीषणानां भयानकानामपि भीषणं भयानकम् । पावनानां पूतत्वजनकानामपि पावनम् पावित्र्यजनकम् । पदानां स्थानानां मध्ये महोच्चैरत्युच्छ्रितं पदम् अथवा महोच्चैरत्युच्छ्रितं पदं येषां तेषां ब्रह्मादीनामपि नियन्तृ नियामकम् । परेषां श्रेष्ठानामपि ॥ ६१ ॥

परेशेत्यादि । परेश परेषां ब्रह्मादीनामप्यधिप । प्रभो नियन्तः । अनिर्देश्यशब्देन निर्देष्टुमशक्य । सर्वेन्द्रियागम्य सर्वैर्नेत्रादिभिरिन्द्रियैरप्राप्य । सत्य परमार्थसत्यशालिन् । अचिन्त्य मनसोऽप्यविषयभूत । न क्षरति चलतीत्यक्षरम् तत्सम्बोधने अक्षर । अव्यक्त रूपादिरहित । जगद्भासकानां चन्द्रसूर्यादीनामपीश्वर अथवा जगाद्भसकेति अधीशेति च भिन्नमेव पदम् । पायात् रक्षत् । अपायात् भक्तिवुद्ध्यादिविश्लेषात् ॥ ६२ ॥

तदेकं स्मरामस्तदेकं जपामः

तदेकं जगत्साक्षिरूपं नमामः ।

सदेकं निधानं निरालम्बमीशं

भवाम्भोधिपोतं शरण्यं व्रजामः ॥ ६३ ॥

पञ्चरत्नमिदं स्तोत्रं ब्रह्मणः परमात्मनः ।

यः पठेत् प्रयतो भूत्वा ब्रह्मसायुज्यमाप्नुयात् ॥ ६४ ॥

प्रदोषेऽदः पठेन्नित्यं सोमवारे विशेषतः ।

श्रावयेद्बोधयेत् प्राज्ञो ब्रह्मनिष्ठान् स्वबान्धवान् ॥ ६५ ॥

इति ते कथितं देवि पञ्चरत्नं महेशितुः ।

कवचं शृणु चार्वङ्गि जगन्मङ्गलनामकम् ।

पठनाद्धारणाद् यस्य ब्रह्मज्ञो जायते ध्रुवम् ॥ ६६ ॥

परमात्मा शिरः पातु हृदयं परमेश्वरः ।

कण्ठं पातु जगत्पाता वदनं सर्वदृग्विभुः ॥ ६७ ॥

करौ मे पातु विश्वात्मा पादौ रक्षतु चिन्मयः ।

सर्वाङ्गं सर्वदा पातु परं ब्रह्म सनातनम् ॥ ६८ ॥

तदित्यादि । तत् ब्रह्म । निधीयते जगद् यस्मिन् तन्निधानं जगदाश्रयभूतम् । निरालम्बम् आश्रयशून्यम् ॥ ६३ ॥

अथ पञ्चरत्नाख्यैतत्स्तोत्रपाठहेतुकं फलमाह पञ्चरत्नमित्यादिना । प्रयतः पवित्रः ॥ अदः स्तोत्रम् ॥ ६४ ॥ ६५ ॥

स्तोत्रं पठित्वा कवचं पठितव्यमतस्तदभिधातुमुपक्रमते इतीति ॥ ६६ ॥

तद् ब्रह्मकवचमेवाह परमात्मेत्यादि । चिन्मयः चैतन्यरूपः ॥६७॥६८॥

श्रीजगन्मङ्गलस्यास्य कवचस्य सदाशिवः ।
ऋषिश्छन्दोऽनुष्टुबिति परमब्रह्म देवता ।
चतुर्वर्गफलावाप्त्यै विनियोगः प्रकीर्त्तितः ॥ ६९ ॥
यः पठेद् ब्रह्मकवचं ऋषिन्यासपुरःसरम् ।
स ब्रह्मज्ञानमासाद्य साक्षाद्ब्रह्ममयो भवेत् ॥ ७० ॥
भूर्ज्जे विलिख्य गुटिकां स्वर्णस्थां धारयेत् यदि ।
कण्ठे वा दक्षिणे बाहौ सर्वसिद्धीश्वरो भवेत् ॥ ७१ ॥
इत्येतत् परमब्रह्मकवचं ते प्रकाशितम् ।
दद्यात् प्रियाय शिष्याय गुरुभक्ताय धीमते ॥ ७२ ॥
पठित्वा स्तोत्रकवचं प्रणमेत् साधकाग्रणीः ॥ ७३ ॥
नमस्ते परमं ब्रह्म नमस्ते परमात्मने ।
निर्गुणाय नमस्तुभ्यं सद्रूपाय नमो नमः ॥ ७४ ॥

अथास्य कवचस्य ऋष्यादिकमाह श्रीजगदित्यादिना ॥ अथ ब्रह्मकवचपठनजन्यं फलमाह य इत्यादिना । ऋषिन्यासः पुरःसरो यत्र तत् । ऋषिन्यासश्च अस्य श्रीजगन्मङ्गलनामकस्य कवचस्य सदाशिव ऋषिः अनुष्टुप्छन्दः परमब्रह्म देवता धर्म्मार्थकाममोक्षावाप्त्यै श्रीजगन्मङ्गलाख्यकवचपाठे विनियोगः । शिरसि सदाशिवाय ऋषये नमः । मुखेऽनुष्टुप्छन्दसे नमः । हृदये परब्रह्मणे देवतायै नमः । धर्म्मार्थकाममोक्षावाप्तये श्रीजगन्मङ्गलाख्यकवचपाठे विनियोग इति । आसाद्य प्राप्य । ब्रह्ममयः ब्रह्मस्वरूपः ॥ ६९–७१ ॥

इतीति । ते तुभ्यं तवाग्रे वा ॥ प्रणमेत् परमात्मानमिति शेषः । साधकाग्रणीः साधकोत्तमः ॥ तत्प्रणमनमेवाह नम इत्यादिना ॥ ७२–७४ ॥

वाचिकं कायिकं वाऽपि मानसं वा यथामति ।
आराधने परेशस्य भावशुद्धिर्विधीयते ॥ ७५ ॥
एवं संपूज्य मतिमान् स्वजनैर्बान्धवैः सह ।
महाप्रसादं स्वीकुर्याद् ब्रह्मणः परमात्मनः ॥ ७६ ॥
पूजने परमेशस्य नावाहनविसर्ज्जने ।
सर्वत्र सर्वकालेषु साधयेद् ब्रह्मसाधनम् ॥ ७७ ॥
अस्नातो वा कृतस्नानो भुक्तो वाऽपि बुभुक्षितः ।
पूजयेत् परमात्मानं सदा निर्मलमानसः ॥ ७८ ॥
अनेन ब्रह्ममन्त्रेण भक्ष्यपेयादिकञ्च यत् ।
दीयते परमेशाय तदेव पावनं महत् ॥ ७९ ॥
गङ्गातोये शिलादौ च स्पृष्टदोषोऽपि वर्त्तते ।
परब्रह्मार्पिते द्रव्ये स्पृष्टास्पृष्टं न विद्यते ॥ ८० ॥

ननु परमात्मानं प्रति कायिकवाचिकमानसास्त्रयोऽपि प्रणामा विधातव्यास्तेषां मध्ये एकतमो वा तत्राह वाचिकमित्यादि । यथामति परब्रह्मणे कायिकं वाचिकं मानसं वा प्रणमनं विदध्यात् । ननु परब्रह्मणे कायिकस्यैव प्रणामस्यौचित्यं नतु वाचिकमानसयोरत आह आराधन इत्यादि । भावशुद्धिरन्तःकरणशुद्धत्वम् ॥ ७५ ॥

एवमित्यादि । संपूज्य परमात्मानमिति शेषः ॥ साधयेत् निष्पादयेत् ॥ ७६–७८ ॥

अथ ब्रह्मणो महाप्रसादस्य माहात्म्यं वर्णयितुमुपक्रमते अनेनेत्यादि । ब्रह्ममन्त्रेण ओं सच्चिदित्याद्यात्मकेन ब्रह्मार्पणमित्याद्यात्मकेन वा ॥ शिलादौ शालग्रामशिलादौ ॥ ७९ ॥ ८० ॥

पक्कं वाऽपि न पक्कं वा मन्त्रेणानेन मन्त्रितम् ।
साधको ब्रह्मसात् कृत्वा भुञ्जीयात् स्वजनैः सह ॥ ८१ ॥
नात्र वर्णविचारोऽस्ति नोच्छिष्टादिविवेचनम् ।
न कालनियमोऽप्यत्र शौचाशौचं तथैव च ॥ ८२ ॥
यथाकाले यथादेशे यथायोगेन लभ्यते ।
ब्रह्मसात् कृतनैवेद्यमश्नीयादविचारयन् ॥ ८३ ॥
आनीतं श्वपचेनापि श्वमुखादपि निःसृतम् ।
तदन्नं पावनं देवि देवानामपि दुर्लभम् ॥ ८४ ॥
किं पुनर्मनुजादीनां वक्तव्यं देववन्दिते ।
परमेशस्य नैवेद्यसेवनाद् यत् फलं भवेत् ॥ ८५ ॥
महापातकयुक्तो वा युक्तो वाप्यन्यपातकैः ।
सकृत् प्रसादग्रहणात् मुच्यते नात्र संशयः ॥ ८६ ॥
सार्द्धत्रिकोटितीर्थेषु स्नानदानेन यत्फलम् ।
तत् फलं लभते मर्त्यो ब्रह्मार्पितनिषेवणात् ॥ ८७ ॥
अश्वमेधादिभिर्यज्ञैरिष्ट्वा यत् फलमश्नुते ।
भक्षिते ब्रह्म नैवेद्ये तस्मात् कोटिगुणं लभेत् ॥ ८८ ॥
जिह्वाकोटिसहस्रैस्तु वक्त्रकोटिशतैरपि ।
महाप्रसादमाहात्म्यं वर्णितुं नैव शक्यते ॥ ८९ ॥

पक्कमिति । मन्त्रेण ओं तत् सदित्याद्यात्मकेन ॥ नात्रेति । अत्र ब्रह्मणो महाप्रसादे ॥ आनीतमिति । श्वपचेन चाण्डालेनाप्यानीतं यदन्नं तद्ब्रह्मसात्कृतं सत् पावनं भवेत् ॥ अश्नुते लभते ॥ ८१—८९ ॥

यत्र कुत्र स्थितो वापि प्राप्य ब्रह्मार्पितामृतम् ।
गृहीत्वा कीकशो वाऽपि ब्रह्मसायुज्यमाप्नुयात् ॥ ९० ॥
यदि स्यान्नीचजातीयमन्नं ब्रह्मणि भावितम् ।
तदन्नं ब्राह्मणैर्ग्राह्यमपि वेदान्तपारगैः ॥ ९१ ॥
जातिभेदो न कर्त्तव्यः प्रसादे परमात्मनः ।
योऽशुद्धबुद्धिं कुरुते स महापातकी भवेत् ॥ ९२ ॥
वरं पापशतं कुर्याद्वरं विप्रवधं प्रिये ।
परब्रह्मार्पिते ह्यन्ने न कुर्यादवहेलनम् ॥ ९३ ॥
ये त्यजन्ति नरा मूढा महामन्त्रेण संस्कृतम् ।
अन्नतोयादिकं भद्रे पितॄंस्ते पातयन्त्यधः ॥ ९४ ॥
स्वयमप्यन्धतामिस्रे पतन्त्याहूतसंप्लवम् ।
ब्रह्मसात्कृतनैवेद्यद्वेष्टॄणां नास्ति निष्कृतिः ॥ ९५ ॥
पुण्यायन्ते क्रियाः सर्वाः सुषुप्तिः सुकृतायते ।
स्वेच्छाचारोऽत्र विहितो महामन्त्रस्य साधने ॥ ९६ ॥

यत्रेत्यादि । अमृतम् शीधु । कीकशो वापि चाण्डालोऽपि ॥ ९० ॥

यदीति । नीचजातीयं चाण्डालादिसम्बन्धि । ब्रह्मणि भावितं चिन्तितं ब्रह्मणेऽर्पितमित्यर्थः ॥ ९१ ॥ ९२ ॥

वरमित्यादि । वरमीषत् प्रियम् । देवाद्वृते वरः श्रेष्ठे त्रिषु क्लीवं मनाक् प्रिये इत्यमरः । अवहेलनम् तिरस्कारम् ॥ ९३ ॥ ९४ ॥

स्वयमित्यादि । अन्धतामिस्रे नरके । आहूतस्य विश्वस्य संप्लवः सलिले सम्यक् प्लवनं यत्र तत्कालपर्य्यन्तम् प्रलयकालपर्य्यन्तमित्यर्थः । निष्कृतिर्निस्तारः ॥ ९५ ॥

पुण्येत्यादि । सर्वा अपुण्या अपि क्रियाः पुण्यायन्ते पुण्या इवाचरन्तीत्यर्थः ॥ ९६ ॥

किं तस्य वैदिकाचारैस्तान्त्रिकैर्वाऽपि तस्य किम् ।
ब्रह्मनिष्ठस्य विदुषः स्वेच्छाचारो विधिः स्मृतः ॥ ९७ ॥
कृतेनास्य फलं नास्ति नाकृतेनापि किल्विषम् ।
न विघ्नः प्रत्यवायोऽस्य ब्रह्ममन्त्रस्य साधनात् ॥ ९८ ॥
अस्मिन् धर्म्मे महेशि स्यात् सत्यवादी जितेन्द्रियः ।
परोपकारनिरतो निर्व्विकारः सदाशयः ॥ ९९ ॥
मात्सर्यहीनोऽदम्भी च दयावान् शुद्धमानसः ।
मातापित्रोः प्रीतिकारी तयोः सेवनतत्परः ॥ १०० ॥
ब्रह्मश्रोता ब्रह्ममन्ता ब्रह्मान्वेषणमानसः ।
यतात्मा दृढ़बुद्धिः स्यात् साक्षाद्ब्रह्मेति भावयन् ॥ १०१ ॥
न मिथ्याभाषणं कुर्यान्न परानिष्टचिन्तनम् ।
परस्त्रीगमनञ्चैव ब्रह्ममन्त्री विवर्ज्जयेत् ॥ १०२ ॥
तत्सदिति वदेद्देवि प्रारम्भे सर्वकर्म्मणाम् ।
ब्रह्मार्पणमस्तु वाक्यं पानभोजनकर्म्मणोः ॥ १०३ ॥
येनोपायेन मर्त्यानां लोकयात्रा प्रसिद्ध्यति ।
तदेव कार्यं ब्रह्मज्ञैरिदं धर्म्मं सनातनम् ॥ १०४ ॥

किमित्यादि । विदुषः सर्वं ब्रह्मैवेति जानतः । स्वेच्छाचार एव विधिः । अस्य ब्रह्मनिष्ठस्य ॥ ९७ ॥ ९८ ॥

अस्मिन्नित्यादि । सदाशयः साध्वभिप्रायः ॥ मात्सर्यहीनः अन्यशुभद्वेषरहितः । अदम्भी कपटताशून्यः । तयोः मातापित्रोः ॥ ९९ ॥ १०० ॥

ब्रह्मेत्यादि । यतात्मा संयतचित्तः । ब्रह्म साक्षादस्तीति भावयन् चिन्तयन् ॥ ब्रह्मार्पणमस्त्विति वाक्यम् ॥ लोकयात्रा लोकनिर्वाहः ॥ १०१–१०४ ॥

अथ सन्ध्याविधिं वक्ष्ये ब्रह्ममन्त्रस्य शाम्भवि ।
यां कृत्वा ब्रह्मसम्पत्तिं लभन्ते भुवि मानवाः ॥ १०५ ॥
प्रातर्मध्याह्नसायाह्ने यथादेशे यथाऽऽसने ।
पूर्ववत् परमब्रह्म ध्यात्वा साधकसत्तमः ॥ १०६ ॥
अष्टोत्तरशतं देवि गायत्रीजपमाचरेत् ।
जपं समर्प्य विधिवत् पूर्ववत् प्रणमेत् सुधीः ॥ १०७ ॥
एषा सन्ध्या मया प्रोक्ता सर्वथा ब्रह्मसाधने ।
यदनुष्ठानतो मन्त्री शुद्धान्तःकरणो भवेत् ॥ १०८ ॥
गायत्रीं शृणु चार्वङ्गि सर्वपापप्रणाशिनीम् ।
परमेश्वरं ङेऽन्तमुक्त्वा विद्महे तदनन्तरम् ॥ १०९ ॥
परतत्त्वाय पदतो धीमहीति वदेत् प्रिये ।

अथेति । यां सन्ध्याम् । ब्रह्मसम्पत्तिम् ब्रह्मरूपां सम्पदम् ॥ तत्सन्ध्याविधिमेवाह प्रातरित्यादिना । यदनुष्ठानतः यदाचरणतः ॥ १०५–१०८ ॥

तां ब्रह्मगायत्रीमेवाह परमेश्वरमित्यादिना सार्द्धेन । हे प्रिये ईशानि ङेऽन्तं ङेविभक्त्यन्तं परमेश्वरं पदमुक्त्वा विद्महे इति पदं वदेत् । तदनन्तरं विद्महे इति पदानन्तरं परतत्त्वायेति पदं वदेत् । परतत्त्वायेति पदतः परं धीमहीति पदं वदेत् । तदनन्तरं धीमहीति पदानन्तरं तन्नो ब्रह्म प्रचोदयादिति वदेत् । ततश्च परमेश्वराय विद्महे परतत्त्वाय धीमहि तन्नो ब्रह्म प्रचोदयादित्याकारिका ब्रह्मगायत्री सम्पन्नासीत् । ब्रह्मगायत्र्यर्थस्तु परतत्त्वाय परमेश्वराय परतत्त्वं परमेश्वरमाप्तुं यद्ब्रह्म वयं विद्महे मन्यामहे धीमहि चिन्तयामश्च तद्ब्रह्म

तदनन्तरमीशानि तन्नो ब्रह्म प्रचोदयात् ।
इयं श्रीब्रह्मगायत्री चतुर्वर्गप्रदायिनी ॥ ११० ॥
पूजनं यजनञ्चैव स्नानं पानञ्च भोजनम् ।
यद्यत्कर्म्म प्रकुर्वीत ब्रह्ममन्त्रेण साधयेत् ॥ १११ ॥
ब्राह्मे मुहूर्त्ते चोत्थाय प्रणम्य ब्रह्मदं गुरुम् ।
ध्यात्वा च परमं ब्रह्म यथाशक्ति मनुं स्मरेत् ।
पूर्ववत् प्रणमेद् ब्रह्म प्रातःकृत्यमिदं स्मृतम् ॥ ११२ ॥
द्वात्रिंशता सहस्रेण जपेनास्य पुरस्क्रिया ।
तद्दशांशेन हवनं तर्पणं तद्दशांशतः ॥ ११३ ॥
सेचनं तद्दशांशेन तद्दशांशेन सुन्दरि ।
ब्राह्मणान् भोजयेन्मन्त्री पुरश्चरणकर्म्मणि ॥ ११४ ॥
भक्ष्याभक्ष्यविचारोऽत्र त्याज्यं ग्राह्यं न विद्यते ।
न कालशुद्धिनियमो न वा स्थाननिरूपणम् ॥ ११५ ॥

नोऽस्मान् प्रचोदयात् प्रेरयेत् धर्म्मार्थकाममोक्षेषु विनियोजयेदित्यर्थ इति ॥ १०९ ॥ ११० ॥

पूजनमिति । साधयेत् तत्तत्कर्मेति शेषः । अथ प्रातःकृत्यमाह ब्राह्मे इत्यादिना । मनुम् ओं सच्चिदेकं ब्रह्मेत्यादिमन्त्रम् ॥ १११ ॥ ११२ ॥

अथ ब्रह्ममन्त्रस्य पुरश्चरणबिधिमाह द्वात्रिंशतेत्यादिना । अस्य ब्रह्ममन्त्रस्य पुरस्क्रिया पुरश्चरणम् । तद्दशांशेन जपदशमांशेन हवनं होमः । तद्दशांशतः होमदशांशतः । तद्दशांशेन तर्पणदशांशेन सेचनं मार्जनम् । तद्दशांशेन मार्जनद्दशांशेन ॥ भक्ष्येत्यादि । अत्र ब्रह्ममन्त्रस्य पुरश्चरणकर्मणि ॥ ११३-११५॥

अभुक्तो वाऽपि भुक्तो वा स्नातो वाऽस्नात एव वा ।
साधयेत् परमं मन्त्रं स्वेच्छाचारेण साधकः ॥ ११६ ॥
विनाऽऽयासं विना क्लेशं स्तोत्रञ्च कवचं विना ।
विना न्यासं विना मुद्रां विना सेतुं वरानने ॥ ११७ ॥
विना चौरगणेशादिजपञ्च कुल्लुकां विना ।
अकस्मात् परमब्रह्मसाक्षात्कारो भवेद् ध्रुवम् ॥११८ ॥
संकल्पोऽस्मिन् महामन्त्रे मानसः परिकीर्त्तितः ।
साधने ब्रह्ममन्त्रस्य भावशुद्धिर्विधीयते ॥ ११९ ॥
सर्वं ब्रह्ममयं देवि भावयेत् ब्रह्मसाधकः ।
न चाऽस्य प्रत्यवायोऽस्ति नाङ्गवैगुण्यमेव च ।
महामनोः साधने तु व्यङ्गं साङ्गायते ध्रुवम् ॥ १२० ॥
कलौ पापयुगे घोरे तपोहीनेऽतिदुस्तरे ।
निस्तारबीजमेतावत् ब्रह्ममन्त्रस्य साधनम् ॥ १२१ ॥
साधनानि बहूक्तानि नानातन्त्रागमादिषु ।
कलौ दुर्वलजीवानामसाध्यानि महेश्वरि ॥ १२२ ॥

अभुक्त इत्यादि । न भुक्तमस्यास्तीति अभुक्तः । अर्श आदिभ्योऽजित्यच् । सेतुम् जपविशेषम् । कुल्लुकाऽपि जपविशेष एव तां विना । भावयेत् चिन्तयेत् ॥ ११६–११९ ॥

न चेत्यादि । अस्य महामनोरङ्गवैगुण्यादितः प्रत्यवायो न भवेत् । व्यङ्गम् अङ्गहीनमपि ॥ १२० ॥ १२१ ॥

नन्वनेकेषु तन्त्रादिषु निस्तारबीजानि बहूनि साधनानि भवतैवोक्तानि तत् कथमुच्यते कलौ ब्रह्ममन्त्रस्य साधनमेव निस्तारबीजमित्यत आह साधनानीत्यादि । अत्र यद्यपि तथापीत्यध्याहार्यम् ॥ १२२ ॥

अल्पायुषः स्वल्पवृत्ता अन्नाधीनासवः प्रिये ।
लुब्धा धनार्ज्जने व्यग्राः सदा चञ्चलमानसाः ॥ १२३ ॥
समाधावस्थिरधियो योगक्लेशासहिष्णवः ।
तेषां हिताय मोक्षाय ब्रह्ममार्गोऽयमीरितः ॥ १२४ ॥
कलौ नास्त्येव नास्त्येव सत्यं सत्यं मयोच्यते ।
ब्रह्मदीक्षां विना देवि कैवल्याय सुखाय च ॥ १२५ ॥
प्रातःकृत्यं प्रातरेव सन्ध्यां कुर्यात् त्रिकालतः ।
मध्याह्ने पूजनं कुर्यात् सर्वतन्त्रेष्वयं विधिः ।
परब्रह्मोपासने तु साधकेच्छाविधिः शिवे ॥ १२६ ॥
विधयः किङ्कराः यत्र निषेधाः प्रभवोऽपि न ।
स्वेच्छाचारेणेष्टसिद्धिस्तद्विना कोऽन्यमाश्रयेत् ॥ १२७ ॥
ब्रह्मज्ञानिगुरुं प्राप्य शान्तं निश्चलमानसम् ।
धृत्वा तच्चरणाम्भोजं प्रार्थयेद् भक्तिभावतः ॥ १२८ ॥

असाध्यत्वे हेतुं दर्शयन्नाह अल्पायुष इत्यादि । यत इति शेषः । अन्नाधीनासवः अन्नवशीभूतप्राणाः ॥ १२३ ॥ समाधावित्यादि । समाधिश्चित्तवृत्तिनिरोधः तत्र । योगक्लेशासहिष्णवः निस्तारोपायभूततत्तत्कर्मसाधनहेतुकक्लेशसहनाशीलाः ॥ १२४ ॥ कलौ युगे ब्रह्मदीक्षाया अन्या काचिदपि दीक्षा मोक्षाय सुखाय च नैवास्तीति प्रतिज्ञां कुर्वन्नाह कलावित्यादि ॥ १२५ ॥

प्रातरिति । साधकेच्छैव विधिः । यत्र परब्रह्मोपासने ॥ १२६ ॥ १२७ ॥

अथ ब्रह्ममन्त्रोपदेशविधिमभिधातुमुपक्रमते ब्रह्मज्ञानीत्यादि । शान्तम् रागद्वेषादिशून्यम् । भक्तिभावतः भक्तियोगेन ॥ किं प्रार्थयेदित्यपेक्षायामाह करुणामयेत्यादि ॥ १२८—१३० ॥

करुणामय दीनेश तवाऽहं शरणागतः ।
त्वत्पदाम्भोरुहच्छायां देहि मूर्द्धि यशोधन ॥ १२९ ॥
इति प्रार्थ्य गुरुं पश्चात् पूजयित्वा स्वशक्तितः ।
कृताञ्जलिपुटो भूत्वा तूष्णीं तिष्ठेत् गुरोः पुरः ॥ १३० ॥
गुरुर्विचार्य विधिवत् यथोक्तं शिष्यलक्षणम् ।
आहूय कृपया दद्यात् सच्छिष्याय महामनुम् ॥ १३१ ॥
उपविश्याऽऽसने ज्ञानी प्राङ्मुखो वाप्युदङ्मुखः ।
स्ववामे शिष्यमानीय कारुण्येनाऽवलोकयेत् ॥ १३२ ॥
ततः शिष्यस्य शिरसि ऋषिन्यासपुरःसरम् ।
जपेदष्टशतं मन्त्रं साधकस्येष्टसिद्धये ॥ १३३ ॥
दक्षकर्णे ब्राह्मणानामितरेषाञ्च वामतः ।
सप्तधा श्रावयेत् मन्त्रं सद्गुरुः करुणानिधिः ॥ १३४ ॥
उपदेशविधिः प्रोक्तो ब्रह्ममन्त्रस्य कालिके ।
नात्र पूजाद्यपेक्षाऽस्ति संकल्पं मानसञ्चरेत् ॥ १३५ ॥

गुरुरित्यादि । यथोक्तं शिष्यलक्षणम् शान्तो दान्तो विनीतश्चेत्यादिकम् ॥ १३१ ॥

उपविश्येत्यादि । ज्ञानी ब्रह्मज्ञानवान् गुरुः । कारुण्येन कृपायुक्तया दृष्ट्या ॥ १३२ ॥

तत इत्यादि । मन्त्रम् ओं सच्चिदेकं ब्रह्मेत्यादिकम् ॥ दक्षेत्यादि । वामतः वामे कर्णे । मन्त्रम् पूर्वोक्तमेव ॥ १३३ ॥ १३४ ॥

उपदेशेति । अत्र ब्रह्ममन्त्रोपदेशविधौ । चरेत् कुर्यात् ॥ १३५ ॥

ततः श्रीगुरुपादाब्जे दण्डवत् पतितं शिशुम् ।
उत्थापयेद् गुरुः स्नेहादिमं मन्त्रमुदीरयन् ॥ १३६ ॥
उत्तिष्ठ वत्स मुक्तोऽसि ब्रह्मज्ञानपरो भव ।
जितेन्द्रियः सत्यवादी बलारोग्यं सदाऽस्तु ते ॥ १३७ ॥
तत उत्थाय गुरवे यथाशक्त्यनुसारतः ।
दक्षिणां स्वं फलं वाऽपि दद्यात् साधकसत्तमः ।
गुरोराज्ञावशीभूत्वा विहरेद्देववद् भुवि ॥ १३८ ॥
मन्त्रग्रहणमात्रेण तदात्मा तन्मयो भवेत् ।
ब्रह्मभूतस्य देवेशि किमन्यैर्बहुसाधनैः ॥ १३९ ॥
इति संक्षेपतो ब्रह्मदीक्षा ते कथिता प्रिये ।
गुरुकारुण्यमात्रेण ब्रह्मदीक्षां समाश्रयेत् ॥ १४० ॥
शाक्ताः शैवा वैष्णवाश्च सौरा गाणपतास्तथा ।
विप्रा विप्रेतराश्चैव सर्वेऽप्यत्राधिकारिणः ॥ १४१ ॥

तत इत्यादि । ततः मन्त्रश्रवणात् परतः । शिशुम् शिष्यम् ॥ तं मन्त्रमेवाह उत्तिष्ठ वत्सेत्यादि ॥ १३६ ॥ १३७ ॥

तत इति । स्वं धनम् आत्मानं वा ॥ १३८ ॥

मन्त्रेत्यादि । तदात्मा ब्रह्मनिष्ठान्तःकरणः । तन्मयः ब्रह्मस्वरूपः ॥ १३९ ॥

ब्रह्ममन्त्रग्रहणे कालादिनियमो नास्तीति प्रतिपादयन्नाह गुर्वित्यादि ॥ १४० ॥

उपदिष्टानामनुपदिष्टानाञ्च ब्राह्मणादीनां सर्वेषामप्यस्मिन् ब्रह्ममन्त्रेऽधिकारोऽस्तीत्याह शाक्ता इत्यादिना । अत्र ब्रह्ममन्त्रे ॥ १४१ ॥

अहं मृत्युञ्जयो देवि देवदेवो जगद्गुरुः ।
स्वेच्छाचारी निर्विकल्पो मन्त्रस्याऽस्य प्रसादतः ॥ १४२ ॥
अमुमेव ब्रह्ममन्त्रं मत्तः पूर्वमुपासिताः ।
ब्रह्मा ब्रह्मर्षयश्चापि देवा देवर्षयस्तथा ॥ १४३ ॥
देवर्षिवक्त्रान्मुनयस्तेभ्यो राजर्षयः प्रिये ।
उपासिता ब्रह्मभूताः परमात्मप्रसादतः ॥ १४४ ॥
ब्राह्मे मनौ महेशानि विचारो नास्ति कुत्रचित् ।
स्वीयमन्त्रं गुरुर्दद्यात् शिष्येभ्यो ह्यविचारयन् ॥ १४५ ॥
पिताऽपि दीक्षयेत् पुत्रान् भ्राता भ्रातॄन् पतिः स्त्रियम् ।
मातुलो भागिनेयांश्च नप्तॄन् मातामहोऽपि च ॥ १४६ ॥

एतन्मन्त्रप्रसादादेव मयि मृत्युञ्जयत्वादिकमासीदित्याह अहमित्यादिना । अहं मृत्युञ्जयोऽभवमिति शेषः ॥ १४२ ॥

एतन्मन्त्रोपासनादेव विरिञ्चयादिषु ब्रह्मभूतत्वं जातमित्याह अमुमित्यादिना । मत्तो गृहीत्वेति शेषः । उपासिताः श्रद्धया अनुष्ठितवन्तः । गत्यर्थाकर्मकश्लिषशीङ्त्यादिना कर्त्तरि क्तः । ब्रह्मर्षयो भृग्वादयः । देवा इन्द्रादयः । देवर्षयो नारदादयः ॥ १४३ ॥

देवर्षीति । देवर्षिवक्त्रात् नारदमुखात् । मुनयो व्यासादयः । राजर्षयो जनकादयः ॥ १४४ ॥

आत्मना ग्रहीतोऽप्ययं ब्रह्ममन्त्रो गुरुणा शिष्येभ्यो देयः पित्रादिभिरपि पुत्रादिभ्यो देय इत्याह ब्राह्मे इत्यादिभ्यां द्वाभ्याम् । अविचारयन् स्वीयमन्त्रदाननिमित्तकं दोषमगणयन् ॥ १४५ ॥ १४६ ॥

स्वमन्त्रदाने यो दोषस्तथा पित्रादिदीक्षया ।
सिद्धे ब्रह्ममहामन्त्रे तद्दोषो नैव विद्यते ॥ १४७ ॥
ब्रह्मज्ञानिमुखात् श्रुत्वा येन केन विधानतः ।
ब्रह्मभूतो नरः पूतः पुण्यपापैर्न लिप्यते ॥ १४८ ॥
ब्रह्ममन्त्रोपासिता ये गृहस्था ब्राह्मणादयः ।
स्वस्ववर्णोत्तमास्ते तु पूज्या मान्या विशेषतः ॥ १४९ ॥
ब्राह्मणा यतयः साक्षादितरे ब्राह्मणैः समाः ।
तस्मात् सर्वे पूजयेयुर्ब्रह्मज्ञान् ब्रह्मदीक्षितान् ॥ १५० ॥
ये च तानवमन्यन्ते ते नरा ब्रह्मघातिनः ।
पतन्ति घोरनरके यावद्भास्करतारकम् ॥ १५१ ॥
यत् पापं स्त्रीवधे प्रोक्तं यत्पापं भ्रूणघातने ।
तस्मात् कोटिगुणं पापं ब्रह्मोपासकनिन्दनात् ॥ १५२ ॥

ननु पितुर्मन्त्रं न गृह्णीयात्तथा मातामहस्य चेत्यादिनिषेधवाक्यमुल्लङ्घ्य पित्रादिभ्यो ब्राह्मं मन्त्रं गृह्णतां पुत्रादीनामात्मीयमन्त्रदाने तत्तन्निषेधवाक्यमनादृत्य शिष्येभ्यः स्वीयं ब्रह्ममन्त्रं ददतो गुरोश्च प्रत्यवायभागित्वं स्यात्तत्राह स्वमन्त्रदाने इत्यादि । यो दोषः उक्त इति शेषः ॥ १४७ ॥ १४८ ॥

ब्रह्ममन्त्रेत्यादि । यत इति शेषः । ब्रह्ममन्त्रमुपासिताः ब्रह्ममन्त्रोपासिताः । गम्यादीनामुपसंख्यानमिति द्वितीयातत्पुरुषः ॥ १४९ ॥

ब्राह्मणा इति । ब्राह्मणाः साक्षात् यतयः परिव्राजका भवेयुः । इतरे क्षत्रियादयः ॥ १५० ॥

अथ ब्रह्मोपासकान् जनान्निन्दतां जनानामखिलपातकाश्रयत्वमित्याह ये च तानित्यादिभ्यां द्वाभ्याम् । तान् ब्रह्मदीक्षितान् । अवमन्यन्ते अनाद्रियन्ते । भास्करतारकं यावत्तिष्ठेत्तावत् । भ्रूणघातने गर्भघातने ॥ १५१ ॥ १५२ ॥

यथा ब्रह्मोपदेशेन विमुक्तः सर्वपातकैः ।
गच्छन्ति ब्रह्मसायुज्यं तथैव तव साधनात् ॥ १५३ ॥

इति श्रीमहानिर्वाणतन्त्रे सर्वतन्त्रोत्तमोत्तमे सर्वधर्मनिर्णयसारे श्रीमदाद्यासदाशिवसंवादे जीवनिस्तारोपायप्रश्ने परब्रह्मोपदेशकथनं नाम तृतीयोल्लासः ॥ ३ ॥

ब्रह्मसायुज्यम् ब्रह्मत्वम् ॥ १५३ ॥

इति श्रीमहानिर्वाणतन्त्रटीकायां तृतीयोल्लासः ।

चतुर्थोल्लासः

श्रुत्वा सम्यक् परब्रह्मोपासनं परमेश्वरी ।
परमानन्दसम्पन्ना शङ्करं परिपृच्छति ॥ १ ॥

श्रीदेव्युवाच ।

कथितं यत्त्वया नाथ ब्रह्मोपासनमुत्तमम् ।
सर्वलोकप्रियकरं साक्षाद्ब्रह्मपदप्रदम् ॥ २ ॥
तेजोबुद्धिवलैश्वर्यदायकं सुखसाधनम् ।
तृप्ताऽस्मि जगदीशान तव वाक्यामृतप्लुता ॥ ३ ॥
यदुक्तं करुणासिन्धो यथा ब्रह्मनिषेवणात् ।
गच्छन्ति ब्रह्मसायुज्यं तथैव मम साधनात् ॥ ४ ॥

ओं नमो ब्रह्मणे ।

परमेश्वरी शङ्करं किं परिपृच्छतीत्यपेक्षायामाह । कथितं यदित्यादि ॥ १ ॥ २ ॥

तेज इत्यादि । तृप्ताऽस्मि तद्ब्रह्मोपासनं श्रुत्वेति शेषः । तव वागमृतप्लुता तावकीनवाग्रूपपीयूषे निमग्ना ॥ ३ ॥

यदुक्तमित्यादि । हे करुणासिन्धो कृपासमुद्र ब्रह्मनिषेवणात् परब्रह्मण उपासनाद्यथा जना ब्रह्मसायुज्यं ब्रह्मत्वं गच्छन्ति प्राप्नुवन्ति तथैव मम

एतद्वेदितुमिच्छामि मदीयसाधनं परम् ।
ब्रह्मसायुज्यजननं यत्त्वया कथितं प्रभो ॥ ५ ॥
विधानं कीदृशं तस्य साधनं केन वर्त्मना ।
मन्त्रः को वाऽत्र विहितो ध्यानपूजादिकञ्च किम् ॥ ६ ॥
सविशेषं सावशेषमामूलाद्वक्तुमर्हसि ।
मम प्रीतिकरं देव लोकानां हितकारकम् ।
को ह्यन्यस्त्वामृते शम्भो भवव्याधिभिषग्गुरुः ॥ ७ ॥
इति देव्या वचः श्रुत्वा देवदेवो महेश्वरः ।
उवाच परया प्रीत्या पार्वतीं पार्वतीपतिः ॥ ८ ॥

श्रीसदाशिव उवाच ।

श्रृणु देवि महाभागे तवाराधनकारणम् ।
तव साधनतो येन ब्रह्मसायुज्यमश्नुते ॥ ९ ॥

साधनादपि ब्रह्मत्वं प्राप्नुवन्तीति यत्त्वयोक्तं तत्र किं कारणमस्तीत्येतद्वेदितुं ज्ञातुमहमिच्छामीति द्वितीयश्लोकगतैः पदैरन्वयः ॥ ४ ॥

एतदित्यादि । हे प्रभो ब्रह्मसायुज्यजननं ब्रह्मत्वोत्पादकमतएव परं श्रेष्ठं यन्मदीयं साधनं त्वया कथितं तच्च कीदृशं वर्त्तते एतदपि वेदितुमिच्छामि ॥ ५ ॥ तस्य मदीयसाधनस्य । अत्र मम साधने ॥ ६ ॥

सविशेषमित्यादि । सावशेषम् अवशेषपर्यन्तम् । आमूलात् मूलमारभ्य । त्वामृते त्वां विना । भवव्याधिभिषग्गुरुः जन्मरूपस्य व्याधेश्चिकित्सकराजः ॥७॥

इतीत्यादि । उवाच उत्तरमिति शेषः ॥ ८ ॥

पार्वतीपतिः पार्वतीं किमुत्तरमुवाचेत्यपेक्षायामाह शृणु देवीत्यादि । हे देवि हे महाभागे महाभाग्यशालिनि येन कारणेन तव साधनतो जनो ब्रह्मसायुज्यं ब्रह्मत्वमश्नुते लभते तन्मया कथ्यमानं तवाराधनकारणं त्वं शृण्वित्यन्वयः ॥ ९ ॥

त्वं परा प्रकृतिः साक्षाद् ब्रह्मणः परमात्मनः ।
त्वत्तो जातं जगत् सर्वं त्वं जगज्जननी शिवे ॥ १० ॥

महदाद्यणुपर्यन्तं यदेतत् सचराचरम् ।
त्वयैवोत्पादितं भद्रे त्वदधीनमिदं जगत् ॥ ११ ॥

त्वमाद्या सर्वविद्यानामस्माकमपि जन्मभूः ।
त्वं जानासि जगत् सर्वं न त्वां जानाति कश्चन ॥ १२ ॥

त्वं काली तारिणी दुर्गा षोड़शी भुवनेश्वरी ।
धूमावती त्वं वगला भैरवी छिन्नमस्तका ॥ १३ ॥

त्वमन्नपूर्णा वाग्देवी त्वं देवी कमलालया ।
सर्वशक्तिस्वरूपा त्वं सर्वदेवमयी तनुः ॥ १४ ॥

अथ परमेश्वरीसाधनस्य ब्रह्मसायुज्यजनकत्वे तद्गतं ब्रह्मसारूप्यमेव कारणमस्तीत्यभिधातुमुपक्रमते त्वं परा प्रकृतिरित्यादि । यत इति शेषः । परमा माया शक्तिर्वा यस्य स परमः अतति सर्वं व्याप्नोतीत्यात्मा परमश्चासावात्मा चेति परमात्मा तस्य परमात्मनो ब्रह्मणो यतस्त्वं साक्षात् पराऽत्युत्कृष्टा प्रकृतिरसीत्येवमन्वयः कार्य्यः ॥ १० ॥ महत्तत्त्वमादिर्यस्य तन्महदादि ॥ ११ ॥

किञ्च त्वमाद्येत्यादि । आद्या आदिभूता । नत्वन्येषामेव जगतां जननी त्वमसि किन्त्वस्माकं शङ्करादीनामपि जन्मभूरुत्पत्तिस्थानं त्वम् । जगज्जननीत्वात् सर्वं जगत् त्वं जानासि । त्वत्तो जातत्वात् कश्चन अपि त्वां तु न जानाति ॥ १२ ॥ किञ्च त्वं कालीत्यादि ॥ १३ ॥ वाग्देवी सरस्वती । कमलालया लक्ष्मीः । तनुः तवेति शेषः ॥ १४ ॥

त्वमेव सूक्ष्मा स्थूला त्वं व्यक्ताव्यक्तस्वरूपिणी ।
निराकाराऽपि साकारा कस्त्वां वेदितुमर्हति ॥ १५ ॥
उपासकानां कार्यार्थं श्रेयसे जगतामपि ।
दानवानां विनाशाय धत्से नानाविधास्तनूः ॥ १६ ॥
चतुर्भुजा त्वं द्विभुजा षड्भुजाऽष्टभुजा तथा ।
त्वमेव विश्वरक्षार्थं नानाशस्त्रास्त्रधारिणी ॥ १७ ॥
तत्तद्रूपविभेदेन मन्त्रयन्त्रादिसाधनम् ।
कथितं सर्वतन्त्रेषु भावाश्च कथितास्त्रयः ॥ १८ ॥
पशुभावः कलौ नास्ति दिव्यभावोऽपि दुर्लभः ।
वीरसाधनकर्म्माणि प्रत्यक्षाणि कलौ युगे ॥ १९ ॥
कुलाचारं विना देवि कलौ सिद्धिर्न जायते ।
तस्मात् सर्वप्रयत्नेन साधयेत् कुलसाधनम् ॥ २० ॥
कुलाचारेण देवेशि ब्रह्मज्ञानं प्रजायते ।
ब्रह्मज्ञानयुतो मर्त्यो जीवन्मुक्तो न संशयः ॥ २१ ॥

त्वमित्यादि । सूक्ष्मा परमाणुरूपा । स्थूलरूपत्वात् व्यक्तम् परमाणुरूपत्वाच्चाव्यक्तं स्वं रूपं विद्यते यस्याः तथात्वम् । वस्तुतो निराकाराऽपि आकृतिशून्याऽपि त्वं साकारा आकारविशिष्टा भवसि । अतः त्वां वेदितुं ज्ञातुं कोऽर्हति योग्यो भवति न कोऽपीत्यर्थः ॥ १५ ॥

ननु वस्तुतो यदि निराकारैवाहं तर्हि किमर्थं नानाविधमाकारं दधामि तत्राह उपासकानामित्यादि ॥ १६ ॥ ता नानाविधास्तनूरेव दर्शयन्नाह चतुर्भुजेत्यादि ॥ १७ ॥ १८ ॥

अथ पशुभावादिप्रसङ्गात् कलौ युगे वीरभावस्यैव विद्यमानत्वेन प्रत्यक्षफलदायकानि वीरसाधनकर्माण्येव साधनीयानीत्येवाह पशुभाव इत्यादिभिः ॥१९-२१॥

ज्ञानेन मेध्यमखिलममेध्यं ज्ञानतो भवेत् ।
ब्रह्मज्ञाने समुत्पन्ने मेध्यामेध्यं न विद्यते ॥ २२ ॥
यो जानाति परं ब्रह्म सर्वव्यापि सनातनम् ।
किमस्त्यमेध्यं तस्याग्रे सर्वं ब्रह्मेति जानतः ॥ २३ ॥
त्वं सर्वरूपिणी देवी सर्वेषां जननी परा ।
तुष्टायां त्वयि देवेशि सर्वेषां तोषणं भवेत् ॥ २४ ॥
सृष्टेरादौ त्वमेकाऽऽसीत् तमोरूपमगोचरम् ।
त्वत्तो जातं जगत् सर्वं परब्रह्मसिसृक्षया ॥ २५ ॥
महत्तत्त्वादिभूतान्तं त्वया सृष्टमिदं जगत् ।
निमित्तमात्रं तद्ब्रह्म सर्वकारणकारणम् ॥ २६ ॥
सद्रूपं सर्वतोव्यापि सर्वमावृत्य तिष्ठति ।
सदैकरूपं चिन्मात्रं निर्लिप्तं सर्ववस्तुषु ॥ २७ ॥
न करोति न चाऽश्नाति न गच्छति न तिष्ठति ।
सत्यं ज्ञानमनाद्यन्तमवाङ्मनसगोचरम् ॥ २८ ॥

मेध्यम् पवित्रम् ॥ २२ ॥

य इति । सनातनम् सर्वदैकरूपम् ॥ २३ ॥ २४ ॥ अगोचरम् आकृतिशून्यत्वात् वाङ्मनसयोरप्यविषयभूतम् ॥ २५ ॥

महदित्यादि । भूतान्तं पृथिवीपर्य्यन्तम् । सर्वकारणकारणम् सर्वेषां महदादीनां कारणानामपि कारणं निमित्तभूतम् ॥ २६ ॥

सद्रूपमित्यादि । सद्रूपं सर्वदा स्थायिस्वरूपम् । सर्वमावृत्य निश्शेषं पदार्थमावेष्ट्य सर्ववस्तुषु स्थितमपि निर्लिप्तमसम्बद्धम् ॥ २७ ॥

नेत्यादि । न चाश्नाति न च भुङ्क्ते । सत्यम् यथार्थस्वरूपम् । ज्ञानं

तदिच्छामात्रमालम्ब्य त्वं महायोगिनी परा ।
करोषि पासि हंस्यन्ते जगदेतच्चराचरम् ॥ २९ ॥
तव रूपं महाकालो जगत्संहारकारकः ।
महासंहारसमये कालः सर्वं ग्रसिष्यति ॥ ३० ॥
कलनात् सर्वभूतानां महाकालः प्रकीर्त्तितः ।
महाकालस्य कलनात् त्वमाद्या कालिका परा ॥ ३१ ॥
कालसंग्रसनात् काली सर्वेषामादिरूपिणी ।
कालत्वादादिभूतत्वादाद्या कालीति गीयते ॥ ३२ ॥
पुनः स्वरूपमासाद्य तमोरूपं निराकृतिः ।
वाचातीतं मनोगम्यं त्वमेकैवाऽवशिष्यसे ॥ ३३ ॥
साकाराऽपि निराकारा मायया बहुरूपिणी ।
त्वं सर्वादिरनादिस्त्वं कर्त्री हर्त्री च पालिका ॥ ३४ ॥

समस्तपदार्थावबोधः तत्स्वरूपम् । अनाद्यन्तम् न विद्यते आदिः कारणम् अन्तो नाशश्च यस्य तथाभूतम् ॥ २८ ॥

तदित्यादि । तदिच्छामात्रम् परब्रह्मण इच्छामेव । अन्ते प्रलयकाले ॥ २९ ॥ ३० ॥

कलनादित्यादि । कलनात् ग्रसनात् ॥ ३१ ॥ आदिरूपिणी कारणस्वरूपा ॥ ३२ ॥

पुनरित्यादि । निराकृति आकारशून्यम् । वाचातीतम् अतिक्रान्तवाक् । मनोऽगम्यम् मनसोऽप्यग्राप्यम् ॥ ३३ ॥

साकारेत्यादि । सर्वादिः सर्वेषां कारणभूता सर्वकारणत्वादेव न विद्यते आदिः कारणं यस्यास्तथाभूता त्वमसि ॥ ३४ ॥

अतस्ते कथितं भद्रे ब्रह्ममन्त्रेण दीक्षितः ।
यत्फलं समवाप्नोति तत्फलं तव साधनात् ॥ ३५ ॥
नानाऽऽचारेण भावेन देशकालाधिकारिणाम् ।
विभेदात् कथितं देवि कुत्रचिद्‌गुप्तसाधनम् ॥ ३६ ॥
ये यत्राधिकृता मर्त्त्यास्ते तत्र फलभागिनः ।
भविष्यन्ति तरिष्यन्ति मानुषा गतकिल्विषाः ॥ ३७ ॥
बहुजन्मार्ज्जितैः पुण्यैः कुलाचारे मतिर्लभेत् ।
कुलाचारेण पूतात्मा साक्षाच्छिवमयो भवेत् ॥ ३८ ॥
यत्रास्ति भोगबाहुल्यं तत्र योगस्य का कथा ।
योगेऽपि भोगविरहः कौलस्तूभयमश्नुते ॥ ३९ ॥

तव साधनतो ब्रह्मत्वलाभे इदमेव कारणमस्तीत्याह अत इत्यादिना ॥ ३५ ॥

अथ साधनं केन वर्त्मनेति मदीयं साधनं परं कीदृशं वर्त्तते इति च यत् परमेश्वर्य्या पृष्टं तत्र मत्कथितेनैव मार्गेण सर्वं कर्म साधनीयं मदुक्तवर्त्मना नित्यनैमित्तिककर्मणां यत् साधनं तदेव तावकीनं साधनमित्युत्तरं दातुमुपक्रमते नानाचारेणेत्यादि । नानाभावेन च । विभेदात् विशेषात् । कुत्रचित् तन्त्रादिषु ॥ ३६ ॥

य इति । यत्र गुप्तसाधने व्यक्तसाधने वा ॥ ३७ ॥

अथ प्रबले कलौ युगे कुलमार्गेणैव सर्वं कर्म साधनीयमिति प्रतिपादनाय तमेव मार्गं स्तोतुमना महादेवः पूर्वं तन्मार्गवर्त्तिनं जनं प्रशंसति बहुजन्मेत्यादिभिः । साक्षाच्छिवमयः साक्षाच्छिवस्वरूपः ॥ ३८ ॥

यत्रेति । यत्र साधने । भोगविरहः भोगाभावः । उभयमश्नुते योगं भोगञ्च लभते ॥ ३९ ॥

एकश्चेत् कुलतत्त्वज्ञः पूजितो येन सुव्रते ।
सर्वे देवाश्च देव्यश्च पूजिता नात्र संशयः ॥ ४० ॥
पृथिवीं हेमसम्पूर्णां दत्त्वा यत् फलमाप्नुयात् ।
तस्मात् कोटिगुणं पुण्यं लभते कौलिकार्चनात् ॥ ४१ ॥
श्वपचोऽपि कुलज्ञानी ब्राह्मणादतिरिच्यते ।
कुलाचारविहीनस्तु ब्राह्मणः श्वपचाधमः ॥ ४२ ॥
कौलधर्म्मात् परो धर्म्मो नास्ति ज्ञाने तु मामके ।
यस्यानुष्ठानमात्रेण ब्रह्मज्ञानी नरो भवेत् ॥ ४३ ॥
सत्यं ब्रवीमि ते देवि हृदि कृत्वाऽवधारय ।
सर्वधर्म्मोत्तमात् कौलात् परो धर्म्मो न विद्यते ॥ ४४ ॥
अयन्तु परमो मार्गो गुप्तोऽस्ति पशुसङ्कटे ।
व्यक्तीभविष्यत्यचिरात् संवृत्ते प्रबले कलौ ॥ ४५ ॥
कलिकाले प्रबृद्धे तु सत्यं सत्यं मयोच्यते ।
न स्थास्यति विना कौलान् पशवो मानवा भुवि ॥ ४६ ॥
यदा तु वैदिकी दीक्षा दीक्षा पौराणिकी तथा ।
न स्थास्यति वरारोहे तदैव प्रबलः कलिः ॥ ४७ ॥

एक इत्यादि । पूजिताः तेनेति शेषः ॥ ४० ॥ ४१ ॥

श्वपच इत्यादि । अतिरिच्यते उत्तमतावत्त्वाद्विशिष्यते ॥ ४२ ॥

कौलधर्मस्य सर्वधर्मोत्तमत्वे हेतुं दर्शयन्नाह यस्यानुष्ठानमात्रेणेत्यादि ॥ ४३ ॥ ४४ ॥

अयमित्यादि । पशुसङ्कटे पशुसमूहे । सम्वृत्ते सम्यक् प्रवृत्ते ॥ ४५ ॥ ४६ ॥

अथ तत्तद्युगविधेयाचारप्रसङ्गेन संक्षेपतः कलियुगप्रबलतालक्षणानि कथयति यदा त्वित्यादिभिः । हे वरारोहे उत्तमे ॥ ४७ ॥

यदा तु पुण्यपापानां परीक्षा वेदसम्भवा ।
न स्थास्यति शिवे शान्ते तदैव प्रबलः कलिः ॥ ४८ ॥
क्वचिच्छिन्ना क्वचिद्भिन्ना यदा सुरतरङ्गिणी ।
भविष्यति कुलेशानि तदैव प्रबलः कलिः ॥ ४९ ॥
यदा तु म्लेच्छजातीया राजानो धनलोलुपाः ।
भविष्यन्ति महाप्राज्ञे तदैव प्रबलः कलिः ॥ ५० ॥
यदा स्त्रियोऽतिदुर्दान्ताः कर्कशाः कलहे रताः ।
गर्हिष्यन्ति च भर्त्तारं तदैव प्रबलः कलिः ॥ ५१ ॥
यदा तु मानवा भूमौ स्त्रीजिताः कामकिङ्कराः ।
द्रुह्यन्ति गुरुमित्रादीन् तदैव प्रबलः कलिः ॥ ५२ ॥
यदा क्षौणी स्वल्पफला तोयदाः स्तोकवर्षिणः ।
असम्यक्फलिनो वृक्षास्तदैव प्रबलः कलिः ॥ ५३ ॥
भ्रातरः स्वजनामात्या यदा धनकणेहया ।
मिथः सम्प्रहरिष्यन्ति तदैव प्रबलः कलिः ॥ ५४ ॥
प्रकटे मद्यमांसादौ निन्दादण्डविवर्ज्जिते ।
गूढपानं चरिष्यन्ति तदैव प्रबलः कलिः ॥ ५५ ॥

शान्ते हे संयतचित्ते ॥ ४८ ॥ सुरतरङ्गिणी गङ्गा ॥ ४९ ॥

यदा त्वित्यादि । अतिदुर्द्दान्ताः अतिदुःखेन दम्यन्ते याः तथाभूताः अतिदुःखेन दमनीया इत्यर्थः । कर्कशाः कठोराः । गर्हिष्यन्ति निन्दिष्यन्ति ॥ ५०–५२ ॥ स्तोकवर्षिणः स्वल्पवर्षणशीलाः ॥ ५३ ॥ धनकणेहया वित्तलेशाकाङ्क्षया ॥ ५४ ॥

प्रकटे इत्यादि । प्रकटे प्रव्यक्ते मद्यमांसादौ निन्दादण्डविवर्ज्जितेऽपि सति यदा गूढपानं जनाश्चरिष्यन्ति तदैव प्रबलः कलिर्ज्ञातव्यः ॥ ५५ ॥

सत्यत्रेताद्वापरेषु यथा मद्यादिसेवनम् ।
कलावपि तथा कुर्यात् कुलवर्त्मानुसारतः ॥ ५६ ॥
ये कुर्वन्ति कुलाचारं सत्यपूता जितेन्द्रियाः ।
व्यक्ताचारा दयाशीला न हि तान् बाधते कलिः ॥ ५७ ॥
गुरुशुश्रूषणे युक्ता भक्ता मातृपदाम्बुजे ।
अनुरक्ताः स्वदारेषु न हि तान् बाधते कलिः ॥ ५८ ॥
सत्यव्रताः सत्यनिष्ठाः सत्यधर्म्मपरायणाः ।
कुलसाधनसत्या ये न हि तान् बाधते कलिः ॥ ५९ ॥
कुलमार्गेण तत्त्वानि शोधितानि च योगिने ।
ये दद्युः सत्यवचसे न हि तान् बाधते कलिः ॥ ६० ॥
हिंसामात्सर्यरहिता दम्भद्वेषविवर्ज्जिताः ।
कुलधर्म्मेषु निष्ठा ये न हि तान् बाधते कलिः ॥ ६१ ॥
कौलिकैः सह संसर्गं वसतिं कुलसाधुषु ।
कुर्वन्ति कौलसेवां ये न हि तान् बाधते कलिः ॥ ६२ ॥
नानावेशधराः कौलाः कुलाचारेषु निश्चलाः ।
सेवन्ते त्वां कुलाचारैर्न हि तान् बाधते कलिः ॥ ६३ ॥

सत्यत्रेतेत्यादि । यथा मद्यादिसेवनम् प्रकाशतः कृतवानिति शेषः ॥ ५६ ॥ नहि तान् बाधते तान्न पीड़यति ॥ ५७ ॥

गुर्वित्यादि । युक्ताः सङ्गताः । अनुरक्ताः अनुरागवन्तः ॥ ५८ ॥ कुलसाधनसत्याः कुलसाधने यथार्थविधायिनः ॥५९॥ तत्त्वानि मद्यमांसादीनि ॥६०॥

हिंसेति । हिंसामात्सर्यरहिताः प्राणवियोगानुकूलव्यापारो हिंसा अन्यशुभद्वेषो मात्सर्यम् ताभ्यां रहिताः ॥ वसतिं निवासम् ॥ ६१–६५ ॥

स्नानं दानं तपस्तीर्थं व्रतं तर्पणमेव च ।
ये कुर्वन्ति कुलाचारैर्न हि तान् बाधते कलिः ॥ ६४ ॥
जीवसेकादिसंस्कारा: पितृश्राद्धादिकाः क्रियाः ।
ये कुर्वन्ति कुलाचारैर्न हि तान् बाधते कलिः ॥ ६५ ॥
कुलतत्त्वं कुलद्रव्यं कुलयोगिनमेव च ।
नमस्कुर्वन्ति ये भक्त्या न हि तान् बाधते कलिः ॥ ६६ ॥
कौटिल्यानृतहीनानां स्वच्छानां कुलमार्गिणाम् ।
परोपकारव्रतिनां साधूनां किङ्करः कलिः ॥ ६७ ॥
कलेर्दोषसमूहस्य महानेको गुणः प्रिये ।
सत्यप्रतिज्ञकौलानां श्रेयः सङ्कल्पमात्रतः ॥ ६८ ॥
अपरे तु युगे देवि पुण्यं पापञ्च मानसम् ।
नृणामासीत् कलौ पुण्यं केवलं न तु दुष्कृतम् ॥ ६९ ॥
कुलाचारविहीना ये सततासत्यभाषिणः ।
परद्रोहपरा ये च ते नराः कलिकिङ्कराः ॥ ७० ॥
कुलवर्त्मस्वभक्ता ये परयोषित्सु कामुकाः ।
द्वेष्टारः कुलनिष्ठानां ते ज्ञेयाः कलिकिङ्कराः ॥ ७१ ॥
युगाचारप्रसङ्गेन कलेः प्राबल्यलक्षणम् ।
संक्षेपात् कथितं भद्रे प्रीतये तव पार्वति ॥ ७२ ॥

कुलतत्त्वम् स्त्रीकुसुमादि । कुलद्रव्यम् मद्यमांसादि ॥ ६६ ॥

कौटिल्येत्यादि । परोपकारव्रतिनाम् परोपकाररूपं व्रतमस्त्येषामिति परोपकारव्रतिनः तेषाम् ॥ ६७ ॥

कलेरिति । दोषसमूहस्य दोषसमूहवतः ॥ अपरे सत्यत्रेतादौ ॥ ६८–७२ ॥

प्रकटेऽत्र कलौ देवि सर्वे धर्म्माश्च दुर्बलाः ।
स्थास्यत्येकं सत्यमात्रं तस्मात् सत्यमयो भवेत् ॥ ७३ ॥
सत्यधर्म्मं समाश्रित्य यत् कर्म्म कुरुते नरः ।
तदेव सफलं कर्म्म सत्यं जानीहि सुव्रते ॥ ७४ ॥
न हि सत्यात् परो धर्म्मो न पापमनृतात् परम् ।
तस्मात् सर्वात्मना मर्त्त्यः सत्यमेकं समाश्रयेत् ॥ ७५ ॥
सत्यहीना वृथा पूजा सत्यहीनो वृथा जपः ।
सयत्हीनं तपो व्यर्थमूषरे वपनं यथा ॥ ७६ ॥
सत्यरूपं परं ब्रह्म सत्यं हि परमं तपः ।
मत्यमूलाः क्रियाः सर्वाः सत्यात् परतरो न हि ॥ ७७ ॥
अतएब मया प्रोक्तं दुष्कृते प्रबले कलौ ।
कुलाचारोऽपि सत्येन कर्त्तव्यो व्यक्तभाबतः ॥ ७८ ॥
गोपनाद्धीयते सत्यं न गुप्तिरनृतं विना ।
तस्मात् प्रकाशतः कुर्यात् कौलिकः कुलसाधनम् ॥ ७९ ॥

कलेर्युगस्य प्राबल्ये सति सत्येनैव प्रव्यक्तः कुलाचारो विधातव्य इत्यभिधातुकामो महादेवः सत्यं प्रशंसिप्यन्नाह प्रकटेऽत्रेत्यादि ॥ ७३ ॥ ७४ ॥

नहीत्यादि । अनृतात् असत्यात् । सर्वात्मना सर्वप्रयत्नेन । आत्मा यत्नो धृतिर्बुद्धिः स्वभावो ब्रह्म वर्ष्म चेत्यमरः । समाश्रयेत् सम्यक् सेवेत ॥ ७५ ॥

ऊषरे क्षारमृत्तिकायुक्तदेशे ॥ अतएव सर्वेषां कर्म्मणां सत्यमूलत्वादेवेत्यर्थः । दुष्कृते पापिनि ॥ ७६–७८ ॥

हीयते हीनं भवति त्यक्तं भवतीत्यर्थः ॥ ७९ ॥

कुलधर्म्मस्य गुप्त्यर्थं नानृतं स्याज्जुगुप्सितम् ।
यदुक्तं कुलतन्त्रेषु न शस्तं प्रवले कलौ ॥ ८० ॥
कृते धर्म्मश्चतुष्पादः त्रेतायां पादहीनकः ।
द्विपादो द्वापरे देवि पादमात्रं कलौ युगे ॥ ८१ ॥
तत्रापि सत्यं वलवत् तपः खञ्जं दयाऽपि च ।
सत्यपादे कृते लोपे धर्म्मलोपः प्रजायते ।
तस्मात् सत्यं समाश्रित्य सर्वकर्म्माणि साधयेत् ॥ ८२ ॥
कुलाचारं विना यत्र नास्त्युपायः कुलेश्वरि ।
तत्रानृतप्रवेशश्चेत् कुतो निःश्रेयसं भवेत् ॥ ८३ ॥
सर्वथा सत्यपूतात्मा मन्मुखेरितवर्त्मना ।
सर्वं कर्म्म नरः कुर्यात् स्वस्ववर्णाश्रमोदितम् ॥ ८४ ॥
दीक्षां पूजां जपं होमं पुरश्चरणतर्पणम् ।
व्रतोद्वाहौ पुंसवनं सीमन्तोन्नयनन्तथा ॥ ८५ ॥

ननु कुलधर्म्मस्य गुप्त्यर्थं नानृतं स्याज्जुगुप्सितमिति कुलतन्त्रेषु भवतैवोक्तं तत्कथमिदानीमुच्यते तस्मात् प्रकाशतः कुर्यात् कौलिकः कुलसाधनमित्यत आह । कुलधर्म्मस्येत्यादि ॥ ८० ॥

कृत इत्यादि । कृते सत्ययुगे चतुष्पादो धर्म्म आसीदिति शेषः । समासान्तविधेरनित्यत्वान्न पादशब्दस्यान्तस्य लोपः । पादमात्रम् धर्म्मस्यावशिष्यते इति शेषः ॥ ८१ ॥

तत्रापीत्यादि । तत्रापि पादमात्रेऽपि । दयाऽपि च खञ्जा । लुप्यते इति लोपः । तस्मिन् कर्म्मणि घञ् ॥ ८२ ॥

कुलाचारमिति । यत्र प्रवले कलौ । निःश्रेयसं मुक्तिः ॥ तच्च किं सर्वं कर्म्म तत्राह दीक्षामित्यादि । पुरश्चरणतर्पणमिति समाहारद्वन्द्वः ॥ ८३–८५ ॥

जातकर्म्म तथा नामचूड़ाकरणमेव च ।
मृतक्रियां पितृश्राद्धं कुर्यादागमसम्मतम् ॥ ८६ ॥
तीर्थश्राद्धं वृषोत्सर्गं शारदोत्सवमेव च ।
यात्रां गृहप्रवेशञ्च नववस्त्रादिधारणम् ॥ ८७ ॥
वापीकूपतटागानां संस्कारं तिथिकर्म्म च ।
गृहारम्भप्रतिष्ठाञ्च देवानां स्थापनन्तथा ॥ ८८ ॥
दिवाकृत्यं निशाकृत्यं पर्वकृत्यं तथैव च ।
ऋतुमासवर्षकृत्यं नित्यं नैमित्तिकञ्च यत् ॥ ८९ ॥
कर्त्तव्यं यदकर्त्तव्यं त्याज्यं ग्राह्यञ्च यद्भवेत् ।
मयोक्तेन विधानेन तत् सर्वं साधयेन्नरः ॥ ९० ॥
न कुर्याद् यदि मोहेन दुर्मत्याऽश्रद्धयाऽपि वा ।
विनष्टः सर्वकर्म्मभ्यो विष्ठायां स भवेत् कृमिः ॥ ९१ ॥
यदि मन्मतमुत्सृज्य महेशि प्रबले कलौ ।
यदा यत् क्रियते कर्म्म विपरीताय तद्भवेत् ॥ ९२ ॥

नामचूड़ाकरणमेव च नामकरणं चूड़ाकरणञ्चेत्यर्थः । नववस्त्रादीत्यादिना नवीनभूषणादेः संग्रहः । गृहारम्भप्रतिष्ठाञ्च गृहारम्भं गृहप्रतिष्ठाञ्चेत्यर्थः ॥ ८६–९० ॥

प्रबले कलौ युगे सदाशिवमतमुलङ्घ्य कर्म्माणि कुर्वतो जनस्य महापातकत्वं क्रियमाणानां कर्म्मणाञ्च नैष्फल्यमित्याह न कुर्यादित्यादिभिः । मोहेन अविवेकेन । अश्रद्धया विश्वासाभावेन ॥ ९१ ॥ ९२ ॥

मन्मतासम्मता दीक्षा साधकप्राणघातिनी ।
पूजाऽपि विफला देवि हुतं भस्मार्पणं यथा ।
देवता कुपिता तस्य विघ्नस्तस्य पदे पदे ॥ ९३ ॥
कलिकाले प्रवृद्धे तु ज्ञात्वा मच्छास्त्रमम्बिके ।
योऽन्यमार्गैः क्रियां कुर्यात् स महापातकी भवेत् ॥ ९४ ॥
व्रतोद्वाहौ प्रकुर्वाणो योऽन्यमार्गेण मानवः ।
स याति नरकं घोरं यावच्चन्द्रदिवाकरौ ॥ ९५ ॥
व्रते ब्रह्मवधः प्रोक्तः व्रात्यो मानवको भवेत् ।
केवलं सूत्रवाहोऽसौ चण्डालादधमोऽपि सः ॥ ९६ ॥
उद्वाहिताऽपि या नारी जानीयात् सा तु गर्हिता ।
उद्वोढाऽपि भवेत् पापी संसर्गात् कुलनायिके ।
वेश्यागमनजं पापं तस्य पुंसो दिने दिने ॥ ९७ ॥
तद्धस्तादन्नतोयादि नैव गृह्णन्ति देवताः ।
पितरोऽपि न चाश्नन्ति यतस्तन्मलपूयवत् ॥ ९८ ॥
तयोरपत्यं कानीनः सर्वधर्म्मबहिष्कृतः ।
दैवे पैत्रे कुलाचारे नाधिकारोऽस्य जायते ॥ ९९ ॥

भस्मार्पणम् अर्प्यते यत् तदर्पणम् कर्म्मणि ल्युट् भस्मन्यर्पणमिति सप्तमीतत्पुरुषः । भस्मार्पितमित्यर्थः । भस्मार्पितमित्येव वा पाठः ॥ ९३–९५ ॥

व्रते इत्यादि । अन्यमार्गेण जातसंस्कारोऽपि मानवको व्रात्यो भवेत् संस्कारहीनो भवेदित्यर्थः ॥ ९६ ॥

उद्वाहितेत्यादि । अन्यमार्गेणोद्वाहिता या नारी सा तु गर्हिता निन्दिता भवेदिति जानीयात । तान्तु गर्हितामिति वा पाठः । संसर्गात्

अशाम्भवेन मार्गेण देवतास्थापनञ्चरेत् ।
न सान्निध्यं भवेत्तत्र देवतायाः कथञ्चन ।
इहामुत्र फलं नास्ति कायक्लेशो धनक्षयः ॥ १०० ॥
आगमोक्तविधिं हित्वा यः श्राद्धं कुरुते नरः ।
श्राद्धं तद्विफलं सोऽपि पितृभिर्नरकं व्रजेत् ॥ १०१ ॥
तत्तोयं शोणितसमं पिण्डो मलमयो भवेत् ।
तस्मान्मर्त्यः प्रयत्नेन शाङ्करं मतमाश्रयेत् ॥ १०२ ॥
बहुनाऽत्र किमुक्तेन सत्यं सत्यं मयोच्यते ।
अशाम्भवं कृतं कर्म्म सर्वं देवि निरर्थकम् ॥ १०३ ॥
अस्तु तावत् परो धर्म्मः पूर्वधर्म्मोऽपि नश्यति ।
शाम्भवाचारहीनस्य नरकान्नैव निष्कृतिः ॥ १०४ ॥
मदुदीरितमार्गेण नित्यनैमित्तकर्मणाम् ।
साधनं यन्महेशानि तदेव तव साधनम् ॥ १०५ ॥

अन्यमार्गेणोद्वाहिताया नार्याः सङ्गमात् । तस्य कृतान्यविध्युद्वाहितनारीसंसर्गस्य ॥ तद्धस्तदत्तान्नतोयाद्यग्रहणे कारणमाह यत इत्यादि । तत् अन्नतोयादि ॥ तयोः अन्यमार्गोद्वाहितनारीतदुद्वोढृपुरुषयोः । अस्य कानीनस्य ॥ ९७–९९ ॥

तत्र अशाम्भवमार्गस्थापितदेवताप्रतिमायाम् ॥ १००–१०३ ॥

निष्कृतिर्निस्तारः ॥ १०४ ॥ १०५ ॥

विशेषाराधनं तत्र मन्त्रयन्त्रादिसंयुतम् ।
भेषजं कलिरोगाणां श्रूयताङ्गदतो मम ॥ १०६ ॥

इति श्रीमहानिर्वाणतन्त्रे सर्वतन्त्रोत्तमोत्तमे सर्वधर्म्मनिर्णयसारे श्रीमदाद्यासदाशिवसंवादे जीवनिस्तारोपायप्रश्नो पराप्रकृतिसाधनोपक्रमो नाम चतुर्थोल्लासः ॥ २ ॥

भेषजम् औषधम् । गदतो मम कथयतो मत्तः । ममेत्यपादानस्य शेषत्वेन विवक्षितत्वात् शेषे षष्ठीति षष्ठी ॥ १०६ ॥

इति श्रीमहानिर्वाणतन्त्रटीकायां चतुर्थोल्लासः ।

पञ्चमोल्लासः ।

श्रीसदाशिव उवाच ।

त्वमाद्या परमा शक्तिः सर्वशक्तिस्वरूपिणी ।
तव शक्त्या वयं शक्ताः सृष्टिस्थितिलयादिषु ॥ १ ॥
तव रूपाण्यनन्तानि नानावर्णाकृतीनि च ।
नानाप्रयाससाध्यानि वर्णितुं केन शक्यते ॥ २ ॥
तव कारुण्यलेशेन कुलतन्त्रागमादिषु ।
तेषामर्च्चासाधनानि कथितानि यथामति ॥ ३ ॥
गुप्तसाधनमेतत्तु न कुत्रापि प्रकाशितम् ।
अस्य प्रसादात् कल्याणि मयि ते करुणेदृशी ॥ ४ ॥

ओं नमो ब्रह्मणे ।

मन्त्रयन्त्रादिसंयुक्तस्य विशेषाराधनस्यैवाभिधाने प्रवृत्तः श्रीसदाशिव उवाच त्वमाद्या परमेत्यादि ॥ १ ॥

तवेति । नानावर्णाकृतीनि नाना अनेके वर्णा आकृतय आकाराश्च येषां रूपाणां तानि ॥ २ ॥

कारुण्यलेशेन दयाया लवेन । तेषां तव रूपाणाम् ॥ ३ ॥

एतत्तु अतःपरमुच्यमानन्तु । अस्य गुप्तसाधनस्य ॥ ४ ॥

त्वया पृष्टमिदानीं तन्नाहं गोपयितुं क्षमः ।
कथयामि तव प्रीत्यै मम प्राणाधिके प्रिये ॥ ५ ॥
सर्वदुःखप्रशमनं सर्वापद्विनिवारकम् ।
त्वत्प्राप्तिमूलमचिरात्तव सन्तोषकारणम् ॥ ६ ॥
कलिकल्मषदीनानां नृणां स्वल्पायुषां प्रिये ।
बहुप्रयासासक्तानामेतदेव परं धनम् ॥ ७ ॥
न चात्र न्यासबाहुल्यं नोपवासादिसंयमः ।
सुखसाध्यमबाहुल्यं भक्तानां फलदं महत् ॥ ८ ॥
तत्राऽऽदौ शृणु देवेशि मन्त्रोद्धारक्रमं शिवे ।
यस्य श्रवणमात्रेण जीवन्मुक्तोऽपि जायते ॥ ९ ॥
प्राणेशस्तैजसारूढो भेरुण्डाव्योमविन्दुमान् ।
बीजमेतत् समुद्धृत्य द्वितीयमुद्धरेत् प्रिये ॥ १० ॥
सन्ध्या रक्तसमारूढा वामनेत्रेन्दुसंयुता ।
तृतीयं शृणु कल्याणि दीपसंस्थः प्रजापतिः ॥ ११ ॥

तत् गुप्तसाधनम् ॥ ५ ॥ ६ ॥

एतदेव अतःपरमुच्यमानं गुप्तसाधनमेव ॥ ७ ॥

अत्र अतःपरमुच्यमाने साधने । अवाहुल्यं वाहुल्यशून्यम् ॥ ८ ॥

तत्र साधने ॥ ९ ॥

तमेव मन्त्रोद्धारक्रममाह प्राणेश इत्यादिभिः । तैजसारूढः तैजसो रेफस्तमारूढः । प्राणेशो हकारो । भेरुण्डाव्योमबिन्दुमान् भेरुण्डा ईकारः व्योमबिन्दुरनुस्वारः ताभ्यां विशिष्टो विधातव्यः । एवं ह्रीमित्येतद्बीजं समुद्धृत्य द्वितीयं बीजमुद्धरेत् ॥ १० ॥

तच्च किं बीजमत आह सन्ध्येत्यादि । रक्तसमारूढा रेफं समारूढा सन्ध्या तालव्यः शकारो वामनेत्रेन्दुसंयुता वामनेत्रमीकारः इन्दुरनुस्वारः ताभ्यां

गोविन्दबिन्दुसंयुक्तः साधकानां सुखावहः ।
बीजत्रयान्ते परमेश्वरि सम्बोधनं पदम् ॥ १२ ॥
वह्निकान्तावधि प्रोक्तो दशार्णोऽयं मनुः शिवे ।
सर्वविद्यामयी देवी विद्येयं परमेश्वरी ॥ १३ ॥
आद्यत्रयाणां बीजानां प्रत्येकं त्रयमेव वा ।
प्रजपेत् साधकाधीशः धर्म्मकामार्थसिद्धये ॥ १४ ॥
बीजमाद्यत्रयं हित्वा सप्तार्णाऽपि दशाक्षरी ।
कामवाग्भवताराद्या सप्तार्णाऽष्टाक्षरी त्रिधा ॥ १५ ॥

संयुक्ता कर्त्तव्या । एवं श्रीमिति द्वितीयं बीजमुद्धृतमासीत् । हे कल्याणि तृतीयं बीजं शृणु । तच्च किं बीजमत आह दीपसंस्थ इत्यादि । दीपसंस्थः दीपो रेफः तत्र स्थितः प्रजापतिः ककारो गोविन्दबिन्दुसंयुक्तः गोविन्द ईकारः बिन्दुरनुस्वारः ताभ्यां संयुक्तः करणीयः । एतादृशश्च ककारः साधकानां सुखावहः सुखप्रापको भवति । एवञ्च क्रीमिति तृतीयं बीजमुद्धृतमासीत् । बीजत्रयस्यान्ते वह्निकान्ता स्वाहा अवधिरन्तभूता यस्य एतादृशं परमेश्वरि इति सम्बोधनं पदं वदेत् । सकलपदयोजनया ह्रीँ श्रीँ क्रीँ परमेश्वरि स्वाहेति मन्त्रो जातः । हे शिवे अयं मनुर्मन्त्रो दशार्णो दशवर्णकः प्रोक्तः । वह्निकान्तावधिरिति पाठे तु मन्त्रो विशेष्यः तस्यैवेदं विशेषणमिति ज्ञातव्यम् । सर्वविद्यामयी सर्वविद्यास्वरूपेयं मन्त्रात्मिका देवी परमेश्वरी विद्यानाम॥११-१३॥

आद्येत्यादि । आद्यत्रयाणामेतस्यैव मन्त्रस्यादिभूतानां ह्रीँ प्रभृतीनां त्रयाणां बीजानां मध्ये प्रत्येकं ह्रीमिति श्रीमिति क्रीमिति वा बीजं ह्रीँ श्रीँ क्रींमिति बीजत्रयमपि वा धर्म्मकामार्थसिद्धये साधकाधीशः साधकोत्तमः प्रजपेत् । एवन्तु पञ्चमन्त्रा आसन् ॥ १४ ॥

बीजमित्यादि । ह्रीँ प्रभृत्याद्यबीजत्रयं हित्वा त्यक्त्वा दशाक्षरी मन्त्रात्मिका परमेश्वरी विद्या सप्तार्णाऽपि परमेश्वरि स्वाहेत्याकारा सप्ताक्षर्यपि

दशार्णामन्त्रणपदात् कालिके पदमुच्चरेत् ।
पुनराद्यत्रयं बीजं वह्निजायां ततो वदेत् ॥ १६ ॥
षोड़शीयं समाख्याता सर्वतन्त्रेषु गोपिता ।
वध्वाद्या प्रणवाद्या चेदेषा सप्तदशी द्विधा ॥ १७ ॥
तव मन्त्रा ह्यसंख्याताः कोटिकोट्यर्बुदास्तथा ।
संक्षेपादत्र कथिता मन्त्राणां द्वादश प्रिये ॥ १८ ॥
येषु येषु च तन्त्रेषु ये ये मन्त्राः प्रकीर्तिताः ।
ते सर्वे तव मन्त्राः स्युस्त्वमाद्या प्रकृतिर्यतः ॥ १९ ॥

भवेत् । अनेन सहिताः षड् मन्त्रा अभूवन् । कामवाग्भवताराद्या क्लीमिति ऐमिति ओमिति वा बीजमाद्यं यस्यास्तथाभूता चेत् सप्तार्णा मन्त्ररूपा परमेश्वरी विद्या स्यात्तदा क्लीँ परमेश्वरि स्वाहेत्याकारा ऐँ परमेश्वरि स्वाहेत्याकारा ओँ परमेश्वरि स्वाहेत्याकारा चाष्टाक्षर्यपि भवति । एवञ्चैषाऽष्टाक्षरी त्रिधा जाता । एतैस्त्रिभिः सहिता नव मन्त्रा बभूवुः ॥ १५ ॥

दशार्णेत्यादि । दशार्णस्य मनोरामन्त्रणपदात् परं कालिके इति पदमुच्चरेत् वदेत् । ततः परं ह्रीँ प्रभृत्याद्यत्रयं बीजं पुनर्वदेत् । ततोऽनन्तरं वह्निजायां स्वाहेति पदं वदेत् । सकलपदयोजनया ह्रीँ श्रीँ क्रीँ परमेश्वरि कालिके ह्रीँ श्रीँ क्रीँ स्वाहेति मन्त्रो जातः । इयं षोड़शी षोड़शवर्णा मन्त्रात्मिका परमेश्वरी विद्या सर्वतन्त्रेषु गोपितापि तव प्रीत्यै मया समाख्याता सम्यक् कथिता । एतेन सहिता दश मन्त्रा अभवन् । चेद्यद्येषा षोड़शी वध्वाद्या स्त्रीमिति-बीजाद्या प्रणवाद्या ओङ्काराद्या वा स्यात् तदा स्त्रीं ह्रीं श्रीं क्रीं परमेश्वरि कालिके ह्रीं श्रीं क्रीं स्वाहेत्याकारा ओं ह्रीं श्रीं क्रीं परमेश्वरि कालिके ह्रीं श्रीं क्रीं स्वाहेत्याकारा च सप्तदशी सप्तदशाक्षर्यपि भवेत् । एवञ्चैषा सप्तदशी द्विधा जाता । एताभ्यां मिलिता द्वादश मन्त्रा आसन् ॥ १६–१८ ॥

सकलतन्त्रोक्तानां सर्वेषां मन्त्राणां पार्वतीसम्बन्धित्वे हेतुमाह त्वमाद्या प्रकृतिर्यत इति ॥ १९ ॥ २० ॥

एतेषां सर्वमन्त्राणां एकमेव हि साधनम् ।
कथयामि तव प्रीत्यै तथा लोकहिताय च ॥ २० ॥
कुलाचारं विना देवि शक्तिमन्त्रो न सिद्धिदः ।
तस्मात् कुलाचाररतः साधयेच्छक्तिसाधनम् ॥ २१ ॥
मद्यं मांसं तथा मत्स्यं मुद्रा मैथुनमेव च ।
शक्तिपूजाविधावाद्ये पञ्चतत्त्वं प्रकीर्त्तितम् ॥ २२ ॥
पञ्चतत्त्वं विना पूजा अभिचाराय कल्पते ।
नेष्टसिद्धिर्भवेत्तस्य विघ्नस्तस्य पदे पदे ॥ २३ ॥
शिलायां शस्यवापे च यथा नैवाङ्कुरो भवेत् ।
पञ्चतत्त्वविहीनायां पूजायां न फलोद्भवः ॥ २४ ॥
प्रातःकृत्यं विना देवि नाधिकारी तु कर्म्मसु ।
तस्मादादौ प्रवक्ष्यामि प्रातःकृत्यं यथोचितम् ॥ २५ ॥
रजनीशेषयामस्य शेषार्द्धमरुणोदयः ।
तदा साधक उत्थाय मुक्तस्वापः कृतासनः ।
ध्यायेच्छिरसि शुक्लाब्जे द्विनेत्रं द्विभुजं गुरुम् ॥ २६ ॥

तदेव साधनमाह कुलाचारमित्यादिभिः ॥ २१ ॥

पञ्चतत्त्वं विना शक्तिपूजाया निष्फलत्वादवश्यमेव पञ्चतत्त्वेन शक्तेः पूजा विधातव्येत्याह मद्यमित्यादिभिः ॥ २२ ॥ अभिचाराय हिंसाकर्मणे । हिंसाकर्माभिचारः स्यादित्यमरः ॥ २३–२५ ॥

प्रातःकृत्यमाह रजनीशेषयामस्येत्यादिभिः । रजनीशेषयामस्य रात्रेरन्तिमस्य प्रहरस्य शेषार्द्धमन्तिमं दण्डचतुष्टयमरुणोदयः स्यात् । तदा तस्मिन्नेवारुणोदये काले मुक्तस्वापस्त्यक्तनिद्रः साधक उत्थाय कृतमासनं येन तथाभूत

श्वेताम्बरपरीधानं श्वेतमाल्यानुलेपनम् ।
वराभयकरं शान्तं करुणामयविग्रहम् ॥ २७ ॥

वामेनोत्पलधारिण्या शक्त्याऽऽलिङ्गितविग्रहम् ।
स्मेराननं सुप्रसन्नं साधकाभीष्टदायकम् ॥ २८ ॥

एवं ध्यात्वा कुलेशानि मानसैरुपचारकैः ।
पूजयित्वा जपेन्मन्त्री वाग्भवं बीजमुत्तमम् ॥ २९ ॥

यथाशक्ति जपं कृत्वा समर्प्य दक्षिणे करे ।
ततस्तु प्रणमेद्धीमान् मन्त्रेणाऽनेन सद्गुरुम् ॥ ३० ॥

आसनोपविष्टश्च सन् शिरसि शुक्लाब्जे श्वेतपद्मे स्थितं गुरुं ध्यायेदित्यन्वयः । द्विनेत्रमित्यादीनि द्वितीयान्तानि गुरुविशेषणानि ॥ २६ ॥

श्वेतेत्यादि । श्वेताम्बरपरीधानं परिधीयते यत्तत् परीधानम् । कर्मणि ल्युट् । परीत्यस्य दीर्घस्त्वार्षः । श्वेते अम्बरे वस्त्रे परीधाने यस्य तथाभूतम् । श्वेतमाल्यानुलेपनम् अनुलिप्यते यत्तदनुलेपनं चन्दनादि । श्वेते माल्यानुलेपने यस्य तम् ॥ वरेत्यादि । वराभयकरं वरोऽभयं च करयोर्यस्य तम् । शान्तं रागद्वेषादिशून्यम् । करुणामयविग्रहं करुणामयः कृपाप्राचुर्यवान् विग्रहो देहो यस्य तम् । वामेनोत्पलधारिण्या शक्त्या वामहस्तेन कमलं दधत्या स्त्रिया आलिङ्गितविग्रहमाश्लिष्टशरीरम् ॥ २७ ॥ २८ ॥

एवमित्यादि । हे कुलेशानि मन्त्री साधकः एवं गुरुं ध्यात्वा मानसैर्मनःसंकल्पितैः पाद्यार्घ्याचमनीयादिभिरुपचारकैः पूजयित्वा चोत्तमं श्रेष्ठं वाग्भवम् ऐमिति बीजं जपेत् ॥ २९ ॥ जपम् ऐमिति बीजस्येति शेषः ॥ ३० ॥

भवपाशविनाशाय ज्ञानदृष्टिप्रदर्शिने ।
नमः सद्गुरवे तुभ्यं भुक्तिमुक्तिप्रदायिने ॥ ३१ ॥
नराकृतिपरब्रह्मरूपायाऽज्ञानहारिणे ।
कुलधर्म्मप्रकाशाय तस्मै श्रीगुरवे नमः ॥ ३२ ॥
प्रणम्यैवं गुरुं तत्र चिन्तयेन्निजदेवताम् ।
पूर्ववत् पूजयित्वा तां मूलमन्त्रजपञ्चरेत् ॥ ३३ ॥
यथाशक्ति जपित्वा तद् देवीवामकरेऽर्पयेत् ।
मन्त्रेणानेन मतिमान् प्रणमेदिष्टदेवताम् ॥ ३४ ॥
नमः सर्वस्वरूपिण्यै जगद्धात्र्यै नमोनमः ।
आद्यायै कालिकायै ते कर्त्र्यै हर्त्र्यै नमोनमः ॥ ३५ ॥
नमस्कृत्य वहिर्गच्छेद्वामपादपुरःसरम् ।
त्यक्त्वा मूत्रपुरीषञ्च दन्तधावनमाचरेत् ॥ ३६ ॥

अनेन केन मन्त्रेणेत्यपेक्षायां तमेव मन्त्रमाह भवपाशविनाशायेति । भवपाशविनाशाय संसाररूपस्य पाशस्य विनाशकाय । ज्ञानदृष्टिप्रदर्शिने ज्ञानरूपां दृष्टिं प्रदर्शयितुं शीलं यस्य तस्मै ॥ ३१ ॥ ३२ ॥

प्रणम्येत्यादि । एवमुक्तप्रकारेण गुरुं प्रणम्य प्रकर्षेण भक्तिश्रद्धातिशयेन नत्वा तत्र शिरसि शुक्लाब्जे आसीनां निजदेवतां साधकश्चिन्तयेद्ध्यायेत् । ततः पूर्ववत् गुरुवन्मानसैरुपचारकैस्तां निजदेवतां पूजयित्वा ह्रीँ श्रीँ क्रीमित्यादिकस्य मूलमन्त्रस्य जपञ्चरेत् कुर्यात् ॥ ३३ ॥ ३४ ॥ तं मन्त्रमेवाह । नमः सर्वेति ॥ ३५ ॥ ३६ ॥

ततो गत्वा जलाभ्यासे स्नानं कृत्वा यथाविधि ।
आदावप उपस्पृश्य प्रविशेत् सलिले ततः ॥ ३७ ॥
नाभिमात्रजले स्थित्वा मलानामपनुत्तये ।
सकृत् स्नात्वा तथोन्मज्य मान्त्रमाचमनञ्चरेत् ॥ ३८ ॥
आत्मविद्याशिवैस्तत्त्वैः स्वाहान्तैः साधकाग्रणीः ।
त्रिस्प्राश्याऽपो द्विरुन्मृज्य त्वाचमेत् कुलसाधकः ॥ ३९ ॥
कुलयन्त्रं मन्त्रगर्भं विलिख्य सलिले सुधीः ।
मूलमन्त्रं द्वादशधा तस्योपरि जपेत् प्रिये ॥ ४० ॥
तेजोरूपं जलं ध्यात्वा सूर्यमुद्दिश्य देशिकः ।
तत्तोयैस्त्र्यञ्जलीन् दत्त्वा तेनैव पाथसा त्रिधा ।
अभिषिच्य स्वमूर्द्धानं सप्तच्छिद्राणि रोधयेत् ॥ ४१ ॥

तत इत्यादि । जलाभ्यासे वारिनिकटे । स्नानविधिमेवाह आदावप इत्यादिभिः । अपो जलानि । सलिले जले ॥ ३७ ॥ मन्त्रैः कार्यं मान्त्रम् ॥ ३८ ॥

आचमनमन्त्रानेव दर्शयन्नाह आत्मेत्यादि । स्वाहा अन्तो येषां तथाभूतैः आत्मविद्याशिवतत्त्वैः आत्मतत्त्वाय स्वाहा विद्यातत्त्वाय स्वाहा शिवतत्त्वाय स्वाहेति मन्त्रैरित्यर्थः । साधकाग्रणीः साधकश्रेष्ठः । कुलसाधकोऽपो जलानि त्रिर्वारत्रयं प्राश्य प्रपीय द्विर्वारद्वयमुन्मृज्य इत्येवमाचम्य ह्रीँ प्रभृतीनां मन्त्राणां मध्ये कश्चिदपि मन्त्रो गर्भे यस्यैवम्भूतं त्रिकोणात्मकं कुलयन्त्रं सलिले जले विलिख्य सुधीर्धीरः साधकस्तस्य कुलयन्त्रस्योपरि ह्रीँ श्रीँ क्रीमित्याद्यात्मकं मूलमन्त्रं द्वादशधा द्वादशवारञ्जपेदिति द्वितीयेनान्वयः ॥ ३९ ॥ ४० ॥

तेजोरूपमिति । देशिकः साधकः कुलयन्त्रसम्बन्धि जलं तेजोरूपं ध्यात्वा तत्तोयैः कुलयन्त्रसम्बन्धिभिर्जलैस्त्र्यञ्जलीन् सूर्यमुद्दिश्य दत्त्वा तेनैव

ततस्तु देवताप्रीत्यै त्रिर्निमज्य जलान्तरे ।
उत्थाय गात्रं सम्मार्ज्य पिदध्याच्छुद्धवाससी ॥ ४२ ॥
मृत्स्नया भस्मना वाऽपि त्रिपुण्ड्रं बिन्दुसंयुतम् ।
ललाटे तिलकं कुर्याद्गायत्र्या बद्धकुन्तलः ॥ ४३ ॥
वैदिकीं तान्त्रिकीञ्चैव यथानुक्रमयोगतः ।
सन्ध्यां समाचरेन्मन्त्री तान्त्रिकीं शृणु कथ्यते ॥ ४४ ॥
आचम्य पूर्ववत्तोयैस्तीर्थान्यावाहयेच्छिवे ॥ ४५ ॥
गङ्गे च यमुने चैव गोदावरि सरस्वति ।
नर्मदे सिन्धु कावेरि जलेऽस्मिन् सन्निधिं कुरु ॥ ४६ ॥

कुलयन्त्रसम्बन्धिनैव पाथसा जलेन स्वमूर्द्धानं त्रिधा त्रिवारमभिषिच्य सप्तच्छिद्रानि कर्णनेत्रनासामुखविवराणि हस्तद्वयाङ्गुलिभी रोधयेत् ॥ ४१ ॥

ततस्त्विति । ततस्तु सप्तच्छिद्ररोधनादनन्तरं तु देवताप्रीत्यै सङ्कल्पच जलान्तरे त्रिर्वारत्रयं निमज्य तत उत्थाय गात्रं सम्माज्र्य वस्त्रेण प्रोक्ष्य च शुद्धवाससी धौतवस्त्रे पिदध्यात् आच्छादयेत् परिदध्यादित्यर्थः ॥ ४२ ॥

मृत्स्नयेति । ततो गायत्र्या बद्धकुन्तलो निबद्धकेशः सन् मृत्स्नया प्रशस्तया मृत्तिकया तादृशेनैव भस्मना वाऽपि विन्दुसंयुतं त्रिपुण्ड्रं तिलकं ललाटे कुर्यात् ॥ ४३ ॥

वैदिकीमिति । ततो मन्त्री साधको यथानुक्रमयोगतोऽनुक्रमेणैव वैदिकीं तान्त्रिकीञ्च सन्ध्यां समाचरेत् कुर्यात् । तयोर्मध्ये तान्त्रिकीं सन्ध्यां त्वं शृणु मया कथ्यते ॥ ४४ ॥

तान्त्रिकीं सन्ध्यामेवाह आचम्येत्यादिभिः । हे शिवे पूर्ववदाचम्य तोये जले तीर्थान्यावाहयेत् ॥ ४५ ॥

ननु केन मन्त्रेण कानि वा तीर्थान्यावाहयेदित्यपेक्षायामाह गङ्गे चेत्यादि । सन्निधिम् आसत्तिम् ॥ ४६ ॥

मन्त्रेणानेन मतिमान् मुद्रयाऽङ्कुशसंज्ञया ।
आवाह्य तीर्थं सलिले मूलं द्वादशधा जपेत् ॥ ४७ ॥
ततस्तत्तोयतो बिन्दूंस्त्रिधा भूमौ विनिक्षिपेत् ।
मध्यमानामिकायोगान्मूलोच्चारणपूर्वकम् ॥ ४८ ॥
सप्तवारं स्वमूर्द्धानमभिषिच्य ततो जलम् ।
वामहस्ते समादाय छादयेद्दक्षपाणिना ॥ ४९ ॥
ईशानवायुवरुणवह्नीन्द्रबीजपञ्चकम् ।
प्रजप्य वेदधा तोयं दक्षहस्ते समानयेत् ॥ ५० ॥

मन्त्रेणेति । मतिमान् साधकोऽनेन अनन्तरमेवोक्तेन मन्त्रेणाङ्कुशसंज्ञया मुद्रया सलिले जले तीर्थमावाह्य मूलं मन्त्रं सलिले एव द्वादशधा जपेत् । अङ्कुशमुद्रा यथा ज्ञानार्णवे ।

दक्षमुष्टिं विधायाथ तर्ज्जन्यङ्कुशरूपिणी ।
अङ्कुशाख्या महामुद्रा त्रैलोक्याकर्षणक्षमेति ॥ ४७ ॥

तत इत्यादि । ततः परं मूलमन्त्रस्योच्चारणं पूर्वं यत्र कर्म्मणि तत् मूलोच्चारणपूर्वकं मध्यमानामिकायोगात्तत्तोयतो विन्दून् त्रिधा त्रिवारं भूमौ विनिक्षिपेत् ॥ ४८ ॥

सप्तवारमिति । मूलोच्चारणपूर्वकं मध्यमानामिकायोगात् तेनैव जलेन सप्तवारं स्वमूर्द्धानमात्मीयं मस्तकमभिषिच्य ततः परं वामहस्ते जलं समादाय गृहीत्वा दक्षपाणिनाऽऽच्छादयेत् ॥ ४९ ॥

ईशानेत्यादि । दक्षपाणिनाऽऽच्छाद्य च ईशानवायुवरुणवह्नीन्द्रस्वामिकं हँ यँ वँ रँ लमित्येतद्बीजपञ्चकं वेदधा चतुर्वारं प्रजप्य तत्तोयं दक्षहस्ते समानयेत् ॥ ५० ॥

वीक्ष्य तेजोमयं ध्यात्वा चेडयाऽऽकृष्य साधकः ।
देहान्तःकलुषं तेन रेचयेत् पिङ्गलाख्यया ॥ ५१ ॥
निष्कृष्य पुरतो वज्रशिलायामस्त्रमुच्चरन् ।
त्रिवारं ताडयन् मन्त्री हस्तौ प्रक्षालयेत्ततः ॥ ५२ ॥
आचम्योक्तेन मन्त्रेण सूर्यायार्घ्यं निवेदयेत् ॥ ५३ ॥
तारमायाहंस इति घृणिसूर्य ततःपरम् ।
इदमर्घ्यं तुभ्यमुक्त्वा दद्यात् स्वाहेत्युदीरयन् ॥ ५४ ॥
ततो ध्यायेन्महादेवीं गायत्रीं परदेवताम् ।
प्रातर्मध्याह्नसायाह्ने त्रिरूपां गुणभेदतः ॥ ५५ ॥
प्रातर्ब्राह्मीं रक्तवर्णां द्विभुजाञ्च कुमारिकाम् ।
कमण्डलुं तीर्थपूर्णमच्छमालाञ्च बिभ्रतीम् ।
कृष्णाजिनाम्बरधरां हंसारूढां शुचिस्मिताम् ॥ ५६ ॥

वीक्ष्येति । साधको जनो दक्षहस्ते समानीतं तज्जलं वीक्ष्य विलोक्य तेजोमयं तेजोरूपं ध्यात्वा ईड़या नाड्या आकृष्य च पिङ्गलाख्यया नाड्या तेन जलेन देहान्तःकलुषं शरीरान्तःपापं रेचयेन्निष्कर्षयेत् ॥ ५१ ॥

निष्कृष्येति । मन्त्री साधक एवं देहान्तःकलुषं निष्कृष्य पुरतोऽग्रे मनःकल्पितायां वज्रशिलायामस्त्रं फडिति मन्त्रमुच्चरन् जपन् सन् त्रिवारं ताड़येत् आहन्यात् । ततोऽनन्तरं हस्तौ प्रक्षालयेद्धावेत् ॥ ५२ ॥

आचम्येति । तत उक्तेन मन्त्रेणाचम्य सूर्यायार्घ्यं निवेदयेद्दद्यात् ॥ ५३ ॥

ननु केन मन्त्रेण सूर्यायार्घ्यं निवेदनीयमत आह तारेत्यादि । पूर्वं तारमायाहंस इत्युक्त्वा ततःपरं घृणिसूर्येत्युक्त्वा ततश्च परमिदमर्घ्यं तुभ्यमित्युक्त्वा ततोऽनन्तरं स्वाहेत्युदीरयन् कीर्त्तयन् साधकः सूर्यायार्घ्यं दद्यात् । ओँ ह्रीँ हंस घृणिसूर्य इदमर्घ्यं तुभ्यं स्वाहेति मन्त्रेणार्घ्यं निवेदयेदित्यर्थः ॥ ५४ ॥ ५५ ॥

रज आदिगुणभेदात् प्रातर्मध्याह्नसायाह्ने त्रिरूपत्वं प्रदर्शयन् गायत्र्या ध्यानमेवाह प्रातर्ब्राह्मीमित्यादिभिः । प्रातरिति । रक्तवर्णाम् रक्तो लोहितो

मध्याह्ने तां श्यामवर्णां वैष्णवीञ्च चतुर्भुजाम् ।
शङ्खचक्रगदापद्मधारिणीं गरुड़ासनाम् ॥ ५७ ॥
पीनोत्तुङ्गकुचद्वन्द्वां वनमालाविभूषिताम् ।
युवतीं सततं ध्यायेन्मध्ये मार्त्तण्डमण्डले ॥ ५८ ॥
सायाह्ने वरदां देवीं गायत्रीं संस्मरेद् यतिः ।
शुक्लां शुक्लाम्बरधरां वृषासनकृताश्रयाम् ॥ ५९ ॥
त्रिनेत्रां वरदां पाशं शूलञ्च नृकरोटिकाम् ।
विभ्रतीं करपद्मैश्च वृद्धां गलितयौवनाम् ॥ ६० ॥

वर्णो यस्यास्ताम् । द्विभुजां द्वौ भुजौ बाहू यस्यास्तथाभूताम् । तीर्थपूर्णं गङ्गादितीर्थजलैः पूरितं कमण्डलुम् अच्छमालां स्वच्छमाल्यञ्च पाणिभ्यां विभ्रतीं दधतीम् । कृष्णाजिनाम्बरधरां नीलचर्मरूपं वस्त्रं परिदधतीम् । हंसारूढां हंसः पक्षिविशेषस्तमारूढाम् । शुचिस्मितां शुचि पवित्रं शुभ्रं वा स्मितमीषद्धासो यस्यास्ताम् । कुमारिकां कन्यकाम् । ब्राह्मीं ब्रह्मणः शक्तिम् । एवम्भूतां गायत्रीं देवीं प्रातःकाले ध्यायेत् । अग्रेऽप्येवमेवान्वयः कर्त्तव्यः ॥ ५६ ॥

मध्याह्न इति । तां गायत्रीम् ॥ ५७ ॥

पीनेति । पीनं वृहत्तुङ्गमुन्नतं कुचद्वन्द्वं यस्याः तथाभूताम् ॥ ५८ ॥

सायाह्ने इत्यादि । यतिः निर्जितेन्द्रियव्यूहः । "ये निर्जितेन्द्रियग्रामा यतिनो यतयश्च ते" इत्यमरः । वृषासनकृताश्रयाम् वृषरूपमासनं यस्य स वृषासनः शिवः स एव कृत आश्रयो निजाधारो यया तथाभूताम् । अथवा वृषरूपं यदासनं तदात्मकः कृत आश्रयो यया तथाभूताम् ॥ ५९ ॥

त्रिनेत्रमिति । नृकरोटिकाम् नरकपालम् । गलितयौवनां ध्वस्ततारुण्याम् ॥ ६० ॥

एवं ध्यात्वा महादेव्यै जलानामञ्जलित्रयम् ।
दत्वा जपेत्तु गायत्रीं दशधा शतधाऽपि वा ॥ ६१ ॥
गायत्रीं शृणु देवेशि वदामि तव भावतः ।
आद्यायै पदमुच्चार्य विद्महे तदनन्तरम् ॥ ६२ ॥
परमेश्वर्यै धीमहि तन्नः काली प्रचोदयात् ।
एषा तु तव गायत्री महापापप्रणाशिनी ॥ ६३ ॥
त्रिसन्ध्यमेतां प्रजपन् सन्ध्यायाः फलमाप्नुयात् ।
ततस्तु तर्पयेद्भद्रे देवर्षिपितृदेवताः ॥ ६४ ॥
प्रणवं सद्द्वितीयाख्यां तर्पयामि नमः पदम् ।
शक्तौ तु प्रणवे मायां नमःस्थाने द्विठं वदेत् ॥ ६५ ॥

एवमित्यादि । महादेव्यै गायत्र्यै दशधा शतधाऽपि वा दशवारं शतवारं वेत्यर्थः ॥ ६१ ॥

गायत्रीमित्यादिना गायत्रीं वक्तुमुपक्रमते । भावतः प्रीतितः ॥ ६२ ॥

तां गायत्रीमेवाह आद्यायै इत्यादिना । पूर्वमाद्यायै इति पदमुच्चार्य तदनन्तरं विद्महे इति पदमुच्चरेत् । तदनन्तरं परमेश्वर्यै धीमहि तन्नः काली प्रचोदयादित्युच्चरेत् । योजनया आद्यायै विद्महे परमेश्वर्यै धीमहि तन्नः काली प्रचोदयादित्याकारा गायत्र्यासीत् । एतद्गायत्र्यर्थस्तु आद्यायै परमेश्वर्यै आद्यां परमेश्वरीं प्राप्तुं यां वयं विद्महे मन्यामहे धीमहि चिन्तयामश्च तत् जगत्कारणत्वेन अतिप्रसिद्धा काली नोऽस्मान् प्रचोदयात् प्रेरयेत् धर्म्मार्थकाममोक्षेषु विनियोजयेदित्यर्थ इति ॥ ६३ ॥

त्रिसन्ध्यमिति । एताम् केवलां तव गायत्रीम् । ततस्तु गायत्रीजपादनन्तरं तु ॥ ६४ ॥

ननु केन केन मन्त्रेण देवर्षिपितृदेवतास्तर्पयितव्या इत्याकाङ्क्षायां तर्पणमन्त्रमाह प्रणवमित्यादिना । पूर्वं प्रणवमोङ्कारं वदेत् । ततः सद्द्वितीयाख्यां

मूलान्ते सर्वभूतान्ते निवासिन्यै पदं वदेत् ।
सर्वस्वरूपां ङेयुक्तां सायुधाऽपि तथा पठेत् ॥ ६६ ॥
सावरणां सचतुर्थीं तद्वदेव परात्पराम् ।
आद्यायै कालिकायै त इदमर्घ्यं ततो द्विठः ॥ ६७ ॥
अनेनार्घ्यं महादेव्यै दत्त्वा मूलं जपेत् सुधीः ।
यथाशक्ति जपं कृत्वा देव्या वामकरेऽर्पयेत् ॥ ६८ ॥

द्वितीयया विभक्त्या सहितामाख्यां नामधेयं वदेत् । ततश्च परं तर्पयामीति नम इति च पदं वदेत् । शक्तौ तु शक्तिविषये तु प्रणवे प्रणवस्थाने मायां ह्रीमिति बीजं वदेत् । नमःस्थाने द्विठं स्वाहेति पदं वदेत् । एतेन ओँ देवांस्तर्पयामि नम इति मन्त्रेण देवान् ओमृषींस्तर्पयामि नम इत्यनेन ऋषीन् ओँ पितॄंस्तर्पयामि नम इति मन्त्रेण पितॄन् ह्रीँ आद्यां कालीं तर्पयामि स्वाहेत्यनेनाद्यां कालीं तर्पयेदिति ज्ञापितम् ॥ ६५ ॥

मूलान्त इत्यादि । मूलस्य ह्रीँ श्रीँ क्रीँ परमेश्वरि स्वाहेति मन्त्रस्यान्ते यत् सर्वभूतेति पदं तस्यान्ते निवासिन्यै इति पदं वदेत् । ततो ङेयुक्तां सर्वस्वरूपां वदेत् । ततः तथा ङेयुक्ता सायुधेत्यपि पदं वदेत् । ततः तद्वदेव सचतुर्थीमेव परात्परां वदेत् । ततः आद्यायै कालिकायै ते इदमर्घ्यमिति वदेत् । ततो द्विठः स्वाहेति पदं वदेत् । सकलपदयोजनया ह्रीँ श्रीँ क्रीँ परमेश्वरि स्वाहा सर्वभूतनिवासिन्यै सर्वस्वरूपायै सायुधायै सावरणायै परात्परायै आद्यायै कालिकायै ते इदमर्घ्य स्वाहेति मन्त्र आसीत् ॥ ६६ ॥ ६७ ॥

अनेनेति । अनेनानन्तरमेवोक्तेन मन्त्रेण महादेव्यै अर्घ्यं दत्त्वा सुधीर्धीरः साधको मूलं मन्त्रं जपेत् । यथाशक्ति जपं कृत्वा च जपजन्यं फलं देव्या वामकरेऽर्पयेन दद्यात् ॥ ६८ ॥

प्रणम्य देवीं पूजार्थं जलमादाय साधकः ।
नत्वा तीर्थं पठन् स्तोत्रं देवताध्यानतत्परः ॥ ६९ ॥
यागमण्डपमागत्य पाणिपादौ विशोधयेत् ।
ततो द्वारस्य पुरतः सामान्यार्घ्यं प्रकल्पयेत् ॥ ७० ॥
त्रिकोणवृत्तभूबिम्बं मण्डलं रचयेत् सुधीः ।
आधारशक्तिं संपूज्य तत्राऽऽधारं नियोजयेत् ॥ ७१ ॥
अस्त्रेण पात्रं प्रक्षाल्य हृन्मन्त्रेण प्रपूर्य च ।
निक्षिप्य गन्धं पुष्पञ्च तीर्थान्यावाहयेत्ततः ॥ ७२ ॥
आधारपात्रतोयेषु वह्न्यर्कशशिमण्डलम् ।
पूजयित्वा तद्दशधा मायाबीजेन मन्त्रयेत् ॥ ७३ ॥

प्रणम्येति । ततः साधको देवीं प्रणम्य पूजार्थं जलमादाय गृहीत्वा तीर्थं नत्वा च स्तोत्रं पठन् देवताध्यानतत्परः सन् यागमण्डपं यजनगृहमागत्य पाणिपादौ विशोधयेत् धावेत् । ततो द्वारस्य पुरतोऽग्रे सामान्यार्घ्यं प्रकल्पयेत् रचयेत् ॥ ६९ ॥ ७० ॥

ननु सामान्यार्घ्यं किं नामेत्यत आह त्रिकोणेत्यादि । सुधीर्विचक्षणः त्रिकोणञ्च वृत्तञ्च भूबिम्बं चैतेषां समाहारः त्रिकोणवृत्तभूबिम्बं मण्डलं रचयेत् । पूर्वं त्रिकोणं ततस्तद्बहिरभितो वृत्तं वर्त्तुलं ततस्तद्बहिर्भूबिम्बं चतुष्कोणञ्च मण्डलं कुर्यादित्यर्थः । तत्र रचिते मण्डले ओँ आधारशक्तये नम इति मन्त्रेण गन्धपुष्पादिभिराधारशक्तिं संपूज्य सामान्यार्घ्यं पात्रस्थापनाय तस्मिन्नेव रचिते मण्डले कमप्याधारं नियोजयेत् स्थापयेत् ॥ ७१ ॥

अस्त्रेणेति । अस्त्रेण फडिति मन्त्रेण पात्रं प्रक्षाल्याऽऽधारे संस्थाप्य च हृन्मन्त्रेण नमोमन्त्रेण जलैः प्रपूर्य च तत्र गन्धं चन्दनादिकं पुष्पञ्च निक्षिप्य ततःपरं तत्र तीर्थान्यावाहयेत् ॥ ७२ ॥

आधारेति । ततः आधारश्च पात्रञ्च तोयञ्च तान्याधारपात्रतोयानि तेषु वह्न्यर्कशशिमण्डलं पूजयित्वा आधारे वह्निमण्डलं पात्रेऽर्कमण्डलं तोये च

प्रदर्शयेद्धेनुयोनिं सामान्यार्घ्यमिदं स्मृतम् ।
ततस्तज्जलपुष्पैश्च पूजयेद् द्वारदेवताः ॥ ७४ ॥
गणेशं क्षेत्रपालञ्च वटुकं योगिनीं तथा ।
गङ्गाञ्च यमुनाञ्चैव लक्ष्मीं वाणीं ततो यजेत् ॥ ७५ ॥
किञ्चित् स्पृशन् वामशाखां वामपादपुरःसरम् ।
स्मरन् देव्याः पदाम्भोजं मण्डपं प्रविशेत् सुधीः ॥ ७६ ॥

शशिमण्डलं वक्ष्यमाणमन्त्रेण गन्धपुष्पादिभिरर्च्चयित्वेत्यर्थः । दशधा दशवारं मायाबीजेन ह्रीमितिबीजेन तज्जलं मन्त्रयेत् ॥ ७३ ॥

प्रदर्शयेदिति । ततः तस्योपरि धेनुयोनी मुद्रे प्रदर्शयेत् । इदमेव सामान्यार्घ्यं स्मृतम् । ततःपरं तज्जलपुष्पैः सामान्यार्घ्यसम्बन्धितोयकुसुमैर्द्वारदेवताः पूजयेत् । धेनुमुद्रा यथा ।

अन्योन्याभिमुखाश्लिष्टा कनिष्ठानामिका पुनः ।
तथा च तर्जनीमध्या धेनुमुद्राऽमृतप्रदेति ॥ ७४ ॥

या द्वारदेवताः पूजयेत्ता एव दर्शयन्नाह गणेशमित्यादि । गां गणेशाय नम इति मन्त्रेण गणेशम् क्षां क्षेत्रपालाय नम इति मन्त्रेण क्षेत्रपालम् वां वटुकाय नम इत्यनेन वटुकम् यां योगिन्यै नम इत्यनेन योगिनीम् गां गङ्गायै नम इत्यनेन गङ्गाम् यां यमुनायै नम इति मन्त्रेण यमुनाम् श्रीँ लक्ष्म्यै नम इत्यनेन लक्ष्मीम् ऐँ सरस्वत्यै नम इति मन्त्रेण वाणीं गन्धपुष्पादिभिर्यजेत् पूजयेत् ॥ ७५ ॥

किञ्चिदिति । ततो वामशाखां द्वारस्थितचतुष्काष्ठानां मध्ये वामं काष्ठं किञ्चित् स्पृशन् देव्याः पदाम्भोजञ्च स्मरन् सुधीः साधको वामपादपुरःसरं यथा स्यात् तथा मण्डपं देवीयजनमण्डपं देवीयजनमन्दिरं प्रविशेत् ॥ ७६ ॥

नैर्ऋत्यां दिशि वास्त्वीशं ब्रह्माणञ्च समर्चयन् ।
सामान्यार्घ्यस्य तोयेन प्रोक्षयेद्यागमन्दिरम् ॥ ७७ ॥
अनन्तरं साधकेन्द्रो दिव्यदृष्टचवलोकनैः ।
दिव्यानुत्सारयेद्विघ्नानस्त्राद्भिश्चान्तरीक्षगान् ॥ ७८ ॥
पार्ष्णिघातत्रिभिर्भौमानिति विघ्नान्निवारयेत् ।
चन्दनागुरुकस्तूरीकर्पूरैर्यागमण्डपम् ॥ ७९ ॥
धूपयेत् स्वोपवेशार्थं चतुरस्रं त्रिकोणकम् ।
विलिख्य पूजयेत्तत्र कामरूपाय हृन्मनुः ॥ ८० ॥
तत्राऽऽसनं समास्तीर्य काममाधारशक्तितः ।
कमलासनाय नमो मन्त्रेणैवासनं यजेत् ॥ ८१ ॥

नैर्ऋत्यामित्यादि । मण्डपं प्रविश्य च तत्रैव नैर्ऋत्यां दिशि प्रणवादि-नमोऽन्तेन मन्त्रेण गन्धपुष्पादिभिर्वास्त्वीशं ब्रह्माणं च समर्चयन् पूजयन् सन सामान्यार्घ्यस्य तोयेन यागमन्दिरं प्रोक्षयेत् प्रसिञ्चेत् ॥ ७७ ॥

अनन्तरमिति । अनन्तरं ततःपरमेव साधकेन्द्रो दिव्यदृष्टचवलोकनैः निमेषशून्या दृष्टिर्दिव्यदृष्टिस्तयाऽवलोकनैर्निरीक्षणैः । दिवि भवा दिव्यास्तान् विघ्नानुत्सारयेन्निवारयेत् । अन्तरिक्षगान् गगनगतान् विघ्नांस्तु अस्त्राद्भिः फडिति मन्त्रेण जलैश्चोत्सारयेत् । भौमान् भूमिभवान् विघ्नांस्तु पार्ष्णिघातत्रिभिः त्रिभिः पादतलाघातैर्निवारयेत् । ततो यागमण्डपं चन्दनागुरुकस्तूरीकर्पूरैर्धूपयेत् वासयेत् । ततः स्वोपवेशार्थं त्रिकोणकं तद्बहिश्चतुरस्रं चतुष्कोणञ्च मण्डलं विलिख्य तत्र लिखिते मण्डले तदधिष्ठातृदैवतं कामरूपं कामरूपाय हृत् कामरूपाय नम इति यो मनुर्मन्त्रस्तेन गन्धपुष्पादिभिः पूजयेत् ॥ ७८–८० ॥

तत्रेति । ततस्तत्र मण्डले आसनमास्तीर्याच्छाद्य पूर्वं कामं क्लीमिति बीजमुच्चार्य ततः आधारशक्तीति वदेत् । आधारशक्तितश्च परं कमलासनाय

उपविश्यासने विद्वान् प्राङ्मुखो वाप्युदङ्मुखः ।
बद्धवीरासनो मन्त्री विजयां परिशोधयेत् ॥ ८२ ॥
तारं मायां समुच्चार्य अमृते अमृतोद्भवे ।
अमृतवर्षिणि ततोऽमृतमाकर्षय द्विधा ॥ ८३ ॥
सिद्धिं देहि ततो ब्रूयात् कालिकां मे ततः परम् ।
वशमानय ठद्वन्द्वं संविदाशोधने मनुः ॥ ८४ ॥
मूलमन्त्रं सप्तवारं प्रजप्य विजयोपरि ।
आवाहन्यादिमुद्राञ्च धेनुयोनी प्रदर्शयेत् ॥ ८५ ॥

नम इति वदेत् । योजनया क्लीमाधारशक्तिकमलासनाय नम इति मन्त्रो जातः । अनेनैव मन्त्रेणासनं तदधिष्ठातृदैवतं यजेत् ॥ ८१ ॥

विजयां भङ्गाम् ॥ ८२ ॥

ननु केन मन्त्रेण विजयां परिशोधयेदित्यपेक्षायां तच्छोधनमन्त्रमेवाह तारमित्यादिद्वाभ्याम् । पूर्वं तारं प्रणवं मायां ह्रीमिति बीजञ्च समुच्चार्य ततःपरम् अमृते अमृतोद्भवे अमृतवर्षिणि इति ब्रूयात् । ततोऽमृतमिति ब्रूयात् । ततो द्विधा द्विवारमाकर्षयेति ब्रूयात् । ततश्च सिद्धिं देहीति ब्रूयात् । ततःपरं कालिकां मे इति ब्रूयात् । ततश्च वशमानयेति ठद्वन्द्वं स्वाहेति ब्रूयात् । सकलपदयोजनया ओँ ह्रीँ अमृते अमृतोद्भवे अमृतवर्षिणि अमृतमाकर्षयाकर्षय सिद्धिं देहि कालिकां मे वशमानय स्वाहेति मन्त्रो जातः । संविदाशोधने भङ्गायाः शोधनेऽयमेव मनुः प्रोक्तः ॥ ८३ ॥ ८४ ॥

मूलमन्त्रमिति । विजयोपरि मूलमन्त्रं सप्तवारं प्रजप्य आवाह्यते यया सा आवाहनी मुद्रा सा मुद्रा आदिर्यस्याः सा आवाहन्यादिः सा चासौ मुद्रा चेत्यावाहन्यादिमुद्रा ताम् । धेनुयोनी च मुद्रे विजयोपरि प्रदर्शयेत् । आवाहन्यादिमुद्रा यथा दक्षिणामूर्तिसंहितायाम् ।

गुरुं पद्मे सहस्रारे यथा सङ्केतमुद्रया ।
त्रिधैव तर्पयेद्देवीं हृदि मूलं समुच्चरन् ॥ ८६ ॥
वाग्भवं वदयुग्मञ्च वाग्वादिनि पदं ततः ।
मम जिह्वाग्रे स्थिरीभव सर्वसत्त्ववशङ्करि ।
स्वाहान्तेनैव मनुना जुहुयात् कुण्डलीमुखे ॥ ८७ ॥
स्वीकृत्य संविदां वामकर्णोर्द्ध्वे श्रीगुरुं नमेत् ।
दक्षिणे च गणेशानमाद्यां मध्ये सनातनीम् ।
कृताञ्जलिपुटो भूत्वा देवीध्यानपरायणः ॥ ८८ ॥

पुटाञ्जलिमधः कुर्यादियमावाहनी भवेत् ।
इयन्तु विपरीतेन तदा वै स्थापनी भवेत् ॥
ऊर्द्ध्वाङ्गुष्ठकमुष्टिभ्यां तदेयं सन्निधापनी ।
अन्ताङ्गुष्ठकमुष्टिभ्यां तदेयं सन्निरोधिनीति ॥ ८५ ॥

गुरुमिति । ऐँ अमुकानन्दनाथं श्रीगुरुं तर्पयामि नमः इति मन्त्रेण सङ्केतमुद्रया गुरूपदिष्टया तत्त्वमुद्रया सहस्रारे सहस्रदले पद्मे गुरुं यथावत्त्रिधा विजयया तर्पयेत् । मूलं मन्त्रं समुच्चरन् सन् ह्रीँ आद्यां कालीं तर्पयामि स्वाहेति मन्त्रेण तत्त्वमुद्रयैव हृदये देवीं विजयया त्रिधैव तर्पयेत् ॥ ८६ ॥

वाग्भवमिति । पूर्वं वाग्भवम् ऐमिति वीजं वदेत् । ततो वदयुग्मं वदेत् । ततो वाग्वादिनि इति पदं वदेत् । ततो मम जिह्वाग्रे स्थिरीभव सर्वसत्त्ववशङ्करि इति वदेत् । योजनया ऐँ वद वद वाग्वादिनि मम जिह्वाग्रे स्थिरीभव सर्वसत्त्ववशङ्करि मन्त्रो जातः । स्वाहान्तेनैवामुना मनुना कुण्डलीमुखे विजयां जुहुयात् दद्यात् ॥ ८७ ॥

स्वीकृत्येति । एवं संविदां भङ्गां स्वीकृत्य गृहीत्वा वामकर्णस्योर्द्ध्वदेशे ओँ श्रीगुरुभ्यो नम इति मन्त्रेण श्रीगुरुं नमेत् । दक्षिणे दक्षिणकर्णस्योर्द्ध्वदेशे

पूजाद्रव्याणि सर्वाणि दक्षिणे स्थापयेत् सुधीः ।
वामे सुवासितं तोयं कुलद्रव्याणि यानि च ॥ ८९ ॥

अस्त्रान्तमूलमन्त्रेण सामान्यार्घ्योदकेन च ।
संप्रोक्ष्य सर्ववस्तूनि वेष्टयेज्जलधारया ।
वह्निबीजेन देवेशि वह्नेः प्राकारमाचरेत् ॥ ९० ॥

पुष्पं चन्दनसंयुक्तमादाय करयोर्द्वयोः ।
अस्त्रेण घर्षयित्वा तत् प्रक्षिपेत् करशुद्धये ॥ ९१ ॥

तर्जनीमध्यमाभ्याञ्च वामपाणितले शिवे ।
ऊर्द्ध्वोर्द्ध्वतालत्रितयं दत्वा दिग्बन्धनं ततः ।
अस्त्रेण छोटिकाभिश्च भूतशुद्धिमथाऽऽचरेत् ॥ ९२ ॥

ओँ गणेशाय नम इति मन्त्रेण गणेशानं नमेत् । ओँ सनातन्यै आद्यायै काल्यै नम इत्यनेन मध्ये ललाटदेशे सनातनीमाद्यां कालिकां नमेत् ॥ ८८ ॥

पूजेति । पूजाद्रव्याणि पुष्पादीनि । कुलद्रव्याणि मद्यादीनि ॥ ८९ ॥

अस्त्रान्तेति । ततः अस्त्रान्तमूलमन्त्रेण फडन्तेन मूलमन्त्रेण सामान्यार्घ्योदकेन च सर्ववस्तूनि संप्रोक्ष्याभिषिच्य जलधारया वेष्टयेत् । हे देवेशि ततो वह्निबीजेन रमिति-बीजेन वह्नेः प्राकारमावरणमाचरेत् कुर्यात् ॥ ९० ॥

पुष्पमिति । ततः करशुद्धये चन्दनसंयुक्तं पुष्पं द्वयोः करयोरादाय गृहीत्वा अस्त्रेण फडिति मन्त्रेण तत् पुष्पं घर्षयित्वा प्रक्षिपेत् ॥ ९१ ॥

तर्जनीति । हे शिवे ततः तर्जनीमध्यमाभ्यामङ्गुलिभ्यां वामपाणितले ऊर्द्ध्वोर्द्ध्वं तालत्रितयं दत्त्वा ततोऽस्त्रेण फडिति मन्त्रेण छोटिकाभिरङ्गुलिध्वनिभिश्च दिग्बन्धनमाचरेत् । अथ दिग्बन्धनादनन्तरं भूतशुद्धिमाचरेत् ॥ ९२ ॥

स्वाङ्के निधाय च करावुत्तानौ साधकोत्तमः ।
मनो निवेश्य मूले च हुङ्कारेणैव कुण्डलीम् ॥ ९३ ॥
उत्थाप्य हंसमन्त्रेण पृथिव्या सहितां तु ताम् ।
स्वाधिष्ठानं समानीय तत्वं तत्वे नियोजयेत् ॥ ९४ ॥
गन्धादिघ्राणसंयुक्तां पृथिवीमप्सु संहरेत् ।
रसादिजिह्वया सार्द्धं जलमग्नौ विलापयेत् ॥ ९५ ॥
रूपादिचक्षुषा सार्द्धमग्निं वायौ विलाप्य च ।
स्पर्शादित्वग्युतं वायुमाकाशे प्रविलापयेत् ॥ ९६ ॥
अहङ्कारे हरेद् व्योम सशब्दं तन्महत्यपि ।
महत्तत्वञ्च प्रकृतौ तां ब्रह्मणि विलापयेत् ॥ ९७ ॥

भूतशुद्ध्याचरणप्रकारमेवाह स्वाङ्के इत्यादिभिः । साधकोत्तमः स्वाङ्के स्वक्रोडे उत्तानौ करौ निधाय संस्थाप्य मूले मूलाधारचक्रे च मनो निवेश्य हूङ्कारेणैव कुण्डलीमुत्थाप्य हंसमन्त्रेण हंसः इत्यात्मकेनैव मन्त्रेण पृथिव्या सहितां तां कुण्डलीं शक्तिं स्वाधिष्ठानं स्वाधिष्ठानचक्रं समानीय तत्वं पृथिव्यादिकं तत्वे जलादौ नियोजयेत् विलापयेत् ॥ ९३ ॥ ९४ ॥

पृथिव्यादेस्तत्वस्य जलादितत्वे विलापनप्रकारमेव दर्शयन्नाह गन्धादीत्यादि । गन्ध आदिर्यस्य तद्गन्धादि एवम्भूतञ्च तद्घ्राणं नासा चेति गन्धादिघ्राणं तेन संयुक्तां पृथिवीम् अप्सु जलेषु संहरेत् विलापयेत् । घ्राणादीति पाठे तु घ्रायते नासिकया गृह्यते यः स घ्राणो गन्ध एव । जलादिकमप्यग्न्यादावेवमेव विलापयेत् ॥ ९५ ॥ ९६ ॥

अहङ्कार इति । अहङ्कारे सशब्दं शब्दसहितं व्योम आकाशं हरेत् विलापयेत् । तत् अहङ्कारतत्त्वं महति महत्तत्त्वे हरेत् । महत्तत्त्वञ्च प्रकृतौ विलापयेत् । तां प्रकृतिं ब्रह्मणि विलापयेत् ॥ ९७ ॥

इत्थं विलाप्य मतिमान् वामकुक्षौ विचिन्तयेत् ।
पुरुषं कृष्णवर्णञ्च रक्तश्मश्रुविलोचनम् ॥ ९८ ॥
रक्तचर्मधरं क्रुद्धमङ्गुष्ठपरिमाणकम् ।
सर्वपापस्वरूपञ्च सर्वदाऽधोमुखस्थितम् ॥ ९९ ॥
ततस्तु वामनासायां यं बीजं धूम्रवर्णकम् ।
सञ्चिन्त्य पूरयेत्तेन वायुं षोडशमात्रया ।
तेन पापात्मकं देहं शोषयेत् साधकाग्रणीः ॥ १०० ॥
नाभौ रं रक्तवर्णञ्च ध्यात्वा तज्जातवह्निना ।
चतुःषष्ट्या कुम्भकेन दहेत् पापरतान्तनूम् ॥ १०१ ॥

इत्थमिति । मतिमान् साधक इत्थममुना प्रकारेण पृथिव्यादितत्त्वं विलाप्य वामकुक्षौ वामे उदरे कृष्णवर्णं सर्वपापस्वरूपं पुरुषं विचिन्तयेत् । रक्तश्मश्रुविलोचनमित्यादीनि द्वितीयान्तपदानि सर्वपापस्वरूपस्य पुरुषस्यैव विशेषणानि । रक्तश्मश्रुविलोचनम् रक्ते लोहितवर्णे श्मश्रुविलोचने यस्य तथाभूतम् ॥ ९८ ॥ ९९ ॥

ततस्त्विति । ततोऽनन्तरन्तु वामनासायां धूम्रवर्णकं यं बीजं सञ्चिन्त्य तदेव बीजं जपन् साधकस्तेन वामनासारन्ध्रेण षोड़शमात्रया वायुं पूरयेदाकर्षेत् । साधकाग्रणीः साधकोत्तमस्तेन पूरितेन वायुना पापात्मकं पापमात्मनि स्वस्मिन् यस्य एवम्भूतदेहं शोषयेत् ॥ १०० ॥

नाभाविति । ततो नाभौ रक्तवर्णं रमिति बीजं ध्यात्वा तदेव बीजं जपन्नपि तज्जातवह्निना ततो रमिति बीजादुत्पन्नेनाग्निना चतुःषष्ट्या कुम्भकेन पापरतां निजां तनूं दहेत् ॥ १०१ ॥

ललाटे वारुणं बीजं शुक्लवर्णं विचिन्त्य च ।
द्वात्रिंशता रेचकेन प्लावयेदमृताम्भसा ॥ १०२ ॥
आपादशीर्षपर्यन्तमाप्लाव्य तदनन्तरम् ।
उत्पन्नं भावयेद्देहं नवीनं देवतामयम् ॥ १०३ ॥
पृथ्वीबीजं पीतवर्णं मूलाधारे विचिन्तयन् ।
तेन दिव्यावलोकेन दृढीकुर्यान्निजां तनूम् ॥ १०४ ॥
हृदये हस्तमादाय आँ ह्रीँ क्रोँ हंस उच्चरन् ।
सोऽहं-मन्त्रेण तद्देहे देव्याः प्राणान् निधापयेत् ॥ १०५ ॥
भूतशुद्धिं विधायेत्थं देवीभावपरायणः ।
समाहितमनाः कुर्यात् मातृकान्यासमम्बिके ॥ १०६ ॥

ललाटे इति । ततो ललाटे शुक्लवर्णं वारुणं वमिति बीजं सञ्चिन्त्य तदेव बीजं जपन्नपि द्वात्रिंशता रेचकेनामृताम्भसा वारुणबीजच्युतेनामृतरूपेण जलेन दग्धां तनूं प्लावयेत् ॥ १०२ ॥

आपादेति । एवमापादशीर्षपर्यन्तं देहमाप्लाव्य तदनन्तरं देवतामयं देवतादेहस्वरूपं नवीनमुत्पन्नं देहं भावयेत् चिन्तयेत् ॥ १०३ ॥

पृथ्वीति । ततो मूलाधारे पीतवर्णं लमित्याकारकं पृथ्वीबीजं विचिन्तयन् सन् तेन लमिति-बीजेन दिव्यावलोकेन च निजां तनूं दृढीकुर्यात् ॥ १०४ ॥

हृदये इति । ततो हृदये हस्तमादाय निधाय आँ ह्रीँ क्रोँ हंस इत्युच्चरन् साधकः सोऽहं-मन्त्रेण तद्देहे तस्मिन्नवीने देहे देव्याः प्राणान् प्रतिष्ठयेत् आँ ह्रीँ क्रोँ हंसः सोऽहमिति मन्त्रेण तत्र देहे देव्याः प्राणानां प्रतिष्ठां कुर्यादित्यर्थः ॥ १०५ ॥

देवीभावपरायणः देवीस्वरूपोऽहमिति चिन्तनतत्परः ॥ १०६ ॥

मातृकाया ऋषिर्ब्रह्मा गायत्रीछन्द ईरितम् ।
देवता मातृका देवी बीजं व्यञ्जनसंज्ञकम् ॥ १०७ ॥
स्वराश्च शक्तयः सर्गः कीलकं परिकीर्त्तितम् ।
लिपिन्यासे महादेवि विनियोगप्रयोगिता ।
ऋषिन्यासं विधायैवं कराङ्गन्यासमाचरेत् ॥ १०८ ॥
अं आं-मध्ये कवर्गञ्च इं ईं-मध्ये चवर्गकम् ।
उं ऊं-मध्ये टवर्गन्तु एं ऐं-मध्ये तवर्गकम् ॥ १०९ ॥
ओं औं-मध्ये पवर्गन्तु यादिक्षान्तं वरानने ।
बिन्दु-सर्गान्तराले च षडङ्गे मन्त्र ईरितः ॥ ११० ॥
विन्यस्य न्यासविधिना ध्यायेन्मातृसरस्वतीम् ॥ १११ ॥

अथ मातृकान्यासक्रममेव दिदर्शयिष्यन् मातृकाया ऋष्यादिकमाह मातृकाया इत्यादिना । सर्गः विसर्गः । विनियोगप्रयोगिता विनियोगस्य प्रयोगित्वम् विनियोगः प्रयोक्तव्य इत्यर्थः । अस्या मातृकाया ब्रह्मा ऋषिर्गायत्री छन्दः । मातृका सरस्वती देवी देवता । हलो बीजम् । स्वराः शक्तयः । विसर्गः कीलकम् । धर्म्मार्थकाममोक्षावाप्तये लिपिन्यासे विनियोगः । शिरसि ब्रह्मणे ऋषये नमः । मुखे गायत्र्यै छन्दसे नमः । हृदये मातृकायै सरस्वत्यै देव्यै देवतायै नमः । गुह्ये व्यञ्जनाय बीजाय नमः । पादयोः स्वरेभ्यः शक्तिभ्यो नमः । सर्वाङ्गेषु विसर्गाय कीलकाय नमः । धर्म्मार्थकाममोक्षावाप्तये लिपिन्यासे विनियोगः । एवम् ऋषिन्यासं विधाय कृत्वा कराङ्गन्यासमाचरेत् कुर्यात् ॥ १०७ ॥ १०८ ॥

कराङ्गन्यासक्रममेवाह अं आं-मध्ये इत्यादिना । अं आं-मध्ये स्थितं कवर्गम् इं ईं-मध्ये स्थितं चवर्गम् उं ऊं-मध्ये स्थितं टवर्गम् एं ऐं-मध्ये स्थितं तवर्गम् ओं औं-मध्ये स्थितं पवर्गम् बिन्दुसर्गान्तराले अनुस्वारविसर्गमध्ये

पञ्चाशल्लिपिभिर्विभक्तमुखदोःपन्मध्यवक्षःस्थलां
भास्वन्मौलिनिबद्धचन्द्रशकलामापीनतुङ्गस्तनीम् ।
मुद्रामक्षगुणं सुधाढ्यकलशं विद्याञ्च हस्ताम्बुजै-
र्बिभ्राणां विषदप्रभां त्रिनयनां वाग्देवतामाश्रये ॥ ११२ ॥

स्थितं यादिक्षान्तञ्च वर्णमङ्गुष्ठादिषु हृदयादिषु च षट्सु षट्सु अङ्गेषु न्यासविधिना यथाक्रमं विन्यस्य मातृसरस्वतीं ध्यायेदित्यन्वयः । यथा अं कं खं गं घं ङं आं अङ्गुष्ठाभ्यां नमः । इं चं छं जं झं ञं ईं तर्जनीभ्यां स्वाहा । उं टं ठं डं ढं णं ऊं मध्यमाभ्यां वषट् । एं तं थं दं धं नं ऐं अनामिकाभ्यां हुम् । ओं पं फं बं भं मं औं कनिष्ठाभ्यां वौषट् । अं यं रं लं वं शं षं सं हं ळं क्षं अः करतलकरपृष्ठाभ्यां फट् । इति करन्यासः । हृदया-दिन्यासो यथा अं कं खं गं घं ङं आं हृदयाय नमः । इं चं छं जं झं ञं ईं शिरसे स्वाहा । उं टं ठं डं ढं णं ऊं शिखायै वषट् । एं तं थं दं धं नं ऐं कवचाय हुम् । ओं पं फं बं भं मं औं नेत्रत्रयाय वौषट् । अं यं रं लं वं शं षं सं हं ळं क्षं अः अस्त्राय फट् । इति षडङ्गे न्यासेऽयमेव मन्त्र ईरितः कथितः ॥ १०९–१११ ॥

मातृसरस्वतीध्यानमेवाह पञ्चाशल्लिपिभिरिति । वाग्देवतां सरस्वतीमाश्रये भजे इत्यन्वयः । कथम्भूतां वाग्देवताम् पञ्चाशल्लिपिभिर्विभक्तमुखदोःपन्मध्य-वक्षःस्थलाम् पञ्चाशता वर्णैर्विभक्तानि पृथक् पृथक् भूतानि मुखदोःपन्मध्यवक्षः-स्थलानि यस्यास्तथाभूताम् । तत्र दोर्बाहुः पद् पादः । पुनः कथम्भूताम् भास्वन्मौलिनिबद्धचन्द्रशकलाम् भास्वन्मौलौ दीप्यमाने किरीटे निबद्धं चन्द्र-शकलं चन्द्रखण्डं यया ताम् । "चूडा किरीटं केशाश्च संयता मौलयस्त्रय" इत्यमरः । पुनः कथम्भूताम् आपीनतुङ्गस्तनीम् आपीनौ अतिमहान्तौ तुङ्गावुन्नतौ स्तनौ यस्यास्तथाभूताम् । पुनः कथम्भूताम् हस्ताम्बुजैः पाणि-कमलैर्ज्ञानमुद्राम् अक्षगुणमक्षमाल्यम् सुधाढ्यकलशममृतयुक्तं घटं विद्याञ्च

ध्यात्वैवं मातृकां देवीं षट्सु चक्रेषु विन्यसेत् ।
हक्षौ भ्रूमध्यगे पद्मे कण्ठे च षोड़श स्वरान् ॥ ११३ ॥
हृदम्बुजे कादिठान्तान् विन्यस्य कुलसाधकः ।
डादिफान्तान् नाभिदेशे बादिलान्तांश्च लिङ्गके ॥ ११४ ॥
मूलाधारे चतुष्पत्रे वादिसान्तान् प्रविन्यसेत् ।
इत्यन्तर्मनसा न्यस्य मातृकार्णान् वहिर्न्यसेत् ॥ ११५ ॥

विभ्राणां दधतीम् । पुनः कीदृशीम् विशदप्रभाम् विशदा शुभ्रा प्रभा यस्यास्ताम् । पुनः कीदृशीम् त्रीणि नयनानि नेत्राणि यस्यास्तथाभूताम् ॥ ११२ ॥

ध्यात्वेति । एवं मातृकां देवीं ध्यात्वा षट्सु चक्रेषु विन्यसेत् । षट्सु चक्रेषु मातृकाया न्यासस्य क्रममेवाह हक्षावित्यादिना । भ्रूमध्यगे विशुद्धाख्ये द्विदले पद्मे हक्षौ वर्णौ विन्यसेत् । कण्ठे कण्ठस्थिते आज्ञाख्ये षोड़शपत्रे पद्मे[1] षोड़श स्वरान् न्यसेत् । हृदम्बुजे अनाहताख्ये द्वादशदले हृदयपद्मे कादिठान्तान् द्वादशवर्णान् विन्यस्य कुलसाधको नाभिदेशस्थिते मणिपूरकाख्ये दशदले पद्मे डादिफान्तान् दशवर्णान् विन्यसेत् । लिङ्गके लिङ्गदेशस्थे स्वाधिष्ठानाख्ये षड्दले पद्मे वादिलान्तान षड्वर्णान विन्यसेत । चतुष्पत्रे मूलाधारे वादिसान्तांश्चतुरो वर्णान् प्रविन्यसेत् । यथा भ्रूमध्यगे पद्मे हं नमः क्षं नमः । कण्ठगे पद्मे अं नमः आं नमः इं नमः ईं नमः उं नमः ऊं नमः ऋं नमः ॠं नमः ऌं नमः ॡं नमः एं नमः ऐं नमः ओं नमः औं नमः अं नमः अः नमः । हृद्गते पद्मे कं नमः खं नमः गं नमः घं नमः ङं नमः चं नमः छं नमः जं नमः झं नमः ञं नमः टं नमः ठं नमः । नाभिगते पद्मे डं नमः ढं नमः णं नमः तं नमः थं नमः दं नमः धं नमः नं नमः पं नमः फं नमः । लिङ्गगते पद्मे बं नमः भं नमः मं नमः यं नमः रं नमः लं नमः । मूलाधारे वं नमः शं नमः षं नमः सं नमः । इति षट्चक्रेषु मातृका-

[1] मतान्तरे तु भ्रूमध्यगे आज्ञाख्ये द्विदले पद्मे कण्ठे षोड़शदले विशुद्धाख्ये पद्मे ।

ललाटमुखवृत्ताक्षिश्रुतिघ्राणेषु गण्डयोः ।
ओष्ठदन्तोत्तमाङ्गास्य दोःपत् सन्ध्यग्रगेषु च ॥ ११६ ॥
पार्श्वयोः पृष्ठतो नाभौ जठरे हृदयांसयोः ।
ककुद्यंशे च हृत्पूर्वं पाणिपादयुगे ततः ॥ ११७ ॥
जठराननयोर्न्यस्येन्मातृकार्णान् यथाक्रमम् ।
इत्थं लिपिं प्रविन्यस्य प्राणायामं समाचरेत् ॥ ११८ ॥
मायाबीजं षोड़शधा जप्त्वा वामेन वायुना ।
पूरयेदात्मनो देहं चतुःषष्ट्या तु कुम्भयेत् ॥ ११९ ॥

न्यासक्रमः । इत्यनेन प्रकारेण मनसा मातृकार्णान् मातृकावर्णानन्तरभ्यन्तरे न्यस्य वहिरपि न्यसेत् ॥ ११३–११५ ॥

मातृकावर्णानां वहिर्न्यासस्य क्रममाह ललाटेत्यादिना । ललाटमुखवृत्तादिषु मातृकार्णान् यथाक्रमं न्यस्येदिति तृतीयेनान्वयः । यथा ललाटे अं नमः मुखवृत्ते आं नमः दक्षेऽक्षिण इं नमः वामेऽक्षिण ईं नमः दक्षश्रुतौ उं नमः वामकर्णे ऊं नमः दक्षघ्राणे ऋं नमः वामनासायाम् ॠं नमः दक्षगण्डे लृं नमः वामकपोले ॡं नमः ओष्ठे एं नमः अधरे ऐं नमः ऊर्द्ध्वदन्तपङ्क्तौ ओं नमः अधोदन्तपंक्तौ औं नमः उत्तमाङ्गे अं नमः आस्यविवरे अः नमः वाह्वोः दशानां सन्धीनामग्रेषु क्रमतः कं नमः खं नमः गं नमः घं नमः ङं नमः चं नमः छं नमः जं नमः झं नमः ञं नमः । पादयोः दशानां सन्धीनामग्रेषु क्रमतः टं नमः ठं नमः डं नमः ढं नमः णं नमः तं नमः थं नमः दं नमः धं नमः नं नमः । दक्षपार्श्वे पं नमः वामपार्श्वे फं नमः पृष्ठे बं नमः नाभौ भं नमः जठरे मं नमः हृदये यं नमः दक्षस्कन्धे रं नमः वामस्कन्धे लं नमः ककुद्रूपेऽशे वं नमः हृदयपूर्वे पाणियुगे शं नमः षं नमः हृत्पूर्वे पादयुगे सं नमः हं नमः जठराननयोः ळं नमः क्षं नमः इति मातृकार्णानां वहिर्न्यासस्य क्रमः ॥ ११६–११८ ॥

ननु देवीमन्त्रस्य साधने कथं प्राणायामं विदध्यात् तत्राह मायाबीजमित्यादि । सुधीर्धीरो मायाबीजं ह्रीँ-बीजं षोड़शधा षोड़शवारं जप्त्वा

कनिष्ठानामिकाङ्गुष्ठैर्धृत्वा नासाद्वयं सुधीः ।
द्वात्रिंशता जपन् वीजं वायुं दक्षेण रेचयेत् ॥ १२० ॥
पुनः पुनस्त्रिरावृत्या प्राणायाम इति स्मृतः ।
प्राणायामं विधायेत्थमृषिन्यासं समाचरेत् ॥ १२१ ॥
अस्य मन्त्रस्य ऋषयो ब्रह्मा ब्रह्मर्षयस्तथा ।
गायत्र्यादीनि छन्दांसि आद्या काली तु देवता ॥ १२२ ॥
आद्याबीजं बीजमिति शक्तिर्माया प्रकीर्तिता ।
कमला कीलकं प्रोक्तं स्थानेष्वेतेषु विन्यसेत् ।
शिरो वदनहृद्गुह्यपादसर्वाङ्गकेषु च ॥ १२३ ॥

वामेन नासापुटेन वायुनाऽऽत्मनो देहं पूरयेत् । ततः कनिष्ठानामिकाङ्गुष्ठैर्नासाद्वयं धृत्वा चतुःषष्ट्या आवृत्त्या ह्रीँ बीजं जपन् सन् वायुं कुम्भयेत् स्थिरं कुर्यात् । ततो द्वात्रिंशताऽऽवृत्त्या ह्रीँ बीजं जपन् तेनैव दक्षनासापुटेनैव वायुं रेचयेत् त्यजेत् । पुनः पुनरावृत्या त्रिर्वारत्रयमेवं कुर्यात् । देवीमन्त्रस्य साधने इति एष प्राणायामः स्मृतः प्राणायामविधिः प्रोक्त इत्यर्थः ॥ ११९-१२१ ॥

ऋषिन्यासक्रमं दर्शयंस्तस्य मन्त्रस्य ऋष्यादिकमाह अस्य मन्त्रस्येत्यादिना । अस्य मन्त्रस्य ह्रीँ श्रीँ क्रीँ परमेश्वरि स्वाहेत्यस्य आद्याबीजं क्रीँ-बीजम् । माया ह्रीँ-बीजम् । कमला श्रीँ-बीजम् । एतेषु स्थानेषु ऋष्यादिकं विन्यसेत् । एतेषु केषु स्थानेषु विन्यसेत् तत्राह शिर इत्यादिना । यथा अस्य मन्त्रस्य ब्रह्मा ब्रह्मर्षयश्च ऋषयो गायत्र्यादीनि छन्दांसि आद्या काली देवता क्रीँ बीजं ह्रीँ शक्तिः श्रीँ कीलकं धर्म्मार्थकाममोक्षावाप्तये ऋषिन्यासे विनियोगः । शिरसि ब्रह्मणे ब्रह्मर्षिभ्यश्चर्षिभ्यो नमः । मुखे गायत्र्यादिभ्यश्छन्दोभ्यो नमः । हृदये आद्यायै काल्यै देवतायै नमः । गुह्ये क्रीँ-बीजाय नमः । पादयोः ह्रीँ-शक्तये नमः । सर्वाङ्गेषु श्रीँ-कीलकाय

मूलमन्त्रेण हस्ताभ्यामापादमस्तकावधि ।
मस्तकात् पादपर्यन्तं सप्तधा वा त्रिधा न्यसेत् ।
अयन्तु व्यापकन्यासो यथोक्तफलसिद्धिदः ॥ १२४ ॥
यद्बीजाद्या भवेद्विद्या तद्बीजेनाऽङ्गकल्पना ।
अथवा मूलमन्त्रेण षड्दीर्घेण विना प्रिये ॥ १२५ ॥
अङ्गुष्ठाभ्यां तर्जनीभ्यां मध्यमाभ्यां तथैव च ।
अनामाभ्यां कनिष्ठाभ्यां करयोस्तलपृष्ठयोः ।
नमःस्वाहावषट्हूञ्च वौषट् फट् क्रमशः सुधीः ॥ १२६ ॥

नमः । धर्म्मार्थकाममोक्षावाप्तये ऋषिन्यासे विनियोगः । इति ऋषिन्यास-क्रमः ॥ १२२ ॥ १२३ ॥

अथ व्यापकन्यासं ब्रूते मूलेत्यादिना । आपादमस्तकावधि पादमारभ्य मस्तकपर्यन्तं मस्तकमारभ्य पादपर्यन्तं च प्रतिहस्ताभ्यां मूलमन्त्रेण सप्तधा सप्तवारं त्रिधा वा न्यसेन्न्यासं कुर्यात् । मस्तकादिति ल्यब्लोपे कर्म्मण्यधिकरणे चेति कर्म्मणि पञ्चमी ॥ १२४ ॥

अथ कराङ्गन्यासविधिं निरूपयति यद्बीजाद्येत्यादिना । यद्बीजमाद्यं यस्याः सा यद्बीजाद्या मन्त्रात्मिका विद्या भवेत् । परार्द्धे षड्दीर्घेण विनेति निषेधात् आकारादि-षड्दीर्घस्वरभाजा तेन बीजेनाऽङ्गकल्पना अङ्गुष्ठादि-हृदयादि-षडङ्गन्यासकल्पना कर्तव्येत्यर्थः । अथवा हे प्रिये षड्दीर्घेण विना अध्याह्रियमाणाकारादिषड्दीर्घस्वरशून्येन मूलमन्त्रेणैवाऽङ्गकल्पना कर्त्तव्या ॥ १२५ ॥

पूर्वमङ्गुष्ठादि-षडङ्गन्यासक्रममाह अङ्गुष्ठाभ्यामित्यादिना सार्द्धेन । अङ्गुष्ठाभ्यां नमः अङ्गुष्ठावुद्दिश्य नम इत्युक्तमित्यर्थः । एवमग्रेऽप्यन्वयो विधेयः । सुधीः साधकः क्रमशः क्रमेण ह्रां अङ्गुष्ठाभ्यां नमः ह्रीं तर्जनीभ्यां स्वाहा ह्रूं मध्यमाभ्यां वषट् ह्रैं अनामिकाभ्यां नमः ह्रौं कनिष्ठाभ्यां वौषट् ह्रः

हृदयाय नमः पूर्वं शिरसे वह्निवल्लभा ।
शिखायै वषडित्युक्तं कवचाय हुमीरितम् ॥ १२७ ॥
नेत्रत्रयाय वौषट् च अस्त्राय फडिति क्रमात् ।
षड़ङ्गानि विधायेत्थं पीठन्यासं समाचरेत् ॥ १२८ ॥
आधारशक्तिं कूर्मञ्च शेषं पृथ्वीं तथैव च ।
सुधाम्बुधिं मणिद्वीपं पारिजाततरुं ततः ॥ १२९ ॥
चिन्तामणिगृहञ्चैव मणिमाणिक्यवेदिकाम् ।
तत्र पद्मासनं वीरो विन्यसेत् हृदयाम्बुजे ॥ १३० ॥

करतलकरपृष्ठाभ्यां फट् । ह्रीँ श्रीँ क्रीँ परमेश्वरि स्वाहा अङ्गुष्ठाभ्यां नमः एवं वा अङ्गुष्ठादिषडङ्गेषु न्यासं विदध्यादिति शेषः ॥ १२६ ॥

अथ हृदयादिषडङ्गन्यासमाह हृदयाय नम इत्यादिना । पूर्वं हृदयाय नमः हृदयमुद्दिश्य नम इत्युक्तमित्यर्थः । एवमग्रेऽप्यन्वयः । वह्निवल्लभा स्वाहा । ह्राँ हृदयाय नमः । ह्रीँ शिरसे स्वाहा । ह्रूँ शिखायै वषट् । ह्रैँ कवचाय हुम् । ह्रौँ नेत्रत्रयाय वौषट् । ह्रः अस्त्राय फट् इति । ह्रीँ श्रीँ क्रीँ परमेश्वरि स्वाहा हृदयाय नमः एवं वा क्रमात् सुधीर्हृदयादिषडङ्गेषु न्यासं कुर्यात् । इत्थमेवं विधानेन षड़ङ्गानि प्रति न्यासं विधाय पीठन्यासं समाचरेत् ॥ १२७ ॥ १२८ ॥

पीठन्यासाचरणक्रममेव दर्शयन्नाह आधारशक्तिमित्यादि । वीरो हृदयाम्बुजे हृत्पद्मे आधारशक्तिं न्यसेत् । तत्रैव कूर्मादिकमपि न्यसेत् । तत्र मणिमाणिक्यवेदिकायाम् । यथा हृदयाम्बुजे आधारशक्त्यै नमः कूर्माय नमः शेषाय नमः पृथ्व्यै नमः सुधाम्बुधये नमः मणिद्वीपाय नमः पारिजाततरवे नमः चिन्तामणिगृहाय नमः मणिमाणिक्यवेदिकायां पद्मासनाय नमः इति ॥ १२९ ॥ १३० ॥

दक्षवामांसयोर्वामकटौ दक्षकटौ तथा ।
धर्म्मं ज्ञानं तथैश्वर्यं वैराग्यं क्रमतो न्यसेत् ॥ १३१ ॥
मुखपार्श्वे नाभिदक्षपार्श्वे साधकसत्तमः ।
नञ्पूर्वाणि च तान्येव धर्म्मादीनि यथाक्रमम् ॥ १३२ ॥
आनन्दकन्दं हृदये सूर्यं सोमं हुताशनम् ।
सत्त्वं रजस्तमश्चैव बिन्दुयुक्तादिमाक्षरैः ।
केशरान् कर्णिकाञ्चैव पत्रेषु पीठनायिकाः ॥ १३३ ॥
मङ्गला विजया भद्रा जयन्ती चाऽपराजिता ।
नन्दिनी नारसिंही च वैष्णवीत्यष्टनायिकाः ॥ १३४ ॥

दक्षेत्यादि । दक्षिणांसादिषु क्रमतो धर्म्मादिकं न्यसेत् । यथा दक्षस्कन्धे धर्म्माय नमः वामस्कन्धे ज्ञानाय नमः वामकटौ ऐश्वर्याय नमः दक्षकटौ वैराग्याय नमः इति ॥ १३१ ॥

मुखेत्यादि । साधकसत्तमो मुखादिषु नञ् पूर्वाणि तान्येव धर्म्मादीनि यथाक्रमं क्रमेणैव न्यसेत् । यथा मुखे अधर्म्माय नमः वामपार्श्वे अज्ञानाय नमः नाभौ अनैश्वर्याय नमः दक्षपार्श्वे अवैराग्याय नमः इति ॥ १३२ ॥

आनन्देत्यादि । आनन्दकन्दादीन् हृदये न्यसेत् । बिन्दुयुक्तादिमाक्षरैः सानुस्वारैरादिमैरक्षरैः सह सत्त्वं रजस्तमश्च तत्रैव न्यसेत् । यथा हृदये आनन्दकन्दाय नमः सूर्याय नमः सोमाय नमः अग्नये नमः सं सत्त्वाय नमः रं रजसे नमः तं तमसे नमः केसरेभ्यो नमः कर्णिकायै नमः इति । हृदयाम्बुजस्य पत्रेषु पीठनायिका न्यसेत् ॥ १३३ ॥

पत्रेषु याः पीठनायिका न्यसेत्ता आह एकेन मङ्गलेत्यादि । यथा हृत्पद्मपत्रेषु क्रमतः मङ्गलायै नमः विजयायै नमः भद्रायै नमः जयन्त्यै नमः अपराजितायै नमः नन्दिन्यै नमः नारसिंह्यै नमः वैष्णव्यै नमः इति ॥ १३४ ॥

असिताङ्गो रुरुश्चण्डः क्रोधोन्मत्तो भयङ्करः ।
कपाली भीषणश्चैव संहारीत्यष्ट भैरवाः ।
दलाग्रेषु न्यसेदेतान् प्राणायामं ततश्चरेत् ॥ १३५ ॥
गन्धपुष्पे समादाय करकच्छपमुद्रया ।
हृदि हस्तौ समाधाय ध्यायेद्देवीं सनातनीम् ॥ १३६ ॥
ध्यानं तु द्विविधं प्रोक्तं सरूपारूपभेदतः ।
अरूपं तव यद्ध्यानमवाङ्मनसगोचरम् ॥ १३७ ॥
अव्यक्तं सर्वतो व्याप्तमिदमित्थंविवर्ज्जितम् ।
अगम्यं योगिभिर्गम्यं कृच्छ्रैर्बहुशमादिभिः ॥ १३८ ॥

असिताङ्ग इति । असिताङ्गादीनेतानष्ट भैरवान् दलाग्रेषु न्यसेत् । यथा हृत्पद्मपत्राग्रेषु क्रमतः असिताङ्गाय भैरवाय नमः रुरवे भैरवाय नमः चण्डाय भैरवाय नमः क्रोधोन्मत्ताय भैरवाय नमः भयङ्कराय भैरवाय नमः कपालिने भैरवाय नमः भीषणाय भैरवाय नमः संहारिणे भैरवाय नमः इति । एवं पीठन्यासं विधाय ततः प्राणायामञ्चरेत् ॥ १३५ ॥

गन्धेति । ततो गुरूपदिष्टया करकच्छपमुद्रया गन्धपुष्पे समादाय गृहीत्वा हृदि हस्तौ समाधाय संस्थाप्य सनातनीमाद्यन्तशून्यां देवीं ध्यायेत् ॥ १३६ ॥

ध्यानमिति । हे देवि सरूपारूपभेदतः तव ध्यानन्तु द्विविधं प्रोक्तम् । तयोर्मध्ये अरूपं रूपरहितं तव यद्ध्यानं ध्येयं, तत्तु अवाङ्मनसगोचरम् वाचो मनसश्चाविषयभूतम् । ध्यायते यत्तत् ध्यानम् । वाहुलकात् कर्म्मणि ल्युट् ॥ १३७ ॥

अव्यक्तमित्यादि । इदमित्थंविवर्जितम् इदमित्थमेवेति सिद्धान्तरहितम् । अगम्यम् अज्ञेयम् । कृच्छ्रैः प्राजापत्यादिभिर्व्रतैः । शमोऽन्तःकरणसंयमः स आदिर्येषां ते शमादयः । बहवश्च ते शमादयः तैः ॥ १३८ ॥

मनसो धारणार्थाय शीघ्रं स्वाभीष्टसिद्धये ।
सूक्ष्मध्यानप्रबोधाय स्थूलध्यानं वदामि ते ॥ १३९ ॥
अरूपायाः कालिकायाः कालमातुर्महाद्युतेः ।
गुणक्रियानुसारेण क्रियते रूपकल्पना ॥ १४० ॥
मेघाङ्गीं शशिशेखरां त्रिनयनां रक्ताम्बरां बिभ्रतीं
पाणिभ्यामभयं वरञ्च विलसद्रक्तारविन्दस्थिताम् ।
नृत्यन्तं पुरतो निपीय मधुरं माध्वीकमद्यं महा-
कालं वीक्ष्य विकासिताननवरामाद्यां भजे कालिकाम् ॥
एवं ध्यात्वा स्वशिरसि पुष्पं दत्त्वा तु साधकः ।
पूजयेत् परया भक्त्या मानसैरुपचारकैः ॥ १४२ ॥

गनस इति । शीघ्रमिति पूर्वान्वयि ॥ १३९ ॥

ननु रूपवत एव पदार्थस्य स्थूलध्यानं सम्भवति मम त्वाद्यन्तशून्याया रूपरहितत्वात् कथं स्थूलध्यानं ब्रवीषीत्यत आह अरूपाया इत्यादि ॥ १४० ॥

स्थूलध्यानमेवाह मेघाङ्गीमिति । आद्यां कालिकामहं भजे इत्यन्वयः । कथम्भूतां कालिकाम् मेघाङ्गीम् मेघ इवाङ्गं यस्यास्तथाभूताम् । पुनः कथम्भूताम् शशिशेखराम् शशी शेखरे शिरसि यस्याः ताम् । पुनः कीदृशीम् त्रिनयनाम् त्रीणि नयनानि नेत्राणि यस्याः ताम् । पुनः कथम्भूताम् पाणिभ्यां हस्ताभ्यामभयं वरञ्च बिभ्रतीं दधतीम् । पुनः कीदृशीम् विकसद्रक्तारविन्दस्थितां विकसत् स्फुटद्रक्तारविन्दं लोहितं पद्मं तत्र स्थितामुपविष्टाम् । पुनः कथम्भूताम् मधुरं माध्वीकमद्यं मधूकपुष्पोद्भवं मद्यं निपीय पुरतोऽग्रे नृत्यन्तं महाकालं वीक्ष्य दृष्ट्वा विकासितमाननवरं मुखश्रेष्टं यस्याः तथाभूताम् ॥ १४१ ॥

एवमिति । एवममुना प्रकारेणाऽऽद्यां कालीं ध्यात्वा करकच्छपमुद्रया गृहीतं पुष्पं स्वशिरसि दत्त्वा साधकः परया भक्त्या मानसैरुपचारकैर्देवीं पूजयेत् ॥ १४२ ॥

हृत्पद्ममासनं दद्यात् सहस्रारच्युतामृतैः ।
पाद्यं चरणयोर्दद्यात् मनस्त्वर्घ्यं निवेदयेत् ॥ १४३ ॥
तेनाऽमृतेनाऽऽचमनं स्नानीयमपि कल्पयेत् ।
आकाशतत्त्वं वसनं गन्धन्तु गन्धतत्त्वकम् ॥ १४४ ॥
चित्तं प्रकल्पयेत् पुष्पं धूपं प्राणान् प्रकल्पयेत् ।
तेजस्तत्त्वन्तु दीपार्थे नैवेद्यञ्च सुधाम्बुधिम् ॥ १४५ ॥
अनाहतध्वनिं घण्टां वायुतत्त्वञ्च चामरम् ।
नृत्यमिन्द्रियकर्म्माणि चाञ्चल्यं मनसस्तथा ॥ १४६ ॥
पुष्पं नानाविधं दद्यादात्मनो भावसिद्धये ।
अमायमनहङ्कारमरागममदं तथा ॥ १४७ ॥
अमोहकमदम्भञ्च अद्वेषाक्षोभके तथा ।
अमात्सर्यमलोभञ्च दश पुष्पं प्रकीर्तितम् ॥ १४८ ॥

मानसैरुपचारकैर्देव्याः पूजनमेव दर्शयति हृत्पद्ममित्यादिभिः । देव्यै हृत्पद्ममासनं दद्यात् । सहस्रारच्युतामृतैः सहस्रदलपद्माद्गलितैरमृतैर्देव्याश्चरणयोः पाद्यं दद्यात् । एवमग्रेऽप्यन्वयः ॥ १४३ ॥

तेनेति । तेनामृतेन सहस्रारच्युतेन ॥ १४४ ॥

सुधाम्बुधिममृतसमुद्रम् ॥ १४५ ॥ १४६ ॥

पुष्पमिति । आत्मनो भावसिद्धये स्वाभिप्रेतपदार्थनिष्पत्तये । काल्यै देयानि नानाविधानि पुष्पाण्यभिधत्ते अमायमित्यादिना सार्द्धद्वयेन । मायाया अभावोऽमायं प्रथमं पुष्पम् । अनहङ्कारम् अहङ्कार आत्मन्यतिपूज्यत्वाभिमानः तदभावोऽनहङ्कारं द्वितीयं पुष्पम् । रागः क्रोधः तदभावोऽरागं तृतीयं पुष्पम् । मदो धनविद्यादिनिमित्तकं चित्तस्योत्सुकत्वं तदभावोऽमदं चतुर्थं पुष्पम् ॥ १४७ ॥

मोहोऽविवेकः तदभावोऽमोहकं पञ्चमं पुष्पम् । दम्भः कपटः तदभा-वोऽदम्भं षष्ठं पुष्पम् । द्वेषोऽप्रीतिः तदभावोऽद्वेषं सप्तमं पुष्पम् । क्षोभो

अहिंसा परमं पुष्पं पुष्पमिन्द्रियनिग्रहः ।
दया क्षमा ज्ञानपुष्पं पञ्च पुष्पं ततः परम् ।
इति पञ्चदशैः पुष्पैर्भावरूपैः प्रपूजयेत् ॥ १४९ ॥
सुधाम्बुधिं मांसशैलं भर्जितं मीनपर्व्वतम् ।
मुद्राराशिं सुभक्तञ्च घृताक्तं पायसं तथा ॥ १५० ॥
कुलामृतञ्च तत्पुष्पं पीठक्षालनवारि च ।
कामक्रोधौ विघ्नकृतौ वलिं दत्त्वा जपं चरेत् ॥ १५१ ॥
माला वर्णमयी प्रोक्ता कुण्डलीसूत्रयन्त्रिता ॥ १५२ ॥

व्यर्थमितस्ततः सञ्चलनम् तदभावोऽक्षोभकमष्टमं पुष्पम् । मात्सर्यमन्यशुभद्वेषः तदभावोऽमात्सर्यं नवमं पुष्पं । लोभो धनाद्यागमे वहुधा जायमानेऽपि पुनर्बर्द्धमानोऽभिलाषः तदभावो अलोभं दशमं पुष्पम् । एवं दश पुष्पं प्रकीर्त्तितम् ॥ १४८ ॥

अहिंसा परपीडानिवृत्तिः । इन्द्रियनिग्रहः विषयेषु चक्षुरादिसंयमनम् । दया निष्कारणपरदुःखविनाशेच्छा । क्षमा परेणापकारे कृते तस्य प्रत्यपकारानाचरणम् । ज्ञानं सारासारविवेकनैपुण्यम् । भावरूपैः भाव्यन्ते चिन्त्यन्ते इति भावाः कर्म्मण्यच् । तद्रूपैः भाव्यमानैरित्यर्थः ॥ १४९ ॥

सुधाम्बुधिमिति । सुधाम्बुधिं मद्यसमुद्रम् । घृताक्तं घृतमिश्रितम् ॥ १५० ॥

कुलामृतमिति । कुलामृतं शक्तिघटितममृतविशेषम् । तत्पुष्पम् कुलपुष्पं स्त्रीपुष्पमित्यर्थः । पीठक्षालनवारि स्त्र्यङ्गविशेषधावनाम्भः ॥ १५१ ॥

नन्वाभ्यन्तरजपाचरणे कीदृशी माला जपविधानञ्च कीदृशं वर्त्तते इत्यपेक्षायामाह मालेत्यादि । कुण्डलीरूपेण सूत्रेण यन्त्रिता ग्रथिता वर्णमयी वर्णरूपा मालाऽभ्यन्तरजपे प्रोक्ता ॥ १५२ ॥

सबिन्दुं मन्त्रमुच्चार्य मूलमन्त्रं समुच्चरेत् ।
अकारादिळकारान्तमनुलोम इति स्मृतः ॥ १५३ ॥
पुनर्ळकारमारभ्य श्रीकण्ठान्तं मनुं जपेत् ।
विलोम इति विख्यातः क्षकारो मेरुरुच्यते ॥ १५४ ॥
अष्टवर्गान्तिमैर्वर्णैः सहमूलमथाष्टकम् ।
एवमष्टोत्तरशतं जप्त्वाऽनेन समर्पयेत् ॥ १५५ ॥
सर्वान्तरात्मनिलये स्वान्तर्ज्योतिःस्वरूपिणि ।
गृहाणान्तर्जपं मातराद्ये कालि नमोऽस्तु ते ॥ १५६ ॥
समर्प्य जपमेतेन साष्टाङ्गं प्रणमेद्धिया ।
इत्यन्तर्यजनं कृत्वा बहिःपूजां समारभेत् ॥ १५७ ॥

सबिन्दुमिति । सबिन्दुं सानुस्वारमकारादिळकारान्तं वर्णमुच्चार्य मूलमन्त्रं समुच्चरेत् जपेत् । यथा अं ह्रीँ श्रीँ क्रीँ परमेश्वरि स्वाहेति एवमेव जपेत् । जपेऽयमनुलोम इति स्मृतः ॥ १५३ ॥

पुनरित्यादि । पुनर्हकारस्यान्ते स्थितं ळकारमारभ्यश्रीकण्ठान्तमकारान्तं सबिन्दुं वर्णमुच्चार्य मनुं जपेत् । यथा ळं ह्रीँ श्रीँ क्रीँ परमेश्वरि स्वाहा । हं ह्रीँ श्रीँ क्रीँ परमेश्वरि स्वाहेति एवम् । अयञ्च विलोम इति विख्यातः । क्षकारो मालाया मेरुरुच्यते ॥ १५४ ॥

अष्टेत्यादि । अथानन्तरमष्टानाम् अकुचुटुतुपुयशानां वर्गाणामन्तिमैः सबिन्दुभिः अःङञणनमवळरूपैर्वर्णैः सहाष्टकमष्टपरिमाणकं मूलं मन्त्रं जपेत् । अनेन इतोऽनन्तरमेव वक्ष्यमाणेन मन्त्रेण ॥ १५५ ॥

जपसमर्पणमन्त्रमेवाह सर्वान्तरात्मेति । सर्वान्तरात्मनिलये सर्वेषामन्तरात्मा हृदयं निलयो गृहं यस्याः तथाभूते ॥ १५६ ॥ १५७ ॥

विशेषार्घ्यस्य संस्कारस्तत्रादौ कथ्यते शृणु ।
यस्य स्थापनमात्रेण देवता सुप्रसीदति ॥ १५८ ॥
दृष्ट्वाऽर्घ्यपात्रं योगिन्यो ब्रह्माद्या देवतागणाः ।
भैरवा अपि नृत्यन्ति प्रीत्या सिद्धिं ददत्यपि ॥ १५९ ॥
स्ववामे पुरतो भूमौ सामान्यार्घ्यस्य वारिणा ।
मायागर्भं त्रिकोणञ्च वृत्तञ्च चतुरस्रकम् ॥ १६० ॥
विलिख्य पूजयेत्तत्र मायाबीजपुरःसरम् ।
ङेन्तामाधारशक्तिञ्च नमःशब्दावसानिकाम् ॥ १६१ ॥
ततः प्रक्षालिताधारं विन्यस्य मण्डलोपरि ।
मं वह्निमण्डलं ङेन्तं दशकलात्मने ततः ॥ १६२ ॥
नमोऽन्तेन च सम्पूज्य क्षालयेदर्घ्यपात्रकम् ।
अस्त्रेण स्थापयेत्तत्र आधारोपरि साधकः ॥ १६३ ॥

विशेषार्घ्यस्येति । तत्र वहिःपूजासमारम्भे ॥ १५८ ॥ १५९ ॥

विशेषार्घ्यस्य संस्कारमेवाह स्ववाम इत्यादिभिः । स्ववामे आत्मनो वामदेशे । पुरतो भूमौ अग्रतः पृथ्व्यां सामान्यार्घ्यस्य वारिणा करणेन माया ह्रीँ बीजं गर्भे यस्येदृशं त्रिकोणं मण्डलं पूर्वं विलिख्य तद्बहिरभितो वृत्तं वर्त्तुलं तद्बहिःचतुरस्रं चतुष्कोणं मण्डलं विलिख्य तत्र मण्डले मायावीजं ह्रीँ बीजं पुरःसरं यस्या एवम्भूतां ङेविभक्त्यन्तां नमःशब्दोऽवसानेऽन्ते यस्यास्तथाभूतामाधारशक्तिं पूजयेत् । ह्रीँ आधारशक्तये नम इति मन्त्रेणाधारशक्तिमर्चयेदित्यर्थः ॥ १६० ॥ १६१ ॥

तत इति । ततः आधारशक्तिपूजनादनन्तरं तन्मण्डलोपरि प्रक्षालिताधारं विन्यस्य संस्थाप्य पूर्वं ममित्युक्त्वा ततः ङेन्तं वह्निमण्डलमुक्त्वा ततो

अमर्कमण्डलायोक्त्वा द्वादशान्तकलात्मने ।
नमोऽन्तेन यजेत् पात्रं मूलेनैव प्रपूरयेत् ॥ १६४ ॥
त्रिभागमलिनाऽऽपूर्य शेषं तोयेन साधकः ।
गन्धपुष्पे तत्र दत्त्वा पूजयेदमुनाऽम्बिके ॥ १६५ ॥
षष्ठस्वरं बिन्दुयुक्तं ङेन्तं वै चन्द्रमण्डलम् ।
षोडशान्ते कलाशब्दादात्मने नम इत्यपि ॥ १६६ ॥

दशकलात्मने इति वदेत् । योजनया मं वह्निमण्डलाय दशकलात्मने इति मन्त्रो जातः । नमोऽन्तेनानेन मन्त्रेण आधारे वह्निमण्डलं सम्पूज्य अस्त्रेण फडिति मन्त्रेणाऽर्घ्यपात्रं क्षालयेत् । साधकस्तस्मिन्नाधारोपरि क्षालितमर्घ्यपात्रं स्थापयेत् ॥ १६२ ॥ १६३ ॥

अमित्यादि । पूर्वम् अम् अर्कमण्डलायेत्युक्त्वा ततो द्वादशान्ते कलात्मने इति वदेत् । योजनया अम् अर्कमण्डलाय द्वादशकलात्मने इति मन्त्रो जातः । अनेनैव नमोऽन्तेन मन्त्रेण पात्रमर्घ्यपात्राधिष्ठातृदैवतमर्कमण्डलं यजेत् पूजयेत् । मूलेनैव मन्त्रेणाऽर्घ्यपात्रं प्रपूरयेत् ॥ १६४ ॥

ननु केन वस्तुना पात्रं प्रपूरयेत् तत्राह त्रिभागमिति । अलिना मद्येन पात्रस्य त्रिभागमापूर्य शेषं तोयेन साधकः पूरयेत् । तत्र तोये गन्धपुष्पे दत्त्वाऽमुना इतोऽनन्तरमेव वक्ष्यमाणेन मन्त्रेण तत्रैव शशिमण्डलं पूजयेत् ॥ १६५ ॥

शशिमण्डलपूजनस्य मन्त्रमाह षष्ठेत्यादिना । पूर्वं बिन्दुयुक्तमनुस्वार सहितं षष्ठस्वरम् कथयित्वा कलाशब्दात् परम् आत्मने नम इत्यपि कथयेत् । योजनया ऊं चन्द्रमण्डलाय षोड़शकलात्मने नम इति मन्त्रः शशिमण्डलार्च्चने जातः ॥ १६६ ॥

ततस्तु श्रैफले पत्रे रक्तचन्दनचर्च्चितम् ।
दूर्वापुष्पं साक्षतञ्च कृत्वा तत्र निधापयेत् ॥ १६७ ॥
मूलेन तीर्थमावाह्य तत्र देवीं विभाव्य च ।
पूजयेत् गन्धपुष्पाभ्यां मूलं द्वादशधा जपेत् ॥ १६८ ॥
धेनुयोनी दर्शयित्वा धूपदीपौ प्रदर्शयेत् ।
तदम्बु प्रोक्षणीपात्रे किञ्चिन्निक्षिप्य साधकः ॥ १६९ ॥
आत्मानं देयवस्तूनि प्रोक्षयेत्तेन मन्त्रवित् ।
पूजासमाप्तिपर्यन्तमर्घ्यपात्रं न चालयेत् ॥ १७० ॥
विशेषार्घ्यस्य संस्कारः कथितोऽयं शुचिस्मिते ।
यन्त्रराजं प्रवक्ष्यामि समस्तपुरुषार्थदम् ॥ १७१ ॥
मायागर्भं त्रिकोणञ्च तद्बाह्ये वृत्तयुग्मकम् ।
तयोर्मध्ये युग्मयुग्मक्रमात् षोडश केसरान् ॥ १७२ ॥

ततस्त्विति । ततस्तु परं श्रैफले बिल्वसम्बन्धिनि पत्रे रक्तचन्दनचर्चितं रक्तचन्दनेन लिप्तं साक्षतमक्षतैर्विशिष्टं च दूर्वासहितं पुष्पं कृत्वा तत्र विशेषार्घ्यस्याग्रभागे निधापयेत् स्थापयेत् ॥ १६७ ॥

मूलेनेति । तत्र विशेषार्घ्यतोये । विभाव्य विचिन्त्य ॥ १६८ ॥

धेन्विति । विशेषार्घ्यतोये धेनुयोनी मुद्रे दर्शयित्वा तत्रैव धूपदीपावपि प्रदर्शयेत् । तदम्बु विशेषार्घ्यजलम् ॥ १६९ ॥

आत्मानमिति । प्रोक्षयेत् सिञ्चेत् । तेन प्रोक्षणीपात्रनिःक्षिप्तजलेन ॥ १७० ॥

विशेषेति । समस्तपुरुषार्थदम् धर्मार्थकाममोक्षदायकमित्यर्थः ॥ १७१ ॥

यन्त्रराजलेखनस्य विधानमाह मायागर्भमित्यादिभिः । माया ह्रीँ बीजं गर्भे यस्यैवम्भूतं त्रिकोणं मण्डलं पूर्वं लिखेत् । ततस्तद्बाह्ये तदभितो वृत्तयुग्मकं वर्त्तुलमण्डलद्वयं लिखेत् । तयोर्वृत्तमण्डलयोर्मध्ये युग्मयुग्मक्रमात्

तद्बाह्येऽष्टदलं पद्मं तद्बहिर्भूपुरं लिखेत् ।
चतुर्द्वारसमायुक्तं सुरेखं सुमनोहरम् ॥ १७३ ॥
स्वार्णे वा राजते ताम्रे कुण्डगोलविलेपिते ।
स्वयम्भुकुसुमैर्युक्ते चन्दनागुरुकुङ्कुमैः ॥ १७४ ॥
कुशीदेनाथवा लिप्ते स्वर्णमय्या शलाकया ।
मालूरकण्टकेनापि मूलमन्त्रं समुच्चरन् ।
विलिखेत् यन्त्रराजन्तु देवताभावसिद्धये ॥ १७५ ॥
अथवोत्कीलरेखाभिः स्फाटिके विद्रुमेऽपि वा ।
वैदुर्ये कारयेत् यन्त्रं कारुकेण सुशिल्पिना ॥ १७६ ॥

षोडश केसरान् लिखेत् । तद्बाह्ये वृत्तमण्डलयोर्बहिरष्टदलं पद्मं लिखेत् । तद्बहिः पद्माद्बहिस्तदभितश्चतुर्द्वारसमायुक्तं सुरेखं शोभनरेखायुतं सुमनोहरमतिमनोरमं भूपुरं लिखेत् ॥ १७२ ॥ १७३ ॥

ननु यन्त्रमिदं कस्मिन्नाधारे केन वा करणेन लेखितव्यं तत्राह स्वार्णे इत्यादि । कुण्डगोलविलेपिते कुण्डैर्गोलैर्वा शक्तिविशेषघटितपुष्पविशेषैर्विलेपिते स्वयम्भुकुसुमैः शक्तिघटितैरेव पुष्पविशेषैर्युक्ते चन्दनागुरुकुङ्कुमैर्वा लिप्ते केवलेन कुशीदेन रक्तचन्दनेन वा लिप्ते स्वार्णे सुवर्णनिर्मिते राजते रजतनिर्मिते ताम्रनिर्मिते वा पात्रे स्वर्णमय्या सुवर्णविकारभूतया शलाकया मालूरकण्टकेन बिल्वकण्टकेन वा मूलमन्त्रं समुच्चरन् सन् देवताभावसिद्धये देवताप्रीतिनिष्पत्तये यन्त्रराजं विलिखेत् ॥ १७४ ॥ १७५ ॥

अथवेति । अथवा सुशिल्पिना स्वकर्मविषयकातिनैपुण्यशालिना कारुकेण शिल्पिना उत्कीलरेखाभिरुत्खानिताभी रेखाभिः स्फाटिके विद्रुमे वैदुर्ये वा यन्त्रं कारयेत् ॥ १७६ ॥

शुभप्रतिष्ठितं कृत्वा स्थापयेद् भवनान्तरे ।
नश्यन्ति दुष्टभूतानि ग्रहरोगभयानि च ॥ १७७ ॥
पुत्रपौत्रसुखैश्वर्य्यैर्मोदते तस्य मन्दिरम् ।
दाता भर्ता यशस्वी च भवेत् यन्त्रप्रसादतः ॥ १७८ ॥
एवं यन्त्रं समालिख्य रत्नसिंहासने पुरः ।
संस्थाप्य पीठन्यासोक्तविधिना पीठदेवताः ।
सम्पूज्य कर्णिकामध्ये पूजयेन्मूलदेवताम् ॥ १७९ ॥
कलशस्थापनं वक्ष्ये चक्रानुष्ठानमेव च ।
येनानुष्ठानमात्रेण देवता सुप्रसीदति ।
मन्त्रसिद्धिर्भवेन्नूनमिच्छासिद्धिः प्रजायते ॥ १८० ॥
कलां कलां गृहीत्वा तु देवानां विश्वकर्म्मणा ।
निर्मितोऽयं स वै यस्मात् कलशस्तेन कथ्यते ॥ १८१ ॥

शुभेत्यादि। शुभप्रतिष्ठितम् शुभा प्रतिष्ठा सञ्जाताऽस्यैवम्भूतं यन्त्रराजं कृत्वा यो भवनान्तरे स्थापयेत् तस्य दुष्टभूतानि नश्यन्तीत्येवमन्वयः ॥ १७७॥१७८॥

एवमित्यादि । एवं विधानेन यन्त्रं समालिख्य पुरोऽग्रे रत्नसिंहासने संस्थाप्य च पीठन्यासोक्तविधिना पीठदेवताः सम्पूज्य कर्णिकामध्ये पद्मबीज-कोशमध्ये मूलदेवतां पूजयेत् ॥ १७९ ॥

अथ मद्यादिभिः पञ्चतत्त्वैर्महादेव्याः पूजाया विधानं वक्तुमुपक्रमते कलशेत्यादि ॥ १८० ॥

कलशं निर्वक्ति कलामित्यादिना ॥ १८१ ॥

षट्त्रिंशदङ्गुलायामं षोडशाङ्गुलमुच्चकैः ।
चतुरङ्गुलकं कण्ठं मुखं तस्य षडङ्गुलम् ।
पञ्चाङ्गुलिमितं मूलं विधानं घटनिर्मितौ ॥ १८२ ॥
सौवर्णं राजतं ताम्रं कांस्यजं मृत्तिकोद्भवम् ।
पाषाणं काचजं वाऽपि घटमक्षतमव्रणम् ।
कारयेद्देवताप्रीत्यै वित्तशाठ्यं विवर्जयेत् ॥ १८३ ॥
सौवर्णं भोगदं प्रोक्तं राजतं मोक्षदायकम् ।
ताम्रं प्रीतिकरं ज्ञेयं कांस्यजं पुष्टिवर्द्धनम् ॥ १८४ ॥
काचं वश्यकरं प्रोक्तं पाषाणं स्तम्भकर्म्मणि ।
मृण्मयं सर्वकार्येषु सुदृश्यं सुपरिष्कृतम् ॥ १८५ ॥
स्ववामभागे षट्कोणं तन्मध्ये ब्रह्मरन्ध्रकम् ।
तद्बहिर्वृत्तमालिख्य चतुरस्रं ततो वहिः ॥ १८६ ॥

अथ घटनिर्माणविधानमाह षट्त्रिंशदित्यादिना । षट्त्रिंशदङ्गुलायामं षट्त्रिंशदङ्गुलयः परिमाणं यस्य स षट्त्रिंशदङ्गुलः एवम्भूतः आयामो विस्तारो यस्य तथाभूतम् । षोडशाङ्गुलमुच्चकैः षोडशाङ्गुलयः परिमाणं यस्यैवम्भूतमुच्चं घटं कारयेदिति शेषः । तस्य घटस्य कण्ठं चतुरङ्गुलकं चतुरङ्गुलिपरिमितं मुखं षडङ्गुलं षडङ्गुलिपरिमितं मूलमधोदेशं तु पञ्चाङ्गुलिमितं कारयेत् । घटनिर्मितौ विधानमेतदेव प्रोक्तम् ॥ १८२ ॥

ननु कस्य कस्य वस्तुनः कलशः कारयितव्य इत्यपेक्षायामाह सौवर्णमित्यादि । अक्षतम् अभग्नम् । अव्रणम् छिद्रशून्यम् ॥ १८३ ॥

सौवर्णं सुवर्णजातं कलशमिति शेषः ॥ १८४ ॥ १८५ ॥

स्ववामेत्यादि । स्ववामभागे षट्कोणं मण्डलमालिख्य तन्मध्ये षट्कोणमण्डलमध्ये ब्रह्मरन्ध्रकं शून्यमेकमालिख्य तद्बहिः षट्कोणमण्डलस्य बहिर्वृत्तं मण्डलमालिख्य ततोऽपि बहिः चतुष्कोणं मण्डलमालिखेत् ॥ १८६ ॥

सिन्दूररजसा वाऽपि रक्तचन्दनकेन वा ।
निर्माय मण्डलं तत्र यजेदाधारदेवताम् ।
मायामाधारशक्तिञ्च ङेन्नमोऽन्तां समुद्धरेत् ॥ १८७ ॥
नमसा क्षालिताधारं स्थापयेन्मण्डलोपरि ।
अस्त्रेण क्षालितं कुम्भं तत्राऽऽधारे निवेशयेत् ॥ १८८ ॥
क्षकाराद्यैरकारान्तैर्वर्णैर्बिन्दुसमायुतैः ।
मूलं समुच्चरन् मन्त्री कारणेन प्रपूरयेत् ॥ १८९ ॥
आधारकुम्भतीर्थेषु वह्न्यर्कशशिमण्डलम् ।
पूर्ववत् पूजयेत् विद्वान् देवीभावपरायणः ॥ १९० ॥
रक्तचन्दनसिन्दूररक्तमाल्यानुलेपनैः ।
भूषयित्वा तु कलशं पञ्चीकरणमाचरेत् ॥ १९१ ॥

नन्विदं मण्डलं केन द्रव्येण लेखनीयं तत्राह सिन्दूरेत्यादि । तत्र मण्डले ॥ ननु केन मन्त्रेणाऽऽधारदेवतां यजेत्तत्राह मायामिति । पूर्वं मायां ह्रीँ बीजमुद्धरेत् ततो ङे-नमोऽन्तामाधारशक्तिमुद्धरेत् । योजनया ह्रीँ आधारशक्तये नमः इति मन्त्र आधारदेवतायजने जातः ॥ १८७ ॥

नमसेति । नमसा नम इति मनुना । अस्त्रेण फडिति मन्त्रेण ॥ १८८ ॥

क्षकारेत्यादि । क्षकार आद्यो येषाम् अकारश्चान्त्यो येषान्तैर्विन्दुसमायुतैरनुस्वारसहितैर्वर्णैः सह मूलं समुच्चरन् क्षं ळं हं सं षं शं वं लं रं यं मं भं बं फं पं नं धं दं थं तं णं ढं डं ठं टं ञं झं जं छं चं ङं घं गं खं कं अः अं औं ओं ऐं एं ॣं ॢं ॄं ॠं ऊं उं ईं इं आं अं ह्रीँ श्रीँ क्रीँ परमेश्वरि स्वाहेति मन्त्रं प्रजपन्मन्त्री साधकः कारणेन मद्येन कलशं प्रपूरयेत् ॥ १८९ ॥

आधारेति । तीर्थम् मद्यम् । पूर्ववत् विशेषार्घ्यस्य संस्कारे इव ॥ १९० ॥ १९१ ॥

फटा दर्भेण सन्ताड्य हूँ बीजेनावगुण्ठयेत् ।
ह्रीँ दिव्यदृष्टचा संवीक्ष्य नमसाऽभ्युक्षणं चरेत् ॥ १९२ ॥
मूलेन गन्धं त्रिर्दद्यात् पञ्चीकरणमीरितम् ।
प्रणम्य कलशं रक्तपुष्पं दत्त्वा विशोधयेत् ॥ १९३ ॥
ओँ एकमेव परं ब्रह्म स्थूलसूक्ष्ममयं ध्रुवम् ।
कचोद्भवां ब्रह्महत्यां तेन ते नाशयाम्यहम् ॥ १९४ ॥
सूर्यमण्डलमध्यस्थे वरुणालयसम्भवे ।
अमाबीजमये देवि शुक्रशापाद्विमुच्यताम् ॥ १९५ ॥

ननु पञ्चीकरणं किं नाम तत्राह फटेत्यादि । फटा मन्त्रेण दर्भेण कुशेन कलशं सन्ताड्य हूमिति वीजेनावगुण्ठनमुद्रयाऽवगुण्ठयेद्वेष्टयेत् । ह्रीँ बीजेन दिव्यदृष्टचा कलशं संवीक्ष्य दृष्ट्वा नमसा मन्त्रेण कलशस्याभ्युक्षणमभिषेकं चरेत् कुर्यात् । मूलेन मन्त्रेण कलशे त्रिर्वारत्रयं गन्धं दद्यात् । इदमेव पञ्चीकरणमीरितं कथितम् । विशोधयेत् मद्यमिति शेषः ॥ १९२ ॥ १९३ ॥

ननु केन केन मन्त्रेण मद्यं शोधयेदित्यपेक्षायां तच्छोधनमन्त्रानेव क्रमत आह एकमेवेति । हे सुधे देवि ध्रुवं नित्यं स्थूलसूक्ष्ममयं स्थूलसूक्ष्मस्वरूपं एकमेवाद्वैतमेव यत्परं ब्रह्म अस्ति तेन परब्रह्मणा ते तव कचोद्भवां ब्रह्महत्यामहं नाशयामीत्यन्वयः ॥ १९४ ॥

सूर्येत्यादि । हे वरुणालयसम्भवे वरुणस्यालयो गृहं वरुणालयः समुद्रः तस्मात् सम्भव उत्पत्तिर्यस्याः तथाभूते । अतएव हे अमाबीजमये अमा अमृतमयी नित्या चान्द्री षोडशी कला तद्रूपं यच्चन्द्रमसो बीजं तत्स्वरूपे अतएव हे सूर्यमण्डलमध्यस्थे सूर्यमण्डलाभ्यन्तरस्थायिनि सुधे देवि शुक्रशापात्त्वया विमुच्यतां विमुक्तया भूयताम् ॥ १९५ ॥

वेदानां प्रणवो बीजं ब्रह्मानन्दमयं यदि ।
तेन सत्येन ते देवि ब्रह्महत्या व्यपोहतु ॥ १९६ ॥
ह्रीँ हंसः शुचिसद् वसुरन्तरिक्षस-
द्धोता वेदिसदतिथिर्दुरोणसत् ।
नृसद्वरसदृतसद्व्योमसदब्जा
गोजा ऋतजा अद्रिजा ऋतं बृहत् ॥ १९७ ॥
वारुणेन च बीजेन षड्दीर्घस्वरभाजिना ।
ब्रह्मशापविशब्दान्ते मोचितायै पदं वदेत् ।
सुधादेव्यै नमः पश्चात् सप्तधा ब्रह्मशापनुत् ॥ १९८ ॥
अङ्कुशं दीर्घषट्केन युतं श्रीमायया युतम् ।
सुधा पश्चाद् ब्रह्मशापं मोचयेति पदं ततः ।
अमृतं स्रावयद्वन्द्वं द्विठान्तो मनुरीरितः ॥ १९९ ॥

वेदानामिति । हे देवि सुधे आनन्दमयमानन्दस्वरूपं यद्ब्रह्म तत्स्वरूपं यत् प्रणवरूपं वेदानां बीजं तेन सत्येन प्रणवरूपवेदबीजेन ते तव ब्रह्महत्या व्यपोहतु नश्यतु ॥ १९६ ॥ १९७ ॥

वारुणेनेति । ब्रह्मशापविशब्दस्यान्ते मोचितायै इति पदं वदेत् । पश्चात् सुधादेव्यै नमः इति वदेत् । योजनया ब्रह्मशापविमोचितायै सुधादेव्यै नमः इति मन्त्रो जातः । अयं मन्त्रः षड्दीर्घस्वरभाजिना वारुणेन बीजेन संयोज्य यथा वाँ वीँ वूँ वैँ वौँ वँः ब्रह्मशापविमोचितायै सुधादेव्यै नमः इति सप्तधा सप्तवारं पठितोऽयं मन्त्रो ब्रह्मशापनुत् ब्रह्मशापमोचको भवति ॥ १९८ ॥

अङ्कुशमिति । पूर्वं दीर्घषट्केन युतमङ्कुशं क्रोँ वदेत् । पश्चात् श्रीमायया युतं श्रीँ ह्रीँ बीजयुक्तं सुधेति पदं वदेत् । पश्चात् कृष्णशापमिति मोचयेति च पदं वदेत् । ततोऽमृतं वदेत् । ततः स्रावयद्वन्द्वं वदेत् । योजनया

एवं शापान्मोचयित्वा यजेत्तत्र समाहितः।
आनन्दभैरवं देवमानन्दभैरवीं तथा ॥ २०० ॥
हसक्षमलशब्दान्ते वरयूँ मिलितं वदेत्।
आनन्दभैरवं ङेऽन्तं वषडन्तो मनुर्मतः ॥ २०१ ॥
अस्याऽऽस्यं विपरीतञ्च श्रवणे वामलोचना।
सुधादेव्यै वौषडन्तो मनुरस्याः प्रपूजने ॥ २०२ ॥
सामरस्यं तयोस्तत्र ध्यात्वा तदमृतप्लुतम्।
द्रव्यं विभाव्य तस्योर्द्ध्वं मूलं द्वादशधा जपेत् ॥ २०३ ॥

क्राँ क्रीँ क्रूँ क्रैँ क्रौँ क्रँः श्रीँ ह्रीँ सुधाकृष्णशापं मोचयामृतं स्रावय स्रावयेति मन्त्रो जातः। अयं मनुर्द्विठान्तः स्वाहान्त ईरितः कथितः ॥ १९९ ॥

एवमिति। एवमुक्तक्रमेण पूर्वोक्तैः षड्भिर्मन्त्रैर्ब्रह्मशापान्मोचयित्वा तत्र मद्ये आनन्दभैरवं देवं तथाऽऽनन्दभैरवीं देवीं समाहितः सावधानः सन् यजेत् ॥२००॥

उभयोर्यजनस्य मन्त्रमाह द्वाभ्याम् हसेति। हसक्षमलशब्दस्यान्ते मिलितं वरयूमिति पदं वदेत्। ततो ङेऽन्तमानन्दभैरवं वदेत्। योजनया हसक्षमलवरयूँ आनन्दभैरवायेति मनुर्जातः। अयं मनुर्वषडन्तो वषट्शब्दान्तो मतः ॥२०१॥

अस्येत्यादि। अस्य हसक्षमलवरयूमित्यस्याऽऽस्यं मुखं विपरीतं पठनीयम्। श्रवणे ऊकारस्थाने वामलोचनमीकारः पठनीयः। ततः सुधादेव्यै इति पठनीयम्। योजनया सहक्षमलवरयीँ आनन्दभैरव्यै सुधादेव्यै इति मनुर्जातः। अस्या आनन्दभैरव्याः प्रपूजने वौषडन्तो वौषट्शब्दान्तोऽयमेव मनुर्मतः। ध्यानं तूभयोरग्रे वक्ष्यति ॥ २०२ ॥

सामरस्यमिति। तत्र मद्ये तयोरानन्दभैरव्यानन्दभैरवयोः सामरस्यमैकरस्यं ध्यात्वा तदमृतप्लुतं तत्सामरस्यरूपामृतप्लुतं द्रव्यं मद्यं विभाव्य विचिन्त्य तस्य मद्यस्योर्द्ध्वं द्वादशधा द्वादशवारं मूलं मन्त्रं जपेत् ॥ २०३ ॥

मूलेन देवताबुद्ध्या दत्त्वा पुष्पाञ्जलिं ततः ।
दर्शयेद्धूपदीपौ च घण्टावादनपूर्वकम् ॥ २०४ ॥
इत्थं तीर्थस्य संस्कारः सर्वदा देवपूजने ।
व्रते होमे विवाहे च तथैवोत्सवकर्म्मणि ॥ २०५ ॥
मांसमानीय पुरतस्त्रिकोणमण्डलोपरि ।
फटाऽभुक्ष्य वायुवह्निबीजाभ्यां मन्त्रयेत्त्रिधा ॥ २०६ ॥
कवचेनावगुण्ठ्याथ संरक्षेच्चास्त्रमन्त्रतः ।
धेन्वा वममृतीकृत्य मन्त्रमेतमुदीरयेत् ॥ २०७ ॥
विष्णोर्वक्षसि या देवी या देवी शङ्करस्य च ।
मांसं मे पवित्रीकुरु कुरु तद्विष्णोः परमं पदम् ॥ २०८ ॥

मूलेनेति । ततो देवताबुद्ध्या मूलेन मन्त्रेण मद्ये पुष्पाञ्जलिं दत्त्वा घण्टावादनपूर्वकं तस्योपरि धूपदीपौ च दर्शयेत् ॥ तीर्थस्य मद्यस्य ॥ २०४ ॥ २०५ ॥

अथ मांससंस्कारविधिमाह त्रिभिः मांसमिति । मांसमानीय पुरतोऽग्रे त्रिकोणमण्डलोपरि संस्थाप्य फटा मन्त्रेणाऽभ्युक्ष्याऽभिषिच्य वायुवह्निबीजाभ्यां यँ रँ बीजाभ्यां त्रिधा त्रिवारं मन्त्रयेत् ॥ २०६ ॥

कवचेनेति । ततः कवचेन हुँ बीजेन मांसमवगुण्ठ्यावगुण्ठनमुद्रया वेष्टयित्वा अस्त्रमन्त्रतः फट्मन्त्रेण संरक्षेत् । धेन्वा मुद्रया वँ बीजेन मांसममृतीकृत्य एतमितोऽनन्तरमेव वक्ष्यमाणं मन्त्रमुदीरयेदुच्चरेत् ॥ २०७ ॥

तमेव मन्त्रमाह विष्णोरिति । विष्णोर्वक्षसि या देवी तिष्ठति या देवी शङ्करस्य च वक्षसि तिष्ठति सा त्वं मे मम मांसं पवित्रीकुरु । एवं शोधितमांससमर्पणात् मम तत्प्रधानं विष्णोः पदं कुरु ॥ २०८ ॥

इत्थं मीनं समानीय प्रोक्तमन्त्रेण संस्कृतम् ।
मन्त्रेणाऽनेन मतिमांस्तं मीनमभिमन्त्रयेत् ॥ २०९ ॥
ओँ त्र्यम्बकं यजामहे सुगन्धिं पुष्टिवर्द्धनम् ।
उर्वारुकमिव बन्धनान्मृत्योर्मुक्षीय माऽमृतात् ॥ २१० ॥
तथैव मुद्रामादाय शोधयेदमुना प्रिये ।
ओँ तद्विष्णोः परमं पदं सदा पश्यन्ति सूरयः ।
दिवीव चक्षुराततम् ॥ २११ ॥
ओँ तद्विप्रासो विपण्यवो जागृवांसः समिन्धते ।
विष्णोर्यत् परमं पदम् ॥ २१२ ॥
अथवा सर्वतत्त्वानि मूलेनैव विशोधयेत् ।
मूले तु श्रद्दधानो यः किं तस्य दलशाखया ॥ २१३ ॥
केवलं मूलमन्त्रेण यद्द्रव्यं शोधितं भवेत् ।
तदेव देवताप्रीत्यै सुप्रशस्तं मयोच्यते ॥ २१४ ॥
यथा कालस्य संक्षेपात् साधकानवकाशतः ।
सर्वं मूलेन संशोध्य महादेव्यै निवेदयेत् ॥ २१५ ॥

अथ मीनसंस्कारविधिमाह इत्थमित्यादिना । प्रोक्तमन्त्रेण मांसशोधने कथितेन मन्त्रेण । अनेनान्तरोक्तेन ॥ २०९ ॥

तमेव मन्त्रमाह त्र्यम्बकं यजामह इति ॥ २१० ॥

मुद्राशोधनमन्त्रमेवाह तद्विष्णोरिति । सूरयो विद्वांसः परमत्युत्कृष्टं तत् अविदुषामप्रत्यक्षं विष्णोः पदं सदा पश्यन्ति । अत्र दृष्टान्तमाह दिवीत्यादि । आततं विस्तृतं चक्षुर्दिवि स्थितमन्धानामगोचरं सूर्यमिव ॥ २११ ॥ २१२ ॥

अथवेति । सर्वतत्त्वानि मद्यादीनि ॥ २१३–२१५ ॥

न चात्र प्रत्यवायोऽस्ति नाङ्गवैगुण्यदूषणम् ।
सत्यं सत्यं पुनः सत्यमिति शङ्करशासनम् ॥ २१६ ॥

इति श्रीमहानिर्वाणतन्त्रे सर्वतन्त्रोत्तमोत्तमे सर्वधर्म्मनिर्णयसारे श्रीमदाद्यासदाशिवसंवादे मन्त्रोद्धारकलशस्थापनतत्त्वसंस्कारो नाम पञ्चमोल्लासः ।

नेति । अत्र मूलमन्त्रेणैव शोधितानां सर्वतत्त्वानां महादेव्यै समर्पणे ॥ २१६ ॥

इति श्रीमहानिर्वाणतन्त्रटीकायां पञ्चमोल्लासः ।

षष्ठोल्लासः

श्रीदेव्युवाच ।

यत्त्वया कथितं पञ्चतत्त्वं पूजादिकर्म्मणि ।
विशिष्य कथ्यतां नाथ यदि तेऽस्ति कृपा मयि ॥ १ ॥

श्रीसदाशिव उवाच ।

गौडी पैष्टी तथा माध्वी त्रिविधा चोत्तमा सुरा ।
सैव नानाविधा प्रोक्ता तालखर्जूरसम्भवा ॥ २ ॥
तथा देशविभेदेन नानाद्रव्यविभेदतः ।
बहुधेयं समाख्याता प्रशस्ता देवतार्चने ॥ ३ ॥
येनं केन समुत्पन्ना येन केनाऽऽहृताऽपि वा ।
नात्र जातिविभेदोऽस्ति शोधिता सर्वसिद्धिदा ॥ ४ ॥

ओं नमो ब्रह्मणे ।

मद्यादि पञ्चतत्त्वं विशेषतः श्रोतुमिच्छन्ती श्रीदेव्युवाच यत्त्वयेत्यादि ॥ १ ॥

देव्यैवं प्रार्थितः सन् श्रीसदाशिव उवाच गौड़ीत्यादि । गोड़ी गुड़ोद्भवा । पैष्टी पिष्टोद्भवा । माध्वी मधूकपुष्पोद्भवा । इति त्रिविधा त्रिःप्रकारा सुरा उत्तमा श्रेष्ठा प्रोक्ता । सैव सुरैव । सुराया नानाविधत्वमेव दर्शयन्नाह तालखर्जूरेत्यादि । इयं सुरा ॥ २ ॥ ३ ॥

येनेति । आहृता आनीता । अत्र सुराविषये ॥ ४ ॥

मांसन्तु त्रिविधं प्रोक्तं जलभूचरखेचरम् ।
यस्मात् तस्मात् समानीतं येन तेन विघातितम् ।
तत् सर्वं देवताप्रीत्यै भवेदेव न संशयः ॥ ५ ॥
साधकेच्छा वलवती देये वस्तुनि दैवते ।
यद्यदात्मप्रियं द्रव्यं तत्तदिष्टाय कल्पयेत् ॥ ६ ॥
बलिदानविधौ देवि विहितः पुरुषः पशुः ।
स्त्रीपशुर्न च हन्तव्यस्तत्र शाम्भवशासनात् ॥ ७ ॥
उत्तमास्त्रिविधा मत्स्याः शालपाठीनरोहिताः ।
मध्यमाः कण्टकैर्हीना अधमा बहुकण्टकाः ।
तेऽपि देव्यै प्रदातव्या यदि सुष्ठु विभर्जिताः ॥ ८ ॥
मुद्राऽपि त्रिविधा प्रोक्ता उत्तमादिविभेदतः ।
चन्द्रबिम्बनिभं शुभ्रं शालितण्डुलसम्भवम् ।
यवगोधूमजं वाऽपि घृतपक्वं मनोरमम् ॥ ९ ॥
मुद्रेयमुत्तमा मध्या भ्रष्टधान्यादिसम्भवा ।
भर्जितान्यन्यबीजानि अधमा परिकीर्त्तिता ॥ १० ॥

मांसस्य त्रिविधत्वमेव दर्शयति जलेत्यादिना । जलचरं कूर्मादिमांसम् । भूचरं छागादिमांसम् । खेचरं तित्तिरिहारीतादिमांसम् । तत् सर्वम् मांसम् ॥ ५ ॥ कल्पयेत् समर्पयेत् ॥ ६ ॥

बलिदानेति । पुरुषः पुंस्त्वावच्छिन्नः । तत्र बलिदानविधौ ॥ ७ ॥

उत्तमा इति । तेऽपि बहुकण्टका अपि मत्स्याः ॥ ८ ॥

मुद्रेति । चन्द्रबिम्बनिभम् चन्द्रमण्डलसदृशम् शुभ्रम् श्वेतम् शालितण्डुलसम्भवम् शष्कुल्यादि । भ्रष्टधान्यादिसम्भवा लाजादि ॥ ९ ॥ १० ॥

मांसं मीनश्च मुद्रा च फलमूलानि यानि च ।
सुधादाने देवतायै संज्ञैषां शुद्धिरीरिता ॥ ११ ॥
विना शुद्ध्या हेतुदानं पूजनं तर्पणं तथा ।
निष्फलं जायते देवि देवता न प्रसीदति ॥ १२ ॥
शुद्धिं विना मद्यपानं केवलं विषभक्षणम् ।
चिररोगी भवेन्मन्त्री स्वल्पायुर्म्रियतेऽचिरात् ॥ १३ ॥
शेषतत्त्वं महेशानि निर्वीर्ये प्रबले कलौ ।
स्वकीया केवला ज्ञेया सर्वदोषविवर्जिता ॥ १४ ॥
अथवाऽत्र स्वयम्भ्वादि कुसुमं प्राणवल्लभे ।
कथितं तत्प्रतिनिधौ कुसीदं परिकीर्त्तितम् ॥ १५ ॥
अशोधितानि तत्त्वानि पत्रपुष्पफलानि च ।
नैव दद्यान्महादेव्यै दत्त्वा वै नारकी भवेत् ॥ १६ ॥

मांसमित्यादि । देवतायै सुधादाने सुरासमर्पणे एषां मांसादीनां शुद्धिरिति संज्ञा ईरिता कथिता ॥ ११ ॥

मांसादीनां शुद्धिसंज्ञाविधाने प्रयोजनं दर्शयन्नाह विना शुद्ध्येत्यादि । विना शुद्ध्या मांसादिकं विना हेतुदानम् सुरासमर्पणम् ॥ १२ ॥

शुद्धिमिति । शुद्धिम् मांसादिकम् । अचिरात् अत्यल्पमेव कालमतीत्य ॥ १३ ॥

शेषतत्त्वमिति । शेषतत्त्वम् मैथुनम् । निर्वीर्ये निस्तेजसि । स्वकीया आत्मीया शक्तिः ॥ १४ ॥

अथवेत्यादि । अत्र शेषतत्त्वविधौ । तत्प्रतिनिधौ स्वयम्भ्वादि कुसुमप्रतिनिधौ । कुसीदम् रक्तचन्दनम् ॥ १५ ॥

अशोधितानि सुरामांसादीनि महादेव्यै ददतः साधकस्य नरकगामित्वमाह अशोधितानीत्यादिना ॥ १६ ॥

श्रीपात्रस्थापनं कुर्यात् स्वीयया गुणशीलया ।
अभिषिञ्चेत् कारणेन सामान्यार्घ्योदकेन वा ॥ १७ ॥
आदौ बालां समुच्चार्य त्रिपुरायै ततो वदेत् ।
नमःशब्दावसाने च इमां शक्तिमुदीरयेत् ॥ १८ ॥
पवित्रीकुरुशब्दान्ते मम शक्तिं कुरु द्विठः ॥ १९ ॥
अदीक्षिता यदा नारी कर्णे मायां समुच्चरेत् ।
शक्तयोऽन्याः पूजनीयाः नाऽर्ह्यास्ताडनकर्म्मणि ॥ २० ॥
अथात्मयन्त्रयोर्मध्ये मायागर्भं त्रिकोणकम् ।
वृत्तं षट्कोणमालिख्य चतुरस्रं लिखेद्बहिः ॥ २१ ॥

श्रीपात्रेत्यादि । स्वीयया शक्त्या सह । अभिषिञ्चेत् स्वीयां शक्तिमिति शेषः । कारणेन सुरया ॥ १७ ॥

ननु केन मन्त्रेण स्वीया शक्तिरभिषेक्तव्येत्याकाङ्क्षायां तदभिषेकमन्त्रमाह आदावित्यादिना सार्द्धेन । आदौ बालाम् ऐँ क्लीँ सौरिति समुच्चार्य ततस्त्रिपुरायै इति वदेत् । ततस्तदन्ते पठितस्य नमः शब्दस्यावसानेऽन्ते इमां शक्तिमुदीरयेदुच्चरेत् । तदन्ते च पठितस्य पवित्रीकुरुशब्दस्यान्ते मम शक्तिं कुरु इति वदेत् । ततो द्विठः स्वाहेति वदेत् । योजनया ऐँ क्लीँ सौः त्रिपुरायै नमः इमां शक्तिं पवित्रीकुरु मम शक्तिं कुरु स्वाहेति स्वीयाभिषेके मन्त्रो जातः ॥ १८ ॥ १९ ॥

अदीक्षितेति । मायाम् ह्रीँ बीजम् । अन्याः तत्रोपविष्टाः स्वीयाभिन्नाः । ताड़नकर्मणि मैथुनकर्मणि ॥ २० ॥

अथेत्यादि । अथानन्तरमात्मयन्त्रयोरात्मनो यन्त्रराजस्य च मध्ये मायागर्भं माया ह्रीँ बीजं गर्भे यस्यैवम्भूतं त्रिकोणकं तद्बहिर्वृत्तं तद्बहिश्च षट्कोणं मण्डलमालिख्य ततोऽपि बहिश्चतुरस्रं चतुष्कोणं मण्डलं लिखेत् ॥ २१ ॥

अस्त्रकोणे पूर्णशैलमुड्डीयानन्तथैव च ।
जालन्धरं कामरूपं सचतुर्थीनमोऽन्तकम् ।
निजनामादिबीजाढ्यं पूजयेत् साधकोत्तमः ॥ २२ ॥
षट्कोणेषु षडङ्गानि मूलेनैव त्रिकोणकम् ।
मायामाधारशक्तिञ्च नमोऽन्तेन प्रपूजयेत् ॥ २३ ॥
नमसा क्षालिताधारं संस्थाप्य तत्र पूर्ववत् ।
वृत्तोपरि यजेद्वह्नेः कलाः स्वस्वादिमाक्षरैः ॥ २४ ॥

अस्त्रकोणे इति । ततो निजनामादिवीजाढ्यमात्मनामसम्बन्ध्यादिमाक्षररूपवीजसंयुक्तं सचतुर्थीनमोऽन्तकं सचतुर्थि चतुर्थीसहितं नमोऽन्तकं नमोऽन्ते यस्य तथाभूतं पूर्णशैलम् उड्डीयानं जालन्धरं कामरूपं चास्त्रकोणे चतुष्कोणमण्डलस्य चतुर्षु कोणेषु साधकोत्तमः पूजयेत् । पूं पूर्णशैलाय पीठाय नमः इत्यनेन प्रथमकोणे पूर्णशैलम् । उम् उड्डीयानाय पीठाय नमः इत्यनेन द्वितीयकोणे उड्डीयानम् । जां जालन्धराय पीठाय नमः इत्यनेन तृतीयकोणे जालन्धरम् । कां कामरूपाय पीठाय नमः इत्यनेन चतुर्थकोणे कामरूपं पूजयेदित्यर्थः ॥ २२ ॥

षट्कोणेष्विति । ततः षट्कोणमण्डलस्य षट्कोणेषु ह्रां नमः ह्रीं नमः ह्रूं नमः ह्रैं नमः ह्रौं नमः ह्रः नमः इति मन्त्रैः षडङ्गानि षट्कोणाधिष्ठातृदैवतानि प्रपूजयेत् । मूलेनैव मन्त्रेण त्रिकोणकं त्रिकोणाधिष्ठातृदैवतं प्रपूजयेत् । मायामित्यादि । पूर्वं मायां ह्रीं बीजं ततो नमोऽन्तेन नमसाऽन्तेन सहाधारशक्तिञ्च वदेत् । योजनया ह्रीं आधारशक्तये नम इति मन्त्रो जातः । अनेन मन्त्रेण मण्डले आधारदेवतां पूजयेत् ॥ २३ ॥

नमसेति । ततो नमसा नमोमन्त्रेण क्षालितमाधारं पूर्ववत् कलशस्थापने इव तत्र मण्डले संस्थाप्य वृत्तोपरि वर्त्तुलमण्डलोपरि संस्थापिताधारे वह्नेः कलाः

धूम्राऽर्चिर्ज्वलिनी सूक्ष्मा ज्वालिनी विष्फुलिङ्गिनी ।
सुश्रीः सुरूपा कपिला हव्यकव्यवहा तथा ॥ २५ ॥
सचतुर्थीनमोऽन्तेन पूज्या वह्नेः कला दश ॥ २६ ॥
मं वह्निमण्डलायेति दशान्ते च कलात्मने ।
अवसाने नमो दत्त्वा पूजयेद्वह्निमण्डलम् ॥ २७ ॥
ततोऽर्घ्यपात्रमानीय फट्कारेण विशोधितम् ।
आधारे स्थापयित्वा तु कलाः सूर्यस्य द्वादश ।
कभादिवर्णबीजेन ठडान्तेन प्रपूजयेत् ॥ २८ ॥
तपिनी तापिनी धूम्रा मरीचिर्ज्वालिनी रुचिः ।
सुधूम्रा भोगदा विश्वा बोधिनी धारिणी क्षमा ॥ २९ ॥

यजेत् । वह्नेर्याः कलाः यजेत्ता आह । धूम्राद्या दशकलाः पूज्याः । यथा धूं धूम्रायै नमः इति धूम्रा । अम् अर्चिषे नमः इत्यनेनार्चिः । ज्वं ज्वलिन्यै नमः इति ज्वलिनी । सूं सूक्ष्मायै नमः इत्यनेन सूक्ष्मा । ज्वां ज्वालिन्यै नमः इत्यनेन ज्वालिनी । विं विष्फुलिङ्गिन्यै नमः इति विष्फुलिङ्गिनी । सुं सुश्रियै नमः इति सुश्रीः । सुं सुरूपायै नमः इत्यनेन सुरूपा । कं कपिलायै नमः इति कपिला । हं हव्यकव्यवहायै नमः इत्यनेन हव्यकव्यवहा पूज्येति ॥ २४–२६ ॥

ममित्यादि । पूर्वं मं वह्निमण्डलायेति दत्त्वा ततो दशान्ते कलात्मने इति दत्त्वा अवसाने तदन्ते च नमो दत्त्वा वह्निमण्डलं पूजयेत् । मं वह्निमण्डलाय दशकलात्मने नमः इति मन्त्रेणाधारे वह्निमण्डलमर्चयेदित्यर्थः ॥ २७ ॥

तत इत्यादि । ततोऽनन्तरं फट्कारेण फटा मन्त्रेण विशोधितमर्घ्यपात्रमानीयाऽऽधारे स्थापयित्वा तत्र सूर्यस्य द्वादशकलाः सानुस्वारेण ठडान्तेन ठडौ अन्तौ यस्य कभादिवर्णबीजस्य तत् ठडान्तं तेन कभादिवर्णबीजेन कादिभादि वर्णरूपेण बीजेन सहितेन सचतुर्थीनमोऽन्तेन नाममन्त्रेण प्रपूजयेत् ॥२८॥

याः सूर्यकलाः प्रपूजयेत्ता आह तपिनीत्याद्येकेन । यथा कं भं तपिन्यै नमः इति तपिनीम् खं बं तापिन्यै नमः इति तापिनीम् गं फं धूम्रायै नमः इति

अं सूर्यमण्डलायेति द्वादशान्ते कलात्मने ।
नमोऽन्तेनाऽर्घ्यपात्रे तु पूजयेत् सूर्यमण्डलम् ॥ ३० ॥
विलोममातृकां तद्वन्मूलमन्त्रं समुच्चरन् ।
त्रिभागं पूरयेन्मन्त्री कलशस्थेन हेतुना ॥ ३१ ॥
विशेषार्घ्यजलैः शेषं पूरयित्वा समाहितः ।
षोडशस्वरबीजेन नाममन्त्रेण पूजयेत् ।
सचतुर्थीनमोऽन्तेन कलाः सोमस्य षोडश ॥ ३२ ॥

धूम्राम् धं पं मरीच्यै नमः इति मरीचिम् ङं नं ज्वालिन्यै नमः इति ज्वालिनीम् चं धं रुचये नमः इति रुचिम् छं दं सुधूम्रायै नमः इति सुधूम्राम् जं थं भोगदायै नमः इति भोगदाम् झं तं विश्वायै नमः इति विश्वाम् ञं णं बोधिन्यै नमः इति बोधिनीम् टं ढं धारिण्यै नमः इति धारिणीम् ठं डं क्षमायै नमः इति क्षमां प्रपूजयेदिति ॥ २९ ॥

अमित्यादि । पूर्वम् अं सूर्यमण्डलायेत्युक्त्वा ततो द्वादशान्ते कलात्मने इति वदेत् । योजनया अं सूर्यमण्डलाय द्वादशकलात्मने इति आसीत् नमोऽन्तेनानेन मन्त्रेणार्घ्यपात्रे सूर्यमण्डलं पूजयेत् ॥ ३० ॥

विलोमेत्यादि । ततो मन्त्री साधकस्तद्वत् कलशपूरणे इव विलोममातृकां सानुस्वारान् क्षकारादीनकारान्तान् वर्णान् समुच्चरन् तेषामन्ते मूलमन्त्रञ्च समुच्चरन् सन् कलशस्थेन हेतुना सुरयाऽर्घ्यपात्रस्य त्रिभागं पूरयेत् ॥ ३१ ॥

विशेषेत्यादि । समाहितः सावधानः सन् अर्घ्यपात्रस्य शेषञ्चतुर्थं भागं विशेषार्घ्यजलैः पूरयित्वा सानुस्वारेण षोड़शस्वरबीजेन सहितेन सचतुर्थीनमोऽन्तेन नाममन्त्रेण सोमस्य षोड़शकलाः अर्घ्यपात्रस्य तोये पूजयेत् ॥ ३२ ॥

अमृता मानदा पूषा[1] तुष्टिः पुष्टीरतिर्धृतिः ।
शशिनी चन्द्रिका कान्तिर्ज्योत्स्ना श्रीः प्रीतिरङ्गदा ।
पूर्णा पूर्णामृता कामदायिन्यः शशिनः कलाः ॥ ३३ ॥
ऊं सोममण्डलायेति षोडशान्ते कलात्मने ।
नमोऽन्तेन यजेन्मन्त्री पूर्ववत् सोममण्डलम् ॥ ३४ ॥
दूर्वाक्षतं रक्तपुष्पं बर्व्वरामपराजिताम् ।
मायया प्रक्षिपेत् पात्रे तीर्थमावाहयेदपि ॥ ३५ ॥

याः सोमस्य कलाः पूजयेत्ता आह अमृतेत्यादिना सार्द्धेन । यथा अं अमृतायै नमः इत्यमृताम् आं मानदायै नमः इति मानदाम् इं पूषायै नमः इति पूषाम् ईं तुष्टये नमः इति तुष्टिम् उं पुष्टये नमः इति पुष्टिम् ऊं रतये नमः इति रतिं ऋं धृतये नमः इति धृतिं ॠं शशिन्यै नमः इति शशिनीं ऌं चन्द्रिकायै नमः इति चन्द्रिकां ॡं कान्तये नमः इति कान्तिम् एं ज्योत्स्नायै नमः इति ज्योत्स्नां ऐं श्रियै नमः इति श्रियं ओं प्रीतये नमः इति प्रीतिं औं अङ्गदायै नमः इत्यङ्गदां अं पूर्णायै नमः इति पूर्णां अः पूर्णामृतायै नमः इत्यनेन पूर्णामृतां पूजयेदिति ॥ ३३ ॥

ऊमित्यादि । पूर्वम् ऊं सोममण्डलायेत्युक्त्वा ततः षोडशान्ते कलात्मने इति वदेत् । योजनया ऊं सोममण्डलाय षोडशकलात्मने इत्यासीत् । नमोऽन्तेनानेन मन्त्रेण मन्त्री साधकः पूर्ववत् कलशतोय इवार्घ्यपात्रतोये सोममण्डलं यजेत् ॥ ३४ ॥

दूर्वेत्यादि । ततो दूर्वया सहितानक्षतान् रक्तं पुष्पं बर्वरां वर्वरापत्रमपराजिताञ्च पुष्पं मायया ह्रीँ बीजेन पात्रे प्रक्षिपेत् तत्रैव तीर्थमप्यावाहयेत् ॥ ३५ ॥

[1] पूजेति पाठान्तरम् ।

कवचेनाऽवगुण्ठ्याऽस्त्रमुद्रया रक्षणञ्चरेत् ।
धेन्वा चैवामृतीकृत्य छादयेन्मत्स्यमुद्रया ॥ ३६ ॥

मूलं सञ्जप्य दशधा देवतावाहनञ्चरेत् ।
आवाह्य पुष्पाञ्जलिना पूजयेदिष्टदेवताम् ।
अखण्डाद्यैः पञ्चमन्त्रैर्मन्त्रयेत्तदनन्तरम् ॥ ३७ ॥

अखण्डैकरसानन्दाकरे परसुधात्मनि ।
स्वच्छन्दस्फुरणामत्र निधेहि कुलरूपिणि ॥ ३८ ॥

अनङ्गस्थामृताकारे शुद्धज्ञानकलेवरे ।
अमृतत्वं निधेह्यस्मिन् वस्तुनि क्लिन्नरूपिणि ॥ ३९ ॥

कवचेनेति । ततः कवचेन हूंवीजेनावगुण्ठ्यावगुण्ठनमुद्रयाऽर्घ्यपात्रस्थं सुधातोयं वेष्टयित्वाऽस्त्रमुद्रया तस्यैव रक्षणञ्चरेत् कुर्यात् । धेन्वा मुद्रया च तदेवाऽमृतीकृत्य मत्स्यमुद्रयाच्छादयेत् ॥ ३६ ॥

मूलमिति । ततोऽर्घ्यपात्रस्थसुधातोयस्योपरि मूलं मन्त्रं दशधा दशवारं संजप्य तत्रैव देवतावाहनञ्चरेत् । इष्टदेवतामावाह्य च पुष्पाञ्जलिना पूजयेत् । तदनन्तरमखण्डाद्यैः पञ्चमन्त्रैस्तदेव सुधातोयं मन्त्रयेत् मन्त्रितं कुर्यात् ॥ ३७ ॥

तानेवाखण्डादीन् पञ्चमन्त्रान् क्रमतो दर्शयति अखण्डैकेत्यादि । हे कुलरूपिणि अखण्डैकरसानन्दाकरे पूर्णप्रधानानुरागानन्दजनके परसुधात्मनि श्रेष्ठसुरास्वरूपेऽत्र वस्तुनि स्वच्छन्दस्फुरणां स्वतन्त्रां विस्फूर्त्तिं निधेहि स्थापय । "गुणे रागे द्रवे रस" इत्यमरः ॥ ३८ ॥

अनङ्गेत्यादि । हे अनङ्गस्थामृताकारे कामस्थामृतस्वरूपे हे शुद्धज्ञानकलेवरे शुद्धज्ञानरूपशरीरे त्वं क्लिन्नरूपिणि स्तिमितरूपिण्यस्मिन् सुरारूपे वस्तुनि अमृतत्वं निधेहि स्थापय ॥ ३९ ॥

तद्रूपेणैकरस्यञ्च कृत्वाऽर्घ्यं तत्स्वरूपिणि ।
भूत्वा कुलामृताकारं मयि विस्फुरणं कुरु ॥ ४० ॥
ब्रह्माण्डरससम्भूतमशेषरससम्भवम् ।
आपूरितं महापात्रं पीयूषरसमावह ॥ ४१ ॥
अहन्तापात्रभरितमिदन्तापरमामृतम् ।
पराहन्तामये वह्नौ होमस्वीकारलक्षणम् ॥ ४२ ॥
इत्यामन्त्र्य ततस्तस्मिन् शिवयोः सामरस्यकम् ।
विभाव्य पूजयेद्धूपदीपावपि च दर्शयेत् ॥ ४३ ॥

तद्रूपेणेत्यादि । हे तत्स्वरूपिणि तत्तत्स्वरूपशालिनि त्वं तद्रूपेण प्रधानमाधुर्यरसरूपेणार्घ्यमर्चार्थं मद्यमैकरस्यं प्रधानमाधुर्यरसविशिष्टं कृत्वा कुलामृताकारं सुधारूपं वस्तु च भूत्वा मयि विस्फुरणं विस्फूर्त्तिं कुरु ॥ ४० ॥

ब्रह्माण्डेत्यादि । हे देवि सुरया पूरितं महापात्रं प्रति ब्रह्माण्डरससम्भूतं ब्रह्माण्डे ये रसास्तेभ्यः सञ्जातमतएवाशेषरससम्भवम् अशेषस्य सर्वस्य रसस्य सम्भवो यत्र तथाभूतं पीयूषरसमावहाऽऽनय ॥ ४१ ॥

अहन्तेत्यादि । अहन्ताऽहम्भावः तद्रूपे पात्रे भरितं धारितं यदिदन्तापरमामृतम् इदन्ता मदीयमिदं मदीयमिदमित्येतद्भावः तद्रूपं यत् परममृतं तस्य पराहन्तामये परा याऽहन्ताऽहम्भावस्तद्रूपे वह्नौ होमस्वीकारलक्षणं कुर्यात् । अहन्तारूपपात्रसहितं तत्स्थापितेदन्तारूपपरमामृतं पराहन्तारूपे वह्नौ जुहुयादित्यर्थः ॥ ४२ ॥

इतीति । इति एतैः पञ्चभिर्मन्त्रैर्मद्यमामन्त्र्य ततोऽनन्तरं तस्मिन्मद्ये शिवयोः शिवायाः शिवस्य च सामरस्यमैकरस्यं विभाव्य विचिन्त्य तन्मद्यं पूजयेत् तस्योपरि धूपदीपावपि च दर्शयेत् ॥ ४३ ॥

इति श्रीपात्रसंस्कारः कथितः कुलपूजने ।
अकृत्वा पापभाङ्मन्त्री पूजा च विफला भवेत् ॥ ४४ ॥
घटश्रीपात्रयोर्मध्ये पात्राणि स्थापयेद्बुधः ।
गुरुपात्रं भोगपात्रं शक्तिपात्रमतः परम् ॥ ४५ ॥
योगिनीवीरपात्रे च बलिपात्रं ततः परम् ।
पाद्याचमनयोः पात्रं श्रीपात्रेण नव क्रमात् ।
सामान्यार्घ्यस्य विधिना पात्राणां स्थापनञ्चरेत् ॥ ४६ ॥
कलशस्थामृतेनैव त्रिभागं परिपूर्य च ।
माषप्रमाणं पात्रेषु शुद्धिखण्डं नियोजयेत् ॥ ४७ ॥
वामाङ्गुष्ठानामिकाभ्याममृतं पात्रसंस्थितम् ।
गृहीत्वा शुद्धिखण्डेन दक्षया तत्त्वमुद्रया ।
सर्वत्र तर्पणं कुर्यात् विधिरेषः प्रकीर्त्तितः ॥ ४८ ॥

इतीति । अकृत्वा श्रीपात्रसंस्कारमिति शेषः ॥ ४४ ॥

ननु घटश्रीपात्रयोर्मध्ये किंकिं पात्रं स्थापयेत् तत्राह गुरुपात्रमित्यादि ॥ ४५ ॥

श्रीपात्रेण सह नव पात्राणि क्रमात् स्थापयेत् । ननु केन विधिना पात्राणि स्थापयेत् तत्राह सामान्यार्घ्यस्येत्यादि ॥ ४६ ॥

कलशस्थेत्यादि । कलशस्थामृतेनैव तेषां पात्राणां त्रिभागं परिपूर्य माषप्रमाणं शुद्धिखण्डं मांसादिखण्डं पात्रेषु नियोजयेत् स्थापयेत् ॥ ४७ ॥

वामेत्यादि । वामाङ्गुष्ठानामिकाभ्यां दक्षया च तत्त्वमुद्रया शुद्धिखण्डेन सहितं पात्रसंस्थितमम्रतं गृहीत्वा सर्वत्र तर्पणं कुर्यात् । सर्वत्र तर्पणे एष विधिः प्रकीर्त्तितः ॥ ४८ ॥

श्रीपात्रात् परमं बिन्दुं गृहीत्वा शुद्धिसंयुतम् ।
आनन्दभैरवं देवं भैरवीञ्च प्रतर्पयेत् ॥ ४९ ॥
गुरुपात्रामृतेनैव तर्पयेद् गुरुसन्ततिम् ।
सहस्रारे निजगुरुं सपत्नीकं प्रतर्प्य च ।
वाग्भवाद्यस्वस्वनाम्ना तद्वद्गुरुचतुष्टयम् ॥ ५०
ततः स्वहृदयाम्भोजे भोगपात्रामृतेन च ।
आद्यां कालीं तर्पयामि निजबीजपुरःसरम् ॥ ५१ ॥
स्वाहान्तेन त्रिधा मन्त्री तर्पयेदिष्टदेवताम् ।
शक्तिपात्रामृतैस्तद्वदङ्गावरणतर्पणम् ॥ ५२ ॥

श्रीपात्रादिति । श्रीपात्राच्छुद्धिसंयुतं परमं बिन्दुं गृहीत्वा हसक्षमलवरयूम् आनन्दभैरवाय वषट् आनन्दभैरवं तर्पयामि नम इत्यनेनानन्दभैरवं देवं सहक्षमलवरयीम् आनन्दभैरव्यै वौषट् आनन्दभैरवीं तर्पयामि स्वाहेत्यनेनानन्द-भैरवीञ्च प्रतर्पयेत् ॥ ४९ ॥

गुर्वित्यादि । गुरुपात्रामृतेनैव गुरुसन्ततिं गुरुसमूहं तर्पयेत् । ननु केन मन्त्रेण कुत्र वा स्थाने गुरुसन्ततिं तर्पयेत्तत्राह सहस्रारे इत्यादि । सहस्रारे पद्मे सपत्नीकं निजगुरुं प्रतर्प्य वाग्भवम् ऐँ बीजमाद्यं यस्य तथाभूतेन स्वस्वनाम्ना निजगुरुणा सह गुरुचतुष्टयं तद्वन्निजगुरुवत् प्रतर्पयेत् । यथा ऐँ सपत्नीकममुकानन्दनाथं श्रीगुरुं तर्पयामि नम इत्यनेन निजगुरुम् ऐँ सपत्नीकं परमगुरुन्तर्पयामि नम इति परमम् ऐँ सपत्नीकं परापरगुरुन्तर्पयामि नम इति परापरगुरुम् ऐँ सपत्नीकं परमेष्ठिगुरुंतर्पयामि नम इति परमेष्ठिगुरुं प्रतर्पयेदिति ॥ ५० ॥

तत इत्यादि । ततोऽनन्तरं निजवीजपुरःसरं यथास्यात्तथा स्वाहान्तेन स्वाहारूपेणान्तेन सहाद्यां कालींतर्पयामीत्युच्चरन्मन्त्री साधको भोगपात्रामृतेन

योगिनीपात्रसंस्थेन सायुधां सपरीकराम् ।
सन्तर्प्य कालिकामाद्यां वटुकेभ्यो बलिं हरेत् ॥ ५३ ॥
स्ववामभागे सामान्यं मण्डलं रचयेत् सुधीः ।
सम्पूज्य स्थापयेत्तत्र सामिषान्नं सुधान्वितम् ॥ ५४ ॥
वाङ्मायाकमलावञ्च वटुकाय नमः पदम् ।
सम्पूज्य पूर्वभागे च वटुकस्य बलिं हरेत् ॥ ५५ ॥

स्वहृदयाम्भोजे इष्टदेवतां त्रिधा त्रिवारंतर्पयेत् । ह्रीँ श्रीँ क्रीँ परमेश्वरि स्वाहा आद्यां कालींतर्पयामि स्वाहेति मन्त्रेण तर्पयेदित्यर्थः । ततः शक्ति-पात्रामृतैस्तद्वदेवाङ्गावरणतर्पणं कुर्यात् । अङ्गदेवतास्तर्पयामि स्वाहेत्यनेनाङ्गदेवताः आवरणदेवतास्तर्पयामि स्वाहेत्यनेनावरणदेवताश्च तर्पयेदित्यर्थः ॥ ५१ ॥ ५२ ॥

योगिनीत्यादि । योगिनीपात्रसंस्थेनामृतेन ह्रीँ श्रीँ क्रीँ परमेश्वरि स्वाहा सायुधां सपरीकरामाद्यां कालीं तर्पयामि स्वाहेति मन्त्रेण सायुधामायुधविशिष्टां सपरीकरां परिवारसहितामाद्यां कालिकां सन्तर्प्य वटुकेभ्यो बलिं हरेत् दद्यात् ॥ ५३ ॥

वटुकादिभ्यो बलिदानस्य विधिमाह स्ववामभागे इत्यादि । सुधीः धीरः स्ववामभागे सामान्यञ्चतुष्कोणं मण्डलं रचयेत् । तन्मण्डलं सम्पूज्य तत्र मण्डले चतुर्दिक्षु तन्मध्ये च सुधान्वितं सुरासंयुक्तं सामिषान्नं मांसादिसहितमन्नं स्थापयेत् ॥ ५४ ॥

वाङ्मायेत्यादि । वाङ्मायाकमलावञ्च ऐँ ह्रीँ श्रीँ सहितं वँ चेति बीजमुक्त्वा वटुकाय नम इति पदं वदेत् । योजनया ऐँ ह्रीँ श्रीँ वँ वटुकाय नम इति मन्त्रो जातः । अनेनैव मन्त्रेण मण्डलस्य पूर्वभागे वटुकं सम्पूज्य तत्रैव एषः सुधामिषान्वितान्नबलिः ऐँ ह्रीँ श्रीँ वं वटुकाय नम इति मन्त्रेण वटुकस्य बलिं हरेत् दद्यात् ॥ ५५ ॥

ततस्तु यां योगिनीभ्यः स्वाहा याम्यां हरेद्बलिम् ॥ ५६ ॥
षड्दीर्घयुक्तं सम्वर्त्तं क्षेत्रपालाय हृन्मनुः ।
अनेन क्षेत्रपालाय बलिं दद्यात्तु पश्चिमे ॥ ५७ ॥
खान्तबीजं समुद्धृत्य षड्दीर्घं स्वरसंयुतम् ।
ङेऽन्तं गणपतिं चोक्त्वा वह्निजायांततो वदेत् ॥ ५८ ॥
उत्तरस्यां गणेशाय बलिमेतेन कल्पयेत् ।
मध्ये तथा सर्वभूतबलिं दद्याद् यथाविधि ॥ ५९ ॥
ह्रीँ श्रीँ सर्वपदञ्चोक्त्वा विघ्नकृद्भ्यस्ततो वदेत् ।
सर्वभूतेभ्य इत्युक्त्वा हूँ फट् स्वाहा मनुर्म्मतः ॥ ६० ॥

ततस्त्विति । ततोऽनन्तरम् एषः सुधामिषान्वितान्नवलिर्यो योगिनीभ्यः स्वाहेति मन्त्रेण याम्यां मण्डलस्य दक्षिणे भागे योगिनीभ्यो वलिं हरेत् ॥ ५६ ॥

षडित्यादि । षड्दीर्घयुक्तं सम्वर्त्तं क्षकारमुक्त्वा ततः क्षेत्रपालायेत्युक्त्वा ततो हृत् नम इति वदेत् । संर्वपदयोजनया क्षाँ क्षीँ क्षूँ क्षैँ क्षौँ क्षः क्षेत्रपालाय नम इति मनुर्जातः । एषः सुधामिषान्वितान्नवलिरित्याद्येनानेनैव मनुना मण्डलस्य पश्चिमे भागे क्षेत्रपालाय वलिं दद्यात् ॥ ५७ ॥

खान्तेत्यादि । षड्दीर्घस्वरसंयुतं खान्तबीजं खस्यान्तो गकारस्तद्रूपं बीजं समुद्धृत्य ततो ङेऽन्तं गणपतिञ्चोक्त्वा ततो वह्निजायां स्वाहेति वदेत । योजनया गाँ गीँ गूँ गैँ गौँ गः गणपतये स्वाहेति मन्त्रो जातः । एषः सुधामिषान्वितान्नवलिरित्याद्येनानेनैव मन्त्रेण उत्तरस्यां मण्डलस्योत्तरे भागे गणेशाय वलिं कल्पयेद्दद्यात् । तथैव मण्डलस्य मध्ये यथाविधि विधिवत् सर्वभूतवलिं दद्यात् ॥ ५८ ॥ ५९ ॥

सर्वभूतेभ्यो वलिदानस्य मन्त्रमाह एकेन ह्रीमिति । ह्रीँ श्रीँ सर्वपदमुक्त्वा ततो विघ्नकृद्भ्यः इति वदेत् । ततः सर्वभूतेभ्य इत्युक्त्वा हूं फट्

ततः शिवायै विधिवद्वलिमेकं प्रकल्पयेत् ।
गृह्ण देवि महाभागे शिवे कालाग्निरूपिणि ॥ ६१ ॥
शुभाशुभं फलं व्यक्तं ब्रूहि गृह्ण बलिं तव ।
मूलमेष वलिः पश्चात् शिवायै नम इत्यपि ।
चक्रानुष्ठानमेतत्तु तवाग्रे कथितं शिवे ॥ ६२ ॥
चन्दनागुरुकस्तूरिवासितं सुमनोहरम् ।
पुष्पं गृहीत्वा पाणिभ्यां करकच्छपमुद्रया ॥ ६३ ॥
नीत्वा स्वहृदयाम्भोजे ध्यायेदाद्यां परात्पराम् ६४ ॥

स्वाहेति वदेत् । योजनया ह्रीँ श्रीँ सर्वविघ्नकृद्भ्यः सर्वभूतेभ्यो हूँ फट् स्वाहेति मनुर्जातः । एष सुधामिषान्वितान्नवलिरित्याद्योऽयमेव मनुः सर्वभूतेभ्यो वलिदाने मतः ॥ ६० ॥

तत इति । ततोऽनन्तरं शिवायै फेत्कारिकायै विधिवदेकं वलिं प्रकल्पयेत् दद्यात् । शिवायै वलिदानस्य मन्त्रमाह सार्द्धेन । गृह्णेति । गृह्ण देवि महाभागे इत्याद्युक्त्वा मूलमन्त्रं वदेत् । ततः एष वलिरित्युक्त्वा पश्चात् शिवायै नम इत्यपि वदेत् । सकलपदयोजनया गृह्ण देवि महाभागे शिवे कालाग्निरूपिणि शुभाशुभफलं व्यक्तं ब्रूहि गृह्ण वलिं तव ह्रीँ श्रीँ क्रीँ परमे स्वाहा एष वलिः शिवायै नम इति मन्त्री जातः । अनेनैव शिवायै वलिं दद्यात् ॥ ६१ ॥ ६२ ॥

चन्दनेत्यादि । ततश्चन्दनागुरुकस्तूरिवासितं सुमनोहरं पुष्पं पाणिभ्यां गृहीत्वा करकच्छपमुद्रया हृदि नीत्वा च स्वहृदयाम्भोजे परात्परामाद्यां कालीं ध्यायेत् ॥ ६३ ॥ ६४ ॥

सहस्रारे महापद्मे सुषुम्नाब्रह्मवर्त्मना ।
नीत्वा सानन्दितां कृत्वा बृहन्निश्वासवर्त्मना ।
दीपाद्दीपान्तरमिव तत्र पुष्पे नियोज्य च ॥ ६५ ॥
यन्त्रे निधापयेन्मन्त्री दृढभक्तिसमन्वितः ।
कृताञ्जलिपुटो भूत्वा प्रार्थयेदिष्टदेवताम् ॥ ६६ ॥
देवेशि भक्तिसुलभे परिवारसमन्विते ।
यावत् त्वां पूजयिष्यामि तावत् त्वं सुस्थिरा भव ॥ ६७ ॥
क्रीमाद्ये कालिके देवि परिवारादिभिः सह ।
इहागच्छ द्विधा प्रोक्त्वा इह तिष्ठ द्विधा पुनः ॥ ६८ ॥
इह शब्दात् सन्निधेहि इह सन्निपदात्ततः ।
रुध्यस्व पदमाभाष्य मम पूजां गृहाण च ॥ ६९ ॥
इत्थमावाहनं कृत्वा देव्याः प्राणान् प्रतिष्ठयेत् ॥ ७० ॥

सहस्रारे इति । स्वहृदयाम्भोजे ध्यात्वा चाद्यां कालीं ततः सुषुम्ना या नाड़ी तद्रूपेण ब्रह्मवर्त्मना सहस्रारे महापद्मे नीत्वा प्रापय्य सुधापायनया सानन्दितामानन्दयुताञ्च कृत्वा दीपाद्दीपान्तरमिवान्यं दीपमिव तस्या एव काल्याः सकाशादपरामाद्यां कालीं बृहन्निश्वासवर्त्मना नासापुटेन वहिरानीय तत्र पाणिसंस्थे पुष्पे नियोज्य संस्थाप्य च दृढभक्तिसमन्वितो मन्त्री हस्तस्थपुष्पस्थापितां देवीं यन्त्रे निधापयेत् स्थापयेत् । ततः कृताञ्जलिपुटो भूत्वेष्टदेवतां प्रार्थयेत् ॥ ६५ ॥ ६६ ॥

किं प्रार्थयेत्तत्राह देवेशीत्यादि ॥ ६७ ॥

क्रीमाद्ये इत्यादि । क्रीमाद्ये कालिके देवि परिवारादिभिः सहेति प्रोच्य ततो द्विधा द्विवारमिहागच्छेति च प्रोच्य ततः पुनर्द्विधा इह तिष्ठेति

आँ ह्रीँ क्रोँ श्रीँ वह्निजायाप्रतिष्ठामत्र ईरितः ।
अमुष्या देवतायाश्च प्राणा इह ततः परम् ।
प्राणा इति ततः पञ्चबीजानि तदनन्तरम् ॥ ७१ ॥
अमुष्या जीव इह च स्थित इत्युच्चरेत् पुनः ।
पञ्चबीजान्यमुष्याश्च सर्वेन्द्रियाणि कीर्त्तयेत् ॥ ७२ ॥
पुनस्तत्पञ्चबीजानि अमुष्यावच्चनात्ततः ।
वाङ्मनोनयनघ्राणश्रोत्रत्वक्पदतो वदेत् ॥ ७३ ॥
प्राणा इहागत्य सुखं चिरंतिष्ठन्तु ठद्वयम् ॥ ७४ ॥

प्रोच्य ततः पुनरिह शब्दात् सन्निधेहीति प्रोच्य तत इह सन्नीतिपदात् रुध्यस्वेतिपदमाभाष्य ततो मम पूजां गृहाणेति वदेत् । सकलपदयोजनया क्रीमाद्ये कालिके देवि परिवारादिभिः सहेहागच्छेहागच्छेह तिष्ठेह तिष्ठेह सन्निधेहि इह सन्निरुध्यस्व मम पूजां गृहाणेति मन्त्रो जातः । इत्थमनेन प्रकारेणानेन मन्त्रेण देव्या आवाहनं कृत्वा तस्या एव प्राणान् प्रतिष्ठयेत् प्राणप्रतिष्ठां कुर्यादित्यर्थः ॥ ६८–७० ॥

ननु केन मन्त्रेण देव्याः प्राणान् प्रतिष्ठयेदित्यपेक्षायां प्राणप्रतिष्ठामन्त्रमाह चतुर्भिः आमित्यादि । आँ ह्रीँ क्रोँ श्रीमित्युक्त्वा वह्निजाया स्वाहा वक्तव्या । ततोऽमुष्या देवतायाः प्राणा इहेत्युक्त्वा ततः परं प्राणा इत्युच्चरेत् । ततः आँ ह्रीमित्यादीनि पञ्चबीजानि बदेत् । तदनन्तरममुष्या जीव इह स्थित इत्युच्चरेत् । पुनः तान्येव पञ्चबीजानि वदेत् । ततोऽमुष्याः सर्वेन्द्रियाणीति वदेत् । पुनस्तानि पञ्चबीजानि वदेत् । ततोऽमुष्यावचनात् कथनात् परं वाङ्मनोनयनघ्राणश्रोत्रत्वक्पदं वदेत् । तस्माच्च पदात् प्राणा इहागत्य सुखं चिरन्तिष्ठन्त्विति वदेत् । ततः ठद्वयं स्वाहेति वदेत् । सकलपदयोजनया आँ ह्रीँ क्रोँ श्रीँ स्वाहा आद्या कालीदेवतायाः प्राणा इह प्राणाः आँ ह्रीँ

इति त्रिधा यन्त्रमध्ये लेलिहानाख्यमुद्रया ।
संस्थाप्य विधिवत् प्राणान् कृताञ्जलिपुटो वदेत् ॥ ७५ ॥
आद्ये कालि स्वागतंते सुस्वागतमिदंतव ।
आसनञ्चेदमत्र त्वयाऽऽस्यतां परमेश्वरि ॥ ७६ ॥
ततो विशेषार्घ्य जलैस्त्रिधा मूलं समुच्चरन् ।
प्रोक्षयेद्देवशुद्ध्यर्थं षडङ्गैः सकलीकृतिः ।
ततः सम्पूजयेद्देवीं षोडशैरुपचारकैः ॥ ७७ ॥

क्रों श्रीं स्वाहा आद्याकालीदेवताया जीव इह स्थितः आं ह्रीं क्रों श्रीं स्वाहा आद्याकालीदेवतायाः सर्वेन्द्रियाणि आँ ह्रीं क्रों श्रीं स्वाहा आद्याकालीदेवताया वाङ्मनोनयनघ्राणश्रोत्रत्वक्प्राणाः इहागत्य सुखं चिरन्तिष्ठन्तु स्वाहेति प्राणप्रतिष्ठामन्त्र ईरितः ॥ ७१–७४ ॥

इतीति । इत्यनेनैव प्राणप्रतिष्ठामन्त्रेण त्रिधा वारत्रयं गुरूपदिष्टया लेलिहानाख्यमुद्रया यन्त्रमध्ये देव्याः प्राणान् विधिवत् संस्थाप्य कृताञ्जलिपुटः सन् वदेत् । लेलिहानाख्यमुद्रा यथा दक्षिणामूर्त्तिसंहितायाम् ।

तर्जनीमध्यमानामाः समं कुर्यादधोमुखम् ।
अनामायां क्षिपेद्वृद्धामृजुं कृत्वा कनिष्ठिकाम् ।
लेलिहानाख्यमुद्रेयं जीवन्यासे प्रकीर्त्तितेति ॥ ७५ ॥

किं वदेदित्यपेक्षायामाह आद्ये इत्यादि । सुष्ठु आगतं स्वागतम् ॥ ७६ ॥

तत इत्यादि । ततो मूलं मन्त्रं त्रिधा समुच्चरन् देवशुद्ध्यर्थं विशेषार्घ्य-जलैर्देवीं प्रोक्षयेत् अभिषिञ्चेत् । षड़ङ्गैः ह्राँ हृदयाय नमः ह्रीं शिरसे स्वाहा ह्रूँ शिखायै वषट् ह्रैं कवचाय हुम् ह्रौं नेत्रत्रयाय वौषट् ह्रः अस्त्राय फट् इति मन्त्रैर्देव्याः सकलीकृतिः समस्तीकरणं विधेयम् । सकलीकरणं यथा ।

देवताङ्गे षड़ङ्गानां न्यासः स्यात् सकलीकृतिरिति ॥७७ ॥

पाद्यार्घ्याचमनीयञ्च स्नानं वसनभूषणे ।
गन्धपुष्पे धूपदीपौ नैवेद्याचमने तथा ॥ ७८ ॥
अमृतञ्चैव ताम्बूलं तर्पणञ्च नतिक्रिया ।
प्रयोजयेदर्च्चनायामुपचारांश्च षोडश ॥ ७९ ॥
आद्याबीजमिदं पाद्यं देवतायै नमः पदम् ।
पाद्यञ्चरणयोर्दद्यात् शिरस्यर्घ्यं निवेदयेत् ॥ ८० ॥
स्वाहापदेन मतिमान् स्वधेत्याचमनीयकम् ।
मुखे नियोजयेन्मन्त्री मधुपर्कं मुखाम्बुजे ।
वंस्वधेति समुच्चार्य्य पुनराचमनीयकम् ॥ ८१ ॥

तानेव षोड़शोपचारान् दर्शयति पाद्येत्यादिना ॥ ७८ ॥ अमृतं मद्यम् । प्रयोजयेत् निवेदयेत् ॥ ७९ ॥

अथ क्रमतः पाद्यादिषोड़शोपचारसमर्पणविधिमाह आद्याबीजमित्यादिभिः । आद्याबीजमुक्त्वा इदं पाद्यं देवतायै नम इति पदं वदेत् । योजनया ह्रीँ श्रीँ क्रीँ परमेश्वरि स्वाहेदं पाद्यमाद्याकालीदेवतायै नम इति मन्त्रो जातः । अनेन मन्त्रेण देव्याश्चरणयोः पाद्यं दद्यात् । स्वाहापदेन स्वाहापदघटितेन ह्रीँ श्रीँ क्रीँ परमेश्वरि स्वाहेदमर्घ्यमाद्यायै काल्यै स्वाहेति मन्त्रेण देव्याः शिरस्यर्घ्यं निवेदयेत् ॥ ८० ॥

स्वाहेत्यादि । स्वाहापदेनेति पूर्वान्वयि । मतिमान्मन्त्री स्वधेतिपदघटितेन ह्रीँ श्रीँ क्रीँ परमेश्वरि स्वाहेदमाचमनीयमाद्यायै काल्यै स्वधेति मन्त्रेण देव्या मुखे आचमनीयकं नियोजयेद्दद्यात् । ह्रीँ श्रीँ क्रीँ परमेश्वरि स्वाहा एष मधुपर्क आद्यायै काल्यै स्वधेति मन्त्रेण देव्या मुखाम्बुजे मधुपर्कं नियोजयेत् । ह्रीँ श्रीँ क्रीँ परमेश्वरि स्वाहेदमाचमनीयमाद्यायै काल्यै वंस्वधेति समुच्चार्य पुनर्देवीमुखे आचमनीयकं नियोजयेत् ॥ ८१ ॥

स्नानीयं सर्वगात्रेषु वसनं भूषणानि च ।
निवेदयामि मनुना दद्यादेतानि देशिकः ॥ ८२ ॥
मध्यमानामिकाभ्याञ्च गन्धन्दद्याद्धृदम्बुजे ।
नमोऽन्तेन च मन्त्रेण वौषडन्तेन पुष्पकम् ॥ ८३ ॥
धूपदीपौ च पुरतः संस्थाप्य प्रोक्षणादिभिः ।
निवेदयामि मन्त्रेण उत्सृज्य तदनन्तरम् ॥ ८४ ॥
जयध्वनिमन्त्रमातः स्वाहेति मन्त्रपूर्वकम् ।
सम्पूज्य घण्टां वामेन वादयन् दक्षिणेन तु ॥ ८५ ॥
धूपं गृहीत्वा मतिमान् नासिकाधो नियोजयेत् ।
दीपन्तु दृष्टिपर्य्यन्तं दशधा भ्रामयेत् पुरः ॥ ८६ ॥

स्नानीयमित्यादि । ह्रीँ श्रीँ क्रीँ परमेश्वरि स्वाहेदं स्नानीयमिदं वसनमेतानि भूषणानि चाद्यायै कालिकायै निवेदयामीति मनुना एतानि स्नानीयादीनि देव्याः सर्वगात्रेषु देशिकः साधको दद्यात् ॥ ८२ ॥

मध्यमेत्यादि । नमोऽन्तेन ह्रीँ श्रीँ क्रीँ परमेश्वरि स्वाहा एष गन्ध आद्यायै काल्यै नम इति मन्त्रेण देव्या हृदम्बुजे मध्यमानामिकाभ्यामङ्गुलिभ्यां गन्धं दद्यात् । वौषडन्तेन ह्रीँ श्रीँ क्रीँ परमेश्वरि स्वाहेदं पुष्पमाद्यायै काल्यै वौषडिति मन्त्रेण देव्यै पुष्पकं दद्यात् ॥ ८३ ॥

धूपेत्यादि । पुरतो देव्यग्रे धूपदीपौ संस्थाप्य प्रोक्षणादिभिः संशोध्य च ह्रीँ श्रीँ क्रीँ परमेश्वरि स्वाहा एतौ धूपदीपावाद्यायै काल्यै निवेदयामीति मन्त्रेणोत्सृज्य देव्यै समर्प्य च तदनन्तरम् एते गन्धपुष्पे जयध्वनिमन्त्रमातः स्वाहेति मन्त्रपूर्वकं घण्टां सम्पूज्य वामेन हस्तेन तां घण्टां वादयन् सन् दक्षिणेन हस्तेन धूपं गृहीत्वा मतिमान् साधको देव्या नासिकाया अधो नियोजयेन्निवेदयेत् । दीपन्तु पुरो देव्यग्रे पादमारभ्य दृष्टिपर्यन्तं दशधा दशवारं भ्रामयेत् ॥ ८४–८६ ॥

ततः पात्रञ्च शुद्धिञ्च समादाय करद्वये ।
मूलं समुच्चरन् मन्त्री यन्त्रमध्ये निवेदयेत् ॥ ८७ ॥
परमं वारुणीकल्पं कोटिकल्पान्तकारिणि ।
गृहाण शुद्धिसहितं देहि मे मोक्षमव्ययम् ॥ ८८ ॥
ततः सामान्यविधिना पुरतो मण्डलं लिखेत् ।
तस्योपरि न्यसेत् पात्रं नैवेद्यपरिपूरितम् ॥ ८९ ॥
प्रोक्षणञ्चावगुण्ठञ्च रक्षणञ्चामृतीकृतम् ।
मूलेन सप्तधाऽऽमन्त्र्य अर्घ्याद्भिर्विनिवेदयेत् ॥ ९० ॥
मूलमेतत्तु सिद्धान्नं सर्वोपकरणान्वितम् ।
निवेदयामीष्टदेव्यै जुषाणेदं हविः शिवे ॥ ९१ ॥

तत इत्यादि । ततोऽनन्तरं पानपात्रं शुद्धिं मांसादिकञ्च करद्वये समादाय गृहीत्वा मूलं मन्त्रं तदन्ते इदं मद्यमिमां शुद्धिञ्चाद्यायै काल्यै निवेदयामीति च समुच्चरन् मन्त्री यन्त्रमध्ये देव्यै निवेदयेत् ॥ ८७ ॥

ततः प्रार्थनावाक्यमाह परममित्यादि । वारुणीकल्पम् मद्यम् ॥ ८८ ॥

तत इति । ततोऽनन्तरं सामान्यविधिना साधारणविधानेन पुरतोऽग्रे त्रिकोणञ्चतुष्कोणं वा मण्डलं लिखेत् । तस्य मण्डलस्योपरि नैवेद्यपरिपूरितं पात्रं न्यसेत् स्थापयेत् ॥ ८९ ॥

प्रोक्षणमिति । तत्पात्रस्थस्य नैवेद्यस्य फटा प्रोक्षणं हूँ बीजेनावगुण्ठनं वेष्टनं फटैव रक्षणं धेनुमुद्रया वं बीजेनामृतीकृतममृतीकरणञ्च विदध्यात् । ततो मूलमन्त्रेण सप्तधा तन्नैवेद्यमामन्त्र्यार्घ्याद्भिरर्घ्यजलैर्देव्यै निवेदयेत् ॥ ९० ॥

नैवेद्यनिवेदनमन्त्रमाहैकेन मूलमिति । पूर्वं मूलं वदेत् । ततः एतत् सर्वोपकरणान्वितं सिद्धान्नमिष्टदेवतायै निवेदयामीति वदेत् । ततः शिवे हविरिदं जुषाणेति वदेत् । योजनया ह्रीँ श्रीँ क्रीँ परमेश्वरि स्वाहा एतत्

ततः प्राणादिमुद्राभिः पञ्चभिः प्राशयेद्धविः ॥ ९२ ॥
वामे नैवेद्यमुद्राञ्च विकचोत्पलसन्निभाम् ।
दर्शयेन्मूलमन्त्रेण पानार्थं तीर्थपूरितम् ॥ ९३ ॥
कलशं विनिवेद्याथ पुनराचमनीयकम् ।
ततः श्रीपात्रसंस्थेनामृतेन तर्पयेत् त्रिधा ॥ ९४ ॥
उत्तमाङ्गे हृदाधारपादसर्वाङ्गकेषु च ।
पञ्च पुष्पाञ्जलीन्दत्त्वा मूलमन्त्रेण देशिकः ॥ ९५ ॥
कृताञ्जलिपुटो भूत्वा प्रार्थयेदिष्टदेवताम् ।
तवावरणदेवांश्च पूजयामि नमो वदेत् ॥ ९६ ॥

सर्वोपकरणान्वितं सिद्धान्नमिष्टदेवतायै निवेदयामि शिवे हविरिदं जुषाणेति गन्तो नैवेद्यसमर्पणमासीत् । सिद्धान्नमित्यामान्नस्याप्युपलक्षणम् ॥ ९१ ॥

तत इत्यादि । ततोऽनन्तरम्प्राणाय स्वाहा अपानाय स्वाहा समानाय स्वाहा उदानाय स्वाहा व्यानाय स्वाहेति मन्त्रैर्गुरूपदिष्टाभिः पञ्चभिः प्राणादिमुद्राभिर्देवीं हविः प्राशयेत् भोजयेत् ॥ ९२ ॥

वाम इति । वामे हस्ते विकचोत्पलसन्निभां प्रफुल्लपङ्कजतुल्यां नैवेद्यमुद्राञ्च देवीं दर्शयेत् । ततो मूलमन्त्रेण तीर्थपूरितं मद्येन पूरितं कलशं पानार्थं देव्यै निवेद्य पुनराचमनीयकं दद्यात् । ततोऽनन्तरं श्रीपात्रसंस्थेनामृतेन सुरया त्रिधा त्रिवारं पूर्ववद्देवीं तर्पयेत् ॥ ९३ ॥ ९४ ॥

उत्तमाङ्गेत्यादि । ततो देशिकः साधको देव्याः उत्तमाङ्गे मस्तके हृदये आधारदेशे पादयोः सर्वाङ्गेषु च मूलमत्रेण पञ्च पुष्पाञ्जलीन् दत्वा कृताञ्जलिपुटो भूत्वेष्टदेवतां प्रार्थयेत् । यत् प्रार्थयेत्तदाहार्द्धेन तवेति । तवावरणदेवानित्युक्त्वा पूजयामि नम इति पदं वदेत् । योजनया इष्टदेवते तवावरणदेवान् पूजयामि नम इति प्रार्थनावाक्यमासीत् ॥ ९५ ॥ ९६ ॥

अग्निर्निर्ऋतिवाय्वीशपुरतः पृष्ठतः क्रमात् ।
षडङ्गानि च सम्पूज्य गुरुपङ्क्तीः समर्चयेत् ॥ ९७ ॥
गुरुञ्च परमादिञ्च परापरगुरुन्तथा ।
परमेष्ठिगुरुञ्चैव यजेत् कुलगुरूनिमान् ॥ ९८ ॥
गुरुपात्रामृतेनैव त्रिस्त्रिस्तर्पणमाचरेत् ।
ततोऽष्टदलमध्ये तु पूजयेदष्टनायिकाः ॥ ९९ ॥
मङ्गला विजया भद्रा जयन्ती चाऽपराजिता ।
नन्दिनी नारसिंही च कौमारीत्यष्टमातरः ॥ १०० ॥

आवरणदेवानां पूजायाः प्रकारं दर्शयति अग्नीत्यादिभिः । अग्निनिर्ऋतिवाय्वीशपुरतः पृष्ठतः यन्त्रस्याग्निकोणे नैर्ऋतकोणे वायुकोणे ईशानकोणे पुरतोऽग्रे पृष्ठतः पश्चाद्भागे च क्रमतः ह्रां नमः ह्रीं नमः ह्रूं नमः ह्रैं नमः ह्रौं नमः ह्रः नम इति मन्त्रैः षड़ङ्गानि षड़ङ्गदेवतानि संपूज्य गुरुपङ्क्तीर्गुरुश्रेणीः समर्च्चयेत् ॥ ९७ ॥

गुरुपङ्क्तीरेव दर्शयन्नाह गुरुञ्चेत्यादि । ओं गुरवे नमः ओं परमगुरवे नमः ओं परापरगुरवे नमः ओं परमेष्ठिगुरुवे नमः इति मन्त्रैर्गन्धपुष्पादिभिर्यन्त्रमध्ये गुरुं परमादिं परम आदिर्यस्य तथाभूतं गुरुं तथैव परापरगुरुं परमेष्टिगुरुञ्चापीमान् कुलगुरून् क्रमतो यजेत् ॥ ९८ ॥

गुर्वित्यादि । गुरुपात्रामृतेनैव त्रिस्त्रिस्त्रिवारं त्रिवारं क्रमतो गुरूणां तर्पणमाचरेत् कुर्यात् । ततोऽनन्तरमष्टदलमध्येऽष्टपत्राणामभ्यन्तरे ओं मङ्गलायै नम इत्येवं प्रणवादिनमोऽन्तेन नाममन्त्रेण गन्धपुष्पादिभिरष्टनायिकाः पूजयेत् ॥ ९९ ॥

पूज्या अष्टनायिका आह मङ्गलेत्याद्येकेन ॥ १०० ॥

दलाग्रेषु यजेदष्टभैरवान् साधकोत्तमः ॥ १०१ ॥

असिताङ्गो रुरुश्चण्डः क्रोधोन्मत्तो भयङ्करः ।

कपाली भीषणश्चैव संहारोऽष्टौ च भैरवाः ॥ १०२ ॥

इन्द्रादिदशदिक्पालान् भूपुरान्तः प्रपूजयेत् ।

तेषामस्त्राणि तद्बाह्ये पूजयेत् तर्पयेत्ततः ॥ १०३ ॥

सर्वोपचारैः सम्पूज्य बलिं दद्यात् समाहितः ॥ १०४ ॥

मृगश्छागश्च मेषश्च लुलापः शूकरस्तथा ।

शल्लकी शशको गोधा कूर्मः खड्गी दश स्मृताः ॥ १०५ ॥

अन्यानपि पशून् दद्यात् साधकेच्छानुसारतः ॥ १०६ ॥

दलेत्यादि । दलाग्रेषु पत्राग्रेषु ओँ असिताङ्गाय भैरवाय नम इत्येवं प्रणवादिनमोऽन्तेन नाममन्त्रेण गन्धपुष्पादिभिरष्टभैरवान् साधकोत्तमो यजेत् ॥ १०१ ॥

पूज्यानष्टभैरवानाह असिताङ्ग इत्याद्येकेन ॥ १०२॥

इन्द्रेत्यादि । ततः प्रणवादिनमोऽन्तेन नाममन्त्रेण गन्धपुष्पादिभिरिन्द्रादिदशदिक्पालान् भूपुराभ्यन्तरे प्रपूजयेत् । तेषामिन्द्रादीनामस्त्राणि वज्रादीनि प्रणवादिनमोऽन्तनाममन्त्रेण तद्बाह्ये भूपुराद्बहिः पूजयेत् । ततः परम् ओँ इन्द्रं तर्पयामि नमः इत्येवं प्रणवादिना तर्पयामि नमः इत्यन्तेन नाममन्त्रेण इन्द्रादिदशदिक्पालांस्तर्पयेत् ॥ १०३ ॥

सर्वेत्यादि । पाद्यादिभिः सर्वोपचारैर्देवीं संपूज्य समाहितः सावधानो भूत्वा देव्यै बलिं दद्यात् ॥ १०४ ॥

ननु बलिदानविधौ कः कः पशुः प्रशस्तः स्यात्तत्राह मृग इत्यादि । लुलापो महिषः । मृगादयो दश बलिदानविधौ प्रशस्ताः स्मृताः ॥ १०५ ॥

अन्यानपीति । न तु मृगादय एव बलिदानविधौ प्रशस्ताः किन्तु साधकेच्छानुसारतोऽन्यानपि पशून् देव्यै दद्यात् ॥ १०६ ॥

सुलक्षणं पशुं देव्या अग्रे संस्थाप्य मन्त्रवित् ।
अर्घ्योदकेन सम्प्रोक्ष्य धेनुमुद्रामृतीकृतम् ॥ १०७ ॥
कृत्वा छागाय पशवे नम इत्यमुना सुधीः ।
सम्पूज्य गन्धसिन्दूरपुष्पनैवेद्यपाथसा ।
गायत्रीं दक्षिणे कर्णे जपेत् पाशविमोचनीम् ॥ १०८ ॥
पशुपाशाय शब्दान्ते विद्महे पदमुच्चरेत् ।
विश्वकर्म्मणि च पदात् धीमहीति पदं वदेत् ॥ १०९ ॥
ततश्चोदीरयेन् मन्त्री तन्नो जीवः प्रचोदयात् ।
एषा तु पशुगायत्री पशुपाशविमोचनी ॥ ११० ॥
ततः खड्गं समादाय कूर्चबीजेन पूजयेत् ।
तदग्रमध्यमूलेषु क्रमतः पूजयेदिमान् ॥ १११ ॥

अथ वलिदानविधिमाह सुलक्षणमित्यादिभिः । मन्त्रवित् मन्त्रज्ञः सुधीः धीरः साधकः सुलक्षणं रोगादिशून्यं पशुं देव्या अग्रे संस्थाप्य विशेषार्घ्योदकेन फट् मन्त्रेण संप्रोक्ष्याभिषिच्य धेनुमुद्रया वं वीजेनामृतीकृतं कृत्वा छागाय पशवे नम इत्यमुना मन्त्रेण गन्धसिन्दूरपुष्पनैवेद्यपाथसा संपूज्य च छागस्य दक्षिणे कर्णे पशुपाशविमोचनीं गायत्रीं जपेत् । छागायेति मृगादीनामप्युपलक्षणं । पाथो जलम् ॥ १०७ ॥ १०८ ॥

पशुपाशविमोचनीं गायत्रीमाह पशुपाशेत्यादिना । मन्त्री साधकः पशुपाशायेति शब्दस्यान्ते विद्महे इति पदमुच्चरेत् । ततो विश्वकर्मणे इति पदात् धीमहीति पदं वदेत् ततः परं तन्नो जीवः प्रचोदयात् इत्युदीरयेदुच्चरेत् । योजनया पशुपाशाय विद्महे विश्वकर्मणे धीमहि तन्नो जीवः प्रचोदयात् इति गायत्री जाता ॥ १०९ ॥ ११० ॥

तत इत्यादि । कूर्चबीजेन हूमिति बीजेन । तदग्रमध्यमूलेषु खड्गाग्रमध्यमूलेषु ॥ १११ ॥

वागीश्वरीञ्च ब्रह्माणं लक्ष्मीनारायणौ ततः ।
उमामहेश्वरौ मूले पूजयेत् साधकोत्तमः ॥ ११२ ॥
अनन्तरं ब्रह्मविष्णुशिवशक्तियुताय च ।
खड्गाय नम इत्यन्तमनुना खड्गपूजनम् ॥ ११३ ॥
महावाक्येन चोत्सृज्य कृताञ्जलिपुटो वदेत् ।
यथोक्तेन विधानेन तुभ्यमस्तु समर्पितम् ॥ ११४ ॥
इत्थं निवेद्य च पशुं भूमिसंस्थन्तु कारयेत् ।
देवीभावपरो भूत्वा हन्यात्तीव्रप्रहारतः ॥ ११५ ॥
स्वयं वा भ्रातृपुत्रैर्वा भ्रात्रा वा सुहृदैव वा ।
सपिण्डेनाथ वा छेद्यो नारिपक्षं नियोजयेत् ॥ ११६ ॥

खड्गाग्रमध्यमूलेषु यान् पूजयेत्तानाहैकेन वागीश्वरीमिति । ओँ वागीश्वरीब्रह्मभ्यां नम इत्येवं प्रणवादिनमोऽन्तनाममन्त्रेण गन्धपुष्पादिभिः खड्गाग्रे वागीश्वरीं सरस्वतीं ब्रह्माणञ्च ततः खड्गमध्ये लक्ष्मीनारायणौ ततः खड्गमूले उमामहेश्वरौ साधकोत्तमः पूजयेत् ॥ ११२ ॥

अनन्तरमिति । ततोऽनन्तरं ब्रह्मविष्णुशिवशक्तियुताय खड्गाय नम इत्यन्तमनुना खड्गपूजनं कुर्यात् ॥ ११३ ॥

महावाक्येनेति । ततो महावाक्येन विष्णुरोँ तत्सत् ओँ अद्यामुकमास्यमुकपक्षेऽमुकतिथावमुकराशिस्थिते भास्करे समस्ताभीप्सितपदार्थसिद्धिकामोऽमुकगोत्रोऽमुकशर्माऽहमिष्टदेवतायै पशुमिमं सम्प्रददे इति महता वाक्येन छागमुत्सृज्य देव्यै समर्प्य कृताञ्जलिपुटो भूत्वा वदेत् । किं वदेत्तत्राह यथेत्यादि ॥ ११४ ॥

इत्थमिति । पशुं छागादिम् । स्वयं वा आत्मनैव वा । पशुहननेऽरिपक्षं न नियोजयेत् प्रवर्त्तयेत् ॥ ११५ ॥ ११६ ॥

ततः कवोष्णं रुधिरं वटुकेभ्यो बलिं हरेत् ।
सप्रदीपशीर्षबलिर्नमो देव्यै निवेदयेत् ॥ ११७ ॥
एवं बलिविधिः प्रोक्तः कौलिकानां कुलार्चने ।
अन्यथा देवताप्रीतिर्जायते न कदाचन ॥ ११८ ॥
ततो होमं प्रकुर्वीत तद्विधानं श्रृणु प्रिये ।
स्वदक्षिणे वालुकाभिर्मण्डलं चतुरस्रकम् ॥ ११९ ॥
चतुर्हस्तपरिमितं कृत्वा मूलेन वीक्षणम् ।
अस्त्रेण ताडयित्वा च तेनैव प्रोक्षणं चरेत् ॥ १२० ॥
कूर्चबीजेनावगुण्ठ्य देवतानामपूर्वकम् ।
स्थण्डिलाय नम इति यजेत् साधकसत्तमः ॥ १२१ ॥

तत इति । ततः परं एष कवोष्णरुधिरवलिः ओँ वटुकेभ्यो नम इति मन्त्रेण कवोष्णमीषदुष्णं रुधिरवलिं निवेदयेत् ॥ ११७ ॥

एवमिति । अन्यथा बलिविधेरभावात् ॥ ११८ ॥

अनन्तरकर्त्तव्यमाह तत इति द्वाभ्याम् । अथ होमविधानमाह स्वदक्षिणे इत्यादिभिः । स्वदक्षिणे देशे वालुकाभिश्चतुर्हस्तपरिमितं चतुरस्रकञ्चतुष्कोणं मण्डलं कृत्वा मूलेन मन्त्रेण तस्य वीक्षणं विलोकनञ्च कृत्वा अस्त्रेण फटा मन्त्रेण कुशेन ताड़यित्वा च तेनैव फटैव मन्त्रेण मण्डलस्य प्रोक्षणं सेकञ्चरेत् ॥ ११९ ॥ १२० ॥

कूर्चेत्यादि । कूर्चवीजेन हूमिति वीजेन तन्मण्डलमवगुण्ठ्य वेष्टयित्वा देवतानामपूर्वकं स्थण्डिलाय नम इत्युच्चरन् साधकसत्तमो यजेत् अमुक-देवतास्थण्डिलाय नम इति मन्त्रेण गन्धपुष्पादिभिः स्थण्डिलं पूजये-दित्यर्थः ॥ १२१ ॥

प्रागग्रा उदगग्राश्च रेखाः प्रादेशसम्मिताः ।
तिस्रस्तिस्रो विधातव्यास्तत्र सम्पूजयेदिमान् ॥ १२२ ॥
प्रागग्रासु च रेखासु मुकुन्देशपुरन्दरान् ।
ब्रह्मवैवस्वतेन्दूंश्च उत्तराग्रासु पूजयेत् ॥ १२३ ॥
ततः स्थण्डिलमध्ये तु हसौःगर्भं त्रिकोणकम् ।
षट्कोणं तद्बहिर्वृत्तं ततोऽष्टदलपङ्कजम् ।
भूपुरं तद्बहिर्विद्वान् विलिखेद्यन्त्रमुत्तमम् ॥ १२४ ॥
मूलेन पुष्पाञ्जलिना संपूज्य प्रणवेन तु ।
होमद्रव्याणि संप्रोक्ष्य कर्णिकायां यजेत् सुधीः ।
मायामाधारशक्त्यादीन् प्रत्येकं वा प्रपूजयेत् ॥ १२५ ॥

प्रागग्रा इति । प्राक् प्राच्यां दिश्यग्राणि यासां ताः प्रागग्राः । उदक् उदीच्यां दिश्यग्राणि यासां ता उदगग्राश्च । प्रादेशसम्मिताः प्रादेशेन परिमितास्तिस्रस्तिस्रो रेखाः स्थण्डिले विधातव्याः । तत्र तासु रेखासु इमान् संपूजयेत् । तर्जनीयुक्ते विस्तृतेऽङ्गुष्ठे प्रादेशः स्यात् । तथैवामरसिंहः ।

प्रादेशतालगोकर्णास्तर्जन्यादियुते तते ।

अङ्गुष्ठे सकनिष्ठे स्याद्वितस्तिर्द्वादशोङ्गुल इति ॥ १२२ ॥

तासु रेखासु यान् पूजयेत्तान् दर्शयन्नाह प्रागग्रास्विति । प्रागग्रासु रेखासु प्रणवादिनमोऽन्तनाममन्त्रेण गन्धपुष्पादिभिः मुकुन्देशपुरन्दरान् विष्णुशिवेन्द्रान् क्रमतः पूजयेत् । उत्तराग्रासु रेखासु तु ब्रह्मवैवस्वतेन्दून् ब्रह्मयमचन्द्रान् पूजयेत् ॥ १२३ ॥

तत इति । ततोऽनन्तरं स्थण्डिलमध्ये ह्सौः मिलिता एव हकार-सकारौकारविसर्गा गर्भे यस्य तथाभूतं त्रिकोणकं तद्बहिः षट्कोणं तद्बहिर्वृत्त च मण्डलं ततो वहिरष्टदलपङ्कजं ततोऽपि बहिश्चतुष्कोणञ्चतुर्द्वारं भूपुरञ्च विद्वान् विलिखेत् ॥ १२४ ॥

मूलेनेति । एवं लिखितमुत्तमं यन्त्रं मूलेन मन्त्रेण पुष्पाञ्जलिना संपूज्य प्रणवेन होमद्रव्याणि च संप्रोक्ष्याष्टदलपङ्कजस्य कर्णिकायां बीजकोशे

अग्न्यादिकोणे धर्म्मञ्च ज्ञानं वैराग्यमेव च ।
ऐश्वर्यं पूजयित्वा तु पूर्वादिषु दिशां क्रमात् ॥ १२६ ॥
अधर्म्ममज्ञानमिति अवैराग्यमनन्तरम् ।
अनैश्वर्यं यजेन्मन्त्री मध्येऽनन्तञ्च पद्मकम् ॥ १२७ ॥
कलासहितसूर्यस्य तथा सोमस्य मण्डलम् ।
प्रागादिकेशरेष्वेषु मध्ये चैताः प्रपूजयेत् ॥ १२८ ॥
पीता श्वेताऽरुणा कृष्णा धूम्रा तीव्रा तथैव च ।
स्फुलिङ्गिनी च रुचिरा ज्वलिनीति तथा क्रमात् ॥ १२९ ॥
प्रणवादिनमोऽन्तेन सर्वत्र पूजनं चरेत् ।
रं वह्नेरासनायेति नमोऽन्तेन प्रपूजयेत् ॥ १३० ॥

समुदितानेवाधारशक्त्यादीन् मायां ह्रीँ बीजमुच्चरन् सुधीः साधको यजेत् । ह्रीँ आधारशक्त्यादिभ्यो नम इति मन्त्रेण गन्धपुष्पादिभिः पूजयेदित्यर्थः । अथवा आधारशक्त्यादिकं प्रत्येकमेव प्रपूजयेत् ॥ १२५ ॥

अग्नीत्यादि । प्रणवादिनमोऽन्तनाममन्त्रेण गन्धपुष्पादिभिर्यन्त्रस्याग्न्यादिकोणे क्रमतो धर्मं ज्ञानं वैराग्यमैश्वर्यञ्च पूजयित्वा दिशां क्रमात् पूर्वादिषु दिक्षु अधर्ममज्ञानमवैराग्यं एतदनन्तरमनैश्वर्यञ्च मन्त्री यजेत् । यन्त्रस्य मध्येऽनन्तं पद्मकञ्च यजेत् ॥ १२६ ॥ १२७ ॥

कलेत्यादि । पूर्वोक्ताभ्यामेव मन्त्राभ्यां गन्धपुष्पादिभिः कलासहितसूर्यस्य तथा कलासहितस्य सोमस्य च मण्डलं यन्त्रमध्ये एव प्रपूजयेत् । एषु प्रागादिकेशरेषु मध्ये च क्रमेणैताः प्रपूजयेत् ॥ १२८ ॥

याः प्रपूजयेत्ता आह पीतेत्याद्येकेन । पीताश्वेतादीनां मध्ये ज्वलिनीं मध्ये पूजयेत् ॥ १२९ ॥

प्रणवादीत्यादि । सर्वत्र देशे नमोऽन्तेन रं वह्नेरासनायेति मन्त्रेण यन्त्रमध्ये वह्नेरासनं प्रपूजयेत् ॥ १३० ॥

वागीश्वरीमृतुस्नातां नीलेन्दीवरलोचनाम् ।
वागीश्वरेण संयुक्तां ध्यात्वा मन्त्री तदासने ॥ १३१ ॥
मायया तौ प्रपूज्याथ विधिवद्वह्निमानयेत् ।
मूलेन वीक्षणं कृत्वा फटाऽऽवाहनमाचरेत् ॥ १३२ ॥
प्रणवं च ततो वह्नेर्योगपीठाय हृन्मनुः ।
यन्त्रे पीठं पूजयित्वा दिक्षु चैताः प्रपूजयेत् ।
वामा ज्येष्ठा तथा रौद्री अम्बिकेति यथाक्रमात् ॥ १३३ ॥
ततोऽमुक्या देवतायाः स्थण्डिलाय नमः पदम् ।
इति स्थण्डिलमापूज्य तन्मध्ये मूलरूपिणीम् ॥ १३४ ॥
ध्यात्वा वागीश्वरीं देवीं वह्निबीजपुरःसरम् ।
वह्निमुद्धृत्य मूलान्ते कूर्चमस्त्रं समुच्चरन् ॥ १३५ ॥
क्रव्यादेभ्यो वह्निजायां क्रव्यादांशं परित्यजेत् ।
अस्त्रेण वह्निं संवीक्ष्य कूर्चेनैवावगुण्ठयेत् ॥ १३६ ॥

वागीश्वरीमिति । ततो वागीश्वरेण ब्रह्मणा संयुक्तां नीलेन्दीवरलोचनां श्यामपङ्कजनेत्राम् ऋतुस्नातां वागीश्वरीं ध्यात्वा मन्त्री साधकस्तदासने तस्मिन् वह्निपीठे तौ वागीश्वरीब्रह्माणौ मायया ह्रीँ बीजाद्येन नमोऽन्तेन नाममन्त्रेण प्रपूज्याथानन्तरं विधिवत् शरावेण कांस्यपात्रेण वा शुद्धमग्निमानयेत् । मूलेन मन्त्रेण वह्नेर्वीक्षणं कृत्वा फटा मन्त्रेण तस्यैवावाहनञ्चरेत् ॥ १३१ ॥ १३२ ॥

प्रणवमिति । पूर्वं प्रणवं वदेत् ततो वह्नेर्योगपीठायेति वदेत् । ततो हृत् नम इति वदेत् । योजनया ओँ वह्नेर्योगपीठाय नम इति मनुर्जातः । अनेनैव मनुना यन्त्रे वह्नेः पीठं पूजयित्वा पीठात पूर्वादिषु चतसृषु दिक्षु प्रणवादिनमोऽन्तनाममन्त्रेण गन्धपुष्पादिभिरेताश्च प्रपूजयेत् । पूर्वादिदिक्षु याः प्रपूजयेत्ता आह वामेत्याद्यर्द्धेन ॥ १३३ ॥

तत इति । ततोऽनन्तरम् अमुक्या देवतायाः स्थण्डिलाय नम इति सर्वं मन्त्रपदमुच्चरन् गन्धपुष्पादिभिः स्थण्डिलमापूज्य तन्मध्ये मूलदेवतारूपिणीं

धेन्वा चैवामृतीकृत्य हस्ताभ्यामग्निमुद्धरेत् ।
प्रादक्षिण्यक्रमेणाग्निं भ्रामयन् स्थण्डिलोपरि ॥ १३७ ॥
त्रिधा जानुस्पृष्टभूमिः शिवबीजं विचिन्तयन् ।
आत्मनोऽभिमुखीकृत्य योनियन्त्रे नियोजयेत् ॥ १३८ ॥
ततो मायां समुच्चार्य वह्निमूर्त्तिश्च ङेयुताम् ।
नमोऽन्तेन प्रपूज्याथ रं वह्निपरतः सुधीः ।
चैतन्याय नमो वह्नेश्चैतन्यं परिपूजयेत् ॥ १३९ ॥

वागीश्वरीं देवीं ध्यात्वा वह्निबीजं पुरःसरं यत्र वह्निबीजपुरःसरं यथास्यात्तथा वह्निमुद्धृत्य रं वीजेन वह्निमुत्थाप्येत्यर्थः । मूलान्ते कूर्चं हूँ बीजमस्त्रं फडिति चा वीजं समुच्चरन् तदन्ते क्रव्यादेभ्य इत्युच्चरन् तदन्ते वह्निजाया स्वाहेत्युच्चरेत् । योजनया ह्रीँ श्रीँ क्रीँ परमेश्वरि स्वाहा हूँ फट् क्रव्यादेभ्यः स्वाहेति मन्त्रो जातः । अनेनैव मन्त्रेण वह्नितो ज्वलद्दाहरूपं क्रव्यादांशं राक्षसभागं दक्षिणस्यां दिशि परित्यजेत् । ततोऽस्त्रेण फटा वह्निं संवीक्ष्य दृष्ट्वा कूर्चेनैव हूँ बीजेनैवावगुण्ठयेद्वह्निं वेष्टयेत् ॥ १३४–१३६ ॥

धेन्वेति । धेन्वा मुद्रया चामृतीकृत्य हस्ताभ्यां पुनरग्निमुद्धरेत् उत्थापयेत् । उत्थाप्य च प्रादक्षिण्यक्रमेण स्थण्डिलोपरि त्रिधा त्रिवारमग्निं भ्रामयन् शिवबीजं शम्भुवीर्यरूपमग्निं विचिन्तयंश्च साधको जानुस्पृष्टभूमिः सन्नात्मनोऽभिमुखीकृत्य योनियन्त्रे त्रिकोणमण्डले नियोजयेत् स्थापयेत् ॥ १३७ ॥ १३८ ॥

तत इति । ततोऽनन्तरं मायां ह्रीँ बीजं समुच्चार्य नमोऽन्तेन नमसाऽन्तेन सह ङेयुतां वह्निमूर्त्तिं समुच्चरेत् । योजनया ह्रीँ वह्निमूर्त्तये नमः इति मन्त्रो जातः । अनेन मन्त्रेण वह्निमूर्त्तिं प्रपूज्याथानन्तरं सुधीः साधको रं वह्नेः परतः चैतन्याय नम इति वदेत् । योजनया रं वह्निचैतन्याय नम इति मनुर्जातः । अनेनैव मनुना वह्नेः चैतन्यं परिपूजयेत् ॥ १३९ ॥

नमसा वह्निमूर्त्तिञ्च चैतन्यं परिकल्प्य च ।
प्रज्वालयेत्ततो वह्निं मन्त्रेणानेन मन्त्रवित् ॥ १४० ॥
प्रणवं पूर्वमुद्धृत्य चित्पिङ्गलपदं तथा ।
हनद्वयं दह दह पच पचेति ततो वदेत् ॥ १४१ ॥
सर्वज्ञाज्ञापय स्वाहा वह्निप्रज्वालने मनुः ।
ततः कृताञ्जलिर्भूत्वा प्रकुर्यादग्निवन्दनम् ॥ १४२ ॥
अग्निं प्रज्वलितं वन्दे जातवेदं हुताशनम् ।
सुवर्णवर्णममलं समिद्धं सर्वतोमुखम् ॥ १४३ ॥
इत्युपस्थाप्य दहनं छादयेत् स्थण्डिलं कुशैः ।
स्वेष्टनाम्ना वह्निनाम कृत्वाऽभ्यर्चनमाचरेत् ॥ १४४ ॥

नमसेति । नमसा मन्त्रेण वह्निमूर्त्तिं वह्नेः चैतन्यञ्च परिकल्प्य मनसा विरच्य ततोऽनेनानन्तरमेव वक्ष्यमाणेन मन्त्रेण मन्त्रवित् साधको वह्निं प्रज्वालयेदुद्दीपयेत् ॥ १४० ॥

वह्निप्रज्वालनमन्त्रमेवाह प्रणवमित्यादिना सार्द्धेन । पूर्वं प्रणवमुद्धृत्य उक्त्वा ततः परं चित्पिङ्गलपदं वदेत् । ततो हनद्वयं ततो दहदहेति ततः पचपचेति च वदेत् । ततः सर्वज्ञाज्ञापय स्वाहेति वदेत् योजनया ओँ चित्पिङ्गल हन हन दह दह पच पच सर्वज्ञाज्ञापय स्वाहेति मन्त्रो जातः । अयं मनुर्वह्निप्रज्वालने स्मृतः ॥ १४१ ॥ १४२ ॥

अग्निवन्दनमन्त्रमाह अग्निं प्रज्वलितं वन्दे इत्याति ॥ १४३ ॥

इतीति । इत्यनेनैव मन्त्रेण दहनं वह्निमुपस्थाप्याभिवन्द्य स्थण्डिलं छादयेत् । ततः स्वेष्टनाम्ना वह्निनाम कृत्वा इतोऽनन्तरमेव वक्ष्यमाणेन मन्त्रेण वह्नेरभ्यर्चनमाचरेत् ॥ १४४ ॥

तारो वैश्वानरपदात् जातवेदपदं वदेत् ।
इहावहावहेत्युक्त्वा लोहिताक्षपदान्तरम् ॥ १४५ ॥
सर्वकर्म्माणि पदतः साधयान्तेऽग्निवल्लभा ।
इत्यभ्यर्च्य हिरण्यादिसप्तजिह्वाः प्रपूजयेत् ॥ १४६ ॥
सहस्रार्च्चिःपदं ङेऽन्तं हृदयाय नमो वदन् ।
षड़ङ्गं पूजयेद्वह्नेस्ततो मूर्त्तीर्यजेत् सुधीः ॥ १४७ ॥
जातवेदप्रभृतयो मूर्त्तयोऽष्टौ प्रकीर्त्तिताः ॥ १४८ ॥
ततो यजेदष्टशक्तीर्ब्राह्म्याद्यास्तदनन्तरम् ।
पद्माद्यष्टनिधीनिष्ट्वा यजेदिन्द्रादिदिक्पतीन् ॥ १४९ ॥

वह्नचभ्यर्चनमन्त्रमेवाह तार इत्यादिना सार्द्धेन । पूर्वं तारः प्रणवो वाच्यः ततो वैश्वानरपदात् परं जातवेदपदं वदेत् । तत इहावहावहेत्युक्त्वा लोहिताक्षरूपपदान्तरं वदेत् । ततः सर्वकर्माणीति पदात्परं साधयेति पदं वदेत् । तदन्ते चाग्निवल्लभा स्वाहा वाच्या । योजनया ओँ वैश्वानर जातवेद इहावहावह लोहिताक्ष सर्वकर्म्माणि साधय स्वाहेति मनुरासीत् । इत्यनेनैव मनुना स्वेष्टदेवतानामानं वह्निमभ्यर्च्य ओँ वह्नेर्हिरण्यादिसप्तजिह्वाभ्यो नमः इति मन्त्रेण वह्नेर्हिरण्यादिसप्तजिह्वा गन्धपुष्पादिभिः पूजयेत् ॥ १४५ ॥ १४६ ॥

सहस्रेत्यादि । ङेऽन्तं सहस्रार्च्चिःपदं ततो हृदयाय नम इति च पदं वदन् सहस्रार्च्चिषे हृदयाय नमः इति मन्त्रं समुच्चरन् साधको वह्नेर्हृदयं पूजयेत् । ततो वह्नेः षडङ्गेभ्यो नम इति मन्त्रेण गन्धपुष्पादिभिर्वह्नेः षडङ्गं पूजयेत् । ततो वह्निमूर्त्तिभ्यो नमः इति मन्त्रेण वह्नेर्मूर्त्तीः सुधीर्यजेत् ॥ १४७ ॥

ननु वह्नेः कति मूर्त्तयः सन्तीत्यपेक्षायामाह जातवेदेत्यादि । जातवेदप्रभृतयो वह्नेरष्टौ मूर्त्तयः प्रकीर्त्तिताः पूर्वमुक्ताः ॥ १४८ ॥

तत इति । ततोऽनन्तरं ब्राह्म्यादिभ्योऽष्टशक्तिभ्यो नम इति मन्त्रेण गन्धपुष्पादिभिर्ब्राह्म्याद्याः अष्ट शक्तीर्यजेत् । तदनन्तरं पद्माद्यष्टनिधिभ्यो नम

वज्राद्यस्त्राणि सम्पूज्य प्रादेशपरिमाणकम् ।
कुशपत्रद्वयं नीत्वा घृतमध्ये निधापयेत् ॥ १५० ॥
वामे ध्यायेदिडां नाडीं दक्षिणे पिङ्गलां तथा ।
मध्ये सुषुम्नां सञ्चिन्त्य दक्षभागात् समाहितः ॥ १५१ ॥
आज्यं गृहीत्वा मतिमान् दक्षनेत्रे हुताशितुः ।
मन्त्रेणानेन जुहुयात् प्रणवान्तेऽग्नये पदम् ॥ १५२ ॥
स्वाहान्तो मनुराख्यातो वामभागाद्धविर्हरेत् ।
वामनेत्रे हुनेद्वह्नेः ओँ सोमाय द्विठो मनुः ॥ १५३ ॥

इति मन्त्रेण गन्धपुष्पादिभिः पद्माद्यष्टनिधीनिष्ट्वा सम्पूज्य इन्द्रादिदिक्पतीन् यजेत् ॥ १४९ ॥

वज्रेत्यादि । तत इन्द्रादीनाञ्च वज्राद्यस्त्राणि सम्पूज्य प्रादेशपरिमाणकं कुशपत्रद्वयं नीत्वा गृहीत्वा घृतमध्ये वामे दक्षिणे निधापयेत् स्थापयेत् ॥ १५० ॥

वामे इत्यादि । घृतस्य वामे भागे इडां नाडीं ध्यायेत् । दक्षिणे भागे पिङ्गलां नाडीं ध्यायेत् । मध्ये च सुषुम्नां नाडीं सञ्चिन्त्य समाहितः सन् दक्षभागादाज्यं घृतं गृहीत्वा हुताशितुरग्नेर्दक्षनेत्रेऽनेनानन्तरमेव वक्ष्यमाणेन मन्त्रेण मतिमान् साधको जुहुयात् । दक्षनेत्रे हवनस्य मन्त्रमाह प्रणवान्ते इत्यादिना । प्रणवस्यान्तेऽग्नये इति पदं वाच्यम् । योजनया ओँ अग्नये इति मनुर्जातः । अयञ्च मनुः स्वाहान्त आख्यातः । ततो वामभागाद्धविर्हवनीयं घृतं हरेत् गृह्णीयात् । गृहीत्वा च हविर्वह्नेर्वामनेत्रे वक्ष्यमाणमन्त्रेण हुनेत् जुहुयात् । वामनेत्रे हवनस्य मन्त्रमाह । ओँ सोमाय द्विठः ओँ सोमाय स्वाहेति मनुः प्रोक्त इति ॥ १५१–१५३ ॥

मध्यादाज्यं समानीय ललाटे हवनं चरेत् ।
अग्नीषोमौ सप्रणवौ तूर्यद्विवचनान्वितौ ॥ १५४ ॥
स्वाहान्तोऽयं मनुः प्रोक्तः पुनर्दक्षिणतो हविः ।
गृहीत्वा नमसा मन्त्री प्रणवं पूर्वमुद्धरेत् ॥ १५५ ॥
अग्नये च स्विष्टिकृते वह्निकान्तां ततो वदेत् ।
अनेन वह्निवदने जुहुयात् साधकोत्तमः ।
भूर्भुवः स्वर्द्विठान्तेन व्याहृत्या होममाचरेत् ॥ १५६ ॥
तारो वैश्वानरपदात् जातवेद इहावहा ।
वहलोहिपदान्ते च ताक्षसर्वपदं वदेत् ।
कर्माणि साधय स्वाहा त्रिधाऽनेनाहुतीर्हरेत् ॥ १५७ ॥

मध्यादिति । ततो मध्यादाज्यं समानीय गृहीत्वा वक्ष्यमाणमन्त्रेण वह्नेर्ललाटे हवनं चरेत् । ललाटे हवनस्य मन्त्रमाह अग्नीत्यादिना । तूर्यद्विवचनान्वितौ चतुर्थीद्विवचनयुक्तौ सप्रणवौ ओँकारसहितौ अग्नीषोमौ वक्तव्यौ । ततश्च ओँ अग्नीषोमाभ्यामिति मनुर्जातः । अयं मनुः स्वाहान्तः प्रोक्तः । मन्त्री साधको नमसा मन्त्रेण पुनर्दक्षिणतो हविः गृहीत्वा पूर्वं प्रणवमुद्धरेत् वदेत् । ततोऽग्नये इति ततः स्विष्टिकृते इति ततो वह्निकान्ताञ्च वदेत् । योजनया ओँ अग्नये स्विष्टिकृते स्वाहेति मनुर्जातः । अनेन मनुना साधकोत्तमो वह्निवदनेऽग्निमुखे जुहुयात् । शोभनेष्टिः स्विष्टिः तां करोतीति स्विष्टिकृत् क्विप् तस्मै । ततो द्विठान्तेन स्वाहान्तेन भूरिति भुवरिति स्वरिति च व्याहृत्या होममाचरेत् ॥ १५४–१५६ ॥

तार इत्यादि । पूर्वं तारः प्रणवो वक्तव्यः । ततो वैश्वानरेति पदात् परं जातवेद इहावहावह लोहि इति वदेत् । तत्पदान्ते च ताक्षसर्वेति पदं वदेत् । ततः कर्म्माणि साधय स्वाहेति वदेत् । योजनया ओँ वैश्वानर जातवेद

ततोऽग्नौ स्वेष्टमावाह्य पीठाद्यैः सह पूजनम् ।
कृत्वा स्वाहान्तमनुना मूलेन पञ्चविंशतीः ॥ १५८ ॥
हुत्वा वह्न्यात्मनोर्देव्या ऐक्यं सम्भावयन् धिया ।
एकादशाहुतीर्हुत्वा मूलेनैवाङ्गदेवताः ॥ १५९ ॥
हुत्वा स्वकाममुद्दिश्य तिलाज्यमधुमिश्रितैः ॥ १६० ॥
पुष्पैर्बिल्वदलैर्वापि यथाविहितवस्तुभिः ।
यथाशक्त्याहुतिं दद्यान्नाष्टन्यूनां प्रकल्पयेत् ॥ १६१ ॥
ततः पूर्णाहुतिंदद्यात् फलपत्रसमन्विताम् ।
स्वाहान्तमूलमन्त्रेण ततः संहारमुद्रया ।
तस्माद्देवीं समानीय स्थापयेत् हृदयाम्बुजे ॥ १६२ ॥

इहावहावह लोहिताक्ष सर्वकर्म्माणि साधय स्वाहेति मनुर्जातः । अनेन मनुना त्रिधा वारत्रयमाहुतीर्हरेद्दद्यात् ॥ १५७ ॥

तत इत्यादि । ततोऽनन्तरमग्नौ स्वेष्टं देवतामावाह्य पूर्वोक्तमन्त्रेण पीठाद्यैः सह तस्य पूजनञ्च कृत्वा मूलरूपेण स्वाहान्तमनुना पञ्चविंशतिमाहुतीर्वह्नौ हुत्वा प्रक्षिप्य वह्न्यात्मनोः वह्नेरात्मनश्च देव्याश्चैक्यं धिया सम्भावयंश्चिन्तयन् मूलेनैवैकादशाहुतीः हुत्वा ओँ अङ्गदेवताभ्यः स्वाहेति मन्त्रेणाङ्गदेवताश्चोद्दिश्य हुत्वा विष्णुरोँ तत्सत् ओँ अद्यामुकमास्यमुकपक्षेऽमुकतिथावमुकराशिस्थिते भास्करेऽमुकाभीष्टार्थसिद्धिकामोऽमुकगोत्रः श्रीमदमुकशर्मा तिलाज्यादिमिश्रितैः पुष्पैर्बिल्वपत्रादिभिर्वा सार्द्धं वह्नावाहुतिमहं ददे इति वाक्येन स्वकाममुद्दिश्य स्वाहान्तमूलमन्त्रेण तिलाज्यमधुमिश्रितैः पुष्पैरथवा बिल्वदलैर्यथाविहितवस्तुभिर्वा सह यथाशक्ति वह्नावाहुतिं दद्यात् । अष्टन्यूनामाहुतिं न प्रकल्पयेत् ॥१५८-१६१॥

तत इति । ततोऽनन्तरं स्वाहान्तमूलमन्त्रेण फलपत्रसमन्वितां फलताम्बूलयुतां पूर्णाहुतिं वह्नौ दद्यात् । ततः परं संहारमुद्रया तस्माद्वह्नेर्देवीं समानीय हृदयाम्बुजे स्थापयेत् ॥ १६२ ॥

क्षमस्वेति च मन्त्रेण विसृजेत्तं हुताशनम् ।
कृतदक्षिणको मन्त्री अच्छिद्रमवधारयेत् ॥ १६३ ॥
हुतशेषं भ्रुवोर्मध्ये धारयेत् साधकोत्तमः ॥ १६४ ॥
एष होमविधिः प्रोक्तः सर्वत्रागमकर्मणि ।
होमकर्म समाप्यैवं साधको जपमाचरेत् ॥ १६५ ॥
विधानं शृणु देवेशि येन विद्या प्रसीदति ।
देवतागुरुमन्त्राणामैक्यं सम्भावयेद्धिया ॥ १६६ ॥
मन्त्रार्णा देवता प्रोक्ता देवता गुरुरूपिणी ।
अभेदेन यजेद्यस्तु तस्य सिद्धिरनुत्तमा १६७ ॥
गुरुं शिरसि सञ्चिन्त्य देवतां हृदयाम्बुजे ।
रसनायां मूलविद्यां तेजोरूपां विचिन्त्य च ।
त्रयाणान्तेजसाऽऽत्मानमेकीभूतं विचिन्तयेत् ॥ १६८ ॥

क्षमस्वेति । ततः अग्ने क्षमस्वेति मन्त्रेण तं हुताशनमग्निं विसृजेत्तस्य विसर्जनं कुर्यात् । ततः कृता दक्षिणा येन स कृतदक्षिणको मन्त्री साधकः कृतमिदं होमकर्माच्छिद्रमस्त्वित्यवधारयेत् । ततो हुतशेषं भ्रुवोर्मध्यदेशे धारयेत् ॥ १६३–१६५ ॥

विधानमिति । जपाचरणविधानमेवाह देवतेत्यादिभिः । सम्भावयेत् सम्यक् विचिन्तयेत् ॥ १६६ ॥

देवताद्यैक्यसम्भावनप्रकारन्तत्फलञ्च दर्शयति मन्त्रेत्यादिना । मन्त्रार्णाः मन्त्रवर्णाः । अभेदेन ऐक्यभावेन ॥ १६७ ॥

मूलविद्याम् मूलमन्त्रात्मिकां विद्याम् । त्रयाणाम् गुरुदेवतामूलमन्त्राणाम् ॥ १६८ ॥

तारेण सम्पुटीकृत्य मूलमन्त्रञ्च सप्तधा ।
जप्त्वा तु साधकः पश्चान्मातृकापुटितं स्मरेत् ॥ १६९ ॥
मायाबीजं स्वशिरसि दशधा प्रजपेत् सुधीः ।
वदने प्रणवं तद्वत् पुनर्मायां हृदम्बुजे ।
प्रजप्य सप्तधा मन्त्री प्राणायामं समाचरेत् ॥ १७० ॥
ततो मालां समादाय प्रवालादिसमुद्भवाम् ।
माले माले महाभागे सर्वशक्तिस्वरूपिणि ॥ १७१ ॥
चतुर्वर्गस्त्वयि न्यस्तस्तस्मान्मे सिद्धिदा भव ।
इति सम्पूज्य मालां तां श्रीपात्रस्थामृतेन च ॥ १७२ ॥
त्रिधा मूलेन सन्तर्प्य स्थिरचित्तो जपञ्चरेत् ।
अष्टोत्तरसहस्रं वाऽप्यथवाऽष्टोत्तरं शतम् ॥ १७३ ॥

तारेणेत्यादि । तारेण सम्पुटीकृत्य आदावन्ते च अकारादिक्षकारान्तै-रेकपञ्चाशता वर्णैः संयुक्तं मूलमन्त्रं सप्तधा स्मरेत् जपेत् । आगमजस्यानित्यत्वात् जप्त्वेत्यत्र नेडागमः ॥ १६९ ॥

मायेति । ततः सुधीः साधकः स्वशिरसि मायाबीजं ह्रीँ बीजं दशधा प्रजपेत् । ततो वदने स्वमुखे प्रणवं तद्वद्दशधा जपेत् । हृदम्बूजे पुनर्मायां ह्रीँ बीजं सप्तधा प्रजप्य मन्त्री प्राणायामं पूर्ववत् समाचरेत् कुर्यात् ॥ १७० ॥

तत इति । ततोऽनन्तरं प्रवालादिसमुद्भवां विद्रुमादिसञ्जातां मालां समादाय गृहीत्वा माले माले इत्यादिना सिद्धिदा भवेत्यन्तेन मन्त्रेण तां मालां सम्पूज्य श्रीपात्रस्थामृतेन मालां सन्तर्पयामि स्वाहेत्यन्तेन मूलमन्त्रेण त्रिधा सन्तर्प्य च स्थिरचित्तो भूत्वाऽष्टोत्तरसहस्रमष्टोत्तरशतं वा मूलमन्त्रस्य जपञ्चरेत् कुर्यात् ॥ १७१–१७३ ॥

प्राणायामंततः कृत्वा श्रीपात्रजलपुष्पकैः ।
गुह्यातिगुह्यगोप्त्री त्वं गृहाणास्मत्कृतं जपम् ॥ १७४ ॥
सिद्धिर्भवतु मे देवि त्वत्प्रसादान्महेश्वरि ।
इति मन्त्रेण मतिमान् देव्या वामकराम्बुजे ॥ १७५ ॥
तेजोरूपं जपफलं समर्प्य प्रणमेद्भुवि ।
ततः कृताञ्जलिर्भूत्वा स्तोत्रञ्च कवचं पठेत् ॥ १७६ ॥
ततः प्रदक्षिणीकृत्य विशेषार्घ्येण साधकः ।
विलोमार्घ्यप्रदानेन कुर्यादात्मसमर्पणम् ॥ १७७ ॥
इतः पूर्वं प्राणबुद्धिदेहधर्म्माधिकारतः ।
जाग्रत्स्वप्नसुषुप्त्यन्ते अवस्थासु प्रकीर्त्तयेत् ॥ १७८ ॥
मनसाऽन्ते वदेद्वाचा कर्म्मणा तदनन्तरम् ।
हस्ताभ्यां पदतः पश्चादुदरेण ततः परम् ॥ १७९ ॥
शिश्नया यत् कृतञ्चोक्त्वा यत् स्मृतं पदतो वदेत् ।
यदुक्तं तत् सर्वमिति ब्रह्मार्पणमुदीरयेत् ।
भवत्वन्ते मां मदीयं सकलं तदनन्तरम् ॥ १८० ॥
आद्याकालीपदाम्भोजे अर्पयामि पदं वदेत् ।
प्रणवं तत्सदित्युक्त्वा कुर्यादात्मसमर्पणम् ॥ १८१ ॥

प्राणायमेत्यादि । ततः परं प्राणायामं कृत्वा श्रीपात्रजलपुष्पकैः गुह्यातिगुह्येत्यादिना महेश्वरि इत्यन्तेन मन्त्रेण मतिमान साधकस्तेजोरूपं जपफलं देव्या वामकराम्बुजे समर्प्य भुवि दण्डवन्निपत्य देवीं प्रणमेत् ॥ १७४–१७६ ॥

आत्मसमर्पणमन्त्रमाह तत इत्यादिभिः सार्द्धैश्चतुर्भिः । इतः पूर्वं प्राणबुद्धिदेहधर्म्माधिकारतः जाग्रत्स्वप्नसुषुप्त्यन्तेऽवस्थास्विति प्रकीर्त्तयेत् । ततो

ततः कृताञ्जलिर्भूत्वा प्रार्थयेदिष्टदेवताम् ।
मायाबीजं समुच्चार्य श्रीआद्ये कालिके वदेत् ॥ १८२ ॥
पूजिताऽसि यथाशक्त्या क्षमस्वेति विसृज्य च ।
संहारमुद्रया पुष्पमाघ्राय स्थापयेत् हृदि ॥ १८३ ॥
ऐशान्यां मण्डलं कृत्वा त्रिकोणं सुपरिष्कृतम् ।
तत्र संपूजयेद्देवीं निर्माल्यपुष्पवारिणा ।
ह्रीँ निर्माल्यपदञ्चोक्त्वा वासिन्यै नम इत्यपि ॥ १८४ ॥

मनसाऽन्ते वाचा तदनन्तरं कर्म्मणा तदनन्तरं हस्ताभ्यामिति वदेत् । तस्माच्च पदात् पद्भ्याम् ततः परमुदरेणेति च वदेत् । ततः परं शिश्नया यत् कृतञ्चोक्त्वा यत् स्मृतमिति वदेत् । ततश्च पदात् परं यदुक्तं तत्सर्वमिति वदेत् । ततो ब्रह्मार्पणमुदीरयेत् । ततो भवत्वित्यन्ते मां मदीयं सकलमित्युदीरयेत् । तदनन्तरमाद्याकालीपदाम्भोजेऽर्पयामीति पदं वदेत् । ततः प्रणवं तत्सदिति च वदेत् । सकलपदयोजनया इतः पूर्वं प्राणबुद्धिदेहधर्म्माधिकारतो जाग्रत्स्वप्न-सुषुप्त्यवस्थासु मनसा वाचा कर्मणा हस्ताभ्यां पद्भ्यामुदरेण शिश्नया यत् कृतं यत् स्मृतं यदुक्तं तत् सर्वं ब्रह्मार्पणं भवतु मां मदीयं च सकलमाद्याकाली-पदाम्भोजेऽर्पयामि ओँ तत्सदिति मन्त्रो जातः । इमं मन्त्रमुक्त्वा काल्यै आत्मसमर्पणं कुर्यात् ॥ १७७–१८१ ॥

तत इत्यादि । ततः परं कृताञ्जलिर्भूत्वेष्टदेवतां प्रार्थयेत् । किं प्रार्थयेदित्यपेक्षायामाह मायाबीजमित्यादि । मायाबीजं ह्रीँबीजं समुच्चार्य श्री आद्ये कालिके इति वदेत् । ततो यथाशक्त्या पूजितासि क्षमस्वेति प्रार्थनावाक्यमासीत् । अनेनैव वाक्येनेष्टदेवतां विसृज्य च संहारमुद्रया पुष्पमादाय आघ्राय च स्वहृदि स्थापयेत् ॥ १८२ ॥ १८३ ॥

ऐशान्यामिति । तत ऐशान्यां दिशि सुपरिष्कृतं त्रिकोणं मण्डलं कृत्वा तत्र मण्डले वक्ष्यमाणमन्त्रेण निर्माल्यपुष्पवारिणा निर्माल्यवासिनीं देवीं

ब्रह्मविष्णुशिवादिभ्यः सर्वदेवेभ्य एव च ।
नैवेद्यं वितरेत् पश्चात् गृह्णीयात् शक्तिसाधकः ॥ १८५ ॥
स्वीयशक्तिं वामभागे संस्थाप्य पृथगासने ।
एकासनोपविष्टो वा पात्रं कुर्यात् मनोरमम् ॥ १८६ ॥
पानपात्रं प्रकुर्वीत न पञ्चतोलकाधिकम् ।
तोलकत्रितयान्न्यूनं स्वार्णं राजतमेव च ॥ १८७ ॥
अथवा काचजनितं नारिकेलोद्भवञ्च वा ।
आधारोपरि संस्थाप्य शुद्धिपात्रस्य दक्षिणे ॥ १८८ ॥
महाप्रसादमानीय पात्रेषु परिवेशयेत् ।
स्वयं वा भ्रातृपुत्रैर्वा ज्येष्ठानुक्रमतः सुधीः ॥ १८९ ॥

संपूजयेत् । निर्माल्यवासिन्याः पूजनस्य मन्त्रमाह ह्रीमित्याद्यर्द्धेन । ह्रीँ निर्माल्यपदमुक्त्वा वासिन्यै नम इति वदेत् । योजनया ह्रीँ निर्माल्यवासिन्यै नम इति मनुर्जातः ॥ १८४ ॥

ब्रह्मेत्यादि । नैवेद्यं देव्यर्पितान्नादि । वितरेत् दद्यात् । शक्तिसाधकः शक्तिसहितः साधकः ॥ १८५ ॥

देवीनैवेद्यग्रहणविधानमाह स्वीयशक्तिमित्यादिभिः । वामभागे पृथगासने स्वीयां शक्तिं संस्थाप्य स्वीयशक्त्या सहैकासने एवोपविष्टो वा साधकः पानभोजनार्थं मनोरमं रम्यं पात्रं कुर्यात् ॥ १८६ ॥

पानेत्यादि । पञ्चतोलकादधिकं तोलकत्रितयात् न्यूनञ्च पानपात्रं न प्रकुर्वीत । तच्च स्वार्णं सुवर्णोद्भवं राजतं रजतोद्भवमथवा काचजनितं नारिकेलोद्भवं वा पानपात्रं शुद्धिपात्रस्य दक्षिणे देशे आधारोपरि संस्थाप्य सुधीः धीरः साधको महाप्रसादमानीय स्वयं वा भ्रातृपुत्रैर्वा ज्येष्ठानुक्रमत एव पात्रेषु परिवेशयेत् । जन्मतोऽत्र ज्यैष्ठ्यं न ग्राह्यं किन्त्वभिषेकत इति बोध्यम् ॥ १८७–१८९ ॥

पानपात्रे सुधा देया शौद्धचे शुद्ध्यादिकानि च ।
ततः सामयिकैः सार्द्धं पानभोजनमाचरेत् ॥ १९० ॥
आदावास्तरणार्थाय गृह्णीयात् शुद्धिमुत्तमाम् ।
ततोऽतिहृष्टमनसा समस्तः कुलसाधकः ॥ १९१ ॥
स्वस्वपात्रं समादाय परमामृतपूरितम् ।
मूलाधारादिजिह्वान्तां चिद्रूपां कुलकुण्डलीम् ॥ १९२ ॥
विभाव्य तन्मुखाम्भोजे मूलमन्त्रं समुच्चरन् ।
परस्पराज्ञामादाय जुहुयात् कुण्डलीमुखे ॥ १९३ ॥
अलिपानं कुलस्त्रीणां गन्धस्वीकारलक्षणम् ।
साधकानां गृहस्थानां पञ्चपात्रं प्रकीर्त्तितम् ॥ १९४ ॥
अतिपानात् कुलीनानां सिद्धिहानिः प्रजायते ॥ १९५ ॥

पानेत्यादि । पानपात्रे सुधा मदिरा देया शौद्धचे शुद्धिपात्रे शुद्ध्यादिकानि मांसमत्स्यादीनि च देयानि । ततः परं सामयिकैर्देव्यर्चनसमयाधिगतैर्जनैः सार्द्धं पानभोजनमाचरेत् ॥ १९० ॥

आदाविति । आदौ प्रथमतो मद्यस्थापनार्थायास्तरणार्थायोत्तमां शुद्धिं गृह्णीयात् । ततोऽतिहृष्टमनसा समस्तः सर्वः कुलसाधकः परमामृतपूरितमुत्तममद्यपूरितं स्वस्वपात्रं समादाय गृहीत्वा मूलाधारादिजिह्वान्तं व्याप्य स्थितां चिद्रूपाञ्चैतन्यस्वरूपां कुलकुण्डलिनीं विभाव्य विचिन्त्य तन्मुखाम्भोजे मूलमन्त्रं समुच्चरन् सन् परस्परस्याज्ञामादाय कुण्डलीमुखे जुहुयात् परमामृतं दद्यात् ॥ १९१–१९३ ॥

अलीत्यादि । कुलस्त्रीणां गन्धस्वीकारलक्षणं मद्यसम्बन्धिगन्धाङ्गीकरणस्वरूपमेवालिपानं मद्यपानं प्रकीर्त्तितम् । गृहस्थानां साधकानां पञ्चपात्रं पञ्चपात्रपरिमाणकमलिपानं प्रकीर्तितं गृहस्थैः साधकैः पञ्चपात्रपरिमितमेव मद्यं

यावन्न चालयेद् दृष्टिं यावन्न चालयेन्मनः ।
तावत् पानं प्रकुर्वीत पशुपानमतः परम् ॥ १९६ ॥
पाने भ्रान्तिर्भवेद्यस्य घृणी च शक्तिसाधके ।
स पापिष्ठः कथं ब्रूयादाद्यां कालीं भजाम्यहम् ॥ १९७ ॥
यथा ब्रह्मार्पितेऽन्नादौ स्पृष्टदोषो न विद्यते ।
तथा तव प्रसादेऽपि जातिभेदं विवर्जयेत् ॥ १९८ ॥
एवमेव विधानेन कुर्यात् पानञ्च भोजनम् ।
हस्तप्रक्षालनं नास्ति तव नैवेद्यसेवने ।
लेपावनोदनं कुर्याद्वस्त्रेण पाथसाऽपि वा ॥ १९९ ॥
ततो निर्माल्यकुसुमं विधृत्य शिरसा सुधीः ।
यन्त्वलेपं कूर्चदेशे विहरेद्देववद्भुवि ॥ २०० ॥

इति श्रीमहानिर्वाणतन्त्रे सर्वतन्त्रोत्तमोत्तमे सर्वधर्म्मनिर्णयसारे श्रीमदाद्यासदाशिवसंवादे श्रीपात्रस्थापनहोमचक्रानुष्ठानकथनं नाम षष्ठोल्लासः ।

पातव्यमित्यर्थः । गृहस्थानामित्यनेन पञ्चपात्रपरिमितादधिकमपि मद्यं पिबतां तद्भिन्नानां न दोष इति सूचितम् । ननु पञ्चपात्रपरिमितादधिकं मद्यं पिबतां गृहस्थसाधकानां को दोषस्तत्राह अतिपानादित्यादि ॥ १९४ ॥ १९५ ॥

यावदिति । चालयेत् घूर्णयेत् ॥ १९६ ॥

पान इति । घृणी जुगुप्सावान् । जुगुप्साकरणे घृणेत्यमरः ॥ १९७ ॥ १९८ ॥

एवमिति । लेपावनोदनम् हस्तलेपापनयनम् ॥ १९९ ॥

तत इति । कूर्चदेशे भ्रुवोर्मध्यदेशे । कूर्चमस्त्रीभ्रुवोर्मध्यमित्यमरः ॥ २०० ॥

इति श्रीमहानिर्वाणतन्त्रटीकायां षष्ठोल्लासः ।

सप्तमोल्लासः

श्रुत्वाऽऽद्याकालिकादेव्या मन्त्रोद्धारं महाफलम् ।
सौभाग्यमोक्षजननं ब्रह्मज्ञानैकसाधनम् ॥ १ ॥
प्रातःकृत्यं तथा स्नानं सन्ध्यां सम्विद्विशोधनम् ।
न्यासपूजाविधानञ्च बाह्याभ्यन्तरभेदतः ॥ २ ॥
बलिप्रदानं होमञ्च चक्रानुष्ठानमेव च ।
महाप्रसादस्वीकारं पार्वती हृष्टमानसा ।
विनयावनता देवी प्रोवाच शङ्करं प्रति ॥ ३ ॥

श्रीदेव्युवाच ।

सदाशिव जगन्नाथ जगतां हितकारक ।
कृपया कथितं देव पराप्रकृतिसाधनम् ॥ ४ ॥
सर्वप्राणिहितकरं भोगमोक्षैककारणम् ।
विशेषतः कलियुगे जीवानामाशु सिद्धिदम् ॥ ५ ॥

ओँ नमो ब्रह्मणे ।

श्रुत्वेत्यादि । महाफलम् महत् फलं यस्य तथाभूतम् ॥ १–३ ॥
पार्वती शङ्करं प्रति किं प्रोवाचेत्यपेक्षायामाह सदाशिवेत्यादि ॥ ४ ॥ ५ ॥

तव वागमृताम्भोधौ निमज्जन्मम मानसम् ।
नोत्थातुमीहते स्वैरं भूयः प्रार्थयतेऽचिरात् ॥ ६ ॥
पूजाविधौ महादेव्याः सूचितं न प्रकाशितम् ।
स्तोत्रञ्च कवचं देव तदिदानीं प्रकाशय ॥ ७ ॥

श्रीसदाशिव उवाच ।

शृणु देवि जगद्वन्द्ये स्तोत्रमेतदनुत्तमम् ।
पठनात् श्रवणाद्यस्य सर्वसिद्धीश्वरो भवेत् ॥ ८ ॥
असौभाग्यप्रशमनं सुखसम्पद्विवर्द्धनम् ।
अकालमृत्युहरणं सर्वापद्विनिवारणम् ॥ ९ ॥
श्रीमदाद्याकालिकायाः सुखसान्निध्यकारणम् ।
स्तवस्यास्य प्रसादेन त्रिपुरारिरहं शिवे ॥ १० ॥
स्तोत्रस्यास्य ऋषिर्देवि सदाशिव उदाहृतः ।
छन्दोऽनुष्टुब्देवताऽऽद्या कालिका परिकीर्त्तिता ।
धर्मकामार्थमोक्षेषु विनियोगः प्रकीर्त्तितः ॥ ११ ॥

तवेत्यादि । तव वागमृताम्भोधौ त्वदीयवाग्रूपसुधासमुद्रे निमज्जत् मम मानसं हृदयन्ततः स्वैरं स्वच्छन्दमुत्थातुं नेहते न वाञ्छति किन्तु भूयः पुनरप्यचिरादतिशीघ्रमेव त्वद्वागमृतं प्रार्थयते ॥ ६ ॥ ७ ॥

पार्वत्यैवं प्रार्थितः सन् श्रीसदाशिव उवाच शृण्वित्यादि । अनुत्तमम् न उत्तमं यस्मात्तथाभूतम् ॥ ८ ॥ ९ ॥

त्रिपुरारिः त्रीणि स्वर्गभूमिपातालात्मकानि पुराणि यस्य सः त्रिपुरोऽसुर-विशेषः तस्यारिः शत्रुः ॥ १० ॥

अथास्य स्तोत्रस्य ऋष्यादिकमाह स्तोत्रस्येत्यादिना सार्द्धेन ॥ ११ ॥

ह्रीँ काली श्रीँ कराली च क्रीँ कल्याणी कलावती ।
कमला कलिदर्पघ्नी कपर्दीशकृपान्विता ॥ १२ ॥
कालिका कालमाता च कालानलसमद्युतिः ।
कपर्दिनी करालास्या करुणामृतसागरा ॥ १३ ॥
कृपामयी कृपाधारा कृपापारा कृपागमा ।
कृशानुः कपिला कृष्णा कृष्णानन्दविवर्द्धिनी ॥ १४ ॥
कालरात्रिः कामरूपा कामपाशविमोचनी ।
कादम्बिनी कलाधारा कलिकल्मषनाशिनी ॥ १५ ॥
कुमारीपूजनप्रीता कुमारीपूजकालया ।
कुमारीभोजनानन्दा कुमारीरूपधारिणी ॥ १६ ॥
कदम्बवनसञ्चारा कदम्बवनवासिनी ।
कदम्बपुष्पसन्तोषा कदम्बपुष्पमालिनी ॥ १७ ॥
किशोरी कलकण्ठा च कलनादनिनादिनी ।
कादम्बरीपानरता तथा कादम्बरीप्रिया ॥ १८ ॥

अथाद्याकालीस्वरूपाख्यं शतनामस्तोत्रं कथयति ह्रीँ कालीत्यादि । कपर्दीशकृपान्विता कपर्दो जटाजुटोऽस्यास्तीति कपर्दी स चासावीशो जगत्-प्रभुश्चेति कपर्दीशस्तत्र या कृपा तयान्विता युक्ता ॥ १२ ॥

करालास्या करालं दन्तुरमास्यं मुखं यस्याः सा । "करालो दन्तुरे तुङ्गे" इत्यमरः ॥ १३ ॥

कृपागमा कृपया स्वकारुण्येनैव गम्यते ज्ञायते या सा तथा । ग्रहद-वृनिश्चिगम इति कर्मण्यच् ॥ १४–१७ ॥

कलकण्ठा कलो गम्भीरशब्दयुक्तः कण्ठो यस्याः सा ॥ १८ ॥

कपालपात्रनिरता कङ्कालमाल्यधारिणी ।
कमलासनसन्तुष्टा कमलासनवासिनी ॥ १९ ॥
कमलालयमध्यस्था कमलामोदमोदिनी ।
कलहंसगतिः क्लैब्यनाशिनी कामरूपिणी ॥ २० ॥
कामरूपकृतावासा कामपीठविलासिनी ।
कमनीया कल्पलता कमनीयविभूषणा ॥ २१ ॥
कमनीयगुणाराध्या कोमलाङ्गी कृशोदरी ।
कारणामृतसन्तोषा कारणानन्दसिद्धिदा ॥ २२ ॥
कारणानन्दजापेष्टा कारणार्चनहर्षिता ।
कारणार्णवसम्मग्ना कारणव्रतपालिनी ॥ २३ ॥
कस्तूरीसौरभामोदा कस्तूरीतिलकोज्ज्वला ।
कस्तूरीपूजनरता कस्तूरीपूजकप्रिया ॥ २४ ॥
कस्तूरीदाहजननी कस्तूरीमृगतोषिणी ।
कस्तूरीभोजनप्रीता कर्पूरामोदमोदिता ।
कर्पूरमालाभरणा कर्पूरचन्दनोक्षिता ॥ २५ ॥
कर्पूरकारणाह्लादा कर्पूरामृतपायिनी ।
कर्पूरसागरस्नाता कर्पूरसागरालया ॥ २६ ॥
कूर्च्चबीजजपप्रीता कूर्च्चजापपरायणा ।
कुलीना कौलिकाराध्या कौलिकप्रियकारिणी ॥ २७ ॥

कङ्कालमाल्यधारिणी शरीरास्थिमालाधारणशीला । स्याच्छरीरास्थि कङ्काल इत्यमरः ॥ १९–२६ ॥

कुलाचारा कौतुकिनी कुलमार्गप्रदर्शिनी ।
काशीश्वरी कष्टहर्त्री काशीशवरदायिनी ॥ २८ ॥
काशीश्वरकृतामोदा काशीश्वरमनोरमा ॥ २९ ॥
कलमञ्जीरचरणा क्वणत्काञ्चीविभूषणा ।
काञ्चनाद्रिकृतागारा काञ्चनाचलकौमुदी ॥ ३० ॥
कामबीजजपानन्दा कामबीजस्वरूपिणी ।
कुमतिघ्नी कुलीनार्त्तिनाशिनी कुलकामिनी ॥ ३१ ॥
क्रीँ ह्रीँ श्रीँ मन्त्रवर्णेन कालकण्टकघातिनी ।
इत्याद्याकालिकादेव्याः शतनाम प्रकीर्त्तितम् ॥ ३२ ॥
ककारकूटघटितं कालीरूपस्वरूपकम् ॥ ३३ ॥
पूजाकाले पठेद्यस्तु कालिकाकृतमानसः ।
मन्त्रसिद्धिर्भवेदाशु तस्य काली प्रसीदति ॥ ३४ ॥
बुद्धिं विद्याञ्च लभते गुरोरादेशमात्रतः ।
धनवान् कीर्त्तिमान् भूयाद्दानशीलो दयान्वितः ॥ ३५ ॥
पुत्रपौत्रसुखैश्वर्यैर्मोदते साधको भुवि ॥ ३६ ॥

कूर्चजापपरायणा हूँबीजजपतत्परा ॥ २७–२९ ॥

कलमञ्जीरचरणा कलौ गम्भीरशब्दयुतौ मञ्जीरौ चरणयोर्यस्याः सा ॥३०॥

कामबीजजपानन्दा कामबीजस्य क्लीमित्यस्य जपे आनन्दो यस्याः सा ॥ ३१ ॥ ३२ ॥

ककारकूटघटितम् ककारराशिसम्मिलितम् ॥ ३३ ॥

अथैतत्स्तोत्रपाठस्य फलमाह पूजाकाले इत्यादिभिः ॥ ३४–३६ ॥

भौमावास्यानिशाभागे मपञ्चकसमन्वितः ।
पूजयित्वा महाकालीमाद्यां त्रिभुवनेश्वरीम् ॥ ३७ ॥
पठित्वा शतनामानि साक्षात् कालीमयो भवेत् ।
नासाध्यं विद्यते तस्य त्रिषु लोकेषु किञ्चन ॥ ३८ ॥
विद्यायां वाक्पतिः साक्षात् धने धनपतिर्भवेत् ।
समुद्र इव गाम्भीर्य्ये बले च पवनोपमः ॥ ३९ ॥
तिग्मांशुरिव दुष्प्रेक्ष्यः शशिवत् शुभदर्शनः ।
रूपे मूर्त्तिधरः कामो योषितां हृदयङ्गमः ॥ ४० ॥
सर्व्वत्र जयमाप्नोति स्तवस्यास्य प्रसादतः ।
यं यं कामं पुरस्कृत्य स्तोत्रमेतदुदीरयेत् ॥ ४१ ॥
तं तं काममवाप्नोति श्रीमदाद्याप्रसादतः ।
रणे राजकुले द्यूते विवादे प्राणसङ्कटे ॥ ४२ ॥
दस्युग्रस्ते ग्रामदाहे सिंहव्याघ्रावृते तथा ॥ ४३ ॥
अरण्ये प्रान्तरे दुर्गे ग्रहराजभयेऽपि वा ।
ज्वरदाहे चिरव्याधौ महारोगादिसङ्कुले ॥ ४४ ॥
बालग्रहादिरोगे च तथा दुःस्वप्नदर्शने ।
दुस्तरे सलिले वापि पोते वातविपद्गते ॥ ४५ ॥

भौमेत्यादि । भौमावास्यानिशाभागे मङ्गलवारयुक्तामावास्यासम्बन्धि-महानिशायामित्यर्थः । पृषोदरादित्वाद्भौमावास्येत्यत्र मालोपः । मपञ्चकसमन्वितः मद्यादिपञ्चकयुक्तः ॥ ३७–३९ ॥

तिग्मांशुरिव सूर्य्य इव दुष्प्रेक्ष्यो दुःखेन द्रष्टव्यः ॥ ४०–४२ ॥

विचिन्त्य परमां मायामाद्यां कालीं परात्पराम् ।
यः पठेच्छतनामानि दृढ़भक्तिसमन्वितः ॥ ४६ ॥
सर्वापद्भ्यो विमुच्येत देवि सत्यं न संशयः ।
न पापेभ्यो भयंतस्य न रोगेभ्यो भयं क्वचित् ॥ ४७ ॥
सर्वत्र विजयस्तस्य न कुत्रापि पराभवः ।
तस्य दर्शनमात्रेण पलायन्ते विपद्गणाः ॥ ४८ ॥
स वक्ता सर्वशास्त्राणां स भोक्ता सर्वसम्पदाम् ।
स कर्त्ता जातिधर्माणां ज्ञातीनां प्रभुरेव सः ॥ ४९ ॥
वाणी तस्य वसेद्वक्त्रे कमला निश्चला गृहे ।
तन्नाम्ना मानवाः सर्वे प्रणमन्ति ससम्भ्रमाः ॥ ५० ॥
दृष्ट्या तस्य तृणायन्ते ह्यणिमाद्यष्टसिद्धयः ।
आद्याकालीस्वरूपाख्यं शतनाम प्रकीर्तितम् ॥ ५१ ॥
अष्टोत्तरशतावृत्त्या पुरश्चर्याऽस्य गीयते ।
पुरस्क्रियान्वितं स्तोत्रं सर्वाभीष्टफलप्रदम् ॥ ५२ ॥
शतनामस्तुतिमिमामाद्याकालीस्वरूपिणीम् ।
पठेद्वा पाठयेद्वापि शृणुयाच्छ्रावयेदपि ॥ ५३ ॥
सर्वपापविनिर्मुक्तो ब्रह्मसायुज्यमाप्नुयात् ॥ ५४ ॥

प्रान्तरे तरुजलादिशून्ये ग्रामतो दूरेऽध्वनि ॥ ४४–४९ ॥
ससम्भ्रमाः सभयाः सादरा वा ॥ ५० ॥ ५१ ॥
अस्य शतनामस्तोत्रस्य ॥ ५२–५४ ॥

श्रीसदाशिव उवाच ।

कथितं परमं ब्रह्मप्रकृतेः स्तवनं महत् ।
आद्यायाः श्रीकालिकायाः कवचं शृणु साम्प्रतम् ॥ ५५ ॥
त्रैलोक्यविजयस्यास्य कवचस्य ऋषिः शिवः ।
छन्दोऽनुष्टुब्देवता च आद्या काली प्रकीर्त्तिता ॥ ५६ ॥
मायाबीजं बीजमिति रमा शक्तिरुदाहृता ।
क्रीँ कीलकं काम्यसिद्धौ विनियोगः प्रकीर्त्तितः ॥ ५७ ॥
ह्रीमाद्या मे शिरः पातु श्रीँ काली वदनं मम ।
हृदयं क्रीँ परा शक्तिः पायात् कण्ठं परात्परा ॥ ५८ ॥
नेत्रे पातु जगद्धात्री कर्णौ रक्षतु शङ्करी ।
घ्राणं पातु महामाया रसनां सर्व्वमङ्गला ॥ ५९ ॥
दन्तान् रक्षतु कौमारी कपोलौ कमलालया ।
ओष्ठाधरौ क्षमा रक्षेत् चिबुकं चारुहासिनी ॥ ६० ॥
ग्रीवां पायात् कुलेशानी ककुत् पातु कृपामयी ।
द्वौ बाहू बाहुदा रक्षेत् करौ कैवल्यदायिनी ॥ ६१ ॥
स्कन्धौ कपर्द्दिनी पातु पृष्ठं त्रैलोक्यतारिणी ।
पार्श्वे पायादपर्णा मे कटिं मे कमठासना ॥ ६२ ॥

कवचं कथयितुं पार्वत्या पूर्वमेव प्रेरितः श्रीसदाशिव उवाच कथितमित्यादि ॥ ५५ ॥ ५६ ॥

मायाबीजं ह्रीमिति बीजम् । रमा श्रींबीजम् ॥ ५७–५९ ॥

चिबुकम् ओष्ठाधराधोभागम् ॥ ६०–६२ ॥

नाभौ पातु विशालाक्षी प्रजास्थानं प्रभावती ।
ऊरू रक्षतु कल्याणी पादौ मे पातु पार्वती ॥ ६३ ॥
जयदुर्गाऽवतु प्राणान् सर्वाङ्गं सर्वसिद्धिदा ।
रक्षाहीनंतु यत् स्थानं वर्जितं कवचेन च ॥ ६४ ॥
तत् सर्वं मे सदा रक्षेदाद्या काली सनातनी ।
इति ते कथितं दिव्यं त्रैलोक्यविजयाभिधम् ॥ ६५ ॥
कवचं कालिकादेव्या आद्यायाः परमाद्भुतम् ॥ ६६ ॥
पूजाकाले पठेद्यस्तु आद्याधिकृतमानसः ।
सर्वान् कामानवाप्नोति तस्याद्या सुप्रसीदति ।
मन्त्रसिद्धिर्भवेदाशु किङ्कराः क्षुद्रसिद्धयः ॥ ६७ ॥
अपुत्रो लभते पुत्रं धनार्थी प्राप्नुयाद्धनम् ।
विद्यार्थी लभते विद्यां कामी कामानवाप्नुयात् ॥ ६८ ॥
सहस्रावृत्तपाठेन वर्मणोऽस्य पुरस्क्रिया ।
पुरश्चरणसम्पन्नं यथोक्तफलदं भवेत् ॥ ६९ ॥
चन्दनागरुकस्तूरीकुङ्कुमै रक्तचन्दनैः ।
भूर्जे विलिख्य गुटिकां स्वर्णस्थां धारयेद् यदि ॥ ७० ॥

प्रजास्थानम् उपस्थम् ॥ ६३—६६ ॥

अथ त्रैलोक्यविजयाभिधकवचपाठस्य फलमाह पूजाकाल इत्यादिभिः ॥ ६७ ॥ ६८ ॥

वर्मणः कवचस्य ॥ ६९ ॥ ७० ॥

शिखायां दक्षिणे बाहौ कण्ठे वा साधकः कटौ ।
तस्याऽऽद्या कालिका वश्या वाञ्छितार्थं प्रयच्छति ॥ ७१ ॥
न कुत्रापि भयं तस्य सर्वत्र विजयी कविः ।
अरोगी चिरजीवी स्यात् बलवान् धारणक्षमः ॥ ७२ ॥
सर्वविद्यासु निपुणः सर्वशास्त्रार्थतत्त्ववित् ।
वशे तस्य महीपाला भोगमोक्षौ करस्थितौ ॥ ७३ ॥
कलिकल्मषयुक्तानां निःश्रेयसकरं परम् ॥ ७४ ॥

श्रीदेव्युवाच ।

कथितं कृपया नाथ स्तोत्रं कवचमेव च ।
अधुना श्रोतुमिच्छामि पुरश्चर्याविधिं विभो ॥ ७५ ॥

श्रीसदाशिव उवाच ।

यो विधिर्ब्रह्ममन्त्राणां पुरश्चरणकर्मणि ।
स एवाऽऽद्याकालिकाया मन्त्राणां विधिरिष्यते ॥ ७६ ॥
अशक्ते साधके देवि जपपूजाहुतादिषु ।
पूजा संक्षेपतः कार्या पुरश्चरणमेव च ॥ ७७ ॥

प्रयच्छति ददाति ॥ ७१ ॥ ७२ ॥

निपुणः प्रवीणः ॥ ७३ ॥ ७४ ॥

अथाद्याकालीमन्त्राणां पुरश्चरणविधिं शुश्रूषुः श्रीदेव्युवाच कथितमित्यादि ॥ ७५ ॥

श्रीदेव्यैवं प्रेरितः सन् श्रीसदाशिव उवाच यो विधिरित्यादि ॥ ७६ ॥

पुरश्चरणमेव च पुरश्चरणमपि च संक्षेपतः कार्य्यम् ॥ ७७ ॥

यतो हि निरनुष्ठानात् स्वल्पानुष्ठानमुत्तमम् ।
संक्षेपपूजनं भद्रे तत्रादौ शृणु कथ्यते ॥ ७८ ॥
आचम्य मूलमन्त्रेण ऋषिन्यासं समाचरेत् ।
करशुद्धिं ततः कुर्यात् न्यासञ्च करदेहयोः ॥ ७९ ॥
सर्वाङ्गव्यापकं कृत्वा प्राणायामं चरेत् सुधीः ।
ध्यानं पूजां जपञ्चेति संक्षेपपूजने विधिः ॥ ८० ॥
पुरस्क्रियायां मन्त्राणां यत्र यो विहितो जपः ।
तस्माच्चतुर्गुणजपात् पुरश्चर्या विधीयते ॥ ८१ ॥
अथवाऽन्यप्रकारेण पुरश्चरणमुच्यते ।
कृष्णां चतुर्दशीं प्राप्य कौजे वा शनिवासरे ।
पञ्चतत्त्वं समानीय पूजयित्वा जगन्मयीम् ॥ ८२ ॥
महानिशायामयुतं जपेन्मन्त्रमनन्यधीः ।
भोजयित्वा ब्रह्मनिष्ठान् पुरश्चरणकृद्भवेत् ॥ ८३ ॥
कुजवासरमारभ्य यावन्मङ्गलवासरम् ।
प्रत्यहं प्रजपेन्मन्त्रं सहस्रपरिसंख्यया ॥ ८४ ॥

संक्षेपपूजादिकरणे हेतुमाह यतो हीति ॥ ७८ ॥

संक्षेपपूजनमेवाह आचम्येयादिभिः ॥ ७९ ॥

सर्वाङ्गव्यापकन्यासम् ॥ ८० ॥

अथ संक्षेपपुरश्चरणमाह पुरस्क्रियायामित्यादिभिः । मन्त्राणां यत्र पुरस्क्रियायां यो जपो विहितस्तस्माच्चतुर्गुणजपात् होमादिकं विनैव पुरश्चर्य्या विधीयते ॥ ८१ ॥ ८२ ॥

अयुतम् दशसहस्रम् ॥ ८३ ॥

वसुसंख्याजपेनैव भवेन्मन्त्रपुरस्क्रिया ॥ ८५ ॥
श्रीआद्याकालिकामन्त्राः सिद्धमन्त्राः सुसिद्धिदाः ।
सदा सर्वयुगे देवि कलिकाले विशेषतः ॥ ८६ ॥
कालीरूपाणि बहुधा कलौ जाग्रति पार्वति ।
प्रबले कलिकाले तु रूपमेतज् जगद्धितम् ॥ ८७ ॥
नात्र सिद्ध्याद्यपेक्षास्ति नारिमित्रादिदूषणम् ।
नियमानियमेनापि जपन्नाद्यां प्रसादयेत् ॥ ८८ ॥
ब्रह्मज्ञानमवाप्नोति श्रीमदाद्याप्रसादतः ।
ब्रह्मज्ञानयुतो मर्त्यो जीवन्मुक्तो न संशयः ॥ ८९ ॥
न च प्रयासबाहुल्यं कायक्लेशोऽपि न प्रिये ।
आद्याकालीसाधकानां साधनं सुखसाधनम् ॥ ९० ॥
चित्तसंशुद्धिरेवात्र मन्त्रिणां फलदायिनी ॥ ९१ ॥
यावन्न चित्तकलिलं हातुमुत्सहते व्रती ।
तावत् कर्म प्रकुर्वीत कुलभक्तिसमन्वितः ॥ ९२ ॥
यथावद्विहितं कर्म चित्तशुद्धेर्हि कारणम् ।
आदौ मन्त्रं गुरोर्वक्त्राद् गृह्णीयाद् ब्रह्ममन्त्रवत् ॥ ९३ ॥

अथ तृतीयं पुरश्चरणमाह कुजेत्यादिना सार्द्धेन । यावन्मङ्गलवासरम् द्वितीयमङ्गलवारपर्य्यन्तमित्यर्थः ॥ ८४–८६ ॥

एतद्रूपम् आद्यायाः काल्या रूपम् ॥ ८७ ॥

अत्र आद्याकालीमन्त्रे ॥ ८८–९१ ॥

यावदिति । यावत् कालपर्य्यन्तं चित्तकलिलश्चेतसः कालुष्यं हातुं त्यक्तुं नोत्सहते न शक्नोति तावदेव कुलभक्तिसमन्वितो भूत्वा व्रती नियमवान् साधकः

प्रातःकृत्यादिनियमान् कृत्वा कुर्यात् पुरस्क्रियाम् ।
चित्ते शुद्धे महेशानि ब्रह्मज्ञानं प्रजायते ।
ब्रह्मज्ञाने समुत्पन्ने कृत्याकृत्यं न विद्यते ॥ ९४ ॥

श्रीपार्वत्युवाच ।

कुलं किं परमेशान कुलाचारश्च किं विभो ।
लक्षणं पञ्चतत्त्वस्य श्रोतुमिच्छामि तत्त्वतः ॥ ९५ ॥

श्रीसदाशिव उवाच ।

सम्यक् पृष्टं कुलेशानि साधकानां हितैषिणि ।
कथयामि तव प्रीत्यै यथावदवधारय ॥ ९६ ॥
जीवः प्रकृतितत्त्वञ्च दिक्कालाकाशमेव च ।
क्षित्यप्तेजोवायवश्च कुलमित्यभिधीयते ॥ ९७ ॥
ब्रह्मबुद्ध्या निर्विकल्पमेतेष्वाचरणञ्च यत् ।
कुलाचारः स एवाद्ये धर्मकामार्थमोक्षदः ॥ ९८ ॥

कर्म प्रकुर्वीत न तु ततः परम् । तत्र कारणमाह यथावदिति । हि यतः ॥ ९२—९४ ॥

कुलकुलाचारादिकं जिज्ञासुः श्रीपार्वत्युवाच कुलं किमित्यादि ॥ ९५ ॥

एवं प्रेरितः सन् श्रीसदाशिव उवाच सम्यक् पृष्टमित्यादि ॥ ९६ ॥

प्रथमतस्तत्र कुलं निर्वक्ति जीव इत्याद्येकेन । जीवादयो नव कुलमित्यभिधीयते कथ्यते ॥ ९७ ॥

अथैकेन कुलाचारं निर्वक्ति ब्रह्मबुद्ध्येति । हे आद्ये एतेषु जीवप्रकृत्यादिषु ब्रह्मबुद्ध्या निर्विकल्पं नानाविधकल्पनाशून्यं यदाचरणं स एव धर्मकामार्थमोक्षदः कुलाचारोऽभिधीयते ॥ ९८ ॥

बहुजन्मार्जितैः पुण्यैस्तपोदानदृढव्रतैः ।
क्षीणाघानां साधकानां कुलाचारे मतिर्भवेत् ॥ ९९ ॥
कुलाचारगता बुद्धिर्भवेदाशु सुनिर्मला ।
तदाद्याचरणाम्भोजे मतिस्तेषां प्रजायते ॥ १०० ॥
सद्गुरोः सेवया प्राप्य विद्यामेनां परात्पराम् ।
कुलाचाररता भूत्वा पञ्चतत्त्वैः कुलेश्वरीम् ॥ १०१ ॥
यजन्तः कालिकामाद्यां कुलज्ञाः साधकोत्तमाः ।
इह भुक्त्वाऽखिलान् भोगान् व्रजन्त्यन्ते निरामयम् ॥ १०२ ।
महौषधं यज्जीवानां दुःखविस्मारकं महत् ।
आनन्दजनकं यच्च तदाद्यतत्त्वलक्षणम् ॥ १०३ ॥
असंस्कृतञ्च यत्तत्त्वं मोहदं भ्रमकारणम् ।
विवादरोगजननन्त्याज्यं कौलैः सदा प्रिये ॥ १०४ ॥
ग्राम्यवायव्यवन्यानामुद्भूतं पुष्टिवर्द्धनम् ।
बुद्धितेजोबलकरं द्वितीयतत्त्वलक्षणम् ॥ १०५ ॥

अथ कुलाचारस्य सुदुर्लभत्वमाह बहुजन्मार्जितैरित्यादिना ॥ ९९ ॥

अथ कुलाचारस्य अत्युत्तमफलत्वमाह कुलाचारगतेत्यादिभिः ॥ विद्यामेनाम् मन्त्ररूपाम् ॥ १०० ॥ १०१ ॥

निरामयम् सर्वोपद्रवरहितं मोक्षपदम् ॥ १०२ ॥

अथ क्रमतो मद्यादिपञ्चतत्त्वानां लक्षणमाह महौषधमित्यादिभिः ॥१०३॥

तत्त्वम् आद्यतत्त्वम् ॥ १०४ ॥

ग्राम्येत्यादि । ग्राम्या ग्रामोद्भवाश्छागादयश्च वायव्या वायूद्भवास्तित्तिरिहारीतादयश्च वन्या वनोद्भवा हरिणादयश्च ते तेषाम् ॥ १०५ ॥

जलोद्भवं यत् कल्याणि कमनीयं सुखप्रदम् ।
प्रजावृद्धिकरञ्चाऽपि तृतीयतत्त्वलक्षणम् ॥ १०६ ॥
सुलभं भूमिजातञ्च जीवानां जीवनञ्च यत् ।
आयुर्मूलं त्रिजगतां चतुर्थतत्त्वलक्षणम् ॥ १०७ ॥
महानन्दकरं देवि प्राणिनां सृष्टिकारणम् ।
अनाद्यन्तजगन्मूलं शेषतत्त्वस्य लक्षणम् ॥ १०८ ॥
आद्यतत्त्वं विद्धि तेजो द्वितीयं पवनं प्रिये ।
अपस्तृतीयं जानीहि चतुर्थं पृथिवीं शिवे ॥ १०९ ॥
पञ्चमं जगदाधारा वियद्विद्धि वरानने ॥ ११० ॥
इत्थं ज्ञात्वा कुलेशानि कुलन्तत्त्वानि पञ्च च ।
आचारं कुलधर्म्मस्य जीवन्मुक्तो भवेन्नरः ॥ १११ ॥

इति श्रीमहानिर्वाणतन्त्रे सर्वतन्त्रोत्तमोत्तमे सर्वधर्मनिर्णयसारे श्रीमदाद्यासदाशिवसंवादे स्तोत्रकवच-कुलतत्त्व-लक्षण-कथनं नाम सप्तमोल्लासः ।

कमनीयमाकाङ्क्षणीयम् ॥ १०६–१११ ॥

इति श्रीमहानिर्वाणतन्त्रटीकायां सप्तमोल्लासः ।

अष्टमोल्लास:

श्रुत्वा धर्मान् बहुविधान् भवानी भवमोचनी ।
हिताय जगतां माता भूयः शङ्करमब्रवीत् ॥ १ ॥

श्रीदेव्युवाच ।

श्रुतं बहुविधं धर्ममिहामूत्र सुखप्रदम् ।
धर्मार्थकामदं विघ्नहरं निर्वाणकारणम् ॥ २ ॥
साम्प्रतं श्रोतुमिच्छामि ब्रूहि वर्णाश्रमान् विभो ।
तत्र ये विहिताचाराः कृपया वद तानपि ॥ ३ ॥

श्रीसदाशिव उवाच ।

चत्वारः कथिता वर्णा आश्रमा अपि सुव्रते ।
आचाराश्चापि वर्णानामाश्रमाणां पृथक् पृथक् ॥ ४ ॥

ओँ नमो ब्रह्मणे ।

श्रुत्वेत्यादि । भवमोचनी भक्तसंसारभञ्जनशीला । जगतामिति काकाक्षिगोलकन्यायेन पूर्वोत्तराभ्यां पदाभ्यां सम्बध्यते ॥ १ ॥

किमब्रवीदित्यपेक्षायामाह श्रुतमित्यादि ॥ २ ॥

तत्र वर्णाश्रमेषु ॥ ३ ॥

एवं प्रेरितः सन् श्रीसदाशिव उवाच चत्वार इत्यादि । हे सुव्रते कृतादौ सत्यत्रेतादौ वर्णा आश्रमा अपि चत्वारः कथिताः । वर्णानामाश्र-

कृतादौ कलिकाले तु वर्णाः पञ्च प्रकीर्त्तिताः ।
ब्राह्मणः क्षत्रियो वैश्यः शूद्रः सामान्य एव च ॥ ५ ॥
एतेषां सर्ववर्णानामाश्रमौ द्वौ महेश्वरि ।
तेषामाचारधर्मांश्च शृणुष्वाद्ये वदामि ते ॥ ६ ॥
पुरैव कथितं तावत् कलिसम्भवचेष्टितम् ।
तपःस्वाध्यायहीनानां नृणामल्पायुषामपि ।
क्लेशप्रयासाशक्तानां कुतो देहपरिश्रमः ॥ ७ ॥
ब्रह्मचर्याश्रमो नास्ति वानप्रस्थोऽपि न प्रिये ।
गार्हस्थ्यो भैक्षुकश्चैव आश्रमौ द्वौ कलौ युगे ॥ ८ ॥

माणाश्चाचाराश्चापि पृथक् पृथक् कथिताः । कलिकाले तु वर्णाः पञ्चप्रकीर्तिताः । तान् दर्शयति ब्राह्मण इत्याद्यर्द्धेन । सामान्यो वर्णसङ्करः ॥ ४ ॥ ५ ॥

एतेषामिति । हे आद्ये महेश्वरि एतेषां ब्राह्मणादीनां सर्ववर्णानां द्वावाश्रमौ तेषां वर्णाश्रमाणामाचाररूपान् धर्म्मांश्च ते तवाग्रेऽहं वदामि त्वं शृणुष्वेत्यन्वयः ॥ ६ ॥

कलियुगे वर्त्तमानौ द्वावाश्रमावभिधास्यन्महादेवः पूर्वमाश्रमद्वयाभावे हेतुं दर्शयति पुरैवेत्यादिना सार्द्धेन । कलौ सम्भव उत्पत्तिर्येषां ते कलिसम्भवाः तेषां चेष्टितं पुरैव कथितम् । तावदित्यवधारणे । किञ्च तप इत्यादि । तपःस्वाध्यायहीनानां तपः कृच्छ्रादिकर्म्म स्वाध्यायो वेदपाठः ताभ्यां रहितानां । क्लेशप्रयासाशक्तानां क्लेश उपतापः प्रयासः परिश्रमः तयोर्निर्वलत्वादसमर्थानाम् । नत्वेतादृशानामेव किंत्वल्पायुषामपि । एवंभूतानां नृणां देहपरिश्रमः कुतो भवेत् न केनापि प्रकारेण भवेदित्यर्थः ॥ ७ ॥

ब्रह्मचर्येत्यादि । हे प्रिये अतः कलौ युगे ब्रह्मचर्याश्रमो नास्ति वानप्रस्थोऽपि नास्ति किन्तु गार्हस्थ्यभैक्षुकरूपौ द्वावेवाश्रमौ कलौ स्तः ॥ ८ ॥

गृहस्थस्य क्रियाः सर्वा आगमोक्ताः कलौ शिवे ।
नान्यमार्गैः क्रियासिद्धिः कदापि गृहमेधिनाम् ॥ ९ ॥
भैक्षुकेऽप्याश्रमे देवि वेदोक्तं दण्डधारणम् ।
कलौ नास्त्येव तत्त्वज्ञे यतस्तत् श्रौतसंस्कृतिः ॥ १० ॥
शैवसंस्कारविधिनाऽवधूताश्रमधारणम् ।
तदेव कथितं भद्रे सन्न्यासग्रहणं कलौ ॥ ११ ॥
विप्राणामितरेषाञ्च वर्णानां प्रबले कलौ ।
उभयत्राश्रमे देवि सर्वेषामधिकारिता ॥ १२ ॥
सर्वेषामेव संस्काराः कर्म्माणि शैववर्त्मना ।
विप्राणामितरेषाञ्च कर्म्मलिङ्गं पृथक् पृथक् ॥ १३ ॥

न केवलं कलौ युगे द्वयोराश्रमयोरेवाभावोऽस्ति किन्तु सर्वासां वैदिकक्रियाणामपीत्याह गृहस्थस्येत्यादिना । गृहमेधिनाम् गृहसङ्गमवतां गृहस्थानामित्यर्थः ॥ ९ ॥

कलौ युगे गार्हस्थ्याश्रम एव वैदिक्यः सर्वाः क्रिया निषिद्धा न सन्त्यपि तु भैक्षुकाश्रमेऽपीत्याह भैक्षुकेऽपीत्यादि । तत् वेदोक्तं दण्डधारणम् । श्रौतसंस्कृतिः वैदिकः संस्कारः ॥ १० ॥

यद्येवं तर्हि कलौ किन्नाम सन्न्यासग्रहणं तत्राह शैवेत्यादि । हे भद्रे शैवसंस्कारविधिना शिवप्रोक्तेन संस्कारविधानेनावधूताश्रमधारणं यत्तदेव कलौ युगे सन्न्यासग्रहणं कथितम् ॥ ११ ॥

ननु कलौ युगे ब्राह्मणादीनां सर्वेषामपि वर्णानां सन्न्यासाश्रमाधिकारित्वं सत्यादाविव ब्राह्मणक्षत्रियविशामेव वा तत्राह विप्राणामित्यादि ॥ १२ ॥

ननु प्रबले कलौ किं ब्राह्मणादयः सर्वे वर्णा एकाचारा एव भवेयुः पृथक् पृथगाचारा वा तत्राह सर्वेषामेवेत्यादि । विप्रादीनां सर्वेषामेव वर्णानां सर्वे

जातमात्रो गृहस्थः स्यात् संस्कारादाश्रमी भवेत् ।
गार्हस्थ्यं प्रथमं कुर्यात् यथाविधि महेश्वरि ॥ १४ ॥
तत्त्वज्ञाने समुत्पन्ने वैराग्यं जायते यदा ।
तदा सर्वं परित्यज्य सन्न्यासाश्रममाचरेत् ॥ १५ ॥
विद्यामुपार्जयेत् बाल्ये धनं दारांश्च यौवने ।
प्रौढे धर्म्याणि कर्माणि चतुर्थे प्रव्रजेत् सुधीः ॥ १६ ॥
मातरं पितरं वृद्धं भार्याञ्चैव पतिव्रताम् ।
शिशुञ्च तनयं हित्वा नावधूताश्रमं व्रजेत् ॥ १७ ॥
मातृः पितृन् शिशून् दारान् स्वजनान् बान्धवानपि ।
यः प्रव्रजति हित्वैतान् स महापातकी भवेत् ॥ १८ ॥

संस्काराः अन्यानि च सर्वाणि कर्माणि एकेन शैववर्त्मनैव साधनीयानि । शाम्भवैकवर्त्मसाध्यत्वेन सर्वेषामेव वर्णानां सर्वाणि कर्माणि कलौ समानान्येवेत्यर्थः । किन्तु विप्राणामितरेषां विप्रभिन्नानाञ्च कर्मलिङ्गं कर्मचिह्नं कलावपि पृथक् पृथगेवास्ति ॥ १३ ॥

ननु गार्हस्थ्याश्रमशालित्वं किं जन्मनैव भवेत संस्कारेण वा तत्राह जातमात्र इत्यादि । ननु गार्हस्थ्यभैक्षुकयोर्मध्ये प्रथमं कमाश्रममाश्रायेत्तत्राह गार्हस्थ्यमित्यादि ॥ १४ ॥

तत्त्वज्ञाने ब्रह्मज्ञाने ॥ १५ ॥

ननु कस्यामवस्थायां गार्हस्थ्याश्रम आश्रयणीयः सन्न्यासश्च कस्यामवस्थायां ग्रहणीयस्तत्राह विद्यामित्यादि । बाल्ये शैशवे विद्यामुपार्जयेत् । यौवने धनं वित्तं दारान् भार्याञ्चोपार्जयेत् । प्रौढे तृतीये वयसि धर्म्याणि धर्मादनपेतानि कर्माणि कुर्यात् । सुधीर्विद्वांश्चतुर्थे वयसि प्रव्रजेत् संन्यसेत् ॥ १६ ॥ १७ ॥

मातृहा पितृहा स स्यात् स्त्रीवधी ब्रह्मघातकः ।
असन्तर्प्य स्वपित्रादीन् यो गच्छेद्भिक्षुकाश्रमे ॥ १९ ॥
ब्राह्मणो विप्रभिन्नश्च स्वस्ववर्णोक्तसंस्क्रियाम् ।
शैवेन वर्त्मना कुर्यादेष धर्मः कलौ युगे ॥ २० ॥

श्रीदेव्युवाच ।

को वा धर्मो गृहस्थस्य भिक्षुकस्य च किं विभो ।
विप्रस्य विप्रभिन्नानां संस्कारादीनि मे वद ॥ २१ ॥

श्रीसदाशिव उवाच ।

गार्हस्थ्यं प्रथमं धर्मं सर्वेषां मनुजन्मनाम् ।
तदेव कथयाम्यादौ शृणु कौलिनि तत्त्वतः ॥ २२ ॥
ब्रह्मनिष्ठो गृहस्थः स्यात् ब्रह्मज्ञानपरायणः ।
यद्यत् कर्म प्रकुर्वीत तद्ब्रह्मणि समर्पयेत् ॥ २३ ॥

मात्रादीन् परित्यज्य प्रव्रजतो मनुष्यस्य महापातकं भवेदित्याह मातृरित्यादिद्वाभ्याम् । बहुवचनस्य बहूपलक्षकत्वात् पितॄन् पित्रादीनित्यर्थः । स्वजनान् स्वेनैव भर्त्तव्यानात्मीयान् जनान् । बान्धवान् असमर्थान् भ्रात्रादीन् ॥ १८–२० ॥

ब्राह्मणादीन् पञ्चवर्णान् तेषां द्वावाश्रमौ सामान्यं धर्मञ्च श्रुत्वेदानीं तेषामशेषान् विशेषान् धर्मान् श्रोतुमिच्छन्ती श्रीदेव्युवाच को वा इत्यादि । किम् धर्मम् ॥ २१ ॥

श्रीदेव्यैवं प्रेरितः सन् श्रीसदाशिव उवाच गार्हस्थ्यमित्यादि । हे कौलिनि यतः सर्वेषां मनुजन्मनां मनुष्याणां गार्हस्थ्यं कर्म प्रथमं धर्म्मं भवत्यतस्तदेव धर्ममादौ कथयामि त्वं तत्त्वतः शृणु इत्यन्वयः ॥ २२ ॥

गार्हस्थ्यं धर्ममेवाह ब्रह्मनिष्ठ इत्यादिभिः । ब्रह्मणि निष्ठा यस्य स ब्रह्मनिष्ठः ॥ २३ ॥

न मिथ्याभाषणं कुर्यात् न च शाठ्यं समाचरेत् ।
देवतातिथिपूजासु गृहस्थो निरतो भवेत् ॥ २४ ॥
मातरं पितरञ्चैव साक्षात् प्रत्यक्षदेवताम् ।
मत्वा गृही निषेवेत सदा सर्वप्रयत्नतः ॥ २५ ॥
तुष्टायां मातरि शिवे तुष्टे पितरि पार्वति ।
तव प्रीतिर्भवेद्देवि परब्रह्म प्रसीदति ॥ २६ ॥
त्वमाद्ये जगतां माता पिता ब्रह्म परात्परम् ।
युवयोः प्रीणनं यस्मात् तस्मात् किं गृहिणांतपः ॥ २७ ॥
आसनं शयनं वस्त्रं पानं भोजनमेव च ।
तत्तत्समयमाज्ञाय मात्रे पित्रे नियोजयेत् ॥ २८ ॥
श्रावयेन्मृदुलां वाणीं सर्वदा प्रियमाचरेत् ।
पित्रोराज्ञानुसारी स्यात् सत्पुत्रः कुलपावनः ॥ २९ ॥
औद्धत्यं परिहासञ्च तर्जनं परिभाषणम् ।
पित्रोरग्रे न कुर्वीत यदीच्छेदात्मनो हितम् ॥ ३० ॥
मातरं पितरं वीक्ष्य नत्वोत्तिष्ठेत् ससम्भ्रमः ।
विनाऽऽज्ञया नोपविशेत् संस्थितः पितृशासने ॥ ३१ ॥

शाठ्यं अनार्जवम् ॥ २४–२६ ॥

यस्मात् मातुः पितुश्च तोषणात् ॥ २७ ॥

आसनमित्यादि । शय्यतेऽस्मिन्निति शयनम् शय्याम् । पीयते यत्तत् पानम् पेयं जलादिकमित्यर्थः । भोजनम् भोज्यं वस्तु । तत्तत्समयम् आसनादिसमर्पणसमयम् । नियोजयेत् समर्पयेत् ॥ २८ ॥ २९ ॥

औद्धत्यम् अविनीतत्वम् । तर्जनम् भृत्यादीनां भर्त्सनम् ॥ ३० ॥

ससम्भ्रमः सादरः ॥ ३१ ॥

विद्याधनमदोन्मत्तो यः कुर्यात् पितृहेलनम् ।
स याति नरकं घोरं सर्वधर्मवहिष्कृतः ॥ ३२ ॥
मातरं पितरं पुत्रं दारानतिथिसोदरान् ।
हित्वा गृही न भुञ्जीयात् प्राणैः कण्ठगतैरपि ॥ ३३ ॥
वञ्चयित्वा गुरून् बन्धून् यो भुङ्क्ते स्वोदरम्भरः ।
इहैव लोकगर्ह्योऽसौ परत्र नारकी भवेत् ॥ ३४ ॥
गृहस्थो गोपयेद्दारान् विद्यामभ्यासयेत् सुतान् ।
पोषयेत् स्वजनान् बन्धूनेष धर्मः सनातनः ॥ ३५ ॥
जनन्या वर्द्धितो देहो जनकेन प्रपोषितः ।
स्वजनैः शिक्षितः प्रीत्या सोऽधमस्तान् परित्यजेत् ॥ ३६ ॥
एषामर्थे महेशानि कृत्वा कष्टशतान्यपि ।
प्रीणयेत् सततं शक्त्या धर्मो ह्येष सनातनः ॥ ३७ ॥
स धन्यः पुरुषो लोके स कृती परमार्थवित् ।
ब्रह्मनिष्ठः सत्यसन्धो यो भवेद्भुवि मानवः ॥ ३८ ॥
न भार्यां ताड़येत् क्वापि मातृवत् पालयेत् सदा ।
न त्यजेत् घोरकष्टेऽपि यदि साध्वी पतिव्रता ॥ ३९ ॥

पितृहेलनम् मातापित्रोस्तिरस्कारम् ॥ ३२ ॥ ३३ ॥
गुरून् पित्रादीन् । लोकगर्ह्यः जननिन्द्यः ॥ ३४ ॥ ३५ ॥
स्वजनैः बन्धुभिः ॥ ३६ ॥
एषां जनन्यादीनाम् । प्रीणयेत् जनन्यादीन् तोषयेत् ॥ ३७ ॥
धन्यः सुकृती । कृती विचक्षणः । सत्यसन्धः सत्यप्रतिज्ञः ॥ ३८ ॥ ३९ ॥

स्थितेषु स्वीयदारेषु स्त्रियमन्यां न संस्पृशेत् ।
दुष्टेन चेतसा विद्वानन्यथा नारकी भवेत् ॥ ४० ॥
विरले शयनं वासं त्यजेत् प्राज्ञः परस्त्रिया ।
अयुक्तभाषणञ्चैव स्त्रियं शौर्यञ्च दर्शयेत् ॥ ४१ ॥
धनेन वाससा प्रेम्णा श्रद्धया मृदुभाषणैः ।
सततं तोषयेद्दारान् नाप्रियं क्वचिदाचरेत् ॥ ४२ ॥
उत्सवे लोकयात्रायां तीर्थेष्वन्यनिकेतने ।
न पत्नीं प्रेषयेत् प्राज्ञः पुत्रामात्यविवर्जिताम् ॥ ४३ ॥
यस्मिन्नरे महेशानि तुष्टा भार्या पतिव्रता ।
सर्वो धर्मः कृतस्तेन भवतीप्रिय एव सः ॥ ४४ ॥
चतुर्वर्षावधि सुतान् लालयेत् पालयेत् पिता ।
ततः षोडशपर्यन्तं गुणान् विद्याश्च शिक्षयेत् ॥ ४५ ॥
विंशत्यब्दाधिकान् पुत्रान् प्रेरयेद् गृहकर्मसु ।
ततस्तांस्तुल्यभावेन मत्वा स्नेहं प्रदर्शयेत् ॥ ४६ ॥
कन्याऽप्येवं पालनीया शिक्षणीयाऽतियत्नतः ।
देया वराय विदुषे धनरत्नसमन्विता ॥ ४७ ॥

दुष्टेन चेतसा विकृतेन मनसा ॥ ४० ॥
विरले निर्जनस्थाने ॥ ४१ ॥ ४२ ॥
अन्यनिकेतने परगृहे ॥ ४३ ॥ ४४ ॥
ततः चतुर्भ्यो वर्षेभ्य ऊर्द्ध्वम् ॥ ४५ ॥
प्रेरयेत् प्रवर्त्तयेत् । तान् विंशत्यब्दाधिकान् पुत्रान् ॥ ४६ ॥
एवम् पुत्रवत् ॥ ४७ ॥

एवं क्रमेण भ्रातृंश्च स्वसृभ्रातृसुतानपि ।
ज्ञातीन् मित्राणि भृत्यांश्च पालयेत्तोषयेद् गृही ॥ ४८ ॥
ततः स्वधर्मनिरतानेकग्रामनिवासिनः ।
अभ्यागतानुदासीनान् गृहस्थः परिपालयेत् ॥ ४९ ॥
यद्येवं नाचरेद्देवि गृहस्थो विभवे सति ।
पशुरेव स विज्ञेयः स पापी लोकगर्हितः ॥ ५० ॥
निद्रालस्यं देहयत्नं केशविन्यासमेव च ।
आसक्तिमशने वस्त्रे नातिरिक्तं समाचरेत् ॥ ५१ ॥
युक्ताहारो युक्तनिद्रो मितवाङ्मितमैथुनः ।
स्वच्छो नम्रः शुचिर्दक्षो युक्तः स्यात् सर्वकर्मसु ॥ ५२ ॥
शूरः शत्रौ विनीतः स्यात् बान्धवे गुरुसन्निधौ ।
जुगुप्सितान् न मन्येत नावमन्येत मानिनः ॥ ५३ ॥
सौहार्दं व्यवहारांश्च प्रवृत्तिं प्रकृतिं नृणाम् ।
सहवासेन तर्कैश्च विदित्वा विश्वसेत्ततः ॥ ५४ ॥

ततः भ्रात्रादीनां पालनात्तोषणाच्चोर्द्धम् । उदासीनान् मित्रामित्रभिन्नान् ॥ ४८ ॥ ४९ ॥

धने सत्येवमकुर्वतो गृहस्थस्य पातकाश्रयत्वं लोकगर्हितत्वञ्च स्यादित्याह यदीत्यादिना ॥ ५० ॥

आसक्तिम् आसङ्गम् । अतिरिक्तम् अधिकम् ॥ ५१ ॥

युक्ताहारः परिमितभोजनः । स्वच्छः कपटादिशून्यः । शुचिः वाह्याभ्यन्तरशौचसम्पन्नः । दक्षः निरालस्यः । युक्तः उद्योगवान् ॥ ५२ ॥

शूरः विक्रान्तः । नावमन्येत न अनाद्रियेत ॥ ५३ ॥

तर्कैः पर्यालोचनैः ॥ ५४ ॥

त्रसेद्‌द्वेष्टुरपि क्षुद्रात् समयं वीक्ष्य बुद्धिमान् ।
प्रदर्शयेदात्मभावान्नैव धर्मं विलङ्घयेत् ॥ ५५ ॥
स्वीयं यशः पौरुषञ्च गुप्तये कथितञ्च यत् ।
कृतं यदुपकाराय धर्मज्ञो न प्रकाशयेत् ॥ ५६ ॥
जुगुप्सितप्रवृत्तौ च निश्चितेऽपि पराजये ।
गुरुणा लघुना चापि यशस्वी न विवादयेत् ॥ ५७ ॥
विद्याधनयशोधर्मान् यतमान उपार्जयेत् ।
व्यसनञ्चासतां सङ्गं मिथ्याद्रोहं परित्यजेत् ॥ ५८ ॥
अवस्थानुगताश्चेष्टाः समयानुगताः क्रियाः ।
तस्मादवस्थां समयं वीक्ष्य कर्म समाचरेत् ॥ ५९ ॥
योगक्षेमरतो दक्षो धार्मिकः प्रियबान्धवः ।
मितवाङ्मितहासः स्यान्मान्याग्रे तु विशेषतः ॥ ६० ॥
जितेन्द्रियः प्रसन्नात्मा सुचिन्त्यः स्याद्‌दृढव्रतः ।
अप्रमत्तो दीर्घदर्शी मात्रास्पर्शान् विचारयेत् ॥ ६१ ॥

त्रसेत् विभीयात् । द्वेष्टुः शत्रोः । क्षुद्रात् लघोः । आत्मभावान् स्वप्रभावान् आत्मनः कोशदण्डजानि तेजांसि । स प्रतापः प्रभावश्च यत्तेजः कोशदण्डजमित्यमरः ॥ ५५–५७ ॥

यतमानः यत्नं कुर्वाणः ॥ ५८ ॥ ५९ ॥

योगक्षेमरतः योगोऽप्राप्तस्वीकारः प्राप्तस्य परिपालनं क्षेमः तयोरनुरक्तः ॥ ६० ॥

जितेन्द्रिय इत्यादि । सुचिन्त्यः सुष्ठु चिन्त्यं स्मरणीयं शास्त्रादि यस्य सः । मात्रास्पर्शान् मीयन्ते विषया एताभिरिति मात्रा इन्द्रियवृत्तयः तासां स्पर्शान् विषयेषु सम्बन्धान् ॥ ६१–६५ ॥

सत्यं मृदु प्रियं धीरो वाक्यं हितकरं वदेत् ।
आत्मौत्कर्ष्यं तथा निन्दां परेषां परिवर्जयेत् ॥ ६२ ॥

जलाशयाश्च वृक्षाश्च विश्रामगृहमध्वनि ।
सेतुः प्रतिष्ठितो येन तेन लोकत्रयं जितम् ॥ ६३ ॥

सन्तुष्टौ पितरौ यस्मिन्ननुरक्ताः सुहृद्गणाः ।
गायन्ति यद्यशो लोकास्तेन लोकत्रयं जितम् ॥ ६४ ॥

सत्यमेव व्रतं यस्य दया दीनेषु सर्वथा ।
कामक्रोधौ वशे यस्य तेन लोकत्रयं जितम् ॥ ६५ ॥

विरक्तः परदारेषु निष्पृहः परवस्तुषु ।
दम्भमात्सर्यहीनो यस्तेन लोकत्रयं जितम् ॥ ६६ ॥

न बिभेति रणाद्यो वै संग्रामेऽप्यपराङ्मुखः ।
धर्मयुद्धे मृतो वाऽपि तेन लोकत्रयं जितम् ॥ ६७ ॥

असंशयात्मा सुश्रद्धः शाम्भवाचारतत्परः ।
मच्छासने हितो यश्च तेन लोकत्रयं जितम् ॥ ६८ ॥

ज्ञानिना लोकयात्रायै सर्वत्र समदृष्टिना ।
क्रियन्ते येन कर्माणि तेन लोकत्रयं जितम् ॥ ६९ ॥

शौचन्तु द्विविधं देवि बाह्याभ्यन्तरभेदतः ।
ब्रह्मण्यात्मार्पणं यत्तत् शौचमान्तरिकं स्मृतम् ॥ ७० ॥

निस्पृहः निराकाङ्क्षः ॥ ६६–६८ ॥

सर्वत्र शत्रुमित्रादौ ॥ ६९ ॥ ७० ॥

अद्भिर्वा भस्मना वाऽपि मलानामपकर्षणम् ।
देहशुद्धिर्भवेद्येन बहिःशौचं तदुच्यते ॥ ७१ ॥
गङ्गा नद्यो ह्रदा वाप्यस्तथा कूपाश्च क्षुल्लकाः ।
सर्वे पवित्रजननं स्वर्णदी क्रमतः प्रिये ॥ ७२ ॥
भस्माऽत्र याज्ञिकं श्रेष्ठं मृत्स्ना तु मलवर्जिता ।
वासोऽजिनतृणादीनि मृद्वज्जानीहि सुव्रते ॥ ७३ ॥
किमत्र बहुनोक्तेन शौचाशौचविधौ शिवे ।
मनःपूतं भवेद्येन गृहस्थस्तत्तदाचरेत् ॥ ७४ ॥
निद्रान्ते मैथुनस्यान्ते त्यागान्ते मलमूत्रयोः ।
भोजनान्ते मले स्पृष्टे बहिःशौचं विधीयते ॥ ७५ ॥
सन्ध्या त्रैकालिकी कार्या वैदिकी तान्त्रिकी क्रमात् ।
उपासनाया भेदेन पूजां कुर्याद् यथाविधि ॥ ७६ ॥
ब्रह्ममन्त्रोपासकानां गायत्रीजपनात् प्रिये ।
ज्ञानात् ब्रह्मेति तद्वाच्यं सन्ध्या भवति वैदिकी ॥ ७७ ॥

अद्भिरिति । अद्भिर्जलैर्वा भस्मना वा येन देहशुद्धिर्भवेत्तेन मृत्तिकावस्त्र-चर्मतृणादिरूपवस्तुना वापि मलानामपकर्षणं दूरीकरणं यत्तत् बहिःशौचमुच्यते इत्यन्वयः ॥ ७१ ॥

क्षुल्लकाः स्वल्पजलाशयाः । स्वल्पेऽपि क्षुल्लकस्त्रिष्वित्यमरः । सर्वम् गङ्गाजलादि ॥ ७२ ॥

भस्मेत्यादि । अत्र बहिःशौचविधौ । हे सुव्रते वासोऽजिनतृणादीन्यपि मृद्वन्मृत्तिकावन्मलवर्जितान्येव श्रेष्ठानि जानीहि ॥ ७३–७६ ॥

उपासनाभेददर्शनपूर्वकं सन्ध्याभेदं दर्शयति द्वाभ्याम् ब्रह्मेत्यादि । ब्रह्ममन्त्रोपासकानां गायत्र्या जपनात् तद्वाच्यं गायत्रीप्रतिपाद्य ब्रह्म भवतीति ज्ञानाच्च वैदिकी सन्ध्या भवति ॥ ७७ ॥

अन्येषां वैदिकी सन्ध्या सूर्योपस्थानपूर्वकम् ।
अर्घ्यदानं दिनेशाय गायत्रीजपनं तथा ॥ ७८ ॥
अष्टोत्तरं सहस्रं वा शतं वा दशधाऽपि वा ।
जपानां नियमो भद्रे सर्वत्राह्निककर्मणि ॥ ७९ ॥
शूद्रसामान्यजातीनामधिकारोऽस्ति केवलम् ।
आगमोक्तविधौ देवि सर्वसिद्धिस्ततो भवेत् ॥ ८० ॥
प्रातः सूर्योदयः कालो मध्याह्नस्तदनन्तरम् ।
सायं सूर्यास्तसमयस्त्रिकालानामयं क्रमः ॥ ८१ ॥

श्रीदेव्युवाच ।

विप्रादिसर्ववर्णानां विहिता तान्त्रिकी क्रिया ।
त्वयैव कथिता नाथ सम्प्राप्ते प्रबले कलौ ॥ ८२ ॥

अन्येषामिति । अन्येषां ब्रह्ममन्त्रोपासकभिन्नानान्तु सूर्योपस्थानपूर्वकं दिनेशाय सूर्यायार्घ्यदानं तथा गायत्रीजपनं वैदिकी सन्ध्या भवति ॥ ७८ ॥

अथाऽह्निककर्मणि मन्त्रजपानां नियममाह अष्टोत्तरमित्यादिना । शतमपि अष्टोत्तरमेव । सर्वत्र वैदिके तान्त्रिके च ॥ ७९ ॥

ततः आगमोक्तविधितः ॥ ८० ॥

अथ सन्ध्याविध्यपेक्षितत्रिकालक्रममाह प्रातरित्यादिना । सूर्यस्योदयो यत्र स सूर्योदयः कालः ॥ ८१ ॥

पूर्वं श्रीसदाशिवेन सर्वेषां ब्राह्मणादिवर्णानां प्रबले कलौ युगे तान्त्रिक एव कर्मण्यधिकारोऽस्तीत्युक्तम् । सम्प्रति तु ब्राह्मणक्षत्रियवैश्यानां वैदिक्यामपि सन्ध्यायामधिकारोऽस्तीत्युच्यते एतदयुक्तं मन्वाना श्रीदेव्युवाच विप्रादी-त्यादि ॥ ८२ ॥

तदिदानीं कथं देव विप्रान् वैदिककर्म्मणि ।
नियोजयसि तत्सर्वं विशेषाद्वक्तुमर्हसि ॥ ८३ ॥

श्रीसदाशिव उवाच ।

सत्यं ब्रवीषि तत्त्वज्ञे सर्वेषां तान्त्रिकी क्रिया ।
लोकानां भोगमोक्षाय सर्वकर्मसु सिद्धिदा ॥ ८४ ॥
इयन्तु ब्रह्मसावित्री यथा भवति वैदिकी ।
तथैव तान्त्रिकी ज्ञेया प्रशस्तोभयकर्मणि ॥ ८५ ॥
अतोऽत्र कथितं देवि द्विजानां प्रबले कलौ ।
गायत्र्यामधिकारोऽस्ति नान्यमन्त्रेषु कर्हिचित् ८६ ॥
ताराद्या कमलाद्या च वाग्भवाद्या यथाक्रमात् ।
ब्राह्मणक्षत्रियविशां सावित्री कथिता कलौ ॥ ८७ ॥
द्विजादीनां प्रभेदार्थं शूद्रेभ्यः परमेश्वरि ।
सन्ध्येयं वैदिकी प्रोक्ता प्रागेवाह्निककर्म्मणाम् ॥ ८८ ॥
अन्यथा शाम्भवैर्मार्गैः केवलैः सिद्धिभाग्भवेत् ।
सत्यं सत्यं पुनः सत्यं सत्यमेतन्न संशयः ॥ ८९ ॥

नियोजयसि प्रवर्त्तयसि ॥ ८३ ॥

अत्रोत्तरं श्रीसदाशिव उवाच सत्यमित्यादिभिः ॥ ८४–८६ ॥

ताराद्येत्यादि । कलौ युगे यथाक्रमात् क्रमेणैव ब्राह्मणक्षत्रियविशान्ताराद्या प्रणवाद्या कमलाद्या श्रीँबीजाद्या वाग्भवाद्या ऐँबीजाद्या सावित्री गायत्री कथिता ॥ ८७ ॥

द्विजादीनामिति । हे परमेश्वरि द्विजादीनां ब्राह्मणादीनां शूद्रेभ्यः प्रभेदार्थन्तान्त्रिकाणामाह्निककर्मणां प्रागेवेयं वैदिकी सन्ध्या करणीया प्रोक्ता ॥ ८८ ॥ ८९ ॥

कालात्ययेऽपि सन्ध्येयं कर्त्तव्या देववन्दिते ।
ओँ तत्सत् ब्रह्म चोच्चार्य मोक्षेच्छुभिरनातुरैः ॥ ९० ॥
आसनं वसनं पात्रं शय्या यानं निकेतनम् ।
गृह्यकं वस्तुजातञ्च स्वच्छात् स्वच्छं प्रशस्यते ॥ ९१ ॥
समाप्याह्निककर्म्माणि स्वाध्यायं गृहकर्म वा ।
गृहस्थो नियतं कुर्य्यान्नैव तिष्ठेन्निरुद्यमः ॥ ९२ ॥
पुण्यतीर्थे पुण्यतिथौ ग्रहणे चन्द्रसूर्य्ययोः ।
जपं दानं प्रकुर्व्वाणः श्रेयसां निलयो भवेत् ॥ ९३ ॥
कलावन्नगतप्राणा नोपवासः प्रशस्यते ।
उपवासप्रतिनिधावेकं दानं विधीयते ॥ ९४ ॥
कलौ दानं महेशानि सर्व्वसिद्धिकरं भवेत् ।
तत्पात्रं केवलं ज्ञेयो दरिद्रः सत्क्रियान्वितः ॥ ९५ ॥
मासवत्सरपक्षाणामारम्भदिनमम्बिके ।
चतुर्द्दश्यष्टमी शुक्ला तथैवैकादशी कुहूः ॥ ९६ ॥
निजजन्मदिनञ्चैव पित्रोर्मरणवासरः ।
वैधोत्सवदिनञ्चैव पुण्यकालः प्रकीर्त्तितः ॥ ९७ ॥

कालेत्यादि । हे देववन्दिते कालात्ययेऽपि सन्ध्याविधानकालव्यत्ययेऽपि अनातुरैर्जरादिनिमित्तकेनाऽपटुत्वेन शून्यैर्मोक्षेच्छुभिर्मोक्षाकाङ्क्षिभिर्जनैः ओँ तत्सद्ब्रह्मेति समुच्चार्येयं वैदिकी तान्त्रिकी च सन्ध्या कर्त्तव्या ॥ ९० ॥

गृह्यकं वस्तुजातम् गृहसम्बन्धि सर्वं वस्तु ॥ ९१ ॥

स्वाध्यायम् वेदाध्यायनम् ॥ ९२–९५ ॥

गङ्गानदी महानद्यो गुरोः सदनमेव च ।
प्रसिद्धं देवताक्षेत्रं पुण्यतीर्थं प्रकीर्त्तितम् ॥ ९८ ॥
त्यक्त्वा स्वाध्यायनं पित्रोः शुश्रूषान्दाररक्षणम् ।
नरकाय भवेत्तीर्थं तीर्थाय व्रजतां नृणाम् ॥ ९९ ॥
न तीर्थसेवा नारीणां नोपवासादिकाः क्रियाः ।
नैव व्रतानां नियमो भर्त्तुः शुश्रूषणं विना ॥ १०० ॥
भर्त्तैव योषितां तीर्थं तपो दानं व्रतं गुरुः ।
तस्मात् सर्वात्मना नारी पतिसेवां समाचरेत् ॥ १०१ ॥
पत्युः प्रियं सदा कुर्यात् वचसा परिचर्यया ।
तदाज्ञानुचरी भूत्वा तोषयेत् पतिबान्धवान् ॥ १०२ ॥
नेक्षेत पतिं क्रूरदृष्ट्या श्रावयेन्नैव दुर्वचः ।
नाप्रियं मनसा वापि चरेद्भर्त्तुः पतिव्रता ॥ १०३ ॥
कायेन मनसा वाचा सर्वदा प्रियकर्मभिः ।
या प्रीणयति भर्त्तारं सैव ब्रह्मपदं लभेत् ॥ १०४ ॥
नान्यवक्त्रं निरीक्षेत नान्यैः सम्भाषणञ्चरेत् ।
न चाङ्गं दर्शयेदन्यान् भर्त्तुराज्ञानुसारिणी ॥ १०५ ॥

अथ जपदानविधावपेक्षितं पुण्यकालं पुण्यतीर्थञ्च क्रमत आह मासेत्यादिभिः । कुहूः नष्टचन्द्रकलाऽमावास्या ॥ ९६–९९ ॥

अथ स्त्रीधर्मानाह न तीर्थेत्यादिभिः सप्तभिः ॥ १०० ॥

सर्वात्मना सर्वप्रयत्नेन ॥ १०१ ॥

परिचर्यया सेवया ॥ १०२–१०५ ॥

तिष्ठेत् पित्रोर्वशे बाल्ये भर्त्तुः सम्प्राप्तयौवने ।
वार्द्धक्ये पतिबन्धूनां न स्वतन्त्रा भवेत् क्वचित् ॥ १०६ ॥
अज्ञातपतिमर्यादामज्ञातपतिसेवनाम् ।
नोद्वाहयेत् पिता बालामज्ञातधर्मशासनाम् ॥ १०७ ॥
नरमांसं न भुञ्जीयात् नराकृतिपशूंस्तथा ।
बहूपकारकान् गाश्च मांसादान् रसवर्जितान् ॥ १०८ ॥
फलानि ग्राम्यवन्यानि मूलानि विविधानि च ।
भूमिजातानि सर्वाणि भोज्यानि स्वेच्छया शिवे ॥ १०९ ॥
अध्यापनं याजनञ्च विप्राणां व्रतमुत्तमम् ।
अशक्तौ क्षत्रियविशां वृत्तैर्निर्वाहमाचरेत् ॥ ११० ॥
राजन्यानाञ्च सद्वृत्तं संग्रामो भूमिशासनम् ।
अत्राशक्तौ वणिग्वृत्तं शूद्रवृत्तमथाश्रयेत् ॥ १११ ॥
वाणिज्याशक्तवैश्यानां शूद्रवृत्तमदूषणम् ।
शूद्राणां परमेशानि सेवावृत्तिं विधीयते ॥ ११२ ॥

स्वतन्त्रा स्वाधीना ॥ १०६ ॥ १०७ ॥

बहूपकारकानिति गोविशेषणेन तद्भोजननिषेधे हेतुर्दर्शितः । मांसादान् मांसभक्षकान् गृध्रादीन् । रसवर्जितान् आस्वादशून्यान् ॥ १०८ ॥ १०९ ॥

अथ ब्राह्मणवृत्तमाह अध्यापनमित्यादि ॥ ११० ॥

अथ क्षत्रियवृत्तमाह राजन्यानामित्याद्येकेन । अत्र संग्रामभूमिशासनरूपे सद्वृत्ते ॥ १११ ॥

अथ वैश्यानां शूद्राणाञ्च वृत्तमाह वाणिज्येत्यादिनैकेन । वैश्यानामपि वाणिज्यमुत्तमं वृत्तम् ॥ ११२ ॥

सामान्यानां तु वर्णानां विप्रवृत्त्यन्यवृत्तिषु ।
अधिकारोऽस्ति देवेशि देहयात्राप्रसिद्धये ॥ ११३ ॥
अद्वेष्टा निर्ममः शान्तः सत्यवादी जितेन्द्रियः ।
निर्मत्सरो निष्कपटः स्ववृत्तौ ब्राह्मणो भवेत् ॥ ११४ ॥
अध्यापयेत् पुत्रबुद्ध्या शिष्यान् सन्मार्गवर्त्तिनः ।
सर्वलोकहितैषी स्यात् पक्षपातविनिर्मुखः ॥ ११५ ॥
मिथ्यालापमसूयाञ्च व्यसनाप्रियभाषणम् ।
नीचैः प्रसक्तिं दम्भञ्च सर्वथा ब्राह्मणस्त्यजेत् ॥ ११६ ॥
युयुत्सा गर्हिता सन्धौ सम्मानैः सन्धिरुत्तमा ।
मृत्युर्जयो वा युद्धेषु राजन्यानां वरानने ॥ ११७ ॥
अलोभी स्यात् प्रजावित्ते गृह्णीयात् सम्मितं करम् ।
रक्षन्नङ्गीकृतं धर्मं पुत्रवत् पालयेत् प्रजाः ॥ ११८ ॥
न्यायं युद्धं तथा सन्धिं कर्माण्यन्यानि यानि च ।
मन्त्रिभिः सह कुर्वीत विचार्य सर्वथा नृपः ॥ ११९ ॥

अथ वर्णसङ्कराणां वृत्तमाह सामान्यानामित्यादिनैकेन ॥ ११३ ॥

अथ ब्राह्मणधर्मानाह अद्वेष्टेत्यादिभिः । निर्ममः देहादिविषयकममताशून्यः । शान्तः संयतचित्तः ॥ ११४ ॥ ११५ ॥

मिथ्येत्यादि । असूयाम् गुणेषु सत्स्वपि परस्मिन् दोषारोपणम् । व्यसनम् द्यूतादिकर्म । दम्भम् स्वनिष्ठबहुमान्यत्वनिमित्तकचित्तसमुन्नतिम् ॥ ११६ ॥

अथ राजन्यधर्मानाह युयुत्सेत्यादिभिः । हे वरानने अति प्रशंसनीयवदने राजन्यानां क्षत्रियाणां सन्धौ संमेलने सति युयुत्सा युद्धेच्छा गर्हिता निन्दिता

धर्मयुद्धेन योद्धव्यं न्यायदण्डपुरस्क्रियाः ।
करणीया यथाशास्त्रं सन्धिं कुर्याद् यथाबलम् ॥ १२० ॥
उपायैः साधयेत् कार्यं युद्धं सन्धिञ्च शत्रुभिः ।
उपायानुगताः सर्वा जयक्षेमविभूतयः ॥ १२१ ॥
स्यान्नीचसङ्गाद्विरतः सदा विद्वज्जनप्रियः ।
धीरो विपत्तौ दक्षश्च शीलवान् सम्मितव्ययी ॥ १२२ ॥
निपुणो दुर्गसंस्कारे शस्त्रशिक्षाविचक्षणः ।
स्वसैन्यभावान्वेषी स्यात् शिक्षयेद्रणकौशलम् ॥ १२३ ॥
न हन्यान्मूर्च्छितान् युद्धे त्यक्तशस्त्रान् पराङ्मुखान् ।
बलानीतान् रिपून् देवि रिपुदारशिशूनपि ॥ १२४ ॥
जयलब्धानि वस्तूनि सन्धिप्राप्तानि यानि च ।
वितरेत्तानि सैन्येभ्यो यथायोग्यविभागतः ॥ १२५ ॥
शौर्यं वृत्तञ्च योद्धॄणां ज्ञेयं राज्ञा पृथक् पृथक् ।
बहुसैन्याधिपं नैकं कुर्यादात्महिते रतः ॥ १२६ ॥

भवेत् । सन्धिस्तु तेषां सम्मानैरेवोत्तमो भवेत् । तेषां युद्धेषु तु मृत्युरेव वा जय एव वा उत्तमो भवेत् नतु पलायनादिकमित्यर्थः ॥ ११७–११९ ॥

पुरस्क्रिया सत्कारः । यथाबलम् बलमनतिक्रम्य बलपूर्वकमित्यर्थः ॥ १२० ॥ १२१ ॥

विरतः विरक्तः । धीरो धैर्यवान् । दक्षोऽनलसः ॥ १२२ ॥

निपुण इत्यादि । दुर्गसंस्कारे दुःखेन गच्छति विपक्षो यत्र तद्दुर्गम् पर्वतपरिखाप्राकारादिभिः दुर्गमं नगरम् तस्य संस्कारे ॥ १२३ ॥ १२४ ॥

नैकस्मिन् विश्वसेद्राजा नैकं न्याये नियोजयेत् ।
साम्यं क्रीड़ोपहासञ्च नीचैः सह विवर्जयेत् ॥ १२७ ॥
बहुश्रुतः स्वल्पभाषी जिज्ञासुर्ज्ञानवानपि ।
बहुमानोऽपि निर्दम्भो धीरो दण्डप्रसादयोः ॥ १२८ ॥
स्वयं वा चरदृष्ट्या वा प्रजाभावान् विलोकयेत् ।
एवं स्वजनभृत्यानां भावान् पश्येन्नराधिपः ॥ १२९ ॥
क्रोधाद्दम्भात् प्रमादाद्वा सम्मानं शासनं तथा ।
सहसा नैव कर्त्तव्यं स्वामिना तत्त्वदर्शिना ॥ १३० ॥
सैन्यसेनाधिपामात्यवनितापत्यसेवकाः ।
पालनीयाः सदोषाश्चेत् दण्ड्या राज्ञा यथाविधि ॥ १३१ ॥
उन्मत्तानसमर्थांश्च बालांश्च मृतबान्धवान् ।
ज्वराभिभूतान् वृद्धांश्च रक्षयेत् पितृवन्नृपः ॥ १३२ ॥
वैश्यानां कृषिवाणिज्यं वृत्तं विद्धि सनातनम् ।
येनोपायेन लोकानां देहयात्रा प्रसिद्ध्यति ॥ १३३ ॥

वितरेत् दद्यात् ॥ १२५—१२७ ॥

वहुश्रुतइत्यादि । बहुमानोऽपि भूरिसम्मानोऽपि राजा निर्दम्भो भूरिसम्माननिमित्तकचित्तसमुन्नतिशून्यो भवेत् ॥ १२८ ॥

स्वयंवेत्यादि । चरदृष्ट्या अन्यतत्त्वानुसन्धानप्रवीणो गूढ़पुरुषश्चरः तद्रूपया दृष्ट्या । प्रजाभावान् प्रजानामभिप्रायान् चेष्टा वा ॥ १२९ ॥

दम्भात् राज्यादिनिमित्तकाचित्तौत्सुक्यात् ॥ १३० ॥ १३१ ॥

मृतबान्धवान् मृता बान्धवा येषां तथाभूतान् ॥ १३२ ॥

अथ वैश्याचारान् वक्तुमुपक्रमते वैश्यानामित्यादिभिः । येन कृषिवाणिज्यकर्मरूपेणोपायेन । देहयात्रा शरीरनिर्वाहः ॥ १३३ ॥

अतः सर्वात्मना देवि वाणिज्यकृषिकर्मसु ।
प्रमादव्यसनालस्यं मिथ्याशाठ्यं विवर्जयेत् ॥ १३४ ॥
निश्चित्य वस्तु तन्मूल्यमुभयोः सम्मतौ शिवे ।
परस्पराङ्गीकरणं क्रयसिद्धिस्ततो भवेत् ॥ १३५ ॥
मत्तविक्षिप्तबालानामरिग्रस्तनृणां प्रिये ।
रोगविभ्रान्तबुद्धीनामसिद्धौ दानविक्रयौ ॥ १३६ ॥
क्रयसिद्धिरदृष्टानां गुणश्रवणतो भवेत् ।
विपर्यये तद्गुणानामन्यथा भवति क्रयः ॥ १३७ ॥
कुञ्जरोष्ट्रतुरङ्गाणां गुप्तदोषप्रकाशनात् ।
वर्षातीतेऽपि तत्क्रेयमन्यथा कर्त्तुमर्हति ॥ १३८ ॥
धर्मार्थकाममोक्षाणां भाजनं मानवं वपुः ।
अतः कुलेशि तत्क्रेयो न सिद्धेन्मम शासनात् ॥ १३९ ॥
यवगोधूमधान्यानां लाभो वर्षे गते प्रिये ।
युक्तश्चतुर्थो धातूनामष्टमः परिकीर्तितः ॥ १४० ॥
ऋणे कृषौ च वाणिज्ये तथा सर्वेषु कर्मसु ।
यद्यदङ्गीकृतं मर्त्त्यैस्तत्कार्यं शास्त्रसम्मतम् ॥ १४१ ॥

सर्वात्मना सर्वप्रकारेण ॥ १३४ ॥

निश्चित्येत्यादि । निश्चित्य निर्णीय । तन्मूल्यम् निश्चितवस्तुमूल्यमपि निश्चित्य । उभयोः विक्रेतृक्रयकारकयोः ॥ १३५ ॥ १३६ ॥

अदृष्टानाम् वस्तूनाम् । विपर्यये वैपरीत्ये ॥ १३७ ॥ १३८ ॥

तत्क्रेयः मानववपुःक्रेयः ॥ १३९ ॥

उत्तमर्णेन मूलधनादधिकं ग्राह्यं लाभः ॥ १४० ॥ १४१ ॥

दक्षः शुचिः सत्यभाषी जितनिद्रो जितेन्द्रियः ।
अप्रमत्तो निरालस्यः सेवावृत्तौ भवेन्नरः ॥ १४२ ॥
प्रभुर्विष्णुसमो मान्यस्तज्जाया जननीसमा ।
मान्यास्तद्बान्धवा भृत्यैरिहामुत्र सुखेप्सुभिः ॥ १४३ ॥
भर्त्तुर्मित्राणि मित्राणि जानीयात्तदरीनरीन् ।
सभीतिः सर्वदा तिष्ठेत् प्रभोराज्ञां प्रतीक्षयन् ॥ १४४ ॥
अपमानं गृहच्छिद्रं गुप्त्यर्थं कथितञ्च यत् ।
भर्त्तुर्ग्लानिकरं यच्च गोपयेदतियत्नतः ॥ १४५ ॥
अलोभः स्यात् स्वामिधने सदा स्वामिहिते रतः ।
तत्सन्निधावसद्भाषं क्रीड़ां हास्यं परित्यजेत् ॥ १४६ ॥
न पापमनसा पश्येदपि तद्गृहकिङ्करीः ।
विविक्तशय्यां हास्यञ्च ताभिः सह विवर्जयेत् ॥ १४७ ॥
प्रभोः शय्यासनं यानं वसनं भाजनानि च ।
उपानद्भूषणं शस्त्रं नात्मार्थं विनियोजयेत् ॥ १४८ ॥
क्षमां कृतापराधश्चेत् प्रार्थयेद्यत्नतः प्रभोः ।
प्रागल्भ्यं प्रौढ़वादञ्च साम्याचारं विवर्जयेत् ॥ १४९ ॥

अथ सेवकधर्मानाह दक्ष इत्यादिभिः । दक्षः आत्मकार्येषु चतुरः । शुचिः स्वच्छः । अप्रमत्तः निजकार्येषु सावधानः ॥ १४२–१४६ ॥

न पापेत्यादि । पापमनसा तस्य स्वामिनो गृहकिङ्करीरपि न पश्येत् का वार्त्ता तत्पत्नीपुत्र्यादीनाम् । विविक्तशय्याम् रहःशयनम् । ताभिः स्वामिगृहकिङ्करीभिः ॥ १४७ ॥ १४८ ॥

प्रागल्भ्यम् धाष्टर्यम् ॥ १४९ ॥

सर्वे वर्णाः स्वस्ववर्णैर्ब्राह्मोद्वाहं तथाऽशनम् ।
कुर्वीरन् भैरवीचक्रात्तत्त्वचक्रादृते शिवे ॥ १५० ॥
उभयत्र महेशानि शैवोद्वाहः प्रकीर्त्तितः ।
तथाऽऽदाने च पाने च वर्णभेदो न विद्यते ॥ १५१ ॥

श्रीदेव्युवाच ।

किमिदं भैरवीचक्रं तत्त्वचक्रञ्च कीदृशम् ।
तत्सर्वं श्रोतुमिच्छामि कृपया वक्तुमर्हसि ॥ १५२ ॥

श्रीसदाशिव उवाच ।

कुलपूजाविधौ देवि चक्रानुष्ठानमीरितम् ।
विशेषपूजासमये तत्कार्यं साधकोत्तमैः ॥ १५३ ॥
भैरवीचक्रविषये न तादृङ्नियमः प्रिये ।
यथासमयमासाद्य कुर्याच्चक्रमिदं शुभम् ॥ १५४ ॥
विधानमस्य वक्ष्यामि साधकानां शुभावहम् ।
आराधिता येन देवी तूर्णं यच्छति वाञ्छितम् ॥ १५५ ॥

अशनम् भोजनम् । ऋते विना ॥ १५० ॥

उभयत्र भैरवीचक्रे तत्त्वचक्रे च ॥ १५१ ॥

अथ भैरवीचक्रतत्त्वचक्रयोर्विधानं श्रोतुमिच्छन्ती श्रीदेव्युवाच किमिदमित्यादि ॥ १५२ ॥

एवं प्रार्थितः सन् श्रीसदाशिव उवाच कुलपूजेत्यादि । तत्कुलपूजाविधावुक्तं चक्रानुष्ठानम् ॥ १५३ ॥ १५४ ॥

अस्य भैरवीचक्रस्य । येन भैरवीचक्रविधानेन । यच्छति ददाति ॥ १५५ ॥

कुलाचार्यो रम्यभूमावास्तीर्याऽऽसनमुत्तमम् ।
कामाद्येनास्त्रबीजेन संशोध्योपविशेत्ततः ॥ १५६ ॥
सिन्दूरेण कुसीदेन केवलेन जलेन वा ।
त्रिकोणञ्चतुरस्रञ्च मण्डलं रचयेत् सुधीः ॥ १५७ ॥
विचित्रघटमानीय दध्यक्षतविमृक्षितम् ।
फलपल्लवसंयुक्तं सिन्दूरतिलकान्वितम् ॥ १५८ ॥
सुवासितजलैः पूर्णं मण्डले तत्र साधकः ।
प्रणवेन तु संस्थाप्य धूपदीपौ प्रदर्शयेत् ॥ १५९ ॥
सम्पूज्य गन्धपुष्पाभ्यां चिन्तयेदिष्टदेवताम् ।
संक्षेपपूजाविधिना तत्र पूजां समाचरेत् ॥ १६० ॥
विशेषमत्र वक्ष्यामि शृणुष्वाऽमरवन्दिते ।
गुर्वादिनवपात्राणां मात्र स्थापनमिष्यते ॥ १६१ ॥

भैरवीचक्रानुष्ठानमेवाह कुलाचार्य इत्यादिभिः । कुलाचार्यः कुलगुरुः । रम्यभूमौ रमणीयायां भुव्युत्तममासनमास्तीर्याऽऽच्छाद्य कामाद्येन क्लीँ बीजाद्येनाऽस्त्रबीजेन फटा संशोध्य च ततस्तत्राऽऽसने उपविशेत् ॥ १५६ ॥

सिन्दूरेणेति । ततः सुधीः कोविदः सिन्दूरेण कुसीदेन रक्तचन्दनेन केवलेन जलेन वा त्रिकोणं मण्डलं तद्बहिश्चतुरस्रञ्चतुष्कोणञ्च मण्डलं रचयेत् ॥ १५७ ॥

विचित्रेत्यादि । ततःपरं विचित्रं विविधानि चित्राण्यालेख्यानि यत्रैवम्भूतं घटमानीय दध्यक्षतविमृक्षितं दध्नाऽक्षतैश्च सम्पृक्तं फलैः पल्लवैश्च संयुक्तं सिन्दूरतिलकैरन्वितं संयुतं कर्पूरादिभिः सुवासितैर्जलैः पूर्णञ्च कृत्वा प्रणवेन ओँकारेण तत्र मण्डले संस्थाप्य च साधको धूपदीपौ तं प्रदर्शयेत् ॥ १५८ ॥ १५९ ॥

सम्पूज्येति । ततो गन्धपुष्पाभ्यां घटं संपूज्य तत्रेष्टदेवतां चिन्तयेत् । सञ्चिन्त्य च पूर्वोक्तेन संक्षेपपूजाविधिना तत्र कलशे इष्टदेवतायाः पूजां समाचरेत् कुर्यात् ॥ १६० ॥ १६१ ॥

यथेष्टं तत्त्वमादाय संस्थाप्य पुरतो व्रती ।
प्रोक्षयेदस्त्रमन्त्रेण दिव्यदृष्ट्याऽवलोकयेत् ॥ १६२ ॥
अलियन्त्रे गन्धपुष्पं दत्त्वा तत्र विचिन्तयेत् ।
आनन्दभैरवीं देवीं आनन्दभैरवं तथा ॥ १६३ ॥
नवयौवनसम्पन्नां तरुणारुणविग्रहाम् ।
चारुहासामृताभाषोल्लसद्वदनपङ्कजाम् ॥ १६४ ॥
नृत्यगीतकृतामोदां नानाभरणभूषिताम् ।
विचित्रवसनां ध्यायेत् वराभयकराम्बुजाम् ॥ १६५ ॥
इत्यानन्दमयीं ध्यात्वा स्मरेदानन्दभैरवम् ॥ १६६ ॥

यथेष्टमिति । ततो व्रती साधको यथेष्टं तत्त्वं मद्यादिकमादाय पूरतोऽग्रे संस्थाप्य चाऽस्त्रमन्त्रेण फटा प्रोक्षयेत् जलेन सिञ्चेत् दिव्यदृष्ट्याऽवलोकयेच्च ॥ १६२ ॥

अलियन्त्रे इति । ततोऽलियन्त्रे मद्यपात्रे गन्धपुष्पं दत्त्वा तत्राऽलियन्त्रे एवाऽऽनन्दभैरवीं देवीन्तथाऽऽनन्दभैरवं देवं विचिन्तयेत् ॥ १६३ ॥

आनन्दभैरव्या ध्यानमेवाह नवयौवनसम्पन्नामिति । नवयौवनसम्पन्नां नवीनतारुण्यं सम्प्राप्ताम् । तरुणारुणविग्रहाम् नवीनसूर्यसदृशदेहाम् । चारुहासामृताभाषोल्लसद्वदनपङ्कजाम् चारुहासेन मनोहरहसनेनामृतभाषया सुधातुल्यभाषणेन चोल्लसद्देदीप्यमानं वदनपङ्कजं मुखकमलं यस्यास्तथाभूताम् । नृत्यगीतकृतामोदाम् नृत्यगीताभ्यां कृत आमोद आनन्दो यया ताम् । नानाभरणभूषिताम् अनेकविधभूषणालङ्कृताम् । विचित्रवसनाम् विचित्रमद्भुतं वसनं वस्त्रं यस्यास्ताम् । वराभयकराम्बुजाम् वरोऽभयञ्च कराम्बुजयो र्यस्यास्ताम् । एवम्भूतामानन्दभैरवीं ध्यायेत् । इत्येवमानन्दभैरवीं ध्यात्वा आनन्दभैरवं स्मरेत् ॥ १६४–१६६ ॥

कर्पूरपूरधवलं कमलायताक्षम्
दिव्याम्बराभरणभूषितदेहकान्तिम् ।
वामेन पाणिकमलेन सुधाढ्यपात्रम्
दक्षेण शुद्धिगुटिकां दधतं स्मरामि ॥ १६७ ॥

ध्यात्वैवमुभयोस्तत्र सामरस्यं विचिन्तयन् ।
प्रणवादिनमोऽन्तेन नाममन्त्रेण देशिकः ।
संपूज्य गन्धपुष्पाभ्यां शोधयेत् कारणं ततः ॥ १६८ ॥

पाशादित्रिकबीजेन स्वाहान्तेन कुलार्चकः ।
अष्टोत्तरशतावृत्त्या जपन् हेतुं विशोधयेत् ॥ १६९ ॥

गृहकार्यैकचित्तानां गृहिणां प्रबले कलौ ।
आद्यतत्त्वप्रतिनिधौ विधेयं मधुरत्रयम् ॥ १७० ॥

आनन्दभैरवध्यानमेवाहैकेन कर्पूरपूरधवलमिति । कर्पूरपूरधवलं कर्पूरप्रवाहवच्छुभ्रम् । कमलायताक्षम् कमलवदायते विस्तृते अक्षिणी यस्य तम् । दिव्याम्बराभरणभूषितदेहकान्तिम् दिव्यैरम्बराभरणैर्वस्त्रविभूषणैर्भूषितोऽलङ्कृतो यो देहस्तत्र कान्तिरधिका दीप्तिर्यस्य तथाभूतम् । वामेन पाणिकमलेन सुधाढ्यपात्रं मद्यसमन्वितं पात्रं दक्षेण पाणिकमलेन शुद्धिगुटिकाञ्च दधतमानन्दभैरवं स्मरामि चिन्तयामि ॥ १६७ ॥

ध्यात्वेति । एवमुभौ ध्यात्वा तत्राऽलियन्त्रे उभयोर्भैरवीभैरवयोः सामरस्यमैकरस्यं विचिन्तयन् देशिकः साधकः प्रणवादिनमोऽन्तेन नाममन्त्रेण गन्धपुष्पाभ्यां तौ संपूज्य ततः कारणं मद्यं शोधयेत् ॥ १६८ ॥

ननु केन मन्त्रेण मद्यं शोधयेत् तत्राह पाशादीत्यादि । स्वाहान्तेन स्वाहाऽन्तो यस्यैवम्भूतेन पाशादित्रिकबीजेन आँ ह्रीँ क्रोमिति बीजत्रयेण अष्टोत्तरशतावृत्त्या इममेव मन्त्रं जपन् कुलार्चको हेतुं मद्यं विशोधयेत् ॥ १६९ ॥ १७० ॥

दुग्धं सिता माक्षिकञ्च विज्ञेयं मधुरत्रयम् ।
अलिरूपमिदं मत्त्वा देवतायै निवेदयेत् ॥ १७१ ॥
स्वभावात् कलिजन्मानः कामविभ्रान्तचेतसः ।
तद्रूपेण न जानन्ति शक्तिं सामान्यबुद्धयः ॥ १७२ ॥
अतस्तेषां प्रतिनिधौ शेषतत्त्वस्य पार्वति ।
ध्यानं देव्याः पदाम्भोजे स्वेष्टमन्त्रजपस्तथा ॥ १७३ ॥
ततस्तु प्राप्ततत्त्वानि पललादीनि यानि च ।
प्रत्येकं शतधाऽनेन मनुना चाभिमन्त्रयेत् ॥ १७४ ॥
सर्वं ब्रह्ममयं ध्यात्वा निमील्य नयनद्वयम् ।
निवेद्य पूर्ववत् काल्यै पानभोजनमाचरेत् ॥ १७५ ॥

मधुरत्रयमेवाह दुग्धमित्यादि । अलिरूपं मद्यस्वरूपम् । इदं मधुरयत्रम् ॥ १७१ ॥

शक्तिं स्त्रियम् ॥ १७२ ॥

अत इत्यादि । हे पार्वति अतो हेतोः तेषां कलिजन्मनां शेषतत्त्वस्य मैथुनस्य प्रतिनिधौ देव्याः पदाम्भोजे ध्यानं विधेयम् तथा स्वेष्टमन्त्रस्य जपो विधेयः ॥ १७३ ॥

ततस्त्विति । ततः परं पललादीनि मांसादीनि यानि प्राप्ततत्त्वानि तानि प्रत्येकं शतधा जप्यमानेनानेन ऑं ह्रीँ क्रोँ स्वाहेति मनुनाऽभिमन्त्रयेत् शोधयेदित्यर्थः ॥ १७४ ॥

सर्वमिति । ततो नयनद्वयं निमील्य सर्वं मद्यादितत्त्वं ब्रह्ममयं ब्रह्मस्वरूपं ध्यात्वा पूर्ववत् काल्यै निवेद्य च पूर्ववदेव पानभोजनमाचरेत् ॥ १७५ ॥

इदन्तु भैरवीचक्रं सर्वतन्त्रेषु गोपितम् ।
तवाग्रे कथितं भद्रे सारात्सारं परात्परम् ॥ १७६ ॥
विवाहो भैरवीचक्रे तत्त्वचक्रेऽपि पार्वति ।
सर्वथा साधकेन्द्रेण कर्त्तव्यः शैववर्त्मना ॥ १७७ ॥
विना परिणयं वीरः शक्तिसेवां समाचरन् ।
परस्त्रीगामिनां पापं प्राप्नुयान्नात्र संशयः ॥ १७८ ॥
सम्प्राप्ते भैरवीचक्रे सर्वे वर्णाः द्विजोत्तमाः ।
निवृत्ते भैरवीचक्रे सर्वे वर्णाः पृथक् पृथक् ॥ १७९ ॥
नात्र जातिविचारोऽस्ति नोच्छिष्टादिविवेचनम् ।
चक्रमध्यगता वीरा मम रूपा नराख्यया ॥ १८० ॥
न देशकालनियमो न वा पात्रविचारणम् ।
येन केनाऽऽहृतं द्रव्यं चक्रेऽस्मिन् विनियोजयेत् ॥ १८१ ॥
दूरदेशात् समानीतं पक्वं वाऽपक्वमेव वा ।
वीरेण पशुना वापि चक्रमध्यगतं शुचि ॥ १८२ ॥
चक्रारम्भे महेशानि विघ्नाः सर्वे भयाकुलाः ।
बिभीतास्ते पलायन्ते वीराणां ब्रह्मतेजसा ॥ १८३ ॥

अथ भैरवीचक्रस्य माहात्म्यं वर्णयितुमुपक्रमते इदन्त्वित्यादि ॥ १७६ ॥ १७७ ॥

परिणयम् विवाहम् ॥ १७८ ॥ १७९ ॥

अत्र भैरवीचक्रे ॥ १८० ॥

द्रव्यं मद्यादि ॥ १८१–१८३ ॥

पिशाचा गुह्यका यक्षा वेतालाः क्रूरजातयः ।
श्रुत्वात्र भैरवीचक्रं दूरं गच्छन्ति साध्वसम् ॥ १८४ ॥
तत्र तीर्थानि सर्वाणि महातीर्थादिकानि च ।
सेन्द्रामरगणाः सर्वे तत्रागच्छन्ति सादरम् ॥ १८५ ॥
चक्रस्थानं महातीर्थं सर्वतीर्थाधिकं शिवे ।
त्रिदशा यत्र वाञ्छन्ति तव नैवेद्यमुत्तमम् ॥ १८६ ॥
म्लेच्छेन श्वपचेनापि किरातेनापि हूणुना ।
आमं पक्वं यदानीतं वीरहस्तार्पितं शुचि ॥ १८७ ॥
दृष्ट्वा तु भैरवीचक्रं मम रूपांश्च साधकान् ।
मुच्यन्ते पशुपाशेभ्यः कलिकल्मषदूषिताः ॥ १८८ ॥
प्रबले कलिकाले तु न कुर्याच्चक्रगोपनम् ।
सर्वत्र सर्वदा वीरः साधयेत् कुलसाधनम् ॥ १८९ ॥
चक्रमध्ये वृथालापं चाञ्चल्यं बहुभाषणम् ।
निष्ठीवनमधोवायुं वर्णभेदं विवर्जयेत् ॥ १९० ॥
क्रूरान् खलान् पशून् पापान् नास्तिकान् कुलदूषकान् ।
निन्दकान् कुलशास्त्राणां चक्राद्दूरतरं त्यजेत् ॥ १९१ ॥
स्नेहाद्भयादानुरक्त्या पशूंश्चक्रे प्रवेशयन् ।
कुलधर्मात् परिभ्रष्टो वीरोऽपि नरकं व्रजेत् ॥ १९२ ॥

साध्वसं सभयम् ॥ १८४ ॥

तत्र चक्रस्थाने ॥ १८५ ॥ १८६ ॥

हूणुना जातिविशेषेण । आमम् अपक्वम् ॥ १८७–१९१ ॥

ब्राह्मणाः क्षत्रिया वैश्याः शूद्राः सामान्यजातयः ।
कुलधर्माश्रिता ये वै पूज्यास्ते देववत् सदा ॥ १९३ ॥
वर्णाभिमानाच्चक्रे तु वर्णभेदं करोति यः ।
स याति घोरनिरयमपि वेदान्तपारगः ॥ १९४ ॥
चक्रान्तर्गतकौलानां साधूनां शुद्धचेतसाम् ।
साक्षाच्छिवस्वरूपाणां पापशङ्का भवेत् कुतः ॥ १९५ ॥
यावद्वसन्ति चक्रेषु विप्राद्याः शैवमार्गिणः ।
तावत्तु शाम्भवाचारांश्चरेयुः शिवशासनात् ॥ १९६ ॥
चक्राद्विनिःसृताः सर्वे स्वस्ववर्णाश्रमोदितम् ।
लोकयात्राप्रसिद्ध्यर्थं कुर्युः कर्म पृथक् पृथक् ॥ १९७ ॥
पुरश्चर्याशतेनापि शवमुण्डचितासनात् ।
चक्रमध्ये सकृत् जप्त्वा तत् फलं लभते सुधीः ॥ १९८ ॥
भैरवीचक्रमाहात्म्यं को वा वक्तुं क्षमो भवेत् ।
सकृदेतत् प्रकुर्वाणः सर्वैः पापैः प्रमुच्यते ॥ १९९ ॥
षण्मासं भूमिपालः स्यात् वर्षं मृत्युञ्जयः स्वयम् ।
नित्यं समाचरन् मर्त्यो ब्रह्मनिर्वाणमाप्नुयात् ॥ २०० ॥

भयादानुरक्त्या भयहेतुकेनानुरागेण ॥ १९२–१९५ ॥

चरेयुः कुर्युः ॥ १९६ ॥ १९७ ॥

पुरश्चर्येत्यादि । शवमुण्डचितासनात् शवासनात् मुण्डासनात् चितासनाच्च यत् फलं लभते ॥ १९८ ॥ १९९ ॥

बहुना किमिहोक्तेन सत्यं जानीहि कालिके ।
इहामुत्र सुखावाप्त्यै कुलमार्गो हि नापरः ॥ २०१ ॥
कलेः प्राबल्यसमये सर्वधर्मविवर्जिते ।
गोपनात् कुलधर्मस्य कौलोऽपि नारकी भवेत् ॥ २०२ ॥
कथितं भैरवीचक्रं भोगमोक्षैकसाधनम् ।
तत्त्वचक्रं कुलेशानि साम्प्रतं वच्मि तत् शृणु ॥ २०३ ॥
तत्त्वचक्रं चक्रराजं दिव्यचक्रं तदुच्यते ।
नात्राधिकारः सर्वेषां ब्रह्मज्ञान् साधकान् विना ॥ २०४ ॥
परब्रह्मोपासका ये ब्रह्मज्ञा ब्रह्मतत्पराः ।
शुद्धान्तःकरणाः शान्ताः सर्वप्राणिहिते रताः ॥ २०५ ॥
निर्विकारा निर्विकल्पा दयाशीला दृढव्रताः ।
सत्यसङ्कल्पका ब्राह्मास्त एवात्राऽधिकारिणः ॥ २०६ ॥
ब्रह्मभावेन तत्त्वज्ञे ये पश्यन्ति चराचरम् ।
तेषां तत्त्वविदां पुंसां तत्त्वचक्रेऽधिकारिता ॥ २०७ ॥
सर्वं ब्रह्ममयं भावश्चक्रेऽस्मिंस्तत्त्वसंज्ञके ।
येषामुत्पद्यते देवि त एव तत्त्वचक्रिणः ॥ २०८ ॥

षण्मासमिति । भैरवीचक्रं षण्मासं समाचरन् मर्त्यो भूमिपालः स्यादित्येवमन्वयः ॥ २००–२०३ ॥

अत्र चक्रराजे तत्त्वचक्रे ॥ २०४ ॥

शान्ताः रागद्वेषादिशून्याः ॥ २०५ ॥

तत्र तत्त्वचक्रे ॥ २०६ ॥ २०७ ॥

भावो भावना विचिन्तनेत्यर्थः ॥ २०८ ॥

न घटस्थापनाऽत्रास्ति न बाहुल्येन पूजनम् ।
सर्वत्र ब्रह्मभावेन साधयेत् तत्त्वसाधनम् ॥ २०९ ॥
ब्रह्ममन्त्री ब्रह्मनिष्ठो भवेच्चक्रेश्वरः प्रिये ।
ब्रह्मज्ञैः साधकैः सार्द्धं तत्त्वचक्रं समारभेत् ॥ २१० ॥
रम्ये सुनिर्मले देशे साधकानां सुखावहे ।
विचित्रासनमानीय कल्पयेद्विमलासनम् ॥ २११ ॥
तत्रोपविश्य चक्रेशः सहितो ब्रह्मसाधकैः ।
आसादयेत्तु तत्त्वानि स्थापयेदग्रतः शिवे ॥ २१२ ॥
तारादिप्राणबीजान्तं शतावृत्त्या जपन् मनुम् ।
सर्वतत्त्वेषु चक्रेश इमं मन्त्रमुदीरयेत् ॥ २१३ ॥
ब्रह्मार्पणं ब्रह्महविर्ब्रह्माग्नौ ब्रह्मणा हुतम् ।
ब्रह्मैव तेन गन्तव्यं ब्रह्मकर्मसमाधिना ॥ २१४ ॥

तत्त्वसाधनम् तत्त्वचक्रसाधनम् ॥ २०९ ॥ २१० ॥

अथ तत्त्वचक्रस्य विधानमाह रम्ये इत्यादिभिः ॥ २११ ॥

तत्र कल्पिते विमलासने आसादयेत् आनयेत् तत्त्वानि मद्यादीनि ॥ २१२ ॥

तारादीत्यादि । ततो मद्यादिषु सर्वतत्त्वेषु तारादिप्राणबीजान्तं तारः प्रणव आदिर्यस्य स तारादिः प्राणबीजं हंस इति बीजमन्तो यस्य सः प्राणबीजान्तः तारादिश्चासौ प्राणबीजान्तश्च तारादिप्राणबीजान्तस्तं मनुम् ओँ हंस इति मन्त्रं शतावृत्त्या जपन् चक्रेश इमं वक्ष्यमाणं मन्त्रमुदीरयेत् ॥ २१३ ॥

मन्त्रमेवाह ब्रह्मार्पणमिति ॥ २१४ ॥

सप्तधा वा त्रिधा जप्त्वा तानि सर्वाणि शोधयेत् ॥ २१५ ॥
ततो ब्राह्मेण मनुना समर्प्य परमात्मने ।
ब्रह्मज्ञैः साधकैः सार्द्धं विदध्यात् पानभोजनम् ॥ २१६ ॥
ब्रह्मचक्रे महेशानि वर्णभेदं विबर्जयेत् ।
न देशकालनियमो न पात्रनियमस्तथा ॥ २१७ ॥
ये कुर्वन्ति नरा मूढ़ा दिव्यचक्रे प्रमादतः ।
कुलभेदं वर्णभेदं ते गच्छन्त्यधमां गतिम् ॥ २१८ ॥
अतः सर्वप्रयत्नेन ब्रह्मज्ञैः साधकोत्तमैः ।
तत्त्वचक्रमनुष्ठेयं धर्मकामार्थमुक्तये ॥ २१९ ॥

श्रीदेव्युवाच ।

गृहस्थानामशेषेण धर्मानकथयत् प्रभो ।
संन्यासविहितात् धर्मान् कृपया वक्तुमर्हसि ॥ २२० ॥

श्रीसदाशिव उवाच ।

अवधूताश्रमो देवि कलौ संन्यास उच्यते ।
विधिना येन कर्त्तव्यस्तत् सर्वं श्रृणु साम्प्रतम् ॥ २२१ ॥

सप्तधेति । इमं मन्त्रं सप्तधा त्रिधा वा जप्त्वा सर्वाणि तानि मद्यादीनि शोधयेत् ॥ २१५ ॥

ब्राह्मेण मनुना ओँ सच्चिदेकं ब्रह्मेति मन्त्रेण ॥ २१६ ॥

ब्रह्मचक्रे तत्त्वचक्रे ॥ २१७–२१९ ॥

एवमशेषान् गृहस्थधर्मान् श्रुत्वा अधूना संन्यासिधर्म्मान् श्रोतुमिच्छन्ती श्रीदेव्युवाच गृहस्थानामित्यादि ॥ २२० ॥

एवं प्रेरितः सन् श्रीसदाशिव उवाच अवधूतेत्यादि । तत् विधानम् साम्प्रतमिदानीम् ॥ २२१ ॥

ब्रह्मज्ञाने समुत्पन्ने विरते सर्वकर्मणि ।
अध्यात्मविद्यानिपुणः संन्यासाश्रममाश्रयेत् ॥ २२२ ॥
विहाय वृद्धौ पितरौ शिशुं भार्यां पतिव्रताम् ।
त्यक्त्वाऽसमर्थान् बन्धूंश्च प्रव्रजन्नारकी भवेत् ॥ २२३ ॥
ब्राह्मणः क्षत्रियो वैश्यः शूद्रः सामान्य एव च ।
कुलावधूतसंस्कारे पञ्चानामधिकारिता ॥ २२४ ॥
सम्पाद्य गृहकर्माणि परितोष्याऽपरानपि ।
निर्ममो निलयाद्गच्छेन्निष्कामो विजितेन्द्रियः ॥ २२५ ॥
आहूय स्वजनान् बन्धून् ग्रामस्थान् प्रतिवासिनः ।
प्रीत्याऽनुमतिमन्विच्छेत् गृहाज्जिगमिषुर्जनः ॥ २२६ ॥
तेषामनुज्ञामादाय प्रणम्य परदेवताम् ।
ग्रामं प्रदक्षिणीकृत्य निरपेक्षो गृहादियात् ॥ २२७ ॥
मुक्तः संसारपाशेभ्यः परमानन्दनिर्वृतः ।
कुलावधूतं ब्रह्मज्ञं गत्वा संप्रार्थयेदिदम् ॥ २२८ ॥

संन्यासग्रहणविधानमेवाह ब्रह्मज्ञाने इत्यादिभिः । अध्यात्मविद्यानिपुणः आत्मविद्याभिज्ञः ॥ २२२–२२४ ॥

सम्पाद्य साधयित्वा । अपरान् पित्रादिभिन्नान् । निर्ममः गृहादिविषयममताशून्यः निलयात् गृहात् ॥ २२५ ॥

अनुमतिमन्विच्छेत् अनुज्ञामादद्यात् ॥ २२६ ॥

निरपेक्षः निस्पृहः । इयात् गच्छेत् ॥ २२७ ॥

परमानन्दनिर्वृत्तः परमानन्दे निमग्नः ॥ २२८ ॥

गृहाश्रमे परब्रह्मन् ममैतद्विगतं वयः ।
प्रसादं कुरु मे नाथ संन्यासग्रहणं प्रति ॥ २२९ ॥
निवृत्तगृहकर्माणं विचार्य विधिवद्गुरुः ।
शान्तं विवेकिनं वीक्ष्य द्वितीयाश्रममादिशेत् ॥ २३० ॥
ततः शिष्यः कृतस्नानो यतात्मा विहिताह्निकः ।
ऋणत्रयविमुक्त्यर्थं देवर्षीनर्चयेत् पितॄन् ॥ २३१ ॥
देवा ब्रह्मा च विष्णुश्च रुद्रश्च स्वगणैः सह ।
ऋषयः सनकाद्याश्च देवब्रह्मर्षयस्तथा ॥ २३२ ॥
अत्र ये पितरः पूज्या वक्ष्यामि शृणु तानपि ॥ २३३ ॥
पिता पितामहश्चैव प्रपितामह एव च ।
माता पितामही देवि तथैव प्रपितामही ।
मातामहादयोऽप्येवं मातामह्यादयोऽपि च ॥ २३४ ॥

यत् प्रार्थयेत् तदाह गृहाश्रमे इत्यादिना ॥ २२९ ॥

शान्तम् उपरतचित्तम् ॥ २३० ॥

तत इति । ततः परं यतात्मा संयतमनाः शिष्यः कृतस्नानो विहिताह्निकश्च भूत्वा ऋणत्रयविमुक्त्यर्थं देवर्षीन् देवान् ऋषीन् पितॄंश्चार्चयेत् पूजयेत् ॥२३१॥

ऋणविमुक्त्यर्थं ये देवा ऋषयश्च पूज्यास्तानाह देवा इत्यादिना । ब्रह्मा च विष्णुश्च स्वगणैः सह रुद्रश्चैते देवाः संन्यासकर्मणि पूज्याः । सनक आद्यो येषां ते सनकाद्याः सनकसनन्दनसनातनाद्याः सनकसजातीया ऋषयः तथा देवर्षयो नारदादयो ब्रह्मर्षयो भृग्वादयश्च पूज्याः ॥ २३२ ॥

अत्र संन्यासकर्मणि ॥ २३३ ॥

ऋणविमुक्त्यर्थं पूज्यान् पितॄनेवाह पितेत्यादिना सार्द्धेन । एवं पित्रादिवन्मातामहादयोऽपि पूज्याः एवमन्वयः । आदिना प्रमातामहवृद्धप्रमातामहयोः प्रमातामहीवृद्धप्रमातामह्योश्च ग्रहणम् ॥ २३४ ॥

प्राच्यामृषीन् यजेद्देवान् दक्षिणस्यां पितॄन् यजेत् ।
मातामहान् प्रतीच्याञ्च पूजयेन्न्यासकर्मणि ॥ २३५ ॥
पूर्वादिक्रमतो दद्यादासनानां द्वयं द्वयम् ।
देवादीन् क्रमतस्तत्राऽऽवाह्य पूजां समाचरेत् ॥ २३६ ॥
समर्च्य विधिवत्तेभ्यः पिण्डान् दद्यात् पृथक् पृथक् ।
पिण्डप्रदानविधिना दत्त्वा पिण्डं यथाक्रमम् ।
कृताञ्जलिपुटो भूत्वा प्रार्थयेत् पितृदेवताः ॥ २३७ ॥
तृप्यध्वं पितरो देवा देवर्षिमातृका गणाः ।
गुणातीतपदे यूयमनृणीकुरुताऽचिरात् ॥ २३८ ॥
इत्यानृण्यमर्थयित्वा प्रणम्य च पुनः पुनः ।
ऋणत्रयविनिर्मुक्त आत्मश्राद्धं प्रकल्पयेत् ॥ २३९ ॥

ननु कस्यां कस्यां दिशि देवानृषीन् पितॄंश्च पूजयेदित्यपेक्षायामाह प्राच्यामित्यादि । संन्यासकर्मणि देवानृषींश्च प्राच्यां पूर्वस्यां दिशि यजेत् । दक्षिणस्यां दिशि पितॄन् पित्रादीन् यजेत् । प्रतीच्यां पश्चिमायां दिशि मातामहान्मातामहप्रभृतीन् यजेत् पूजयेत् ॥ २३५ ॥

अथ संक्षेपतो देवादीनां पूजाया विधानमाह पूर्वादिक्रमत इत्यादिभिः । पूर्वादिक्रमतः पूर्वादिक्रमेण तिसृषु दिक्ष्वासनानां द्वयं द्वयं दद्यात् । तत्रासनानां द्वये द्वये क्रमतो देवादीनावाह्य तेषां पूजां समाचरेत् कुर्यात् ॥ २३६ ॥

समचर्च्येत्यादि । देवर्षिपितॄन् विधिवत् समचर्च्य तेभ्यो देवर्षिपितृभ्यः पृथक् पृथक् पिण्डान् विधिवद्दद्यात् । वक्ष्यमाणेन पिण्डप्रदानविधिना देवादिभ्यो यथाक्रमं पिण्डं दत्वा कृताञ्जलिपुटो भूत्वा पितृदेवताः प्रार्थयेत् ॥ २३७ ॥

किं प्रार्थयेत्तत्राह तृप्यध्वमित्यादि । हे पितरो देवा देवर्षयो मातृगणाश्च यूयं तृप्यध्वं गुणातीतपदे अतिक्रान्तगुणे पदे व्रजन्तं मामचिरादतिशीघ्रमेव यूयमनृणी कुरुत ॥ २३८ ॥ २३९ ॥

पिता ह्यात्मैव सर्वेषां तत्पिता प्रपितामहः ।
आत्मन्यात्मार्पणार्थाय कुर्यादात्मक्रियां सुधीः ॥ २४० ॥
उत्तराभिमुखो भूत्वा पूर्ववत् कल्पितासने ।
आवाह्याऽऽत्मपितॄन् देवि दद्यात् पिण्डं समर्चयन् ॥ २४१ ॥
प्रागग्रान् दक्षिणाग्रांश्च पश्चिमाग्रान् यथाक्रमात् ।
पिण्डार्थमास्तरेद्दर्भानुदगग्रान् स्वकर्मणि ॥ २४२ ॥
समाप्य श्राद्धकर्माणि गुरुदर्शितवर्त्मना ।
युयुक्षुश्चित्तशुद्ध्यर्थमिमं मन्त्रं शतं जपेत् ॥ २४३ ॥
ह्रीँ त्र्यम्बकं यजामहे सुगन्धिं पुष्टिवर्द्धनम् ।
ऊर्वारुकमिव बन्धनान् मृत्योर्मुक्षीय माऽमृतात् ॥ २४४ ॥
उपासनानुसारेण वेद्यां मण्डलपूर्वकम् ।
संस्थाप्य कलशं तत्र गुरुः पूजां समारभेत् ॥ २४५ ॥

आत्मश्राद्धकरणे हेतुं दर्शयन्नाह पिता हीत्यादि । हि यतः सर्वेषामात्मैव पिता तत्पिता पितामहः प्रपितामहश्च स्यात् अतः आत्मनि परमात्मनि आत्मनोऽर्पणार्थाय सुधीर्विद्वान् आत्मक्रियां कुर्यात् ॥ २४० ॥

संक्षेपतः आत्मनश्च श्राद्धस्य विधानमाह उत्तराभिमुख इत्यादिना । आत्मपितॄन् आत्मस्वरूपान् पित्रादीन् ॥ २४१ ॥

प्रागग्रानिति । पिण्डार्थं देवर्षिपित्रुद्देश्यकपिण्डदानार्थं यथाक्रमात् क्रमेणैव प्राक् प्राच्यां दिश्यग्राणि येषां तान् प्रागग्रान् दक्षिणाग्रान् पश्चिमाग्रांश्च दर्भान् कुशानास्तरेदाच्छादयेत् । स्वकर्मणि आत्मश्राद्धक्रियायां तु उदक् उदीच्यामग्राणि येषां तथाभूतान् दर्भानास्तरेत् ॥ २४२ ॥ २४३ ॥

तमेव मन्त्रमाह ह्रीँ त्र्यम्बकमित्यादिकम् ॥ २४४ ॥

उपासनेत्यादि । ततः उपासनाया अनुसारेण रचितायां वेद्यां मण्डलपूर्वकं कलशं संस्थाप्य तत्र कलशे शिष्यस्येष्टदेवतायाः पूजां गुरुः समारभेत् ॥ २४५ ॥

ततस्तु परमं ब्रह्म ध्यात्वा शाम्भववर्त्मना ।
विधाय पूजां ब्रह्मज्ञो वह्निस्थापनमाचरेत् ॥ २४६ ॥
प्रागुक्तसंस्कृते वह्नौ स्वकल्पोक्ताहुतिं गुरुः ।
दत्त्वा शिष्यं समाहूय साकल्यं हावयेत्तु तम् ॥ २४७ ॥
आदौ व्याहृतिभिर्हुत्वा प्राणहोमं प्रकल्पयेत् ।
प्राणापानौ समानश्चोदानव्यानौ च वायवः ॥ २४८ ॥
तत्त्वहोमं ततः कुर्याद्देहात्माध्यासमुक्तये ।
पृथिवी सलिलं वह्निर्वायुराकाशमेव च ॥ २४९ ॥
गन्धो रसश्च रूपश्च स्पर्शः शब्दो यथाक्रमात् ।
ततो वाक्पाणिपादाश्च पायूपस्थौ ततः परम् ॥ २५० ॥

ततस्त्विति । ततस्तु शिष्येष्टदेवतापूजनादनन्तरं तु ब्रह्मज्ञो गुरुः परमं ब्रह्म ध्यात्वा शाम्भववर्त्मना तस्य पूजां च विधाय वेद्यां वह्निस्थापनमाचरेत् कुर्यात् ॥ २४६ ॥

प्रागुक्तेत्यादि । ततः प्रागुक्तेन विधिना संस्कृते वह्नौ स्वकल्पोक्ताहुतिं स्वस्वकल्पे उक्तामाहुतिं दत्त्वा गुरुस्तं शिष्यं समाहूय तेन साकल्यमग्नौ हावयेत् ॥ २४७ ॥

आदाविति । आदौ प्रथमतो भूरादिभिर्व्याहृतिभिः साकल्यं हुत्वा ततः प्राणहोमं शरीरस्थप्राणादिपञ्चवायुहोमं प्रकल्पयेत् कुर्यात् । होतव्यान् प्राणादीन् पञ्चवायूनाह प्राणेत्याद्यर्द्धेन ॥ २४८ ॥

तत्त्वेति । ततः परं देहात्माध्यासमुक्तये शरीरनिष्ठात्मत्वज्ञानविमुक्त्यर्थं यथाक्रमं तत्त्वहोमं पृथ्वीजलादिचतुर्विंशतितत्त्वहवनं कुर्यात् । क्रमेणैव हवनीयानि चतुर्विंशतितत्त्वान्येवाह पृथिवीत्यादिनाऽहङ्कार इत्यन्तेन किञ्चिदधिकेन सपाद-द्वयेन ॥ २४९ ॥

श्रोत्रं त्वङ्नयनं जिह्वा घ्राणं बुद्धीन्द्रियाणि च ।
मनो बुद्धिश्च चित्तञ्चाहङ्कारो देहजाः क्रियाः ॥ २५१ ॥
सर्वाणीन्द्रियकर्माणि प्राणकर्माणि यानि च ॥ २५२ ॥
एतानि मे पदान्ते च शुद्ध्यन्तां पदमुच्चरेत् ।
ह्रीँ ज्योतिरहं विरजा विपाप्मा भूयासमित्यपि ॥ २५३ ॥
चतुर्विंशतितत्त्वानि कर्माणि दैहिकानि च ।
हुत्वाऽग्नौ निष्क्रियो देहं मृतवच्चिन्तयेत्ततः ॥ २५४ ॥

गन्ध इत्यादि । पृथिव्यादिपञ्चतत्त्वहवनानन्तरं गन्धादिपञ्चतत्त्वानि यथाक्रमात् होतव्यानि । ततो वागादिपञ्चकर्मेन्द्रियाणि हवनीयानि । ततः परं श्रोत्रादीनि पञ्चबुद्धीन्द्रियाणि होतव्यानि । ततो मन आदीनि चत्वारि तत्त्वानि हवनीयानि । ततो देहजाः क्रियाः होतव्याः ॥ २५० ॥ २५१ ॥

सर्वाणीति । ततः सर्वाणीन्द्रियकर्माणि यानि च प्राणकर्माणि तान्यपि हवनीयानि ॥ २५२ ॥

प्राणादिपञ्चवायूनां पृथिव्यादिचतुर्विंशतितत्त्वानां देहजक्रियाणां सर्वेन्द्रियकर्मणां प्राणादिवायुकर्मणाञ्च होमस्य मन्त्रमाह एतानीत्यादिना। पूर्वं एतानि मे इत्युच्चरेत् । तत्पदान्ते च शुद्ध्यन्तामिति पदमुच्चरेत् । ततो ह्रीँ ज्योतिरहं विरजा विपाप्मा भूयासमित्युच्चरेत् । ततो द्विठः स्वाहेत्यप्युच्चरेत् । योजनया एतानि मे शुद्ध्यन्तां ह्रीँ ज्योतिरहं विरजा विपाप्मा भूयासं स्वाहेति मन्त्रो जातः । अनेनैव प्राणादीनि प्राणकर्मपर्यन्तानि सर्वाणि जुहुयात् । यथा प्राणापानसमानोदानव्याना मे शुद्ध्यन्तां ह्रीँ ज्योतिरहं विरजा विपाप्मा भूयासं स्वाहेति प्राणादीन् जुहुयादिति । एवं सर्वत्र योजना ॥ २५३ ॥

चतुर्विंशतीत्यादि । एवं चतुर्विंशतितत्त्वानि दैहिकानि कर्माणि चाग्नौ हुत्वा निष्क्रियः क्रियाभ्यश्च निष्क्रान्तो भूत्वा ततो देहं मृतवच्चिन्तयेत् ॥२५४॥

विभाव्य मृतवत् कायं रहितं सर्वकर्मणा ।
स्मरंस्तत् परमं ब्रह्म यज्ञसूत्रं समुद्धरेत् ॥ २५५ ॥
ऐँ क्लीँ हूँ इति मन्त्रेण स्कन्धादुत्तार्य तत्त्ववित् ।
यज्ञसूत्रं करे कृत्वा पठित्वा व्याहृतित्रयम् ।
वह्निजायां समुच्चार्य घृताक्तमनले क्षिपेत् ॥ २५६ ॥
हुत्वैवमुपवीतञ्च कामबीजं समुच्चरन् ।
छित्वा शिखां करे कृत्वा घृतमध्ये नियोजयेत् ॥ २५७ ॥
ब्रह्मपुत्रि शिखे त्वं हि बालरूपा तपस्विनी ।
दीयते पावके स्थानं गच्छ देवि नमोऽस्तु ते ॥ २५८ ॥
कामं मायां कूर्चमन्त्रं वह्निजायामुदीरयन् ।
तस्मिन् सुसंस्कृते वह्नौ शिखाहोमं समाचरेत् ॥ २५९ ॥

विभाव्येति । सर्वकर्मणा रहितं मृतवच्च कायं देहं विभाव्य विचिन्त्य तत् जगत्कारणत्वेनातिप्रसिद्धं परमं ब्रह्म स्मरन् सन् यज्ञसूत्रं यज्ञोपवीतं समुद्धरेत् उरःस्थलात् स्कन्धं नयेत् ॥ २५५ ॥

ऐमित्यादि । ततः तत्त्ववित् ब्रह्मविज्जनः ऐँ क्लीँ इमिति मन्त्रेण यज्ञसूत्रं स्कन्धादुत्तार्य करे हस्ते च कृत्वा व्याहृतित्रयं पठित्वा व्याहृतित्रयान्ते च वह्निजायां स्वाहेति पदं समुच्चार्य घृताक्तं घृतसंयुक्तं यज्ञसूत्रमनलेऽग्नौ क्षिपेत् ॥ २५६ ॥

हुत्वेति । एवं प्रकारेणोपवीतं यज्ञसूत्रमग्नौ हुत्वा कामबीजं क्लीमिति बीजं समुच्चरन् सन् शिखां छित्त्वा करे च कृत्वा घृतमध्ये नियोजयेत् स्थापयेत् ॥ २५७ ॥

ब्रह्मेति । ततो ब्रह्मपुत्रि इत्याद्यं नमोऽस्तुते इत्यन्तं मन्त्रमुदीरयन् एतन्मन्त्रान्ते च कामं क्लीमितिमायां ह्रीमिति कूर्चं हूमिति अस्त्रं फडिति वह्नि-

शिखामाश्रित्य पितरो देवा देवर्षयस्तथा ।
सर्वाण्याश्रमकर्माणि निवसन्ति शिखोपरि ॥ २६० ॥
अतः सन्तर्प्य ताः सर्वा देवर्षिपितृदेवताः ।
शिखासूत्रपरित्यागाद्देही ब्रह्ममयो भवेत् ॥ २६१ ॥
यज्ञसूत्रशिखात्यागात् संन्यासः स्यात् द्विजन्मनाम् ।
शूद्राणामितरेषाञ्च शिखां हुत्वैव संस्क्रिया ॥ २६२ ॥
ततो मुक्तशिखासूत्रः प्रणमेत् दण्डवद् गुरुम् ।
गुरुरुत्थाप्य तं शिष्यं दक्षकर्णे वदेदिदम् ॥ २६३ ॥
तत्त्वमसि महाप्राज्ञ हंसः सोऽहं विभावय ।
निर्ममो निरहङ्कारः स्वभावेन सुखं चर ॥ २६४ ॥

जायां स्वाहेति च बीजं कीर्त्तयन् तस्मिन् सुसंस्कृते वह्नौ शिखाया होमंसमाचरेत् कुर्यात् ॥ २५८–२६० ॥

ब्रह्ममयो ब्रह्मस्वरूपः ॥ २६१ ॥

द्विजन्मनाम् ब्राह्मणक्षत्रियवैश्यानाम् इतरेषाम् वर्णसङ्कराणाम् ॥ २६२ २६३ ॥

ननु गुरुः शिष्यस्य दक्षिणे कर्णे किं वदेदित्यपेक्षायामाह तत्त्वमसीत्यादि। हे महाप्राज्ञ महामनीषिन् तत् जगत्कारणत्वेनातिप्रसिद्धं परं ब्रह्म त्वमेवासि अतोऽहमेव स परमात्मा स एवाहमस्मीति त्वं विभावय विचिन्तय । किञ्च निर्ममः पुत्रादिविषयकममताशून्यो निरहङ्कारो विद्यादिविषयनिमित्तकचित्तसमुन्नतिशून्यश्च सन् स्वभावेन सुखं यथा स्यात्तथा चर इतस्ततो गच्छ । अहमित्यस्यादेर्लोपस्त्वार्षः ॥ २६४ ॥

ततो घटञ्च वह्निञ्च विसृज्य ब्रह्मतत्त्ववित् ।
आत्मस्वरूपं तं मत्वा प्रणमेच्छिरसा गुरुः ॥ २६५ ॥
नमस्तुभ्यं नमो मह्यं तुभ्यं मह्यं नमो नमः ।
त्वमेव तत् तत्त्वमेव विश्वरूप नमोऽस्तु ते ॥ २६६ ॥
ब्रह्ममन्त्रोपासकानां तत्त्वज्ञानां जितात्मनाम् ।
स्वमन्त्रेण शिखाच्छेदात् संन्यासग्रहणं भवेत् ॥ २६७ ॥
ब्रह्मज्ञानविशुद्धानां किं यज्ञैः श्राद्धपूजनैः ।
स्वेच्छाचारपराणां तु प्रत्यवायो न विद्यते ॥ २६८ ॥
ततो निर्द्वन्द्वरूपोऽसौ निष्कामस्थिरमानसः ।
विहरेत् स्वेच्छया शिष्यः साक्षाद् ब्रह्ममयो भुवि ॥ २६९ ॥
आब्रह्मस्तम्बपर्यन्तं सद्रूपेण विभावयन् ।
विस्मरन्नामरूपाणि ध्यायन्नात्मानमात्मनि ॥ २७० ॥

तत इति । ततः परं घठं वह्निञ्च विसृज्य ब्रह्मतत्त्वविद् गुरुस्तं शिष्यमात्मस्वरूपं मत्वा वक्ष्यमाणमन्त्रेण शिरसा प्रणमेत् ॥ २६५ ॥

येन मन्त्रेण प्रणमेत् तमेव मन्त्रमाह नमस्तुभ्यमित्यादिकम् ॥ २६६ ॥

ब्रह्ममन्त्रोपासकानां तु संन्यासग्रहणे विशेषविधिमाह ब्रह्ममन्त्रेत्यादिना । तत्त्वज्ञानां ब्रह्मज्ञानिनां जितात्मनां जितमनसां ब्रह्ममन्त्रोपासकानां स्वमन्त्रेण शिखाच्छेदादेव संन्यासग्रहणं भवेत् ॥ २६७ ॥

ननु यज्ञश्राद्धादिकमकृत्वैव संन्यासं गृह्णतां ब्रह्ममन्त्रोपासकानां प्रत्यवायभागित्वं स्यात्तत्राह ब्रह्मज्ञानेत्यादि ॥ २६८ ॥

निर्द्वन्द्वरूपः सुखदुःखादियुगलानि द्वन्द्वानि तद्रहितो निर्द्वन्द्वस्तत्स्वरूपः ॥ २६९ ॥

आब्रह्मस्तम्बपर्यन्तं ब्रह्मारभ्य तृणादिगुच्छपर्यन्तं सद्रूपेण सत्यरूपेण विभावयन् विचिन्तयन् ॥ २७० ॥

अनिकेतः क्षमावृत्तो निःशङ्कः सङ्गवर्जितः ।
निर्ममो निरहङ्कारः संन्यासी विहरेत् क्षितौ ॥ १७१ ॥
मुक्तो विधिनिषेधेभ्यो निर्योगक्षेम आत्मवित् ।
सुखदुःखसमो धीरो जितात्मा विगतस्पृहः ॥ २७२ ॥
स्थिरात्मा प्राप्तदुःखोऽपि सुखे प्राप्तेऽपि निष्पृहः ।
सदानन्दः शुचिः शान्तो निरपेक्षो निराकुलः ॥ २७३ ॥
नोद्वेजकः स्याज्जीवानां सदा प्राणिहिते रतः ।
विगतामर्षभीर्दान्तो निःसङ्कल्पो निरुद्यमः ॥ २७४ ॥
शोकद्वेषविमुक्तः स्यात् शत्रौ मित्रे समो भवेत् ।
शीतवातातपसहः समो मानापमानयोः ॥ २७५ ॥

अनिकेत इत्यादि । अनिकेतः नियतवासशून्यः । क्षमावृत्तः क्षमैव वृत्तं यस्य सः । निःशङ्कः उद्वेगरहितः । सङ्गवर्जितः क्वचिदप्यनासक्तः ॥ २७१ ॥

मुक्त इत्यादि । निर्योगक्षेमः अप्राप्तस्वीकारो योगः प्राप्तपरिरक्षणं क्षेमः ताभ्यां रहितः । सुखदुःखसमः सुखदुःखे समे यस्य सः । जितात्मा जितदेहः । विगतस्पृहः उच्चावचेषु दृष्टमात्रेषु वस्तुषु इतस्ततो जिघृक्षा स्पृहा: विगता स्पृहा यस्य सः ॥ २७२ ॥

स्थिरेत्यादि । स्थिरात्मा स्थिरचित्तः स्थिरस्वभावो वा । निष्पृहः भोगाकाङ्क्षाशून्यः । शुचिः बाह्याभ्यन्तरशौचसम्पन्नः । शान्तः संयतान्तःकरणः । निरपेक्षः परापेक्षारहितः । निराकुलः आकुलताशून्यः ॥ २७३ ॥

नेत्यादि । नोद्वेजकः न भीतिजनकः । विगतामर्षभीः अपगतक्रोधभयः । दान्तः संयतबाह्येन्द्रियः । निरुद्यमः स्वदेहनिर्वाहार्थव्यापारशून्यः ॥ २७४ ॥

शोकेत्यादि । शत्रौ मित्रे च समः एकरूपः मानापमानयोरपि समः हर्षविषादशून्य इत्यर्थः ॥ २७५ ॥

समः शुभाशुभे तुष्टो यदृच्छाप्राप्तवस्तुना ।
निस्त्रैगुण्यो निर्विकल्पो निर्लोभः स्यादसञ्चयी ॥ २७६ ॥
यथा सत्यमुपाश्रित्य मृषा विश्वं प्रतिष्ठति ।
आत्माश्रितस्तथा देहो जानन्नेवं सुखी भवेत् ॥ २७७ ॥
इन्द्रियाण्येव कुर्वन्ति स्वं स्वं कर्म पृथक् पृथक् ।
आत्मा साक्षी विनिर्लिप्तो ज्ञात्वैवं मोक्षभाग् भवेत् ॥ २७८ ॥
धातुप्रतिग्रहं निन्दामनृतं क्रीड़नं स्त्रिया ।
रेतस्त्यागमसूयाञ्च संन्यासी परिवर्जयेत् ॥ २७९ ॥
सर्वत्र समदृष्टिः स्यात् कीटे देवे तथा नरे ।
सर्वं ब्रह्मेति जानीयात् परिव्राट् सर्वकर्मसु ॥ १८० ॥
विप्रान्नं श्वपचान्नं वा यस्मात्तस्मात् समागतम् ।
देशं कालं तथा पात्रमश्नीयादविचारयन् ॥ २८१ ॥

सम इत्यादि । निस्त्रैगुण्यः त्रयो गुणा यस्मिन् स त्रिगुणः सकामः तस्य भावस्त्रैगुण्यम् तस्मान्निष्क्रान्तो निस्त्रैगुण्यः निष्कामः इत्यर्थः । निर्विकल्पः नानाविधकल्पनाशून्यः । निर्लोभः धनाद्यागमे बहुधा जायमानेऽपि पुनर्वर्द्धमानोऽभिलाषो लोभः तद्रहितः । असञ्चयी तत्तद्वस्तुसञ्चयाभाववान् ॥ २७६ ॥

यथेत्यादि । यथा सत्यं परमात्मानमेवोपाश्रित्यावलम्ब्य मृषा मिथ्याभूतमपि विश्वं प्रतिष्ठति सत्यवदास्ते तथैवात्मानमाश्रितो मिथ्याभूत एव देहः प्रतिष्ठति एवं जानन् संन्यासी सुखी भवेत् ॥ २७७ ॥

इन्द्रियाणीति । इन्द्रियाण्येव पृथक् पृथक् स्वं स्वं कर्म कुर्वन्ति । आत्मा तु साक्षी केवलं शुभाशुभकर्मणां द्रष्टा भवति । अतएव निर्लिप्तः तत्तत्कर्मभिर्बद्धो न भवति । एवं ज्ञात्वैव संन्यासी मोक्षभाग् भवेत् ॥ २७८ ॥

अनृतम् अयथार्थभाषणम् । असूयाम् सत्स्वपि गुणेषु दोषारोपणम् ॥ २७९–२८१ ॥

अध्यात्मशास्त्राध्ययनैः सदा तत्त्वविचारणैः ।
अवधूतो नयेत् कालं स्वेच्छाचारपरायणः ॥ २८२ ॥
संन्यासिनां मृतं कायं दाहयेन्न कदाचन ।
सम्पूज्य गन्धपुष्पाद्यैर्निखनेद्वाप्सु मज्जयेत् ॥ २८३ ॥
अप्राप्तयोगमर्त्यानां सदा कामाभिलाषिणाम् ।
स्वभावाज्जायते देवि प्रवृत्तिः कर्मसङ्कुले ॥ २८४ ॥
तत्रापि ते सानुरक्ता ध्यानार्चाजपसाधने ।
श्रेयस्तदेव जानन्तु यत्रैव दृढनिश्चयाः ॥ २८५ ॥
अतः कर्मविधानानि प्रोक्तानि चित्तशुद्धये ।
नामरूपं बहुविधं तदर्थं कल्पितं मया ॥ २८६ ॥
ब्रह्मज्ञानादृते देवि कर्मसंन्यसनं विना ।
कुर्वन् कल्पशतं कर्म न भवेन्मुक्तिभाग् जनः ॥ १८७ ॥
कुलावधूतस्तत्त्वज्ञो जीवन्मुक्तो नराकृतिः ।
साक्षान्नारायणं मत्वा गृहस्थस्तं प्रपूजयेत् ॥ २८८ ॥

अध्यात्मशास्त्राध्ययनैः वेदान्तशास्त्रपाठैः । तत्त्वविचारणैः ब्रह्मतत्त्व-विवेचनैः ॥ २८२ ॥

निखनेत् शुचौ भूमौ गर्त्तं विधाय तत्रैव निदध्यात् । अप्सु जलेषु ॥ २८३ ॥

अप्राप्तयोगमर्त्यानाम् न प्राप्तो योगो ब्रह्मज्ञानसंवन्धो यैस्तथाभूतानाम् । कर्मसङ्कुले कर्मसमूहे ॥ २८४ ॥

तत्रापि तत्रैवापि । अप्राप्तयोगमर्त्त्याः । सानुरक्ताः अनुरागवन्तः । तदेव अर्चादिकर्मैव ॥ २८५ ॥

यतेर्दर्शनमात्रेण विमुक्तः सर्वपातकात् ।
तीर्थव्रततपोदानसर्वयज्ञफलं लभेत् ॥ २८९ ॥

इति श्रीमहानिर्वाणतन्त्रे सर्वतन्त्रोत्तमोत्तमे सर्वधर्मनिर्णयसारे श्रीमदाद्यासदाशिवसंवादे वर्णाश्रमाचारधर्मकथनं नामाष्टमोल्लासः ।

तदर्थम् अप्राप्तयोगमर्त्यार्थम् ॥ २८६–२८९ ॥

इति श्रीमहानिर्वाणतन्त्रटीकायां अष्टमोल्लासः ।

नवमोल्लासः

श्रीसदाशिव उवाच ।

वर्णाश्रमाचारधर्माः कथितास्तव सुव्रते ।
संस्कारान् सर्ववर्णानां शृणुष्व गदतो मम ॥ १ ॥
संस्कारेण विना देवि देहशुद्धिर्न जायते ।
नासंस्कृतोऽधिकारी स्याद् दैवे पैत्रे च कर्मणि ॥ २ ॥
अतो विप्रादिभिर्वर्णैः स्वस्ववर्णोक्तसंस्क्रिया ।
कर्त्तव्या सर्वथा यत्नैरिहामुत्र हितेप्सुभिः ॥ ३ ॥
जीवसेकः पुंसवनं सीमन्तोन्नयनं तथा ।
जातनाम्नी निष्क्रमणमन्नाशनमतः परम् ।
चूड़ोपनयनोद्वाहाः संस्काराः कथिता दश ॥ ४ ॥

ओं नमो ब्रह्मणे ।

श्रीश्रीनाथपदाम्भोजे नियतं मतिरस्तु मे ।

एवमशेषान् वर्णाश्रमाचारधर्मान् कथयित्वेदानीं सर्ववर्णानामखिलान् संस्कारान् विवक्षन् श्रीसदाशिव उवाच वर्णाश्रमेत्यादि । गदतो मम कथयतो मत्तः ॥ १–३ ॥

ब्राह्मणक्षत्रियवैश्यानां जीवसेकादय उद्वाहान्ता दश संस्काराः सन्ति शूद्राणां वर्णसङ्कराणां चोपनयनाख्यसंस्कारवर्जिता जीवसेकादयो नवैव संस्काराः सन्तीत्याह जीवसेक इत्यादिना सार्द्धद्वयेन ॥ ४ ॥

शूद्राणां शूद्रभिन्नानामुपवीतं न विद्यते ।
तेषां नवैव संस्कारा द्विजातीनां दश स्मृताः ॥ ५ ॥
नित्यानि सर्वकर्माणि तथा नैमित्तिकानि च ।
काम्यान्यपि वरारोहे कुर्याच्छाम्भववर्त्मना ॥ ६ ॥
यानि यानि विधानानि येषु येषु च कर्मसु ।
पुरैव ब्रह्मरूपेण तान्युक्तानि मया प्रिये ॥ ७ ॥
संस्कारेषु च सर्वेषु तथैवान्येषु कर्मसु ।
विप्रादिवर्णभेदेन क्रमान्मन्त्राश्च दर्शिताः ॥ ८ ॥
सत्यत्रेताद्वापरेषु तत्तत्कर्मसु कालिके ।
प्रणवाद्यांस्तु तान् मन्त्रान् प्रयोगेषु नियोजयेत् ॥ ९ ॥
कलौ तु परमेशानि तैरेव मनुभिर्नराः ।
मायाद्यैः सर्वकर्माणि कुर्युः शङ्करशासनात् ॥ १० ॥
निगमागमतन्त्रेषु वेदेषु संहितासु च ।
सर्वे मन्त्रा मयैवोक्ताः प्रयोगो युगभेदतः ॥ ११ ॥
कलावन्नगतप्राणाः मानवा हीनतेजसः ।
तेषां हिताय कल्याणि कुलधर्मो निरूपितः ॥ १२ ॥
कलिदुर्बलजीवानां प्रयासाशक्तचेतसाम् ।
संस्कारादिक्रियास्तेषां संक्षेपेणापि वच्मि ते ॥ १३ ॥

शूद्रभिन्नानां वर्णसङ्कराणां । तेषां शूद्राणां शूद्रभिन्नानाञ्च । द्विजातीनां ब्राह्मणक्षत्रियवैश्यानाम् ॥ ५ । ६ ॥

विधानानि आकाङ्क्षितानीति शेषः ॥ ७–९ ॥

मायाद्यैः माया ह्रीमिति बीजं आद्यं येषां मनूनाम् ते तैः ॥ १०–१३ ॥

सर्वेषां शुभकार्याणामादिभूता कुशण्डिका ।
तस्मादादौ प्रवक्ष्यामि शृणु तां देववन्दिते ॥ १४ ॥
रम्ये परिष्कृते देशे तुषाङ्गारादिवर्जिते ।
हस्तमात्रप्रमाणेन स्थण्डिलं रचयेत् सुधीः ॥ १५ ॥
तिस्रो रेखा विधातव्या प्रागग्रास्तत्र मण्डले ।
कूर्चेनाभ्युक्ष्य ताः सर्वा वह्निना वह्निमाहरेत् ॥ १६ ॥
आनीय वह्निं तत्पार्श्वे स्थापयेद्वाग्भवं स्मरन् ॥ १७ ॥
ततस्तस्मात् ज्वलद्दारु गृहीत्वा दक्षपाणिना ।
ह्रीँ क्रव्यादेभ्यो नमः स्वाहा क्रव्यादांशं परित्यजेत् ॥ १८ ॥
इत्थं प्रतिष्ठितं वह्निं पाणिभ्यामात्मसम्मुखम् ।
उद्धृत्य तासु रेखासु मायाद्यां व्याहृतिं स्मरन् ॥ १९ ॥

ताम् कुशण्डिकाम् ॥ १४ ॥

कुशण्डिकामेवाह रम्ये इत्यादिभिः । स्थण्डिलम् चत्वरम् ॥ १५ ॥

तिस्र इत्यादि । तत्र मण्डले हस्तमात्रप्रमाणेन रचिते स्थण्डिले प्रागग्रास्तिस्रो रेखा विधातव्याः । ततः कूर्चेन हूमिति मन्त्रेण ता रेखा अभ्युक्ष्य जलेनाभिषिच्य वह्निना रमिति मन्त्रेण वह्निमाहरेत् आनयेत् ॥ १६ ॥

आनीयेत्यादि । वह्निमानीय वाग्भवम् ऐमिति मन्त्रं स्मरन् सन् तत्पार्श्वे स्थण्डिलस्य पार्श्वे स्थापयेत् ॥ १७ ॥

तत इत्यादि । ततः परं तस्माद्वह्नेरेकं ज्वलद्दारु प्रज्वलत्काष्ठं दक्षपाणिना गृहीत्वा ह्रीँ क्रव्यादेभ्यो नमः स्वाहेति मन्त्रेण क्रव्यादांशं राक्षसभागं दक्षिणस्यां दिशि परित्यजेत् ॥ १८ ॥

इत्थमित्यादि । इत्थमनेन प्रकारेण प्रतिष्ठितं संस्कृतं वह्निं पाणिभ्यामुद्धृत्योत्थाप्य मायाद्यां ह्रीँ बीजाद्यां व्याहृतिं स्मरन् सन् आत्मनः

संस्थाप्य तृणदारुभ्यां प्रबलीकृत्य पावकम् ।
समिधे द्वे घृताक्ते च हुत्वा तस्मिन् हुताशने ।
स्वकर्मविहितं नाम कृत्वा ध्यायेद्धनञ्जयम् ॥ २० ॥
बालार्कारुणसङ्काशं सप्तजिह्वं द्विमस्तकम् ।
अजारूढं शक्तिधरं जटामुकुटमण्डितम् ॥ २१ ॥
ध्यात्वैवं प्राञ्जलिर्भूत्वाऽऽवाहयेद्धव्यवाहनम् ॥ २२ ॥
मायामेह्येहि पदतः सर्वामर वदेत् प्रिये ।
हव्यवाहपदान्ते च मुनिभिः स्वगणैः सह ।
अध्वरं रक्ष रक्षेति नमः स्वाहा ततो वदेत् ॥ २३ ॥

सम्मुखं यथा स्यात्तथा तासु रेखासु संस्थाप्य तृणदारुभ्यां पावकमग्निं प्रबलीकृत्य च तस्मिन् हुताशनेऽग्नौ घृताक्ते घृतसंयुक्ते द्वे समिधौ काष्ठे हुत्वा प्रक्षिप्य वह्नेः स्वकर्मविहितं नाम च कृत्वा धनञ्जयमग्निं ध्यायेत् ॥ १९ । २० ॥

वह्नेर्ध्यानमेवाह बालार्कारुणसङ्काशमित्यादि । बालो योऽर्कः सूर्यस्तद्वदरुणो लोहितवर्णः सङ्काशो दीप्तिर्यस्य तथाभूतम् ॥ २१ ॥

ध्यात्वेत्यादि । एवं हव्यवाहनमग्निं ध्यात्वा ततः प्राञ्जलिर्भूत्वा वक्ष्यमाणमन्त्रेण हव्यवाहनमावाहयेत् ॥ २२ ॥

वह्न्यावाहनमन्त्रमेवाह मायामित्यादिना सार्द्धेन । हे प्रिये पूर्वं मायां ह्रीमिति बीजं वदेत् ततः परमेह्येहीत्युक्त्वा तत् पदतः परं सर्वामरेति पदं वदेत् । ततो हव्यवाहेति पदस्यान्ते मुनिभिः स्वगणैः सह अध्वरं रक्ष रक्षेति वदेत् । ततो नमः स्वाहेति वदेत् । सकलपदयोजनया ह्रीँ एह्येहि सर्वामरहव्यवाह मुनिभिः स्वगणैः सह अध्वरं रक्ष रक्ष नमः स्वाहेति मन्त्रो जातः ॥ २३ ॥

इत्यावाह्य हव्यवाहमयं ते योनिरुच्चरन् ।
यथोपचारैः सम्पूज्य सप्त जिह्वाः प्रपूजयेत् ॥ २४ ॥

काली कराली च मनोजवा च
सुलोहिता चैव सुधूम्रवर्णा ।
स्फुलिङ्गिनी विश्वनिरूपिणी च
लेलायमानेति च सप्त जिह्वाः ॥ २५ ॥

ततोऽग्नेः पूर्वमारभ्य सह कीलालपाणिना ।
उत्तरान्तं महेशानि त्रिधा प्रोक्षणमाचरेत् ॥ २६ ॥

तथैव याम्यमारभ्य कौबेरान्तं हुताशितुः ।
त्रिधा पर्युक्षणं कुर्यात्ततो यज्ञीयवस्तुनः ॥ २७ ॥

इतीति । इत्यनेन मन्त्रेण हव्यवाहनमग्निमावाह्य वह्ने ते तवायं योनिरित्युच्चरन् सन् प्रणवादिनमोऽन्तेन नाममन्त्रेणोपचारैः पाद्यादिभिर्वह्निं यथावत् सम्पूज्य प्रणवादिनमोऽन्तनाममन्त्रेण गन्धपुष्पादिभिर्वह्नेः सप्त जिह्वाः प्रपूजयेत् ॥ २४ ॥

वह्नेः सप्तजिह्वा एवाह कालीत्यादिनैकेन । काल्याद्या विश्वनिरूपिण्यन्ता लेलायमाना अग्नेर्हविर्ग्रहणार्था एताः सप्तजिह्वाः ॥ २५ ॥

तत इति । हे महेशानि ततः परं सह कीलालपाणिना सजलेन हस्तेन पूर्वमारभ्योत्तरान्तमुत्तरपर्यन्तमग्नेस्त्रिधा त्रिवारं प्रोक्षणमाचरेत् ॥ २६ ॥

तथैवेत्यादि । ततस्तथैव सह कीलालपाणिनैव याम्यं दक्षिणमारभ्य कौबेरान्तमुत्तरपर्यन्तं हुताशितुर्वह्नेस्त्रिधा पर्युक्षणमभिषेचनं कुर्यात् । ततः परं यज्ञीयवस्तुनोऽपि त्रिधैव पर्युक्षणं कुर्यात् ॥ २७ ॥

परिस्तरेत्ततो दर्भैः पूर्वस्मादुत्तरावधि ।
उदक्संस्थैरुत्तराग्रैः प्रागग्रैरन्यदिक्स्थितैः ॥ २८ ॥
अग्निं दक्षिणतः कृत्वा गत्वा ब्रह्मासनान्तिकम् ।
वामाङ्गुष्ठकनिष्ठाभ्यां ब्रह्मणः कल्पितासनात् ॥ २९ ॥
गृहीत्वा कुशपत्रैकं ह्रीँ निरस्तः परावसुः ।
इत्युक्त्वाग्नेर्दक्षिणस्यां निक्षिपेदुत्करादिना ॥ ३० ॥
सीद यज्ञपते ब्रह्मन्निदं ते कल्पितासनम् ।
सीदामीति वदन् ब्रह्मा विशेत्तत्रोत्तरामुखः ॥ ३१ ॥
सम्पूज्य गन्धपुष्पाद्यैर्ब्रह्माणं प्रार्थयेदिदम् ॥ ३२ ॥
गोपाय यज्ञं यज्ञेश यज्ञं पाहि बृहस्पते ।
माञ्च यज्ञपतिं पाहि कर्मसाक्षिन्नमोऽस्तु ते ॥ ३३ ॥

परिस्तरेदिति । ततः परं पूर्वस्मात् पूर्वमारभ्य उत्तरावधि उत्तर-पर्यन्तमुदक्संस्थैरुत्तरदिक्स्थितैरुत्तराग्रैरन्यदिक्स्थितैः प्रागग्रैर्दर्भैः कुशैः स्थण्डिलं परिस्तरेदाच्छादयेत् ॥ २८ ॥

अग्निमित्यादि । ततोऽग्निं दक्षिणतः कृत्वा ब्रह्मासनान्तिक गत्वा वामाङ्गुष्ठकनिष्ठाभ्यामङ्गुलिभ्यां ब्रह्मणः कल्पितादासनात् कुशपत्रैकमेकं कुशपत्रं गृहीत्वा ह्रीँ निरस्तः परावसुरितिमन्त्रमुक्त्वा उत्करादिना सह तदेव कुशपत्रमग्नेर्दक्षिणस्यां दिशि निक्षिपेत् ॥ २९ ॥ ३० ॥

सीदेति । हे यज्ञपते ब्रह्मन् इदं ते त्वदर्थं कल्पितासनं वर्त्तते त्वं सीद अत्रोपविशेति ब्रह्माणं यज्ञकर्त्ता ब्रूयात् ततोऽहं सीदामीति वदन् ब्रह्मा उत्तरामुखो भूत्वा तत्रासने विशेत् ॥ ३१ ॥

सम्पूज्येत्यादि । ततो गन्धपुष्पादिभिर्ब्रह्माणं सम्पूज्य तमेवेदं प्रार्थयेत् ॥ ३२ ॥

इदं किं प्रार्थयेदित्यपेक्षायामाह गोपाय यज्ञमित्यादि । गोपाय रक्ष ॥ ३३ ॥

गोपयामि वदेत् ब्रह्मा ब्रह्माभावे स्वयं वदेत् ।
तत्र दर्भमयं विप्रं कल्पयेत् यज्ञसिद्धये ॥ ३४ ॥
ततो ब्रह्मन्निहागच्छागच्छेत्यावाह्य साधकः ।
पाद्यादिभिश्च सम्पूज्य यावद् यज्ञसमापनम् ।
तावद्भवद्भिः स्थातव्यमिति प्रार्थ्य नमेत्ततः ॥ ३५ ॥
सोदकेन करेणाग्नेरीशानाद् ब्रह्मणोऽन्तिकम् ।
त्रिधा पर्युक्ष्य वह्निञ्च त्रिः प्रोक्ष्य तदनन्तरम् ॥ ३६ ॥
आगत्य वर्त्मना तेन सूपविश्य निजासने ।
स्थण्डिलस्योत्तरे दर्भानुदगग्रान् परिस्तरेत् ॥ ३७ ॥
तेषु यज्ञीयवस्तूनि सर्वाण्यासादयेत् सुधीः ।
सोदकं प्रोक्षणीपात्रमाज्यस्थालीसमित्कुशान् ॥ ३८ ॥

गोपयामीति । यज्ञकर्त्रैवं प्रार्थितो ब्रह्मा गोपयामीति वदेत् । ब्रह्माभावे तु गोपयामीति स्वयमेव वदेत् । तत्र ब्रह्माभावे सति यज्ञसिद्धये दर्भमयं विप्रं कल्पयेत् ॥ ३४ ॥

तत इत्यादि । ततः परं साधको यज्ञकर्त्ता ब्रह्मन्निहागच्छागच्छेति मन्त्रेण ब्रह्माणमावाह्य पाद्यादिभिः सम्पूज्य च यावद्यज्ञसमापनं भवेत्तावद्भवद्भिरिह स्थातव्यमिति प्रार्थ्य च ततो ब्रह्माणं नमेत् ॥ ३५ ॥

सोदकेनेति । ततः सोदकेन करेण सजलेन हस्तेनाग्नेरीशानादीशानकोणमारभ्य ब्रह्मणोऽन्तिकं ब्रह्मसमीपपर्यन्तं त्रिधा वारत्रयं पर्युक्ष्याभिषिच्य वह्निञ्च त्रिर्वारत्रयं प्रोक्ष्य तदनन्तरं येन वर्त्मना ब्रह्मासनान्तिकं गतवानासीत्तेनैव वर्त्मनाऽऽगत्य निजासने सूपविश्य च यज्ञकर्त्ता स्थण्डिलस्योत्तरे देशे उदगग्रान् दर्भान् कुशान् आस्तरेत् ॥ ३६ ॥ ३७ ॥

तेष्विति । सुधीर्यज्ञसाधकस्तेषु दर्भेषु सर्वाणि यज्ञीयवस्तून्यासादयेत् स्थापयेत् । दर्भेषु यानि यज्ञीयवस्तूनि आसादयेत्तान्याह सोदकमित्यादिना ॥ ३८ ॥

आसाद्य स्रुक्स्रुवादीनि ह्राँ ह्रीँ ह्रूमिति मन्त्रकैः ।
दिव्यदृष्ट्या प्रोक्षणेन संस्कृत्य तदनन्तरम् ॥ ३९ ॥
पृथिव्यां दक्षिणं जानु पातयित्वा स्रुवे स्रुचा ।
घृतमादाय मतिमांश्चिन्तयन् हितमात्मनः ।
ह्रीँ विष्णवे द्विठान्तेन प्रदद्यादाहुतित्रयम् ॥ ४० ॥
तथैव घृतमादाय ध्यायन् देवं प्रजापतिम् ।
वायव्यादग्निकोणान्तं जुहुयादाज्यधारया ॥ ४१ ॥
पुनराज्यं समादाय ध्यायन्देवं पुरन्दरम् ।
नैर्ऋतादीशकोणान्तं जुहुयादाज्यधारया ॥ ४२ ॥
ततोऽग्नेरुत्तरे याम्ये मध्ये च परमेश्वरि ।
अग्निं सोमं अग्नीषोमौ समुल्लिख्य यथाक्रमात् ॥ ४३ ॥

आसाद्येति । दर्भेषु सोदकप्रोक्षणीपात्रादीनि वस्तूनि स्रुक्स्रुवादीनि यज्ञीयानि पात्राणि चासाद्य संस्थाप्य ह्राँ ह्रीँ ह्रूमिति मन्त्रकैर्दिव्यदृष्ट्या प्रोक्षणेन च तानि संस्कृत्य तदनन्तरं पृथिव्यां दक्षिणं जानु पातयित्वा स्रुचा स्रुवे यज्ञीये पात्रे घृतमादाय गृहीत्वा मतिमान् यज्ञसाधक आत्मनो हितं चिन्तयन् सन् द्विठान्तेन स्वाहान्तेन ह्रीँ विष्णवे इति मन्त्रेण विष्णुमुद्दिश्याहुतित्रयं प्रदद्यात् ॥ ३९ ॥ ४० ॥

तथैवेत्यादि । तथैव स्रुचा स्रुवे एव घृतमादाय ह्रीँ बीजाद्येन सचतुर्थीस्वाहान्तेन नाममन्त्रेण प्रजापतिं देवं ध्यायन् सन् तमुद्दिश्य वायव्यात् वायव्यं कोणमारभ्याग्निकोणान्तं घृतधारया जुहुयात् ॥ ४१ ॥

पुनरित्यादि । पुनः स्रुचा स्रुवे आज्यं घृतं समादाय पुरन्दरं देवं ध्यायन् सन् तमुद्दिश्य ह्रीँ बीजाद्येन सचतुर्थीस्वाहान्तेन नाममन्त्रेण नैर्ऋता-न्नैर्ऋतं कोणमारभ्येशकोणान्तमीशानकोणपर्यन्तमाज्यधारया जुहुयात् ॥ ४२ ॥

तत इत्यादि । हे परमेश्वरि ततः परम् अग्नेरुत्तरे भागे याम्ये दक्षिणे भागे मध्ये च यथाक्रमात् क्रमेणैवाग्निं सोमम् अग्नीषोमौ च समुद्दिश्य मायाद्येन

सचतुर्थीनमोऽन्तेन मायाद्येनाहुतित्रयम् ।

हुत्वा विधेयकर्मोक्तं होमं कुर्याद्विचक्षणः ॥ ४४ ॥

आहुतित्रयदानान्तं धाराहोमं प्रचक्षते ॥ ४५ ॥

यदुद्दिश्याहुतिं दद्यात् देयोद्देशोऽपि तत्कृते ।

समाप्य प्रकृतं कर्म स्विष्टकृद्धोममाचरेत् ॥ ४६ ॥

प्रायश्चित्तात्मको होमः कलौ नास्ति वरानने ।

स्विष्टिकृता व्याहृतिभिः प्रायश्चित्तं विधीयते ॥ ४७ ॥

पूर्ववद्धविरादाय ब्रह्माणं मनसा स्मरन् ।

अस्मिन् कर्मणि देवेश प्रमादाद्भ्रमतोऽपि वा ॥ ४८ ॥

ह्रीँ बीजाद्येन सचतुर्थीनमोऽन्तेन नाममन्त्रेणाहुतित्रयं हुत्वा विचक्षणः सुधीर्यज्ञसाधको विधेयकर्मोक्तं विधेये ऋतुसंस्कारादौ कर्मण्युक्तं होमं कुर्यात् ॥४३॥४४॥

आहुतीत्यादि । विष्णूद्देश्यकाहुतित्रयदानम् आरभ्य अग्न्याद्युद्देश्यकाहुतित्रयदानान्तं धाराहोमं प्रचक्षते प्रवदन्ति ॥ ४५ ॥

यदित्यादि । यद्दैवतमुद्दिश्याहुतिं दद्यात् तत्कृते तदर्थं देयोद्देशोऽपि देयस्य वस्तुन उद्देश उल्लेखोऽपि कर्त्तव्यः । यथा ह्रीँ विष्णवे स्वाहा हविरिदं विष्णवे एवमेवेति विधेयकर्माङ्गभूतं प्रकृतं कर्म होमकर्मैवं समाप्य स्विष्टकृद्धोमं शोभनाभीष्टकारकं होममाचरेत् ॥ ४६ ॥

प्रायश्चित्तेत्यादि । कलौ युगे प्रायश्चित्तात्मकहोमाभावात् स्विष्टिकृता होमेन व्याहृतिभिर्होमेन च प्रायश्चित्तं विधीयते ॥ ४७ ॥

अथ स्विष्टकृद्धोमाचरणविधिमाह पूर्ववदित्यादिभिः । पूर्ववत् स्रुचा स्रुवे हविर्घृतमादाय ब्रह्माणं प्रजापतिं मनसा स्मरन् सन् तमुद्दिश्य मायाद्येन ह्रीँ बीजाद्येन स्वाहान्तेन—

न्यूनाधिकं कृतं यच्च सर्वं स्विष्टकृतं कुरु ।
मायाद्येनामुना देवि स्वाहान्तेनाहुतिं हुनेत् ॥ ४९ ॥
त्वमग्ने सर्वलोकानां पावनः स्विष्टकृत् प्रभुः ।
यज्ञसाक्षी क्षेमकर्त्ता सर्वान् कामान् प्रपूरय ।
अनेन हवनं कुर्यात् मायया वह्निजायया ॥ ५० ॥
इत्थं स्विष्टकृतं होमं समाप्य क्रतुसाधकः ।
कर्मणोऽस्य परब्रह्मन्नयुक्तं विहितञ्च यत् ॥ ५१ ॥
तच्छान्त्यै यज्ञसम्पत्त्यै व्याहृत्या हूयते विभो ।
मायादिवह्निजायान्तैर्भूर्भुवः स्वरिति त्रिभिः ॥ ५२ ॥

अस्मिन् कर्मणि देवेश प्रमादाद्भ्रमतोऽपि वा ।
न्यूनाधिकं कृतं यच्च सर्वं स्विष्टकृतं कुरु ॥

इत्यमुना मन्त्रेणाहुतिं हुनेत् दद्यात् ॥ ४८ ॥ ४९ ॥

त्वमित्यादि । ततोऽग्निमुद्दिश्याऽऽदिभूतया मायया ह्रीँ बीजेनान्तभूतया वह्निजायया स्वाहया च संयुक्तेन—

त्वमग्ने सर्वलोकानां पावनः स्विष्टकृत् प्रभुः ।
यज्ञसाक्षी क्षेमकर्त्ता सर्वान् कामान् प्रपूरय ॥

इत्यनेन मन्त्रेण हवनं कुर्यात् ॥ ५० ॥

इत्थमित्यादि । इत्थमनेन प्रकारेण स्विष्टकृतं होमं समाप्य क्रतुसाधको यज्ञकर्त्ता ।

कर्मणोऽस्य परब्रह्मन्नयुक्तं विहितञ्च यत् ।
तच्छान्त्यै यज्ञसम्पत्त्यै व्याहृत्या हूयते विभो ॥

इति परं ब्रह्म सम्प्रार्थ्य परं ब्रह्मैवोद्दिश्य च मायादिवह्निजायान्तैः ह्रीँ बीजादिभिः स्वाहान्तैर्भूर्भुवःस्वरिति त्रिभिर्मन्त्रैराहुतित्रितयं दद्यात् । तथैव ह्रीँ

आहुतित्रितयं दद्यात् त्रितयेन तथैव च ।
हुत्वाग्नौ यजमानेन दद्यात् पूर्णाहुतिं बुधः ॥ ५३ ॥
स्वयं चेत् कर्मकर्त्ता स्यात् स्वयमेवाहुतिं क्षिपेत् ।
अभिषेकविधानादावेवमेव विधिः स्मृतः ॥ ५४ ॥
आदौ मायां समुच्चार्य ततो यज्ञपते वदेत् ।
पूर्णो भवतु यज्ञो मे हृष्यन्तु यज्ञदेवताः ।
फलानि सम्यक् यच्छन्तु वह्निकान्तावधिर्मनुः ॥ ५५ ॥
मन्त्रेणानेन मतिमानुत्थाय सुसमाहितः ।
फलताम्बूलसहिताहुतिं दद्याद्धुताशने ॥ ५६ ॥
दत्तपूर्णाहुतिर्विद्वान् शान्तिकर्म समाचरेत् ।
प्रोक्षणीपात्रतोयेन कुशैः सम्मार्जयेच्छिरः ॥ ५७ ॥

बीजाद्येन स्वाहान्तेन भूरादित्रितयेनैकधाहुतिं दद्यात् । बुधो यज्ञसाधक एवं हुत्वा यजमानेन सह विष्णुमुद्दिश्य वक्ष्यमाणमन्त्रेणाग्नौ पूर्णाहुतिं दद्यात् ॥५१–५३॥

स्वयञ्चेदित्यादिश्लोकस्तु स्पष्टार्थः ॥ ५४ ॥

येन मन्त्रेण पूर्णाहुतिं दद्यात् तमेव मन्त्रमाह आदावित्यादिना सार्द्धेन । आदौ मायां ह्रीँ बीजं समुच्चार्य ततो यज्ञपते इति वदेत् ततः पूर्णो भवतु यज्ञो मे हृष्यन्तु यज्ञदेवताः फलानि सम्यग्यच्छन्तु इति वदेत् । योजनया ह्रीँ यज्ञपते पूर्णो भवतु यज्ञो मे हृष्यन्तु यज्ञदेवताः फलानि सम्यग् यच्छन्तु स्वाहेति मनुर्जातः अयं मनुर्वह्निकान्तावधिः स्वाहान्तः प्रोक्तः ॥ ५५ ॥

मन्त्रेणेत्यादि । मतिमान् यज्ञसाधको यजमानेन सहोत्थाय सुसमाहितः अतिसावधानः सन् अनेन मन्त्रेण फलताम्बूलसहिताहुतिं हुताशनेऽग्नौ दद्यात् ॥ ५६ ॥

दत्तेत्यादि । एवं दत्तपूर्णाहुतिः सन् विद्वान् यज्ञसाधकः शान्तिकर्म समाचरेत् । शान्तिकर्माचरणस्यैव विधिमाह प्रोक्षणीपात्रेत्यादिभिः ॥ ५७ ॥

आपः सुमित्रियाः सन्तु भवन्त्वोषधयो मम ।
आपो रक्षन्तु मां नित्यमापो नारायणः स्वयम् ॥ ५८ ॥
आपो हि ष्ठा मयोभुवस्ता न ऊर्जे दधातनः ।
इत्याभ्यां मार्जनं कृत्वा भूमौ बिन्दून् विनिक्षिपेत् ॥ ५९ ॥
ये द्विषन्ति च मां नित्यं यांश्च द्विष्मो नरान् वयम् ।
आपो दुर्मित्रियास्तेषां सन्तु भक्षन्तु तानपि ॥ ६० ॥
अनेनेशानदिग्भागे बिन्दून् प्रक्षिप्य तान् कुशान् ।
हित्वा कृताञ्जलिर्भूत्वा प्रार्थयेद्धव्यवाहनम् ॥ ६१ ॥
बुद्धिं विद्यां बलं मेधां प्रज्ञां श्रद्धां यशः श्रियम् ।
आरोग्यं तेज आयुष्यं देहि मे हव्यवाहन ॥ ६२ ॥
इति प्राथ्यं वीतिहोत्रं विसृजेदमुना शिवे ॥ ६३ ॥

शिरःसम्मार्जनार्थमाप इत्यादिकं मन्त्रद्वयमाह आप इति । हे आपो भवत्यो मम सुमित्रियाः सन्तु ओषधयश्च भवन्तु इत्येवमन्वयः । सुमित्राण्येव सुमित्रियाः स्वार्थे ष्ण्यः तस्येयादेशः ॥ ५८ ॥

आप इत्यादेरर्थो वक्ष्यते । इत्याभ्यां मन्त्राभ्यां शिरसो मार्जनं कृत्वा भूमौ कुशैर्बिन्दून् विनिःक्षिपेत् ॥ ५९ ॥

भूमौ बिन्दूनां निक्षेपणस्य मन्त्रमाह ये द्विषन्तीति ॥ ६० ॥

अनेनेत्यादि । अनेन मन्त्रेणेशानदिग्भागे कुशैर्बिन्दून् प्रक्षिप्य तान् कुशानपि तत्रैव हित्वा त्यक्त्वा कृताञ्जलिर्भूत्वा हव्यवाहनमग्निं प्रार्थयेत् ॥ ६१ ॥

अग्निं किं प्रार्थयेदित्यपेक्षायामाह बुद्धिमित्यादि । बुद्धिम् शास्त्रादि-तत्त्वज्ञानम् । विद्याम् आत्मज्ञानम् । मेधाम् धारणावतीं धियम् । प्रज्ञाम् सारासारविवेकनैपुण्यम् ॥ ६२ ॥

इतीति । हे शिवे इति वीतिहोत्रमग्निं प्राथ्यांऽमुना वक्ष्यमाणेन मन्त्रेण तमेव विसृजेत् ॥ ६३ ॥

यज्ञ यज्ञपतिं गच्छ यज्ञं गच्छ हुताशन ।
स्वां योनिं गच्छ यज्ञेश पूरयास्मन्मनोरथम् ॥ ६४ ॥
अग्ने क्षमस्व स्वाहेति मन्त्रेणाग्नेरुदग्दिशि ।
दत्वा दध्नाऽऽहुतिं वह्निं दक्षिणस्यां विचालयेत् ॥ ६५ ॥
ब्रह्मणे दक्षिणां दत्त्वा भक्त्या नत्वा विसर्जयेत् ।
ततस्तु तिलकं कुर्यात् स्रुवसंलग्नभस्मना ॥ ६६ ॥
मायां कामं समुच्चार्य सर्वशान्तिकरो भव ।
ललाटे तिलकं कुर्यात् मन्त्रेणानेन याज्ञिकः ॥ ६७ ॥
शान्तिरस्तु शिवं चास्तु वासवाग्निप्रसादतः ।
मरुतां ब्रह्मणश्चैव वसुरुद्रप्रजापतेः ॥ ६८ ॥

अग्निविसर्जनस्यैव मन्त्रमाह यज्ञेति । हे यज्ञ त्वं यज्ञपतिं विष्णुं गच्छ प्राप्नुहि । हे हुताशन त्वं यज्ञं गच्छ । हे यज्ञेश यज्ञकर्त्तस्त्वं स्वां योनिमात्मीयस्थानं गच्छ । हे यज्ञादिक त्वमस्मन्मनोरथमस्माकं कामं पूरय । यज्ञयज्ञपतिमित्यादिनाऽग्ने क्षमस्व स्वाहेत्यन्तेनानेन मन्त्रेणाग्नेरुदग्दिशि दध्नाहुतिं दत्वा दक्षिणस्यां दिशि वह्निमनेनैव मन्त्रेण विचालयेत् ॥ ६४ ॥ ६५ ॥

ब्रह्मणे इत्यादिस्तु स्पष्टार्थः ॥ ६६ ॥

ननु केन मन्त्रेण ललाटे तिलकं कर्त्तव्यं तत्राह मायामित्यादि । मायां ह्रीँ बीजं कामं क्लीँ बीजं समुच्चार्य सर्वशान्तिकरो भवेति वदेत् । योजनया ह्रीँ क्लीँ सर्वशान्तिकरो भवेति मन्त्रो जातः । याज्ञिको यज्ञकर्त्ताऽनेन मन्त्रेण ललाटे तिलकं कुर्यात् ॥ ६७ ॥

शान्तिरित्यादि । शिवम् कल्याणम् । मरुतामित्यादावपि प्रसादत इत्यस्य योजना कर्त्तव्या ॥ ६८ ॥

अनेन मनुना पुष्पं धारयेन्मस्तकोपरि ।
स्वशक्त्या दक्षिणां दद्यात् होमप्रकृतकर्मणोः ॥ ६९ ॥
इति ते कथिता देवि सर्वकर्मकुशण्डिका ।
प्रयोज्या शुभकर्मादौ यत्नतः कुलसाधकैः ॥ ७० ॥
प्रकृते कर्मणि शिवे चरुर्येषां कुलागमः ।
सिद्ध्यर्थं कर्मणान्तेषां चरुकर्म निगद्यते ॥ ७१ ॥
चरुस्थाली प्रकर्त्तव्या ताम्री वा मृत्तिकोद्भवा ॥ ७२ ॥
कुशण्डिकोक्तविधिना द्रव्यसंस्करणावधि ।
कृत्वा कर्म चरुस्थालीमानयेदात्मसम्मुखे ॥ ७३ ॥
अक्षतामव्रणां दृष्ट्वा प्रादेशपरिमाणकम् ।
पवित्रकुशमेकञ्च स्थालीमध्ये नियोजयेत् ॥ ७४ ॥

अनेनेति । अनेन शान्तिरस्त्वित्यादिना प्रजापतेरित्यन्तेन मनुना मस्तकोपरि पुष्पं धारयेत् । ततो होमप्रकृतकर्मणोः स्वशक्त्या दक्षिणां यज्ञसाधकाय ब्राह्मणाय दद्यात् ॥ ६९ ॥ ७० ॥

प्रकृत इत्यादि । प्रकृते कर्मणि ऋतुसंस्कारादौ । चरुः देवतार्थं परमान्नम् । कुले आगम आगमनं यस्य चरोः स कुलागमः ॥ ७१ ॥

चरुकर्मैवाह चरुस्थालीत्यादिभिः ॥ ७२ ॥

कुशण्डिकेत्यादि । कुशण्डिकोक्तविधिना द्रव्यसंस्करणावधि द्रव्यसंस्कार-पर्यन्तं सर्वं कर्म कृत्वा चरुस्थालीमात्मसम्मुखे देशे आनयेत् ॥ ७३ ॥

अक्षतामिति । ततोऽक्षतामभग्नामव्रणामच्छिद्रां चरुस्थालीं दृष्ट्वा प्रादेश-परिमाणकमेकं पवित्रकुशं स्थालीमध्ये नियोजयेत् स्थापयेत् ॥ ७४ ॥

आनीय तण्डुलांस्तत्र संस्थाप्य स्थण्डिलान्तिके ।
यस्मिन् कर्मणि ये देवाः पूजनीयाः सुरार्चिते ॥ ७५ ॥
तत्तन्नाम चतुर्थ्यन्तमुक्त्वा त्वाजुष्टमीरयन् ।
गृह्णामि निर्वपामीति प्रोक्षामीति क्रमाद्वदन् ॥ ७६ ॥
गृहीत्वा निर्वपेत् स्थाल्यां प्रोक्षयेज्जलबिन्दुना ।
प्रत्येकञ्चतुरो मुष्टीन् देवमुद्दिश्य तण्डुलान् ॥ ७७ ॥
ततो दुग्धं सिताञ्चैव दत्वा पाकविधानतः ।
सुपचेत् संस्कृते वह्नौ सावधानेन सुव्रते ॥ ७८ ॥
सुपक्कं कोमलं ज्ञात्वा दद्यात् तत्र घृतस्रुवम् ॥ ७९ ॥

आनीयेत्यादि । ततस्तत्र यज्ञस्थाने तण्डुलानानीय स्थण्डिलान्तिके संस्थाप्य च यस्मिन् ऋतुसंस्कारादौ कर्मणि ये देवाः पूजनीयास्तत्तन्नाम चतुर्थ्यन्तमुक्त्वा ततः परं त्वाजुष्टमितीरयन् वदन् ततः परं क्रमादेव गृह्णामीति निर्वपामीति प्रोक्षामीति च वदन् सन् प्रत्येकं देवमुद्दिश्य चतुरो मुष्टीन् चतुर्मुष्टिपरिमितांस्तण्डुलान् गृहीत्वा स्थाल्यां निर्वपेत् जलबिन्दुना प्रोक्षयेच्च । अमुकदेवाय त्वाजुष्टं गृह्णामीति मन्त्रेण तण्डुलानादायामुकदेवाय त्वाजुष्टं निर्वपामीति मन्त्रेण स्थाल्यां निःक्षिपेत् । अमुकदेवाय त्वाजुष्टं प्रोक्षामीति मन्त्रेण जलबिन्दुना तानभिषिञ्चेच्चेत्यर्थः । तु आजुष्टमिति छेदः । आजुष्टम् प्रीतिः । आजुष्टमिति क्रियाविशेषणम् ॥ ७५–७७ ॥

तत इति । हे सुव्रते ततः परं क्रमेण दुग्धं सिताञ्च स्थाल्यां दत्त्वा सावधानेन मनसा संस्कृते वह्नौ पाकविधानतश्चरुं सुपचेत् ॥ ७८ ॥

सुपक्कमिति । ततः सुपक्कं कोमलं चरुं ज्ञात्वा तत्र घृतस्रुवं घृतपूर्णस्रुवं दद्यात् ॥ ७९ ॥

अग्नेरुत्तरतः पात्रं विनिधाय कुशोपरि ।
पुनस्त्रिधा घृतं दत्त्वा स्थालीमाच्छादयेत् कुशैः ॥ ८० ॥
ततः स्रुवे चरुस्थाल्या घृताधारणपूर्वकम् ।
किञ्चिच्चरुं समादाय जानुहोमं समाचरेत् ॥ ८१ ॥
धाराहोमं ततः कृत्वा प्रधानीभूतकर्मणि ।
यत्र ये विहिता देवास्तन्मन्त्रैराहुतीर्हुनेत् ॥ ८२ ॥
समाप्य प्रकृतं होमं स्विष्टिकृद्धोमपूर्वकम् ।
प्रायश्चित्तात्मकं हुत्वा कुर्यात् कर्मसमापनम् ॥ ८३ ॥
संस्कारेषु प्रतिष्ठासु विधिरेषः प्रकीर्त्तितः ।
विधेयः शुभकर्मादौ कर्मसंसिद्धिहेतवे ॥ ८४ ॥
अथोच्यते महामाये गर्भाधानादिकाः क्रियाः ।
तत्रादावृतुसंस्कारः कथ्यते क्रमतः शृणु ॥ ८५ ॥

अग्नेरिति । ततश्चरुपात्रमग्नेरुत्तार्याग्नेरुत्तरतो देशे कुशोपरि विनिधाय संस्थाप्य च पुनस्त्रिधा त्रिवारं तत्र घृतं दत्त्वा कुशैः स्थालीमाच्छादयेत् ॥८०॥

तत इति । ततः परं घृताधारणपूर्वकं घृतसेचनपूर्वकं चरुस्थाल्याः सकाशात् किञ्चिच्चरुं स्रुवे समादाय गृहीत्वा जानुहोमं समाचरेत् कुर्यात् । पृथिव्यां दक्षिणं जानु पातयित्वा यो होमो विधीयते स एव जानुहोमो ज्ञातव्यः ॥ ८१ ॥

धारेत्यादि । ततो धाराहोमं कृत्वा यत्र यस्मिन् प्रधानीभूतकर्मणि ये देवाः पूज्या विहितास्तन्मन्त्रैस्तेषां देवानां मन्त्रैराहुतीर्हुनेद्दद्यात् ॥ ८२ ॥

समाप्येति । एवं प्रकृतहोमं समाप्य स्विष्टिकृद्धोमपूर्वकं प्रायश्चित्तात्मकं हुत्वा होमं कृत्वा कर्मसमापनं होमकर्मणः समाप्तिं कुर्यात् ॥ ८३–८५ ॥

कृतनित्यक्रियः शुद्धः पञ्च देवान् समर्चयेत् ।
ब्रह्मा दुर्गा गणेशश्च ग्रहा दिक्पतयस्तथा ॥ ८६ ॥
स्थण्डिलस्येन्द्रदिग्भागे घटेष्वेतान् प्रपूजयेत् ।
ततस्तु मातृकाः पूज्या गौर्याद्याः षोड़श क्रमात् ॥ ८७ ॥
गौरी पद्मा शची मेधा सावित्री विजया जया ।
देवसेना स्वधा स्वाहा शान्तिः पुष्टिर्धृतिः क्षमा ।
आत्मनो देवता चैव तथैव कुलदेवता ॥ ८८ ॥
आयान्तु मातरः सर्वास्त्रिदशानन्दकारिकाः ।
विवाहव्रतयज्ञानां सर्वाभीष्टं प्रकल्प्यताम् ॥ ८९ ॥
यानशक्तिसमारूढ़ाः सौम्यमूर्त्तिधराः सदा ।
आयान्तु मातरः सर्वा यज्ञोत्सवसमृद्धये ॥ ९० ॥
इत्यावाह्य मातृगणान् स्वशक्त्या परिपूज्य च ।
देहल्यां नाभिमात्रायां प्रादेशपरिमाणतः ।
सप्त वा पञ्च वा विन्दून् दद्यात् सिन्दूरचन्दनैः ॥ ९१ ॥

ऋतुसंस्कारविधिमाह कृतनित्यक्रिय इत्यादिभिः । ननु कान् पञ्चदेवान् समर्चयेदित्यपेक्षायामाह ब्रह्मेत्यादि ॥ ८६ ॥

स्थण्डिलस्येत्यादि । स्थण्डिलस्य चत्वरस्येन्द्रदिग्भागे पूर्वभागे संस्थापितेषु पञ्चसु घटेष्वेतान् ब्रह्मादीन् देवान् गन्धपुष्पादिभिः प्रपूजयेत् ॥ ८७ ॥

पूज्या गौर्याद्याः षोडशमातृका एव दर्शयति गौरीत्यादिना सार्द्धेन ॥८८॥

अथ गौर्यादिषोड़शमातृकावाहनार्थं मन्त्रद्वयमाह आयान्तु मातरः सर्वा इत्यादि ॥ ८९ ॥ ९० ॥

इतीत्यादि । इत्याभ्यां मन्त्राभ्यां मातृगणानावाह्य स्वशक्त्या गन्धपुष्पादिभिः परिपूज्य च नाभिमात्रायां नाभिपरिमितायां देहल्यां प्रादेश-

प्रत्येकविन्दुं मतिमान् कामं मायां रमां स्मरन् ।
घृतधारामविच्छिन्नां दत्त्वा तत्र वसुं यजेत् ॥ ९२ ॥
वसुधारां प्रकल्प्यैवं मयोक्तेनैव वर्त्मना ।
विरच्य स्थण्डिलं धीरो वह्निस्थापनपूर्वकम् ।
होमद्रव्याणि संस्कृत्य पचेच्चरुमनुत्तमम् ॥ ९३ ॥
प्राजापत्यश्चरुश्चात्र वायुनामा हुताशनः ।
समाप्य धाराहोमान्तं कृत्यमार्त्तवमारभेत् ॥ ९४ ॥
ह्रीँ प्रजापतये स्वाहा चरुणैवाहुतित्रयम् ।
प्रदायैकाहुतिं दद्यादिमं मन्त्रमुदीरयन् ॥ ९५ ॥

परिमाणतः प्रादेशपरिमिते देशे सप्त वा पञ्च वा विन्दून् सिन्दूर-चन्दनैर्दद्यात् ॥ ९१ ॥

प्रत्येकेत्यादि । मतिमान् कर्मसाधकः कामं क्लीमिति मायां ह्रीमिति रमां श्रीमिति च वीजं स्मरन् प्रत्येकविन्दुमविच्छिन्नां घृतधारां दत्त्वा तत्रैव वसुं देवं गन्धपुष्पादिभिर्यजेत् ॥ ९२ ॥

वसुधारामित्यादि । मयोक्तेनैव वर्त्मनैवमनेन प्रकारेण वसुधारां प्रकल्प्य सम्पाद्य धीरो विचक्षणः कर्मसाधकः स्थण्डिलं चत्वरं विरच्य तत्र वह्निस्थापन-पूर्वकं होमद्रव्याणि संस्कृत्य च अनुत्तमं न विद्यते उत्तमो यस्मादेवंभूतं चरुं पचेत् ॥ ९३ ॥

प्राजापत्य इत्यादि । अत्र ऋतुसंस्कारकर्मणि यश्चरुः पच्यते सः प्राजापत्यः प्रजापतिदेवताको भवति । हुताशनोऽग्निश्च वायुनामा भवति । ततः पूर्वोक्तेन विधिना धाराहोमान्तं कर्म समाप्य कृत्यं कर्त्तव्यं आर्त्तवमृतुसंस्कार-कर्मारभेत् ॥ ९४ ॥

ह्रीमित्यादि । ह्रीँ प्रजापतये स्वाहेति मन्त्रेण प्रजापतिमुद्दिश्य चरुणैवाहुतित्रयं प्रदाय इमं वक्ष्यमाणं मन्त्रमुदीरयन् सन् एकाहुतिं दद्यात् ॥९५॥

विष्णुर्योनिं कल्पयतु त्वष्टा रूपाणि पिंशतु ।
आसिञ्चतु प्रजापतिर्धाता गर्भं दधातु ते ॥ ९६ ॥
आज्येन चरुणा वापि साज्येन चरुणापि वा ।
सूर्यं प्रजापतिं विष्णुं ध्यायन्नाहुतिमुत्सृजेत् ॥ ९७ ॥
गर्भं धेहि शिनीवाली गर्भं धेहि सरस्वती ।
गर्भं ते अश्विनौ देवावाधत्तां पुष्करस्रजौ ॥ ९८ ॥
ध्यात्वा देवीं शिनीवालीं सरस्वत्यश्विनौ तथा ।
स्वाहान्तमनुनाऽनेन दद्यादाहुतिमुत्तमाम् ॥ ९९ ॥
ततः कामं बधूं मायां रमां कूर्च्चं समुच्चरन् ।
अमुष्यै पुत्रकामायै गर्भमाधेहि सद्विठम् ।
उक्त्वा ध्यात्वा रविं विष्णुं जुहुयात् संस्कृतेऽनले ॥ १०० ॥

एकाहुतिदानार्थं मन्त्रमाह विष्णुर्योनिमिति । पिंशतु दीपयतु ॥ ९६ ॥

आज्येनेत्यादि । विष्णुर्योनिमित्यादिना मन्त्रेणाज्येन घृतेन वा चरुणैव वा साज्येन सघृतेन चरुणा वा सूर्यं प्रजापतिं विष्णुञ्च ध्यायन् सन् तानेवोद्दिश्यैकामाहुतिमुत्सृजेद्दद्यात् ॥ ९७ ॥ ९८ ॥

ध्यात्वेत्यादि । अनेन गर्भं धेहि शिनीवालीत्यादिना स्वाहान्तेन मनुना शिनीवालीं देवीं तथा सरस्वत्यश्विनौ सरस्वतीसहितावश्विनौ देवौ च ध्यात्वा उत्तमामाहुतिं दद्यात् ॥ ९९ ॥

तत इत्यादि । ततः परं कामं क्लीमिति बधूं स्त्रीमिति मायां ह्रीमिति रमां श्रीमिति कूर्च्चं हूमिति च वींजं समुच्चरन् सद्विठं स्वाहासहितममुष्यै पुत्रकामायै गर्भमाधेहीत्युक्त्वा क्लीँ स्त्रीँ ह्रीँ श्रीँ हूँ अमुष्यै पुत्रकामायै गर्भमाधेहि स्वाहेति मन्त्रमुच्चार्य रविं विष्णुञ्च ध्यात्वा संस्कृतेऽनले जुहुयात् ॥ १०० ॥

यथेयं पृथिवी देवी ह्युत्ताना गर्भमादधे ।
तथा त्वं गर्भमाधेहि दशमे मासि सूतये ।
स्वाहान्तेनाऽमुना विष्णुं ध्यायन्नाहुतिमाहरेत् ॥ १०१ ॥
पुनराज्यं समादाय ध्यात्वा विष्णुं परात्परम् ।
विष्णो ज्येष्ठेन रूपेण नार्यामस्यां वरीयसम् ।
सुतमाधेहि ठद्वन्द्वमुक्त्वा वह्नौ हविस्त्यजेत् ॥ १०२ ॥
कामेन पुटितां मायां मायया पुटितां बधूम् ।
पुनः कामञ्च मायाञ्च पठित्वाऽस्याः शिरः स्पृशेत् ॥ १०३ ॥
पतिपुत्रवतीभिश्च नारीभिः परिवेष्टितः ।
शिरश्चालभ्य हस्ताभ्यां बध्वाः क्रोड़ाञ्चले पतिः ॥ १०४ ॥
विष्णुं दुर्गां विधिं सूर्यं ध्यात्वा दद्यात् फलत्रयम् ।
ततः स्विष्टिकृतं हुत्वा प्रायश्चित्त्या समापयेत् ॥ १०५ ॥

यथेयमिति । सूतये प्रसवाय । स्वाहान्तेनामुना यथेयं पृथिवीत्यादिना मन्त्रेण विष्णुं ध्यायंस्तमेवोद्दिश्याहुतिमाहरेद्वह्नौ दद्यात् ॥ १०१ ॥

पुनरित्यादि । पुनराज्यं घृतं समादाय गृहीत्वा परादपि परं श्रेष्ठं विष्णुं ध्यात्वा तमेवोद्दिश्य विष्णो ज्येष्ठेन रूपेण नार्यामस्यां वरीयसं सुतमाधेहि स्वाहेति मन्त्रमुक्त्वा वह्नौ हविर्घृतं त्यजेदित्यन्वयः । ज्येष्ठेन श्रेष्ठेन रूपेण विशिष्टम् वरीयसमतिवरमतिश्रेष्ठमित्यर्थः । ठद्वन्द्वं स्वाहा ॥ १०२ ॥

कामेनेति । ततः कामेन क्लीमिति वीजेन पुटितामादावन्ते च संयुक्तां मायां ह्रीँ वीजं तथैव मायया ह्रीँ वीजेन पुठितां वधूं स्त्रीँ वीजं पुनः कामं क्लीँ वीजं च मायां ह्रीँ वीजं च पठित्वा योजनया क्लीँ ह्रीँ क्लीँ ह्रीँ स्त्रीँ ह्रीँ क्लीँ ह्रीमिति मन्त्रं पठित्वा अस्या भार्यायाः शिरः स्पृशेत् ॥१०३॥

पतीत्यादि । पतिपुत्रवतीभिर्नारीभिः परिवेष्टितः पतिर्हस्ताभ्यां वध्वाः शिरश्चालभ्य स्पृष्ट्वा तस्या एव क्रोड़ाञ्चले हस्ताभ्यां विष्णुं दुर्गां विधिं

यद्वा प्रदोषसमये गौरीशङ्करपूजनात् ।
भास्करार्घ्यप्रदानाच्च दम्पत्योः शोधनं भवेत् ॥ १०६ ॥
आर्त्तवं कथितं कर्म गर्भाधानमथो शृणु ॥ १०७ ॥
तद्रात्रावन्यरात्रौ वा युग्मायां निशि भार्यया ।
सदनाभ्यन्तरं गत्वा ध्यात्वा देवं प्रजापतिम् ॥ १०८ ॥
स्पृशन् पत्नीं पठेद्भर्त्ता मायाबीजपुरःसरम् ।
आवयोः सुप्रजायै त्वं शय्ये शुभकरी भव ॥ १०९ ॥
आरुह्य भार्यया शय्यां प्राङ्मुखो वाप्युदङ्मुखः ।
उपविश्य स्त्रियं पश्यन् हस्तमाधाय मस्तके ।
वामेन पाणिनाऽऽलिङ्ग्य स्थाने स्थाने मनुं जपेत् ॥ ११० ॥

प्रजापतिं सूर्यञ्च ध्यात्वा फलत्रयं दद्यात् । समापयेत् आर्त्तवं कर्मेति शेषः ॥ १०४ ॥ १०५ ॥

अथान्यदृतुसंस्कारस्य विधानमाह यद्वेत्याद्येकेन । प्रदोषसमये रात्र्यारम्भसमये ॥ १०६ ॥ १०७ ॥

अथ गर्भाधानक्रियाविधिमेवाह तद्रात्रावित्यादिभिः । तद्रात्रावृतुसंस्काररात्रावन्यरात्रौ वा युग्मायामेव निशि भार्यया सह सदनाभ्यन्तरं गत्वा प्रजापतिं देवं ध्यात्वा च पत्नीं स्पृशन् भर्त्ता मायावीजपुरःसरं मायावीजं ह्रीमिति पुरःसरमग्रेसरं यत्रैवम्भूतं आवयोः सुप्रजायै त्वं शय्ये शुभकरी भवेति मन्त्रं पठेत् ॥ १०८ ॥ १०९ ॥

आरुह्येति । ततो भार्यया सह शय्यामारुह्य प्राङ्मुख उदङ्मुखो वा भूत्वा तत्रोपविश्य च स्त्रियं पश्यन् भर्त्ता तस्या मस्तके दक्षिणं हस्तमाधाय वामेन पाणिना तामालिङ्ग्य च स्थाने स्थाने मनुं जपेत् ॥ ११० ॥

शीर्षे कामं शतं जप्त्वा चिबुके वाग्भवं शतम् ।
कण्ठे रमां विंशतिधा स्तनद्वन्द्वे शतं शतम् ॥ १११ ॥
हृदये दशधा मायां नाभौ तां पञ्चविंशतिम् ।
जप्त्वा योनौ करं दत्त्वा कामेन सह वाग्भवम् ॥ ११२ ॥
शतमष्टोत्तरं जप्त्वा लिङ्गेऽप्येवं समाचरन् ।
विकाश्य मायया योनिं स्त्रियं गच्छेत् सुताप्तये ॥ ११३ ॥
रेतःसम्पातसमये ध्यात्वा विश्वकृतं पतिः ।
नाभेरधस्तात् चित्कुण्डे रक्तिकायां प्रपातयेत् ॥ ११४ ॥
शुक्रसेकान्तरे विद्वानिमं मन्त्रमुदीरयेत् ॥ ११५ ॥

ननु कस्मिन् कस्मिन् स्थाने कं कं मन्त्रं जपेदित्यपेक्षायामाह शीर्षे काममित्यादि । शीर्षे मस्तके कामं क्लीमिति मन्त्रं शतवारं जप्त्वा चिबुके ओष्ठाधराधोभागे च वाग्भवम् ऐमिति मन्त्रं शतवारं जप्त्वा कण्ठे च रमां श्रीमिति मन्त्रं विंशतिधा विंशतिवारं जप्त्वा स्तनद्वन्द्वे च श्रीमिति मन्त्रं शतं शतं जपेत् ॥ १११ ॥

हृदये इत्यादि । ततो भार्याया हृदये मायां ह्रीमिति मन्त्रं दशधा जप्त्वा नाभौ च तां मायां ह्रीमिति मन्त्रं पञ्चविंशतिवारं जप्त्वा योनौ च करं दत्त्वा कामेन क्लीमिति वीजेन सह वाग्भवं ऐमिति मन्त्रमष्टोत्तरं शतं जप्त्वा लिङ्गेऽप्येवं क्लीँ ऐमिति मन्त्रस्य जपं समाचरन् पतिर्मायया ह्रीमिति मन्त्रेण योनिं विकाश्य व्यादाय सुताप्तये पुत्रप्राप्तये स्त्रियं गच्छेत् ॥ ११२ ॥ ११३ ॥

रेतःसम्पातेत्यादि । रेतःसम्पातसमये वीजसम्पातनकाले पतिर्विश्वकृतं प्रजापतिं ध्यात्वा नाभेरधस्ताच्चित्कुण्डे रक्तिकायां नाड्यां बीजं प्रपातयेत् ॥ ११४ ॥ ११५ ॥

यथाऽग्निना सगर्भा भूर्द्यौर्यथा वज्रधारिणा ।
वायुना दिग्गर्भवती तथा गर्भवती भव ॥ ११६ ॥
जाते गर्भे ऋतौ तस्मिन्नन्यस्मिन् वा महेश्वरि ।
तृतीये गर्भमासे तु चरेत् पुंसवनं गृही ॥ ११७ ॥
कृतनित्यक्रियो भर्त्ता पञ्च देवान् समर्च्चयेत् ।
गौर्य्यादिमातृकाश्चैव वसोर्धारां प्रकल्पयेत् ॥ ११८ ॥
बृद्धिश्राद्धं ततः कृत्वा पूर्वोक्तविधिना सुधीः ।
धाराहोमान्तमापाद्य कुर्यात् पुंसवनक्रियाम् ॥ ११९ ॥
प्राजापत्यश्चरुस्तत्र चन्द्रनामा हुताशनः ॥ १२० ॥
गव्ये दध्नि यवञ्चैकं द्वौ माषावपि निक्षिपेत् ।
पतिः पृच्छेत् स्त्रियं भद्रे किं त्वं पिवसि त्रिःकृतम् ॥ १२१ ॥
ततः सीमन्तिनी ब्रूयात् मायापुंसवनं त्रिधा ।
प्रसृतींस्त्रीन् पिवेन्नारी यवमाषयुतं दधि ॥ १२२ ॥

वीजसेकान्तरे यं मन्त्रं भर्त्ता पठेत्तमेव मन्त्रमाह यथाग्निनेति । भूः पृथ्वी । द्यौः स्वर्गः । वज्रधारिणा इन्द्रेण ॥ ११६ ॥ ११७ ॥

पुंसवनक्रियाविधिमेवाह कृतनित्यक्रिय इत्यादिभिः । कृतनित्यक्रियो भर्त्ता पूर्वोक्तान् ब्रह्मादीन् पञ्च देवान् समर्चयेत् ॥ ११८ ॥ ११९ ॥

तत्र पुंसवनक्रियायाम् ॥ १२० ॥

गव्ये इत्यादि । गव्ये गोसम्बन्धिनि दध्नि एकं यवं द्वौ माषावपि निःक्षिपेत् । ततो हे भद्रे पत्नि त्वं किं पिवसीति पतिस्त्रिःकृतं त्रिवारं स्त्रियं पृच्छेत् ॥ १२१ ॥

तत इति । ततः परं मायापुंसवनं ह्रीँ पुंसवनमिति सीमन्तिनी स्त्री त्रिधा त्रिवारं ब्रूयात् । ततो नारी यागस्थानादन्यत्र गत्वा त्रीन् प्रसृतीन् यवमाषयुतं दधि पिवेत् ॥ १२२ ॥

जीवत्सुताभिर्वनितां यागस्थानं समानयेत् ।
संस्थाप्य वामभागे तां चरुहोमं समाचरेत् ॥ १२३ ॥
पूर्ववच्चरुमादाय मायां कूर्च्चं समुच्चरन् ।
ये गर्भविघ्नकर्त्तारो ये च गर्भविनाशकाः ॥ १२४ ॥
भूताः प्रेताः पिशाचाश्च वेताला वालघातकाः ।
तान् सर्वान् नाशय द्वन्द्वं गर्भरक्षां कुरु द्विठः ॥ १२५ ॥
मन्त्रेणानेन रक्षोघ्नं चिन्तयित्वा हुताशनम् ।
रुद्रं प्रजापतिं ध्यायन् प्रदद्यात् द्वादशाहुतीः ॥ १२६ ॥
ततो माया चन्द्रमसे स्वाहेत्याहुतिपञ्चकम् ।
दत्त्वा भार्याहृदि स्पृष्ट्वा मायां लक्ष्मीं शतं जपेत् ॥ १२७ ॥

जीवदित्यादि । ततो जीवन्तः सुताः पुत्रा यासान्ता जीवत्सुतास्ताभिः स्त्रीभिः सह वनितां स्त्रियं यागस्थानं समानयेत् । तां वनितां वामभागे संस्थाप्य चरुहोमं समाचरेत् ॥ १२३ ॥

पूर्ववदिति । पूर्ववत् स्रुवे चरुमादाय गृहीत्वा मायां ह्रीमिति कूर्च्चं हूमिति च वीजं समुच्चरन् ये गर्भेत्यादि तान् सर्वानित्यन्तं वाक्यमुच्चरेत् । ततो नाशय द्वन्द्वमुच्चरेत् । ततो गर्भरक्षां कुर्विति वदेत् । ततो द्विठः स्वाहेति वदेत् । सकलपदयोजनया ह्रीँ हूँ ये गर्भविघ्नकर्त्तारो ये च गर्भविनाशका भूताः प्रेताः पिशाचाश्च वेताला वालघातकास्तान् सर्वान्नाशय नाशय गर्भरक्षां कुरु स्वाहेति मन्त्रो जातः । अनेन मन्त्रेण रक्षोघ्नं रक्षोघ्ननामानं हुताशनमग्निं चिन्तयित्वा रुद्रं प्रजापतिञ्च ध्यायन् द्वादशाहुतीः प्रदद्यात् ॥ १२४–१२६ ॥

तत इत्यादि । ततः परं ह्रीँ चन्द्रमसे स्वाहेति मन्त्रेणाहुतिपञ्चकं दत्त्वा भार्याहृदि स्पृष्ट्वा मायां लक्ष्मीं ह्रीँ श्रीमिति मन्त्रं शतवारं जपेत् ॥१२७॥

ततः स्विष्टिकृतं हुत्वा प्रायश्चित्त्या समापयेत् ।
ततस्तु पञ्चमे मासि दद्यात् पञ्चामृतं स्त्रियै ॥ १२८ ॥
शर्करा मधु दुग्धञ्च घृतं दधि समांशकम् ।
पञ्चामृतमिदं प्रोक्तं देहशुद्धौ विधीयते ॥ १२९ ॥
वाग्भवं मदनं लक्ष्मीं मायां कूर्चं पुरन्दरम् ।
पञ्चद्रव्योपरि शिवे प्रजप्य पञ्च पञ्चधा ।
एकीकृत्याऽमृतान्यत्र प्राशयेद्दयितां पतिः ॥ १३० ॥
सीमन्तोन्नयनं कुर्यान्मासि षष्ठेऽष्टमेऽपि वा ।
यावन्न जायतेऽपत्यं तावत् सीमन्तनक्रिया ॥ १३१ ॥
पूर्वोक्तधाराहोमान्तं कर्म कृत्वा स्त्रिया सह ।
उपविश्याऽऽसने प्राज्ञः प्रदद्यादाहुतित्रयम् ।
विष्णवे भास्वते धात्रे वह्निजायां समुच्चरन् ॥ १३२ ॥
ततश्चन्द्रमसं ध्यात्वा शिवनाम्नि हुताशने ।
सप्तधा हवनं कुर्यात् सोममुद्दिश्य मानवः ॥ १३३ ॥

समापयेत् पुंसवनं कर्मेति शेषः ॥ १२८ ॥

ननु किन्नाम पञ्चामृतमत आह शर्करेत्यादि । समांशकम् तुल्यभागम् ॥ १२९ ॥

वाग्भवमित्यादि । वाग्भवं ऐमिति मदनं क्लीमिति लक्ष्मीं श्रीमिति मायां ह्रीमिति कूर्चं हूमिति पुरन्दरं लमिति च वीजं शर्करादिपञ्चद्रव्योपरि पञ्च पञ्चधा पञ्च पञ्चवारान् प्रजप्य शर्करादीनि अमृतानि एकीकृत्य पतिर्दयितां भार्याम् अत्र पञ्चमे मासि प्राशयेत् ॥ १३० ॥ १३१ ॥

सीमन्तोन्नयनक्रियाविधिमेवाह पूर्वोक्तेत्यादिभिः । प्राज्ञो विद्वान् पुरुषः स्त्रिया सहासने उपविश्य पूर्वोक्तधाराहोमान्तं कर्म कृत्वा पूर्वं विष्णवे इति

अश्विनौ वासवं विष्णुं शिवं दुर्गां प्रजापतिम् ।
ध्यात्वा प्रत्येकतो दद्यादाहुतीः पञ्चधा शिवे ॥ १३४ ॥
स्वर्णकङ्कतिकां भर्त्ता गृहीत्वा दक्षिणे करे ।
सीमन्ताद्बद्धकेशान्तः केशपाशे निवेशयेत् ॥ १३५ ॥
शिवं विष्णुं विधिं ध्यायन् मायाबीजं समुच्चरन् ॥ १३६ ॥
भार्ये कल्याणि सुभगे दशमे मासि सुव्रते ।
सुप्रसूता भव प्रीता प्रसादाद्विश्वकर्मणः ॥ १३७ ॥
आयुष्मती कङ्कतिका वर्चस्वी ते शुभं कुरु ।
ततः समापयेत् कर्म स्विष्टिकृद्धवनादिभिः ॥ १३८ ॥

भास्वते इति धात्रे इति समुच्चरन् ततो वह्निजायां स्वाहा समुच्चरन् विष्णवे स्वाहा सूर्याय स्वाहा प्रजापतये स्वाहेति च मन्त्रं प्रकीर्त्तयन् सन् विष्णुं सूर्यं प्रजापतिं चोद्दिश्याहुतित्रयं प्रदद्यात् ॥ १३२–१३४ ॥

स्वर्णेत्यादि । ततो भर्त्ता दक्षिणे करे स्वर्णकङ्कतिकां सुवर्णमयीं प्रसाधनीं गृहीत्वा पूर्वं मायाबीजं ह्रीमिति वीजं समुच्चरन् ततो ।

भार्ये कल्याणि सुभगे दशमे मासि सुव्रते ।
सुप्रसूता भव प्रीता प्रसादाद्विश्वकर्मणः ।
आयुष्मती कङ्कतिका वर्चस्वी ते शुभं कुरु ।

इति मन्त्रं समुच्चरन् शिवं विष्णुं विधिं प्रजापतिञ्च ध्यायन् सन् सीमन्तात् सकाशात् वद्धकेशान्तः केशपाशे वद्धकेशाभ्यन्तरकेशसमूहे निवेशयेत् । आयुष्मतीत्यस्य भवेत्यनेनान्वयो विधेयः । ते इत्यस्य कङ्कतिकेत्यनेनान्वयः ॥ १३५–१३८ ॥

जातमात्रं सुतं दृष्ट्वा दत्त्वा स्वर्णं गृहान्तरे ।
पूर्वोक्तविधिना धीरो धाराहोमं समापयेत् ॥ १३९ ॥
ततः पञ्चाहुतीर्दद्यात् अग्निमिन्द्रं प्रजापतिम् ।
विश्वान् देवांश्च ब्रह्माणमुद्दिश्य तदनन्तरम् ॥ १४० ॥
मधुसर्पिः कांस्यपात्रे समानीयाऽसमांशकम् ।
वाग्भवं शतधा जप्त्वा प्राशयेत्तनयं पिता ॥ १४१ ॥
दक्षहस्तानामिकया मन्त्रमेनं समुच्चरन् ।
आयुर्वर्च्चो वलं मेधा वर्द्धतां ते सदा शिशो ॥ १४२ ॥
इत्यायुर्जननं कृत्वा गुप्तं नाम प्रकल्पयेत् ।
कृतोपनयने पुत्रे तेन नाम्ना समाह्वयेत् ॥ १४३ ॥
प्रायश्चित्तादिकं कृत्वा जातकर्म समापयेत् ।
नालच्छेदं ततो धात्री कुर्यादुत्साहपूर्वकम् ॥ १४४ ॥
यावन्न छिद्यते नालं तावच्छौचं न वाधते ।
प्रागेव नाड़िकाछेदाद्दैवीं पैत्रीं क्रियाञ्चरेत् ॥ १४५ ॥

अथ जातकर्मविधिमाह जातमात्रमित्यादिभिः । दत्त्वा सुतायेति शेषः गृहान्तरे सूतिकागृहादन्यस्मिन् गृहे । तत इत्यादिस्तु स्पष्टार्थः ॥१३९॥ ॥१४०॥

मध्विति । तदनन्तरं पञ्चाहुतिदानानन्तरं कांस्यपात्रेऽसमांशकं मधुसर्पिश्च समानीय तदुपरि वाग्भवम् ऐमिति मन्त्रं शतधा जप्त्वा आयुर्वर्च्चो वलं मेधा वर्द्धतां ते सदा शिशो इत्येनं मन्त्रं समुच्चरन् पिता दक्षहस्तानामिकयाङ्गुल्या मधुसर्पिस्तनयं प्राशयेत् ॥ १४१ ॥ १४२ ॥

इत्यायुर्जननमित्यादयस्तु स्पष्टार्थाः ॥ १४३–१४५ ॥

कुमार्याश्चापि कर्त्तव्यमेवमेवममन्त्रकम् ।
षष्ठे वा चाष्टमे मासि नाम कुर्यात् प्रकाशतः ॥ १४६ ॥
स्नापयित्वा शिशुं माता परिधाप्याम्बरे शुभे ।
भर्त्तुः पार्श्वे समागत्य प्राङ्मुखं स्थापयेत् सुतम् ॥ १४७ ॥
अभिषिञ्चेत् शिशोर्मूर्ध्नि सहिरण्यकुशोदकैः ।
जाह्नवी यमुना रेवा सुपवित्रा सरस्वती ॥ १४८ ॥
नर्मदा वरदा कुन्ती सागराश्च सरांसि च ।
एते त्वामभिषिञ्चन्तु धर्मकामार्थसिद्धये ॥ १४९ ॥
ह्रीँ आपो हि ष्ठा मयोभुवस्ता न ऊर्ज्जे दधातन
महे रणाय चक्षुपे ॥ १५० ॥

कुमार्या इत्यादि । कुमार्याश्चाप्यमन्त्रकं मन्त्रहीनमेव जातकर्मैवमेव कर्त्तव्यम् ॥ १४६ ॥

अथ नामकरणस्य विधिमाह स्नापयित्वेत्यादिभिः । माता शिशुं स्नापयित्वा शुभे अम्बरे वस्त्रे परिधाप्य भर्तुः पार्श्वे समागत्य सुतं प्राङ्मुखं स्थापयेत् ॥१४७॥

अभिषिञ्चेदित्यादि । ततः पिता जाह्नवीत्यादिभिर्मन्त्रैः सहिरण्यकुशोदकैः शिशोः मूर्ध्न्यभिषिञ्चेत् ॥ १४८ ॥ १४९ ॥

आप इत्यादि । हे आपो हि यस्मात् यूयं मयोभुवः स्था मयः सुखं तस्य भावयित्र्यः प्रापयित्र्यो भवत । ता तस्मात् नोऽस्मान् ऊर्जेऽन्नाय दधातन स्थापयत । किञ्च महे महते रणाय रमणीयाय चक्षुपे दर्शनीयाय दधातन । अयमर्थः हे आपो यस्माद्यूयं सुखं प्रापयथ तस्मादस्मान् ऐहिकेनाऽन्नादिनाऽमुष्मिकेन च महारमणीयदर्शनीयेन ब्रह्मणा संयोजयतेति । हि ष्ठा इति अस्तेर्लोट् मध्यमपुरुषवहुवचनम् । दधातनेत्यपि दधातेर्लोट् मध्यमपुरुषवहुवचनं छन्दसि वहुलमित्यनेन सिद्धम् । मह इति महते इति पदस्य छान्दसत्वादकारतकारयोर्लोपे

ह्रीँ यो वः शिवतमो रसस्तस्य भाजयतेह न
ऊशतीरिव मातरः ॥ १५१ ॥
ह्रीँ तस्मा अरं गमाम वो यस्य क्षयाय जिन्वथ
आपो जनयथा च नः ॥ १५२ ॥
अभिषिच्य त्रिभिर्मन्त्रैः पूर्ववद्वह्निसंस्क्रियाम् ।
कृत्वा सम्पाद्य धारान्तं दद्यात् पञ्चाहुतीः सुधीः ॥ १५३ ॥

सति महे इति भवति । रणायेति रमणीयशब्दस्य छन्दसि रणादेशः । चक्षुषे इति उस् प्रत्ययान्ताच्चतुर्थी ॥ १५० ॥

यो व इत्यादि । हे आपो वो युष्माकं शिवतमोऽत्यन्तकल्याणरूपो यो रसो निर्यासो मधुरस्तस्य रसस्येह नोऽस्मान् भाजयत भागिनः कुरुत तेन रसेन सम्बद्धानस्मान् कुरुतेत्यर्थः । किम्भूता यूयम् ऊशतीरिच्छावत्यः स्नेहेन मातर इव । अयमर्थः यथा स्नेहेन मातरः पुत्रान् तुल्यरसभागिनः कुर्वन्ति तथा यूयमप्यस्मान् कल्याणकारिरससम्बन्धान् कुरुतेति । ऊशतीरिति वश कान्तौ शतृप्रत्ययः तदन्तादीप्प्रत्ययः ततो जसि कृते निपातनात् पूर्वसवर्णदीर्घः । हे आपो वो युष्माकं तस्मै तस्मिन् रसेऽरमलं पर्याप्तं गमाम गच्छामेत्यर्थः । किञ्च वः तत्र रसे नोऽस्माकं भोगं यूयं जनयथ । यस्य रसस्य क्षयाय क्षये स्थाने जिन्वथ प्रीणयथ आब्रह्मस्तम्बपर्यन्तं जगदिति शेषः । अयमर्थः हे आपो युष्माकं यस्य रसस्य स्थाने जगद् यूयं प्रीणयथ तस्य विषये वयं तृप्तिं गच्छाम यूयञ्च नः तत्र सम्भोगं जनयथेति । तस्मै क्षयायेत्युभयत्रापि सप्तम्यर्थे चतुर्थी । गमाम इति लोट्युत्तमपुरुषवहुवचनं गच्छादेशाभावश्छान्दसः । जनयथा इति छन्दसि दीर्घः । जिन्वथ इति छन्दसि सिद्धम् ॥ १५१ ॥ १५२ ॥

अभिषिच्येत्यादि । एतैस्त्रिभिर्मन्त्रैः शिशोर्मूर्ध्न्यभिषिच्य पूर्ववत् वह्निसंस्क्रियां कृत्वा धारान्तं धाराहोमान्तं कर्म च सम्पाद्य सुधीः पिता पञ्चाहुतीर्दद्यात् ॥ १५३ ॥

अग्नये प्रथमां दत्त्वा वासवाय ततः परम् ।
ततः प्रजानाम्पतये विश्वदेवेभ्य एव च ।
ब्रह्मणे चाहुतिं दद्याद्वह्नौ पार्थिवसंज्ञके ॥ १५४ ॥
ततोऽङ्के पुत्रमादाय श्रावयेत् दक्षिणश्रुतौ ।
स्वल्पाक्षरं सुखोच्चार्यं शुभं नाम विचक्षणः ॥ १५५ ॥
श्रावयित्वा त्रिधा नाम ब्राह्मणेभ्यो निवेद्य च ।
ततः समापयेत् कर्म कृत्वा स्विष्टिकृदादिकम् ॥ १५६ ॥
कन्याया निष्क्रमो नास्ति वृद्धिश्राद्धं न विद्यते ।
नामान्नप्राशनं चूडां कुर्याद्धीमानमन्त्रकम् ॥ १५७ ॥
चतुर्थे मासि षष्ठे वा कुर्यान्निष्क्रमणं शिशोः ॥ १५८ ॥
कृतनित्यक्रियस्तातः सम्पूज्य गणनायकम् ।
स्नापयित्वा तु तनयं वस्त्रालङ्कारभूषितम् ।
संस्थाप्य पुरतो विद्वानिमं मन्त्रमुदीरयेत् ॥ १५९ ॥
ब्रह्मा विष्णुः शिवो दुर्गा गणेशो भास्करस्तथा ।
इन्द्रो वायुः कुवेरश्च वरुणोऽग्निर्बृहस्पतिः ।
शिशोः शुभं प्रकुर्वन्तु रक्षन्तु पथि सर्वदा ॥ १६० ॥

ननु कान्देवानुद्दिश्य पञ्चाहुतीर्दद्यादित्यपेक्षायामाह अग्नये इत्यादि॥ १५४॥

तत इत्यादि । ततोऽङ्के क्रोडे पुत्रमादाय गृहीत्वा विचक्षणः पिता पुत्रस्य दक्षिणश्रुतौ दक्षिणे कर्णे स्वल्पाक्षरं सुखोच्चार्यं शुभं मङ्गलवाचकं नाम श्रावयेत् ॥ १५५–१५८ ॥

अथ शिशुनिष्क्रमणक्रियाविधिमाह कृतनित्यक्रिय इत्यादिभिः ॥ १५९ ॥

यं मन्त्रमुदीरयेत्तमेव मन्त्रमाह ब्रह्मा विष्णुरिति ॥ १६० ॥

इत्युक्त्वाऽङ्के समादाय गीतवाद्यपुरःसरम् ।
बहिर्निष्क्रामयेद्बालं सानन्दैः स्वजनैः सह ॥ १६१ ॥
गत्वाऽध्वनि कियद्दूरं शिशुं सूर्यं निरीक्षयेत् ॥ १६२ ॥
ह्रीँ तच्चक्षुर्देवहितं पुरस्ताच्छुक्रमुच्चरत् ।
पश्येम शरदः शतं जीवेम शरदः शतम् ॥ १६३ ॥
इत्यादित्यं दर्शयित्वा समागत्य निजालयम् ।
अर्घ्यं दत्त्वा दिनेशाय स्वजनान् भोजयेत् पिता ॥ १६४ ॥
षष्ठे मासि कुमारस्य मासि वाप्यष्टमे शिवे ।
पितृभ्राता पिता वापि कुर्यादन्नाशनक्रियाम् ॥ १६५ ॥
पूर्ववद्देवपूजादि वह्निसंस्करणं तथा ।
एवं धारान्तकर्माणि सम्पाद्य विधिवत् पिता ॥ १६६ ॥
दद्यात् पञ्चाहुतीस्तत्र शुचिनाम्नि हुताशने ।
अग्निमुद्दिश्य प्रथमां द्वितीयां वासवं स्मरन् ॥ १६७ ॥
ततः प्रजापतिं देवं विश्वान् देवान् ततः परम् ।
ब्रह्माणञ्च समुद्दिश्य पञ्चमीमाहुतिं त्यजेत् ॥ १६८ ॥

इतीत्यादि । इतीमं मन्त्रमुक्त्वाऽङ्के क्रोडे बालं समादाय गृहीत्वा सानन्दैः स्वजनैः सह गीतवाद्यपुरःसरं बालं बहिर्निष्क्रामयेत् ॥ १६१ ॥

गत्वेत्यादि । अध्वनि मार्गे कियद्दूरं गत्वा पिता शिशुं बालं सूर्यं निरीक्षयेद्दर्शयेत् ॥ १६२ ॥

येन मन्त्रेण शिशुं सूर्यं दर्शयेत्तं मन्त्रमाह ह्रीँ तच्चक्षुरिति । पुरस्तादग्रतः शुक्रमुच्चरत् शुक्रमुलङ्घ्य गच्छत् तत्सूर्यरूपं देवहितं चक्षुर्वर्त्तते यद्वयं शतं शरदो वर्षाणि पश्येम यच्च पश्यन्तो वयं शतं शरदो जीवेम ॥ १६३–१६५ ॥

अन्नप्राशनक्रियाविधिमाह पूर्ववदित्यादिभिः ॥ १६६ ॥

तत्र अन्नप्राशनक्रियायाम् । ननु कान्देवानुद्दिश्य पञ्चाहुतीर्दद्यादित्यपेक्षायामाह अग्निमित्यादि ॥ १६७ ॥ १६८ ॥

ततोऽग्नावन्नदां ध्यात्वा दत्तपञ्चाहुतिः पिता ।
तत्राथवा गृहेऽन्यस्मिन् वस्त्रालङ्कारशोभितम् ।
क्रोडे निधाय तनयं प्राशयेत् पायसामृतम् ॥ १६९ ॥
पञ्चप्राणाहुतेर्मन्त्रैर्भोजयित्वा तु पञ्चधा ।
ततोऽन्नव्यञ्जनादीनां दत्त्वा किञ्चित् शिशोर्मुखे ॥ १७० ॥
शङ्खतूर्यादिघोषेण प्रायश्चित्त्या समापयेत् ।
इत्यन्नप्राशनं प्रोक्तं चूडाविधिमतः शृणु ॥ १७१ ॥
तृतीये पञ्चमे वर्षे कुलाचारानुसारतः ।
चूडाकर्म शिशोः कुर्याद्बालसंस्कारसिद्धये ॥ १७२ ॥
देवपूजादिधारान्तं कर्म निष्पाद्य साधकः ।
सत्याग्नेरुत्तरे देशे वृषगोमयपूरितम् ॥ १७३ ॥
तिलगोधूमसंयुक्तं शरावं स्थापयेद् बुधः ।
कवोष्णं सलिलं चापि क्षुरमेकं सुशाणितम् ॥ १७४ ॥

तत इत्यादि । ततः परमन्नदां देवीं ध्यात्वा तामुद्दिश्याग्नौ दत्ताः पञ्चाहुतीर्येन स दत्तपञ्चाहुतिः पिता तत्राथवाऽन्यस्मिन् गृहे वस्त्रालङ्कारशोभितं तनयं क्रोडे निधाय संस्थाप्य पायसामृतं परमान्नरूपममृतं प्राशयेत् भोजयेत् ॥१६९॥

पञ्चेत्यादि । प्राणाय स्वाहा अपानाय स्वाहा समानाय स्वाहा उदानाय स्वाहा व्यानाय स्वाहेत्यात्मकैः पञ्चप्राणाहुतेर्मन्त्रैः पुत्रं पायसं पञ्चधा भोजयित्वा ततोऽन्नव्यञ्जनादीनां किञ्चित् शिशोर्मुखे दत्वा शङ्खतूर्यादिघोषेण प्रायश्चित्त्या चान्नप्राशनक्रियां समापयेत् ॥ १७० ॥ १७१ ॥

अथ चूडाकर्मविधिमाह तृतीय इत्यादिभिः । बुधो विचक्षणः साधकः कर्मनिष्पादकः पिता पूर्ववद्देवपूजादिधारान्तं कर्म निष्पाद्य सत्याग्नेः सत्यनाम्नो वह्नेरुत्तरे देशे वृषगोमयपूरितं तिलगोधूमसंयुक्तं शरावं कवोष्णमीषदुष्णं सलिलं जलं सुशाणितमेकं क्षुरञ्चापि स्थापयेत् ॥ १७२–१७४ ॥

आसाद्य तनयं तत्र जनकः स्वीयवामतः ।
संस्थाप्य जननीक्रोड़े कवोष्णसलिलैश्च तैः ॥ १७५ ॥
वारुणं दशधा जप्त्वा सम्मार्ज्य शिशुमूर्द्धजान् ।
मायया कुशपत्राभ्यां जुष्टिमेकां प्रकल्पयेत् ॥ १७६ ॥
मायां लक्ष्मीं त्रिधा जप्त्वा गृहीत्वा लौहजं क्षुरम् ।
छित्त्वा तु जुष्टिकामूलं मातृहस्ते निवेशयेत् ॥ १७७ ॥
कुमारमाता हस्ताभ्यामादाय गोमयान्विते ।
शरावे स्थापयेत् जुष्टिं नापिताय पिता वदेत् ॥ १७८ ॥
क्षुरमुण्डिन् शिशोः क्षौरं सुखं साधय ठद्वयम् ।
पठित्वा नापितं पश्यन् सत्यनामनि पावके ।
प्रजापतिं समुद्दिश्य प्रदद्यादाहुतित्रयम् ॥ १७९ ॥

आसाद्येत्यादि । ततो जनकः पिता तनयं पुत्रं तत्र सत्यनाम्नो वह्नेः समीपे आसाद्याऽऽनीय स्वीयवामतः आत्मनो वामे देशे जननीक्रोड़े संस्थाप्य तैर्वह्नेरुत्तरे देशे स्थापितैः कवोष्णसलिलैर्वारुणं वरुणसम्बन्धि वमिति बीजं दशधा जप्त्वा शिशुमूर्द्धजान् बालककेशान् सम्मार्ज्य मायया ह्रीँ बीजेन कुशपत्राभ्यामेकां जुष्टिं प्रकल्पयेत् ॥ १७५ ॥ १७६ ॥

मायामित्यादि । ततो मायां ह्रीँ बीजं लक्ष्मीं श्रीँ बीजञ्च त्रिधा जप्त्वा लौहजं क्षुरं गृहीत्वा जुष्टिकामूलं छित्त्वा मातृहस्ते जुष्टिकां निवेशयेत् स्थापयेत् ॥ १७७ ॥

कुमारेत्यादि । कुमारमाता हस्ताभ्यां जुष्टिकामादाय गृहीत्वा गोमयान्विते शरावे स्थापयेत् । ततो नापिताय पिता शिशुजनको वदेत् ॥ १७८ ॥

शिशोः पिता नापिताय किं वदेदित्यपेक्षायामाह क्षुरमुण्डिन्नित्यादि । हे क्षुरमुण्डिन्नापित शिशोः क्षौरं सुखं यथा स्यात्तथा त्वं साधय ठद्वयं स्वाहा ।

नापितेन कृतक्षौरं स्नापयित्वा शिशुं ततः ।
वस्त्रालङ्कारमाल्येन भूषयित्वाऽग्निसन्निधौ ॥ १८० ॥
स्ववामभागे संस्थाप्य स्विष्टिकृद्धोममाचरेत् ।
प्रायश्चित्तं ततः कृत्वा दद्यात् पूर्णाहुतिं पिता ॥ १८१ ॥
माया शिशो ते कुशलं कुरुतां विश्वकृद्विभुः ।
पठित्वैनं शिशोः कर्णे स्वर्णमय्या शलाकया ।
राजत्या लौहमय्या वा कर्णवेधं प्रकल्पयेत् ॥ १८२ ॥
आपोहिष्ठेति मन्त्रेण अभिषिच्य सुतं ततः ।
शान्त्यादिदक्षिणां कृत्वा चूडाकर्म समापयेत् ॥ १८३ ॥
गर्भाधानादिचूडान्तं समानं सर्वजातिषु ।
शूद्रसामान्यजातीनां सर्वमेतदमन्त्रकम् ॥ १८४ ॥
जातकर्मादिचूडान्तं कुमार्याश्चाप्यमन्त्रकम् ।
कर्त्तव्यं पञ्चभिर्वर्णैरेकं निष्क्रमणं विना ॥ १८५ ॥

क्षुरमुण्डिन्नित्याद्यं साधय स्वाहेत्यन्तं मनुं पठित्वा नापितं पश्यन् शिशुजनकः प्रजापतिं समुद्दिश्य सत्यनामनि पावकेऽग्नावाहुतित्रयं प्रदद्यात् ॥ १७९ ॥

नापितेनेति । ततो नापितेन कृतं क्षौरं यस्य तथाभूतं शिशुं स्नापयित्वा ततो वस्त्रालङ्कारमाल्येन भूषयित्वाऽग्निसन्निधौ स्ववामभागे संस्थाप्य च स्विष्टिकृतं होममाचरेत् कुर्यात् ॥१८० ॥ १८१ ॥

मायेत्यादि । माया ह्रीँ बीजम् । एनं ह्रीँ शिशो इत्याद्यं विश्वकृद्विभुरित्यन्तं मन्त्रं शिशोः कर्णे पठित्वा स्वर्णमय्या सुवर्णविकारभूतया राजत्या रजतोद्भूतया लौहमय्या वा शलाकया शिशोः कर्णवेधं प्रकल्पयेत् कुर्यात् ॥ १८२–१८५ ॥

अथोच्यते द्विजातीनामुपवीतक्रियाविधिः ।
यस्मिन् कृते द्विजन्मानो दैवपैत्राधिकारिणः ॥ १८६ ॥
गर्भाष्टमेऽष्टमे वाऽब्दे कुर्यादुपनयं शिशोः ।
षोड़शाब्दाधिको नोपनेतव्यो निष्क्रियोऽपि सः ॥ १८७ ॥
कृतनित्यक्रियो विद्वान् पञ्च देवान् समर्चयेत् ।
गौर्यादिमातृकाश्चैव वसुधारां प्रकल्पयेत् ॥ १८८ ॥
वृद्धिश्राद्धं ततः कुर्यात् देवतापितृतृप्तये ।
कुशण्डिकोक्तविधिना धाराहोमान्तमाचरेत् ॥ १८९ ॥
प्रातः कृताशनं बालं सुस्नातं समलङ्कृतम् ।
शिखां विना कृतक्षौरं क्षौमाम्बरविभूषितम् ॥ १९० ॥
छायामण्डपमानीय समुद्भवहुताशितुः ।
समीपे चात्मनो वामे संस्थाप्य विमलासने ॥ १९१ ॥

अथेत्यादि । द्विजातीनाम् ब्राह्मणक्षत्रियवैश्यानाम् ॥ १८६ ॥

गर्भेत्यादि । गर्भादष्टमे जननाद्वाऽष्टमेऽब्दे वर्षे शिशोर्बालस्योपनयमुपनयनं कुर्यात् । षोड़शाब्दाधिको लङ्घितषोड़शवर्षो बालो नोपनेतव्यः । स बालो निष्क्रियोऽपि दैवपित्र्यक्रियाविहीनोऽपि भवति ॥ १८७ ॥

अथोपवीतक्रियाविधिमाह कृतनित्यक्रिय इत्यादिभिः । पञ्च देवान् ब्रह्मादीन् ॥ १८८ ॥ १८९ ॥

प्रातरित्यादि । ततः प्रातः कृताशनं कृतमशनं भोजनं येन तथाभूतं शिखां विना कृतं क्षौरं यस्य तथाभूतं सुस्नातं सुष्ठु कृतस्नानं भूषणादिभिः समलङ्कृतं क्षौमाम्बरविभूषितं दुकूलवस्त्राभ्यामलङ्कृतं बालं छायामण्डपमानीय समुद्भवहुताशितुः समुद्भवनाम्नो वह्नेः समीपे आत्मनो वामे देशे विमलासने

शिष्यं वदेद्ब्रह्मचर्यं कुरु वत्स ततः शिशुः ।
ब्रह्मचर्यं करोमीति गुरवे विनिवेदयेत् ॥ १९२ ॥
ततो गुरुः प्रसन्नात्मा शिशवे शान्तचेतसे ।
काषायवाससी दद्यात् दीर्घायुष्ट्वाय वर्चसे ॥ १९३ ॥
मौञ्जीं कुशमयीं वापि त्रिवृतां ग्रन्थिसंयुताम् ।
तूष्णीं च मेखलां दद्यात् काषायाम्बरधारिणे ॥ १९४ ॥
मायामुच्चार्य सुभगा मेखलां स्यात् शुभप्रदा ।
इत्युक्त्वा मेखला बद्ध्वा मौनी तिष्ठेत् गुरोः पुरः ॥ १९५ ॥
यज्ञोपवीतं परमं पवित्रं बृहस्पतिर्यत् सहजं पुरस्तात् ।
आयुष्यमग्र्यं प्रतिमुञ्च शुभ्रं यज्ञोपवीतं बलमस्तु तेजः ॥१९६॥
मन्त्रेणानेन शिशवे दद्यात् कृष्णाजिनान्वितम् ।
यज्ञोपवीतं दण्डञ्च वैणवं खादिरञ्च वा ।
पालाशमथवा दद्यात् क्षीरवृक्षसमुद्भवम् ॥ १९७ ॥

संस्थाप्य च ब्रह्मचर्यं कुरु वत्सेति गुरुः शिष्यं वदेत् । ततः परं शिशुः ब्रह्मचर्यं करोमीति गुरवे विनिवेदयेत् ॥ १९०—१९२ ॥

तत इत्यादि । ततः परं प्रसन्नात्मा प्रसन्नमना गुरुः शान्तचेतसे शिशवे शिष्याय दीर्घायुष्ट्वाय दीर्घमायुर्यस्य स दीर्घायुस्तस्य भावो दीर्घायुष्ट्वं तस्मै वर्चसे तेजसे च काषायवाससी कषायेण रक्ते वस्त्रे दद्यात् ॥ १९३ ॥

मौञ्जीमिति । मौञ्जीं मुञ्जमयीं कुशमयीं वा त्रिवृतां ग्रन्थिसंयुतां मेखलामपि काषायाम्बरधारिणे शिशवे तूष्णीमेव दद्यात् ॥ १९४ ॥

मायामिति । पूर्वं मायां ह्रीमिति बीजमुच्चार्य ततः सुभगा मेखला स्याच्छुभप्रदेति मन्त्रमुक्त्वा कट्यां मेखलां बद्ध्वा मौनी सन् गुरोः पुरस्तिष्ठेत् ॥ १९५ ॥ १९६ ॥

मन्त्रेणेत्यादि । अनेन यज्ञोपवीतमित्यादिना बलमस्तु तेज इत्यन्तेन मन्त्रेण कृष्णाजिनान्वितं कृष्णवर्णमृगचर्मसंयुक्तं यज्ञोपवीतं शिशवे दद्यात् ।

आपो हि ष्ठेति मन्त्रेण मायया पुटितेन च ।
त्रिरावृत्त्या कुशाम्भोभिर्धृतदण्डोपवीतिनम् ।
अभिषिच्य ततस्तोयैः पूरयेद्बालकाञ्जलिम् ॥ १९८ ॥
तदञ्जलिं दिनेशाय दातारं ब्रह्मचारिणम् ।
तच्चक्षुरिति मन्त्रेण दर्शयेद्भास्करं गुरुः ॥ १९९ ॥
दृष्टभास्करमाचार्यो वदेन्माणवकं ततः ।
मम व्रते मनो धेहि मम चित्तं ददामि ते ।
जुषस्वैकमना वत्स मम वाचोऽस्तु ते शिवम् ॥ २०० ॥
हृदि स्पृष्ट्वा पठित्वैनं किन्नामाऽसीति तं वदेत् ।
शिष्यस्त्वमुकशर्माऽहं भवन्तमभिवादये ॥ २०१ ॥

वैणवं वेणुसमुद्भवं खादिरं खदिरसमुद्भवं पालाशं पलाशसमुद्भवं क्षीरवृक्षसमुद्भवं वा दण्डमपि शिशवे दद्यात् ॥ १९७ ॥

आपोहिष्ठेत्यादि । ततो मायया ह्रीँ बीजेनादावन्ते च पुटितेन संयुक्तेनापो हि ष्ठेति मन्त्रेण कुशाम्भोभिर्धृतदण्डोपवीतिनं धृतदण्डमुपवीतवन्तं शिशुं त्रिरावृत्त्याऽभिषिच्य ततः परं तोयैर्जलैर्बालकाञ्जलिं पूरयेत् ॥ १९८ ॥

तदञ्जलिमित्यादि । दिनेशाय सूर्याय तदञ्जलिं दातारं ब्रह्मचारिणं बालकं तच्चक्षुरिति मन्त्रेण भास्करं गुरुर्दर्शयेत् । दातारमित्यत्र शीले तृन्प्रत्ययः । अतएव तदञ्जलिमित्यत्र कर्तृकर्मणोः कृतीत्यनेन कर्मणि प्राप्तायाः षष्ठ्या न लोकाव्ययनिष्ठा खलर्थतृणमित्यनेन प्रतिषेधो जातः ॥ १९९ ॥

दृष्टभास्करमित्यादि । ततः परमाचार्यो गुरुः दृष्टभास्करं दृष्टो भास्करो येन तथाभूतं माणवकं शिशुं वदेत् । आचार्यो बालकं किं वदेदित्यपेक्षायामाह मम व्रते इत्यादि । जुषस्व मम व्रतं सेवस्व । शिवं कल्याणम् ॥ २०० ॥

हृदीति । गुरुरेनं ममव्रतमित्यादिकं शिवमित्यन्तं मन्त्रं पठित्वा शिशोर्हृदि स्पृष्ट्वा वत्स त्वं किं नामासीति तं शिष्यं वदेत् । गुरुणैवमुक्तः शिष्यस्तु अमुकदेवशर्माहं भवन्तमभिवादये इति ब्रूयात् ॥ २०१ ॥

कस्य त्वं ब्रह्मचारीति गुरौ पृच्छति पार्वति ।
शिष्यः सावहितो ब्रूयाद्भवतो ब्रह्मचार्यहम् ॥ २०२ ॥
इन्द्रस्य ब्रह्मचारी त्वमाचार्यस्ते हुताशनः ।
इत्युक्त्वा सद्गुरुः पश्चाद्देवेभ्यस्तं समर्पयेत् ॥ २०३ ॥
त्वां प्रजापतये वत्स सवित्रे वरुणाय च ।
पृथिव्यै विश्वदेवेभ्यः सर्वदेवेभ्य एव च ।
समर्पयामि ते सर्वे रक्षन्तु त्वां निरन्तरम् ॥ २०४ ॥
ततो माणवको वह्निं दक्षिणावर्त्तयोगतः ।
गुरुं प्रदक्षिणीकृत्य स्वासने पुनराविशेत् ॥ २०५ ॥
गुरुः शिष्येण संस्पृष्टः समुद्भवहुताशने ।
पञ्चदेवान् समुदिश्य दद्यात् पञ्चाहुतीः प्रिये ॥ २०६ ॥

कस्येत्यादि । हे वत्स त्वं कस्य ब्रह्मचार्यसीति गुरौ पृच्छति सति शिष्यः सावहितः सावधानः सन् भवतो ब्रह्मचार्यहमिति ब्रूयात् ॥ २०२ ॥

इन्द्रस्येत्यादि । हे वत्स त्वमिन्द्रस्य ब्रह्मचार्यसि ते तव हुताशनोऽभिराचार्यो गुरुर्भवति इति शिष्यमुक्त्वा सद्गुरुः पश्चात् तं शिष्यं देवेभ्यः समर्पयेत् ॥ २०३ ॥

ननु केभ्यो देवेभ्यो गुरुः शिष्यं समर्पयेदित्याकाङ्क्षायामाह त्वां प्रजापतये वत्सेत्यादि ॥ २०४ ॥

तत इत्यादि । ततः परं माणवको बालको दक्षिणावर्त्तयोगतो वह्निं गुरुञ्च प्रदक्षिणीकृत्य पुनः स्वासने आविशेत् ॥ २०५ ॥

गुरुरिति । गुरुः शिष्येण संस्पृष्टः सन् समुद्भवहुताशने समुद्भवसंज्ञके अग्नौ पञ्चदेवान् समुद्दिश्य पञ्चाहुतीर्दद्यात् ॥ २०६ ॥

प्रजापतिस्तथा शक्रो विष्णुर्ब्रह्मा शिवस्तथा ॥ २०७ ॥
मायादिवह्निजायान्तैर्जुहुयात् स्वस्वनामभिः ।
अनुक्तमन्त्रे सर्वत्र विधिरेषः प्रकीर्त्तितः ॥ २०८ ॥
ततो दुर्गा महालक्ष्मीः सुन्दरी भुवनेश्वरी ।
इन्द्रादिदशदिक्पाला भास्करादिनवग्रहाः ॥ २०९ ॥
प्रत्येकनाम्ना हुत्वैतान् वाससाऽऽच्छाद्य बालकम् ।
पृच्छेन्माणवकं प्राज्ञो ब्रह्मचर्याभिमानिनम् ।
को वाऽऽश्रमस्ते तनय ब्रूहि किं ते मनोगतम् ॥ २१० ॥
ततः शिष्यः सावहितो धृत्वा गुरुपदद्वयम् ।
करोतु मामाश्रमिणं ब्रह्मविद्योपदेशतः ॥ २११ ॥

ननु कान् पञ्चदेवान् समुद्दिश्य पञ्चाहुतीर्दद्यादित्यपेक्षायां तान् पञ्च देवान् दर्शयति प्रजापतिरित्याद्यर्द्धेन ॥ २०७ ॥

ननु कैर्मन्त्रैः पञ्चदेवानुद्दिश्याहुतीर्दद्यात्तत्राह मायादीत्यादि । मायादिवह्निजायान्तैः ह्रीँ बीजादिभिः स्वाहान्तैः स्वस्वनामभिः प्रजापत्यादीन् पञ्चदेवानुद्दिश्य जुहुयात् । ननु प्रजापत्यादिपञ्चदेवोद्देश्यक एव होमो मायादिवह्निजायान्तैः स्वस्वनामभिर्विधातव्यस्तदन्यदेवोद्देश्यकोऽपि वा तत्राह अनुक्तमन्त्रे इत्यादि ॥ २०८ ॥

तत इत्यादि । ततो ह्रीँ बीजाद्येन स्वाहान्तेन प्रत्येकनाम्ना एतान् दुर्गामहालक्ष्म्यादीनुद्दिश्य हुत्वा वाससा वस्त्रेण बालकमाच्छाद्य हे तनय ते तवाश्रमः कः ते मनोगतं वा किं वर्त्तते त्वं ब्रूहि इति प्राज्ञो धीमान् गुरुर्ब्रह्मचर्याभिमानिनं माणवकं बालकं पृच्छेत् ॥ २०९ ॥ २१० ॥

तत इत्यादि । ततः परं शिष्यः सावहितः सावधानः सन् गुरुपदद्वयं धृत्वा हे गुरो ब्रह्मविद्योपदेशतः सावित्र्या उपदेशेन मामाश्रमिणं भवान् करोत्विति प्रार्थयेत् ॥ २११ ॥

एवं प्रार्थयमानस्य दक्षकर्णे शिशोस्तदा ।
श्रावयित्वा त्रिधा तारं सर्वमन्त्रमयं शिवे ।
व्याहृतित्रयमुच्चार्य सावित्रीं श्रावयेद्गुरुः ॥ २१२ ॥
ऋषिः सदाशिवः प्रोक्तः छन्दस्त्रिष्टुबुदाहृतम् ।
अधिष्ठात्री तु सावित्री मोक्षार्थे विनियोगिता ॥ २१३ ॥
आदौ तत्सवितुः पश्चाद्वरेण्यं पदमुच्चरेत् ।
भर्गः पदान्ते देवस्य धीमहीति पदं वदेत् ॥ २१४ ॥
ततस्तु परमेशानि धियो यो नः प्रचोदयात् ।
पुनः प्रणवमुच्चार्य सावित्र्यर्थं गुरुर्वदेत् ॥ २१५ ॥

एवमित्यादि । तदा तस्मिन् काले एवं प्रार्थयमानस्य शिशोर्दक्षकर्णे सर्वमन्त्रमयं सकलमन्त्रस्वरूपं सकलमन्त्रप्रधानं वा तारं प्रणवं त्रिधा त्रिवारं श्रावयित्वा ततो भूरादिव्याहृतित्रयमुच्चार्य गुरुः सावित्रीं गायत्रीं श्रावयेत् ॥२१२॥

अथ गायत्र्या ऋष्यादिकमाह ऋषिरित्यादिना । अस्या गायत्र्याः सदाशिव ऋषिस्त्रिष्टुप्छन्दः सावित्र्यधिष्ठात्री देवता मोक्षार्थे विनियोगः । शिरसि सदाशिवाय ऋषये नमः मुखे त्रिष्टुप्छन्दसे नमः हृदये सावित्र्यै अधिष्ठात्र्यै देवातायै नमः इति ऋषिन्यासं विधाय सावित्र्या जपो विधेयः ॥२१३॥

सावित्रीमेवाह आदावित्यादिना सार्द्धेन । आदौ तत्सवितुरिति वदेत् । पश्चात् वरेण्यं पदमुच्चरेदुद्धरेत् । ततो भर्ग इति पदं वदेत् । तत्पदान्ते देवस्येति पदं वदेत् । तदन्ते धीमहीति पदं वदेत् । ततस्तु धियो यो नः प्रचोदयादिति वदेत् । सकलपदयोजनया तत्सवितुर्वरेण्यं भर्गो देवस्य धीमहि धियो यो नः प्रचोदयात् इत्याकारिका सावित्री जाता । सावित्र्यन्ते पुनः प्रणवमोङ्कारमुच्चार्य गुरुः सावित्र्यर्थं वदेत् । सावित्र्यर्थमिति प्रणवार्थस्य व्याहृत्यर्थस्य चाप्युपलक्षणम् ॥ २१४ ॥ २१५ ॥

त्र्यक्षरात्मकतारेण परेशः प्रतिपाद्यते ।
पाता हर्त्ता च संस्रष्टा यो देवः प्रकृतेः परः ॥ २१६ ॥
असौ देवस्त्रिलोकात्मा त्रिगुणं व्याप्य तिष्ठति ।
अतो विश्वमयं ब्रह्म वाच्यं व्याहृतिभिस्त्रिभिः ॥ २१७ ॥
तारव्याहृतिवाच्यो यः सावित्र्या ज्ञेय एव सः ।
जगद्रूपस्य सवितुः संस्रष्टुर्दीव्यतो विभोः ॥ २१८ ॥
अन्तर्गतं महद्वर्चो वरणीयं यतात्मभिः ।
ध्यायेम तत् परं सत्यं सर्वव्यापि सनातनम् ॥ २१९ ॥
यो भर्गः सर्वसाक्षीशो मनोबुद्धीन्द्रियाणि नः ।
धर्मार्थकाममोक्षेषु प्रेरयेद्विनियोजयेत् ॥ २२० ॥

प्रथमतः प्रणवार्थं व्याहृत्यर्थं चाभिदधाति द्वाभ्यां त्र्यक्षरात्मकेत्यादि । पाता जगतः पालको हर्त्ता तस्य संहारकः संस्रष्टा तस्यैवोत्पादकश्च प्रकृतेः परो दूर उत्तमो वा यः परेशः परमात्मा देवो दीप्त्यादिक्रियाश्रयोऽस्ति असौ परेशो देवः त्र्यक्षरात्मकतारेण अकारादित्रिवर्णात्मकेन प्रणवेन प्रतिपाद्यते बोध्यते । प्रणवप्रतिपाद्यो यो देवः असौ देवो यतस्त्रिलोकात्मा त्रिलोकस्वरूपो भवति त्रिगुणं सत्त्वादिकं व्याप्य तिष्ठति च अतो हेतोर्विश्वमयं विश्वस्वरूपं ब्रह्म लोकत्रयाभिधायिभिर्भूरादिभिस्त्रिभिर्व्याहृतिभिर्वाच्यं भवति ॥ २१६ ॥ २१७ ॥

एवं प्रणवार्थं व्याहृत्यर्थं च द्वाभ्यामभिधायेदानीं तार इत्यादिभिस्त्रिभिः सावित्र्यर्थमभिधत्ते तारेत्यादि । तारव्याहृतिवाच्यो यः परमात्मा स एव सवित्र्या अपि वाच्यो ज्ञेयः । परमात्मन एव यथा सावित्रीवाच्यत्वं भवेत्तथैव व्याख्याययति जगद्रूपस्येत्यादि । सवितुरित्यस्य विवरणं जगद्रूपस्य संस्रष्टुरिति। देवस्येत्यस्य विवरणं दीव्यतो विभोरिति । भर्गपदार्थमाह अन्तर्गतं महद्वर्च्च इति । वरेण्यमित्यस्यार्थमाह यतात्मभिर्वरणीयमिति । धीमहीत्यस्य विवरणं

इत्थमर्थयुतां ब्रह्मविद्यामादिश्य सद्गुरुः ।
शिष्यं नियोजयेद्देवि गृहस्थाश्रमकर्मसु ॥ २२१ ॥
ब्रह्मचर्योचितं वेशं वत्सेदानीं परित्यज ।
शाम्भवोदितमार्गेण देवान् पितॄन् समर्चय ॥ २२२ ॥
ब्रह्मविद्योपदेशेन पवित्रं ते कलेवरम् ।
प्राप्ता गृहस्थाश्रमिता तदुक्तं कर्म कल्पय ॥ २२३ ॥

ध्यायेमेति । तत्पदार्थमाह परं सत्यं सर्वव्यापि सनातनमिति । य इत्यस्य विवरणं सर्वसाक्षीश इति । धिय इत्यस्य विवरणं मनोबुद्धीन्द्रियाणीति । प्रचोदयादित्यस्य विवरणं धर्मार्थकाममोक्षेषु प्रेरयेदिति । प्रेरयेदित्यस्य च विवरणं विनियोजयेदिति । तदेवं वाक्यार्थः । सवितुर्जगद्रूपस्य वस्तुनः संस्रष्टुर्देवस्य दीव्यतो विभोर्वरेण्यं यतात्मभिः संयतान्तःकरणैर्वरणीयमुपासनीयं तत् परमुत्तमं सत्यं यथार्थभूतं सर्वव्यापि सकलपदार्थव्यापनशीलं सनातनमाद्यन्तशून्यम् अन्तर्गतं महद्वर्चस्तेजो वयं धीमहि ध्यायेम । यः सर्वसाक्षीशः सर्वेषां शुभाशुभकर्मणां द्रष्टा नियन्ता च भर्गो नोऽस्माकं धियो मनोबुद्धीन्द्रियाणि प्रचोदयात् धर्मार्थकाममोक्षेपु प्रेरयेत् विनियोजयेदिति । अत्र यद्यपि सवितुर्भर्ग इति सवितृभर्गयोर्भेदः प्रतीयते तथापि परमार्थचिन्तायामभेद एवेति बोद्धव्यम् ॥ २१८—२२० ॥

इत्थमित्यादि । हे देवि इत्थमनेन प्रकारेणार्थयुतां ब्रह्मविद्यां गायत्रीमादिश्य भिक्षार्थमितस्ततो गमयित्वा च सद्गुरुः शिष्यं गृहस्थाश्रमकर्मसु नियोजयेत् प्रवर्त्तयेत् ॥ २२१ ॥

गृहस्थाश्रमकर्मसु शिष्यस्य प्रवर्त्तनमाह ब्रह्मचर्येत्यादिभिः । हे वत्स त्वमिदानीं ब्रह्मचर्योचितं वेशं परित्यज शाम्भवोदितमार्गेण शम्भुप्रोक्तेन वर्त्मना देवान् पितॄंश्च समर्चय सम्यक् पूजय ॥ २२२ ॥

ब्रह्मेत्यादि । हे वत्स ब्रह्मविद्योपदेशेन ते तव कलेवरं शरीरं पवित्रमासीत् । इदानीं प्राप्ता या गृहस्थाश्रमिता तदुक्तं कर्म कल्पय कुरु ॥ २२३ ॥

उपवीतद्वयं दिव्यवस्त्रालङ्करणानि च ।
गृहाण पादुकाछत्रं गन्धमाल्यानुलेपनम् ॥ २२४ ॥
ततः काषायवसनं कृष्णाजिनसमन्वितम् ।
यज्ञसूत्रं मेखलाञ्च दण्डं भिक्षाकरण्डकम् ॥ २२५ ॥
आचारादर्जितां भिक्षां समर्प्य गुरवे शिवे ।
शुद्धोपवीतयुगलं परिधायाम्बरे शुभे ॥ २२६ ॥
गन्धमाल्यधरस्तूष्णीं तिष्ठेदाचार्यसन्निधौ ।
ततो गृहस्थाश्रमिणं शिष्यमेतद्वदेद्गुरुः ॥ २२७ ॥
जितेन्द्रियः सत्यवादी ब्रह्मज्ञानपरो भव ।
स्वाध्यायाऽऽश्रमकर्माणि यथाधर्मेण साधय ॥ २२८ ॥
इत्यादिश्य द्विजं पश्चात् समुद्भवहुताशने ।
मायादिप्रणवान्तेन भूर्भुवःस्वस्त्रयेण च ॥ २२९ ॥

उपवीतेत्यादि । हे वत्स त्वमिदानीमुपवीतद्वयं द्वे उपवीते दिव्यानि वस्त्रालङ्करणानि च पादुकाछत्रमुपानहं छत्रं च गन्धमाल्यानुलेपनमपि गृहाण ॥ २२४ ॥

तत इत्यादि । गुरुणैवमाज्ञापितः शिष्यः ततः परं काषायवसनं कषायेण रक्तं वस्त्रं कृष्णाजिनसमन्वितं यज्ञसूत्रं मेखलां दण्डं भिक्षाकरण्डकं भिक्षापात्रमाचारादर्जितां भिक्षाञ्च गुरवे समर्प्य दत्वा शुद्धोपवीतयुगलं शुभे अम्बरे वस्त्रे च परिधाय गन्धमाल्यधरः सन् तूष्णीमाचार्यसन्निधौ गुरुसमीपे तिष्ठेत् । ततो गृहस्थाश्रमिणं शिष्यं गुरुरेतद्वदेत् ॥ २२५–२२७ ॥

ननु गृहस्थाश्रमिणं शिष्यं गुरुः किं वदेदित्यपेक्षायामाह जितेन्द्रिय इत्यादि ॥ २२८ ॥

हावयित्वा त्रिधाऽऽचार्यः स्विष्टिकृद्धोममाचरन् ।
दत्त्वा पूर्णाहुतिं भद्रे व्रतकर्म समापयेत् ॥ २३० ॥
जीवसेकादिसंस्कारा व्रतान्ताः पितृतो नव ।
उद्वाहः पितृतो वापि स्वतोऽपि सिध्यति प्रिये ॥ २३१ ॥
विवाहाह्नि कृतस्नानः कृतनित्यक्रियः कृती ।
पञ्चदेवान् समभ्यर्च्य गौर्यादिमातृकास्तथा ।
वसोर्धारां कल्पयित्वा वृद्धिश्राद्धं समाचरेत् ॥ २३२ ॥
रात्रौ प्रतिश्रुतं पात्रं गीतवाद्यपुरःसरम् ।
छायामण्डपमानीय उपवेश्य वरासने ॥ २३३ ॥
वासवाभिमुखं दाता पश्चिमाभिमुखो विशेत् ।
आचम्य स्वस्तिमृद्धिञ्च कथयेद्ब्राह्मणैः सह ॥ २३४ ॥

इतीत्यादि । द्विजं द्विजत्वशालिनं शिष्यमित्यादिश्य आज्ञाप्य पश्चात् समुद्भवहुताशने समुद्भवाख्ये वह्नौ मायादिप्रणवान्तेन ह्रीँ बीजादिना ओँ कारान्तेन भूर्भुवः स्वस्त्रयेण मन्त्रेण त्रिधा त्रिवारं शिष्येण हावयित्वा च स्विष्टकृतं होममाचरन्नाचार्यः पूर्णाहुतिं दत्त्वा व्रतकर्म यज्ञोपवीतक्रियां समापयेत् ॥ २२९–२३१ ॥

अथोद्वाहक्रियाविधिमाह विवाहाह्नीत्यादिभिः ॥ २३२ ॥

रात्रावित्यादि । ततः प्रतिश्रुतमङ्गीकृतं पात्रं वरं गीतवाद्यपुरःसरं यथा स्यात्तथा रात्रौ छायामण्डपमानीय वरासने श्रेष्ठे पीठे वासवाभिमुखं पूर्वाभिमुखमुपवेश्य च कन्याया दाता पश्चिमाभिमुखो भूत्वा विशेत् । पश्चिमाभिमुख उपविष्टो दाता आचम्याचमनं कृत्वा कर्त्तव्येऽस्मिन् शुभविवाहकर्म्मणि स्वस्ति भवन्तो ब्रुवन्त्वित्युक्त्वा ब्राह्मणैः सह स्वस्ति न इन्द्रो वृद्धश्रवा इत्यादि स्वस्ति कथयेत् । ततः कर्त्तव्येऽस्मिन् शुभविवाहकर्मणि ऋद्धिंभवन्तोऽधिब्रुवन्त्वि-

साधुप्रश्नं वरं पृच्छेदर्चनाप्रश्नमेव च ।
वरात् प्रश्नोत्तरं नीत्वा पाद्याद्यैर्वरमर्चयेत् ॥ २३५ ॥
समर्पयामि वाक्येन देयद्रव्यं समर्पयेत् ।
पादयोरर्पयेत् पाद्यं शिरस्यर्घ्यं निवेदयेत् ॥ २३६ ॥
आचम्यं वदने दद्यात् गन्धं माल्यं सुवाससी ।
दिव्याभरणरत्नानि यज्ञसूत्रं समर्पयेत् ॥ २३७ ॥
ततस्तु भाजने कांस्ये कृत्वा दधि घृतं मधु ।
समर्पयामि वाक्येन मधुपर्कं करेऽर्पयेत् ॥ २३८ ॥
वरोऽपि पात्रमादाय वामे पाणौ निधाय च ।
दक्षाङ्गुष्ठानामिकाभ्यां प्राणाहुत्युक्तमन्त्रकैः ॥ २३९ ॥

त्युक्त्वा तैरेव सह ऋध्यताम् ऋध्यताम् ऋध्यताम् इत्यृद्धिञ्च कथयेत् वाचयेत् ॥ २३३ ॥ २३४ ॥

साध्वित्यादि । ततो दाता साधु भवानास्तामिति साधुप्रश्नं भवन्तमर्चयिष्याम इत्यर्चनाप्रश्नञ्च वरं पृच्छेत् । ततो वरात् साध्वहमासे इति ओमर्चयेति च प्रश्नोत्तरं नीत्वा समादाय पाद्याद्यैर्वरमर्चयेत् पूजयेत् पाद्यादीनि वराय समर्पयेदित्यर्थः ॥ २३५ ॥

ननु केन वाक्येन कुत्र कुत्र वा अङ्गे पाद्यादिकं समर्पयेदित्याकाङ्क्षायामाह समर्पयामीत्यादि । तुभ्यमिदं समर्पयामीति वाक्येन पाद्यादिदेयद्रव्यं वराय समर्पयेत् ॥ २३६ ॥ २३७ ॥

ततस्त्वित्यादि । ततस्तु कांस्ये भाजने दधि घृतं मधु च कृत्वा तुभ्यं समर्पयामीति वाक्येन मधुपर्कं वरस्य करे दक्षिणे हस्ते समर्पयेत् ॥ २३८ ॥

वरोऽपीत्यादि । वरोऽपि मधुपर्कपात्रमादाय गृहीत्वा वामे पाणौ निधाय संस्थाप्य च दक्षाङ्गुष्ठानामिकाभ्यामङ्गुलिभ्यां प्राणाय स्वाहेत्यादिकैः

पञ्चधाघ्राय तत्पात्रमुदीच्यां दिशि धारयेत् ।
मधुपर्कं समर्प्यैवं पुनराचामयेद्वरम् ॥ २४० ॥

दूर्वाक्षताभ्यां जामातुर्विधृत्य जानु दक्षिणम् ।
स्मृत्वा विष्णुं तत्सदिति मासपक्षतिथीस्ततः ॥ २४१ ॥
समुल्लिख्य निमित्तानि वृणुयाद्वरमुत्तमम् ।
गोत्रप्रवरनामानि प्रत्येकं प्रपितामहात् ॥ २४२ ॥
षष्ठ्यन्तानि समुच्चार्य वरस्य जनकावधि ।
द्वितीयान्तं वरं ब्रूयात् गोत्रप्रवरनामभिः ॥ २४३ ॥
तथैव कन्यामुल्लिख्य ब्राह्मोद्वाहेन पण्डितः ।
दातुं भवन्तमित्युक्त्वा वृणेऽहमिति कीर्त्तयेत् ॥ २४४ ॥

पाणाहुत्युक्तमन्त्रैः पञ्चधा पञ्चवारं मधुपर्कमाघ्राय तत्पात्रं मधुपर्कपात्रमुदीच्यामुत्तरस्यां दिशि धारयेत् । एवं वराय मधुपर्कं समर्प्य पुनर्वरमाचामयेत् ॥ २३९ ॥ २४० ॥

दूर्वेत्यादि । ततो जामातुर्वरस्य दक्षिणं जानु विधृत्य प्रथमतो विष्णुं स्मृत्वा ततस्तत्सदिति समुल्लिख्योच्चार्य ततो मासप्रभृतीनि निमित्तानि समुल्लिख्य ततो वरस्य प्रपितामहात् प्रपितामहमारभ्य जनकावधेर्जनकपर्यन्तस्य त्रिपुरुषस्य प्रत्येकं षष्ठ्यन्तानि गोत्रप्रवरनामानि समुच्चार्य ततो गोत्रप्रवरनामभिर्विशिष्टं द्वितीयान्तं वरं ब्रूयात् । ततस्तथैव कन्यायाः प्रपितामहादेर्जनकपर्यन्तस्य त्रिपुरुषस्य षष्ठ्यन्तानि गोत्रप्रवरनामान्युल्लिख्य ततो गोत्रप्रवरनामभिर्विशिष्टां द्वितीयान्तां कन्यामुल्लिख्य ततो ब्राह्मोद्वाहेन दातुं भवन्तमित्युक्त्वा पण्डितः सम्प्रदाता वृणेऽहमिति कीर्त्तयेत् । योजनया विष्णुरों तत्सत् ओं अद्यामुकमास्यमुकपक्षेऽमुकतिथावमुकराशिस्थिते भास्करेऽमुकगोत्रः श्रीमदमुकदेवशर्मा अमुकगोत्रस्य अमुकप्रवरस्य श्रीमतो अमुकदेवशर्मणः प्रपौत्रम् अमुकगोत्रस्य अमुकप्रवरस्य

वृतोऽस्मीति वरो ब्रूयात् ततो दाता वदेद्वरम् ।
यथाविहितमित्युक्त्वा विवाहकर्म कुर्विति ।
वरो ब्रूयात् यथाज्ञानं करवाणि तदुत्तरम् ॥ २४५ ॥
ततः कन्यां समानीय वस्त्रालङ्कारभूषिताम् ।
वस्त्रान्तरेण संच्छाद्य स्थापयेद्वरसम्मुखम् ॥ २४६ ॥
पुनर्वरं समभ्यर्च्य वासोऽलङ्करणादिभिः ।
वरस्य दक्षिणे पाणौ कन्यापाणिं नियोजयेत् ॥ २४७ ॥
तन्मध्ये पञ्चरत्नानि फलताम्बूलमेव वा ।
दत्त्वाऽर्चयित्वा तनयां वराय विदुषेऽर्पयेत् ॥ २४८ ॥

श्रीमदमुकदेवशर्मणः पौत्रम् अमुकगोत्रस्यामुकप्रवरस्य श्रीमदमुकदेवशर्मणः पुत्रम् अमुकगोत्रममुकप्रवरं श्रीमन्तममुकदेवशर्माणं वरम् अमुकगोत्रस्यामुकप्रवरस्य श्रीमदमुकदेवशर्मणः प्रपौत्रीम् अमुकगोत्रस्यामुकप्रवरस्य श्रीमदमुकदेवशर्मणः पौत्रीममुकगोत्रस्यामुकप्रवरस्य श्रीमदमुकदेवशर्मणः पुत्रीम् अमुकगोत्राममुकप्रवराममुकीं देवीं कन्यां ब्राह्मोद्वाहेन दातुं भवन्तमहं वृणे इति वाक्यं जातम् । अनेन वाक्येन दूर्वाक्षताभ्यामुत्तमं वरं वृणुयात् ॥ २४१–२४४ ॥

वृत इत्यादि । ततो वृतोऽस्मीति वरो ब्रूयात् । ततो दाता यथाविहितमित्युक्त्वा विवाहकर्म कुरु इति वरं वदेत् यथाविहितं विवाहकर्म कुर्विति जामातरं ब्रूयादित्यर्थः । ततो यथाज्ञानं विवाहकर्म करवाणीति तदुत्तरं वरो ब्रूयात् ॥२४५॥

तत इत्यादि । ततः परं वस्त्रालङ्कारभूषितां कन्यां वस्त्रान्तरेण संच्छाद्य गृहात् समानीय वरसम्मुखं स्थापयेत् ॥ २४६ ॥

पुनरित्यादि । ततो दाता वासोऽलङ्करणादिभिर्वरं पुनः समभ्यर्च्य वरस्य दक्षिणे पाणौ कन्यापाणिं कन्याया दक्षिणं हस्तं नियोजयेत् स्थापयेत् ॥ २४७॥

तन्मध्ये इत्यादि । ततस्तन्मध्ये पाणिमध्ये पञ्चरत्नानि फलताम्भूलमेव वा दत्वा तनयां पुत्रीमर्चयित्वा विदुषे धीमते वरायार्पयेत् दद्यात् ॥ २४८ ॥

प्राग्वत्त्रिपुरुषाख्यानं निमित्ताख्यानमेव च ।
आत्मनः काममुद्दिश्य चतुर्थ्यन्तं वरं वदेत् ॥ २४९ ॥
कन्याभिधां द्वितीयान्तामर्चितां समलङ्कृताम् ।
साच्छादनां प्रजापतिदेवताकामुदीरयन् ॥ २५० ॥
तुभ्यमहमिति प्रोच्य दद्यात् सम्प्रददे वदन् ।
वरः स्वस्तीति स्वीकुर्यात् सम्प्रदाता वरं वदेत् ॥ २५१ ॥
धर्मे चार्थे च कामे च भवता भार्यया सह ।
वर्तितव्यं वरो बाढमुक्त्वा कामस्तुतिं पठेत् ॥ २५२ ॥

ननु केन वाक्येन वराय कन्या समर्पयितव्येत्याकाङ्क्षायामाह प्राग्वदित्यादि । प्राग्वत् पूर्ववत् त्रिपुरुषाख्यानं निमित्ताख्यानञ्च कृत्वाऽऽत्मनः काममप्युद्दिश्य ततश्चतुर्थ्यन्तं वरं वदेत् । ततो द्वितीयान्तामर्चितां समलङ्कृतां साच्छादनां प्रजापतिदेवताकां कन्याभिधामुदीरयंस्तुभ्यमहमिति प्रोच्य ततः सम्प्रददे इति वदंस्तनयां दद्यात् । योजनया विष्णुरों तत्सत् ओं अद्यामुकमास्यमुकपक्षेऽमुकतिथावमुकराशिस्थिते भास्करेऽमुकाभीष्टासिद्धिकामोऽमुकगोत्रः श्रीमदमुकशर्माऽमुकगोत्रस्याऽमुकप्रवरस्य श्रीमदमुकदेवशर्मणः प्रपौत्राय अमुकगोत्रस्याऽमुकप्रवरस्य श्रीमदमुकदेवशर्मणः पौत्राय अमुकगोत्रस्यामुकप्रवरस्य श्रीमदमुकदेवशर्मणः पुत्रायाा अमुकगोत्रायाऽमुकप्रवराय श्रीमतेऽमुकदेवशर्मणे वराय अमुकगोत्रस्याऽमुकप्रवरस्य श्रीमदमुकदेवशर्मणः प्रपौत्रीममुकगोत्रस्यामुकप्रवरस्य श्रीमदमुकदेवशर्मणः पौत्रीममुकगोत्रस्यामुकप्रवरस्य श्रीमदमुकदेवशर्मणः पुत्रीममुकगोत्राममुकप्रवरामर्चितां समलङ्कृतां साच्छादनां प्रजापतिदेवताकाममुकीं देवीमेनां कन्यां तुभ्यमहं सम्प्रददे इति वाक्येन विदुषे वराय तनयां समर्पयेदित्यर्थः । वरः स्वस्तीत्युक्त्वा भार्यां स्वीकुर्यात् । ततः सम्प्रदाता वरं वदेत् ॥ २४९–२५१ ॥

सम्प्रदाता वरं प्रति किं वदेदित्यपेक्षायामाह धर्मे चेत्यादि । हे जामातः धर्मे चार्थे च कामे च भार्यया सह भवता वर्त्तितव्यम् । ततो वरो

दाता कामो गृहीताऽपि कामायाऽदाच्च कामिनीम् ।
कामेन त्वां प्रगृह्णामि कामः पूर्णोऽस्तु चावयोः ॥ २५३ ॥
ततो वदेत् सम्प्रदाता कन्यां जामातरं प्रति ।
प्रजापतिप्रसादेन युवयोरभिवाञ्छितम् ।
पूर्णमस्तु शिवञ्चास्तु धर्मं पालयतं युवाम् ॥ २५४ ॥
तत आच्छाद्य वस्त्रेण सम्प्रदाता सुमङ्गलैः ।
परस्परशुभालोकं कारयेद्वरकन्ययोः ॥ २५५ ॥
ततो हिरण्यरत्नानि यथाशक्त्यनुसारतः ।
जामात्रे दक्षिणां दद्यादच्छिद्रमवधारयेत् ॥ २५६ ॥

बाढमित्युक्त्वा कामस्तुतिं पठेत् । बाढमङ्गीकरणम् । भृशप्रतिज्ञयोर्बाढमित्यमरः ॥ २५२ ॥

कामस्तुतिमेवाह दाता काम इति । कामो दाता भवति काम एव गृहीता भवति कामः कामाय कामिनीमदात् हे भार्ये कामेन त्वामहं प्रगृह्णामि आवयोः कामः पूर्णोऽस्तु ॥ २५३ ॥

तत इत्यादि । ततः कामस्तुतिपठनादनन्तरं सम्प्रदाता कन्यां जामातरं वरञ्च प्रति वदेत् । किं वदेदित्यपेक्षायामाह प्रजापतिप्रसादेनेत्यादि ॥ २५४ ॥

तत इत्यादि । ततः सम्प्रदाता वस्त्रेण वरकन्ये आच्छाद्य सुमङ्गलैर्गीतवाद्यादिभिर्वरकन्ययोः परस्परशुभालोकं कारयेत् ॥ १५५ ॥

तत इत्यादि । तत ओँ अद्येत्यादि कृतस्यास्य शुभविवाहकर्मणः साङ्गत्वार्थं हिरण्यादिदक्षिणाममुकगोत्रायामुकदेवशर्मणे वराय तुभ्यमहं सम्प्रददे इति वाक्येन सम्प्रदाता जामात्रे यथाशक्त्यनुसारतो हिरण्यरत्नानि दक्षिणां दद्यात् । ततः कृतमिदं शुभविवाहकर्माऽच्छिद्रमस्तु इत्यवधारयेत् ॥ २५६ ॥

वरस्तु भार्यया सार्द्धं तद्रात्रौ दिवसेऽपि वा ।
कुशण्डिकोक्तविधिना वह्निस्थापनमाचरेत् ॥ २५७ ॥
योजकाख्यः पावकोऽत्र प्राजापत्यश्चरुः स्मृतः ।
धारान्तं कर्म सम्पाद्य दद्यात् पञ्चाहुतीर्वरः ॥ २५८ ॥
शिवं दुर्गां तथा विष्णुं ब्रह्माणं वज्रधारिणम् ।
ध्यात्वैकैकं समुद्दिश्य जुहुयात् संस्कृतेऽनले ॥ २५९ ॥
भार्यायाः पाणियुगलं गृह्णीयादित्युदीरयन् ।
पाणिं गृह्णामि सुभगे गुरुदेवरता भव ।
गार्हस्थ्यं कर्म धर्मेण यथावदनुशीलय ॥ २६० ॥
घृतेन स्वामिदत्तेन लाजैर्भ्रात्राहृतैः शिवे ।
प्रजापतिं समुद्दिश्य दद्यात् वेदाहुतीर्वधूः ॥ २६१ ॥
प्रदक्षिणीकृत्य वह्निमुत्थाय भार्यया सह ।
दुर्गां शिवं रमां विष्णुं ब्राह्मीं ब्रह्माणमेव च ।
युग्मं युग्मं समुद्दिश्य त्रिस्त्रिधा हवनं चरेत् ॥ २६२ ॥

वरस्त्वित्यादि । तदनन्तरमिति शेषः । दिवसेऽपि वा तस्या एव रात्रेः परस्मिन् दिने वा ॥ अत्र विवाहकर्मणि ॥ २५७ ॥ २५८ ॥

ननु कान्देवानुद्दिश्य सभार्यो वरः पञ्चाहुतीर्दद्यादित्यपेक्षायामाह शिवमित्यादि ॥ २५९ ॥

भार्याया इति । ततो वर इति वक्ष्यमाणं मन्त्रमुदीरयन् कीर्त्तयन् भार्यायाः पाणियुगलं गृह्णीयात् । तमेव मन्त्रमाह पाणिं गृह्णामि सुभगे इत्यादि ॥ २६० ॥

घृतेनेत्यादि । हे शिवे ततो वधूर्भार्या स्वामिदत्तेन घृतेन भ्रात्राहृतैर्दत्तैर्लाजैश्च प्रजापतिं समुद्दिश्य वेदाहुतीश्चतस्र आहुतीर्दद्यात् ॥ २६१ ॥

प्रदक्षिणीकृत्येत्यादि । ततो वरो भार्यया सहोत्थाय वह्निं प्रदक्षिणीकृत्य दुर्गां शिवञ्च रमां विष्णुञ्च ब्राह्मीं ब्रह्माणमेव च युग्मं युग्मं समुच्चार्य त्रिस्त्रिधा त्रिवारं त्रिवारं हवनं चरेत् कुर्यात् ॥ २६२ ॥

अश्ममण्डलिकासप्तारोहौ कुर्यादमन्त्रकम् ।
निशायां चेत् तदा स्त्रीभिः पश्येद् ध्रुवमरुन्धतीम् ॥२६३॥
प्रत्यावृत्यासने सम्यगुपविश्य वरस्तदा ।
स्विष्टिकृद्धोमतः पूर्णाहुत्यन्तेन समापयेत् ॥ २६४ ॥
ब्राह्मो विवाहो विहितो दोषहीनः सवर्णया ।
कुलधर्मानुसारेण गोत्रभिन्नासपिण्डया ॥ २६५ ॥
ब्राह्मोद्वाहेन या ग्राह्या सैव पत्नी गृहेश्वरी ।
तदनुज्ञां विना ब्राह्मविवाहं नाचरेत् पुनः ॥ २६६ ॥
तस्या अपत्ये तद्वंशे विद्यमाने कुलेश्वरि ।
शैवोद्भवान्यपत्यानि दायार्हाणि भवन्ति न ॥ २६७ ॥
शैवा तदन्वयाश्चैव लभेरन् धनभाजिनः ।
यथाविभवमाच्छादं ग्रासञ्च परमेश्वरि ॥ २६८ ॥
शैवो विवाहो द्विविधः कुलचक्रे विधीयते ।
चक्रस्य नियमेनैको द्वितीयो जीवनावधि ॥ २६९ ॥

अश्ममण्डलिकेत्यादि । ततः सभार्यो वरोऽमन्त्रकं मन्त्रवर्जितमेवाश्ममण्डलिकासप्तारोहौ पाषाणारोहणं सप्तमण्डलिकारोहञ्च कुर्यात् । चेत् यदि निशायां तदारोहौ कुर्यात्तदा स्त्रीभिः परिवृतः सभार्यो वरो ध्रुवमरुन्धतीञ्च पश्येत् ॥ २६३ ॥

समापयेत् विवाहकर्मेति शेषः ॥ २६४–२६६ ॥

तस्या इत्यादि । तस्या ब्राह्मोद्वाहेन गृहीतायाः पत्न्याः अपत्ये आत्मजे आत्मजायां वा ॥ २६७ ॥

धनभाजिनो जनात् ॥ २६८ ॥ २६९ ॥

चक्रानुष्ठानसमये स्वगणैः शक्तिसाधकैः ।
परस्परेच्छयोद्वाहं कुर्याद्वीरः समाहितः ॥ २७० ॥
भैरवीवीरवृन्देषु स्वाभिप्रायं निवेदयेत् ।
आवयोः शाम्भवोद्वाहे भवद्भिरनुमन्यताम् ॥ २७१ ॥
तेषामनुज्ञामादाय जप्त्वा सप्ताक्षरं मनुम् ।
अष्टोत्तरशतावृत्त्या प्रणमेत् कालिकां पराम् ॥ २७२ ॥
ततो वदेत् तां रमणीं कौलानां सन्निधौ शिवे ।
अकैतवेन चित्तेन पतिभावेन मां वृणु ॥ २७३ ॥
गन्धपुष्पाक्षतैर्वृत्वा सा कौला दयितं ततः ।
सुश्रद्दधाना देवेशि करौ दद्यात् करोपरि ॥ २७४

अथ शाम्भवोद्वाहविधिमाह चक्रानुष्ठानेत्यादिभिः । स्वगणैः शक्तिसाधकैः सह चक्रानुष्ठानसमये परस्परेच्छया परस्परस्य भैरव्या वीरस्य चाकाङ्क्षया समाहितः सावधानः सन् वीर उद्वाहं कुर्यात् ॥ २७० ॥ २७१ ॥

तेषामित्यादि । तेषां भैरवीवीरवृन्दानामनुज्ञामनुमतिमादाय गृहीत्वा सप्ताक्षरं परमेश्वरि स्वाहेति मनुमष्टोत्तरशतावृत्त्या जप्त्वा वीरः परमामुत्तमां कालिकां प्रणमेत् ॥ २७२ ॥

तत इत्यादि । हे शिवे पार्वति ततो वीरः कौलानां सन्निधौ समीपे हे रमणि त्वमकैतवेन व्याजशून्येन चित्तेन पतिभावेन मां वृण्विति तां रमणीं वदेत् ॥ २७३ ॥

गन्धेत्यादि । हे देवेशि ततः सा कौला सुश्रद्दधाना सती गन्धपुष्पाक्षतैर्दयितं प्रियं वृत्वा तस्य करोपरि स्वकीयौ करौ दद्यात् ॥ २७४ ॥

ततोऽभिषिञ्चेत् चक्रेशो मन्त्रेणानेन दम्पती ।
तदा चक्रस्थिताः कौला ब्रूयुः स्वस्तीति सादरम् ॥ २७५ ॥
राजराजेश्वरी काली तारिणी भुवनेश्वरी ।
वगला कमला नित्या युवां रक्षन्तु भैरवी ॥ २७६ ॥
अभिषिञ्चेत् द्वादशधा मधुना वाऽर्घ्यपाथसा ।
ततस्तौ प्रणतौ विद्वान् श्रावयेद्वाग्भवं रमाम् ॥ २७७ ॥
यद्यदङ्गीकृतं तत्र ताभ्यां पाल्यं प्रयत्नतः ।
शाम्भवोक्तविधानेन कुलीनाभ्यां कुलेश्वरि ॥ २७८ ॥
वयोवर्णविचारोऽत्र शैवोद्वाहे न विद्यते ।
असपिण्डां भर्त्तृहीनामुद्वहेच्छम्भुशासनात् ॥ २७९ ॥
परिणीता शैवधर्मे चक्रनिर्धारणेन या ।
अपत्यार्थी ऋतुं दृष्ट्वा चक्रातीते तु तां त्यजेत् ॥ २८० ॥

तत इत्यादि । ततःपरं चक्रेशोऽनेन वक्ष्यमाणेन मन्त्रेण तौ दम्पती जायापती अभिषिञ्चेत् । तदा तस्मिन् काले चक्रस्थिताः कौलाः सादरं यथा स्यात्तथा स्वस्तीति ब्रूयुर्वदेयुः ॥ २७५ ॥

ननु केन मन्त्रेण चक्रेशो दम्पती अभिषिञ्चेदित्यपेक्षायामाह राजराजेश्वरीत्यादि ॥ २७६ ॥

अभिषिञ्चेदित्यादि । चक्रेशोऽनेनैव मन्त्रेण मधुना मद्येन वाऽर्घ्यपाथसाऽर्घ्यजलेन वा द्वादशधा द्वादशवारं दम्पती अभिषिञ्चेत् । ततः प्रणतौ दम्पती प्रति विद्वांश्चक्रेशो वाग्भवं ऐमिति रमां श्रीमिति च बीजं श्रावयेत् ॥ २७७ ॥

तत्र शाम्भवोद्वाहकर्मणि । ताभ्यां जायापतिभ्यां ॥ २७८ ॥ २७९ ॥

परिणीतेत्यादि । चक्रनिर्धारणेन चक्रनियमेन शैवधर्मे या स्त्री परिणीता उद्वूढ़ा आसीत्तां स्त्रियं चक्रातीते सति अपत्यार्थी वीरः द्वितीयमृतुं दृष्ट्वा त्यजेत् ॥ २८० ॥

शैवभार्योद्भवापत्यमनुलोमेन मातृवत् ।
समाचरेद्विलोमेन तत्तु मामान्यजातिवत् ॥ २८१ ॥
एषां सङ्करजातीनां सर्वत्र पितृकर्मसु ।
भोज्यप्रदानं कौलानां भोजनं विहितं भवेत् ॥ २८२ ॥
नृणां स्वभावजं देवि प्रियं भोजनमैथुनम् ।
सङ्क्षेपाय हितार्थाय शैवधर्मे निरूपितम् ॥ २८३ ॥
अत एव महेशानि शैवधर्मनिषेवणात् ।
धर्मार्थकाममोक्षाणां प्रभुर्भवति नान्यथा ॥ २८४ ॥

इति श्रीमहानिर्वाणतन्त्रे सर्वतन्त्रोत्तमोत्तमे सर्वधर्मनिर्णयसारे श्रीमदाद्यासदाशिवसंवादे कुशण्डिकादशविधसंस्कारविधिर्नाम नवमोल्लासः ।

शैवभार्येत्यादि । अनुलोमेन वर्णेन शैवभार्योद्भवापत्यं मातृवत् कर्म समाचरेत् कुर्यात् । यथा ब्राह्मणात् क्षत्रियायां शैव्यां भार्यायां जातमपत्यं क्षत्रियावत् कर्म समाचरेदित्येवम् विलोमेन वर्णेन यत् शैवभार्योद्भवापत्यं तत्तु सामान्यजातिवत् पञ्चमवर्णवत् कर्म समाचरेत् ॥ २८१–२८४ ॥

इति श्रीमहानिर्वाणतन्त्रटीकायां नवमोल्लासः ।

दशमोल्लासः

श्रीदेव्युवाच ।

कुशण्डिकाविधिर्नाथ संस्काराश्च दश श्रुताः ।
वृद्धिश्राद्धविधिं देव कृपया मे प्रकाशय ॥ १ ॥
कस्मिन् कस्मिंश्च संस्कारे प्रतिष्ठासु च कास्वपि ।
कुशण्डिकाविधानञ्च वृद्धिश्राद्धञ्च शङ्कर ॥ २ ॥
कर्तव्यं वा न कर्तव्यं तन्ममाचक्ष्व तत्वतः ।
मत्प्रीतये महेशान जीवानां मङ्गलाय च ॥ ३ ॥

श्रीसदाशिव उवाच ।

जीवसेकाद्विवाहान्तदशसंस्कारकर्मसु ।
यत्र यद्विहितं भद्रे सविशेषं प्रकीर्तितम् ॥ ४ ॥
तदेव कार्यं मनुजैस्तत्वज्ञैर्हितमिच्छुभिः ।
अन्यत्र यद्विधातव्यं तच्छृणुष्व वरानने ॥ ५ ॥

ओँ नमो ब्रह्मणे ।

कुशण्डिकाया जीवसेकादिविवाहान्तानां दशविधसंस्काराणाञ्च विधिं श्रुत्वेदानीं वृद्धिश्राद्धविधिं कुशण्डिकाया वृद्धिश्राद्धस्य च कस्मिन् कस्मिन् कर्मणि कार्यत्वमकार्यत्वं वा वर्त्तते तदपि श्रोतुमिच्छन्ती श्रीदेव्युवाच कुशण्डिकाविधिरित्यादि ॥ आचक्ष्व ब्रूहि ॥ १ ॥ २ ॥ ३ ॥

श्रीदेव्यैवं प्रार्थितः सन् श्रीसदाशिव उवाच जीवसेकादित्यादि । जीवसेकाज्जीवसेकमारभ्य ॥ ४ ॥ ५ ॥

वापीकूपतड़ागानां देवप्रतिकृतेस्तथा ।
गृहारामव्रतादीनां प्रतिष्ठाकर्मसु प्रिये ॥ ६ ॥
सर्वत्र पञ्चदेवानां मातृणामपि पूजनम् ।
वसोर्धारा च कर्त्तव्या वृद्धिश्राद्धकुशण्डिके ॥ ७ ॥
स्त्रीणां विधेयकृत्येषु वृद्धिश्राद्धं न विद्यते ।
देवतापितृतृप्त्यर्थं भोज्यमेकं समुत्सृजेत् ॥ ८ ॥
देवमात्रार्चनं तत्र वसुधारा कुशण्डिका ।
भक्त्या स्त्रिया विधातव्या ऋत्विजा कमलानने ॥ ९ ॥
पुत्रश्च पौत्रो दौहित्रो ज्ञातयो भगिनीसुतः ।
जामातर्त्विग्दैवपित्रे शस्ताः प्रतिनिधौ शिवे ॥ १० ॥
वृद्धिश्राद्धं प्रवक्ष्यामि तत्त्वतः शृणु कालिके ॥ ११ ॥
कृत्वा नित्योदितं कर्म मानवः सुसमाहितः ।
गङ्गां यज्ञेश्वरं विष्णुं वास्त्वीशं भूपतिं यजेत् ॥ १२ ॥

वापीत्यादि । देवप्रतिकृतेः देवताप्रतिमायाः ॥ ६ ॥

पञ्चदेवानां ब्रह्मादीनां । मातॄणां गौर्यादीनाम् ॥ ७ ॥

स्त्रीणामित्यादि । स्त्रीणामिति कृत्यानां कर्त्तरि वेत्यनेन कर्त्तरि षष्ठी । समुत्सृजेत् स्त्रीति शेषः ॥ ८ ॥

तत्र स्त्रीभिर्विधेयेषु कर्मसु । ऋत्विजा आत्मप्रतिनिधिना पुरोहितेन ॥९॥

ननु पुरोहित एव प्रतिनिधिः प्रशस्तो भवति तदन्योऽपि वा कश्चित् तत्राह पुत्र इत्यादि ॥ १० ॥ ११ ॥

अथ वृद्धिश्राद्धविधिमाह कृत्वेत्यादिभिः । नित्योदितं कर्म कृत्वा पूर्वाभिमुखो मानवः सुसमाहितोऽतिसावधानः सन् प्रणवादिनमोऽन्तेन नाममन्त्रेण गन्धपुष्पादिभिर्गङ्गां यज्ञेश्वरं विष्णुं वास्त्वीशं भूपतिं भूमिस्वामिनं पुरुषञ्च क्रमतो यजेत् पूजयेत् ॥ १२ ॥

ततो दर्भमयान् विप्रान् कल्पयेत् प्रणवं स्मरन् ।
पञ्चभिर्नवभिर्वाऽपि सप्तभिस्त्रिभिरेव वा ॥ १३ ॥
निर्गर्भैश्च कुशैः साग्रैर्दक्षिणावर्त्तयोगतः ।
सार्द्धद्वयावर्त्तनेन ऊर्द्ध्वाग्रैरचयेद् द्विजान् ॥ १४ ॥
वृद्धिश्राद्धे पार्वणादौ षड्विप्राः परिकीर्त्तिताः ।
एकोद्दिष्टे तु कथित एक एव द्विजः शिवे ॥ १५ ॥
ततो विप्रान् कुशमयानेकस्मिन्नेव भाजने ।
कौबेराभिमुखान् कृत्वा स्नापयेदमुना सुधीः ॥ १६ ॥
ह्रीँ शन्नो देवीरभीष्टये शन्नो भवन्तु पीतये ।
शंयोरभिस्रवन्तु नः ॥ १७ ॥
ततस्तु गन्धपुष्पाभ्यां पूजयेत् कुशभूसुरान् ॥ १८ ॥

तत इत्यादि । ततः परं प्रणवमोङ्कारं स्मरन् सन् मानवो दर्भमयान् विप्रान् कल्पयेत् रचयेत् । दर्भमयब्राह्मणनिर्माणविधानमाह पञ्चभिरित्यादिना सार्द्धेन । निर्गर्भैर्गर्भशून्यैः साग्रैरग्रसहितैरूर्द्ध्वाग्रैर्नवभिः सप्तभिः पञ्चभिस्त्रिभिरेव वा कुशैर्दक्षिणावर्त्तयोगतः सार्द्धद्वयावर्त्तनेन द्विजान् विप्रान् रचयेत् ॥ १३ ॥ १४ ॥

ननु कति दर्भमया ब्राह्मणाः कल्पयितव्या इत्यपेक्षायामाह वृद्धिश्राद्धे इत्यादि ॥ १५ ॥

तत इत्यादि । ततः परं सुधीर्वृद्धिश्राद्धकर्त्ता एकस्मिन्नेव भाजने पात्रे कुशमयान् विप्रान् कौबेराभिमुखानुत्तरमुखान् कृत्वाऽमुना वक्ष्यमाणेन मन्त्रेण स्नापयेत् ॥ १६ ॥

कुशमयब्राह्मणस्नापनार्थं मन्त्रमेवाह । ह्रीँ शन्न इत्याद्यम् ॥ १७ ॥

ततस्त्वित्यादि । ततस्तु प्रणवादिनमोऽन्तेन नाममन्त्रेण गन्धपुष्पाभ्यां कुशभूसुरान् कुशमयब्राह्मणान् पूजयेत् ॥ १८ ॥

पश्चिमे दक्षिणे चैव युग्मयुग्मक्रमात् सुधीः ।
षट्पात्राणि सदर्भाणि स्थापयेत्तुलसीतिलैः ॥ १९ ॥
पात्रद्वये पश्चिमायां याम्ये पात्रचतुष्टये ।
पूर्वास्यावुत्तरमुखान् षड्विप्रानुपवेशयेत् ॥ २० ॥
दैवपक्षं पश्चिमायां दक्षिणे वामयाम्ययोः ।
पितुर्मातामहस्यापि पक्षौ द्वौ विद्धि पार्वति ॥ २१ ॥
नान्दीमुखाश्च पितरो नान्दीमुख्यश्च मातरः ।
मातामहादयोऽप्येवं मातामह्यादयोऽपि च ।
श्राद्धे नाम्न्याभ्युदयिके समुल्लेख्या वरानने ॥ २२ ॥

पश्चिमे इत्यादि । ततस्तु सुधीः कर्मसाधकः पश्चिमे दक्षिणे चैव युग्म युग्मक्रमात् सदर्भाणि कुशसहितानि तुलसीतिलैश्च युक्तानि षट्पात्राणि स्थापयेत् ॥ १९ ॥

पात्रद्वये इत्यादि । ततः पश्चिमायां दिशि स्थापिते पात्रद्वये याम्ये दक्षिणे स्थापिते पात्रचतुष्टये च क्रमतः पूर्वास्यौ पूर्वमुखौ उत्तरमुखांश्च कुशमयान् षड्विप्रानुपवेशयेत् ॥ २० ॥

दैवपक्षमित्यादि । हे पार्वति पश्चिमायां दिशि दैवं पक्षं त्वं विद्धि जानीहि । दक्षिणे तु वामयाम्ययोर्वामभागे दक्षिणभागे च क्रमतः पितुर्मातामहस्यापि द्वौ पक्षौ विद्धि ॥ २१ ॥

नान्दीमुखाश्चेत्यादि । हे वरानने देवि आभ्युदयिके नाम्नि श्राद्धे पितरः पित्रादयो नान्दीमुखा मातरो मात्रादयश्च नान्दीमुख्यः समुल्लेख्याः समुच्चार्याः । एवं मातामहादयोऽपि नान्दीमुखाः मातामह्यादयोऽपि नान्दीमुख्यः समुल्लेख्याः ॥ २२ ॥

दक्षावर्त्तेनोत्तरास्यो दैवं कर्म समाचरेत् ।
वामावर्त्तेन दक्षास्यः पितृकर्माणि साधयेत् ॥ २३ ॥
सर्वं कर्म प्रकुर्वीत दैवादिक्रमतः शिवे ।
लङ्घनान्मातृमातॄणां श्राद्धं तद्विफलं भवेत् ॥ २४ ॥
कौबेराभिमुखोऽनुज्ञावाक्यं दैवे प्रकल्पयेत् ।
याम्यास्यः कल्पयेद्वाक्यं पित्र्ये मातामहेऽपि च ।
तत्रादौ दैवपक्षे तु वाक्यं शृणु शुचिस्मिते ॥ २५ ॥
कालादीनि निमित्तानि समुल्लिख्य ततः परम् ।
तत्तत्कर्माभ्युदयार्थमुक्त्वा साधकसत्तमः ॥ २६ ॥

दक्षावर्त्तेनेत्यादि । दक्षिणावर्त्तेनोत्तरास्य उत्तरमुखः सन् दैवं कर्म समाचरेत् कुर्यात् । वामावर्त्तेन दक्षास्यो दक्षिणमुखः सन् पितृकर्माणि साधयेत् ॥ २३ ॥

सर्वमित्यादि । हे शिवे दैवादिक्रमत एव सर्वं कर्म प्रकुर्वीत । ननु पितृकर्मसाधनाय दक्षिणावर्त्तेनैव दक्षिणामुखभवने को दोषस्तत्राह लङ्घनादित्यादि । मातृमातॄणां मातुर्मात्रादीनां लङ्घनात्तच्छ्राद्धं विफलं भवेत् । मातृमातॄणामिति मातुः पित्रादीनामप्युपलक्षणम् ॥ २४ ॥

कौबेरेत्यादि । कौबेराभिमुखो उत्तराभिमुखो भूत्वा दैवपक्षेऽनुज्ञावाक्यं कल्पयेत् रचयेत् । याम्यास्यो दक्षिणमुखो भूत्वा पित्र्ये पक्षे मातामहे अपि पक्षे अनुज्ञावाक्यं कल्पयेत् ॥ २५ ॥

दैवपक्षे प्रकल्पनीयं यदनुज्ञावाक्यं तदेवाह कालादीनीत्यादिभिः । प्रथमतः कालादीनि निमित्तानि समुल्लिख्य ततः परं तत्तत्कर्माभ्युदयार्थमुक्त्वा साधकसत्तमो गोत्रनामोच्चारणपूर्वकं पित्रादीनां त्रयाणां मात्रादीनामपि तिसृणां तथैव मातामहादीनां त्रयाणां मातामह्यादीनामपि तिसृणां षष्ठ्यन्तं नाम कीर्त्तयेत् । ततो विश्वेषां देवानां चेति पदमुदीरयेदुच्चारयेत् । ततः श्राद्धपदमुदीरयेत् ।

पित्रादीनां त्रयाणां तु मात्रादीनां तथैव च ।
मातामहानां च मातामह्यादीनामपि प्रिये ॥ २७ ॥
षष्ठ्यन्तं कीर्त्तयेन्नाम गोत्रोच्चारणपूर्वकम् ।
विश्वेषाञ्चैव देवानां श्राद्धं पदमुदीरयेत् ॥ २८ ॥
कुशनिर्मितयोः पश्चात् विप्रयोरहमित्यपि ।
करिष्ये परमेशानीत्यनुज्ञावाक्यमीरितम् ॥ २९ ॥
विश्वान् देवान परित्यज्य पितृपक्षे तु पार्वति ।
तथा मातामहस्यापि पक्षेऽनुज्ञा प्रकीर्त्तिता ॥ ३० ॥

पश्चात् कुशनिर्मितयोर्विप्रयोरहमित्यप्युदीरयेत् । ततः करिष्ये इत्युदीरयेत् । सकलपदयोजनया विष्णुरों तत्सत् ओँ अद्यामुकमास्यमुकपक्षेऽमुकतिथावमुककर्माभ्युदयार्थममुकगोत्राणां नान्दीमुखानां पितृपितामहप्रपितामहानाममुकामुकामुकदेवशर्मणाममुकगोत्राणां नान्दीमुखीनां मातृपितामहीप्रपितामहीनाममुक्यमुक्यमुकीनां देवीनां च अमुकगोत्राणां नान्दीमुखानां मातामहप्रमातामहवृद्धप्रमातामहानाममुकामुकामुकदेवशर्मणां च अमुकगोत्राणां नान्दीमुखीनां मातामहीप्रमातामहीवृद्धप्रमातामहीनाममुक्यमुक्यमुकीनां देवीनां च विश्वेषां देवानामाभ्युदयिकं श्राद्धं कुशनिर्मितयोर्विप्रयोरहं करिष्ये इति वाक्यं जातम् । हे परमेशानि दैवपक्ष इत्येतदेवानुज्ञावाक्यमीरितं कथितम् ॥ २६–२९ ॥

पितृपक्षे मातामहपक्षे च यदनुज्ञावाक्यं प्रकल्पनीयं तदाह विश्वानित्यादिना । हे पार्वति पितृपक्ष तथा मातामहस्यापि पक्षे विश्वान देवान् परित्यज्यानुज्ञा प्रकीर्त्तिताऽनुज्ञावाक्यं कथितम् । पितृपक्षेऽनुज्ञावाक्यं यथा ओँ अद्य अमुके मास्यमुकपक्षेऽमुकतिथावमुककर्माभ्युदयार्थममुकगोत्राणां नान्दीमुखानां पितृपितामहप्रपितामहानाममुकामुकामुकदेवशर्मणां अमुकगोत्राणां नान्दीमुखीनां मातृपितामहीप्रपितामहीनाममुक्यमुक्यमुकीनां देवीनां चाप्याभ्युदयिकं श्राद्धं कुशनिर्मितयोर्विप्रयोरहं करिष्ये इति । मातामहपक्षेऽप्येवमेवानुज्ञावाक्यं प्रकल्पनीयम् ॥ ३० ॥

ततो जपेद्ब्रह्मविद्यां गायत्रीं दशधा शिवे ॥ ३१ ॥
देवताभ्यः पितृभ्यश्च महायोगिभ्य एव च ।
नमोऽस्तु पुष्ट्यै स्वाहायै नित्यमेव भवन्त्विति ॥ ३२ ॥
पठित्वैनं त्रिधा हस्ते जलमादाय सत्तमः ।
वँ हूँ फड़िति मन्त्रेण श्राद्धद्रव्याणि शोधयेत् ॥ ३३ ॥
आग्नेय्यां पात्रमेकन्तु संस्थाप्य कुलनायिके ।
रक्षोघ्नममृतं प्रोच्य यज्ञरक्षां कुरुष्व मे ।
इत्युक्त्वा भाजने तस्मिंस्तुलसीदलसंयुतम् ॥ ३४ ॥
निधाय सलिलं देवि देवादिक्रमतः सुधीः
विप्रेभ्यो जलगण्डूषं दत्वा दद्यात् कुशासनम् ॥ ३५ ॥

ततः अनुज्ञावाक्यकल्पनादनन्तरम् ॥ ३१ ॥ ३२ ॥

पठित्वैनमित्यादि । एनं देवताभ्य इत्याद्यं भवन्त्वितीत्यन्तं मन्त्रं त्रिधा त्रिबारं पठित्वा ततः सत्तमः श्राद्धकर्त्ता हस्ते जलमादाय वँ हूँ फडिति मन्त्रेण श्राद्धद्रव्याणि शोधयेत् ॥ ३३ ॥

आग्नेय्यामित्यादि । तत आग्नेय्यां दिश्येकं पात्रं संस्थाप्य प्रथमतो रक्षोघ्नममृतं प्रोच्य ततो मे यज्ञरक्षां कुरुष्वेति वदेत् । योजनया रक्षोघ्नममृतमसि मम यज्ञरक्षां कुरुष्वेति मन्त्रो जातः । इतीमं मन्त्रमुक्त्वा तस्मिन्नाग्नेय्यां दिशि संस्थापिते भाजने तुलसीयवसंयुतं सलिलं जलं निधाय संस्थाप्य ततः सुधीः श्राद्धकर्त्ता दैवादिक्रमतः कुशमयेभ्यो विप्रेभ्यो जलगण्डूषं दत्त्वा बिश्वेदेवा इदमासनं वो नम इति वाक्येन विश्वेभ्यो देवेभ्योऽमुकगोत्र नान्दीमुख पितरमुक-देवशर्मन् अमुकगोत्र नान्दीमुख पितामहामुकदेवशर्मन्नमुकगोत्र नान्दीमुख प्रपितामहामुकदेवशर्मन्निदमासनं वः स्वधेति वाक्येन पित्रादिभ्योऽमुकगोत्रे नान्दीमुखि मातरमुकि देवि अमुकगोत्रे नान्दीमुखि पितामहि अमुकि देवि

तत आवाहयेद्विद्वान् विश्वान् देवान् पितॄंस्तथा ।
मातॄर्मातामहांश्चापि तथा मातामहीः शिवे ॥ ३६ ॥
आवाह्य पूजयेदादौ विश्वान् देवांस्ततो यजेत् ।
पितृत्रयं तथा मातृत्रयं मातामहत्रयम् ॥ ३७ ॥

अमुकगोत्रे नान्दीमुखि प्रपितामहि अमुकि देवि इदमासनं वः स्वधेति वाक्येन मात्रादिभ्योऽमुकगोत्र नान्दीमुख मातामहामुकदेवशर्मन्नमुकगोत्र नान्दीमुख प्रमातामहामुकदेवशर्मन्नमुकगोत्र नान्दीमुख वृद्धप्रमातामहामुकदेवशर्मन्निदमासनं वः स्वधेति वाक्येन मातामहादिभ्योऽमुकगोत्रे नान्दीमुखि मातामह्यमुकि देवि अमुकगोत्रे नान्दीमुखि प्रमातामह्यमुकि देवि अमुकगोत्रे नान्दीमुखि वृद्धप्रमातामह्यमुकि देवि इदमासनं वः स्वधेति वाक्येन मातामह्यादिभ्योऽपि कुशासनं दद्यात् ॥ ३४ ॥ ३५ ॥

तत इत्यादि । ततो विद्वान् श्राद्धकर्त्ता विश्वेदेवा इहागच्छतेह तिष्ठतेह सन्निधत्त मम पूजां गृह्णीतेति वाक्येन विश्वान् देवान् अमुकगोत्रा नान्दीमुखाः पितृपितामहप्रपितामहा अमुकामुकामुकदेवशर्माणः इहागच्छतेह तिष्ठतेह सन्निधत्त मम पूजां गृह्णीतेति वाक्येन पितॄन् पित्रादीन् तथा अमुकगोत्रा नान्दीमुख्यो मातृपितामहीप्रपितामह्योऽमुक्यमुक्यमुक्यो देव्य इहागच्छतेह तिष्ठतेह सन्निधत्त मम पूजां गृह्णीतेति वाक्येन मातॄर्मात्रादीरपि अमुकगोत्रा नान्दीमुखा मातामहप्रमातामहवृद्धप्रमातामहा अमुकामुकामुकदेवशर्माण इहागच्छतेह तिष्ठतेह सन्निधत्त मम पूजां गृह्णीतेति वाक्येन मातामहान् मातामहादीनपि अमुकगोत्रा नान्दीमुख्यो मातामहीप्रमातामहीवृद्धप्रमातामह्योऽमुक्यमुक्यमुक्यो देव्य इहागच्छतेह तिष्ठतेह सन्निधत्त मम पूजां गृह्णीतेति वाक्येन मातामहीर्मातामह्यादीश्चापि कुशासने आवाहयेत् ॥ ३६ ॥

आवाह्येत्यादि । एवं विश्वेदेवादीनावाह्य विश्वेदेवा एतानि पाद्यार्घ्याचमनादीनि वो नम इति वाक्येन पाद्यार्घ्याचमनादिभिर्धूपैर्दीपैर्वासोभिश्चाप्यादौ

मातामहीत्रयं चापि पाद्यार्घ्याचमनादिभिः ।
धूपैर्दीपैश्च वासोभिः पूजयित्वा वरानने ।
पात्राणां पातनप्रश्नं कुर्याद्दैवक्रमात् शिवे ॥ ३८ ॥
मण्डलं रचयेदेकं मायया चतुरस्रकम् ।
द्वे द्वे च मण्डले कुर्यात् तद्वत्पक्षद्वयोरपि ॥ ३९ ॥
वारुणप्रोक्षितेष्वेषु पात्राण्यासाद्य साधकः ।
तेन क्षालितपात्रेषु सर्वोपकरणैः सह ।
पानार्थपाथसान्नानि क्रमेण परिवेशयेत् ॥ ४० ॥

विश्वान् देवान् पूजयेत् । ततः ओँ अद्यामुकगोत्रा नान्दीमुखाः पितृपितामह-प्रपितामहा अमुकामुकामुकदेवशर्माण एतानि गन्धपुष्पधूपदीपादीनि वः स्वधेति वाक्येन पितृत्रयं तथैवामुकगोत्रा नान्दीमुख्यो मातृपितामहीप्रपितामह्योऽमुक्य-मुक्यमुक्यो देव्य एतानि पाद्यादीनि वः स्वधेति वाक्येन मातृत्रयं तथैव प्रकल्पितेन वाक्येन मातामहत्रयं तथैव कल्पितवाक्येन मातामहीत्रयं चापि क्रमतः पाद्यादिभिर्यजेत् पूजयेत् । हे वरानने शिवे एवं विश्वदेवादीन् पूजयित्वा ततो दैवक्रमात् देवपक्षादिक्रमतः पात्राणि पातयिष्ये इति पात्राणां पातनप्रश्नं ब्राह्मणं प्रति कुर्यात् ॥ ३७ ॥ ३८ ॥

मण्डलमित्यादि । ततः ओँ पातयेति ब्राह्मणात्तदुत्तरं प्राप्य दैवपक्षे मायया ह्रीँ बीजेन चतुरस्रकं चतुष्कोणमेकं मण्डलं रचयेत् । पक्षद्वयोरपि पितृपक्षमातामहपक्षयोरपि तद्वत् ह्रीँ बीजेन चतुष्कोणे द्वे द्वे मण्डले कुर्यात् ॥ ३९ ॥

वारुणेत्यादि । ततः साधको जनो वारुणप्रोक्षितेषु वमिति बीजेनाभि-षिक्तेष्वेषु मण्डलेषु क्रमतः पात्राण्यासाद्य संस्थाप्य तेन वमिति बीजेन क्षालितेषु पात्रेषु सर्वैरुपकरणैः पानार्थपाथसा पानार्थेन जलेन च सहान्नानि क्रमेण दैवादि-क्रमतः परिवेशयेत् ॥ ४० ॥

ततो मधुयवान् दत्वा ह्रौं हूँ फडिति मन्त्रकैः ।
संप्रोक्ष्यान्नानि सर्वाणि विश्वान् देवांस्तथा पितॄन् ॥ ४१ ॥
मातॄर्मातामहान् मातामहीरुल्लिख्य तत्त्ववित् ।
निवेद्य देवीं गायत्रीं देवताभ्यस्त्रिधा पठेत् ॥ ४२ ॥
शेषान्नपिण्डयोः प्रश्नौ कुर्यादाद्ये ततः परम् ॥ ४३ ॥

तत इत्यादि । ततः परमन्नेषु मधुयवान् दत्त्वा ह्रौं हूँ फडिति मन्त्रकैः सर्वाण्यन्नानि संप्रोक्ष्याभिषिच्य तत्त्ववित् ज्ञनो विश्वान् देवान् तथा पितॄन् पित्रादीन् तथा मातॄर्मात्रादींस्तथा मातामहान्मातामहादीन् तथा मातामहीर्मातामह्यादीरप्युल्लिख्योच्चार्य विश्वदेवादिभ्यः सर्वाण्यन्नानि निवेद्य विश्वेदेवाः पानार्थोदकमधुयवसर्वोपकरणसहितमेतदन्नं वो नम इति वाक्येन विश्वेभ्यो देवेभ्योऽमुकगोत्रा नान्दीमुखाः पितृपितामहप्रपितामहा अमुकामुकामुकदेवशर्माणः पानार्थोदकमधुयवसर्वोपकरणान्वितमेतदन्नं वः स्वधेति वाक्येन पित्रादिभ्योऽमुकगोत्रा नान्दीमुख्यो मातृपितामहीप्रपितामह्योऽमुक्यमुक्यमुक्यो देव्यः पानार्थोदकमधुयवसर्वोपकरणान्वितमेतदन्नं वः स्वधेति वाक्येन मात्रादिभ्योऽमुकगोत्रा नान्दीमुखा मातामहप्रमातामहवृद्धप्रमातामहा अमुकामुकामुकदेवशर्माण एतत् पानार्थोदकमधुयवसर्वोपकरणान्वितमन्नं वः स्वधेति वाक्येन मात्रादिभ्योऽमुकगोत्रा नान्दीमुख्यो मातामहीप्रमातामहीवृद्धप्रमातामह्योऽमुक्यमुक्यमुक्यो देव्यः पानार्थोदकमधुयवसर्वोपकरणान्वितमेतदन्नं वः स्वधेति वाक्येन मातामह्यादिभ्योऽपि सोपकरणान्यन्नानि क्रमेण दत्त्वा गायत्रीं देवीं दशधा पठेत् । ततो देवताभ्य इत्याद्यं भवन्त्वितीत्यन्तं मन्त्रं त्रिधा पठेत् हे आद्ये ततः परं शेषान्नमस्ति क्व देयमिति पिण्डदानं करिष्ये इति च शेषान्नपिण्डयोः प्रश्नौ विप्रं प्रति कुर्यात् ॥ ४१–४३ ॥

दत्तशेषैरक्षताद्यैर्मालूरफलसन्निभान् ।
द्विजात् प्राप्तोत्तरः पिण्डान् रचयेद्द्वादश प्रिये ॥ ४४ ॥
अन्यं तु कल्पयेदेकं पिण्डं तत्सममम्बिके ।
आस्तरेन्नैर्ऋते दर्भान् मण्डले यवसंयुतान् ॥ ४५ ॥
ये मे कुले लुप्तपिण्डाः पुत्रदारविवर्जिताः ।
अग्निदग्धाश्च ये केऽपि व्यालव्याघ्रहताश्च ये ॥ ४६ ॥
ये बान्धवाबान्धवा वा येऽन्यजन्मनि बान्धवाः ।
मद्दत्तपिण्डतोयाभ्यां ते यान्तु तृप्तिमक्षयाम् ॥ ४७ ॥
दत्त्वा पिण्डमपिण्डेभ्यो मन्त्राभ्यां सुरवन्दिते ।
प्रक्षाल्य हस्तावाचान्तः सावित्रीं प्रजपंस्ततः ।
देवताभ्यस्त्रिधा जप्त्वा मण्डलानि प्रकल्पयेत् ॥ ४८ ॥

दत्तशेषैरित्यादि । ततः परं द्विजात् इष्टेभ्यो दीयतामिति ओँ कुरुष्वेति प्राप्तोत्तरः सन् दत्तशेषैर्दत्तेभ्योऽवशिष्टैरक्षताद्यैर्मालूरफलसन्निभान् विल्वफलतुल्यान् द्वादश पिण्डान् रचयेत् ॥ ४४ ॥

अन्यन्त्वित्यादि । ततस्तेभ्योऽन्यमपि तत्समं विल्वफलतुल्यमेकं पिण्डं कल्पयेत् । ततो नैर्ऋते कोणे कल्पिते चतुष्कोणमण्डले यवसंयुतान् दर्भान् कुशानास्तरेदाच्छादयेत् ॥ ४५ ॥

दत्त्वेत्यादि । हे सुरवन्दिते ये मे कुले इत्यादिभ्यां ते यान्तु तृप्तिमक्षयामित्यन्ताभ्यां द्वाभ्यां मन्त्राभ्यामपिण्डेभ्यः पिण्डहीनेभ्यो नैर्ऋतकोणे कल्पिते चतुष्कोणे मण्डले आच्छादितेषु दर्भेषु पूर्वरचितद्वादशपिण्डातिरिक्तं पश्चाद्रचितं त्रयोदशं पिण्डं दत्त्वा हस्तौ प्रक्षाल्य तत आचान्तः कृताचमनः सन् सावित्रीं गायत्रीं द्वादशधा प्रजपन् देवताभ्य इति मन्त्रं त्रिधा जप्त्वा मण्डलानि प्रकल्पयेत् ॥ ४६–४८ ॥

उच्छिष्टपात्रपुरतः पूर्वोक्तविधिना बुधः ।
द्वे द्वे च मण्डले देवि रचयेत् पितृतः क्रमात् ॥ ४९ ॥
पूर्वमन्त्रेण संप्रोक्ष्य कुशांस्तेष्वास्तरेत् कृती ।
अभ्युक्ष्य वायुना दर्भान् पितृदर्भक्रमात् शिवे ।
ऊर्द्ध्वे मूले च मध्ये च त्रींस्त्रीन् पिण्डान्निवेदयेत् ॥ ५० ॥
आमन्त्रणेन प्रत्येकं नामोच्चार्य महेश्वरि ।
स्वधया वितरेत् पिण्डं यवमाध्वीकसंयुतम् ॥ ५१ ॥

ननु केन विधिना कुत्र स्थाने कियन्ति वा मण्डलानि कल्पयितव्या-नीत्याकाङ्क्षायामाह उच्छिष्टेत्यादि । हे देवि बुधः प्राज्ञः श्राद्धकर्त्ता पूर्वोक्तेन विधिना पितृतः क्रमादुच्छिष्टपात्राणां पुरतो द्वे द्वे चतुष्कोणे मण्डले रचयेत् ॥ ४९ ॥

पूर्वमन्त्रेणेत्यादि । हे शिवे ततो वमिति बीजरूपेण पूर्वमन्त्रेण मण्डलानि सम्प्रोक्ष्याऽभिषिच्य कृती विचक्षणः श्राद्धकर्त्ता तेषु मण्डलेषु कुशानास्तरेत् । ततो वायुना यमिति बीजेन दर्भानभ्युक्ष्याऽभिषिच्य पितृदर्भक्रमात् दर्भाणां मूले मध्ये चोर्द्ध्वे च पित्रादिभ्यो मात्रादिभ्यो मातामहादिभ्यो मातामह्यादिभ्यश्च क्रमेणैव त्रींस्त्रीन् पिण्डान्निवेदयेत् दद्यात् ॥ ५० ॥

ननु केन केन वाक्येन पित्रादिभ्यः पिण्डा निवेदयितव्या इत्यपेक्षायामाह आमन्त्रणेनेत्यादि । हे महेश्वरि आमन्त्रणेन सम्बोधनविभक्त्या विशिष्टं पित्रादीनां प्रत्येकं नामोच्चार्य स्वधया यवमाध्वीकसंयुतं मधुयवाभ्यां संयुक्तं पिण्डं वितरेत् । अमुकगोत्र नान्दीमुख पितरमुकदेवशर्मन्नेष मधुयवयुतः पिण्डस्ते स्वधेति वाक्येन दर्भमूले पित्रे अमुकगोत्र नान्दीमुख पितामह अमुकदेवशर्मन्नेष मधुयवयुतः पिण्डस्ते स्वधेति वाक्येन दर्भमध्ये पितामहाय अमुकगोत्र नान्दीमुख प्रपितामह अमुकदेव-शर्मन्नेष मधुयवयुतः पिण्डस्ते स्वधेति वाक्येन दर्भोर्द्ध्वे भागे प्रपितामहायाऽमुक-

पिण्डान्ते पिण्डशेषञ्च विकीर्य लेपभाजिनः ।
प्रीणयेत् करलेपेन नैकोद्दिष्टेष्वयं विधिः ॥ ५२ ॥
देवतापितृतृप्त्यर्थं सावित्रीं दशधा जपेत् ।
देवताभ्यस्त्रिधा जप्त्वा पिण्डान् सम्पूजयेत्ततः ॥ ५३ ॥

गोत्रे नान्दीमुखि मातरमुकि देवि मधुयवयुत एष पिण्डस्ते स्वधेति वाक्येन दर्भमूले मात्रे अमुकगोत्रे नान्दीमुखि पितामह्यमुकि देवि मधुयवयुत एष पिण्डस्ते स्वधेति वाक्येन दर्भमध्ये पितामह्यै अमुकगोत्रे नान्दीमुखि प्रपितामह्यमुकि देवि मधुयवयुत एष पिण्डस्ते स्वधेति वाक्येन दर्भाग्रे प्रपितामह्यै अमुकगोत्र नान्दीमुख मातामहामुकदेवशर्मन्नेष मधुयवयुतः पिण्डस्ते स्वधेत्यनेन वाक्येन दर्भमूले मातामहाय अमुकगोत्र नान्दीमुख प्रमातामह अमुकदेवशर्मन्नेष मधुयवयुतः पिण्डस्ते स्वधेत्यनेन वाक्येन दर्भमध्ये प्रमातामहाय अमुकगोत्र नान्दीमुख वृद्धप्रमातामह अमुकदेवशर्मन्नेष मधुयवयुतः पिण्डस्ते स्वधेत्यनेन दर्भाग्रे वृद्धप्रमातामहाय अमुकगोत्रे नान्दीमुखि मातामह्यमुकि देवि मधुयवयुत एष पिण्डस्ते स्वधेत्यनेन दर्भमूले मातामह्यै अमकगोत्रे नान्दीमुखि प्रमातामह्यमुकि देवि मधुयवयुत एष पिण्डस्ते स्वधेत्यनेन दभमध्ये प्रमातामह्यै अमुकगोत्रे नान्दीमुखि वृद्धप्रमातामह्यमुकि देवि मधुयवयुत एष पिण्डस्ते स्वधेति वाक्येन दर्भाग्रे वृद्धप्रमातामह्यै च पिण्डं दद्यादित्यर्थः ॥५१॥

पिण्डान्ते इत्यादि । पिण्डान्ते पिण्डप्रदानान्ते पिण्डानभितः पिण्डशेषं विकीर्य विक्षिप्य ओँ लेपभुजः पितरः प्रीयन्तामिति वाक्येन करलेपेन हस्तलग्नेनान्नेन लेपभाजिनश्चतुर्थाद्यान् पितॄन् प्रीणयेत् । एकोद्दिष्टेष्वयं विधिर्लेपभाजिपितृप्रीणनविधिर्नास्ति ॥ ५२ ॥

देवतेत्यादि । ततो देवतापितृतृप्त्यर्थं सावित्रीं गायत्रीं दशधा जपेत् । ततो देवताभ्य इति मन्त्रं त्रिधा जप्त्वा ततो गन्धपुष्पाभ्यां पिण्डान् सम्पूजयेत् ॥ ५३ ॥

प्रज्वाल्य धूपं दीपं च निमील्य नयनद्वयम् ।
दिव्यदेहधरान् पितॄनश्नतः कव्यमध्वरे ।
विभाव्य प्रणमेद्धीमानिमं मन्त्रमुदीरयन् ॥ ५४ ॥
पिता मे परमो धर्मः पिता मे परमं तपः ।
स्वर्गः पिता मे तत्तृप्तौ तृप्तमस्त्यखिलं जगत् ॥ ५५ ॥
ततो निर्माल्यमादाय प्रार्थयेदाशिषः पितॄन् ॥ ५६ ॥
आशिषो मे प्रदीयन्तां पितरः करुणामयाः ।
वेदाः सन्ततयो नित्यं वर्द्धन्तां बान्धवा मम ॥ ५७ ॥
पातारो मे विवर्द्धन्तां बहून्यन्नानि सन्तु मे ।
याचितारः सदा सन्तु मा च याचामि कञ्चन ॥ ५८ ॥
दैवादितो द्विजान् पिण्डान् विसृजेत्तदनन्तरम् ।
तथैव दक्षिणां कुर्यात् पक्षेषु त्रिषु तत्त्ववित् ॥ ५९ ॥

प्रज्वाल्येत्यादि । ततो धूपं दीपं च प्रज्वाल्य नयनद्वयं निमील्य दिव्यदेहधरान् अध्वरे यज्ञे कव्यं पित्र्यमन्नं अश्नतः खादतः पितॄन् विभाव्य विचिन्त्येमं वक्ष्यमाणं मन्त्रमुदीरयन् कीर्त्तयन् धीमान् जनस्तान् प्रणमेत् ॥ ५४ ॥

तमेव मन्त्रमाह पिता मे इत्याद्यम् ॥ ५५ ॥

तत इत्यादि । ततः परं निर्माल्यं पुष्पाद्यादाय गृहीत्वा आशिषो मे प्रदीयन्तामित्याद्यं मा च याचामि कञ्चनेत्यन्तं मन्त्रद्वयमुदीरयन् कर्मसाधकः पितॄनाशिषः कामान् प्रार्थयेत् याचेत् ॥ ५६–५८ ॥

दैवादित इत्यादि । तदनन्तरं दैवादितो दैवपक्षादिक्रमतो ब्रह्मन् क्षमस्वेति पिण्ड गयां गच्छेति च वाक्यमुच्चरन् तत्त्ववित् साधको दर्भमयान् द्विजान् पिण्डांश्च विसृजेत् । तथैव दैवादिक्रमेणैव त्रिष्वपि पक्षेषु ओँ तत्सत्

गायत्रीं दशधा जप्त्वा देवताभ्योऽपि पञ्चधा ।
दृष्ट्वा वह्निं रविं विप्रमिदं पृच्छेत् कृताञ्जलिः ॥ ६० ॥
इदं श्राद्धं समुच्चार्य साङ्गं जातमुदीरयेत् ।
द्विजो वदेत् सम्यगेव साङ्गं जातं विधानतः ॥ ६१ ॥
अङ्गवैगुण्यशान्त्यर्थं प्रणवं दशधा जपन् ।
अच्छिद्राभिविधानेन कुर्यात् कर्मसमापनम् ।
पात्रीयान्नानि पिण्डांश्च ब्राह्मणाय निवेदयेत् ॥ ६२ ॥
विप्राभावे गवाजेभ्यः सलिले वा विनिःक्षिपेत् ।
वृद्धिश्राद्धमिदं प्रोक्तं नित्यसंस्कारकर्मणि ॥ ६३ ॥
श्राद्धे पर्वणि कर्त्तव्ये पार्वणत्वेन कीर्त्तयेत् ॥ ६४ ॥

अद्येत्यादि कृतैतदाभ्युदयिकश्राद्धप्रतिष्ठार्थं हिरण्यादिकममुकगोत्रायामुकदेवशर्मणे ब्राह्मणाय दक्षिणां दातुमहमुत्सृजे इति वाक्येन यथाशक्ति हिरण्यादिकं दक्षिणां कुर्यात् ॥ ५९ ॥

गायत्रीमित्यादि । ततो गायत्रीं दशधा जप्त्वा देवताभ्य इति मन्त्रमपि पञ्चधा जप्त्वा वह्निं रविं च दृष्ट्वा कृताञ्जलिः सन् विप्रमिदं पृच्छेत् ॥ ६० ॥

विप्रं प्रति किं पृच्छेदित्यपेक्षायामाह इदमित्यादि । इदं श्राद्धं समुच्चार्य साङ्गं जातमित्युदीरयेत् । योजनया इदं श्राद्धं साङ्गं जातमित्येव विप्रं पृच्छेत् । ततो विधानतः सम्यगेव साङ्गं जातमिति द्विजो वदेत् ॥ ६१ ॥

अच्छिद्राभिविधानेन कृतमेतच्छ्राद्धकर्माऽच्छिद्रमस्त्विति वाक्येन ॥ ६२ ॥ ६३ ॥

एवमाभ्युदयिकश्राद्धविधिमुक्त्वेदानीं सविशेषेण तेनैव विधिना पार्वणादिकमपि श्राद्धं विधातव्यमित्याह श्राद्धे इत्यादिभिः । पर्वण्यमावास्यादौ कर्त्तव्ये श्राद्धे कल्पनीयेष्वनुज्ञावाक्येषु पार्वणत्वेन श्राद्धं कीर्त्तयेदुच्चारयेत् ॥ ६४ ॥

देवतादिप्रतिष्ठासु तीर्थयात्राप्रवेशयोः ।
पार्वणेन विधानेन श्राद्धमेतदुदीरयेत् ॥ ६५ ॥
नैतेषु श्राद्धकृत्येषु पितॄन्नान्दीमुखान् वदेत् ।
नमोऽन्तपुष्ट्यायित्यत्र स्वधायै पदमुच्चरेत् ॥ ६६ ॥
पित्रादित्रयमध्ये तु यो जीवति वरानने ।
तस्योर्द्ध्वतनमुल्लिख्य श्राद्धं कुर्याद्विचक्षणः ॥ ६७ ॥
जनकादिषु जीवत्सु त्रिषु श्राद्धं विवर्ज्जयेत् ।
तेषु प्रीतेषु देवेशि श्राद्धयज्ञफलं लभेत् ॥ ६८ ॥
जीवत्पितरि कल्याणि नान्यश्राद्धाधिकारिता ।
मातुः श्राद्धं विना पत्न्यास्तथा नान्दीमुखं विना ॥ ६९ ॥
एकोद्दिष्टे तु कौलेशि विश्वदेवान्न पूजयेत् ।
एकमेव समुद्दिश्याऽनुज्ञावाक्यं प्रकल्पयेत् ॥ ७० ॥
दक्षिणाभिमुखो दद्यादन्नं पिण्डं च मानवः ।
यवस्थाने तिला देयाः सर्वमन्यच्च पूर्ववत् ॥ ७१ ॥

देवतादीत्यादि । देवतादिप्रतिष्ठासु तीर्थयात्राप्रवेशयोश्च कर्त्तव्ये श्राद्धे कल्पनीयेष्वनुज्ञावाक्येषु पार्वणेन विधानेनैतच्छ्राद्धमित्युदीरयेत् ॥ ६५ ॥

नैतेष्वित्यादि । एतेषु श्राद्धकृत्येषु पितॄन्नान्दीमुखान्न वदेत् किं च देवताभ्यः पितृभ्यश्चेति मन्त्रेण नमोऽन्ते पुष्ट्यै इत्यत्र स्वधायै इति पदमुच्चरेत् । अन्यत् सर्वं पूर्ववदेव विधेयम् ॥ ६६ ॥

ऊर्द्ध्वतनम् ऊर्द्ध्वभवम् ॥ ६७ ॥ ६८ ॥

जीवदित्यादि । हे कल्याणि पितरि जीवति सति पुत्रस्य मातुः पत्न्याश्च श्राद्धं विना तथा नान्दीमुखमाभ्युदयिकमपि श्राद्धं विना अन्यश्राद्धाधिकारिता नास्तीत्यन्वयः ॥ ६९ ॥

एकोद्दिष्टे श्राद्धे ॥ ७० ॥ ७१ ॥

प्रेतश्राद्धे विशेषोऽयं गङ्गाद्यर्चां विवर्जयेत् ।
मृतं समुल्लिखेत् प्रेतं वाक्ये दानेऽन्नपिण्डयोः ॥ ७२ ॥
एकमुद्दिश्य यत् श्राद्धमेकोद्दिष्टं तदुच्यते ।
प्रेतस्यान्ने च पिण्डे च मत्स्यं मांसं नियोजयेत् ॥ ७३ ॥
अशौचान्तात् द्वितीयेऽह्नि श्राद्धं यत् कुरुते नरः ।
प्रेतश्राद्धं विजानीहि तदेव कुलनायिके ॥ ७४ ॥
गर्भस्रावाज्जातमृतादन्यत्र मृतजातयोः ।
कुलाचारानुसारेण मानवोऽशौचमाचरेत् ॥ ७५ ॥
द्विजातीनां दशाहेन द्वादशाहेन पक्षतः ।
शूद्रसामान्ययोर्देवि मासेनाशौचकल्पना ॥ ७६ ॥

प्रेतश्राद्ध इत्यादि । प्रेतश्राद्धे गङ्गाद्यर्चां विवर्जयेत् न कुर्यात् । अनुज्ञावाक्येऽन्नपिण्डयोर्दाने च मृतं जनं प्रेतं समुल्लिखेदुच्चारयेत् । प्रेतश्राद्धेऽयं विशेषो विज्ञेयः ॥ ७२ ॥

ननु किन्नाम एकोद्दिष्टं श्राद्धं तत्राह एकमुद्दिश्येत्यादि । नियोजयेत् समर्पयेत् ॥ ७३ ॥

ननु प्रेतश्राद्धं किन्नाम तत्राह अशौचान्तादित्यादि । अशौचान्तात् अशौचस्यान्तो यत्रास्ति तदशौचान्तं तस्मात् ॥ ७४ ॥

अथ प्रसङ्गादशौचादिव्यवस्थामाह गर्भस्रावादित्यादिभिः । गर्भस्रावाद्गर्भपातात् जातमृतात् जातः सन्नेव मृतो जातमृतस्तस्माच्चान्यत्रान्ययोर्मृतजातयोः सतोर्मानवः स्वस्वकुलाचारानुसारेणाशौचमशुचिक्रियामाचरेत् कुर्यात् ॥ ७५ ॥

द्विजातीनामित्यादि । उपनीतसपिण्डमरणे शिशुजनने च द्विजातीनां ब्राह्मणक्षत्रियवैश्यानां क्रमतो दशाहेन द्वादशाहेन पक्षतः पक्षेणाशौचकल्पना विज्ञेया । शूद्रसामान्ययोस्तु मासेनाशौचकल्पना विज्ञेया । शूद्रसामान्यवर्णयोरुपनयनस्थाने विवाहो ज्ञेयः ॥ ७६ ॥

असपिण्डमृतज्ञातौ त्रिरात्राशौचमिष्यते ।
शृण्वतोऽपि गताशौचे सपिण्डस्य मृतिं शिवे ॥ ७७ ॥
अशुचिर्नाधिकारी स्याद्दैवे पित्र्ये च कर्मणि ।
ऋते कुलार्चनादाद्ये तथा प्रारब्धकर्मणः ॥ ७८ ॥
पञ्चवर्षाधिकान् मर्त्यान् दाहयेत् पितृकानने ।
भर्त्रा सह कुलेशानि न दहेत् कुलकामिनीम् ॥ ७९ ॥
तव स्वरूपा रमणी जगत्याच्छन्नविग्रहा ।
मोहाद्भर्त्तुश्चितारोहात् भवेन्नरकगामिनी ॥ ८० ॥
ब्रह्ममन्त्रोपासकांस्तु तेषामाज्ञानुसारतः ।
प्रवाहयेद्वा निखनेद्दाहयेद्वापि कालिके ॥ ८१ ॥
पुण्यक्षेत्रे च तीर्थे वा देव्याः पार्श्वे विशेषतः ।
कुलीनानां समीपे वा मरणं शस्तमम्बिके ॥ ८२ ॥
विभावयन् सत्यमेकं विस्मरन् जगतां त्रयम् ।
परित्यजति यः प्राणान् स स्वरूपे प्रतिष्ठति ॥ ८३ ॥

असपिण्डेत्यादि । असपिण्डमृतज्ञातौ सपिण्डभिन्ने गोत्रजे मृते सति त्रिरात्रमशौचमिष्यते । गताशौचेऽशौचे गते सति सपिण्डस्य मृतिं मरणं शृण्वतोऽपि जनस्य त्रिरात्राशौचमिष्यते ॥ ७७ ॥

अशुचिरित्यादि । हे आद्ये कुलार्चनात्तथा प्रारब्धकर्मणश्च ऋते कुलार्चन प्रारब्धकर्मभ्यामन्यस्मिन् दैवे पित्र्ये च कर्मण्यशुचिर्जनोऽधिकारी न स्यात् ॥ ७८ ॥

पितृकानने श्मशाने ॥ ७९–८२ ॥

विभावयन्निति । विभावयन् विचिन्तयन् । स्वरूपे परमात्मनि ॥८३॥

प्रेतभूमौ शवं नीत्वा स्नापयित्वा घृतोक्षितम् ।
उत्तराभिमुखं कृत्वा शाययेत्तं चितोपरि ॥ ८४ ॥
सम्बोधनान्तं तद्गोत्रं प्रेताख्यानं समुच्चरन् ।
दत्त्वा पिण्डं प्रेतमुखे दहेद्वह्निमनुं स्मरन् ॥ ८५ ॥
पिण्डन्तु रचयेत्तत्र सिद्धान्नैस्तण्डुलैश्च वा ।
यवगोधूमचूर्णैर्वा धात्रीफलसमं प्रिये ॥ ८६ ॥
स्थितेषु प्रेतपुत्रेषु ज्येष्ठे श्राद्धाधिकारिता ।
तदभावेऽन्यपुत्रादौ ज्येष्ठानुक्रमतो भवेत् ॥ ८७ ॥
अशौचान्तान्तदिवसे कृतस्नानो नरः शुचिः ।
मृतप्रेतत्वमुक्त्यर्थमुत्सृजेत्तिलकाञ्चनम् ॥ ८८ ॥

प्रेतभूमावित्यादि । प्रेतभूमौ शवं नीत्वा घृतोक्षितं घृताभ्यक्तं तं स्नापयित्वोत्तराभिमुखं कृत्वा चितोपरि तं शवं शाययेत् ॥ ८४ ॥

सम्बोधनान्तमित्यादि । सम्बोधनान्तं सम्बोधनविभक्त्यन्तं प्रेताख्यानं प्रेतनाम तद्गोत्रञ्च समुच्चरन् ओँ अद्यामुकगोत्र प्रेत पितरमुकदेवशर्मन्नेष पिण्डस्ते स्वधेति वाक्यमुदीरयन् प्रेतमुखे पिण्डं दत्त्वा वह्निमनुं रमिति मन्त्रं स्मरन् सन् शवं दहेत् ॥ ज्येष्ठे पुत्रे ॥ ८५–८७ ॥

अशौचान्तेत्यादि । अशौचान्तान्तदिवसे अशौचान्ताद्वासरात् परस्मिन् वासरे । कृतस्नानः शुचिश्च सन्नरः ओँ अद्येत्यादि अमुकगोत्रस्य प्रेतस्य पितुरमुकदेवशर्मणः प्रेतत्वविमुक्त्यर्थममुकगोत्रायामुकदेवशर्मणे ब्राह्मणाय दातुं काञ्चनसहितांस्तिलानहमुत्सृजे इति वाक्येन मृतप्रेतत्वविमुक्त्यर्थं तिलकाञ्चनमुत्सृजेत् ॥ ८८ ॥

गां भूमिं वसनं यानं पात्रं धातुविनिर्मितम् ।
भोज्यं बहुविधं दद्यात् प्रेतस्वर्गाय सत्सुतः ॥ ८९ ॥
गन्धं माल्यं फलं तोयं शय्यां प्रियकरीं तथा ।
यद् यत् प्रेतप्रियं द्रव्यं तत् स्वर्गाय समुत्सृजेत् ॥ ९० ॥
ततस्तु वृषभञ्चैकं त्रिशूलाङ्केन लाञ्छितम् ।
स्वर्णेनालङ्कृतं कृत्वा त्यजेत् तत्स्वरवासये ॥ ९१ ॥
प्रेतश्राद्धोक्तविधिना श्राद्धं कृत्वाऽतिभक्तितः ।
ब्रह्मज्ञान् ब्राह्मणान् कौलान् क्षुधितानपि भोजयेत् ॥ ९२ ॥
दानेष्वशक्तो मनुजः कुर्वन् श्राद्धं स्वशक्तितः ।
बुभुक्षितान् भोजयित्वा प्रेतत्वं मोचयेत् पितुः ॥ ९३ ॥
आद्यैकोद्दिष्टमेतत्तु प्रेतत्वान्मुक्तिकारणम् ।
वर्षे वर्षे मृततिथौ दद्यादन्नं गतासवे ॥ ९४ ॥
बहुभिर्विधिभिः किं वा कर्मभिर्बहुभिश्च किम् ।
सर्वसिद्धिमवाप्नोति मानवः कौलिकार्चनात् ॥ ९५ ॥
विना होमाज्जपात् श्राद्धात् संस्कारेषु च कर्मसु ।
सम्पूर्णकार्यसिद्धिः स्यादेकया कौलिकार्चया ॥ ९६ ॥

गामित्यादि । ओँ अद्यामुकगोत्रस्य प्रेतस्य पितुरमुकदेवशर्मणः स्वर्गार्थममुकगोत्रायामुकदेवशर्मणे ब्राह्मणाय गामिमामहं सम्प्रददे इति वाक्येन सत्सुतः प्रेतस्वर्गाय गां दद्यात् । इत्थमेव कल्पितेन तत्तद्वाक्येन भूम्यादिकमपि प्रेतस्वर्गाय दद्यात् ॥ ८९ ॥ ९० ॥

तत्स्वरवासये प्रेतस्वर्गावाप्तये ॥ ९१ ॥ ९२ ॥

बुभुक्षितान् क्षुधितान् ॥ ९३ ॥

आद्येत्यादि । एतदाद्यमेकोद्दिष्टं तु मृतस्य प्रेतत्वान्मुक्तेः कारणं भवति । अतःपरं वर्षे वर्षे मृततिथौ करिष्यमाणे एकोद्दिष्टश्राद्धे मृतं प्रेतं नोच्चारयेदित्यवगन्तव्यम् । गतासवे विगतप्राणाय ॥ ९४–९६ ॥

शुक्लां चतुर्थीमारभ्य शुभकर्माणि साधयेत् ।
असितां पञ्चमीं यावत् विधिरेष शिवोदितः ॥ ९७ ॥
अन्यत्रापि विरुद्धेऽह्नि गुर्वर्त्त्विक्कौलिकाज्ञया ।
कर्माण्यपरिहार्याणि कर्मार्थी कर्तुमर्हति ॥ ९८ ॥
गृहारम्भः प्रवेशश्च यात्रा रत्नादिधारणम् ।
सम्पूज्याऽऽद्यां पञ्चतत्त्वैः कुर्यादेतानि कौलिकः ॥ ९९ ॥
संक्षेपयात्रामथवा कुर्यात् साधकसत्तमः ।
ध्यायन् देवीं स्मरन्मन्त्रं नत्वा गच्छेद् यथामति ॥ १०० ॥
सर्वासु देवतार्चासु शारदीयोत्सवादिषु ।
तत्तत्कल्पोक्तविधिना ध्यानपूजां समाचरेत् ॥ १०१ ॥
आद्यापूजोक्तविधिना बलिहोमं प्रयोजयेत् ।
कौलार्चनं दक्षिणाञ्च कृत्वा कर्म समापयेत् ॥ १०२ ॥
गङ्गां विष्णुं शिवं सूर्यं ब्रह्माणं परिपूज्य च ।
उद्देश्यमर्चयेद्देवं सामान्यो विधिरीरितः ॥ १०३ ॥
कौलिकः परमो धर्मः कौलिकः परदेवता ।
कौलिकः परमं तीर्थं तस्मात् कौलं सदार्चयेत् ॥ १०४ ॥
सार्द्धत्रिकोटितीर्थानि ब्रह्माद्याः सर्वदेवताः ।
वसन्ति कौलिके देहे किन्न स्यात् कौलिकार्चनात् ॥ १०५ ॥
पूर्णाभिषिक्तः सत्कौलो यस्मिन् देशे विराजते ।
धन्यो मान्यः पुण्यतमः स देशः प्रार्थ्यते सुरैः ॥ १०६ ॥
कृतपूर्णाभिषेकस्य साधकस्य शिवात्मनः ।
पुण्यपापविहीनस्य प्रभावं वेत्ति को भुवि ॥ १०७ ॥

शुक्लामित्यादि । असितां कृष्णाम् । यावदित्यवधौ ॥ ९७–१०८ ॥

केवलं नररूपेण तारयन्नखिलं जगत् ।
शिक्षयन् लोकयात्राञ्च कौलो विहरति क्षितौ ॥ १०८ ॥

श्रीदेव्युवाच ।

पूर्णाभिषिक्तकौलस्य माहात्म्यं कथितं प्रभो ।
विधानमभिषेकस्य कृपया श्रावयस्व माम् ॥ १०९ ॥

श्रीसदाशिव उवाच ।

विधानमेतत् परमं गुप्तमासीद् युगत्रये ।
गुप्तभावेन कुर्वन्तो नरा मोक्षं ययुः पुरा ॥ ११० ॥
प्रबले कलिकाले तु प्रकाशो कुलवर्त्मनः ।
नक्तं वा दिवसे कुर्यात् सप्रकाशाभिषेचनम् ॥ १११ ॥
नाऽभिषेकं विना कौलः केवलं मद्यसेवनात् ।
पूर्णाभिषेकात् कौलः स्यात् चक्राधीशः कुलार्चकः ॥११२॥
तत्राभिषेकपूर्वेऽह्नि सर्वविघ्नोपशान्तये ।
यथाशक्त्युपचारेण विघ्नेशं पूजयेद्गुरुः ॥ ११३ ॥

पूर्णाभिषेकविधिं श्रोतुमिच्छन्ती श्रीदेव्युवाच । पूर्णाभिषिक्तकौलस्ये-त्यादि ॥ १०९ ॥

एवं प्रार्थितः सन् श्रीसदाशिव उवाच । विधानमित्यादि ॥ ११० ॥

नक्तं रात्रौ ॥ १११ ॥ ११२ ॥

अथ पूर्णाभिषेकस्य विधानमाह तत्रेत्यादिभिः । विघ्नेशम् गण-पतिम् ॥ ११३ ॥

गुरुश्चेन्नाधिकारी स्यात् शुभपूर्णाभिषेचने ।
तदाऽभिषिक्तकौलेन संस्कारं साधयेत् प्रिये ॥ ११४ ॥
खान्तार्णं बिन्दुसंयुक्तं बीजमस्य प्रकीर्त्तितम् ॥ ११५ ॥
गणकोऽस्य ऋषिश्छन्दो निवृत् विघ्नस्तु देवता ।
कर्त्तव्यकर्मणो विघ्नशान्त्यर्थे विनियोगिता ॥ ११६ ॥
षड्दीर्घयुक्तमूलेन षड़ङ्गानि समाचरेत् ।
प्राणायामं ततः कृत्वा ध्यायेद् गणपतिं शिवे ॥ ११७ ॥

गुरुरित्यादि । चेत् यद्यनभिषिक्तत्वात् शुभपूर्णाभिषेचने गुरुरधिकारी न स्यात्तदाभिषिक्तकौलेन पूर्णाभिषेचनं संस्कारं नरः साधयेत् ॥ ११४ ॥

अथ गणपतिपूजाया विधानमेवाह खान्तार्णमित्यादिभिः । बिन्दुसंयुक्त-मनुस्वारसहितं खान्तार्णं खस्यान्तिमं गकाररूपमक्षरम् अस्य विघ्नेशस्य बीजं प्रकीर्त्तितम् ॥ ११५ ॥

अथ ऋषिन्यासं विधातुं गणपतिबीजमन्त्रस्य ऋष्यादिकमाह गणक इत्यादिना । अस्य गणपतिबीजमन्त्रस्य गणक ऋषिनिवृच्छन्दो विघ्नो देवता कर्त्तव्यस्य शुभपूर्णाभिषेककर्मणो विघ्नशान्त्यर्थे विनियोगः । शिरसि गणकाय ऋषये नमः । मुखे निवृच्छन्दसे नमः । हृदये विघ्नाय देवतायै नमः । इति ऋषिन्यासं विदध्यात् ॥ ११६ ॥

षड़ित्यादि । ततः षड्दीर्घयुक्तेन मूलेन गणपतिबीजेनाङ्गुष्ठादीनि हृदयादीनि च षड़ङ्गानि प्रति न्यासं समाचरेत् । गां अङ्गुष्ठाभ्यां नमः । गीं तर्जनीभ्यां स्वाहा । गूं मध्यमाभ्यां वषट् । गैं अनामिकाभ्यां हुँ । गौं कनिष्ठाभ्यां वौषट् । गः करतलपृष्ठाभ्यां फट् । इत्यङ्गुष्ठादिषड़ङ्गन्यासम् । गां हृदयाय नमः । गीं शिरसे स्वाहा । गूं शिखायै वषट् । गौं कवचाय हुँ । गौं नेत्रत्रयाय वौषट् । गः करतलपृष्ठाभ्यां फट् । इति हृदयादिषड़ङ्गन्यासं च विदध्यादित्यर्थः । ततो गमिति मन्त्रेण प्राणायामं कृत्वा गणपतिं ध्यायेत् ॥ ११७ ॥

सिन्दूराभं त्रिनेत्रं पृथुतरजठरं हस्तपद्मैर्दधानं
खड्गं पाशाङ्कुशेष्टान्युरुकरविलसद्वारुणीपूर्णकुम्भम् ।
बालेन्दुदीप्तमौलिं करिपतिवदनं बीजपूरार्द्रगण्डं
भोगीन्द्राबद्धभूषं भजत गणपतिं रक्तवस्त्राङ्गरागम् ॥ ११८॥
ध्यात्वैवं मानसैरिष्ट्वा पीठशक्तीः प्रपूजयेत् ।
तीव्रा च ज्वालिनी नन्दा भोगदा कामरूपिणी ॥ ११९ ॥
उग्रा तेजस्वती सत्या मध्ये विघ्नविनाशिनी ।
पूर्वादितोऽर्चयित्वैताः पूजयेत् कमलासनम् ॥ १२० ॥

गणपतिध्यानमेवाहैकेन सिन्दूराभमित्यादि । हे भक्ता गणपतिं गणेशानं यूयं भजतेत्यन्वयः । कथम्भूतं गणपतिम् सिन्दूराभम् सिन्दूरेणाभा दीप्तिर्यस्य यस्मिन् वा तथाभूतम् । पुनः कीदृशम् त्रिनेत्रम् त्रिलोचनम् । पुनः कीदृशम् पृथुतरजठरम् अतिविशालकुक्षिम् । पुनः कीदृशम् हस्तपद्मैः पाणिकमलैः खड्गं पाशाङ्कुशेष्टानि पाशमङ्कुशं वरं च दधानं दधतम् । पुनः कीदृशम् उरुकरविलसद्वारुणीपूर्णकुम्भम् उरौ विशाले करे शुण्डायां विलसन् भासमानो वारुण्या मदिरया पूर्णः कुम्भो यस्य तथाभूतम् । पुनः कीदृशम् बालेन्दुदीप्तमौलिम् बालेन्दुनोद्दीप्तो मौलिः किरीटं यस्य तथाभूतम् । पुनः कीदृशम् करिपतिवदनम् करिपतेर्गजराजस्येव वदनं मुखं यस्य तथाभूतम् । पुनः कीदृशम् बीजपूरार्द्र-गण्डम् बीजपूरेण मदप्रवाहेणार्द्रौ गण्डौ कपोलौ यस्य तथाभूतम् । पुनः कीदृशम् भोगीन्द्राबद्धभूषम् भोगीन्द्रेण सर्पराजेन बद्धा भूषा यस्य येन वा तथाभूतम् । पुनः कीदृशम् रक्तवस्त्राङ्गरागम् रक्तवस्त्रेणाङ्गे रागो रक्तत्वं यस्य तथाभूतम् ॥ ११८ ॥

ध्यात्वैवमित्यादि । एवं गणपतिं ध्यात्वा मानसैरुपचारैरिष्ट्वा पूजयित्वा च प्रणवादिनमोऽन्तेन नाममन्त्रेण गन्धपुष्पादिभिः पीठशक्तीः प्रपूजयेत् । याः

पुनर्ध्यात्वा गणेशानं पञ्चतत्त्वोपचारकैः ।
अभ्यर्च्य तच्चतुर्दिक्षु गणेशं गणनायकम् ॥ १२१ ॥
गणनाथं गणक्रीड़ं यजेत् कौलिकसत्तमः ।
एकदन्तं रक्ततुण्डं लम्बोदरगजाननौ ॥ १२२ ॥
महोदरञ्च विकटं धूम्राभं विघ्ननाशनम् ॥ १२३ ॥
ततो ब्राह्मीमुखाः शक्तीर्दिक्पालांश्च प्रपूजयन् ।
तेषामस्त्राणि सम्पूज्य विघ्नराजं विसर्ज्जयेत् ॥ १२४ ॥
एवं सम्पूज्य विघ्नेशमधिवासनमाचरेत् ।
भोजयेच्च पञ्चतत्त्वैर्ब्रह्मज्ञान् कुलसाधकान् ॥ १२५ ॥

पीठशक्तीः प्रपूजयेत्ता आह तीव्रा चेत्यादिनैकेन । पूर्वादितः क्रमेणैतास्तीव्राद्या अर्चयित्वा प्रणवादिनमोऽन्तेन नाममन्त्रेण गन्धपुष्पादिभिः कमलासनं पूजयेत् ॥ ११९ ॥ १२० ॥

पुनरित्यादि । कौलिकसत्तमः पुनर्गणेशानं ध्यात्वा पञ्चतत्त्वोपचारकैः पूर्वोक्तमन्त्रशोधितैर्मद्यादिभिः पञ्चतत्त्वैरन्यैश्च पाद्यार्घ्याचमनीयादिभिरुपचारैरभ्यर्च्य च तच्चतुर्दिक्षु नमोऽन्तनाममन्त्रेण गन्धपुष्पादिभिर्गणेशादीन् क्रमतो यजेत् ॥ १२१–१२३ ॥

तत इत्यादि । ततः परं प्रणवादिनमोऽन्तनाममन्त्रेण गन्धपुष्पादिभिर्ब्राह्मीमुखा ब्राह्मीप्रभृतीरष्टशक्तीरिन्द्रादीन् दिक्पालांश्च प्रपूजयन् तेषां दिक्पालानामस्त्राणि चं सम्पूज्य विघ्नराज क्षमस्वेति वाक्येन विघ्नराजं विसर्जयेत् ॥१२४॥

एवमित्यादि । एवं विघ्नेशं सम्पूज्य वक्ष्यमाणेन विधिना अधिवासनमाचरेत् कुर्यात् ॥ १२५ ॥

ततः परदिने स्नातः कृतनित्योदितक्रियः ।
आजन्मकृतपापानां क्षयार्थं तिलकाञ्चनम् ।
उत्सृजेत् कौलतृप्त्यर्थं भोज्यञ्चैकमपि प्रिये ॥ १२६ ॥
अर्घ्यं दत्त्वा दिनेशाय ब्रह्मविष्णुशिवग्रहान् ।
अर्चयित्वा मातृगणान् वसुधारां प्रकल्पयेत् ॥ १२७ ॥
कर्मणोऽभ्युदयार्थाय वृद्धिश्राद्धं समाचरेत् ।
ततो गत्वा गुरोः पार्श्वं प्रणम्य प्रार्थयेदिदम् ॥ १२८ ॥
त्राहि नाथ कुलाचारनलिनीकुलवल्लभ ।
त्वत्पादाम्भोरुहच्छायां देहि मूर्द्ध्नि कृपानिधे ॥ १२९ ॥
आज्ञां देहि महाभाग शुभपूर्णाभिषेचने ।
निर्विघ्नं कर्मणः सिद्धिमुपैमि त्वत्प्रसादतः ॥ १३० ॥
शिवशक्त्याज्ञया वत्स कुरु पूर्णाभिषेचनम् ।
मनोरथमयी सिद्धिर्जायतां शिवशासनात् ॥ १३१ ॥
इत्थमाज्ञां गुरोः प्राप्य सर्वोपद्रवशान्तये ।
आयुर्लक्ष्मीबलारोग्यावाप्त्यै सङ्कल्पमाचरेत् ॥ १३२ ॥

तत इत्यादि । ततो दिनात् परदिने स्नातः कृतनित्योदितक्रियश्च सन् ओँ अद्यामुकगोत्रः श्रीमदमुकदेवशर्मा आजन्मकृताशेषदुष्कृतक्षयकामोऽमुक-गोत्रायामुकदेवशर्मणे ब्राह्मणाय दातुं काञ्चनसहितांस्तिलानहमुत्सृजे इति वाक्येनाजन्मकृतपापानां क्षयार्थं तिलकाञ्चनमुत्सृजेत् । तथैव कल्पितेन वाक्येन कौलतृप्त्यर्थमेकं भोज्यमप्युत्सृजेत् ॥ १२६–१२८ ॥

यत् प्रार्थयेत्तदाह त्राहि नाथेत्यादिभ्यां द्वाभ्याम् ॥ १२९–१३१ ॥

इत्थमित्यादि । इत्थं गुरोराज्ञां प्राप्य सर्वोपद्रवशान्तये आयुर्लक्ष्मी-बलारोग्यप्राप्त्यै च ओँ अद्यामुकगोत्रः श्रीमदमुकदेवशर्मा निःशेषोपद्रवध्वंसकाम

ततस्तु कृतसङ्कल्पो वस्त्रालङ्कारभूषणैः ।
कारणैः शुद्धिसहितैरभ्यर्च्य वृणुयाद् गुरुम् ॥ १३३ ॥
गुरुर्मनोहरे गेहे गैरिकादिविचित्रिते ।
चित्रध्वजपताकाभिः फलपल्लवशोभिते ॥ १३४ ॥
किङ्किणीजालमालाभिश्चन्द्रातपविभूषिते ।
घृतप्रदीपावलिभिस्तमोलेशविवर्जिते ॥ १३५ ॥
कर्पूरसहितैर्धूपैर्यक्षधूपैः सुवासिते ।
व्यजनैश्चामरैर्बर्हैर्दर्पणाद्यैरलङ्कृते ॥ १३६ ॥
सार्धहस्तमितां वेदीमुच्चकैश्चतुरङ्गुलाम् ।
रचयेन्मृण्मयीं तत्र चूर्णैरक्षतसम्भवैः ॥ १३७ ॥

आयुर्लक्ष्मीवलारोग्यकामश्च शुभपूर्णाभिषेचनमहं करिष्ये इति सङ्कल्पमाचरेत् कुर्यात् ॥ २३२ ॥

ततस्त्वित्यादि । ततस्तु कृतसङ्कल्पः शिष्यो वस्त्रालङ्कारभूषणैः शुद्धिसहितैर्मांसादिसहितैः कारणैर्मद्यैश्च गुरुमभ्यर्च्य ओँ अद्यामुकगोत्रः श्री अमुकदेवशर्मा अमुकगोत्रं श्रीमन्तममुकानन्दनाथं गुरुत्वेन भवन्तं वस्त्रादिभिरहं वृणे इति वाक्येन गुरुं वस्त्रादिभिर्वृणुयात् ॥ १३३ ॥

गुरुरित्यादि । ततो गुरुर्गेहे गृहे सार्धहस्तमितामुच्चकैरुच्चत्वे चतुरङ्गुलां चतुरङ्गुलिपरिमितां मृण्मयीं वेदीं रचयेत् कल्पयेत् इति चतुर्थश्लोकगतैः पदैरन्वयः । मनोहरेः इत्यादीनि सप्तम्यन्तानि पदानि गेहस्य विशेषणानि भवन्तीति ज्ञेयम् । चित्रध्वजपताकाभिश्च शोभिते ॥ १३४ ॥

किङ्किणीजालमालाभिः क्षुद्रघण्टिकासमूहमालाभिश्च भूषिते यक्षधूपैः शालवृक्षरसैः । बर्हैः मयूरपक्षैः ॥ १३५ ॥ १३६ ॥

पीतरक्तासितश्वेतश्यामलैः सुमनोहरम् ।
मण्डलं सर्वतोभद्रं विदध्यात् श्रीगुरुस्ततः ॥ १३८ ॥
स्वस्वकल्पोक्तविधिना मानसार्चावधिक्रियाम् ।
कृत्वा पूर्वोक्तमन्त्रेण पञ्चतत्त्वानि शोधयेत् ॥ १३९ ॥
संशोध्य पञ्चतत्त्वानि पुरःकल्पितमण्डले ।
स्वार्णं वा राजतं ताम्रं मृण्मयं घटमेव वा ॥ १४० ॥
क्षालितश्चाऽस्त्रबीजेन दध्यक्षतविचर्च्चितम् ।
स्थापयेद्ब्रह्मबीजेन सिन्दूरेणाऽङ्कयेत् श्रिया ॥ १४१ ॥
क्षकाराद्यैरकारान्तैर्वर्णैर्बिन्दुविभूषितैः ।
मूलमन्त्रत्रिजापेन पूरयेत् कारणेन तम् ॥ १४२ ॥
अथवा तीर्थतोयेन शुद्धेन पाथसाऽपि वा ।
नवरत्नं सुवर्णं वा घटमध्ये विनिःक्षिपेत् ॥ १४३ ॥

ततः परं श्रीगुरुस्तत्र रचितायां वेद्यां पीतरक्ता-सितश्वेतश्यामलैरक्षतसम्भवैश्चूर्णैः सुमनोहरं सर्वतोभद्रं मण्डलं विदध्यात् कुर्यात् । असितैर्नीलवर्णैः । श्यामलैर्हरिद्वर्णैः ॥ १३७ ॥ १३८ ॥

स्वस्वेत्यादि । ततः स्वस्वकल्पोक्तविधिना मानसार्चावधिक्रियां मानसपूजापर्यन्तां क्रियां कृत्वा पूर्वोक्तमन्त्रेण मद्यादीनि पञ्चतत्त्वानि शोधयेत् ॥ १३९॥

संशोध्येत्यादि । पूर्वोक्तेन मन्त्रेण पञ्चतत्त्वानि संशोध्य पुरःकल्पिते सर्वतोभद्रमण्डलेऽस्त्रबीजेन फटा मन्त्रेण क्षालितं धौतं दध्यक्षतविचर्चितं दध्यक्षतैर्विलिप्तं स्वार्णं सुवर्णभवं राजतं रजतोद्भवं ताम्रोद्भवं मृण्मयमेव वा घटं ब्रह्मबीजेन प्रणवेन स्थापयेत् । श्रिया श्रीँ बीजेन सिन्दूरेणाऽङ्कयेच्च ॥ १४० ॥ १४१ ॥

क्षकाराद्यैरित्यादि । ततो बिन्दुविभूषितैरनुस्वारालङ्कृतैः क्षकाराद्यैरकारान्तैर्वर्णैः सह मूलमन्त्रस्य त्रिजापेन कारणेन मद्येनाऽथवा तीर्थतोयेन शुद्धेन

पनसोडुम्बराश्वत्थवकुलाम्रसमुद्भवम् ।
पल्लवं तन्मुखे दद्यात् वाग्भवेन कृपानिधिः ॥ १४४ ॥
शरावं मार्त्तिकं वापि फलाक्षतसमन्वितम् ।
रामां मायां समुच्चार्य स्थापयेत् पल्लवोपरि ॥ १४५ ॥
बध्नीयाद्वस्त्रयुग्मेन ग्रीवां तस्य वरानने ।
शक्तौ रक्तं शिवे विष्णौ श्वेतवासः प्रकीर्त्तितम् ॥ १४६ ॥
स्थां स्थीं मायां रमां स्मृत्वा स्थिरीकृत्य घटान्तरे ।
निःक्षिप्य पञ्चतत्त्वानि नवपात्राणि विन्यसेत् ॥ १४७ ॥
राजतं शक्तिपात्रं स्यात् गुरुपात्रं हिरण्मयम् ।
श्रीपात्रन्तु महाशङ्खं ताम्राण्यन्यानि कल्पयेत् ॥ १४८ ॥

पवित्रेणाऽन्येन पाथसा जलेनापि वा तं घटं पूरयेत्। ततो घटमध्ये नवरत्नं सुवर्णं वा विनिःक्षिपेत् ॥ १४२ ॥ १४३ ॥

तन्मुखे घटमुखे। वाग्भवेन ऐमिति मन्त्रेण ॥ १४४ ॥

शरावमित्यादि । ततः फलाक्षतसमन्वितं सुवर्णादिभवं मार्त्तिकं मृत्तिकोद्भवं वापि शरावं रमां श्रीमिति मायां ह्रीमिति च बीजं समुच्चार्य पल्लवोपरि स्थापयेत् ॥ १४५ ॥

तस्य घटस्य। ननु किं वर्णेन वस्त्रयुग्मेन घटस्य ग्रीवां बध्नीयादित्यपेक्षायामाह शक्तौ रक्तमित्यादि ॥ १४६ ॥

स्थां स्थीमित्यादि। ततः स्थां स्थीं मायां रमां स्मृत्वा स्थां स्थीं ह्रीँ श्रीँ स्थिरीभवेति मन्त्रं पठित्वा स्थिरीकृतघटान्तरे पञ्चतत्त्वानि निःक्षिप्य पूर्वोक्तविधिना नवपात्राणि विन्यसेत् स्थापयेत् ॥ १४७ ॥

ननु किं द्रव्योद्भवानि नवपात्राणि विन्यसेत्तत्राह राजतमित्यादि । महाशङ्खं नरकपालम् ॥ १४८ ॥ १४९ ॥

पाषाणदारुलौहानां पात्राणि परिवर्जयेत् ।
शक्त्या प्रकल्पयेत् पात्रं महादेव्याः प्रपूजने ॥ १४९ ॥
पात्राणां स्थापनं कृत्वा गुरून् देवीं प्रतर्पयेत् ।
ततस्त्वमृतसम्पूर्णघटमभ्यर्चयेत् सुधीः ॥ १५० ॥
दर्शयित्वा धूपदीपौ सर्वभूतबलिं हरेत् ।
पीठदेवान् पूजयित्वा षडङ्गन्यासमाचरेत् ॥ १५१ ॥
प्राणायामं ततः कृत्वा ध्यात्वाऽऽवाह्य महेश्वरीम् ।
स्वशक्त्या पूजयेदिष्टां वित्तशाठ्यं विवर्जयेत् ॥ १५२ ॥
होमान्तकृत्यं निष्पाद्य कुमारीशक्तिसाधकान् ।
पुष्पचन्दनवासोभिरर्चयेत् सद्गुरुः शिवे ॥ १५३ ॥
अनुगृह्णन्तु कौला मे शिष्यं प्रति कुलव्रताः ।
पूर्णाभिषेकसंस्कारे भवद्भिरनुमन्यताम् ॥ १५४ ॥
एवं पृच्छति चक्रेशे तं ब्रूयुर्गुरुमादरात् ।
महामायाप्रसादेन प्रभावात् परमात्मनः ।
शिष्यो भवतु पूर्णस्ते परतत्त्वपरायणः ॥ १५५ ॥

गुरून् देवीमिति आनन्दभैरवादीनामप्युपलक्षणम् । प्रतर्पयेत् पूर्वोक्तेन तत्तन्मन्त्रेण ॥ १५० ॥

दर्शयित्वेत्यादि । ततो घटं प्रति धूपदीपौ दर्शयित्वा पूर्वोक्तमन्त्रेण सर्वभूतबलिं हरेत् दद्यात् ॥ १५१ ॥ १५२ ॥

होमान्तकृत्यं होमपर्यन्तं कर्त्तव्यं कर्म निष्पाद्य साधयित्वा ॥ १५३ ॥ ॥ १५४ ॥

परतत्त्वपरायणः परंब्रह्मतत्परः ॥ १५५ ॥

शिष्येण च गुरुर्देवीमर्चयित्वाऽर्चिते घटे ।
कामं मायां रमां जप्त्वा चालयेद्विमलं घटम् ॥ १५६ ॥
उत्तिष्ठ ब्रह्मकलश देवतात्मक सिद्धिद ।
त्वत्तोयपल्लवैः सिक्तः शिष्यो ब्रह्मरतोऽस्तु मे ॥ १५७ ॥
इत्थं सञ्चाल्य कलशमुत्तराभिमुखं गुरुः ।
मन्त्रैरेतैर्वक्ष्यमाणैरभिषिञ्चेत् कृपान्वितः ॥ १५८ ॥
शुभपूर्णाभिषेकस्य सदाशिव ऋषिः स्मृतः ।
छन्दोऽनुष्टुब्देवताऽऽद्या प्रणवं बीजमीरितम् ।
शुभपूर्णाभिषेकार्थे विनियोगः प्रकीर्त्तितः ॥ १५९ ॥

शिष्येणेत्यादि । ततो गुरुः शिष्येण देवीमर्चयित्वाऽर्चिते पूजिते घटे कामं मायां रमां क्लीँ ह्रीँ श्रीमिति मन्त्रं जप्त्वा वक्ष्यमाणमन्त्रेण विमलं घटं चालयेत् ॥ १५६ ॥

घटचालनमन्त्रमेवाह उत्तिष्ठेत्याद्यम् ॥ १५७ ॥

इत्थमित्यादि । इत्थं कलशं घटं सञ्चाल्य कृपान्वितो गुरुरुत्तराभिमुखं शिष्यं वक्ष्यमाणैरेतैर्मन्त्रैरभिषिञ्चेत् ॥ १५८ ॥

अथ शुभपूर्णाभिषेकमन्त्राणामृष्यादिकमाह शुभपूर्णाभिषेकस्येत्यादिना सार्धेन । एषां शुभपूर्णाभिषेकमन्त्राणां सदाशिव ऋषिरनुष्टुप्छन्दः आद्या काली देवता प्रणवो बीजं शुभपूर्णाभिषेकार्थे विनियोगः । शिरसि सदाशिवाय ऋषये नमः । मुखेऽनुष्टुप्छन्दसे नमः । हृदये आद्यायै कालिकायै देवतायै नमः । गुह्ये प्रणवाय बीजाय नमः । शुभपूर्णाभिषेकार्थे विनियोगः इति ऋषिन्यासो विधातव्यः ॥ १५९ ॥

गुरवस्त्वाऽभिषिञ्चन्तु ब्रह्मविष्णुमहेश्वराः ।
दुर्गालक्ष्मीभवान्यस्त्वामभिषिञ्चन्तु मातरः ॥ १६० ॥
षोड़शी तारिणी नित्या स्वाहा महिषमर्दिनी ।
एतास्त्वामभिषिञ्चन्तु मन्त्रपूतेन वारिणा ॥ १६१ ॥
जयदुर्गा विशालाक्षी ब्रह्माणी च सरस्वती ।
एतास्त्वामभिषिञ्चन्तु वगला वरदा शिवा ॥ १६२ ॥
नारसिंही च वाराही वैष्णवी वनमालिनी ।
इन्द्राणी वारुणी रौद्री त्वाऽभिषिञ्चन्तु शक्तयः ॥ १६३ ॥
भैरवी भद्रकाली च तुष्टिः पुष्टिरुमा क्षमा ।
श्रद्धा कान्तिर्दया शान्तिरभिषिञ्चन्तु ते सदा ॥ १६४ ॥
महाकाली महालक्ष्मीर्महानीलसरस्वती ।
उग्रचण्डा प्रचण्डा त्वामभिषिञ्चन्तु सर्वदा ॥ १६५ ॥
मत्स्यः कूर्मो वराहश्च नृसिंहो वामनस्तथा ।
रामो भार्गवरामस्त्वामभिषिञ्चन्तु वारिणा ॥ १६६ ॥
असिताङ्गो रुरुश्चण्डः क्रोधोन्मत्तो भयङ्करः ।
कपाली भीषणश्च त्वामभिषिञ्चन्तु वारिणा ॥ १६७ ॥
काली कपालिनी कुल्ला कुरुकुल्ला विरोधिनी ।
विप्रचित्ता महोग्रा त्वामभिषिञ्चन्तु सर्वदा ॥ १६८ ॥

अथ गुरवस्त्वाभिषिञ्चन्त्वित्यादीनभिषेकमन्त्रानेवाह त्वा त्वाम् ॥ १६०–१६२ ॥

त्वा त्वाम् ॥ १६३ ॥

ते इति कर्मणः शेषत्वेन विवक्षितत्वात् षष्ठी ॥ १६४–१६९ ॥

इन्द्रोऽग्निः शमनो रक्षो वरुणः पवनस्तथा ।
धनदश्च महेशानः सिञ्चन्तु त्वां दिगीश्वराः ॥ १६९ ॥
रविः सोमो मङ्गलश्च बुधो जीवः सितः शनिः ।
राहुः केतुः सनक्षत्रा अभिषिञ्चन्तु ते ग्रहाः ॥ १७० ॥
नक्षत्रं करणं योगो वाराः पक्षौ दिनानि च ।
ऋतुर्मासो हायनस्त्वामभिषिञ्चन्तु सर्वदा ॥ १७१ ॥
लवणेक्षुसुरासर्पिर्दधिदुग्धजलान्तकाः ।
समुद्रास्त्वाऽभिषिञ्चन्तु मन्त्रपूतेन वारिणा ॥ १७२ ॥
गङ्गा सूर्यसुता रेवा चन्द्रभागा सरस्वती ।
सरयुर्गण्डकी कुन्ती श्वेतगङ्गा च कौशिकी ।
एतास्त्वामभिषिञ्चन्तु मन्त्रपूतेन वारिणा ॥ १७३ ॥
अनन्ताद्या महानागाः सुपर्णाद्याः पतत्रिणः ।
तरवः कल्पवृक्षाद्याः सिञ्चन्तु त्वां महीधराः ॥ १७४ ॥
पातालभूतलव्योमचारिणः क्षेमकारिणः ।
पूर्णाभिषेकसन्तुष्टास्त्वाऽभिषिञ्चन्तु पाथसा ॥ १७५ ॥
दौर्भाग्यं दुर्यशो रोगा दौर्मनस्यं तथा शुचः ।
विनश्यन्त्वभिषेकेन परमब्रह्मतेजसा ॥ १७६ ॥

जीवो बृहस्पतिः । सितः शुक्रः ॥ १७०–१७२ ॥

सूर्यसुता सूर्यपुत्री यमुना ॥ १७३ ॥

अनन्ताद्याः शेषप्रभृतयः । सुपर्णाद्याः गरुड़ादयः । पतत्रिणः पक्षिणः ॥ १७४ ॥ १७५ ॥

अलक्ष्मीः कालकर्णी च डाकिन्यो योगिनीगणाः ।
विनश्यन्त्वभिषेकेण कालीबीजेन ताड़िताः ॥ १७७ ॥
भूताः प्रेताः पिशाचाश्च ग्रहा येऽरिष्टकारकाः ।
विद्रुतास्ते विनश्यन्तु रमाबीजेन ताड़िताः ॥ १७८ ॥
अभिचारकृता दोषा वैरिमन्त्रोद्भवाश्च ये ।
मनोवाक्कायजा दोषाः विनश्यन्त्वभिषेचनात् ॥ १७९ ॥
नश्यन्तु विपदः सर्वाः सम्पदः सन्तु सुस्थिराः ।
अभिषेकेण पूर्णेन पूर्णाः सन्तु मनोरथाः ॥ १८० ॥
इत्येकाधिकविंशात्या मन्त्रैः संसिक्तसाधकम् ।
पशोर्मुखाल्लब्धमन्त्रं पुनः संश्रावयेद् गुरुः ॥ १८१ ॥
पूर्वोक्तनाम्ना सम्बोध्य ज्ञापयन् शक्तिसाधकान् ।
दद्यादानन्दनाथान्तमाख्यानं कौलिको गुरुः ॥ १८२ ॥
श्रुतमन्त्रो गुरोर्यन्त्रे सम्पूज्य निजदेवताम् ।
पञ्चतत्त्वोपचारेण गुरुमभ्यर्च्चयेत्ततः ॥ १८३ ॥
गोभूहिरण्यवासांसि पानालङ्करणानि च ।
गुरवे दक्षिणां दत्त्वा यजेत् कौलान् शिवात्मकान्॥ १८४ ॥

शुचः शोकाः ॥ १७६ ॥ १७७ ॥

अरिष्टकारकाः अशुभोत्पादकाः ॥ १७८–१८१ ॥

पूर्वोक्तेत्यादि । ततः कौलिको गुरुः शक्तिसाधकान् ज्ञापयन् सन् पूर्वोक्तनाम्ना शिष्यं सम्बोध्य तस्याऽऽनन्दनाथान्तमाख्यानं नाम दद्यात् । यथा अमुकदेवशर्मन् त्वमेतद्दिनमारभ्याऽमुकानन्दनाथाख्योऽसीति ॥१८२॥१८३॥

गोभूहिरण्येत्यादि । ओँ अद्येत्यादि कृतैतच्छुभपूर्णाभिषेककर्मणः साङ्गत्वार्थं गोभूहिरण्यादिदक्षिणाममुकगोत्रायामुकानन्दनाथाय गुरुवे तुभ्यमहं

कृतकौलार्चनो धीरः शान्तोऽतिविनयान्वितः ।
श्रीगुरोश्चरणौ स्पृष्ट्वा भक्त्या नत्वेदमर्थयेत् ॥ १८५ ॥
श्रीनाथ जगतां नाथ मन्नाथ करुणानिधे ।
परामृतप्रदानेन पूरयाऽस्मन्मनोरथम् ॥ १८६ ॥
आज्ञां मे दीयतां कौलाः प्रत्यक्षशिवरूपिणः ।
सच्छिष्याय विनीताय ददामि परमामृतम् ॥ १८७ ॥
चक्रेश परमेशान कौलपङ्कजभास्कर ।
कृतार्थं कुरु सच्छिष्यं देह्यमुष्मै कुलामृतम् ॥ १८८ ॥
आज्ञामादाय कौलानां परमामृतपूरितम् ।
सशुद्धिकं पानपात्रं शिष्यहस्ते समर्पयेत् ॥ १८९ ॥
हृद्याकृष्य गुरुर्देवीं स्रुवसंलग्नभस्मना ।
स्वस्य शिष्यस्य कौलानां कूर्चे च तिलकं न्यसेत् ॥ १९० ॥
ततः प्रसादतत्त्वानि कौलेभ्यः परिवेशयन् ।
चक्रानुष्ठानविधिना विदध्यात् पानभोजनम् ॥ १९१ ॥
इति ते कथितं देवि शुभपूर्णाभिषेचनम् ।
ब्रह्मज्ञानैकजननं शिवत्वफलसाधनम् ॥ १९२ ॥
नवरात्रं सप्तरात्रं पञ्चरात्रं त्रिरात्रकम् ।
अथ वाप्येकरात्रञ्च कुर्यात् पूर्णाभिषेचनम् ॥ १९३ ॥

सम्प्रददे इति वाक्येन यथाशक्ति गोभूहिरण्यादीनि दक्षिणां गुरवे दत्त्वा शिवात्मकान् शिवस्वरूपान् कौलान् यजेत् ॥ १८४ ॥

अर्थयेत् याचेत् ॥ १८५ ॥

यत् प्रार्थयेत्तदाह श्रीनाथेत्याद्येकेन ॥ १८६–१९० ॥

संस्कारेऽस्मिन् कुलेशानि पञ्चकल्पाः प्रकीर्त्तिताः ।
नवराते विधातव्यं सर्वतोभद्रमण्डलम् ॥ १९४ ॥
नवनाभं सप्तराते पञ्चाब्जं पञ्चरात्रके ।
त्रिराते चैकराते च पद्ममष्टदलं प्रिये ॥ १९५ ॥
मण्डले सर्वतोभद्रे नवनाभेऽपि साधकैः ।
स्थापनीया नव घटाः पञ्चाब्जे पञ्चसङ्ख्यकाः ॥ १९६ ॥
नलिनेऽष्टदले देवि घटस्त्वेकः प्रकीर्त्तितः ।
अङ्गावरणदेवांश्च केसरादिषु पूजयेत् ॥ १९७ ॥
पूर्णाभिषेकसिद्धानां कौलानां निर्मलात्मनाम् ।
दर्शनात् स्पर्शनाद् घ्राणाद् द्रव्यशुद्धिर्विधीयते ॥ १९८ ॥
शाक्तैर्वा वैष्णवैः शैवैः सौरैर्गाणपतैरपि ।
कौलधर्माश्रितः साधुः पूजनीयोऽतियत्नतः ॥ १९९ ॥
शाक्ते शाक्तो गुरुः शस्तः शैवे शैवो गुरुर्मतः ।
वैष्णवे वैष्णवः सौरे सौरो गुरुरुदाहृतः ॥ २०० ॥
गाणपे गाणपश्चैव कौलः सर्वत्र सद्गुरुः ।
अतः सर्वात्मना धीमान् कौलाद् दीक्षां समाचरेत् ॥२०१॥
पञ्चतत्त्वेन यत्नेन भक्त्या कौलान् यजन्ति ये ।
उद्धृत्य पुरुषान् सर्वांस्ते यान्ति परमां गतिम् ॥ २०२ ॥

तत इति । विदध्यात् कुर्यात् ॥ १९१–१९६ ॥

नलिने पद्मे ॥ १९७–२०० ॥

पशोर्वक्त्राल्लब्धमन्त्रः पशुरेव न संशयः ।
वीराल्लब्धमनुर्वीरः कौलाद्भवति ब्रह्मवित् ॥ २०३ ॥
शाक्ताभिषेकी वीरः स्यात् पञ्च तत्त्वानि शोधयेत् ।
स्वेष्टपूजाविधावेव न तु चक्रेश्वरो भवेत् ॥ २०४ ॥
वीरघाती वृथापायी वीराणां स्त्रीगमस्तथा ।
स्तेयी महापातकिनस्तत्संसर्गी च पञ्चमः ॥ २०५ ॥
कुलवर्त्म कुलद्रव्यं कुलसाधकमेव च ।
ये निन्दन्ति दुरात्मानस्ते गच्छन्त्यधमां गतिम् ॥ २०६ ॥
नृत्यन्ति रुद्रडाकिन्यो नृत्यन्ति रुद्रभैरवाः ।
मांसास्थिचर्वणानन्दाः सुराकौलद्विषां नृणाम् ॥ २०७ ॥
दयालवः सत्यशीलाः सदा परहितैषिणः ।
तान् गर्हयन्तो नरकान्निष्कृतिं यान्ति न क्वचित् ॥ २०८ ॥
उक्ता प्रयोगा बहवः कर्माणि विविधानि च ।
ब्रह्मैकनिष्ठकौलस्य त्यागानुष्ठानयोः समम् ॥ २०९ ॥
एकमेव परं ब्रह्म जगदावृत्य तिष्ठति ।
विश्वार्चया तदर्चा स्यात् यतः सर्वं तदन्वितम् ॥ २१० ॥

सर्वात्मना सर्वप्रयत्नेन ॥ २०१–२०४ ॥

अथ पञ्चमहापातकिन आह वीरघातीत्याद्येकेन ॥ २०५–२०७ ॥

गर्हयन्तः निन्दन्तः ॥ २०८ ॥ २०९ ॥

एकेति । तदर्चा परब्रह्मार्चनम् । तदन्वितम् परब्रह्मान्वितम् ॥ २१० ॥

फलासक्ताः कामपराः कर्मजालरताः प्रिये ।
पृथक्त्वेन यजन्तोऽपि तत् प्रयान्ति विशन्ति च ॥ २११ ॥
सर्वं ब्रह्मणि सर्वत्र ब्रह्मैव परिपश्यति ।
ज्ञेयः स एव सत्कौलो जीवन्मुक्तो न संशयः ॥ २१२ ॥

इति श्रीमहानिर्वाणतन्त्रे सर्वतन्त्रोत्तमोत्तमे सर्वधर्मनिर्णयसारे श्रीमदाद्यासदाशिवसंवादे वृद्धिश्राद्धादिमृतक्रियापूर्णाभिषेककथनं नाम दशमोल्लासः ।

फलासक्ता इत्यादि। अत इति शेषः। कर्मजालरताः कर्मसमूहानुरक्ताः। तत् परं ब्रह्म ॥ २११ ॥ २१२ ॥

इति श्रीमहानिर्वाणतन्त्रटीकायां दशमोल्लासः ।

एकादशोल्लासः

श्रुत्वा शाम्भवधर्माणि वर्णाश्रमविभेदतः ।
अपर्णा परया प्रीत्या पप्रच्छ शङ्करं प्रति ॥ १ ॥

श्रीदेव्युवाच ।

वर्णाश्रमाचारधर्माः संस्कारा लोकसिद्धये ।
कथिताः कृपया मह्यं सर्वज्ञेन त्वया प्रभो ॥ २ ॥

ओँ नमो ब्रह्मणे ।

कलौ लोकानां प्रायशो नास्तिकत्वात् संशयापन्नमानसत्वात् कामक्रोधाद्यभिभूतत्वात् सर्वदेन्द्रियसुखाकांक्षित्वाच्च सदाशिवप्रोक्तसन्मार्गाननुष्ठानात्तन्निषिद्धदुर्वर्त्मनः सेवनाच्चानेकविधं पापमुत्पद्यते । ततश्च तेषां कथं विमुक्तिरित्याशयवती पार्वती शङ्करं पृच्छति स्मेत्याह श्रुत्वेत्यादिना । वर्णा ब्राह्मणादयश्चाश्रमौ गार्हस्थ्यभैक्षुकौ च तेषां विभेदतः शाम्भवधर्माणि शम्भुप्रोक्तधर्माणि श्रुत्वा अपर्णा व्रतत्यक्तपत्रा पार्वती परयोत्तमया प्रीत्या शङ्करं कल्याणकर्त्तारं महादेवं प्रति पप्रच्छ ॥ १ ॥

किं प्रपच्छेत्याकाङ्क्षायां प्रष्टव्यमेवाभिधातुमुपक्रमते वर्णाश्रमेत्यादि वक्तुमर्हसीत्यन्तं श्लोकत्रयम् । प्रभो हे स्वामिन् यद्यपि लोकसिद्धये लोकनिर्वाहनिष्पत्तये वर्णानामाश्रमाणां चाचारा धर्माः संस्काराश्च सर्वज्ञेन सर्वं जानता त्वया कृपया मह्यं मामुद्दिश्य कथिता उक्ताः ॥ २ ॥

कलौ दुर्वृत्तयो लोकाः कामक्रोधान्धचेतसः ।
नास्तिकाः संशयात्मानः सदेन्द्रियसुखैषिणः ॥ ३ ॥
भवन्निगदितं वर्त्म नानुष्ठास्यन्ति दुर्धियः ।
तेषां का गतिरीशान विशेषाद्वक्तुमर्हसि ॥ ४ ॥

श्रीसदाशिव उवाच ।

साधु पृष्टं त्वया देवि लोकानां हितकारिणि ।
त्वं जगज्जननी दुर्गा जन्मसंसारमोचनी ॥ ५ ॥

तथापि कलौ लोका जना भवन्निगदितं भवता कथितं वर्त्म मार्गं नानुष्ठास्यन्ति नानुचरिष्यन्तीति द्वितीयेनान्वयः। शिवोक्तवर्त्माननुष्ठाने हेतुं दर्शयन् लोकान् विशिनष्टि कलौ दुर्वृत्तय इत्यादिना। कथम्भूताः लोकाः दुर्वृत्तयः दुष्टे कर्मणि वृत्तिर्दुष्टा वा वृत्तिर्येषां ते। दुष्टे कर्मणि वर्त्तमाना इत्यर्थः। पुनः कामक्रोधान्धचेतसः कामक्रोधाभ्यामन्धश्चेतो येषां तथाभूताः। नास्तिका परलोकादिकं नास्तीति बुद्धिशालिनः। संशयात्मानः परलोकादिकमस्ति नास्ति वेति सन्देहापन्नमानसाः। सदेन्द्रियसुखैषिणः सर्वदा रसनादीन्द्रिय-सुखाकाङ्क्षिणः ॥ ३ ॥

दुर्धियः दुर्बुद्धयः। ईशान हे ऐश्वर्यशालिन् तेषां लोकानां का गतिः को विमुक्तेरुपायः स्यादिति विशेषाद्वक्तुं कथयितुमर्हसि त्व योग्यो भवसि। गतिर्ज्ञाने दशायां च मार्गे यात्राभ्युपाययोरिति कोषः ॥ ४ ॥

शम्भुरिदानीमपर्णाप्रश्नं स्तौति साधु पृष्टमित्यदिना। देवि हे द्युतिमति त्वया साधु मनोरमं पृष्टम्। साधुप्रश्ने हेतुं दर्शयन्नाह लोकानामिति। कीदृशि देवि लोकानां हितकारिणि जनानामभीष्टोत्पादयित्रि। लोकानां हितकारिणीत्वे बीजं दर्शयन्नाह त्वमित्यादि। त्वं जगज्जननी जगतां जनयित्री जगज्जननीत्वा-ल्लोकानां हितकारिणी लोकानां हितकारिणीत्वाच्च साधु पृष्टमिति योज्यम्।

त्वमाद्या जगतां धात्री पालयित्री परात्परा ।
त्वयैव धार्यते देवि विश्वमेतच्चराचरम् ॥ ६ ॥
त्वमेव पृथ्वी त्वं वारि त्वं वायुस्त्वं हुताशनः ।
त्वं वियत्त्वमहङ्कारस्त्वं महत्तत्त्वरूपिणी ॥ ७ ॥
त्वमेव जीवो लोकेऽस्मिंस्त्वं विद्या परदेवता ।
इन्द्रियाणि मनोबुद्धिर्विश्वेषां त्वं गतिः स्थितिः ॥ ८ ॥
त्वमेव वेदाः प्रणवः स्मृतयस्त्वं हि संहिताः ।
निगमागमतन्त्राणि सर्वशास्त्रमयी शिवा ॥ ९ ॥

जन्मसंसारमोचनी जन्मनः उत्पत्तेः संसारात् पुनःपुनर्यातायातकर्त्तुः कलत्रपुत्रादेश्च मुक्तिकर्त्री त्वम् । अत एव दुःखेन गम्यते ज्ञायते या सा दुर्गा दुर्ज्ञेया च त्वम् ॥ ५ ॥

त्वमिति। त्वं जगतामाद्या आदिभूताऽसि। जगतां धात्री पोष्ट्री च त्वम्। पालयित्री जगतां रक्षिका च त्वमेव । परात् श्रेष्ठादपि परा श्रेष्ठा च त्वम् । हे देवि कान्तिमति चराचरं जङ्गमस्थावरमेतद्विश्वं त्वयैव धार्यते ॥ ६ ॥

त्वमेवेति । त्वमेव पृथ्वी भूमिः त्वं वारि जलं त्वमेव वायुः पवनः त्वं च हुताशनोऽग्निः त्वं वियदाकाशं त्वं चाहङ्कारः । महत्तत्त्वरूपिणी च त्वमेव ॥ ७ ॥

त्वमेवेति । अस्मिंल्लोके यो जीवस्तद्रूपा च त्वमेव । विद्या आत्मज्ञानरुपा च त्वमेव। परदेवता श्रेष्ठदेवता च त्वमेवासि । इन्द्रियाणि नेत्रादीनि मनो हृदयं बुद्धिः शास्त्रादितत्त्वज्ञानम् तत्तद्रूपा च त्वमेवासि। विश्वेषां या गतिः स्थितिश्च तद्रूपा च त्वमेव ॥ ८ ॥

त्वमेवेति । वेदा यजुरादयः तद्रूपा च त्वमेवासि । प्रणव ओङ्काररूपा च त्वम् । स्मृतयो मन्वादिकथितधर्मशास्त्राणि तद्रूपा च

महाकाली महालक्ष्मीर्महानीलसरस्वती ।
महोदरी महामाया महारौद्री महेश्वरी ॥ १० ॥
सर्वज्ञा त्वं ज्ञानमयी नास्त्यवेद्यं तवाऽन्तिके ।
तथापि पृच्छसि प्राज्ञे प्रीतये कथयामि ते ॥ ११ ॥
सत्यमुक्तं त्वया देवि मनुजानां विचेष्टितम् ।
जानन्तोऽपि हितं मत्ताः पापैराशु सुखप्रदैः ॥ १२ ॥

त्वम् । संहिता महाभारतादयस्तद्रूपा च त्वमेवासि । निगमः शम्भुप्रश्नतः पार्वतीमुखजातः पद्यरूपो ग्रन्थविशेषः । आगमश्च शिवमुखागतगिरिजाननया-तवासुदेवमतपद्यरूपग्रन्थविशेष एव । तन्त्रं चाऽम्बिकामुद्दिश्य शिवोक्तो गणेशलिखितो ग्रन्थविशेष एव । तत्तद्रूपा च त्वमेव । सर्वशास्त्रमयी वेदान्ता-दिसकलशास्त्ररूपा च त्वम् । शिवा कल्याणैकनिलयभूता च त्वमसि ॥ ९ ॥

महेति । जगत्संहर्त्रीत्वान्महाकाली त्वम् । सम्पत्तिवृद्धिहेतुत्वान्महालक्ष्मीश्च त्वमेव । विद्याप्रदात्रीत्वान्महानीलसरस्वती च त्वमेवासि । प्रलये अशेष-जगत्कुक्षित्वान्महोदरी त्वम् । जगन्मोहयित्रीत्वान्महामाया च त्वम् । महारौद्री अत्युग्रा च त्वम् । महेश्वरी महैश्वर्यविशिष्टा च त्वम् ॥ १० ॥

सर्वज्ञेति । सर्वज्ञा अशेषपदार्थज्ञात्री ज्ञानमयी मोक्षविषयप्रज्ञास्वरूपा च त्वमसि । अतस्तवाऽन्तिके त्वन्निकटे अवेद्यमप्रज्ञेयं किञ्चिदपि नास्ति । ननु किञ्चिदपि ममावेद्यं नास्ति चेत् कथं पृच्छामीत्याशङ्कमानां प्रत्याह तथापीति । यद्यप्येवं तथापि प्राज्ञे हे प्रकृष्टज्ञानवति प्रीतये पृच्छसि ममेति शेषः अहमपि ते तव प्रीतये कथयामि । ते तवाग्रतः ते तुभ्यमिति वा । काकाक्षिगोल-कन्यायेन प्रीतये इति पूर्वोत्तराभ्यां क्रियाभ्यां सम्बध्यते ॥ ११ ॥

अधुना पूर्वोक्तमेवानुवदन्नुत्तरं दातुं प्रक्रमते सत्यमुक्तमित्यादि । हे देवि मनुजानां मानवानां विचेष्टितं विरुद्धं चेष्टितं त्वया सत्यमुक्तम् । विचेष्टितमेवाह जानन्त इत्यादिना । आत्मनो हितं जानन्तोऽपि मनुजाः सद्धर्मे

नाऽऽचरिष्यन्ति सद्धर्म्मं हिताहितबहिष्कृताः ।
तेषां निःश्रेयसार्थाय कर्त्तव्यं यत्तदुच्यते ॥ १३ ॥
अनुष्ठानं निषिद्धस्य त्यागो विहितकर्मणः ।
नृणां जनयतः पापं क्लेशशोकामयप्रदम् ॥ १४ ॥
स्वानिष्टमात्रजननात् परानिष्टोपपादनात् ।
तदेव पापं द्विविधं जानीहि कुलनायिके ॥ १५ ॥
परानिष्टकरात् पापात् मुच्यते राजशासनात् ।
अन्यस्मान्मुच्यते मर्त्यः प्रायश्चित्त्या समाधिना ॥ १६ ॥

साधुमार्गं नाचरिष्यन्ति नानुष्ठास्यन्ति । सद्धर्म्मानाचरणे हेतुं वदन्मनुजान् विशिनष्टि। कथम्भूता मनुजाः आशु सुखप्रदैर्झटिति सुखप्रापकैरवैधस्त्रीगमनसुरापानादिभिः पापैः कर्मभिर्मत्ताः अत एव हिताहिताभ्यां बहिष्कृताः अतो नाचरिष्यन्तीति भावः । तेषां मनुजानां निःश्रेयसार्थाय मुक्तये यत् कर्त्तव्यं विधेयं तदुच्यते ॥ १२ ॥ १३ ॥

प्रथमतो निषिद्धकर्मानुष्ठानविहितकर्माननुष्ठानाभ्यां पापोत्पत्तिरिति ब्रूते अनुष्ठानमित्यादिना । निषिद्धस्य कर्मणोऽनुष्ठानमाचरणं विहितस्य कर्मणस्त्यागोऽनाचरणं नृणां क्लेशशोकामयप्रदं दुःखशोकव्याधिप्रदायकं पापं जनयतः उत्पादयतः ॥ १४ ॥

अथ पूर्वोक्तपापस्य सहेतुकं द्वैविध्यं सम्पादयति स्वानिष्टेत्यादिना । कुलनायिके हे कुलेश्वरि स्वानिष्टमात्रजननात् आत्मन एवानीप्सितस्योत्पादनात् तथा परानिष्टोपपादनादन्यानाकांक्षितस्यापि जननात् तदेव पूर्वोक्तं पापं द्विविधं द्विप्रकारकं जानीहि प्रतीहि ॥ १५ ॥

एवं द्विविधपापोत्पत्तिं प्रदर्श्येदानीं तस्माद्विमुक्तेरुपायं वदति परानिष्टेत्यादिना । परानिष्टकरादन्यस्याप्यनाकांक्षितोत्पादकात् पापात् राजशासनात्

प्रायश्चित्त्याऽथवा दण्डैर्न पूता ये कृतांहसः ।
नरकान्न निवर्त्तन्ते इहामुत्र विगर्हिताः ॥ १७ ॥
तत्रादौ कथयाम्याद्ये नृपशासननिर्णयम् ।
यल्लङ्घनान्महेशानि राजा यात्यधमां गतिम् ॥ १८ ॥
भृत्यान् पुत्रानुदासीनान् प्रियानपि तथाऽप्रियान् ।
शासने च तथा न्याये समदृष्ट्याऽवलोकयेत् ॥ १९ ॥
स्वयं चेत् कृतपापः स्यात् पीड़येदकृतांहसः ।
उपवासैश्च दानैस्तान् परितोष्य विशुध्यति ॥ २० ॥

राजदण्डात् मर्त्यो जनो मुच्यते मुक्तो भवति । कर्मकर्त्तरि लट् । अन्यस्मात् स्वानिष्टमात्रजनकात् तु पापात् प्रायश्चित्त्या प्रायश्चित्तेन समाधिना चित्तवृत्तिनिरोधेन च मुच्यते ॥ १६ ॥

जातद्विविधपापानां प्रायश्चित्तदण्डाभ्यां पूतत्वाभावे सर्वदा नरकस्थायित्वं दर्शयितुमाह प्रायश्चित्त्येति । ये कृतांहसः कृतपापा जनाः प्रायश्चित्त्या दण्डैर्वा पूताः पवित्रा न बभूवुः इह लोके परलोके च विगर्हिता विनिन्दिताः सन्तस्ते नरकान्न निवर्त्तन्ते तत्रैव तिष्ठन्तीत्यर्थः ॥ १७ ॥

अथ राजशासननिर्णयं वदंस्तमुल्लङ्घ्यतो भूपतेर्नरकगामित्वमाह तत्रादावित्यादिना । हे आद्ये हे महेशानि तत्र प्रायश्चित्तनृपशासनयोर्मध्ये आदौ प्रथमतो नृपशासननिर्णयं कथयामि । यस्य लङ्घनात् राजाऽधमां गतिं याति ॥ १८ ॥

नृपशासननिर्णयमेवाह भृत्यानित्यादिना । भृत्यान् भर्त्तव्यानमात्यादीन् पुत्रानात्मजान् उदासीनान् शत्रुमित्रभिन्नान् प्रियान् हितान् तथा अप्रियान् अहितांश्च शासने तथा न्याये च राजा समदृष्ट्या तुल्यदृष्ट्याऽवलोकयेत् पश्येत् ॥ १९ ॥

नन्वकृतकिल्विषान् पुरुषान् दण्डयतः स्वयं कृतकल्मषस्य नृपस्य कथं शुद्धिस्तत्राह स्वयं चेदित्यादिना । चेद्यदि राजा स्वयं कृतपापः स्यात् तदा

वधार्हं मन्यमानः स्वं कृतपापो नराधिपः ।
त्यक्त्वा राज्यं वनं प्राप्य तपसाऽऽत्मानमुद्धरेत् ॥ २१ ॥
गुरुदण्डं नैव राजा विदध्याल्लघुपापिषु ।
न लघुं गुरुपापेषु विना हेतुं विपर्यये ॥ २२ ॥
तस्मिन् यच्छासने शास्या अनेकोन्मार्गवर्त्तिनः ।
पापेभ्यो निर्भये शस्तो लघुपापे गुरुर्दमः ॥ २३ ॥
सकृत्कृतापराधेन सत्रपे बहुमानिनि ।
पापाद्भीरौ प्रशस्तः स्याद् गुरुपापे लघुर्दमः ॥ २४ ॥

उपवासैर्दानैश्च विशुध्यति । चेद्यदि अकृतांहसोऽकृतपापान् अन्यान् पीडयेद्दण्डयेत् तदा दानैस्तानकृतांहसः परितोष्य उपवासैर्दानैश्च विशुध्यति । अत्र पापतारतम्यादुपवासदानयोस्तारतम्यं बोद्धव्यम् ॥ २० ॥

अथात्मानं वधार्हं मन्यमानस्य कृतदुष्कृतस्य भूपतेः प्रायश्चित्तमाह वधार्हमित्यादिना । स्वमात्मानं वधार्हं वधयोग्यं मन्यमानः कृतपापो नराधिपो राज्यं त्यक्त्वा वनं प्राप्य तपसाऽऽत्मानमुद्धरेत् शोधयेत् ॥ २१ ॥

अथ दण्डवैपरीत्ये हेतावसति लघुपापे गुरुदण्डं गुरुपापे च लघुदण्डं निषेधति गुर्वित्यादिना । विपर्यये दण्डवैपरीत्ये हेतुं विना लघुपापिषु जनेषु गुरुदण्डं राजा नैव विदध्यान्न कुर्यात् । गुरुपापेषु जनेषु लघुदण्डं न विदध्यात् ॥२२॥

विना हेतुं विपर्यये इत्यनेन वैपरीत्ये कारणसत्त्वे विपरीतदण्डं विदध्यादेवेति ध्वनितमतो हेतुदर्शनपूर्वकं विपरीतदण्डं विदधाति तस्मिन्नित्यादिना श्लोकद्वयेन । यच्छासने यस्योन्मार्गवर्त्तिनो जनस्य शासनेऽनेकोन्मार्गवर्त्तिनो बहवोऽसद्वर्त्मसु वर्त्तमाना जनाः शास्या भवन्ति तस्मिन् पापेभ्यो बहुभ्योऽपि दुरितेभ्यो निर्भये भयहीनेऽपि-जने लघुपापेऽपि गुरुर्दमः शस्तः ॥ २३ ॥

सकृदिति । सकृत्कृतापराधेन सत्रपे सलज्जे बहुमानिनि सबहुमाने पापादेकस्मादपि भीरौ भयशीले जने गुरुपापेऽपि लघुर्दमः प्रशस्तः ॥ २४ ॥

स्वल्पापराधी कौलश्चेत् ब्राह्मणो लघुपापकृत् ।
बहुमान्योऽपि दण्ड्यः स्याद्वचोभिरवनीभृता ॥ २५ ॥
न्यायं दण्डं प्रसादं च विचार्य सचिवैः सह ।
यो न कुर्यान्महीपालः स महापातकी भवेत् ॥ २६ ॥
न त्यजेत् पितरौ पुत्रो न त्यजेयुर्नृपं प्रजाः ।
न त्यजेत् स्वामिनं भार्या विना तानतिपापिनः ॥ २७ ॥
राज्यं धनं जीवनं च धार्मिकस्य महीपतेः ।
संरक्षेयुः प्रजा यत्नैरन्यथा यान्त्यधोगतिम् ॥ २८ ॥
मातरं भगिनीञ्चापि तथा दुहितरं शिवे ।
गन्तारो ज्ञानतो ये च महागुरुनिघातकाः ॥ २९ ॥

अथ कृताल्पापराधयोर्बहुमान्ययोरपि कौलब्राह्मणयोर्दण्डमाह स्वल्पापराधीत्यादिना । बहुमान्योऽपि कौलः स्वल्पापराधी चेत् स्यात् तादृग् ब्राह्मणोऽपि लघुपापकृच्चेत्तदाऽवनीभृता राज्ञा वचोभिर्दण्ड्यः स्यात् ॥ २५ ॥

अथ सहामात्यैर्विचारमकृत्वैव दण्डादिकं विदधतो महीपालस्य महापातकित्वमाह न्यायमित्यादिना । सचिवैर्मन्त्रिभिः सह विचार्य न्यायं दण्डं प्रसादं च यो महीपालो न कुर्यात् स महापातकी भवेत् ॥ २६ ॥

अथ स्त्रीपुत्रप्रजानां धर्ममाह न त्यजेतित्यादिना । पुत्रः पितरौ मातापितरौ न त्यजेत् । प्रजाः नृपं राजानं न त्यजेयुः । भार्या स्वामिनं पतिं न त्यजेत् । नन्वतिपातकिनोऽपि पित्रादयो न हातव्यास्तत्राह विनेति । अतिपापिनस्तान् पित्रादीन्विना । अतिपातकिनस्ते त्याज्या एवेत्यर्थः ॥ २७ ॥

धार्मिकभूपते राज्यादिकमरक्षन्तीनां प्रजानां दोषमाह राज्यमित्यादिना । धार्मिकस्य महीपते राज्यं धनं जीवनं च प्रजा यत्नैः संरक्षेयुः । अन्यथा राज्यादिकमरक्षन्त्यस्ता अधोगतिं यान्ति ॥ २८ ॥

कुलधर्मं समाश्रित्य पुनस्त्यक्तकुलक्रियाः ।
विश्वासघातिनो लोका अतिपातकिनः स्मृताः ॥ ३० ॥
मातरं भगिनीं कन्यां गच्छतो निधनं दमः ।
तासामपि सकामानां तदेव विहितं शिवे ॥ ३१ ॥
मातापितृस्वसुस्तल्पं स्नुषां श्वश्रूं गुरुस्त्रियम् ।
पितामहस्य वनितां तथा मातामहस्य च ॥ ३२ ॥
पित्रोर्भ्रातुः सुतां जायां भ्रातुः पत्नीं सुतामपि ।
भागिनेयीं प्रभोः पत्नीं तनयाञ्च कुमारिकाम् ॥ ३३ ॥

पित्रादयोऽतिपातकिनश्चेत्त्याज्या इत्युक्तं ते च के इत्याकाङ्क्षायामतिपातकिनो निरूपयति मातरमित्यादिना श्लोकद्वयेन । हे शिवे मातरं जननीं भगिनीं स्वसारं तथा दुहितरं पुत्रीं चापि ज्ञानतो ये गन्तारो भवन्ति तथा ज्ञानतो महागुरूणां मात्रादीनां निघातकाः हन्तारो ये । कुलधर्मं समाश्रित्य पुनस्त्यक्तकुलक्रिया ये । ये च विश्वासघातिनो लोकाः तेऽतिपातकिनः स्मृताः ॥ २९ ॥ ३० ॥

अथ मात्रादिगामिनः पुरुषस्य सकामानां तासां च दण्डमाह मातरमिति । हे शिवे मातरं जनयित्रीं तथा भगिनीं तथा कन्यां पुत्रीं च गच्छतः पुंसो निधनं मरणमेव दमो दण्डः । सकामानां तासामपि तदेव मरणमेव दमनं विहितम् ॥ ३१ ॥

अथ मातृस्वस्रादिगामिनां पुंसां तासामपि सकामानां दण्डमाह मातापित्रित्यादिना पापादस्माद्विमुक्तय इत्यन्तेन सार्धत्रयेण । मातापित्रोः स्वसुस्तल्पं शय्यां मैथुनेच्छया गच्छतां तथा स्नुषां पुत्रवधूं तथा श्वश्रूं श्वशुरपत्नीं तथा गुरुस्त्रियं तथा पितामहस्य मातामहस्य च वनितां स्त्रियं तथा पित्रोर्भ्रातुः सुतां मातुलपितृव्ययोः पुत्रीम् तयोरेव जायां भार्यां च तथा भ्रातुः पत्नीं

गच्छतां पापिनां लिङ्गच्छेदो दण्डो विधीयते ।
आसामपि सकामानां दमो नासानिकृन्तनम् ।
गृहान्निर्यापणं चैव पापादस्माद्विमुक्तये ॥ ३४ ॥
सपिण्डदारतनयाः स्त्रियं विश्वासिनामपि ।
सर्वस्वहरणं केशवपनं गच्छतो दमः ॥ ३५ ॥
स्त्रीभिरेताभिरज्ञानाद् भवेत् परिणयो यदि ।
ब्राह्मेण वापि शैवेन ज्ञात्वा तास्तत्क्षणं त्यजेत् ॥ ३६ ॥
सवर्णदारान् यो गच्छेत् अनुलोमपरस्त्रियम् ।
दमस्तस्य धनादानं मासैकं कणभोजनम् ॥ ३७ ॥

तस्यैव सुतामपि तथा भागिनेयीं स्वसृतनयाम् तथा प्रभोः पत्नीं तस्यैव तनयां पुत्रीं च तथा कुमारिकामविवाहितां स्त्रियं गच्छतां पापिनां लिङ्गच्छेदः शिश्नकर्त्तनं दण्डो विधीयते । सकामानामासामप्यस्मात् पापात् विमुक्तये नासानिकृन्तनं नासिकाच्छेदनं गृहान्निर्यापणं च दमो दण्डो विधीयते ॥३२–३४॥

अथ सपिण्डपत्नीतनयागामिनो विश्वसितस्त्रीगामिनश्च दण्डमाह सपिण्डेत्यादिना । सपिण्डानां दारांस्तनयाश्च विश्वासिनामपि स्त्रियं गच्छतो जनस्य सर्वस्वहरणं सर्वधनादानं केशवपनं केशमुण्डनं च दमो भवेत् ॥ ३५ ॥

अथाज्ञानतो वेदोक्तशिवोक्तविधिभ्यां सपिण्डादितनयादिभिर्जातविवाहस्य यद्विधेयं तदाह स्त्रीभिरित्यादिना । एताभिः सपिण्डादितनयादिभिः स्त्रीभिर्ब्राह्मेण वेदोक्तविधिना शैवेन शिवोक्तविधिना वा यद्यज्ञानात् परिणयो विवाहो भवेत् तदा ज्ञात्वा ताः स्त्रीस्तत्क्षणमेव त्यजेत् ॥ ३६ ॥

ननु सवर्णदारान् सवर्णान्तरवर्णदारांश्च गच्छतः कथं विशुद्धिस्तत्राह सवर्णेत्यादिना । यः पुमान् सवर्णदारान् गच्छेत् तथाऽनुलोमपरस्त्रियं च यो गच्छेत् । यथा ब्राह्मणः क्षत्रियां क्षत्रियो वैश्यामेवम् । तस्य धनादानं मासैकं कणभोजनं च दमो ज्ञेयः ॥ ३७ ॥

राजन्यवैश्यशूद्राणां सामान्यानां वरानने ।
ब्राह्मणीं गच्छतां ज्ञानाल्लिङ्गच्छेदो दमः स्मृतः ॥ ३८ ॥
ब्राह्मणीं विकृतां कृत्वा देशान्निर्यापयेन्नृपः ।
वीरस्त्रीगामिनां तासामेवमेव दमो विधिः ॥ ३९ ॥
दुरात्मा यस्तु रमते प्रतिलोमपरस्त्रिया ।
दण्डस्तस्य धनादानं त्रिमासं कणभोजनम् ॥ ४० ॥
सकामायाः स्त्रियाश्चापि दण्डस्तद्वद्विधीयते ।
बलात्कारगता भार्या त्याज्या पाल्या भवेत् शिवे ॥ ४१ ॥

अथ ज्ञानपूर्वकब्राह्मणीगमने क्षत्रियादीनां सकामायास्तस्याश्च दण्डमाह राजन्येत्यादिना । वरानने श्रेष्ठवदने ज्ञानाद्ब्राह्मणीं गच्छतां राजन्यवैश्यशूद्राणां सामान्यानामन्त्यजानां च लिङ्गच्छेदो दमो दण्डः स्मृतः ॥ ३८ ॥

सकामां ब्राह्मणीमपि विकृतां एकाङ्गहीनां कृत्वा नृपो देशान्निर्यापयेन्निःसारयेत् । अथ वीरस्त्रियो गच्छतां तासां च दण्डमाह वीरेति । वीरस्त्रीगामिनां सकामानां तासां चैवमेव पूर्ववदेव दमो विधिर्विधातव्य इत्यर्थः । विधिरिति वि-पूर्वकाद्धाञः उपसर्गे घोः किरिति कर्मणि किः ॥ ३९ ॥

अथ सवर्णोत्तमवर्णस्त्रीगामिनां पुंसां तस्याश्च सकामाया दण्डमाह दुरात्मेत्यादिना । यो दुरात्मा दुष्टचित्तो दुर्बुद्धिर्दुस्वभावो वा प्रतिलोमपरस्त्रिया सह रमते । यथा शूद्रो वैश्ययेत्यवेम् । तस्य पुंसो धनादानं त्रिमासं कणभोजनं च दण्डो भवति ॥ ४० ॥

सकामायाः स्त्रियाश्च तद्वत् पूर्ववद्दण्डो विधीयते । अथ बलात्कारेण परपुरुषरमिताया अबलायास्त्यागः पालनं च पुंसा विधेयमित्याह बलादित्यादिना । हे शिवे बलात्कारेण परपुंसा गता या भार्या सा त्याज्या ग्रासादिभिः सा पाल्या च भवेत् ॥ ४१ ॥

ब्राह्मी भार्याऽथवा शैवी कामतो वाप्यकामतः ।
सर्वथा हि परित्याज्या स्याच्चेत् परगता सकृत् ॥ ४२ ॥
गच्छतां वारनारीषु गवादिपशुयोनिषु ।
शुद्धिर्भवति देवेशि त्रिरात्रं कणभोजनात् ॥ ४३ ॥
गच्छतां कामतः पुंसः स्त्रियाः पायुं दुरात्मनाम् ।
वध एव विधातव्यो भूभृता शम्भुशासनात् ॥ ४४ ॥
बलात्कारेण यो गच्छेदपि चाण्डालयोषितम् ।
वधस्तस्य विधातव्यो न क्षन्तव्यः कदापि सः ॥ ४५ ॥

अथ कामाकामाभ्यां परगतयोर्ब्राह्मीशैव्योर्भार्ययोस्त्याग एवोचित इत्याह ब्राह्मीत्यादिना । ब्राह्मी वेदोक्तविधिना परिणीता अथवा शैवी शिवोक्तविधानेन परिणीता भार्या सकृदेकवारमपि परगता चेत्तदा सर्वथा सर्वप्रकारेण परित्याज्या स्यात् ॥ ४२ ॥

अथ वेश्यागामिनां पशुयोनिगामिनां च प्रायश्चित्तमाह गच्छतामित्यादिना । हे देवेशि वारनारीषु वेश्यासु तथा गवादिपशुयोनिषु गच्छतां जनानां त्रिरात्रं कणभोजनाच्छुद्धिर्भवति ॥ ४३ ॥

अथ स्त्रीपुंसयोः पायुं गच्छतां प्रायश्चित्तमाह गच्छतामित्यादिना । पुंसः पुरुषस्य स्त्रियाश्च पायुं गुदं कामतो गच्छतां दुरात्मनां भूभृता राज्ञा शम्भुशासनाद्वध एव विधातव्यः ॥ ४४ ॥

बलात्कारेण परस्त्रीगामिनामपि वध एव दण्ड इत्याह बलादित्यादिना । बलात्कारेण चाण्डालयोषितमपि यो गच्छेत्तस्यापि वधो विधातव्यः । कदापि स न क्षन्तव्यः । अपि शब्देन ब्राह्मण्यादिगामिनां तु सुतरामेव वधो विधातव्य इति ध्वनितम् ॥ ४५ ॥

परिणीतास्तु या नार्यो ब्राह्मैर्वा शैववर्त्मभिः ।
ता एव दारा विज्ञेया अन्याः सर्वाः परस्त्रियः ॥ ४६ ॥
कामात् परस्त्रियं पश्यन् रहः सम्भाषयन् स्पृशन् ।
परिष्वज्योपवासेन विशुध्येद् द्विगुणक्रमात् ॥ ४७ ॥
कुर्वत्येवं सकामा या परपुंसा कुलाङ्गना ।
उक्तोपवासविधिना स्वात्मानं परिशोधयेत् ॥ ४८ ॥
ब्रुवन्निन्द्यं वचः स्त्रीषु पश्यन् गुह्यं परस्त्रियाः ।
हसन् गुरुतरं मर्त्यः शुध्येद् द्विरुपवासतः ॥ ४९ ॥

अथोक्तवक्ष्यमाणेषु तत्तच्छ्लोकेष्वाकाङ्क्षितत्वात् स्वस्त्रीः परस्त्रीश्च निरूपयति परिणीता इत्यादिना । ब्राह्मैर्वेदोक्तवर्त्मभिः शिवोक्तवर्त्मभिर्वा यास्तु नार्यः परिणीता उद्वाहितास्ता एव दाराः स्वस्त्रियो विज्ञेया अन्यास्तद्भिन्नाः सर्वाः परस्त्रियो विज्ञेयाः ॥ ४६ ॥

अथ कामतः परस्त्रीदर्शनादिकं कुर्वतः प्रायश्चित्तमाह कामादित्यादिना । कामात् परस्त्रियं पश्यन् तथा रह एकान्ते सम्भाषयन् तया सहाऽऽलापं कुर्वन् तथा स्पृशंश्च परिष्वज्य तामालिङ्ग्य च द्विगुणक्रमादुपवासेन जनो विशुध्येत् । यथा कामतः परस्त्रीदर्शने एकोपवासेन सम्भाषणे उपवासद्वयेन स्पर्शने उपवासचतुष्टयेन आलिङ्गने अष्टभिस्तैः शुद्धिः ॥ ४७ ॥

अथ सह परपुंसा सम्भाषणादिकं कुर्वत्याः सकामायाः स्त्रिया अपि तदेव प्रायश्चित्तमित्याह कुर्वतीत्यादिना । या कुलाङ्गना कुलपालिका स्त्री सकामा सती परपुंसा सह एवं सम्भाषणादिकं कुर्वती बभूव सा पूर्वोक्तोपवासविधिना आत्मानं परिशोधयेत् ॥ ४८ ॥

ननु स्त्रीषु दुर्वचो वदतः परस्त्रीगुह्यं पश्यतो गुरुतरान् हसतश्च कथं शुद्धिस्तत्राह ब्रुवन्नित्यादिना । स्त्रीषु निन्द्यमव्यक्तं वचो ब्रुवन् तथा परस्त्रिया गुह्यं गोप्यप्रदेशं पश्यन् तया गुरुतरं हसन्मर्त्यो द्विरुपवासतः शुध्येत् ॥ ४९ ॥

दर्शयन्नग्नमात्मानं कुर्वन्नग्नं तथा परम् ।
त्रिरात्रमशनं त्यक्त्वा शुद्धो भवति मानवः ॥ ५० ॥
पत्न्याः पराभिगमनं प्रमाणयति चेत् पतिः ।
नृपस्तदा तां तज्जारं शास्यात् शास्त्रानुसारतः ॥ ५१ ॥
प्रमाणे यद्यशक्तः स्यात् दयितोपपतेः पतिः ।
त्यक्त्वा तां पोषयेद् ग्रासैस्तिष्ठेच्चेत् पतिशासने ॥ ५२ ॥
रममाणामुपपतौ पश्यन् पत्नीं पतिस्तदा ।
निघ्नन् वनितया जारं वधार्हो नैव भूभृतः ॥ ५३ ॥

नन्वात्मानं नग्नं दर्शयतः परञ्च तादृशं कुर्वतः कथं शुद्धिस्तत्राह दर्शयन्नित्यादिना । आत्मानं नग्नं दर्शयन् तथा परं नग्नं कुर्वन्मानवो त्रिरात्रमशनं भोजनं त्यक्त्वा शुद्धो भवति । "आत्मा देहमनोब्रह्मस्वभावधृतिबुद्धिष्वि" ति कोषः ॥ ५० ॥

अथ स्वपतिप्रमाणितान्यपुरुषगमनायाः स्त्रियाः तज्जारस्य च दण्डमाह पत्न्या इत्यादिना । पतिश्चेद्यदि पत्न्याः पराभिगमनं प्रमाणयति तदा नृपस्तां तस्या जारं च शास्त्रानुसारतः पूर्वोक्तविधानतः शास्यात् ॥ ५१ ॥

अथोपपतिप्रमाणाशक्तपतिकायाः शङ्कितव्यभिचारायाः स्त्रियास्त्यागपोषणे विधातव्ये इत्याह प्रमाणेत्यादिना । दयितोपपतेः पत्न्या जारस्य प्रमाणे यदि पतिरशक्तः स्यात्तर्हि तां दयितां त्यक्त्वा चेद् यदि पतिशासने तिष्ठेत् भर्त्तुराज्ञां न लङ्घेत तदा ग्रासैः कवलैः पोषयेत् ॥ ५२ ॥

ननु सहोपपतिना रममाणां पत्नीमवलोक्य सजारां तां घ्नतस्तद्भर्त्तुर्वधार्हत्वं स्यान्न वेति सन्दिहानां गिरिजां प्रति ब्रूते रममाणामित्यादिना । पतिर्भर्त्ता यदोपपतौ रममाणां पत्नीं पश्यन्नासीत्तदा वनितया सह जारं निघ्नन् पतिर्भूभृतो राज्ञो वधार्हो नैव भवेत् । तदा निघ्नन्नित्यनेनाऽन्यकाले निघ्नतो वधार्हत्वं स्यादेवेति ध्वनितम् ॥ ५३ ॥

भर्त्तुर्निवारणं यत्र गमने येन भाषणे ।
प्रयाणाद्भाषणात्तत्र त्यागार्हा स्यात् कुलाङ्गना ॥ ५४ ॥
मृते पत्यौ स्वधर्मेण पतिबन्धुवशे स्थिता ।
अभावे पितृबन्धूनां तिष्ठन्ती दायमर्हति ॥ ५५ ॥
द्विर्भोजनं परान्नं च मैथुनामिषभूषणम् ।
पर्यङ्कं रक्तवासश्च विधवा परिवर्जयेत् ॥ ५६ ॥
नाङ्गमुद्वर्त्तयेद्वासैर्ग्राम्यालापमपि त्यजेत् ।
देवव्रता नयेत् कालं वैधव्यं धर्ममाश्रिता ॥ ५७ ॥

अथ भर्त्तृनिषिद्धस्थाने गच्छन्त्यास्तन्निषिद्धमन्यपुरुषेण सह भाषणं च कुर्वत्याः स्त्रियास्त्यागार्हत्वं विदधाति भर्तुरित्यादिना । यत्र स्थाने गमने येन पुंसा सह भाषणे च भर्तुर्निवारणं ज़ातं तत्र प्रयाणाद्भाषणाच्च कुलाङ्गनापि त्यागार्हा स्यात् ॥ ५४ ॥

अथ प्रसङ्गात् पतिबान्धवादिवशे स्वधर्मेण तिष्ठन्त्या मृतपतिकाया दायभाक्त्वमाह मृत इत्यादिना । पत्यौ मृते सति पतिबन्धुवशे स्वधर्मेण स्थिता पतिबन्धूनामभावे पितृबन्धूनां वशे तिष्ठन्ती सती स्त्री दायमर्हति ॥ ५५ ॥

अनन्तरोक्तश्लोके विधवा धर्माणामाकाङ्क्षितत्वात्तान्निरूपयति द्विर्भोजनमित्यादिश्लोकद्वयेन । विधवा स्त्री द्विर्भोजनं परस्यान्नं मैथुनं रतिम् आमिषं मांसादिकं भूषणमलङ्कारं पर्यङ्कं खट्वां रक्तवासो रक्तं वस्त्रं च परिवर्जयेत् ॥ ५६ ॥

नाङ्गमिति । वैधव्यं धर्ममाश्रिता विधवा वासैः पिष्टैर्घृष्टैर्वा सुगन्धिद्रव्यैः अङ्गं नोद्वर्त्तयेत् नोत्सादयेत् । वास्यते यैस्ते वासाः करणेऽच् । ग्राम्यमालापमपि त्यजेत् । ननु ग्राम्यालापाभावे कथं कालं क्षिपेत्तत्राह देवेत्यादिना । देवव्रता सती कालं नयेत् स्वेष्टनामादिकीर्त्तनादिना कालं क्षिपेदित्यर्थः ॥ ५७ ॥

न विद्यते पिता यस्य शिशोर्माता पितामहः ।
नियतं पालने तस्य मातृबन्धुः प्रशस्यते ॥ ५८ ॥
मातुर्माता पिता भ्राता मातुर्भ्रातुः सुतास्तथा ।
मातुः पितुः सोदराश्च विज्ञेयाः मातृबान्धवाः ॥ ५९ ॥
पितुर्माता पिता भ्राता पितुर्भ्रातुः स्वसुः सुताः ।
पितुः पितुः सोदराश्च विज्ञेयाः पितृबान्धवाः ॥ ६० ॥
पत्युर्माता पिता भ्राता पत्युर्भ्रातुः स्वसुः सुताः ।
पत्युः पितुः सोदराश्च विज्ञेयाः पतिबान्धवाः ॥ ६१ ॥
पित्रे मात्रे पितुः पित्रे पितामह्यै तथा स्त्रियै ।
अयोग्यसूनवे पुत्रहीनमातामहाय च ॥ ६२ ॥

ननु मृतमातापितृपितामहस्य शिशोः पालने पितृबन्धुमातृबन्ध्वोर्मध्ये कतरस्य प्राशस्त्यमिति पृच्छन्तीं देवीं प्रत्याह न विद्यत इत्यादिना । यस्य शिशोः पिता माता पितामहश्च न विद्यते तस्य पालने नियतं निश्चितं मातृबन्धुः प्रशस्यते ॥ ५८ ॥

ननु के ते मातृबन्ध्वादय इत्याह मातुरित्यादिना । मातुर्माता मातामही मातुः पिता मातामहः मातुर्भ्राता मातुलः तथा मातुर्भ्रातुः सुताः मातुलपुत्राः मातुः पितुर्मातामहस्य सोदराश्च मातृबान्धवा विज्ञेयाः ॥ ५९ ॥

अथ पितृबान्धवानाह पितुरित्यादिना । पितुर्माता पितामही पितुःपिता पितामहः पितुर्भ्राता पितृव्यः पितुर्भ्रातुः सोदरस्य सुताः पितुःस्वसुर्भगिन्याश्च सुताः पितुःपितुः पितामहस्य सोदराश्च पितृबान्धवा विज्ञेयाः ॥ ६० ॥

अथ पतिबान्धवानाह पत्युरित्यादिना । पत्युर्माता श्वश्रूः पत्युः पिता श्वशुरः पत्युर्भ्राता सोदरः पत्युर्भ्रातुः सुताः पुत्राः पत्युःस्वसुर्भगिन्याश्च सुताः पत्युःपितुः श्वशुरस्य सोदराश्च पतिबान्धवा विज्ञेयाः ॥ ६१ ॥

अथ दरिद्रेभ्यः पित्रादिभ्यो भोजनादिकं पुरुषेण नरपतिर्दापयेदित्याह पित्रे इत्यादिद्वयेन । हे अम्बिके जगज्जननि पित्रे तथा मात्रे तथा

मातामह्यै दरिद्रेभ्य एभ्यो वासस्तथाऽशनम् ।
दापयेन्नृपतिः पुंसा यथाविभवमम्बिके ॥ ६३ ॥
दुर्वाच्यं कथयन् पत्नीमेकाहमशनं त्यजेत् ।
त्र्यहं सन्ताड़यन् रक्तं पातयन् सप्त वासरान् ॥ ६४ ॥
क्रोधाद्वा मोहतो भार्यां मातरं भगिनीं सुताम् ।
वदन्नुपोष्य सप्ताहं विशुध्येच्छिवशासनात् ॥ ६५ ॥
शण्ढेनोद्वाहितां कन्यां कालातीतेऽपि पार्थिवः ।
जानन्नुद्वाहयेत् भूयो विधिरेषः शिवोदितः ॥ ६६ ॥

पितुःपित्रे पितामह्याय पितामह्यै च तथा अयोग्यसूनवे अयोग्यपुत्रायै स्त्रियै पुत्रहीनमातामहाय च तादृश्यै मातामह्यै च दरिद्रेभ्य एभ्यः पित्रादिभ्यो यथाविभवं विभवमनतिक्रम्य वासो वस्त्रं तथाऽशनं भोज्यं नृपतिः पुंसा दापयेत् ॥ ६२ ॥ ६३ ॥

अथ पत्न्यै दुर्वाच्यं कथयतस्तां ताडयतस्तस्या रक्तं च पातयतः क्रमतः प्रायश्चित्तमाह दुर्वाच्यमित्यादिना । पत्नीं प्रति दुर्वाच्यमवक्तव्यं वचः कथयन् जन एकाहमशनं भोजनं त्यजेत् तां सन्ताड़यंस्त्र्यहमशनं त्यजेत् । तस्या रक्तं पातयन् सप्त वासरानशनं त्यजेत् ॥ ६४ ॥

अथ क्रोधादितः स्वभार्यायां मातृत्वादि वदतः प्रायश्चित्तमाह क्रोधादि-त्यादिना । क्रोधादमर्षान्मोहतोऽविवेकाद्वा भार्यां मातरं भगिनीं सुतां पुत्रीं वा वदन् पुमान् शिवशासनात् सप्ताहमुपोष्य विशुध्येत् ॥ ६५ ॥

नपुंसकपरिणीताया नार्याः पुनरुद्वाहो राज्ञा विधापयितव्य इत्याह शण्ढेनेत्यादिना । कालेऽतीतेऽपि जानन् पार्थिवो भूपः शण्ढेन नपुंसकेनोद्वा-हितां कन्यां भूयः पुनरुद्वाहयेत् । ननु वेदाद्यसम्मतत्वान्नेदं मान्यं तत आह विधि-रिति । एषः शिवोदितः शिवभाषितो विधिः । शण्ढ इति शमेर्ढ इति ढः ॥६६॥

परिणीता न रमिता कन्यका विधवा भवेत् ।
साप्युद्वाह्या पुनः पित्रा शैवधर्मेष्वयं विधिः ॥ ६७ ॥
उद्वाहाद् द्वादशे पक्षे पत्यन्तात् गतहायने ।
प्रसूते तनयं योग्यं न सा पत्नी न सः सुतः ॥ ६८ ॥
आगर्भात् पञ्चमासान्तर्गर्भं या स्रावयेद्धिया ।
तदुपायकृतं ताञ्च यातयेत्तीव्रताड़नैः ॥ ६९ ॥
पञ्चमात् परतो मासात् या स्त्री भ्रूणं प्रपातयेत् ।
तत्प्रयोक्तुश्च तस्याश्च पातकं स्याद्वधोद्भवम् ॥ ७० ॥

अथ पत्यरमिताया मृतभर्तृकायाः कन्यायाः पुनरुद्वाहः पित्रा कार्य इत्याह परिणीतेत्यादिना । या परिणीता विवाहिता कन्या भर्त्रा न रमिता सती विधवा भवेत् सा परिणीतापि कन्या पित्रा पुनरुद्वाह्या भवेत् । अत्र प्रमाणं दर्शयति शैवेति । विधिरयं शैवधर्मेषु निरूपितः ॥ ६७ ॥

अथोद्वाहात् षष्ठे मासि प्रसूतपुष्टतनयाया भर्तृमरणात् वर्षे याते प्रसूततनयायाश्च स्त्रियास्तत्पत्नीत्वं बालस्य तत्सुतत्वञ्च व्यावर्त्तयति उद्वाहादित्यादिना । उद्वाहाद् द्वादशे पक्षे षष्ठे मासि योग्यं पुष्टं यं तनयं या प्रसूते उत्पादयति पत्यन्तात् गतहायने पतिमरणात् याते वर्षे यं तनयं या प्रसूते सा पत्नी न स्यात् स च सुतो न स्यात् । तां पुंश्चलीन्तं च जारजातं विदित्वा तयोस्त्यागं कुर्यादिति भावः ॥ ६८ ॥

अथ गर्भाशयमारभ्य पञ्चमासाभ्यन्तर एव गर्भं स्रावयन्त्याः स्त्रियास्तदुपायकर्त्तुश्च दण्डमाह आगर्भादित्यादिना । आगर्भाद्गर्भमारभ्य पञ्चमासान्तः पञ्चमासाभ्यन्तरे गर्भं धिया बुद्ध्या या स्रावयेत्ताम् तदुपायकृतं गर्भस्रावोपायकर्त्तारं च तीव्रताड़नैर्भूपो यातयेत् पीड़येत् ॥ ६९ ॥

अथ पञ्चममासादूर्ध्वं गर्भं स्रावयन्त्याः स्त्रियास्तत्प्रयोक्तुश्च नृवधजन्यं पातकमाह पञ्चमादित्यादिना । पञ्चमान्मासात् परतो या स्त्री भ्रूणं गर्भं प्रपातयेत् तस्यास्तत्प्रयोक्तुर्जनस्य च वधोद्भवं मनुष्यवधजन्यं पातकं स्यात् ॥ ७० ॥

योे हन्ति ज्ञानतो मर्त्यं मानवः क्रूरचेष्टितः ।
वधस्तस्य विधातव्यः सर्वथा धरणीभृता ॥ ७१ ॥
प्रमादाद् भ्रमतोऽज्ञानात् घ्नन्तन्नरमरिन्दमः ।
द्रविणादानतस्तीव्रताड़नैस्तं विशोधयेत् ॥ ७२ ॥
स्वतो वा परतो वापि वधोपायं प्रकुर्वतः ।
अज्ञानवधिनां दण्डो विहितस्तस्य पापिनः ॥ ७३ ॥
मिथः संग्रामयोद्धारमाततायिनमागतम् ।
निहत्य परमेशानि न पापार्हो भवेन्नरः ॥ ७४ ॥

ततश्च कथं विमुक्तिः स्यादिति पृच्छन्तीं पार्वतीं प्रत्याह य इत्यादिना । यः क्रूरचेष्टितो मानवो ज्ञानतो मर्त्यं मनुष्यं हन्ति तस्य सर्वथा सर्वप्रकारेण धरणीभृता राज्ञा वधो विधातव्यः । तत एव तस्य शुद्धिर्नान्यथेति भावः ॥ ७१ ॥

अथ प्रमादादिभिर्मानवं मारयतो विशुद्धिं दर्शयति प्रमादादित्यादिना । प्रमादादनवधानतया भ्रमतोऽज्ञानाद्वा यो नरं हन्ति तं घ्नन्तं जनमरिन्दमो विपक्षदमनकर्त्ता राजा द्रविणादानतो द्रव्यहरणतस्तीव्रताड़नैश्च विशोधयेत् ॥७२॥

अथ स्वतः परतो वा नरवधोपायं कुर्वतो दण्डमाह स्वत इत्यादिना । स्वतः परतो वा यो वधोपायं करोति तस्य वधोपायं प्रकुर्वतः पापिनः अज्ञानवधिनामज्ञानतो नरहन्तॄणां यो दण्डः स विहितः ॥ ७३ ॥

ननु संग्रामहतयोद्धृकस्य निहतागताततायिनश्च वधार्हत्वं स्यान्न वेत्याशङ्कायामाह मिथ इत्यादिना । हे परमेशानि मिथः परस्परं संग्रामे योद्धारं निहत्य तथाऽऽगतमाततायिनं च निहत्य नरः पापार्हः पापभाक् न भवेत् । आततायिनो यथा—

अग्निदो गरदश्चैव शस्त्रपाणिर्धनापहः ।
क्षेत्रदारापहारी च षडेते आततायिनः ॥ इति ॥ ७४ ॥

अङ्गच्छेदे विधातव्यं भूभृताऽङ्गनिकृन्तनम् ।
प्रहारे च प्रहरणं नृषु पापं चिकीर्षुषु ॥ ७५ ॥
विप्रान् गुरूनवगुरेत् प्रहरेद् यो दुरासदः ।
धनादानाद्धस्तदाहात् क्रमतस्तं विशोधयेत् ॥ ७६ ॥
शस्त्रादिक्षतकायस्य षण्मासात् परतो मृतौ ।
प्रहर्त्ता दण्डनीयः स्याद् वधार्हो न हि भूभृतः ॥ ७७ ॥
राष्ट्रविप्लाविनो राज्यं जिहीर्षून्नृपवैरिणाम् ।
रहो हितैषिणो भृत्यान् भेदकान्नृपसैन्ययोः ॥ ७८ ॥

अथाङ्गच्छेदादिकं कुर्वतो दण्डमाह अङ्गेत्यादिना । पापं चिकीर्षुषु कर्त्तुमिच्छुषु नृषु भूभृता भूपेनाऽङ्गच्छेदे सत्यङ्गनिकृन्तनमङ्गच्छेदनं प्रहारे च प्रहरणं विधातव्यम् ॥ ७५ ॥

अथ ब्राह्मणगुरुहननार्थं दण्डादिकमुद्यच्छतस्तान् प्रहरतश्च क्रमतः प्रायश्चित्तमाह विप्रानित्यादिना । यो दुरासदो दुष्टो जनो विप्रान् गुरूंश्च हन्तुमिति शेषः । अवगुरेत् दण्डादिकमुत्क्षिपेत् तान् प्रहरेद्वा तं क्रमतो धनादानात् हस्तदाहाद्राजा विशोधयेत् ॥ ७६ ॥

अथ शस्त्रादिक्षतशरीरस्य षण्मासात् परतो मरणे सति प्रहर्त्तुर्दण्डनीयत्वं वधानर्हत्वं चाह शस्त्रादीत्यादिना । शस्त्रादिना क्षतः कायो यस्य तस्य पुंसः षण्मासात् परतो मृतौ सत्यां प्रहर्त्ता भूभृतो राज्ञो दण्डनीयः स्यात् वधार्हो नैव स्यात् ॥ ७७ ॥

अथ देशोपद्राविणः राज्यहरणेच्छून् नृपतिविपक्षाणां रहो हिताकाङ्क्षिणो नृपसैन्यभेदकभृत्यान् राज्ञा सह योद्धुमिच्छुः प्रजाः पान्थपीडकशस्त्रिणश्च घ्नतो महीपतेः पातकभागित्वं नेत्याह राष्ट्रेत्यादिश्लोकद्वयेन । राष्ट्रविप्लाविनो देशोपद्रावकान् राज्यं जिहीर्षून् राज्यहरणेच्छून्नृपवैरिणां राज्ञः शत्रूणां रहो

योद्धुमिच्छूः प्रजा राज्ञा शस्त्रिणः पान्थपीड़कान् ।
हत्वा नरपतिस्त्वेतान् नैव किल्विषभाग् भवेत् ॥ ७९ ॥
यो हन्यान्मानवं भर्त्तुराज्ञयापरिहार्यया ।
भर्त्तुरेव वधस्तत्र प्रहर्त्तुर्न शिवाज्ञया ॥ ८० ॥
अयत्नपुंसः पशुना शस्त्रैर्वा म्रियते नरः ।
धनदण्डेन वा कायदमेनाऽस्य विशोधनम् ॥ ८१ ॥
बहिर्मुखान्नृपाज्ञासु नृपाग्रे प्रौढ़वादिनः ।
दूषकान् कुलधर्माणां शास्याद्राजा विगर्हितान् ॥ ८२ ॥

हितैषिणो रहसि हितकाङ्क्षिणो नृपसैन्ययोर्भेदकान् नृपस्य सैन्यस्य च भेदं कुर्वतो भृत्यान् अमात्यादीन् तथा राज्ञा सह योद्धुमिच्छूः प्रजाः तथा पान्थपीड़कान् शस्त्रिणश्चैतान् हत्वा नरपतिः किल्विषभाक्नैव भवेत् ॥७८॥७९॥

अथाऽपरिहार्यप्रभ्वाज्ञालङ्घनाशक्तेन भृत्येन मानुषं घातयतो भर्त्तुरेव वधो विधातव्यो न भृत्यस्येत्याह य इत्यादिना। भर्तुरपरिहार्ययाऽनुलङ्घनीययाऽऽज्ञया यो मानवं हन्यात् तस्य प्रहर्त्तुस्तत्र हनने न वधः किन्तु शिवाज्ञया भर्तुरेव वधो विहितः । अपरिहार्ययेत्यनेन भर्त्राज्ञालङ्घनशक्तो भृत्यो यदि मानवं हन्यात् तदा तस्यैव वध इति सूचितम् ॥ ८० ॥

नन्वनवधानस्य यस्य पुंसः शस्त्रादिभिर्मनुष्यो म्रियते तस्य विशुद्धिः कथं स्यात्तत्राह अयत्नेत्यादिना। अयत्नपुंसो यत्नहीनस्य यस्य पुरुषस्य पशुना गवाश्वादिना शस्त्रैः खड्गादिभिर्वा नरो म्रियते अस्य पुंसो धनदंण्डेन कायदण्डेन वा विशोधनं भवेत् ॥ ८१ ॥

अथ राजाज्ञालङ्घिनस्तदग्रे प्रौढ़वादिनः कुलधर्मदूषकांश्च राजा दण्डयेदित्याह बहिरित्यादिना। नृपाज्ञासु बहिर्मुखान् राजाज्ञालङ्घिनो नृपाग्रे प्रौढ़वादिनः प्रौढं वदतः तथा कुलधर्माणां दूषकांश्च विगर्हितान्निन्दितानेतान् राजा शास्यात् ॥ ८२ ॥

स्थाप्यापहारिणं क्रूरं वञ्चकं भेदकारिणम् ।
विवादयन्तं लोकांश्च देशान्निर्यापयेन्नृपः ॥ ८३ ॥
शुल्केन कन्यां दातॄंश्च पुत्रं शण्ढे प्रयच्छतः ।
देशान्निर्यापयेद्राजा पतितान् दुष्कृतात्मनः ॥ ८४ ॥
मिथ्यापवादव्याजेन परानिष्टं चिकीर्षवः ।
यथापवादं ते शास्या धर्मज्ञेन महीभृता ॥ ८५ ॥
यो यत्परिमितानिष्टं कुर्यात्तत्सम्मितं धनम् ।
नृपतिर्दापयेत्तेन जनायाऽनिष्टभागिने ॥ ८६ ॥

अथ न्यासापहारकादिकान्निजदेशतो नृपो निष्काशयेदित्याह स्थाप्येत्यादिना । स्थाप्यापहारिणं न्यासस्याऽपहर्त्तारं क्रूरं कठिनं निर्दयं वा तथा वञ्चकं तथा भेदकारिणं तथा लोकान् विवादयन्तं च जनं नृपो देशान्निर्यापयेन्निष्काशयेत् ॥ ८३ ॥

अथ शुल्कग्रहणपूर्वकं कन्यां पुत्रं च ददतो जनान् भूपो देशान्निःसारयेदित्याज्ञापयति शुल्केनेत्यादिना । शुल्केन दाननिमित्तकधनेन हेतुना कस्मैचिज्जनाय विशेषतः शण्ढे क्लीबे कन्यां दातॄन् तथा शुल्केनैव कस्मिन् विशेषतः शण्ढे पुत्रं च प्रयच्छतो ददतो दुष्कृतात्मनः पापहृदयान् पापबुद्धीन् वा पतितान् जनान् राजा देशान्निर्यापयेत् । शण्ढे इति सम्प्रदानस्याधिकरणत्वेन विवक्षितत्वात् सप्तम्यधिकरणे चेति सप्तमी ॥ ८४ ॥

अथ मिथ्यापवादच्छलेन परानिष्टजननाकाङ्क्षिणां दण्डमाह मिथ्येत्यादिना । मिथ्यापवादव्याजेन असत्यापवादच्छलेन परानिष्टमन्यानाकाङ्क्षितं चिकीर्षवो ये मानवास्ते धर्मज्ञेन धर्मं जानता महीभृता राज्ञा यथापवादं शास्याः । गुर्वपवादे गुरुशासनं लघ्वपवादे च लघुशासनं विधेयमित्यर्थः ॥ ८५ ॥

ननु विनैवापराधं परानिष्टं कुर्वतः पुंसः को दण्डो विधातव्यस्तत्राह य इत्यादिना । यो नरो यस्य यत् परिमितमनिष्टं कुर्यात्तेन तस्मै अनिष्टभागिने जनाय तत्सम्मितं धनं नृपतिर्दापयेत् ॥ ८६ ॥

मणिमुक्ताहिरण्यादिधातूनां स्तेयकारिणः ।
करस्य बाह्वोश्छेदो वा कार्यो मूल्यं विचारयन् ॥ ८७ ॥
महिषाश्वगवादीनां रत्नादीनां तथा शिशोः ।
बलेनाऽपहृतां नृणां स्तेयिवद्विहितो दमः ॥ ८८ ॥
अन्नानामल्पमूल्यस्य वस्तुनस्तेयिनं नृपः ।
विशोधयेत्तं पक्षैकं सप्ताहं वाऽऽशयन् कणम् ॥ ८९ ॥
विश्वासघातके पुंसि कृतघ्ने सुरवन्दिते ।
यज्ञैर्व्रतैस्तपोदानैः प्रायश्चित्तैर्न निष्कृतिः ॥ ९० ॥

अथ मणिमुक्तादिधातुस्तेयिनां दण्डमाह मणीत्यादिना । मणिमुक्ताहिरण्यादीनां धातूनां स्तेयकारिणो नरस्य करस्य बाह्वोर्वा छेदं मण्यादीनां मूल्यं विचारयन् नृपः कुर्यात् । अल्पमूल्यकमण्यादिस्तेये करच्छेदो बहुमूल्यकमण्यादिस्तेये बाह्वोश्छेदः कार्य इत्यर्थः ॥ ८७ ॥

अथ बलात्कारेण महिषाश्वादीनामपहारकस्य दण्डमाह महिषेत्यादिना । महिषाश्वगवादीनां पशूनां तथा रत्नादीनां तथा शिशोश्च बलेनाऽपहृतामपहरतां नृणां स्तेयिवद्दमो विहितः ॥ ८८ ॥

अथान्नस्य मण्यादिभिन्नाल्पमूल्यवस्तुनश्च स्तेयिनो विशुद्धिमाह अन्नानामित्यादिना । अन्नानां तथाऽल्पमूल्यस्य वस्तुनश्च स्तेयी यो नरस्तं पक्षैकं सप्ताहं वा कणमाशयन् भोजयन्नृपो विशोधयेत् ॥ ८९ ॥

अथाऽनेकयज्ञव्रतादिकं कुर्वतोरपि विश्वासघातककृतघ्नयोरनिष्कृतित्वमाह विश्वासेत्यादिना । हे सुरवन्दिते विश्वासघातके तथा कृतघ्ने उपकृतविनाशके च पुंसि यज्ञैरश्वमेधादिभिर्व्रतैः कृच्छ्रचान्द्रायणादिभिस्तपोभिर्दानैश्च प्रायश्चित्तैः पापविनाशकैरेतैर्निष्कृतिर्दुष्कृतान् मुक्तिर्न स्यात् ॥ ९० ॥

ये कूटसाक्षिणो मर्त्या मध्यस्था पक्षपातिनः ।
शास्यात्तांस्तीव्रदण्डेन देशान्निर्यापयेन्नृपः ॥ ९१ ॥
षट् साक्षिणः प्रमाणं स्युश्चत्वारस्त्रय एव वा ।
अभावे द्वावपि शिवे प्रसिद्धौ यदि धार्मिकौ ॥ ९२ ॥
देशतः कालतो वापि तथा विषयतः प्रिये ।
परस्परमयुक्तश्चेद् अग्राह्यं साक्षिणां वचः ॥ ९३ ॥
अन्धानां वाक् प्रमाणं स्याद्बधिराणां तथा प्रिये ।
मूकानामेड़मूकानां शिरसाऽङ्गीकृतिर्लिपिः ॥ ९४ ॥

अथ साक्षित्वे मिथ्याभिधायिनां पक्षपातिमध्यस्थानां च दण्डमाह ये इत्यादिना । कूटसाक्षिणः साक्ष्ये मृषाभिधायिनो ये मर्त्त्यास्तथा पक्षपातिनो मध्यस्थाश्च ये तान् नृपस्तीव्रदण्डेन शास्यात्तथा देशान्निर्यापयेत् ॥ ९१ ॥

ननु कति साक्षिणः प्रमाणं भवेयुरित्यपेक्षायामाह षडित्यादिना । षट्चत्वारस्त्रयो वा साक्षिणः प्रमाणं स्युः । हे शिवे अभावे त्रिचतुरादि-साक्ष्यसत्त्वे यदि प्रसिद्धौ धार्मिकौ भवेतां तदा द्वावपि साक्षिणौ प्रमाणं स्याताम् ॥ ९२ ॥

स्थानादिभेदतः परस्परमसङ्गतं साक्षिणां वचो न प्रमाणमित्याह देशत इत्यादिना । हे प्रिये देशतः स्थानतः कालतो दिनप्रहरादितस्तथा विषयतो वस्तुतो वा चेद् यदि परस्परमयुक्तमसम्बन्धं साक्षिणां वचस्तदाऽग्राह्यं स्यात् ॥ ९३ ॥

ननु दर्शनाद्यशक्ता अन्धादयः साक्षिणो भवितुमर्हन्ति न वेत्या-शङ्कायामाह अन्धानामित्यादिना । हे प्रिये अन्धानामचक्षुषां तथा बधिराणां श्रोत्रहीनानां वाक् प्रमाणं स्यात् मूकानामवाचां तथा एड़मूकानां श्रोत्रवचोर-हितानां शिरसाऽङ्गीकृतिः स्वीकारो लिपिरक्षरं च प्रमाणं स्यात् ॥ ९४ ॥

लिपिः प्रमाणं सर्वेषां सर्वत्रैव प्रशस्यते ।
विशेषाद्व्यवहारेषु न विनश्येच्चिरं यतः ॥ ९५ ॥
स्वीयार्थमपरार्थञ्चेत् कुर्वतः कल्पितां लिपिम् ।
दण्डस्तस्य विधातव्यो द्विपाद्यं कूटसाक्षिणः ॥ ९६ ॥
अभ्रमस्याऽप्रमत्तस्य यदङ्गीकरणं सकृत् ।
स्वीयार्थे तत्प्रमाणं स्याद्वचसो बहुसाक्षिणाम् ॥ ९७ ॥
यथा तिष्ठन्ति पुण्यानि सत्यमाश्रित्य पार्वति ।
तथाऽनृतं समाश्रित्य पातकान्यखिलान्यपि ॥ ९८ ॥
अतः सत्यविहीनस्य सर्वपापाश्रयस्य च ।
ताड़नाद्दमनाद्राजा न पापार्हः शिवाज्ञया ॥ ९९ ॥

अथाऽन्यप्रमाणाल्लिपिप्रमाणस्य बहुकालस्थायित्वात् प्राशस्त्यमाह लिपिरित्यादिना । सर्वत्रैव कर्मणि विशेषात् क्रयविक्रयादिरूपव्यवहारेषु सर्वेषां लिपिः प्रमाणं प्रशस्यते । प्राशस्त्ये हेतुं दर्शयन्नाह न विनश्येदित्यादिना । यतश्चिरं बहुकालं लिपिर्न विनश्येच्चिरं तिष्ठेदित्यर्थः ॥ ९५ ॥.

अथाऽक्षरं कल्पयतो दण्डमाह स्वीयार्थमित्यादिना । स्वीयार्थमपरार्थं वा कल्पितां लिपिं यः करोति तस्य तादृशीं लिपिं कुर्वतो जनस्य कूटसाक्षिणः साक्ष्येऽनृतं वदतो द्विपाद्यं द्विगुणो दण्डो राज्ञा विधातव्यः ॥ ९६ ॥

बहुसाक्षिवचोभ्योऽप्रमत्ताभ्रान्तजनः स्वयं कृतैकवारस्वीकाररूपप्रमाणस्याऽतिप्राशस्त्यं दर्शयितुमाह अभ्रमस्येत्यादिना । अभ्रमस्य भ्रान्तिरहितस्याप्रमत्तस्य सावधानस्य यत् सकृदेकवारमपि अङ्गीकरणं स्वीकारस्तत् स्वीयार्थे बहुसाक्षिणामपि वचसो भाषणादधिकं प्रमाणं स्यात् ॥ ९७ ॥

अथाऽसत्यस्याऽखिलपातकाश्रयत्वं व्याहरंस्तदाश्रयान्मानवान् दण्डयतो राज्ञः पापानर्हत्वमाह यथेत्यादिना शिवाज्ञयेत्यन्तेन श्लोकद्वयेन । हे पार्वति

सत्यं ब्रवीमि सङ्कल्प्य स्पृष्ट्वा कौलं गुरुं द्विजम् ।
गङ्गातोयं देवमूर्त्तिं कुलशास्त्रं कुलामृतम् ॥ १०० ॥
देवीनिर्माल्यमथवा कथनं शपथो भवेत् ।
तत्राऽनृतं वदन् मर्त्यः कल्पान्तं नरकं व्रजेत् ॥ १०१ ॥
अपापजनिकार्याणां त्यागे वा ग्रहणेऽपि वा ।
तत् कार्यं सर्वथा मर्त्यैः स्वीकृतं शपथेन यत् ॥ १०२ ॥
स्वीकारोल्लङ्घनाच्छुध्येत् पक्षमेकमभोजनैः ।
भ्रमेणापि तमुल्लङ्घ्य द्वादशाहं कणाशनैः ॥ १०३ ॥

यथा सत्यमाश्रित्य पुण्यानि तिष्ठन्ति तथाऽनृतमसत्यं समाश्रित्याऽखिलान्यपि पातकान्यपि तिष्ठन्ति । अतः सत्यविहीनस्य सर्वपापाश्रयस्य च जनस्य ताड़नाद्द-मनाद्धनदण्डाच्च राजा शिवाज्ञया पापार्हः पापभाक् न स्यात् ॥ ९८ ॥ ९९ ॥

अथ शपथस्वरूपं निरूपयंस्तत्राऽनृतं ब्रुवतो मर्त्यस्य नरकगामित्वं विदधाति सत्यमित्यादिना श्लोकद्वयेन । सत्यमहं ब्रवीमीति सङ्कल्प्य कौलं कुलीनं गुरुं निषेकादिकरं द्विजं ब्राह्मणं गङ्गातोयं गङ्गाजलं देवमूर्त्तिं देवताप्रतिमां कुलशास्त्रं तन्त्रादिकं कुलामृतमासवम् देवीनिर्माल्यं वा स्पृष्ट्वा कथनं शपथो भवेत् तत्र शपथेऽनृतं मिथ्यां वदन् मर्त्यः कल्पान्तं कल्पपर्यन्तं नरकं व्रजेत् नरकान्नर-कान्तरं गच्छेत् ॥ १०० ॥ १०१ ॥

अथ शपथपूर्वकस्वीकृतापापजनककार्याणामवश्यकृत्यत्वमाह अपापेत्या-दिना । न पापस्य जनिरुत्पत्तिर्येभ्यस्तेषां कार्याणां त्यागे वा ग्रहणेऽपि वा शपथेन मर्त्यैर्यत् स्वीकृतं तत् सर्वथा कार्यं न लङ्घनीयमित्यर्थः । ग्रहणेऽपि वेत्यनेन पापजनककर्मणां त्यागे एव यत् स्वीकृतं तस्यैवाऽवश्यकृत्यत्वमिति ध्वनितम् ॥ १०२ ॥

ननूलङ्घितशपथपूर्वकस्वीकृतापापजनककार्यो मनुष्यः कथं शुध्येत् तत्राह स्वीकारेत्यादि । स्वीकारोल्लङ्घनादेकं पक्षमभोजनैर्जनः शुध्येत् । भ्रमेणापि तं स्वीकारमुल्लङ्घ्य द्वादशाहं कणाशनैः शुध्येत् ॥ १०३ ॥

कुलधर्मोऽपि सत्येन विधिना चेन्न सेवितः ।
मोक्षाय श्रेयसे न स्यात् कौले पापाय केवलम् ॥ १०४ ॥
सुरा द्रवमयी तारा जीवनिस्तारकारिणी ।
जननी भोगमोक्षाणां नाशिनी विपदां रुजाम् ॥ १०५ ॥
दाहिनी पापसङ्घानां पावनी जगतां प्रिये ।
सर्वसिद्धिप्रदा ज्ञानबुद्धिविद्याविबर्धिनी ॥ १०६ ॥
मुक्तैर्मुमुक्षुभिः सिद्धैः साधकैः क्षितिपालकैः ।
सेव्यते सर्वदा देवैराद्ये स्वाभीष्टसिद्धये ॥ १०७ ॥
सम्यग्विधिविधानेन सुसमाहितचेतसा ।
पिबन्ति मदिरां मर्त्या अमर्त्या एव ते क्षितौ ॥ १०८ ॥

अथाऽविधिसेवितस्य कुलधर्मस्यापि पापजनकत्वमाह कुलेत्यादिना । सत्येन विधिना चेद् यदि सेवितो न स्यात् तदा कुलधर्मोऽपि कौले कुलीने मोक्षाय अपवर्गाय तथा श्रेयसे भद्राय च न स्यात् केवलं पापायैव भवति । अतो विधिनैव सेव्यः कुलधर्म इति भावः ॥ १०४ ॥

अथ सुरेत्यादिभिस्त्रिभिः पद्यैर्मद्यं स्तौति । सुरा द्रवमयी द्रवरूपा तारा भवति । या जीवनिस्तारकारिणी जीवानां निस्तारकर्त्री या भोगमोक्षाणां जननी उत्पादयित्री या विपदां विपत्तीनां रुजां रोगाणां च नाशिनी ॥ १०५ ॥

या पापसङ्घानां पापसमूहानां दाहिनी दग्ध्री । हे प्रिये या जगतां पावनी शुद्धिकर्त्री या सर्वसिद्धिप्रदा सर्वासां सिद्धीनां प्रदात्री या ज्ञानबुद्धिविद्या-विवर्द्धिनी । मोक्षे धीर्ज्ञानम् शास्त्रादितत्त्वज्ञानं वुद्धिः आत्मज्ञानं विद्या तेषां विवर्धयित्री ॥ हे आद्ये मुक्तैर्मुक्तिशालिभिः मुमुक्षुभिर्मोक्षेप्सुभिः सिद्धैः साधकैः क्षितिपालकैः राजभिर्देवैश्च स्वाभीष्टसिद्धये सर्वदा या सेव्यते सा सुरा द्रवमयी तारा बोद्धव्येति पूर्वेणान्वयः । या सेत्यध्याहारलभ्ये ॥ १०६ ॥ १०७ ॥

सुरेत्यादिश्लोकत्रयेण मदिरां स्तुत्वेदानीं विधिपूर्वकतत्पानकर्त्तुः साक्षाद्देवत्वं प्रतिपादयति सम्यगित्यादिना । ये मर्त्याः सम्यग्विधिविधानेन सुसमाहित-

प्रत्येकतत्त्वस्वीकाराद्विधिना स्याच्छिवो नरः ।
न जाने पञ्चतत्वानां सेवनात् किं फलं भवेत् ॥ १०९ ॥
इयञ्चेत् वारुणी देवी निपीता विधिवर्जिता ।
नृणां विनाशयेत् सर्वं बुद्धिमायुर्यशो धनम् ॥ ११० ॥
अत्यन्तपानान्मद्यस्य चतुर्वर्गप्रसाधनी ।
बुद्धिर्विनश्यति प्रायो लोकानां मत्तचेतसाम् ॥ १११ ॥
विभ्रान्तबुद्धेर्मनुजात् कार्याकार्यमजानतः ।
स्वानिष्टं च परानिष्टं जायतेऽस्मात् पदे पदे ॥ ११२ ॥
अतो नृपो वा चक्रेशो मद्ये मादकवस्तुषु ।
अत्यासक्तजनान् कायधनदण्डेन शोधयेत् ॥ ११३ ॥

चेतसाऽतिसावधानमनसा मदिरां पिबन्ति ते क्षितौ पृथिव्याममर्त्या देवा एव भवन्ति ॥ १०८ ॥

अथ विधिसेवितमद्यादिपञ्चतत्त्वानामनिर्वचनीयफलत्वं दर्शयति प्रत्येकेत्यादिना । विधिना प्रत्येकतत्त्वस्वीकारात् मद्याद्येकैकतत्वाङ्गीकारान्नरः शिवः स्यात् पञ्चानामपि तत्वानां मद्यादीनां सेवनात् किं फलं भवेदिति तु न जाने ॥१०९॥

अथ विधिवर्जितसुरापानस्य बुद्ध्यायुरादिसकलपदार्थविनाशकत्वमाह इयमित्यादिना । चेद् यदि विधिवर्जितेयं वारुणी मदिरा देवी निपीता स्यात्तदा नृणां बुद्धिमायुर्यशोधनमित्यादि सर्वं विनाशयेत् ॥ ११० ॥

सुरात्यन्तपानस्य बुद्धिविनाशकत्वेऽतिपीतमद्यानां स्वपरानिष्टोत्पादकत्वस्य हेतुत्वात्तदत्यासक्तचेतसः पुमांसो नरेशचक्रेशाभ्यां दण्ड्या इत्याह अत्यन्तेत्यादिना शोधयेदित्यन्तेन श्लोकत्रयेण । मद्यस्याऽत्यन्तपानान्मत्तचेतसां लोकानां चतुर्वर्गप्रसाधनी धर्मार्थकाममोक्षाणां साधयित्री बुद्धिः प्रायो विनश्यति ॥ १११ ॥

कार्याकार्यमजानतोऽस्माद्विभ्रान्तबुद्धेर्मनुजात् स्वानिष्टं परानिष्टं च पदे पदे जायते । अतो मद्ये मादकवस्तुषु चाऽत्यासक्तान् जनान् नृपश्चक्रेशो वा कायधनदण्डेन शोधयेत् ॥ ११२ ॥ ११३ ॥

सुराभेदात् व्यक्तिभेदात् न्यूनेनाऽप्यधिकेन वा ।
देशकालविभेदेन बुद्धिभ्रंशो भवेन्नृणाम् ॥ ११४ ॥
अतएव सुरामानादतिपानं न लक्ष्यते ।
स्खलद्वाक्पाणिपादृद्दग्भिरतिपानं विचारयेत् ॥ ११५ ॥
नेन्द्रियाणि वशे यस्य मदविह्वलचेतसः ।
देवतागुरुमर्यादोल्लङ्घिनो भयरूपिणः ॥ ११६ ॥
निखिलानर्थयोग्यस्य पापिनः शिवघातिनः ।
दहेज्जिह्वां हरेदर्थान् ताड़येत्तं च पार्थिवः ॥ ११७ ॥
विचलत्पादवाक्पाणिं भ्रान्तमुन्मत्तमुद्धतम् ।
तमुग्रं यातयेद्राजा द्रविणं चाहरेत्ततः ॥ ११८ ॥

मद्यादिविभेदतो न्यूनस्याऽधिकस्य च तस्य बुद्धिभ्रंशजनकत्वात्तन्माना-दत्यन्तपानस्य ज्ञातुमशक्यत्वात् स्खलद्वागादिभिस्तल्लक्षणीयमित्याह सुरेत्यादिना विचारयेदित्यन्तेन श्लोकद्वयेन । सुराभेदात् व्यक्तिभेदाज्जनविशेषाद्देशकालयोर्वि-भेदेन च न्यूनेनापि अधिकेन वा मद्येन नृणां बुद्धिभ्रंशो भवेत् । अतएव सुराया मानादतिपानं न लक्ष्यते किन्तु स्खलद्वाक्पाणिपदृद्दग्भिरितस्ततो विचल-द्भिर्वचोहस्तपादनेत्रैरतिपानं विचारयेत् विलक्षयेत् ॥ ११४ ॥ ११५ ॥

अथोल्लङ्घितदेवतागुरुमर्यादावशेन्द्रियमदिरामत्तस्य दण्डमाह नेन्द्रि-याणीत्यादिश्लोकद्वयेन । यस्येन्द्रियाणि वशे न सन्ति तस्य मदविह्वलचेतसो मदिराविक्लवचित्तस्य देवतागुरुमर्यादोल्लङ्घिनो लङ्घितदेवनिषेकादिगुरुमर्यादस्य भयरूपिणो भीतिस्वरूपस्य निखिलानर्थयोग्यस्याऽशेषानर्थार्हस्य पापिनः पातका-श्रयस्य शिवघातिनः शिवाज्ञालङ्घनात्तद्धन्तुर्निजभद्रहन्तुर्वा नरस्य जिह्वां पार्थिवो दहेत् अर्थान् हरेत् तं च ताड़येत् ॥ ११६ ॥ ११७ ॥

अथ विचलत्पादादिकस्य मद्यमत्तस्य दण्डमाह विचलदित्यादिना । विचलत्पादवाक्पाणिं स्खलच्चरणवचोहस्तं भ्रान्तं भ्रमयुतमुन्मत्तमुन्मादवन्तमुद्धत-मविनीतं तमुग्रं रौद्रं राजा यातयेत् ततो द्रविणं च आहरेत् ॥ ११८ ॥

अपवाग्वादिनं मत्तं लज्जाभयविवर्जितम् ।
धनादानेन तं शास्यात् प्रजाप्रीतिकरो नृपः ॥ ११९ ॥
शताभिषिक्तः कौलश्चेत् अतिपानात् कुलेश्वरि ।
पशुरेव स मन्तव्यः कुलधर्मबहिष्कृतः ॥ १२० ॥
पिबन्नतिशयं मद्यं शोधितं वाऽप्यशोधितम् ।
त्याज्यो भवति कौलानां दण्डनीयोऽपि भूभृतः ॥ १२१ ॥
ब्राह्मीं भार्यां सुरां मत्ताः पाययन्तो द्विजातयः ।
शुध्येयुर्भार्यया सार्धं पञ्चाहं कणभोजनात् ॥ १२२ ॥
असंस्कृतसुरापानात् शुध्येदुपवसंस्त्र्यहम् ।
भुक्त्वाऽप्यशोधितं मांसमुपवासद्वयं चरेत् ॥ १२३ ॥

अथाऽवाच्यवादिनो मत्तस्य दण्डमाह अपवागित्यादिना । अपवाग्वादिनं अवक्तव्यं वचो वदन्तं लज्जाभयविवर्जितं तं मत्तं प्रजाप्रीतिकरो नृपो धनादानेन शास्यात् ॥ ११९ ॥

शताभिषिक्तकौलस्याऽप्यत्यन्तमद्यपानेन कुलधर्मबहिष्कृतत्वात् पशुत्वशालित्वमाह शतेत्यादिना । चेच्छब्दोऽप्यर्थे । हे कुलेश्वरि शताभिषिक्तः कौलोऽप्यतिपानात् पशुरेव मन्तव्यः यतः स कुलधर्माद्बहिष्कृतः ॥ १२० ॥

अथ संस्कृतासंस्कृतातिशयितमद्यपायिनो नरस्य राज्ञा दण्डनीयत्वं कौलहेयत्वं चाह पिबन्नित्यादिना । शोधितमशोधितं वाऽतिशयं बहुलं मद्यं पिबन्मर्त्यः कौलानां त्याज्यो भूभृतो दण्डनीयोऽपि भवति ॥ १२१ ॥

ननु ब्राह्मीं भार्यां मद्यं पाययन्तो द्विजाः कथं शुध्येयुस्तत्राह ब्राह्मीमित्यादिना । ब्राह्मीं वेदोक्तविधिना परिणीतां भार्यां सुरां पाययन्तो मत्ताः द्विजातयो भार्यया सार्धं पञ्चाहं कणभोजनाच्छुध्येयुः ॥ १२२ ॥

नन्वशोधितमद्यपानात् तादृङ्मांसभक्षणाच्च कथं शुध्येत्तत्राह असंस्कृतेत्यादिना । असंस्कृतसुरापानात् त्र्यहं त्रिदिनमुपवसन् शुध्येत् । अशोधितं मांसमपि भुक्त्वा उपवासद्वयं चरेत् कुर्यात् ॥ १२३ ॥

असंस्कृते मीनमुद्रे खादन्नुपवसेदहः ।
अवैधं पञ्चमं कुर्वन् राज्ञो दण्डेन शुध्यति ॥ १२४ ॥
भुञ्जानो मानवं मांसं गोमांसं ज्ञानतः शिवे ।
उपोष्य पक्षं शुद्धः स्यात् प्रायश्चित्तमिदं स्मृतम् ॥ १२५ ॥
नराकृतिपशोर्मांसं मांसं मांसादनस्य च ।
अत्त्वा शुध्येन्नरः पापादुपवासैस्त्रिभिः प्रिये ॥ १२६ ॥
म्लेच्छानां श्वपचानां च पशूनां कुलवैरिणाम् ।
खादन्नन्नं विशुद्धः स्यात् पक्षमेकमुपोषितः ॥ १२७ ॥
उच्छिष्टं यदि भुञ्जीत ज्ञानादेषां कुलेश्वरि ।
शुध्येन्मासोपवासेनाऽज्ञानात् पक्षोपवासतः ॥ १२८ ॥

अथाशोधितमत्स्यमुद्रयोर्भोक्तुरवैधसुरतकर्त्तुश्च प्रायश्चित्तमाह असंस्कृत इत्यादिना । असंस्कृते अशोधिते मीनमुद्रे खादन्नरोऽहर्दिनमेकमुपवसेत् । अवैधं विधिवर्जितं पञ्चमं सुरतं कुर्वन्नरो राज्ञो दण्डेन शुध्यति ॥ १२४ ॥

ननु ज्ञानतो नरमांसं गोमांसञ्च खादतः पुंसः कथं शुद्धिस्तत्राह भुञ्जान इत्यादिना । हे शिवे ज्ञानतो मानवं मानवसम्बन्धिमांसं गोमांसञ्च भुञ्जानो नरः पक्षमेकमुपोष्य शुद्धः स्यात् । इदं तयोर्भक्षणे प्रायश्चित्तं स्मृतम् ॥ १२५ ॥

ननु भुक्तमनुष्याकृतिपशुमांसो मांसादकमांसभक्षकश्च पुमान् कथं शुध्येत्तत्राह नरेत्यादिना । हे प्रिये नराकृतिपशोर्वानरादेर्मांसादनस्य मांसभक्षकस्य व्याघ्रादेश्च मांसमत्त्वा भुक्त्वा नरस्त्रिभिरुपवासैः पापात् शुध्येत् ॥ १२६ ॥

अथ भुक्तम्लेच्छाद्यन्नस्य पुंसः प्रायश्चित्तमाह म्लेच्छानामित्यादिना । म्लेच्छानां यवनानां श्वपचानां चाण्डालानां कुलवैरिणां पशूनां चाऽन्नं खादन् जनः पक्षमेकमुपोषितः सन् विशुद्धः स्यात् ॥ १२७ ॥

ननु ज्ञानाज्ञानाभ्यां म्लेच्छाद्युच्छिष्टमन्नादिकं भुञ्जानः कथं शुध्येत्तत्राह उच्छिष्टमित्यादिना । हे कुलेश्वरि ज्ञानादेषां म्लेच्छादीनामुच्छिष्टमन्नादिकं

अनुलोमेन वर्णानामन्नं भुक्त्वा सकृत् प्रिये ।
दिनत्रयोपवासेन विशुद्धः स्यान्ममाज्ञया ॥ १२९ ॥
पशुश्वपचम्लेच्छानामन्नं चक्रार्पितं यदि ।
वीरहस्तार्पितं वापि तदश्नन्नैव पापभाक् ॥ १३० ॥
अन्नाभावे च दौर्भिक्ष्ये विपदि प्राणसङ्कटे ।
निषिद्धेनाऽदनेनापि रक्षन् प्राणान्न पातकी ॥ १३१ ॥
करिपृष्ठे तथाऽनेकोद्वाह्यपाषाणदारुषु ।
अलक्षितेऽपि दुष्याणां भक्ष्यदोषो न विद्यते ॥ १३२ ॥

यदि भुञ्जीत तदा मासोपवासेन नरः शुध्येत् । अज्ञानाद्यदि भुञ्जीत तदा पक्षोपवासतः शुध्येत् ॥ १२८ ॥

अथ क्रमतः क्षत्रियाद्यन्नमश्नतां ब्राह्मणादीनां प्रायश्चित्तमाह अनुलोमेनेत्यादिना । हे प्रिये अनुलोमेन क्रमेण वर्णानां सकृदन्नं भुक्त्वा ब्राह्मणादिर्दिनत्रयोपवासेन ममाज्ञया विशुद्धः स्यात् । यथा ब्राह्मणः क्षत्रियान्नमेवम् ॥ १२९ ॥

अथ चक्रार्पितस्य वीरहस्तार्पितस्य च पशुश्वपचम्लेच्छान्नस्य भोक्तुरपातकित्वमाह पश्वित्यादिना । पशुश्वपचम्लेच्छानामन्नं यदि चक्रार्पितं चक्रदत्तं वीरहस्तार्पितं वा स्यात्तदा तदन्नमश्नन् खादन् नरः पापभाक् नैव भवेत् ॥ १३० ॥

ननु दुर्भिक्षादौ निषिद्धवस्तुभोजनेन प्राणान् रक्षतो जनस्य पातकं भवेन्नवेत्याशङ्कमानां प्रत्याह अन्नेत्यादिना । दुर्लभा भिक्षा यत्र तत्र दुर्भिक्षे समये विपदि च देशोपद्रवपलायनादौ अन्नाभावे प्राणसङ्कटे सति निषिद्धेनाऽप्यदनेनाभोज्यस्यापि भोजनेन प्राणान् रक्षन् पातकी न भवेत् ॥ १३१ ॥

नौकादावन्नादिकमश्नतां न दोष इत्याह करीत्यादिना । करिपृष्ठे हस्तिनः पृष्ठे तथाऽनेकैरुद्वाह्येषु पाषाणेषु दारुषु च तथा दुष्याणां यवनादीनामलक्षितेऽपि यवनादीनामिदं भवति यवनादयोऽत्र वर्त्तन्ते एवमविज्ञातेऽपि स्थाने यद्वा

पशूनभक्ष्यमांसांश्च व्याधियुक्तानपि प्रिये ।
न हन्याद्देवतार्थेऽपि हत्वा च पातकी भवेत् ॥ १३३ ॥
कृच्छ्रव्रतं नरः कुर्याद् गोवधे बुद्धिपूर्वके ।
अज्ञानादाचरेदर्धं व्रतं शङ्करशासनात् ॥ १३४ ॥
न केशवपनं कुर्यात् न नखच्छेदनं तथा ।
न क्षारयोगं वसने यावन्न व्रतमाचरेत् ॥ १३५ ॥
उपवासैर्नयेत् मासं मासमेकं कणाशनैः ।
मासं भैक्षान्नमश्नीयात् कृच्छ्रव्रतमिदं शिवे ॥ १३६ ॥

दुष्याणां मलमूत्रार्दानामलक्षितेऽपि सत्स्वपि तेषु तेषामविज्ञानेऽपि भक्ष्यदोषो न विद्यते ॥ १३२ ॥

अथ देवतार्थमभक्ष्यमांसान् व्याधियुतांश्च पशून्निघ्नतः पातकित्वमाह पशूनित्यादिना । हे प्रिये अभक्ष्यमांसान् व्याधियुक्तांश्च पशून् देवतार्थे न हन्यात् । अपीति निश्चितम् । ननु हनने को दोषस्तत्राह हत्वेति । हत्वा च जनः पातकी भवेत् ॥ १३३ ॥

अथ ज्ञानाज्ञानाकृतगोवधप्रायश्चित्तमाह कृच्छ्रेत्यादिना प्रिये इत्यन्तेन । ज्ञानपूर्वके गोवधे सति नरः कृच्छ्रव्रतं कुर्यात् । अज्ञानाद्गोवधे सति शङ्कर-शासनादर्धं व्रतमाचरेत् कुर्यात् ॥ १३४ ॥

न केशेति । यावद् व्रतं नाचरेत् तावत् केशवपनं केशानां मुण्डनं न कुर्यात् तथा नखच्छेदनं न कुर्यात् वसने वस्त्रे क्षारयोगं च न कुर्यात् ॥१३५॥

ननु किं नाम कृच्छ्रव्रतमतस्तन्निरूपयति उपवासैरित्यादिना । हे शिवे उपवासैर्मासमेकं नयेत् यापयेत् । मासमेकं कणाशनैर्नयेत् । मासमेकं च भैक्षान्नं भिक्षासम्पन्नमन्नमश्नीयात् । इदं कृच्छ्रव्रतं ज्ञेयम् ॥ १३६ ॥

व्रतान्ते वापितशिराः कौलान् ज्ञातींश्च बान्धवान् ।
भोजयित्वा विमुक्तः स्याद् ज्ञानगोवधपातकात् ॥ १३७ ॥
अपालनवधाद्गोश्च शुध्येदष्टोपवासतः ।
बाहुजाद्या विशुध्येयुः पादन्यूनक्रमात् प्रिये ॥ १३८ ॥
गजोष्ट्रमहिषाश्वांश्च हत्वा कौलिनि कामतः ।
उपवासैस्त्रिभिः शुध्येन्मानवः कृतकिल्बिषः ॥ १३९ ॥
मृगमेषाजमार्जारान् निघ्नन्नुपवसेदहः ।
मयूरशुकहंसांश्च सज्योतिरशनं त्यजेत् ॥ १४० ॥

व्रतान्ते इति । व्रतान्ते व्रतसमाप्तौ वापितशिराः मुण्डितमस्तकः सन् कौलान् ज्ञातीन् सगोत्रांश्च भोजयित्वा ज्ञानगोवधपातकाज्जनो विमुक्तः स्यात् ॥ १३७ ॥

अपालनेति । गोरपालनवधादरक्षणतो वधादष्टोपवासेन शुध्येत् । हे प्रिये बाहुजाद्याः क्षत्रियादयः पादन्यूनक्रमाद्विशुध्येयुः । क्षत्रियादिभिः क्रमतः पादपादन्यूनं व्रतं करणीयमिति भावः ॥ १३८ ॥

अथ गजोष्ट्रादिवधप्रायश्चित्तमाह गजोष्ट्रेत्यादिना । हे कौलिनि गजोष्ट्रमहिषाश्वान् बृहत्कायान् कामतो हत्वा कृतकिल्बिषो मानवस्त्रिभिरुपवासैः शुध्येत् ॥ १३९ ॥

अथ मृगमेषादिवधप्रायश्चित्तमाह मृगेत्यादिना । मृगमेषाजमार्जारान् हरिणाविच्छागविड़ालान् निघ्नन्नरोऽहरेकदिनमुपवसेत् । मयूरशुकहंसांश्च निघ्नन्नरो ज्योतिषा सूर्येण सह वर्त्तमानं सज्योतिर्दिनमशनं त्यजेत् । दिवसेऽशनं त्यजन्नस्तं याते सूर्ये भुञ्जीतेत्यर्थः । "ज्योतिर्ना भास्करेऽग्नौ च क्लीबं भद्योत दृष्टिष्विति" रुद्रः ॥ १४० ॥

निहत्य सास्थिजन्तूंश्च नक्तमद्यात् निरामिषम् ।
निरस्थिजीविनो हत्वा मनस्तापेन शुद्ध्यति ॥ १४१ ॥
पशुमीनाण्डजान्निघ्नन् मृगयायां महीपतिः ।
न पापार्हो भवेद्देवि राज्ञो धर्मः सनातनः ॥ १४२ ॥
देवोद्देशं विना भद्रे हिंसां सर्वत्र वर्जयेत् ।
कृतायां वैधहिंसायां नरः पापैर्न लिप्यते ॥ १४३ ॥
संकल्पितव्रतापूर्त्तौ देवनिर्माल्यलङ्घने ।
अशुचौ देवतास्पर्शे गायत्रीजपमाचरेत् ॥ १४४ ॥

अथ कृकलासाद्यस्थिमत्क्षुद्रजन्तून्निरस्थिजन्तूंश्च निघ्नतो नरस्य प्रायश्चित्तमाह निहत्येत्यादिना । निरस्थिसाहचर्यात् सास्थिजन्तूनस्थिमतः कृकलासादीन् क्षुद्रान् शरीरिणो निहत्य नक्तं रात्रौ निरामिषमामिषवर्जितमद्यात् भुञ्जीत । मयूरादिहननापेक्षया कृकलासादिहनने प्रवृत्तेराधिक्यात्तद्धनननिमित्तकदण्डतः कृकलासादिहनननिमित्तकदण्डस्य गुरुत्वमवगन्तव्यम् । निरस्थिजीविनोऽस्थिरहितजन्तून् हत्वा मनस्तापेन शुध्यति ॥ १४१ ॥

ननु मृगयायां मृगमीनादीन्निघ्नतो महीपालस्य मृगादिवधहेतुकं पापं भवेन्न वेति पृच्छन्तीं प्रत्याह पश्वित्यादिना । हे देवि पशुमीनाण्डजान् मृगव्याघ्रादिमत्स्यपक्षिणो मृगयायां निघ्नन् महीपतिः पापार्हो न भवेत् । यतोऽयं राज्ञः सनातनो नित्यो धर्मो भवति ॥ १४२ ॥

अथाऽवैधहिंसायाः पापजनकत्वादकर्त्तव्यत्वमाह देवेत्यर्धेन । हे भद्रे भद्रकारिणि देवोद्देश्यं कर्म विना सर्वत्र हिंसां वर्जयेत् । वैधहिंसायाः पापाजनकत्वात् कर्त्तव्यतामाह कृतायामित्याद्यर्धेन । वैधहिंसायां कृतायां सत्यां नरः पापैर्न लिप्यते ॥ १४३ ॥

ननु सङ्कल्पितं व्रतमसमापयतो देवनिर्माल्यं लङ्घयतोऽशौचानपगमे देवताः स्पृशतश्च पुंसः कथं शुद्धिस्तत्राह सङ्कल्पितेत्यादिना । सङ्कल्पितव्रतापूर्त्तौ

माता पिता ब्रह्मदाता महान्तो गुरवः स्मृताः ।
निन्दन्नेतान् वदन् क्रूरं शुध्येत् पञ्चोपवासतः ॥ १४५ ॥
एवमन्यान् गुरून् कौलान् विप्रान् गर्हन्नपि प्रिये ।
सार्धद्वयोपवासेन मुक्तो भवति पातकात् ॥ १४६ ॥
वित्तार्थी मानवो देशानखिलान् गन्तुमर्हति ।
निषिद्धकौलिकाचारं देशं शास्त्रमपि त्यजेत् ॥ १४७ ॥
गच्छंस्तु स्वेच्छया देशे निषिद्धकुलवर्त्मनि ।
कुलधर्मात्पतेद्भूयः शुध्येत् पूर्णाभिषेकतः ॥ १४८ ॥

सङ्कल्पितस्य व्रतस्याऽसमाप्तौ देवनिर्माल्यलङ्घने सति अशुचावशौचे देवतास्पर्शे च गायत्रीजपमाचरेत् ॥ १४४ ॥

अथ महतो गुरून्निरूपयंस्तान्निन्दतः क्रूरं ब्रुवतश्च पुंसः प्रायश्चित्तमाह मातेत्यादिना । माता जननी पिता जनको ब्रह्मदाता वेदाध्यापकश्चैते महान्तो गुरवः स्मृताः । एतान् महागुरून्निन्दन् क्रूरं वदंश्च नरः पञ्चोपवासतः शुध्येत् ॥ १४५ ॥

अथ मात्राद्यन्यगुरुकौलब्राह्मणनिन्दकानां प्रायश्चित्तमाह एवमित्यादिना । हे प्रिये एवमन्यान् मात्रादिभिन्नान् गुरून् कौलान् विप्रांश्च गर्हन्निन्दन् अपि वा क्रूरं वदंश्च नरः सार्धद्वयोपवासेन पातकात् मुक्तो भवति ॥ १४६ ॥

अथ वित्तोद्देश्यकसर्वदेशगमनार्हस्यापि मानवस्य कौलाचाररहितदेशाटनानर्हत्वमाह वित्तार्थीत्यादिना । वित्तार्थी मानवोऽखिलान् सर्वान् देशान् गन्तुमर्हति । निषिद्धः कौलिकानामाचारो यत्र तं देशं तादृशं शास्त्रमपि मानवस्त्यजेत् ॥ १४७ ॥

अथ धनलोभेन निषिद्धकौलिकाचारं देशं गच्छतो नरस्य कुलधर्मात पतितत्त्वं पुनः पूर्णाभिषेकतः पूतत्वञ्चाह गच्छन्नित्यादिना । निषिद्धकुलवर्त्मनि

तपनोदयमारभ्य यामाष्टकमभोजनम् ।
उपवासः स विज्ञेयः प्रायश्चित्ते विधीयते ॥ १४९ ॥
पिबंस्तोयाञ्जलिश्चैकं भक्षन्नपि समीरणम् ।
मानवः प्राणरक्षार्थं न भ्रश्येदुपवासतः ॥ १५० ॥
उपवासासमर्थश्चेद्रुजा वा जरसाऽपि वा ।
तदा प्रत्युपवासञ्च भोजयेद्द्वादश द्विजान् ॥ १५१ ॥
परनिन्दां निजोत्कर्षं व्यसनायुक्तभाषणम् ।
अयुक्तं कर्म कुर्वाणो मनस्तापैर्विशुध्यति ॥ १५२ ॥

देशे स्वेच्छया गच्छंस्तु नरः कुलधर्मात् पतेत् भूयः पुनः पूर्णाभिषेकतः शुध्येत् ॥ १४८ ॥

अथोक्ततत्तच्छ्लोकेष्वाकाङ्क्षितत्वादुपवासं निरूपयति तपनोदयमित्यादिना । तपनोदयं सूर्योदयमारभ्य यामाष्टकं प्रहराष्टकं यदभोजनं स उपवासो विज्ञेयः । प्रायश्चित्ते स विधीयते क्रियते ॥ १४९ ॥

अथ एकाञ्जलितोयपानेनोपवासस्याऽविनाशित्वं कथयन्नाह पिबन्निति । प्राणरक्षणार्थमेकं तोयाञ्चलिं पिबन् समीरणं वायुं चापि भक्षन्मानवः उपवासतो न भ्रश्येत् पतेत् । एकाञ्जलितोयपानादुपवासो न विनश्येदिति तत्त्वम् ॥ १५० ॥

अथ रोगादिनोपवासं कर्त्तुमशक्नुवता जनेन प्रत्युपवासं द्वादशब्राह्मणा भोजयितव्या इत्याह उपवासेत्यादिना । रुजा रोगेण वा जरसा जीर्णत्वेन वा चेद्यदि उपवासासमर्थो नरः स्यात् तदा प्रत्युपवासमुपवासं प्रति द्वादश द्विजान् ब्राह्मणान् भोजयेत् ॥ १५१ ॥

अथ परनिन्दानिजोत्कर्षादिकं कुर्वतः प्रायश्चित्तमाह परनिन्दा मित्यादिना। परस्यान्यस्य निन्दां निजोत्कर्षमात्मोत्कृष्टतां व्यसनायुक्तभाषणं परीवादादिसम्बद्धकथनम् अयुक्तमनुचितं कर्म च कुर्वाणो नरो मनस्तापैर्विशुध्यति ॥ १५२ ॥

अन्यानि यानि पापानि ज्ञानाज्ञानकृतान्यपि ।
नश्यन्ति जपनाद्देव्याः सावित्र्याः कौलभोजनात् ॥ १५३ ॥
सामान्यनियमान् पुंसां स्त्रीषु षण्डेषु योजयेत् ।
योषितां तु विशेषोऽयं पतिरेको महागुरुः ॥ १५४ ॥
महारोगान्विता ये च ये नराश्चिररोगिणः ।
स्वर्णदानेन पूताः स्युर्दैवे पैत्र्येऽधिकारिणः ॥ १५५ ॥
अपघातमृतेनापि दूषितं विद्युदग्निना ।
गृहं विशोधयेद्धोमैर्व्याहृत्या शतसंख्यकैः ॥ १५६ ॥

अथ ज्ञानाज्ञानकृतावशिष्टपापानां गायत्रीजपात् कौलानामशनाच्च विनाश इत्याह अन्यानीत्यादिना । ज्ञानाज्ञानाभ्यां कृतान्यन्यान्यपि यानि पापानि तानि सावित्र्याः सवितृदेवताकाया गायत्र्या देव्या जपनात् कौलानां भोजनाच्च नश्यन्ति ॥ १५३ ॥

अथ पुरुषाणां साधारणनियमाः स्त्रीषु नपुंसकेष्वपि योजयितव्या इत्याह सामान्येत्यादिना । पुंसां पुरुषाणां सामान्यनियमान् स्त्रीषु षण्डेषु नपुंसकेषु च योजयेत् । योषितां स्त्रीणान्तु पतिरेको महागुरुः स्मृतोऽयं विशेषः ॥ १५४ ॥

अथ कुष्ठादिमहारोगान्वितचिररोगिणोरपि सुवर्णदानेन पूतत्वसत्त्वाद्देवपितृकर्माधिकारित्वमाह महारोगेत्यादिना । ये नरा महारोगान्विता ये च चिररोगिणस्ते स्वर्णदानेन पूताः सन्तो दैवे पैत्र्ये च कर्मणि अधिकारिणः स्युः ॥ १५५ ॥

नन्वपघातमृतेन विद्युदग्निना च दूषितस्य वेश्मनः कथं शुद्धिस्तत्राह अपघातेत्यादिना । अपघातमृतेनापघातप्राप्तमृत्युना सर्पव्याघ्रोद्बन्धनादिमृतेनेति यावत् । विद्युदग्निना चापि दूषितं गृहं व्याहृत्या भूराद्यैः शतसंख्यकैर्होमैर्विशोधयेत् ॥ १५६ ॥

वापीकूपतड़ागेषु सास्थ्नां शवनिरीक्षणात् ।
उद्धृत्य कुणपं तेभ्यस्ततस्तान् परिशोधयेत् ॥ १५७ ॥
पूर्णाभिषेकमनुभिर्मन्त्रितैः शुद्धवारिभिः ।
पूर्णैस्त्रिसप्तकुम्भैस्तान् प्लावयेदिति शोधनम् ॥ १५८ ॥
यदि स्वल्पजलास्ते स्युः शवदुर्गन्धिदूषिताः ।
सपङ्कं सलिलं सर्वमुद्धृत्याप्लावयेत्तु तान् ॥ १५९ ॥
सन्ति भूरीणि तोयानि गजदघ्नानि तेषु च ।
शतकुम्भजलोद्धारैरभिषेकेण शोधयेत् ॥ १६० ॥
यद्येवं शोधिता न स्युर्मृतस्पृष्टजलाशयाः ।
अपेयसलिलास्तेषां प्रतिष्ठामपि नाचरेत् ॥ १६१ ॥

अथास्थिमज्जन्तुशवदूषितवापीकूपादीनां सामान्यतः शोधनमाह वापीत्यादिना । वापीकूपतड़ागेषु सास्थ्नामस्थिमतां शवनिरीक्षणात् कुणपदर्शनात्तेभ्यो वाप्यादिभ्यः कुणपं शवमुद्धृत्य ततस्तान् वाप्यादीन् परिशोधयेत् ॥ १५७ ॥

कथं शोधयेदित्याकाङ्क्षायां शोधनप्रकारमाह पूर्णेत्यादि । पूर्णाभिषेकमनुभिः पूर्णाभिषेकस्य मन्त्रैर्मन्त्रितैः शुद्धवारिभिः पवित्रजलैः पूर्णैस्त्रिसप्तकुम्भैरेकविंशतिघटैस्तान् वाप्यादीन् प्लावयेत् इति शोधनं अयं शोधनप्रकारः ॥ १५८ ॥

अथाल्पजलत्वगजमितबहुजलत्वाभ्यां वाप्यादीनां भेदवत्त्वाच्छोधनविशेषमाह यदीत्यादिना श्लोकद्वयेन । शवदुर्गन्धदूषितास्ते वाप्यादयो यदि स्वल्पजलाः स्युस्तदा तेभ्यः सपङ्कं सर्वं सलिलं जलमुद्धृत्योक्तप्रकारेण तानाप्लावयेत् ॥ १५९ ॥

सन्तीति । तेषु वाप्यादिषु चेत् यदि गजदघ्नानि हस्तिपरिमाणानि भूरीणि बहूनि तोयानि जलानि सन्ति तदा शतकुम्भजलोद्धारैरेकविंशतिकुम्भजलैरभिषेकेण च तान् शोधयेत् ॥ १६० ॥

अथाशोधितवाप्यादीनामपेयजलत्वं प्रतिष्ठानर्हत्वञ्चाह यदीत्यादिना । मृतस्पृष्टजलाशयाः शवस्पृष्टवाप्यादयो यद्येवं शोधिता न स्युस्तदा तेऽपेय-

स्नानमेषु जलैरेषां कुर्वन् कर्म वृथा भवेत् ।
दिनमेकं निराहारः शुध्येत् पञ्चामृताशनात् ॥ १६२ ॥
याचकं धनिनं दृष्ट्वा वीरं युद्धपराङ्मुखम् ।
दूषकं कुलधर्माणां मद्यपाञ्च कुलस्त्रियम् ॥ १६३ ॥
मित्रद्रोहकरं मर्त्यं स्वयं पापरतं बुधम् ।
पश्यन् सूर्यं स्मरन् विष्णुं सचेलः स्नानमाचरेत् ॥ १६४ ॥
खरकुक्कुटकोलांश्च विक्रीणन्तो द्विजातयः ।
नीचवृत्तिं चरन्तोऽपि शुध्येयुस्त्रिदिनव्रतात् ॥ १६५ ॥

सलिला भवन्ति । तेषामशोधितवाप्यादीनां प्रतिष्ठामपि नाऽऽचरेन्न कुर्यात् ॥ १६१ ॥

अथाशोधितवाप्यादिजलैः स्नानादिकं कुर्वतो नरस्य प्रायश्चित्तं क्रियमाणस्य कर्मणो निष्फलत्वञ्चाह स्नानमित्यादिना । एष्वशोधितवाप्यादिषु स्नानं कुर्वन् तेषां च जलैरन्यच्च कर्म कुर्वन् नरो दिनमेकं निराहारः सन् पञ्चामृताशनात् शुध्येत् । क्रियमाणं च कर्म वृथा भवेत् ॥ १६२ ॥

अथ दृष्टधनिकयाचकयुद्धपराङ्मुखवीरादिकस्य पुंसः प्रायश्चित्तमाह याचकमित्यादिश्लोकद्वयेन । याचकं भिक्षुकं धनिनं दृष्ट्वा तथा युद्धपराङ्मुखं रणविमुखं वीरं शूरं कुलधर्माणां दूषकं जनं कुलस्त्रियञ्च मद्यपां मित्रद्रोहकरं मर्त्यं स्वयं पापरतं बुधं पण्डितं च दृष्ट्वा सूर्यं पश्यन् विष्णुं स्मरन्नरः सचेलः सवस्त्रः स्नानमाचरेत् ॥ १६३ ॥ १६४ ॥

ननु गर्दभादीन् विक्रीणतां नीचवृत्तिं च कुर्वतां द्विजानां कथं शुद्धिस्तत्राह खरेत्यादिना । खरकुक्कुटकोलान् गर्दभचरणायुधशूकरान् विक्रीणन्तो नीचवृत्तिञ्चापि चरन्तः कुर्वन्तो द्विजातयो ब्राह्मणास्त्रिदिनव्रतात् शुध्येयुः ॥ १६५ ॥

दिनमेकं निराहारो द्वितीयं कणभोजनः ।
अपरन्तु नयेदद्भिस्त्रिदिनव्रतमम्बिके ॥ १६६ ॥
गृहेऽनुद्घाटितद्वारेऽनाहूतः प्रविशन्नरः ।
वारितार्थप्रवक्ताऽपि पञ्चाहमशनं त्यजेत् ॥ १६७ ॥
आगच्छतो गुरून् दृष्ट्वा नोत्तिष्ठेद्यो मदान्वितः ।
तथैव कुलशास्त्राणि शुध्येदेकोपवासतः ॥ १६८ ॥
एतस्मिन् शाम्भवे शास्त्रे व्यक्तार्थपदबृंहिते ।
कूटेनार्थं कल्पयन्तः पतिता यान्त्यधोगतिम् ॥ १६९ ॥

ननु किं त्रिदिनव्रतमत आह दिनमित्यादि । निराहारः सन् दिनमेकं नयेत् यापयेत् । कणभोजनः सन् द्वितीयं दिनं नयेत् । अपरन्तु तृतीयं दिनन्तु अद्भिर्जलैर्नयेत् । हे अम्बिके त्रिदिनव्रतमिदं स्मृतम् ॥ १६६ ॥

अथ पिहितद्वारागारेऽनाहूतस्यैव प्रविशतो वारितार्थं कथयतश्च प्रायश्चित्तमाह गृह इत्यादिना । अनुद्घाटितद्वारे रुद्धद्वारे गृहे अनाहूत एव प्रविशन्नरो वारितार्थप्रवक्ताऽपि वारितस्यार्थस्य प्रकथयितापि नरः पञ्चाहमशनं त्यजेत् ॥ १६७ ॥

अथागच्छतः पित्रादीन् कुलशास्त्राणि च समीक्ष्याऽनुत्तिष्ठतः पुंसः प्रायश्चित्तमाह आगच्छत इत्यादिना । आगच्छतो गुरून् पित्रादीन् तथैवागच्छन्ति कुलशास्त्राणि च दृष्ट्वा यो मदान्वितो नोत्तिष्ठेत् स एकोपवासतः शुध्येत् । मदान्वित इत्यनेन रोगादिनिमित्तकयाऽशक्त्याऽनुत्तिष्ठतस्तु न दोषभागित्वमिति ध्वनितम् ॥ १६८ ॥

अधुना शम्भुप्रोक्तेऽस्मिन् शास्त्रे शब्दव्याजेनाऽर्थान्तरं कल्पयतां पतितत्वमधोगामित्वञ्चाह एतस्मिन्नित्यादिना । व्यक्तार्थपदबृंहिते विस्पष्टार्थ-

इदं ते कथितं देवि सारात्सारं परात्परम् ।
इहामुत्रार्थदं धर्म्यं पावनं हितकारकम् ॥ १७० ॥

इति श्रीमहानिर्वाणतन्त्रे सर्वतन्त्रोत्तमोत्तमे सर्वधर्मनिर्णयसारे श्रीमदाद्यासदाशिवसंवादे स्वपरानिष्टजनकपापप्रायश्चित्तकथनं नाम एकादशोल्लासः ।

पदवर्धिते शाम्भवे शम्भुप्रोक्ते एतस्मिन् शास्त्रे कूटेन शब्दव्याजेनार्थं कल्पयन्तो नराः पतिताः सन्तोऽधोगतिं यान्ति ।

मायानिश्चलयन्त्रेषु कैतवानृतराशिषु ।
अयोघने शैलशृङ्गे सीराङ्गे कूटमस्त्रियाम् ॥ इत्यमरः ॥१६९॥

प्रकरणार्थमुपसंहरन्नाह इदमित्यादिना । हे देवि सारात्सारं न्याय्यादपि न्याय्यं परात्परमुत्तमादप्युत्तमं इहामुत्रार्थदमिहलोके परलोके च फलदं धर्म्यं धर्मादनपेतं पावनं पावित्र्यकारकं हितकारणमिदं ते तुभ्यं कथितम् । "सारो बले स्थिरांशे च न्याय्ये क्लीबं वरे त्रिष्वित्यमरः" । "अर्थोऽभिधेयरैवस्तु प्रयोजननिवृत्तिष्वित्यमरः" ॥ १७० ॥

इति श्रीमहानिर्वाणतन्त्रटीकायाम् एकादशोल्लासः ।

द्वादशोल्लासः

श्रीसदाशिव उवाच ।

भूयस्ते कथयाम्याद्ये व्यवहारान् सनातनान् ।

यान् रक्षन् प्रविदन्राजा स्वच्छन्दं पालयेत् प्रजाः ॥ १ ॥

नियमेन विना राज्ञो मानवा धनलोलुपाः ।

मिथस्ते विवदिष्यन्ति गुरुस्वजनबन्धुभिः ॥ २ ॥

व्यतिघ्नन्ति तदा देवि स्वार्थिनो वित्तहेतवे ।

पापाश्रया भविष्यन्ति हिंसया च जिहीर्षया ॥ ३ ॥

अतस्तेषां हितार्थाय नियमो धर्मसम्मतः ।

नियोज्यते यमाश्रित्य न भ्रश्येयुः शुभान्नराः ॥ ४ ॥

ओँ नमो ब्रह्मणे ।

इदानीं लोकशुभाकाङ्क्षया परमकारुणिको महादेवः सनातनव्यवहारान् पार्वतीं प्रति पुनः कथयितुमारभते भूय इत्यादिना । हे आद्ये ते तुभ्यं तवाग्रे वा तान् सनातनान् शाश्वतान् व्यवहारान् भूयः पुनरहं कथयामि यान् व्यवहारान् रक्षन् पालयन् प्रविदन् प्रजानन् राजा स्वच्छन्दं स्वैरं प्रजाः पालयेद्रक्षेत् ॥ १ ॥

महीपतेर्नियमस्याऽभावाद् द्रव्याभिलाषिणो मनुजाः पित्रादिभिः सार्धं मिथो विवादादिकं करिष्यन्ति तन्निराकरणाय लोकहिताकाङ्क्षः सदाशिवो

दण्डयेत् पापिनो राजा यथा पापपनुत्तये ।
तथैव विभजेद्दायान् नृणां सम्बन्धभेदतः ॥ ५ ॥
सम्बन्धो द्विविधो ज्ञेयो विवाहाज्जन्मनस्तथा ।
तत्रौद्वाहिकसम्बन्धादपरो बलवत्तरः ॥ ६ ॥
दाये तूर्ध्वतनाज्ज्यायान् सम्बन्धोऽधस्तनः शिवे ।
अध ऊर्ध्वक्रमादत्र पुमान् मुख्यतरः स्मृतः ॥ ७ ॥

नियमं विदधातीत्यंवाह नियमेनेत्यादिना शुभान्नराः इत्यन्तेन श्लोकत्रयेण । हे देवि यतो राज्ञो नृपस्य नियमेन विना धनलोलुपाः वित्तविषयकलालसावन्तस्ते मानवा मनुष्या गुरुस्वजनबन्धुभिः साकं मिथो विवदिष्यन्ति तथा तदा नियमाभावे स्वार्थिनो धनार्थिनस्ते वित्तहेतवे धनार्थं व्यतिघ्नन्ति परस्परं हनिष्यन्ति जिहीर्षया वित्तहरणेच्छया हिंसया च पापाश्रया भविष्यन्ति । अतस्तेषां मानवानां हितार्थाय धर्मसम्मतः स नियमो मया नियोज्यते प्रवर्त्यते यं नियममाश्रित्य नराः शुभाद्भद्रान्न भ्रश्येयुर्न पतेयुः । व्यतिघ्नन्तीत्यत्र वर्त्तमानसामीप्ये वर्त्तमानवद्वेति भविष्यति लट् ॥ २–४ ॥

ननु यन्नियमाश्रयणान्मनुष्या भद्रान्न भ्रश्येयुः कोऽसौ नियमस्तत्राह दण्डयेदित्यादिना । यथा राजा नराधिपः पापापनुत्तये किल्बिषनाशाय पापिनो जनान् दण्डयेत्तथैव नृणां मनुष्याणां सम्बन्धभेदतो दायान् विभवान् विभजेत् विभक्तान् कुर्यात् । "दायो दाने धने पुंसि वाच्यलिङ्गस्तु दातरि" ॥ ५ ॥

अथोद्वाहजननाभ्यां दायविभागोपयोगिनः सम्बन्धस्य द्वैविध्यं भाषमाणो महादेवस्तत्र वैवाहिकसम्बन्धतो जननसम्बन्धस्य प्राबल्यं प्रतिपादयति सम्बन्ध इत्यादिना । विवाहात्तथा जन्मनः उत्पत्तेः सम्बन्धो द्विविधो द्विप्रकारको ज्ञेयो बोद्धव्यः । तत्र तयोः सम्बन्धयोरौद्वाहिकसम्बन्धादपरो जन्मसम्बन्धो बलवत्तरो ज्ञेयः ॥ ६ ॥

दायहरणे उर्ध्वतनसम्बन्धतोऽधोभवस्यैव सम्बन्धस्य ज्येष्ठत्वमधऊर्ध्वक्रमतो योषिद्भ्यः पुरुषस्यैव प्रधानतरत्वं चाह दाये त्वित्यादिना । हे शिवे दाये

तत्रापि सन्निकर्षेण सम्बन्धी दायमर्हति ।
अनेन विधिना धीरा विभजेयुः क्रमाद्धनम् ॥ ८ ॥
मृतस्य पुत्रे पौत्रे च कन्यासु पितरि स्थिते ।
भार्यायामपि दायार्हः पुत्र एव न चापरः ॥ ९ ॥
बहवस्तनया यत्र सर्वे तत्र समांशिनः ।
ज्येष्ठे राज्याधिकारित्वं तत्तु वंशानुसारतः ॥ १० ॥

तु धने तूर्ध्वतनादूर्ध्वभवात् सम्वन्धादधस्तनोऽधोभवः सम्बन्धो ज्यायान् श्रेष्ठः स्मृतः । तुशब्देनाऽभिवादनादावधस्तनात् सम्बन्धादूर्ध्वतनस्यैव सम्बन्धस्य ज्यायस्त्वमिति ध्वनितम् । अत्र दायहरणेऽधऊर्ध्वक्रमात् स्त्रीतः पुमान् पुरुषो मुख्यतरः प्रधानतरः स्मृतः ॥ ७ ॥

नन्वासन्नानासन्नयोर्मध्ये कतरस्य दायार्हत्वं स्यात् तत्राह तत्रापीति । तत्रापि मुख्यतरेषु पुंस्वपि सन्निकर्षेण सान्निध्येन सम्बन्धी दायमर्हति धनार्हो भवति । अनेन पूर्वोक्तेन विधिना धीरा मनीषिणो धनं क्रमाद्विभजेयुर्वण्टयेयुः ॥ ८ ॥

ननु प्राप्तपञ्चत्वस्य पुंसो विद्यमानानां पत्नीकन्यानां ताततनयपौत्राणाञ्च मध्ये कतमस्य तद्धनग्राहकत्वमत आह मृतस्येत्यादिना । मृतस्य मानवस्य पुत्रे पौत्रे पितरि च स्थिते कन्यास्वात्मजासु च स्थितासु भार्यायां पत्न्यामपि स्थितायां सन्निकृष्टत्वात् पुंस्त्वेन मुख्यतरत्वादधोभवत्वेन ज्यायस्त्वाच्च पुत्र एव दायार्हः स्यान्न चापरस्तद्भिन्नः पौत्रादिर्दायार्हः । पौत्रस्य पुत्रतो विप्रकृष्टत्वात् भार्यायाः कन्यानां च स्त्रीत्वेनाऽप्रधानत्वात् पितुश्चोर्ध्वभवत्वेनाऽज्यायस्त्वाद्दायार्हत्वं नेत्यर्थः ॥ ९ ॥

ननु बहुपुत्रस्य प्रमीतस्य पृथ्वीपतेः स्थावरस्थावरेतरद्रव्येषु सर्वेषामात्मजानां समांशहारित्वं न्यूनाधिकांशहारित्वं वेत्यत आह बहव इत्यादिना । राज्ञो यत्र स्थावरे जङ्गमे वापि द्रव्ये बहवः तनयाः पुत्रा भागार्हास्तत्र सर्वे

ऋणं यत् पैतृकं तच्च शोधयेत् पैतृकैर्धनैः ।
तस्मिन् स्थिते विभागार्हं न भवेत् पैतृकं वसु ॥ ११ ॥
विभज्य यदि गृह्णीयुर्विभवं पैतृकं नराः ।
तेभ्यस्तद्धनमाहृत्य पितॄणं दापयेन्नृपः ॥ १२ ॥
यथा स्वकृतपापेन निरयं यान्ति मानवाः ।
ऋणेनापि तथा बद्धः स्वयमेव न चापरः ॥ १३ ॥

समांशिनस्तुल्यभागिनः स्युः नतु न्यूनाधिकांशिन इत्यर्थः । ननु महीपतेर्ज्येष्ठ एवाऽऽत्मजे प्रायशो राज्याधिकारित्वं श्रूयते दृश्यते च तत् कथमुच्यते सर्वे तत्र समांशिन इत्यत आह ज्येष्ठ इत्यादि । ज्येष्ठे राज्ञः पुत्रे यद्राज्याधिकारित्वं तत्तु वंशानुसारतो ज्ञेयम् । वंशे यदि ज्येष्ठ एव राजपुत्रो राज्यं लभमानो भवेत्तदा तस्मिन्नेव राज्याधिकारित्वम् । अन्येषां ग्रासाच्छादनभाजनत्वम् । अन्यथा तु पृथ्व्यादिकं सकलं द्रविणं विभज्य सर्वे गृह्णीयुरिति भावः ॥ १० ॥

पैतृकमृणं दत्त्वाऽवशिष्टं पितृद्रव्यं भ्रातृभिर्विभक्तव्यमित्याह ऋणमित्यादिना । पैतृकं पितृसम्बन्धि यदृणं तत् पैतृकैः पितृसम्बन्धिभिर्धनैः शोधयेत् । तस्मिन्नृणे स्थिते सति पैतृकं वसु धनं विभागार्हं वण्टनयोग्यं न भवेत् ॥ ११ ॥

पैतृकमृणमशोधयित्वैव विभज्य गृहीततातद्रव्यैर्मर्त्यैर्नराधिपस्तदृणं दापयेदित्याह विभज्येत्यादिना । पैतृकं विभवं धनं विभज्य नरा यदि गृह्णीयुस्तदा तेभ्यो नरेभ्यस्तत् पैतृकं धनमाहृत्य गृहीत्वा नृपो राजा पितॄणं तातसम्बन्धि ऋणं तैर्दापयेत् ॥ १२ ॥

ऋणानपयने ऋणग्रहीतुरेव सदृष्टान्तं तद्दोषभागित्वमाह यथेत्यादिना । यथा स्वकृतपापेन मानवा नरा निरयं नरकं यान्ति तथा ऋणेनापि स्वयमेव बद्धो भवति न चापरस्तदन्यः कश्चन बद्धो भवेत् ॥ १३ ॥

साधारणं धनं यच्च स्थावरं स्थावरेतरम् ।
अंशिनः प्राप्तुमर्हन्ति स्वं स्वमंशं विभागतः ॥ १४ ॥
अंशिनां सम्मतावेव विभागः परिसिध्यति ।
तेषामसम्मतौ राजा समदृष्ट्यांशमाचरेत् ॥ १५ ॥
स्थावरस्य चरस्यापि विभागानर्हवस्तुनः ।
मूल्यं वा तदुपस्वत्वमंशिनां विभजेन्नृपः ॥ १६ ॥
विभक्तेऽपि धने यस्तु स्वीयांशं प्रतिपादयेत् ।
पुनर्विभज्य तद्द्रव्यमप्राप्तांशाय दापयेत् ॥ १७ ॥

सामान्ये स्थावरे जङ्गमे च द्रव्ये सर्वेषामेव दायादानां तुल्यांशग्राहकत्वमित्याह साधारणमित्यादिना । स्थावरं स्थवरेतरं जङ्गमं च यत् साधारणं सामान्यं धनं तत्र विभागतः सर्वे अंशिनः स्वं स्वमंशं प्राप्तुं लब्धुमर्हन्ति योग्या भवन्ति ॥ १४ ॥

सर्वेषामंशिकानां मिथः सम्मतौ सत्यामेव विभागस्य संसिद्धिः स्यादित्याह अंशिनामित्याद्यर्धेन । अंशिनां भागग्राहकाणां सम्मतावेव सत्यां विभागः परिसिध्यति निष्पद्यते न त्वन्यथा । ननु पैतृकद्रव्यविभागे सर्वेषां दायादानां सम्मतेरभावे कथं विभागो भवेत्तत्राह तेषामित्यादिना । तेषामंशिनामसम्मतौ सत्यां राजा समदृष्ट्या तुल्यदृष्ट्या अंशं विभागमाचरेत् कुर्यात् ॥ १५ ॥

ननु विभागायोग्यस्य स्थावरादेर्वस्तुनः कथं विभागः स्यादत आह स्थावरस्येत्यादिना । स्थावरस्य चरस्य जङ्गमस्यापि विभागानर्हवस्तुनो विभाजनायोग्यस्य पदार्थस्य मूल्यमथवा तदुपस्वत्वं तदतिरिक्तं तत्र एवोपजातं द्रव्यं नृपो राजा अंशिनां दायादानां विभजेत् तेभ्यो दापयितुं विभक्तं कुर्यात् । अंशिनामिति "सम्प्रदानस्य शेषत्वेन विवक्षितत्वात् षष्ठी शेषे" इति षष्ठी ॥ १६॥

अथांशिभिर्विभज्य गृहीतेष्वपि द्रव्येषु स्वकीयं भागं साक्षिभिर्नृपस्याग्रे ज्ञापयते मानवाय राजा पुनस्तानि द्रव्याणि विभज्य तैर्दापयेदित्याह

कृते विभागे द्रव्याणामंशिनां सम्मतौ शिवे ।
पुनर्विवादयंस्तत्र शास्यो भवति भूभृतः ॥ १८ ॥
स्थिते प्रेतस्य पौत्रे च भार्यायाञ्च पितर्यपि ।
पौत्र एव धनार्हः स्यादधस्ताज्जन्मगौरवात् ॥ १९ ॥
अपुत्रस्य स्थिते ताते सोदरे च पितामहे ।
जन्मतः सन्निकर्षेण पितैवाऽस्य धनं हरेत् ॥ २० ॥
विद्यमानासु कन्यासु सन्निकृष्टास्वपि प्रिये ।
मृतस्य पौत्रो धनभाक् यतो मुख्यतरः पुमान् ॥ २१ ॥

विभक्तेऽपीत्यादिना । विभक्तेऽपि वण्टितेऽपि धने यस्तु मनुष्यः स्वीयांशमात्मीयं भागं प्रतिपादयेन्नृपस्याग्रे साक्षिभिर्बोधयेत् तस्मै अप्राप्तांशाय मनुष्याय पुनस्तत् द्रव्यं विभज्य नृपो दायादैर्दापयेत् ॥ १७ ॥

सर्वेषां दायादानां सम्मतौ सत्यां द्रव्यविभागे जाते पुनस्तत्र विवादं कुर्वन्नरो महीपालेन शासनीयो भवेदित्याह कृत इत्यादिना । हे शिवे अंशिनां सम्मतौ सत्यां द्रव्याणां विभागे कृते सति पुनस्तत्र द्रव्यविभागे विवादयन् विवादं कुर्वन्नरो भूभृतो राज्ञः शास्यः शासनीयो भवति ॥ १८ ॥

ननु प्रमीतस्य मानवस्य विद्यमानानां तातभार्यापौत्राणां मध्ये कस्य तद्धनभागित्वमत आह स्थिते इत्यादिना । प्रेतस्य मृतस्य मनुष्यस्य पौत्रे पितरि चापि स्थिते भार्यायां च स्थितायामधस्ताज्जन्म येषां तेषां गौरवाद्गुरुत्वाद्धेतोः पौत्र एव धनार्हो धनयोग्यः स्यात् ॥ १९ ॥

नन्वपुत्रस्य मृतस्य पुंसो वर्तमानानां जनकपितामहसमानोदर्याणां मध्ये कतमस्य तद्वित्तहारित्वमत आह अपुत्रस्येत्यादिना । अपुत्रस्य मृतस्य जनस्य ताते पितरि सोदरे भ्रातरि पितामहे च स्थिते सति जन्मनः सन्निकर्षेण सान्निध्येन हेतुनाऽस्याऽपुत्रस्य धनं पितैव हरेत् गृह्णीयात् ॥ २० ॥

स्वर्यातुरपुत्रस्यासन्नतरास्वपि कन्यासु स्थितासु पुंसः प्रधानतरत्वात् पौत्रस्यैव धनभागित्वमित्याह विद्यमानास्वित्यादिना । हे प्रिये मृतस्य पुरुषस्य

धनं मृतेन पुत्रेण पौत्रं याति पितामहात् ।
अतोऽत्र गीयते लोकैः पुत्ररूपः स्वयं पिता ॥ २२ ॥
औद्वाहिकेऽपि सम्बन्धे ब्राह्मी भार्या वरीयसी ।
अपुत्रस्य हरेद्रिक्थं पत्युर्देहार्धहारिणी ॥ २३ ॥
पतिपुत्रविहीना तु सम्प्राप्य स्वामिनो धनम् ।
नैव दातुं न विक्रेतुं समर्था स्वधनं विना ॥ २४ ॥

विद्यमानासु सन्निकृष्टास्वासन्नास्वपि कन्यासु यतः पुमान् पुरुषो मुख्यतरः प्रधानतरो भवेदतः पौत्र एव धनभाग् भवेत् ॥ २१ ॥

अधुना पितुरेव सहेतुकं पुत्ररूपत्वं व्याहरन् पुत्रहीनस्य मृतस्य पुंसः पौत्रस्यैव धनाधिकारित्वमनुवदति धनमित्यादिना । यतो धनं पितामहात् सकाशान्मृतेन पुत्रेण पौत्रं याति गच्छति अतोऽत्र संसारे लोकैर्जनैः पिता स्वयं पुत्ररूप इति गीयते शब्द्यते ॥ २२ ॥

इदानीं ब्राह्मीशैव्योर्भार्यायोर्मध्ये ब्राह्म्येवातिश्रेष्ठा पुत्ररहितस्य मृतस्य पत्युर्वित्तस्य ग्राहिका चेत्याह औद्वाहिकेऽपीत्यादिना । औद्वाहिकेऽपि विवाह-निमित्तकेऽपि सम्बन्धे ब्राह्मी वेदोक्तविधिना परिणीता भार्या शैवीभार्याया वरीयस्यतिवरा भवेत् । पत्युः स्वामिनो यतो देहार्धहारिणी स्यादतो ब्राह्म्येव भार्याऽपुत्रस्य पुत्रहीनस्य मृतस्य पत्युः रिक्थं धनं हरेत् । अपुत्रस्येत्युपलक्षणं पुत्रपौत्रादिरहितस्य । "वरीयांस्तूरुवरयोरित्यमरः" । "रिक्थमृक्थं धनं वस्वित्यमरः" ॥ २३ ॥

अथ स्वामिपुत्राभ्यां रहिता स्त्री लब्धभर्त्तृविभवा सती तद्दानविक्रयौ कर्तुं न शक्नोतीत्याह पतिपुत्रेत्यादिना । पतिपुत्रविहीना स्त्री स्वामिनो धनं सम्प्राप्य लब्ध्वा नैव तद्दातुं न च विक्रेतुं समर्था शक्ता भवेत् परन्तु स्वधनं विना । स्वकीयं तु धनं दातुं विक्रेतुं शक्नोतीत्यर्थः ॥ २४ ॥

पितृभिः श्वशुरैर्वापि दत्तं यद्धर्मसम्मतम् ।
स्वकृत्योपार्जितं यच्च स्त्रीधनं तत् प्रकीर्तितम् ॥ २५ ॥
तस्यां मृतायां रिक्थं तत् पुनः स्वामिपदं व्रजेत् ।
तदासन्नतरो रिक्थमध ऊर्ध्वक्रमाद्धरेत् ॥ २६ ॥
मृते पत्यौ स्वधर्मेण पतिबन्धुवशे स्थिता ।
तदभावे पितृबन्धोरितिष्ठन्ती दायमर्हति ॥ २७ ॥
शङ्कितव्यभिचाराऽपि न पत्युर्दायभागिनी ।
लभते जीवनं मात्रं भर्तुर्विभवहारिणः ॥ २८ ॥

ननु किं नाम स्त्रीधनमत आह पितृभिरित्यादिना । बहुवचनस्य बहूपलक्षकत्वात् पितृभिर्जनकादिभिः श्वशुरैः पतिपित्रादिभिर्वा धर्मसम्मतं यद्धनं दत्तं यच्च स्वकृत्या स्वीयया शिल्पादिक्रिययोपार्जितं तत् स्त्रीधनं प्रकीर्तितं कथितम् ॥ २५ ॥

ननु सम्प्राप्तस्वामिवित्ताया योषितो मृतौ सत्यां कस्य तद्वित्तहारितेत्यत आह तस्यामित्यादिना । तस्यां सम्प्राप्तस्वामिधनायां स्त्रियां मृतायां सत्यां तद्रिक्थं धनं पुनः स्वामिपदं व्रजेद्गच्छेत् । स्वामिपदगतं च तद्रिक्थमध-ऊर्ध्वक्रमात्तदासन्नतरः स्वामिनोऽतिसन्निकृष्टो जनो हरेत् । एतत्तु सामान्यत उक्तं विशेषतस्त्वग्रे वक्ष्यते ॥ २६ ॥

भर्तुर्मरणे सति भर्त्रादिबान्धववशे स्वधर्मेण तिष्ठन्त्येव स्त्री स्वामिनो दायमर्हतीत्याह मृते इत्यादिना । पत्यौ स्वामिनि मृते सति पतिबन्धुवशे स्वधर्मेण स्थिता तदभावे पतिबन्ध्वभावे पितृबन्धोर्वशे तिष्ठन्ती स्त्री दायं पत्युर्धनमर्हति ॥ २७ ॥

शङ्कितव्यभिचारा नारी तु ग्रासाच्छादनमात्रभागिनी न तु स्वामिधन-भागिनीत्याह शङ्कितेत्यादिना । शङ्कितव्यभिचाराऽपि स्त्री पत्युर्दायभागिनी न

बह्व्यश्चेद्वनितास्तस्य स्वर्यातुर्धर्मतत्पराः ।
भजेरन् स्वामिनो वित्तं समांशेन शुचिस्मिते ॥ २९ ॥
पत्युर्धनहरायाश्च मृतौ भर्तृसुतास्थितौ ।
पुनः स्वामिपदं गत्वा धनं दुहितरं व्रजेत् ॥ ३० ॥
एवं स्थितायां कन्यायां रिक्थं पुत्रवधूगतम् ।
तन्मृतौ स्वामिनं प्राप्य श्वशुरात्तत्सुतामियात् ॥ ३१ ॥

भवति किन्तु भर्तुर्विभवहारिणः पुरुषाज्जीवनं मात्रं जीवनमेव लभते प्राप्नोति । अपीति वदता सदाशिवेन प्रकटितव्यभिचाराया नार्या नितरामेव भर्तृदायभाजनत्वं नेति सूचितम् । जीव्यते येनाऽन्नादिना तज्जीवनम् "करणाधिकरणयोश्चेति" करणे ल्युट् । "मात्रं कार्त्स्न्येऽवधारणे" इत्यमरः ॥ २८ ॥

प्रेतस्य धर्मपरायणा बह्व्यो भार्याश्चेत् सर्वाः स्वामिनो द्रव्यं विभज्य गृह्णीयुरित्याह बह्व्य इत्यादिना । हे शुचिस्मिते शुभ्रेषद्धासे पवित्रेषद्धासे वा । तस्य स्वर्यातुः स्वर्गगामिनः पुंसो धर्मतत्पराः पुण्यपरायणाश्चेद्यदि बह्व्यो वनिताः स्त्रियः स्युस्तदा सर्वास्ताः स्वामिनो वित्तं समांशेन तुल्यभागेन भजेरन् सेवेरन् ॥ २९ ॥

लब्धभर्तृवित्ताया वनितायाः मरणे सति तद्वित्तं पुनस्तत्स्वामिनं प्राप्य ततश्च तत्तनयां गच्छेदित्याह पत्युरित्यादिना । पत्युर्धनहरायाः स्वामिनो वित्तहारिण्याः स्त्रियाः मृतौ भर्त्तुः सुतायाः स्थितौ च सत्यां धनं पुनस्तत्स्वामिपदं गत्वा दुहितरं तत्सुतां व्रजेद्गच्छेत् । भर्तृसुतेतिव्याहरन्महादेवः क्रीतादिसुतां तद्धनं न गच्छेदिति सूचयाञ्चक्रे ॥ ३० ॥

गृहीतपतिद्रव्याया नार्या मृतौ सत्यां तद्द्रव्यं भर्तृगतं ततः श्वशुरगतं च सत् श्वशुरकन्यां यायादित्याह एवमित्यादिना । एवमनेन प्रकारेण कन्यायां स्थितायां सत्यां पुत्रवधूगतं रिक्थं धनं तन्मृते पुत्रवधूमरणे सति स्वामिनं तद्भर्तारं प्राप्य पुनः श्वशुरं प्राप्य श्वशुराच्च तत्सुतां श्वशुरतनयामियाद्गच्छेत् ।

तथा पितामहे सत्त्वे वित्तं मातृगतं शिवे ।
तस्यां मृतायां पुत्रेण भर्त्रा श्वशुरगम्भवेत् ॥ ३२ ॥
मृतस्योर्ध्वगतं वित्तं यथा प्राप्नोति तत्पिता ।
जनन्यपि तथाऽऽप्नोति पतिहीना भवेद्यदि ॥ ३३ ॥
अतः सत्यां जनन्यां तु विमाता न धनं हरेत् ।
मृतौ जनन्यास्तं प्राप्य पित्रा गच्छेद्विमातरम् ॥ ३४ ॥
अधस्तनानां विरहाद्यथा रिक्थं न यात्यधः ।
येनैवाऽधस्तनं प्राप्तं तेनैवोर्ध्वं तदा व्रजेत् ॥ ३५ ॥

तन्मृते इत्यत्र "नपुंसके भावे क्त" इति सूत्रेण भावे क्त प्रत्ययः । एतच्च भर्तृ-दुहित्रादिभ्रात्रीयपर्यन्ताभावे बोद्धव्यम् ॥ ३१ ॥

ननु मातृपुत्रवित्ताया मातुर्मरणे सति कस्य तद्वित्तभागितेत्यत आह तथेत्यादिना । हे शिवे तथा तेनैव प्रकारेण पितामहे सत्त्वे वर्तमाने मातृगतं जननीप्राप्तं वित्तं धनं तस्यां मातरि मृतायां सत्यां पुत्रेणाऽऽत्मजेन भर्त्रा पत्या च श्वशुरगं भवेत् श्वशुरं गच्छेदित्यर्थः । सन्नेव सत्त्वमिति स्वार्थिकस्त्वः । इदं पुत्रस्य सोदराणां तत्पुत्राणाञ्चाऽसत्त्वे बोद्धव्यम् ॥ ३२॥

पुत्रादिपितृपर्यन्तरहितस्य प्राप्तपञ्चत्वस्य पुंसो जनकस्य जनन्या अपि तद्वित्तहर्त्रीत्वं तन्मृतौ च तस्य विमातुरपीत्याह मृतस्येत्यादिद्वयेन । मृतस्य जनस्योर्ध्वगतमूर्ध्वं प्राप्तं वित्तं तत्पिता मृतस्य जनको यथाऽऽप्नोति लभते तथैव यदि पतिहीना स्वामिरहिता भवेत् तदा तज्जनन्यप्याप्नोति ॥ ३३ ॥

अत इति । अतो जनन्यान्तु सत्यां विमाता तस्य धनं न हरेत् किन्तु मातैव हरेत् । जनन्या मृतौ मरणे तु तद्धनं तं पुत्रं प्राप्य पित्रा विमातरं गच्छेत् ॥ ३४ ॥

अधोभवानां रिक्थग्राहकाणामभावादधस्तादगच्छतो वित्तस्योर्ध्वगामित्वे-नाऽपत्यहीनाया लब्धभ्रातृवित्तायाः पतिवत्याः स्वसुर्मृतौ सत्यां तद्गतस्य वित्तस्य

अतः स्थितौ पितृव्यस्य धनं स्वसृगतञ्च सत् ।
पत्यौ स्थितेऽनपत्याया मृतौ पितृव्यमाश्रयेत् ॥ ३६ ॥
ऊर्ध्वाद्वित्तमधः प्राप्य पुमांसमवलम्बते ।
अतः सत्यां सोदरायां वैमात्रेयो धनं हरेत् ॥ ३७ ॥
स्थितायां सोदरायाञ्च विमातुः पुत्रसन्ततौ ।
वैमात्रेयगतं वित्तं वैमात्रेयान्वयो भजेत् ॥ ३८ ॥

पितृव्याश्रयत्वं स्यादित्येवाह अधस्तनानामित्यादिद्वयेन । अधस्तनानामधोभवानां जनानां विरहादभावाद्यथा यदा रिक्थं धनं अधो न याति गच्छति तदा येनैव जनेन अधस्तनमधोभवं जनं धनं प्राप्तं तेनैव जनेनोर्ध्वं व्रजेद्गच्छेत् ॥ ३५ ॥

अत इत्यादि । अतोऽधस्तनानां विरहाद्रिक्थस्योर्ध्वगामित्वादेव पितृव्यस्थितावनपत्यायाः पुत्रेण पुत्र्या च रहितायाः स्वसुर्मृतौ सत्यां पत्यौ भगिनीभर्तरि स्थितेऽपि स्वसृगतं च सत् धनं पितृव्यमाश्रयेत् तस्या भ्रात्रा पित्रादिना च पितृभ्रातरं भजेत् । अनपत्याया इति विशेषणेनाऽपत्यवत्याः स्वसुः मृतौ तद्गतस्य धनस्य तदपत्यगामितैवेत्यसूसुचत् ॥ ३६ ॥

ऊर्ध्वादधःप्राप्तस्य धनस्य पुरुषावलम्बित्वात् सोदरायां विद्यमानायामपि वैमात्रेयगामितैव स्यादित्याह ऊर्ध्वादित्यादिना । यतो वित्तं धनमूर्ध्वादधः प्राप्य पुमांसं पुरुषमवलम्बते आश्रयति अतः सोदरायां भगिन्यां सत्यामपि वैमात्रेयो विमातृजो धनं हरेत् ॥ ३७ ॥

ननु सोदरायां वैमात्रेयसन्ततौ च विद्यमानायां वैमात्रेयमरणे सति तद्गतं वित्तं का प्राप्नुयात्तत्राह स्थितायामित्यादिना । सोदरायां भगिन्यां विमातुः पुत्रसन्ततौ च स्थितायां सत्यां वैमात्रेयगतं वित्तं तन्मरणे सति वैमात्रेयान्वयो विमातृजसन्ततिर्भजेत् सेवेत ॥ ३८ ॥

मृतस्य सोदरो भ्राता वैमात्रेयस्तथा शिवे ।
धनं पितृगतत्वेन विभजेतां समांशिनौ ॥ ३९ ॥
कन्यायां जीवितायाञ्च तदपत्यं न दायभाक् ।
यत्र यद्बाधितं वित्तं तन्मृतावपरं व्रजेत् ॥ ४० ॥
विभजेयुर्दुहितरः पुत्राभावे पितुर्वसु ।
उद्वाहयन्तयोऽनूढां तु पितुः साधारणैर्धनैः ॥ ४१ ॥
असन्तत्या मृतायाश्च स्त्रीधनं स्वामिनं भजेत् ।
अन्यत्तु द्रविणं यस्मादाप्तं तत्पदमाश्रयेत् ॥ ४२ ॥

पुत्रादिमातृपर्यन्तरहितस्य प्रमीतस्य पुंसः सोदरवैमात्रेययोरुभयोरपि तद्धने समभागित्वमित्याह मृतस्येत्यादिना । हे शिवे मृतस्य जनस्य सोदरो भ्राता तथा वैमात्रेयश्च उभौ तद्धनस्य पितृगतत्वेन हेतुना तत्र रागांशिनौ सन्तौ तद्धनं विभजेतां विभज्य गृह्णीयातामित्यर्थः ॥ ३९ ॥

जीवन्त्यां कन्यायां तदपत्यस्य दायभागित्वं नेत्याह कन्यायामित्यादिना । कन्यायां जीवितायां सत्यां तदपत्यं दायभाग् न भवेत् किन्तु कन्यैव दायभागिनी स्यादित्यर्थः । यत्र जने यद्वित्तं धनं यद्बाधितं भवेत् तन्मृतौ तस्य बाधकजनस्य मरणे सति तद्वित्तं तमपरं जनं व्रजेत् गच्छेत् ॥ ४० ॥

अपरिणीतां भगिनीं सामान्यैस्तातद्रव्यैरुद्वाहयन्त्यो दुहितरो मृतस्याऽपुत्रस्य पितुर्द्रविणं सर्वां विभज्य गृह्णीयुरित्याह विभजेयुरित्यादिना । पितुः पुत्राभावे सति पितुः साधारणैः सामान्यैर्धनैरनूढामपरिणीतां पितुः पुत्रीमुद्वाहयन्त्यो दुहितरः पुत्र्यः पितुर्वसु द्रव्यं विभजेयुः । तुशब्देन विवाह्यमानाऽपि पितृद्रव्यं विभजेत् ॥ ४१ ॥

अनपत्यायाः प्रमीताया नार्याः स्त्रीधनस्य तत्स्वामिगामित्वमपरस्य तु तल्लब्धद्रव्यस्य यतः प्राप्तिरासीत्तत्पदाश्रयित्वमित्याह असन्तत्या इत्यादिना ।

प्रेतलब्धधनैर्नारी विदध्यादात्मपोषणम् ।
पुण्यन्तु तदुपस्वत्वैर्न शक्ता दानविक्रये ॥ ४३ ॥
पितामहस्नुषायाञ्च सत्यां तातविमातरि ।
पितामहगतं रिक्थं तत्पुत्रेण स्नुषां व्रजेत् ॥ ४४ ॥
पितामहे पितृव्ये च तथा भ्रातरि जीवति ।
अधोभवानां मुख्यत्वात् भ्रातैव धनभाग् भवेत् ॥ ४५ ॥

असन्तत्याः सन्ततिरहिताया मृताया नार्याः स्त्रीधनं स्वामिनं तद्भर्तारं भजेत् सेवेत । अन्यत्तु तद्भिन्नन्तु द्रविणं द्रव्यं यस्माज्जनादाप्तं लब्धं तत्पदमाश्रयेद्व्रजेत् ॥ ४२ ॥

प्रेतप्राप्तानि वित्तानि दातुं विक्रेतुं चाऽशक्नुवती नारी मरणपर्यन्तं भुञ्जीत तदुपस्वत्वैस्तु धर्ममपि कुर्वीतेत्याह प्रेतेत्यादिना । प्रेतलब्धधनैर्मृतप्राप्तैर्वित्तैर्नारी योषिदात्मपोषणमात्मनो भरणं विदध्यात् कुर्यात् । पुण्यं धर्मं तु तदुपस्वत्वैस्तदतिरिक्तैस्तत एवोपजातैर्धनैर्विदध्यात् । तेषां दाने विक्रये च शक्ता समर्था न भवेत् ॥ ४३ ॥

ननु पुत्रादिपितृव्यपर्यन्तरहितस्य मृतस्य पुंसो द्रविणस्य तत्पितृव्यपत्नीगामित्वं तातविमातृगामित्वं वेत्याशङ्कायामाह पितामहेत्यादिना । पितामहस्नुषायां पितामहपुत्रभार्यायां तातविमातरि च सत्यां विद्यमानायां पितामहगतं रिक्थं धनं तत्पुत्रेण पितामहस्यात्मजेन स्नुषां पुत्रपत्नीं व्रजेत् ॥ ४४ ॥

ननु पुत्रादिमातृपर्यन्तरहितस्य प्रेतस्य पुंसो विद्यमानानां पितामहपितृव्यभ्रातॄणां मध्ये कतमस्य तद्धनभागित्वं तत्राह पितामह इत्यादिना श्लोकद्वयेन । पितामहे पितृव्ये तथा भ्रातरि च जीवति सति अधोभवानां जनानां मुख्यत्वात् प्रधानत्वाद्धेतोर्भ्रातैव धनभाग् भवेत् । मृतात् पुत्रात् पितृगतं धनं मृतस्य भ्रातैव भजेदित्यर्थः ॥ ४५ ॥

पितृव्यात् सन्निकर्षेऽत्र तुल्यौ भ्रातृपितामहौ ।
धनं पितृपदं गत्वा प्रयातुर्भ्रातरं भजेत् ॥ ४६ ॥
स्थितेऽप्यपत्ये दुहितुः प्रेतस्य पितरि स्थिते ।
दुहित्रपत्यं धनभाग् धनं यस्मादधोमुखम् ॥ ४७ ॥
स्वःप्रयातुः स्थिते ताते तथा मातरि कालिके ।
पुंसो मुख्यतरत्वेन धनहारी भवेत् पिता ॥ ४८ ॥
स्थितः स्वपितृसापिण्डो वर्त्तमानेऽपि मातुले ।
प्रेतस्य धनहारी स्यात् पितुः सम्बन्धगौरवात् ॥ ४९ ॥

पितृव्यादिति । अत्र लोके पितृव्यात् सन्निकर्षे सामीप्ये यद्यपि भ्रातृपितामहौ तुल्यौ समानौ भवतः तथाप्यधोभवानां मुख्यत्वात् स्वः-पयातुर्जनस्य धनं पितृपदं गत्वा भ्रातरं भजेत् ॥ ४६ ॥

ननु पुत्रादिपुत्रीपर्यन्तहीनस्य मृतस्य पुंसो विद्यमानयोस्तातदुहित्र-पत्ययोर्मध्ये कतरस्य तद्धनग्राहकत्वमत आह स्थित इत्यादिना । प्रेतस्य मृतस्य जनस्य पितरि स्थिते दुहितुरपत्येऽपि स्थिते सति यस्माद्धनमधोमुखं स्यादतो दुहित्रपत्यमेव धनभाग् भवेत् ॥ ४७ ॥

प्रेतस्य पुंसो जीवतोर्मातापित्रोर्मध्ये पुरुषस्य प्रधानत्वात् पितुरेव तद्धनहारित्वमित्याह स्वःप्रयातुरित्यादिना । हे कालिके स्वःप्रयातुर्मृतस्य जनस्य ताते पितरि स्थिते सति तथा मातरि स्थितायां सत्यां पुंसो मुख्यतरत्वेन हेतुना पिता धनहारी स्यात् ॥ ४८ ॥

ननु मृतस्य पुंसो विद्यमानयोर्मातुलपितृसपिण्डयोर्मध्ये कतरस्य तद्वित्त-भागित्वमत आह स्थित इत्यादि । मातुले वर्त्तमानेऽपि पितुः सम्बन्धस्य गौरवाद्धेतो स्थितः स्वपितृसापिण्डः प्रेतस्य धनहारी स्यात् । सपिण्ड एव सापिण्डः "प्रज्ञादिभ्यश्चेति" स्वार्थेऽण् ॥ ४९ ॥

अधस्ताद्गमनाभावे धनमूर्ध्वभवं गतम् ।
तत्रापि पुंसां मुख्यत्वादितं पितृकुलं शिवे ।
अतोऽत्र सन्निकृष्टोऽपि मातुलो नाप्नुयाद्धनम् ॥ ५० ॥
अजीवत्पितृकः पौत्रः पितृव्यैः सह पार्वति ।
पितामहस्य द्रविणात् स्वपितुर्दायमर्हति ॥ ५१ ॥
भ्रातृहीना तथा पौत्री पितृव्यैः समभागिनी ।
पितामहधनं सौम्या हरेच्चेन्मृतमातृका ॥ ५२ ॥
सत्यां पौत्र्याः पितामह्यां पौत्र्याः पितृष्वसर्यपि ।
वित्ते पितृगते देवि पौत्री तत्राऽधिकारिणी ॥ ५३ ॥

ननु पितुः सपिण्डात् सन्निकृष्टस्य मातुलस्यैव प्रेतधनहर्तृत्वं सम्भवति न तु विप्रकृष्टस्य पितुः सपिण्डस्येतीमामाशङ्कां परिहरन्नाह अधस्तादित्यादिधनमित्यन्तं सार्धम् । हे शिवे अधस्ताद्गमनाभावे सति प्रेतस्य धनमूर्ध्वभवं जनं गतं प्राप्तं भवेत् । तत्राप्यूर्ध्वभवेष्वपि पुंसां मुख्यत्वाद्धनं पितृकुलमितं प्राप्तं स्यात् । अतो हेतोरत्र लोके सन्निकृष्टोऽप्यासन्नोऽपि मातुलः प्रेतस्य धनं नाप्नुयान्न लभेत् ॥५०॥

भ्रातृभ्योऽविभक्तस्य पुरुषस्य मृतौ सत्यां तत्पुत्रः पितृव्यैः सार्धं पैतामहकद्रव्यात् पैतृकमंशं प्राप्नुयादित्याह अजीवदित्यादिना । हे पार्वति अजीवत्पितृको मृतजनकः पौत्रः पितृव्यैः पितुर्भ्रातृभिः सह पितामहस्य द्रविणात् द्रव्यात् स्वपितुर्दायं प्राप्तुमर्हति ॥ ५१ ॥

अजीवन्मातृका भ्रातृरहिता पौत्र्यपि पितामहद्रव्यात् प्रमीतस्य पितुरंशं प्राप्तुमर्हतीत्याह भ्रातृहीनेत्यादिना । चेद्यदि मृतमातृका भ्रातृहीना सोदरवैमात्रेयरहिता सौम्या व्यभिचाराख्यदोषहीना च भवेत् तदा तथा तेन प्रकारेण पौत्री पुत्रदुहिता पितृव्यैः समभागिनी सती पितामहधनं हरेत् गृह्णीयात् ॥ ५२ ॥

ननु प्राप्तपञ्चत्वस्य पुंसो विद्यमानानां जननीभगिनीपुत्रीणां मध्ये तद्वित्ते का धनाधिकारिणी स्यात् तत्राह सत्यामित्यादिना । हे देवि पौत्र्याः पितामह्यां

अधोगामिषु वित्तेषु पुमान् ज्यायानधस्तनः ।
ऊर्ध्वगामिधने श्रेष्ठः पुमानूर्ध्वोद्भवो भवेत् ॥ ५४ ॥
अतः स्नुषायां पौत्र्याञ्च सत्यां दुहितरि प्रिये ।
प्रेतस्य विभवं हर्तुं नैव शक्नोति तत्पिता ॥ ५५ ॥
यदा पितृकुले न स्यान्मृतस्य धनभाजनम् ।
पूर्वोक्तविधिना रिक्थं मातामहकुलं भजेत् ॥ ५६ ॥
मातामहगतं वित्तं मातुलैस्तत्सुतादिभिः ।
अध-ऊर्ध्वक्रमेणैवं पुमांसं स्त्रियमाश्रयेत् ॥ ५७ ॥

तथा पौत्र्याः पितृष्वसर्यपि सत्यां विद्यमानायाम् अधस्ताज्जन्मगौरवात् पौत्री तत्र पितृगते वित्तेऽधिकारिणी स्यात् ॥ ५३ ॥

ननु प्रेतस्य स्नुषाया दुहितृतः पौत्र्याश्च तज्जनकस्य पुंस्त्वेन श्रेष्ठत्वाद्विद्यमानस्य तस्यैव तद्धनहारित्वं राद्धान्ते नतु तत्स्नुषादीनामितीमं सन्देहं दूरीकुर्वन्नाह अधोगामिष्वित्यादितत्पितेत्यन्तं श्लोकद्वयम् । अधोगामिषु वित्तेषु धनेष्वधस्तनोऽधोभवः पुमान् ज्यायान् श्रेष्ठो भवेत् न तूर्ध्वोद्भवः । ऊर्ध्वगामिधने तूर्ध्वोद्भवः पुमान् श्रेष्ठो भवेत् ॥ ५४ ॥

अत इति । हे प्रिये अतोऽधोगामिधने ऊर्ध्वोद्भवस्याऽश्रेष्ठत्वाद्धेतोः प्रतस्य स्नुषायां पुत्रभार्यायां पौत्र्यां दुहितरि च सत्यां वर्त्तमानायां प्रेतस्य विभवं धनं हर्तुं गृहीतुं तत्पिता नैव शक्नोति किन्तु यथाक्रमं ता एव प्रेतधनं हर्तुं शक्नुवन्तीत्यर्थः ॥ ५५ ॥

ननु प्रेतपुरुषस्य पितुर्वंशे धनग्राहकासत्त्वे तद्द्रव्यस्य किं कुलगामित्वं स्यादत आह यदेत्यादि । यदा मृतस्य जनस्य पितृकुले धनभाजनं धनस्य पात्रं न स्यात्तदा पूर्वोक्तविधिना पूर्वकथितविधानेन रिक्थं प्रेतस्य धनं मातामहकुलं भजेत् सेवेत ॥ ५६ ॥

मातामहकुलयातस्य द्रव्यस्याध-ऊर्ध्वक्रमेणैव पुरुषाश्रयत्वं तदसत्त्वे नार्याश्रयत्वं च स्यादित्याह मातामहेत्यादिना । मातामहगतं मातामहं प्राप्तं वित्तं धनं

ब्राह्मयन्वये विद्यमाने पित्रोः सापिण्डने स्थिते ।
मृतस्य शैवीतनयो न पितुर्दायभाग् भवेत् ॥ ५८ ॥
शैवी पत्नी च तत्पुत्रा लभेरन् धनभागिनः ।
ग्रासमाच्छादनं भद्रे स्वःप्रयातुर्यथा धनम् ॥ ५९ ॥
शैवोद्वाहं प्रकुर्वन्तीं शैवभर्त्तैव पालयेत् ।
सौम्याश्चेन्नाधिकारोऽस्याः पित्रादीनां धने प्रिये ॥ ६० ॥

मातुलैस्तत्सुतादिभिर्मातुलपुत्रादिभिश्च अधऊर्ध्वक्रमेण एवं पितृकुले इव पुमांसं पुरुषं तदभावे स्त्रियमाश्रयेत् सेवेत ॥ ५७ ॥

अथ प्रेतपुरुषस्य ब्राह्मीभार्याया अन्वये मातापित्रोः सपिण्डे वा स्थिते शैवीपुत्रस्य तद्विभवभागित्वं नेत्याह ब्राह्मयन्वये इत्यादिना । ब्राह्मयन्वये ब्राह्मया भार्याया वंशे विद्यमाने पित्रोर्मातुः पितुश्च सापिण्डने सपिण्डे वा स्थिते सति शैवीतनयः शैव्या भार्यायाः पुत्रो मृतस्य पितुर्दायभाग् न भवेत् किन्तु विद्यमानयोस्तयोरेव क्रमतः तद्दायभागित्वमित्यर्थः । एतेन ब्राह्मयन्वयस्य मातापित्रोः सपिण्डस्य चाभावे शैवीतनयस्यैव मृतजनकदायभागित्वमिति ध्वनितम् ॥ ५८ ॥

ननु ब्राह्मयन्वयस्य पित्रोः सपिण्डस्य वा वर्त्तमानत्वे शैवीपुत्राणां मृतपितृदायभागित्वाभावे कथमुदरभरणादिनिर्वाहस्तत्राह शैवीत्यादिना । हे भद्रे स्वःप्रयातुः स्वर्गतस्य पुंसः शैवी पत्नी तत्पुत्राः शैव्यास्तनयाश्च तस्य धनभागिनः पुरुषात् यथाधनं यथाविभवं ग्रासमाच्छादनं च लभेरन् प्राप्नुयुः ॥ ५९ ॥

ननु शैवमुद्वाहं कुर्वती नारी पित्रादिभिः पालनीया भवेच्छैवेन भर्त्रा वेत्याशङ्कायामाह शैवोद्वाहमित्यादिना । हे प्रिये यतोऽस्याः शैव्याः स्त्रियाः पित्रादीनां धनेऽधिकारो नास्त्यतः शैवोद्वाहं प्रकुर्वन्तीं तां चेद्यदि सौम्यामव्यभिचारिणीं जानीयात्तदा शैवभर्त्तैव पालयेत् रक्षेत् । जानीयादिति त्वध्याहारलभ्यम् । प्रकुर्वन्तीमित्यत्र नुमागमश्छान्दसः ॥ ६० ॥

अतः सत्कुलजां कन्यां शैवैरुद्वाहयन् पिता ।
क्रोधाद्वा लोभतो वापि स भवेल्लोकगर्हितः ॥ ६१ ॥
शैवीतदन्वयाभावे सोदको ब्रह्मदो नृपः ।
हरेयुः क्रमतो वित्तं मृतस्य शिवशासनात् ॥ ६२ ॥
पिण्डदात् सप्तपुरुषाः सपिण्डाः कथिताः प्रिये ।
सोदका दशमान्ताः स्युस्ततः केवलगोत्रजाः ॥ ६३ ॥

अथ शैवेन विधिना सत्कुलजां कन्यामुद्वाहयतो जनकस्य लोकनिन्द्यत्वं दर्शयितुमाह अत इत्यादिना । अतो ब्राह्मयन्वये मातापित्रोः सपिण्डे वा स्थिते भर्तुर्द्रव्ये स्वपित्रादिद्रव्ये चाधिकारस्याऽभावाद्धेतोः क्रोधाद्वा लोभतो वापि शैवैर्विधिभिः सत्कुलजां सद्वंशजातां कन्यामुद्वाहयन् यः स पिता लोकगर्हितो लोकनिन्दितो भवेत् ॥ ६१ ॥

पुत्रादिशैवीसन्ततिपर्यन्तरहितस्य प्राप्तपञ्चत्वस्य पुरुषस्य स्थावरादिसकलद्रव्येषु सोदकस्य वेदाध्यापकगुरोर्नरपतेश्च क्रमतोऽधिकारित्वमस्तीत्याह शैवीत्यादिना । शैवीतदन्वयाभावे सति सोदको ब्रह्मदो वेदाध्यापकः गुरुः नृपो राजा च मृतस्य वित्तं धनं शिवशासनात् शिवाज्ञातः क्रमतो हरेयुः । यथा शैवीतदन्वयासत्त्वे प्रथमतः सोदको मृतस्य वित्तं हरेत् । तदभावे वेदाध्यापकः तदसत्त्वे तु राजा चेति ॥ ६२ ॥

ननु केषां सपिण्डत्वं केषां सोदकत्वं केवलगोत्रजत्वं च केषामत आह पिण्डदादित्यादिना । हे प्रिये पिण्डदात् पिण्डदातारं पुरुषमारभ्य सप्तपुरुषाः सपिण्डाः कथिताः तत ऊर्ध्वं दशमान्ताः दशमपुरुषान्ताः सोदकाः स्युः ततः परं केवलगोत्रजा भवेयुः । पिण्डदादिति "ल्यब्लोपे कर्मण्यधिकरणे चेति" कर्मणि पञ्चमी ॥ ६३ ॥

विभक्तं द्रविणं यच्च संसृष्टं स्वेच्छया तु चेत् ।
अविभक्तविधानेन भजेरंस्तद्धनं पुनः ॥ ६४ ॥
अविभक्ते विभक्ते वा यस्य यादृग्विभागिता ।
मृतेऽपि तस्य दायादास्तादृग्विभवभागिनः ॥ ६५ ॥
ये यस्य धनहर्त्तारो भवेयुर्जीवनावधि ।
दद्युः पिण्डं त एवाऽस्य शैवभार्यासुतं विना ॥ ६६ ॥
लोकेऽस्मिन् जन्मसम्बन्धाद् यथाऽशौचं विधीयते ।
धनभागित्वसम्बन्धात् त्रिरात्रं विहितं तथा ॥ ६७ ॥

विभक्तस्य पश्चात् स्वेच्छया संसृष्टस्य द्रव्यस्याऽविभक्तविधानेनैव पुनर्विभागमाह विभक्तमित्यादिना । चेद्यदि विभक्तं यत् द्रविणं द्रव्यं स्वेच्छया संसृष्टं मिश्रीकृतं स्यात्तदा तद्धनं पुनरविभक्तविधानेन दायादा भजेरन् ॥ ६४ ॥

जीवतो यस्य पुरुषस्य विभक्ताविभक्ताखिलद्रव्येषु येषां यादृग्विभागित्वं तस्य मरणेऽपि तत्र तेषां तादृग्विभागित्वं स्यादेवेत्याह अविभक्ते इत्यादिना । यस्य पुरुषस्याऽविभक्ते विभक्ते वा द्रव्ये येषां दायादानां यादृग्विभागिता स्यात्तस्य पुंसो मृतेऽपि मरणेऽपि ते दायादास्तादृग्विभवभागिनो भवेयुः ॥ ६५ ॥

प्रमीतस्य यस्य पुंसो द्रविणं ये लभेरंस्तस्मै यावज्जीवनं त एव पिण्डं ददेरन्नित्याह ये इत्यादिना । ये पुमांसो यस्य पुंसो धनहर्त्तारो भवेयुस्त एव जीवनावधि जीवनपर्यन्तमस्य पुरुषस्य पिण्डं दद्युः । परन्तु शैवभार्यासुतं विना । तस्य तत्पिण्डदानेऽधिकारित्वं नास्तीत्यर्थः । शैवभार्यासुतमिति शैव्यास्तद्दुहित्रादीनां चोपलक्षणम् ॥ ६६ ॥

यथा जन्मसम्बन्धात् सर्वेषां बान्धवानां मरणजननिमित्तकाशौचं जायते एवं धनभागित्वसम्बन्धाद्धनहारिणामपि त्रिरात्रमशौचं स्यादित्याह लोके इत्यादिना । जन्मसम्बन्धाद्यथाऽस्मिंल्लोके जने मरणजननिमित्तकमशौचं विधीयते

पूर्णेऽशौचेऽथवाऽपूर्णे तत्कालाभ्यन्तरे श्रुते ।
श्रवणाच्छेषदिवसैर्विशुद्ध्येयुर्द्विजादयः ॥ ६८ ॥
कालातीते तु विज्ञाते खण्डेऽशौचं न विद्यते ।
पूर्णे त्रिरात्रं विहितं न चेत् संवत्सरात् परम् ॥ ६९ ॥
वर्षातीतेऽपि चेन्मातुः पितुर्वा मरणश्रुतौ ।
त्रिरात्रमशुचिः पुत्रस्तथा भर्तुः पतिव्रता ॥ ७० ॥

तथा धनभागित्वसम्बन्धाद्धनहर्तर्यपि त्रिरात्रमशौचं विहितम् । "लोकः स्याद्भुवने जने" इत्यमरः ॥ ६७ ॥

नन्वशौचकालाभ्यन्तर एव पूर्णं खण्डं वाऽशौचं शृण्वतामपरदेशस्थानां ब्राह्मणादीनामशौचश्रवणवासरादवशिष्टैरवाशौचवासरैर्विशुद्धिः स्यात् तद्वासरमारभ्याऽपरैर्वा दशाहादिभिरित्याशंकायामाह पूर्णे इत्यादिना । पूर्णेऽशौनेऽथवाऽपूर्णे खण्डेऽशौचे तत्कालाभ्यन्तरेऽशौचकालमध्ये श्रुते सति श्रवणादशौचश्रवणदिवसाच्छेषदिवसैरवशिष्टैरहोरात्रैर्द्विजादयो ब्राह्मणादयो विशुध्येयुः । श्रूयतेऽस्मिन्निति श्रवणं तस्मात् । "करणाधिकरणयोश्च" इत्यधिकरणे ल्युट् ॥ ६८ ॥

नन्वशौचकालव्यपगमे सति संवत्सराभ्यन्तर एव ज्ञातिमरणं शृण्वन्तो ब्राह्मणादयः कियद्भिरहोरात्रैर्विशुध्येयुरत आह कालातीते इत्यादिना । कालातीते त्वशौचकालातिक्रमणे तु खण्डेऽशौचे विज्ञाते सत्यशौचं न विद्यते । चेद्यदि संवत्सराद्वर्षात् परमूर्ध्वं दिनादिकमतीतं न भवेत्तदा अतीतेऽप्यशौचकाले पूर्णेऽशौचे विज्ञाते सति त्रिरात्रमशौचं विहितम् । कालस्यातीतं कालातीतमिति "षष्ठीति" सूत्रेण षष्ठीतत्पुरुषः । अतीतमित्यतिपूर्वादिणो भावेक्तः । "नाशौचं प्रसवस्यास्ति व्यतीतेषु दिनेष्वपि" इति देवलवचनात् मरणविषयकमिदं वचनम् ॥ ६९ ॥

संवत्सरे व्यतीतेऽपि मातापित्रोर्मरणं शृण्वतः पुत्रस्य स्वामिनो मरणं शृण्वत्याः पतिव्रतायाश्च त्रिरात्रमशौचं स्यादित्याह वर्षातीतेऽपीत्यादिना

अशौचाभ्यन्तरे यस्मिन्नशौचान्तरमापतेत् ।
गुर्वशौचेन मर्त्यानां शुद्धिस्तत्र विधीयते ॥ ७१ ॥
अशौचानां गुरुत्वञ्च कालव्यापित्वगौरवात् ।
व्याप्यव्यापकयोर्मध्ये गरीयो व्यापकं स्मृतम् ॥ ७२ ॥
यद्यशौचान्तदिवसे पतेदपरसूतकम् ।
पूर्वाशौचेन शुद्धिः स्यादघवृद्ध्या दिनद्वयम् ॥ ७३ ॥

वर्षातीतेऽपि संवत्सरातिक्रमणेऽपि चेद्यदि मातुः पितुर्वा मरणश्रुतिः स्यात्तदा तयोर्मरणश्रुतौ सत्यां पुत्रः त्रिरात्रमशुचिः स्यात् तथा भर्तुः स्वामिनो मरणश्रुतौ पतिव्रता स्त्री त्रिरात्रमशुचिः स्यात् ॥ ७० ॥

एकस्मिन्नशौचे सति तच्छेषवासराऽसमाप्तावेव विषमकालव्यापकाशौचान्तरनिपाते सत्यधिकदिनव्यापकेनाऽशौचेन मर्त्यानां शुद्धिः स्यादित्याह अशौचाभ्यन्तर इत्यादिना । यस्मिन्नशौचे सत्यशौचाभ्यन्तरेऽशौचमध्येऽशौचान्तरं विषमकालव्यापकम् अपरमशौचम् आपतेदागच्छेत्तस्मिन्नशौचे जाते सति गुर्वशौचेनाऽधिकदिनव्यापकेनाऽशौचेनाऽपगतेन मर्त्यानां शुद्धिर्विधीयते ॥७१॥

अथाशौचानां गुरुत्वं निरूपयति अशौचानामित्यादिना । कालव्यापित्वगौरवात् कालव्यापकत्वे गुरुत्वाद्धेतोरशौचानां गुरुत्वं भवेत् । अधिककालव्यापकत्वादशौचानां गुरुत्वमल्पकालव्यापकत्वाच्च लघुत्वमित्यर्थः । व्याप्यव्यापकयोरशौचयोर्मध्ये व्यापकमशौचं गरीयो गुरुतरं स्मृतम् ॥ ७२ ॥

नन्वशौचान्तदिनेऽपरस्मिन्नशोचे पतिते सति पूर्वाशौचेनैव शुद्धिः स्यात् पराशौचेन वेत्याशङ्कायामाह यदीत्यादिना । अशौचान्तदिवसे जननाशौचस्यान्तिमेऽहोरात्रे यद्यपरसूतकं तदन्यजनननिमित्तकखण्डाशौचं पतेत्तदा पूर्वाशौचेनैव व्यतीतेन शुद्धिः स्यात् । यदि त्वशौचान्तदिवसे पूर्णाशौचान्तरोपनिपाते सत्यघवृद्धिर्भवेत् तदाऽघवृद्ध्या पूर्वाशौचान्तदिवसावधिकं दिनद्वयमशौचं स्यात् । सूतकमिति तु मृतकस्याऽप्युपलक्षणम् । तत्राप्येवमेवावगन्तव्यम् ॥७३॥

तावत् पितृकुलाशौचं यावन्नोद्वहनं स्त्रियाः ।
जाते परिणये पित्रोर्मृतौ त्र्यहमुदाहृतम् ॥ ७४ ॥
विवाहानन्तरं नारी पतिगोत्रेण गोत्रिणी ।
तथा गृहीतृगोत्रेण दत्तपुत्रस्य गोत्रिता ॥ ७५ ॥
सुतमादाय सम्मत्या जनन्या जनकस्य च ।
स्वगोत्रनामान्युल्लिख्य संस्कुर्यात् स्वजनैः सह ॥ ७६ ॥

ननु स्त्रीणां तातकुल एवाऽशौचे सत्यशौचं भवेद्भर्तृकुल एव वा किमुभयत्रापीत्याशङ्कायामाह तावदित्यादिना । यावदुद्वहनमुद्वाहो न भवेत्तावत् कालपर्यन्तं स्त्रियाः पितृकुलाशौचं पितृकुलसम्बन्ध्यशौचं स्यात् । एतेन विवाहात् परतो भर्तृकुलसम्बन्ध्येव स्त्रिया अशौचं भवेदिति सूचितम् । ननु उद्वाहादूर्ध्व-मुत्पादकयोर्मातापित्रोरपि मृतौ नार्या अशौचं न स्यादित्यत आह जाते इत्यादिना । परिणये विवाहे जाते सत्यपि पित्रोर्मृतौ मातुः पितुश्च मरणे सति स्त्रियाः त्र्यहं त्रिदिनमशौचमुदाहृतम् ॥ ७४ ॥

ननु वैवाहिकसम्बन्धाज्जननसम्बन्धस्य बलवत्तरत्वस्योक्तत्वान्नार्याः पितृकुल एवाशौचे सत्यशौचं युक्तं नतु पतिकुलाशौचे सतीत्यत आह विवाहान्तर-मित्यादिना । विवाहानन्तरमुद्वाहात् परतो नारी स्त्री पतिगोत्रेण गोत्रिणी स्यात् । विवाहादूर्ध्वं पितृगोत्राद्बहिर्भूतत्वात् तत्राशौचे सति स्त्रिया अशौचं न स्यादिति भावः । ननु दत्तकपुत्रस्य जनकगोत्रेण गोत्रवत्त्वमादातुर्गोत्रेण वेति सन्देहं निराकुर्वन्नाह तथेत्यादिना । तथा तेन प्रकारेण दत्तपुत्रस्य गृहीतृगोत्रेण गोत्रिता गोत्रवत्ता स्यात् ॥ ७५ ॥

इदानीं मातापित्रोः सम्मत्या पुत्रमादाय गृहीत्रा स्वगोत्रनामान्युच्चार्य तत्संस्कारो विधेय इत्याह सुतमित्यादिना । जनन्या जनयित्र्या जनकस्योत्पाद-कस्य च सम्मत्या सुतं तत्पुत्रमादाय गृहीत्वा स्वगोत्रनामान्युल्लिख्याऽऽत्मनो गोत्रनामधेयान्युच्चार्य गृहीता स्वजनैर्बान्धवैः सह संस्कारं कुर्यात् ॥ ७६ ॥

औरसेऽपि यथा पित्रोर्धने पिण्डेऽधिकारिता।
आदात्रोर्दत्तके तद्वद्यतोऽस्य पितरौ हि तौ ॥ ७७ ॥
आपञ्चाब्दं शिशुं गृह्णन् सवर्णात् परिपालयेत्।
पञ्चवर्षाधिको बालो दत्तको न प्रशस्यते ॥ ७८ ॥
भ्रातृपुत्रोऽपि दत्तश्चेद्गृहीतैव भवेत् पिता।
उत्पादकः पितृव्यः स्यात् सर्वकर्मसु कालिके ॥ ७९ ॥
यो यस्य धनहर्ता स्यात् स तद्धर्माणि पालयेत्।
संरक्षेन्नियमांस्तस्य तद्बन्धून् परितोषयेत् ॥ ८० ॥

आदात्रोर्मातापित्रोर्धने पिण्डे च दत्तकपुत्रस्य सदृष्टान्तमधिकारित्वमाह औरसेऽपीत्यादिना। अपिशब्दः पिण्डेन योजनीयः। पित्रोर्धने पिण्डेऽपि यथौरसे पुत्रेऽधिकारिता वर्त्तते तद्वदादात्रोरपि धने पिण्डे च दत्तकेऽधिकारिता स्यात्। दत्तकस्याऽऽदात्रोः पिण्डादावधिकारित्वे हेतुं दर्शयन्नाह यत इत्यादिना। यतोऽस्य दत्तकस्य तौ आदातारौ हीति निश्चितौ पितरौ स्यातामतस्तद्धन-पिण्डयोस्तस्याऽधिकारितेत्यर्थः ॥ ७७ ॥

ननु कियद्वायनो बालो दत्तकः प्रशस्तोऽत आह आपञ्चाब्दमित्यादिना। सवर्णात समानवर्णादापञ्चाब्दं पञ्चाब्दपर्यन्तं शिशुं बालं गृह्णन् ब्राह्मणादिः परिपालयेद्रक्षेत्। पञ्च जब्दा वर्षाणि यस्य स पञ्चाब्दस्तस्मादा इत्यापञ्चाब्दम्। "आङ्मर्यादाभिविध्योरित्यव्ययीभावः"। पञ्चवर्षाधिको यो बालोः असौ दत्तको न प्रशस्यते ॥ ७८ ॥

दत्तस्य भ्रातुष्पुत्रस्याप्यादाता तत्पितृव्य एव पिता स्यात् तज्जनकस्तु तत्पितृव्यः स्यादित्याह भ्रातृपुत्रोऽपीत्यादिना। हे कालिके चेद्यदि भ्रातृपुत्रोऽपि दत्तो भवेत्तदा सर्वेषु कर्मसु गृहीतैव तस्य पिता भवेत् उत्पादको जनकस्तु तस्य पितृव्यः स्यात् ॥ ७९ ॥

धनहारिणा पुरुषेण धनस्वामिनो धर्मा नियमाश्च संरक्षणीयास्तद्बान्धवाश्च सन्तोषणीया इत्याह य इत्यादिना। यः पुमान् यस्य पुंसो धनहर्ता

कानीना गोलकाः कुण्डा अतिपातकिनश्च ये ।
नाऽशौचं मरणे तेषां नैव दायाधिकारिता ॥ ८१ ॥
लिङ्गच्छेदो दमो येषां यासां नासानिकृन्तनम् ।
महापातकिनाञ्चापि मृतौ नाऽशौचमाचरेत् ॥ ८२ ॥
नृणामुद्देशहीनानां परिवारान् धनान्यपि ।
पालयेद्रक्षयेद्राजा यावद्द्वादशवत्सरम् ॥ ८३ ॥

स्यात् स तस्य धर्माणि पालयेत् तस्य नियमांश्च संरक्षेत् तस्य बन्धूनपि परितोषयेत् ॥ ८० ॥

कानीनगोलकादीनां दायाधिकारित्वं तेषां मरणेऽशौचं च नेत्याह कानीना इत्यादिना । ये कानीनाः पितुर्वेश्मन्यप्रकाशं कन्ययोत्पादिताः ये च गोलका मृते भर्त्तरि जाराज्जाताः ये च कुण्डा जीवत्येव पत्यौ जारजाः ये चोक्तलक्षणा अतिपातकिनस्तेषां मरणेऽशौचं न स्यात् तेषां दायाधिकारिता च नैव स्यात् । "अमृते जारजः कुण्डो मृते भर्त्तरि गोलकः" इत्यमरः ॥ ८१ ॥

नासाकर्तनदण्डकापराधकर्त्रीणां स्त्रीणां लिङ्गच्छेदनदण्डकापराधकारिणां महापातकिनाञ्च पुंसामपि मृतावशौचं नाऽऽचरणीयमित्याह लिङ्गच्छेद इत्यादिना । येषां पुरुषाणां लिङ्गच्छेदः शिश्नकर्तनं दमो दण्डो विहितस्तेषां यासां नासानिकृन्तनं नासिकाकर्तनं दण्डस्तासां स्त्रीणां महापातकिनां ब्रह्मघातकादीनाञ्चापि मृतौ मरणेऽशौचं नाचरेन्न कुर्यात् ॥ ८२ ॥

अनुद्दिष्टानां मनुष्याणां परिवारान् धनानि च द्वादशवर्षपर्यन्तं राज्ञा रक्षितव्यानीत्याह नृणामित्यादिना । उद्देशहीनानामनुद्दिष्टानां नृणां मनुष्याणां परिवारान् यावद् द्वादशवत्सरं द्वादशवर्षपर्यन्तं राजा पालयेत् । तेषां धनान्यपि स एव रक्षयेत् ॥ ८३ ॥

द्वादशाब्दे गते तेषां दर्भदेहान् विदाहयेत् ।
त्रिरात्रान्ते तत्सुताद्यैः प्रेतत्वं परिमोचयेत् ॥ ८४ ॥
ततस्तत्परिवारेभ्यः पुत्रादिक्रमतो धनम् ।
विभज्य नृपतिर्दद्यादन्यथा पातकी भवेत् ॥ ८५ ॥
न कोऽपि रक्षिता यस्य दीनस्याऽऽपद्गतस्य च ।
तस्यैव नृपतिः पाता यतो भूपः प्रजाप्रभुः ॥ ८६ ॥
यद्यागच्छेदनुद्दिष्टो विभागान्तेऽपि कालिके ।
तस्यैव दाराः पुत्राश्च धनं तस्यैव नान्यथा ॥ ८७ ॥

द्वादशवर्षादूर्ध्वमनुद्दिष्टानां पुंसां कुशमयानि शरीराणि राज्ञा तत्पुत्रादिभिर्दाहयितव्यानि त्रिरात्रान्ते तेषां प्रेतत्वञ्च मोचयितव्यमित्याह द्वादशाब्द इत्यादिना । द्वादशाब्दे द्वादशवर्षे गते याते सति तेषामुद्देशहीनानां नृणां दर्भदेहान् कुशमयशरीराणि राजा तत्सुताद्यैरनुद्दिष्टानां पुत्रादिभिर्विदाहयेत् । त्रिरात्रान्ते तेषां प्रेतत्वञ्च तैरेव परिमोचयेत् ॥ ८४ ॥

ततः परमुद्देशरहितजनस्वामिकं द्रव्यं विभज्य पुत्रादिक्रमतस्तत्परिवारेभ्यो नृपेण देयमित्याह तत इत्यादिना । ततस्तद्दाहानन्तरं तदीयं धनं विभज्य पुत्रादिक्रमतस्तत्परिवारेभ्यो नृपतिर्दद्यात् । नन्वेवमकुर्वतो नरपतेः को दोषोऽत आह अन्यथेति । अन्यथा एतदकुर्वन् नृपतिः पातकी भवेत् ॥ ८५ ॥

विपत्तिं प्राप्तोऽनन्यरक्षको मर्त्यो राज्ञैव पालनीय इत्याह न कोऽपीत्यादिना । आपद्गतस्य विपत्तिं प्राप्तस्य दीनस्य दरिद्रस्य यस्य पुंसः कोऽपि रक्षिता न विद्यते तस्य नृपतिरेव पाता रक्षकः स्यात् । यतो भूप एव प्रजानां प्रभुः स्वामी भवेत् । "निस्वस्तु दुर्विधो दीनो दरिद्रो दुर्गतोऽपि सः" इत्यमरः ॥ ८६ ॥

द्रव्यविभागान्तेऽप्यागतस्याऽनुद्दिष्टस्यैव पत्न्यादयो भवेयुरित्याह यदीत्यादिना । हे कालिके विभागान्तेऽप्यनुद्दिष्टो जनो यद्यागच्छेत् तदा

न समर्थः पुमान् दातुं पैतृकं स्थावरञ्च यत् ।
स्वजनायाऽथवाऽन्यस्मै दायादानुमतिं विना ॥ ८८ ॥
यत्तु स्वोपार्जितं रिक्थं स्थावरं स्थावरेतरम् ।
अस्थावरं पैतृकं च स्वेच्छया दातुमर्हति ॥ ८९ ॥
स्थिते पुत्रेऽथवा पत्न्यां कन्यायां तत्सुतेऽपि वा ।
जनके च जनन्यां वा भ्रातर्येवं स्वसर्यपि ॥ ९० ॥
स्वार्जितं स्थावरधनमस्थावरधनञ्च यत् ।
अस्थावरं पैतृकञ्च दातुं सर्वं क्षमो भवेत् ॥ ९१ ॥

तस्यैव दारा भार्या पुत्राश्च तस्यैव धनमपि तस्यैव एतत्सर्वमन्यथा न भवेत् ॥ ८७ ॥

अंशिकानामननुमतौ पितृस्वामिकस्थावरद्रव्यं कस्मैचिदपि दातुं न कोऽपि शक्नुयादित्याह न समर्थ इत्यादिना । स्थावरं चेत्यत्राऽवधारणार्थकश्च शब्दः पैतृकस्थावराभ्यां द्वाभ्यामपि सम्बध्यते । तदाऽयमर्थः । दायादानुमतिं विना अंशिकानामनुमतेरभावे पैतृकमेव स्थावरमेव यत् द्रव्यं तत्स्वजनायान्यस्मै वा दातुं पुमान् समर्थः शक्तो न भवेत् ।

"अन्वाचयसमाहारेतरेतरसमुच्चये ।
विनियोगे तुल्ययोगितावधारणहेतुषु ।
पादस्य पूरणेऽप्युक्तं नवस्वर्थेषु चाव्ययम्" ॥ ८८ ॥

पैतृकं स्थावरञ्च यदित्यनेन स्वोपार्जितस्थावराद्यखिलद्रव्यस्य लब्धस्य पैतृकस्य च जङ्गमद्रव्यस्य स्वच्छन्दं दानं कुर्यादिति सूचितं तदेव पुनर्विस्पष्टयितुमाह यत्त्वित्यादिना । यत्तु स्वोपार्जितं स्थावरं स्थावरेतरं जङ्गमं च रिक्थं धनं यच्च लब्धं पैतृकं पितृसम्बन्धि अस्थावरं जङ्गमं धनं तत्तु स्वेच्छया दातुमर्हति ॥ ८९ ॥

अतिसन्निकृष्टतरपुत्राद्यननुमतावपि आत्मोपार्जितस्थावरादिसकलद्रव्यं पैतृकञ्चाऽस्थावरधनं दातुं पुमान् समर्थो भवेदित्याह स्थित इत्यादिनाक्षमो

धनमेवं विधानेन दत्तं वा धर्मसात्कृतम् ।
पुंसा तदन्यथा कर्तुं पुत्राद्यैर्नैव शक्यते ॥ ९२ ॥
धर्मार्थं स्थापितं रिक्थं दाता रक्षितुमर्हति ।
न प्रभुः पुनरादातुं धर्मो ह्यस्य यतः प्रभुः ॥ ९३ ॥
मूलं वा तदुपस्वत्वं यथासङ्कल्पमम्बिके ।
स्वयं वा तत्प्रतिनिधिर्धर्मार्थं विनियोजयेत् ॥ ९४ ॥

भवेदित्यन्तेन श्लोकद्वयेन । पुत्रे आत्मजेऽपि स्थिते सति पत्न्यां भार्यायामथवा कन्यायां दुहितरि स्थितायां तत्सुते कन्यापुत्रे वा जनके पितरि वा स्थिते जनन्यां मातरि वा स्थितायामेवं भ्रातरि सोदरे स्थिते स्वसर्यपि भगिन्यामपि स्थितायां स्वार्जितमात्मोपार्जितं यत् स्थावरं धनं यच्चाऽस्थावरधनं जङ्गम-द्रव्यं यच्च पैतृकमप्यस्थावरं धनं तत् सर्वं दातुं पुमान् क्षमः समर्थो भवेत् ॥९०॥९१॥

शङ्करोक्तेन विधानेन पुरुषेण दत्तं धर्मार्थं च स्थापितं द्रव्यं तत् पुत्रादिभिर्नैवान्यथा कर्तुं शक्यमित्याह धनमित्यादिना । पुंसा पुरुषेणैवं विधानेन शिवोक्तेनैतादृशेन विधिना यत् धनं दत्तं यद्वा धनं धर्मसात्कृतं धर्माधीनं कृतं धर्मार्थं स्थापितमिति यावत् । तत् धनं पुत्राद्यैरन्यथाकर्तुं नैव शक्यते ॥ ९२ ॥

धर्मार्थस्थापितद्रव्यस्य धर्मस्वामिकत्वात् दातुः पुनरग्राह्यत्वं तद्रक्ष्यत्वञ्चाह धर्मार्थमित्यादिना। धर्मार्थं स्थापितं यद्रिक्थं धनं तद्रक्षितुं दाताऽर्हति । तत् धनं पुनरादातुं गृहीतुं दाता न प्रभुरधिपः । यतोऽस्य धनस्य । हीति निश्चितौ । धर्मः प्रभुः स्वामी ॥ ९३ ॥

मूलधनं तदुपस्वत्वं वाऽऽत्मनाऽऽत्मप्रतिनिधिना वा यथासङ्कल्पं धर्मार्थं विनियोजयितव्यमित्याह मूलमित्यादिना । हे अम्बिके यथासङ्कल्पं सङ्कल्पमनतिक्रम्य मूलं वा धनं तदुपस्वत्वं वा स्वयमात्मैव वा तत्प्रतिनिधिरात्मनः प्रतिनिधिर्वा धर्मार्थं विनियोजयेत् । मुख्यस्याभावे तत्सदृशो य उपादीयते स प्रतिनिधिः ॥ ९४ ॥

स्वोपार्जितधनस्यार्धं दायादायाऽपि चेत् धनी ।
दद्यात् स्नेहेन तच्चान्यो नान्यथा कर्तुमर्हति ॥ ९५ ॥
यदि स्वोपार्जितस्यार्धमेकस्मै धनहारिणाम् ।
ददात्यन्यैश्च दायादैः प्रतिरोद्धुं न शक्यते ॥ ९६ ॥
एकेन पितृवित्तेन यत्र वित्तमुपार्जितम् ।
पित्र्ये समांशा दायादा न लाभार्हा विनाऽर्जकम् ॥ ९७ ॥
पैतृकाणि च वित्तानि नष्टेऽप्युद्धारयेत्तु यः ।
दायादानां तद्धनेभ्य उद्धर्त्ता द्व्यंशमर्हति ॥ ९८ ॥

ननूपार्जकजनेन प्रेमतो दायहारिणेऽपि दत्तं स्वोपार्जितद्रव्यस्यार्धमन्यः पुमानन्यथा कर्तुमर्हति न वेत्यत आह स्वोपार्जितधनस्येत्यादिना । धनी पुमांश्चेद्यदि स्नेहेन प्रेम्णा स्वोपार्जितधनस्यार्धं दायादायाऽपि धनहारिणेऽपि दद्यात्तदाऽन्यो जनस्तत्स्नेहेन दत्तं स्वोपार्जितधनार्धमन्यथा कर्तुं नार्हति न योग्यो भवति । इतोऽनन्तरं वक्ष्यमाणस्य वचनस्य बह्वंशिविषयत्वात् द्व्यंशिविषयकमिदं वचनम् ॥ ९५ ॥

ननु बहूनां दायादानामेकस्मै दीयमानं स्वोपार्जितधनस्यार्धं अन्ये दायादाः प्रतिरोद्धुं शक्नुवन्ति न वेत्यत आह यदीत्यादिना । यद्यर्जको धनहारिणां दायादानां मध्ये एकस्मै धनहारिणे स्वोपार्जितस्य द्रव्यस्यार्धं ददाति तदाऽन्यैर्दायादैः प्रतिरोद्धुं वारयितुं न शक्यते ॥ ९६ ॥

ननु पैतृकद्रविणेनैवोपार्जिते वित्ते सर्वे दायादा भागार्हा भवेयुर्न वेत्याशङ्कायामाह एकेनेत्यादिना । यत्र येषु दायादेषु मध्ये येनैकेन दायादेन येन पितृवित्तेन पैतृकेण धनेन वित्तं धनमुपार्जितं ते सर्वे दायादास्तस्मिन् पित्र्ये पैतृके वित्ते समांशाः समभागिनः स्युः । तमर्जकं विना लाभार्हास्तु न स्युः । किन्त्वर्जक एवैको लाभार्ह इत्यर्थः ॥ ९७ ॥

विनष्टानि पैतृकद्रव्याण्युद्धरतो जनस्य तत्र भागद्वयहारित्वमन्येषां तु समभागित्वमित्याह पैतृकाणीत्यादिना । दायादानां मध्ये यस्तु दायादो

पुण्यं वित्तं च विद्या च नाश्रयेदशरीरिणम् ।
शरीरन्तु पितुर्यस्मात् किन्न स्यात् पैतृकं वसु ॥ ९९ ॥
पृथगन्नैः पृथग्वित्तैर्मनुजैर्यदुपार्जितम् ।
सर्वं तत् पितृसंक्रान्तं तदा स्वोपार्जितं कुतः ॥ १०० ॥
अतो महेशि स्वायासैर्येन यद्धनमर्जितम् ।
स्वोपार्जितं तदेव स्यात् स तत्स्वामी न चापरः ॥ १०१ ॥

नष्टेऽपि नाशेऽपि सति पैतृकाणि वित्तान्युद्धरेत् स उद्धर्त्ता तद्धनेभ्यो द्व्यंशं भागद्वयमर्हति अन्ये तु सममंशं लभन्त इत्यर्थः ॥ ९८ ॥

वपुषः पैतृकत्वेन वपुष्मदाश्रितानां विद्यावित्तादीनामपि पैतृकत्वसत्त्वात् पृथगन्नद्रव्यैरपि मनुष्यैस्तैरैर्वोपार्जितानां सर्वेषां धनानां पितृसम्बन्धत्वानपायात् स्वोपार्जितत्वं न सिद्ध्येदतो निजायासैरर्जितानां सकलद्रव्याणां स्वोपार्जितत्वमर्जकमात्रस्वामिकत्वञ्च ज्ञातव्यमित्येतदेवाह पुण्यमित्यादिना न चापरः इत्यन्तेन श्लोकत्रयेण । यस्माद्धेतोः पुण्यं धर्मं वित्तं धनं च विद्या शास्त्रादितत्त्वज्ञानं चाशरीरिणमदेहिनं नाश्रयेन्नावलम्बेत किन्तु शरीरिणमेवाऽऽश्रयेत् शरीरन्तु पितुः पितृसम्बन्धि भवति अतः किं वसु धनं पैतृकं पितृसम्बन्धि न भवेदपि तु सर्वं वसु पैतृकमेव भवेत् ॥ ९९ ॥

पृथगन्नैरिति । अतः पृथगन्नैर्विभिन्नभक्तैः पृथग्वित्तैर्विभक्तधनैरपि मनुजैर्मनुष्यैर्यदुपार्जितं तत्सर्वं पितृसंक्रान्तं पितृसम्बद्धं जातं तदा स्वोपार्जितं धनं कुतो भवेत् धनस्य स्वोपार्जितत्वं न सिद्ध्येदित्यर्थः ॥ १०० ॥

अत इति । हे महेशि अतो हेतोः स्वायासैरात्मपरिश्रमैर्येन पृथगन्नादिनाऽपृथगन्नादिना वा पुंसा यत् धनमर्जितं तदेव धनं स्वोपार्जितं स्यात् । सोऽर्जक एव तत्स्वामी स्वोपार्जितस्य धनस्य प्रभुर्न चापरोऽर्जकभिन्नः स्वामी ॥ १०१ ॥

मातरं पितरं देवि गुरुं चैव पितामहान् ।
मातामहान् करेणापि प्रहरन्नैव दायभाक् ॥ १०२ ॥
निघ्नन्नन्यानपि प्राणैर्न तेषां धनमाप्नुयात् ।
हतानामन्यदायादा भवेयुर्धनभागिनः ॥ १०३ ॥
नपुंसकाः पङ्गवश्च ग्रासाच्छादनमम्बिके ।
यावज्जीवनमर्हन्ति न ते स्युर्दायभागिनः ॥ १०४ ॥
सस्वामिकं प्राप्तधनं पथि वा यत्र कुत्रचित् ।
नृपस्तत्स्वामिने प्राप्त्वा दापयेत् सुविचारयन् ॥ १०५ ॥

मात्रादीन् पाणिनाऽपि प्रहरतो मानवस्य दायभागित्वं नैव स्यादित्याह मातरमित्यादिना । हे देवि मातरं जननीं पितरं जनकं गुरुं मन्त्रोपदेष्टारम् बहुवचनस्य बहूपलक्षकत्वात् पितामहान् पितामहादीन् मातामहांश्चापि मातामहादीनपि करेण पाणिनाऽपि प्रहरन्नरो दायभाक् नैव भवेत् । अपि शब्देन दण्डादिना मात्रादीन् प्रहरतस्तु सुतरामेव दायभागित्वं न भवेदिति सूचितम् ॥ १०२ ॥

भ्रात्रादीनपि धनार्थं मारयतः पुरुषस्य हतस्वामिकद्रव्ये निरंशकत्वमपरदायादानां समांशकत्वं स्यादित्याह निघ्नन्नित्यादिना । अन्यानपि मात्रादिभिन्नानपि जनान् प्राणैर्निघ्नन्मारयन्नरस्तेषां हतानां धनं नाप्नुयान्न लभेत । किन्तु हतानामन्ये हन्तुर्भिन्ना दायादा धनभागिनो भवेयुः ॥ १०३ ॥

अथाऽनंशानां पङ्गुक्लीबानां यावज्जीवनं ग्रासाच्छादनभागित्वं स्यादित्याह नपुंसका इत्यादिना । हे अम्बिके जगज्जननि नपुंसका पङ्गवश्च यावज्जीवनं जीवनपर्यन्तं केवलं ग्रासाच्छादनमर्हन्ति । ते दायभागिनो न स्युः ॥ १०४ ॥

नन्वध्वादौ लब्धस्य सस्वामिकद्रव्यस्य प्राप्तृजनगामित्वं स्यादात्मस्वामिगामित्वं वेत्यत आह सस्वामिकमित्यादिना । पथि मार्गे यत्र कुत्रचिद्वा

अस्वामिकानां जीवानामस्वामिकधनस्य च ।
प्राप्ता तत्र भवेत् स्वामी दशमांशं नृपेऽर्पयेत् ॥ १०६ ॥
स्थावरं धनमन्यस्मै स्थिते सान्निध्यवर्तिनि ।
योग्ये क्रेतरि विक्रेतुं न शक्तः स्थावराधिपः ॥ १०७ ॥
सान्निध्यवर्तिनां ज्ञातिः सवर्णो वा विशिष्यते ।
तयोरभावे सुहृदो विक्रेत्रिच्छा गरीयसी ॥ १०८ ॥

स्थाने सस्वामिकं प्राप्तं धनं सुविचारयन्नृपः तत्स्वामिने प्राप्तधनस्यापि पतये प्राप्ता पुंसा दापयेन् ॥ १०५ ॥

नन्वस्वामिकाः प्राप्ता गवाश्वादयो जीवास्तादृशानि प्राप्तानि धनानि च प्राप्तारं पुमांसं गच्छेयुर्वसुधाधिपं वेत्याशङ्कायामाह अस्वामिकानामित्यादिना । अस्वामिकानां स्वामिरहितानां जीवानां गवाश्वादीनामस्वामिकस्य धनस्य च प्राप्ता जनस्तत्र तेषु प्राप्तेषु स्वामी भवेत् । तत्र च दशममंशं प्राप्ता नृपेऽर्पयेद्दद्यात् । जीवानामिति धनस्येति च "कर्तृकर्मणोः कृतीति" कर्मणि षष्ठी ॥ १०६ ॥

ननु स्थावरद्रव्यस्वामिना दूरस्थयोग्यसमीपस्थयोः क्रायकयोर्मध्ये कतरस्मै स्थावरं धनं विक्रेतुं शक्येत तत्राह स्थावरमित्यादिना । सान्निध्यवर्तिनि समीपस्थायिनि योग्ये क्रयार्हे क्रेतरि क्रायके स्थिते सत्यन्यस्मै दूरवर्तिने पुंसे स्थावरं धनं विक्रेतुं स्थावराधिपो जनः शक्तो न भवेत् किन्तु सान्निध्यवर्तिने एव विक्रेतुं शक्नुयादित्यर्थः । सन्निधिरेव सान्निध्यम् । "चतुर्वर्णादीनां स्वार्थे उपसंख्यानमिति" स्वार्थे ष्यञ् ॥ १०७ ॥

नन्वनेकेषां सन्निधिवर्तिनां मध्ये कतमस्य स्थावरद्रव्यक्रयणे वैशिष्ट्यमत आह सान्निध्येत्यादिना । सान्निध्यवर्तिनां मध्ये ज्ञातिर्गोत्रजो विशिष्यते सवर्णः समानवर्णो वा विशिष्यते तयोर्ज्ञातिसवर्णयोरभावे सुहृदो मित्राणि विशिष्यन्ते । ननु बहूनां गोत्रजानां सवर्णानां सुहृदाञ्च मध्ये कतमस्मै स्थावरं द्रव्यं तत्स्वामी विक्रीणीतेत्यत आह विक्रेत्रिच्छेति । विक्रेतुर्विक्रयकर्तुरिच्छा

निर्णीतमूल्येऽप्यन्येन स्थावरस्य क्रयोद्यमे ।
तन्मूल्यं चेत् समीपस्थो राति क्रेता न चापरः ॥ १०९ ॥
मूल्यं दातुमशक्तश्चेत् सम्मतो विक्रयेऽपि वा ।
सन्निधिस्थस्तदाऽन्यस्मै गृही शक्तोऽतिविक्रये ॥ ११० ॥
क्रीतं चेत् स्थावरं देवि परोक्षे प्रतिवासिनः ।
श्रवणादेव तन्मूल्यं दत्त्वाऽसौ प्राप्तुमर्हति ॥ १११ ॥

गरीयसी गुरुतरा भवेत् । क्रमत एव तेषां मध्ये यस्मै विक्रेतुमिच्छेत्तस्मै एव विक्रीणीतेति भावः ॥ १०८ ॥

नन्वन्यनिर्णीतमूल्यं स्थावरं वित्तं तन्मूल्यं ददता समीपस्थायिना क्रीयेत निर्णीतमूल्येनाऽन्येन वेत्याशङ्कायामाह निर्णीतेत्यादि । स्थावरस्य वित्तस्य क्रयोद्यमे सति अन्येन समीपस्थभिन्नेन पुंसा निर्णीतमूल्येऽपि मूल्ये निर्णीतेऽपि सति तन्मूल्यम् अन्यनिर्णीतमूल्यकस्थावरद्रव्यमूल्यं चेद्यदि समीपस्थो जनो राति ददाति तदाऽपरः समीपस्थभिन्नो जनः क्रेता क्रायको न भवेत् किन्तु समीपस्थ एव मूल्यं दत्त्वा क्रीणीयादित्यर्थः ॥ १०९ ॥

स्थावरधनस्य मूल्यं दातुमशक्नुवति तद्विक्रये सम्मतिं वापि कुर्वति समीपस्थायिनि जने दूरस्थाय तद्विक्रेतुं तत्स्वामी शक्नोतीत्यत आह मूल्य-मित्यादिना । सन्निधिस्थः समीपस्थायी जनश्चेद्यदि स्थावरस्य मूल्यं दातुमशक्तो भवेत् तस्य विक्रयेऽपि वा सम्मतः सम्मतिमान् भवेत् तदा गृही गृहस्थोऽन्यस्मै सन्निधिस्थभिन्नाय बिक्रये शक्नोति शक्तो भवति ॥ ११० ॥

ननु समीपस्थायिनः परोक्ष एवान्येन क्रीतं स्थावरं वित्तं क्रेतैव प्राप्तु-मर्हति तत् श्रुत्वैव तन्मूल्यं ददत् समीपस्थायी वेत्याशङ्कायामाह क्रीतश्चेदि-त्यादिना । हे देवि चेद्यदि प्रतिवासिनः सन्निधिस्थायिनो जनस्य परोक्षे स्थावरं द्रव्यमन्येन क्रीतं भवेत् तदा श्रवणादेव तन्मूल्यम् अन्यक्रीतस्थावरद्रव्य-

क्रेता तत्र गृहारामान् विनिर्मोति भनक्ति वा ।
मूल्यं दत्त्वापि नाप्नोति स्थावरं सन्निधिस्थितः ॥ ११२ ॥
करहीनाऽप्रतिहता वन्यारण्यातिदुर्गमा ।
अनादिष्टोऽपि तां भूमिं सम्पन्नां कर्तुमर्हति ॥ ११३ ॥
बहुप्रयाससाध्यायास्तस्या भूमिर्महीभृते ।
दत्त्वा दशांशं भुञ्जीयात् भूमिस्वामी यतो नृपः ॥ ११४ ॥

मूल्यं दत्त्वाऽसौ प्रतिवासी प्राप्तुम् अर्हति । श्रवणादेवेत्यनेन कालान्तरे तन्मूल्यं दत्त्वाऽपि स्थावरद्रव्यं प्राप्तुं नार्हतीति सूचितम् ॥ १११ ॥

क्रायकजनविनिर्मितमन्दिरारामं तद्भग्नमन्दिरोपवनं वा क्रीतं स्थावरधनं मूल्यं दत्त्वापि समीपस्थायी नाप्तुमर्हतीत्याह क्रेतेत्यादिना । क्रेता जनस्तत्र क्रीते स्थावरे यदि गृहारामान् गृहाण्युपवनानि च विनिर्माति करोति तत्र विनिर्मितानेव तान् भनक्ति आमर्दयति वा तदा सन्निधिस्थितोऽपि जनो मूल्यं दत्त्वापि स्थावरधनं नाप्नोति न लभते ॥ ११२ ॥

भूमिपालेनाऽनाज्ञापितेनापि पुंसा जलोद्भवा काननोद्भवा च करहीना खिला भूमिः सम्पन्ना कर्तव्येत्याह करहीनेत्यादिना । वन्या जलोद्भवाऽऽरण्या काननोद्भवा चातिदुर्गमाऽतएवाऽप्रतिहता खिलाऽतएव करहीना राजग्राह्यभागरहिता या भूमिस्तां भूमिमनादिष्टोऽपि भूपेनाऽनाज्ञप्तोऽपि पुरुषः सम्पन्नां शस्याद्यां कर्त्तुमर्हति । वने जले भवा वन्या । दिगादिभ्यो यदिति यत् । "पयः कीलालममृतं जीवनं भुवनं वनम्" इत्यमरः । अरण्ये भवा आरण्या अरण्याण्ण इति णः ॥ ११३ ॥

अनेकायाससाध्यवन्यारण्यक्षितिजातवस्तुनो दशमांशं भूमिस्वामित्वाद्राज्ञे समर्प्यावशिष्टं सर्वं स्वयं भोक्तव्यमित्याह बह्वित्यादिना । यतो नृपो राजा भूमिस्वामी अतो बहुप्रयाससाध्याया अनेकपरिश्रमनिष्पाद्यायास्तस्या वन्याया

वापीकूपतडागानां खननं वृक्षरोपणम् ।
परानिष्टकरे देशे न गृहं कर्तुमर्हति ॥ ११५ ॥
देवार्थं दत्तकूपादौ तथा स्रोतस्वतीजले ।
पानाधिकारिणः सर्वे सेचनेऽन्तिकवासिनः ॥ ११६ ॥
यत्तोयसेचनाल्लोका भवेयुर्जलकातराः ।
न सिञ्चेयुर्जलं तस्मादपि सन्निधिवर्तिनः ॥ ११७ ॥
धनानामविभक्तनामंशिनां सम्मतिं विना ।
तथाऽनिर्णीतवित्तानामसिद्धौ न्यासविक्रयौ ॥ ११८ ॥

आरण्यायाश्च भूमेर्जातस्य वस्तुनो दशांशं दशमांशं महीभृते राज्ञे दत्त्वाऽवशिष्टं स्वयं भुञ्जीत ॥ ११४ ॥

अन्यानाकाङ्क्षितोत्पादके स्थाने वाप्यादीनां खननं वृक्षाणामारोपणं गेहस्य निर्माणं च न विधेयमित्याह वापीत्यादिना । वाप्यादिखननवृक्षरोपण-गृहकरणसत्त्वात् परानिष्टकरेऽन्यानीप्सितोत्पादके देशे वापीकूपतडागानां खननं तथा वृक्षरोपणं तथा गृहमपि कर्तुं जनो नार्हति ॥ ११५ ॥

देवार्थदत्तकूपादिजले नदीजले च सर्वेषां पानाधिकारिता सेकाधिकारिता तु तन्निकटस्थायिनामेवेत्याह देवार्थमित्यादिना । देवार्थं दत्तकूपादौ तथा स्रोतस्वतीजले नदीवारिणि सर्वे पानाधिकारिणः सेचने त्वन्तिकवासिनो निकट-स्थायिन एवाधिकारिणो भवेयुः । "स्रोतस्वती द्वीपवती स्रवन्ती निम्नगापगा" इत्यमरः ॥ ११६ ॥

ननु यत् पानीयसेचनतस्तत्समीपस्थायिनो लोका जना व्याकुला भवेयुस्तज्जलं सेचनीयं न वेत्यत आह यत्तोयेत्यादिना । यत्तोयसेचनाद्यस्य कूपादेर्वारिणः सेकाल्लोका जना जलकातराः पानीयव्याकुला भवेयुस्तस्माज्जलं सन्निधिवर्तिनोऽपि न सिञ्चेयुः दूरवर्तिनान्तु का वार्ता ॥ ११७ ॥

दायादासम्मतयोरविभक्तद्रव्यन्यासविक्रययोर्निर्णयरहितद्रव्यन्यासविक्रय-योश्च सिद्धत्वं न भवेदित्याह धनानामित्यादिना । अंशिनां दायादानां सम्मतिं

स्थाप्यानां बद्धवित्तानां ज्ञानान्नष्टेऽप्ययत्नतः ।
तन्मूल्यं दापयेत्तेन स्वामिने सर्वथा नृपः ॥ ११९ ॥
अभिमत्या स्थापकस्य पश्वादिन्यस्तवस्तुनाम् ।
व्यवहारे कृते तत्र धार्ता सम्पोषयेत् पशून् ॥ १२० ॥
लाभे नियोजयेद्यत्र स्थावरादीनि मानवः ।
नियमेन विना काललाभयोरन्यथा भवेत् ॥ १२१ ॥

विना अविभक्तानां धनानां न्यासविक्रयावसिद्धौ सिद्धौ न भवेताम् । तथाऽनिर्णीतवित्तानां वित्तानि इमानि अस्यैवेति वित्तानि इमानि इयन्ति वेति निर्णयरहितद्रव्याणां स्थापनविक्रयौ सिद्धौ न स्याताम् ॥ ११८ ॥

यस्यालये न्यस्तद्रव्याणां बद्धद्रव्याणाञ्च ज्ञानपूर्वकादयत्नान्नाशो भवेत् तेन पुंसा तन्मूल्यं तत्स्वामिने नृपतिना दापयितव्यमित्याह स्थाप्याना-मित्यादिना । ज्ञानादयत्नतो ज्ञानपूर्वकादयत्नात् स्थाप्यानां न्यासवित्तानां बद्धवित्तानाञ्च नष्टेऽपि नाशेऽपि सति यद्गेहे स्थापितानि बद्धानि च वित्तानि नष्टानि तेन पुंसा तन्मूल्यं स्थापितबद्धवित्तमूल्यं स्वामिने तद्वित्ताधिपतये नृपो राजा सर्वथा सर्वप्रकारेण दापयेत् । ज्ञानान्नष्टेऽप्ययत्नत इति वदता सदाशिवेन तद्रक्षायै यत्नसत्त्वेऽपि कथञ्चित्तन्नाशे सति तन्मूल्यं नृपेण न दापयितव्यमिति सूचयामास ॥ ११९ ॥

स्थापकसम्मत्या कृतन्यस्तपश्वादिवस्तुव्यवहारेणैव पुंसा स्थापिताः पशवः सम्पोषयितव्या इत्याह अभिमत्येत्यादिना । स्थापकस्य द्रव्यन्यासकस्याऽभिमत्या सम्मत्या पश्वादिन्यस्तवस्तूनां व्यवहारे कृते सति तत्र तेषु न्यस्तवस्तुषु मध्ये पशून् धार्ता धारकः पुरुषः सम्पोषयेत् । संज्ञापूर्वकविधेरनित्यत्वात् पश्वादिन्यस्त-वस्तुनामित्यत्र नामीति न दीर्घत्वम् । आगमजस्याप्यनित्यत्वात् धार्तेत्यत्रार्ध-धातुकस्येड्वलादेरिति नेडागमः ॥ १२० ॥

काललाभयोर्नियममकृत्वैव यस्मिँल्लाभे स्थावरादिद्रव्याणि प्रयोज्यन्ते तस्य अन्यथात्वं भवेदित्याह लाभे इत्यादिना । काललाभयोर्नियमेन विना यत्र

साधारणानि वस्तूनि लाभार्थं नैव योजयेत् ।
मृते पितरि सर्वेषामंशिनां सम्मतिं विना ॥ १२२ ॥
क्रमव्यत्ययमूल्येन द्रव्याणां विक्रये सति ।
नृपस्तदन्यथा कर्तुं क्षमो भवति पार्वति ॥ १२३ ॥
जननञ्चापि मरणं शरीराणां यथा सकृत् ।
दानं तथैव कन्याया ब्राह्मोद्वाहः सकृत् सकृत् ॥ १२४ ॥

लाभे फले स्थावरादीनि वस्तूनि मानवो नियोजयेत् । स लाभोऽन्यथा भवेत् । "नीवीपरिपणं मूलधनं लोभोऽधिकं फलम्" इत्यमरः ॥ १२१ ॥

पितुर्मरणादूर्ध्वं सर्वभ्रातॄणां सम्मतेरभावे सामान्यद्रव्याणि लाभार्थं नैव प्रयोक्तव्यानीत्याह साधारणानीत्यादिना । पितरि मृते सति सर्वेषामंशिनां सम्मतिं विना साधारणानि सामान्यानि वस्तूनि लाभार्थं फलार्थं नैव योजयेत् ॥ १२२ ॥

विपरीतक्रमकेण मूल्येन स्थावरादिद्रव्याणां जातं विक्रयणमन्यथा कर्तुं नृपेण शक्यत इत्याह क्रमेत्यादिना । हे पार्वति क्रमस्य व्यत्ययो विपर्ययो यत्र तथाभूतेन मूल्येन द्रव्याणां विक्रये सति स्वल्पमूल्येन भूयिष्ठमूल्यानां भूयिष्ठ-मूल्येन च स्वल्पमूल्यानां द्रव्याणां विक्रयणे सति तद्विक्रयणमन्यथा कर्तुं नृपो नराधिपः क्षमो भवति ॥ १२३ ॥

ननु वेदोक्तविधिभिरेकेनोद्वाहिता कन्या जीवत्येव तस्मिन्मृते वा पुनस्तैरेव विधिभिरन्येनोद्वाह्या भवेन्न वेत्यत आह जननमित्यादिना । यथा शरीराणां जननमुत्पत्तिर्मरणं मृतिश्चापि सकृदेकवारमेव भवति । तथैव दानं कन्याया ब्राह्मोद्वाहश्च सकृत् सकृदेव भवति । ब्राह्मोद्वाह इति व्याहरता महादेवेनैकेनोद्वाहिताया अपि कन्यायाः शैवविधिभिस्तु पुनरुद्वाहो भवत्येवेति सूचयाम्बभूवे ॥ १२४ ॥

नैकपुत्रः सुतं दद्यान्नैकस्त्रीकस्तथा स्त्रियम् ।
नैककन्यः सुतां शैवोद्वाहे पितृहितः पुमान् ॥ १२५ ॥
दैवे पित्र्ये च वाणिज्ये राजद्वारे विशेषतः ।
यद्विदध्यात् प्रतिनिधिस्तन्नियन्तुः कृतिर्भवेत् ॥ १२६ ॥
न दण्डार्हः प्रतिनिधिस्तथा दूतोऽपि सुव्रते ।
नियोक्तृकृतदोषेण विधिरेष सनातनः ॥ १२७ ॥
ऋणे कृषौ च वाणिज्ये तथा सर्वेषु कर्मसु ।
यद्यदङ्गीकृतं लोकैस्तत्कार्यं धर्मसम्मतम् ॥ १२८ ॥

एकपुत्रेणैकस्त्रीकेणैकपुत्रीकेण च पितृहितेन पुंसा पुत्रदानं स्त्रीदानं शैवोद्वाहे कन्यादानञ्च नैव कार्यमित्याह नैकपुत्र इत्यादिना । एकपुत्रः पुमान् सुतं पुत्रं कस्मैचिन्न दद्यात् । तथैकस्त्रीकः स्त्रियं न दद्यात् । एककन्यश्च शैवोद्वाहे सुतां कन्यां न दद्यात् । पुत्रादीनामदाने हेतुं दर्शयन् पुमांसं विशिनष्टि कथम्भूतः पुमान् पितृहितः यतः पितृभ्यो हितोऽतो न दद्यादित्यर्थः ॥ १२५ ॥

प्रतिनिधिना विहितं यद्यद्दैवादिकं कर्म तत् सर्वमात्मनैव विहितं भवेदित्याह दैव इत्यादिना । दैवे पित्र्ये वाणिज्ये च कर्मणि विशेषतो राजद्वारे च प्रतिनिधिर्यद्विदध्यात्तन्नियन्तुः प्रवर्तयितुः कृतिर्भवेत् । दैवे पित्र्ये वाणिज्ये इति निर्धारणे सप्तमी । क्रियते इति कृतिः । स्त्रियां क्तिन्निति कर्मणि क्तिन् ॥ १२६ ॥

ननु नियन्त्रा कृतेनापराधेन प्रतिनिधिदूतौ दण्डनीयौ भवेतां न वेत्यत आह नेत्यादिना । हे सुव्रते शोभनव्रतशालिनि नियोक्तृकृतदोषेण नियन्तृविहितापराधेन प्रतिनिधिः तथा दूतश्चारोऽपि दण्डार्हो न भवेत् । एष सनातनो नित्यो विधिर्विधानम् ॥ १२७ ॥

ऋणकृष्यादावन्येषु च सकलकर्मसु निखिलस्याऽङ्गीकृतस्याऽवश्यकरणीयतामाह ऋण इत्यादिना । ऋणे कृषौ वाणिज्ये वणिक्कर्मणि च तथाऽन्येषु सर्वेषु

अधीशेनावितं विश्वं नाशं यान्ति निनंक्षवः ।
तत्पातॄन् पाति विश्वेशस्तस्माल्लोकहितो भवेत् ॥ १२९ ॥

इति श्रीमहानिर्वाणतन्त्रे सर्वतन्त्रोत्तमोत्तमे सर्वधर्मनिर्णयसारे श्रीमदाद्यासदाशिवसंवादे सनातनव्यवहारकथनं नाम द्वादशोल्लासः ।

कर्मसु लोकैर्जनैर्धर्मसम्मतं यद्यदङ्गीकृतं तत् सर्वं कार्यं विधातव्यम् । धर्मसम्मतमित्यनेन पापसम्मतं स्वीकृतं सर्वथा लोकानामकरणीयमिति ध्वनितम् ॥१२८॥

आत्मनो भद्रमभिलष्यद्भिर्मानवैर्लोकहितैरेव भवितव्यमित्याह अधीशेनेत्यादिना । यतोऽधीशेन जगदीश्वरेणावितं रक्षितं विश्वं संसारं निनंक्षवो नाशयितुमिच्छवो जनाः स्वयं नाशं यान्ति प्राप्नुवन्ति तत्पातॄन् विश्वपालकांस्तु विश्वेशः पाति रक्षति तस्माद्धेतोर्लोकहितो जनो भवेत् । नश्यत्यत्रान्तर्भावितो ण्यर्थः ॥ १२९ ॥

इति श्रीमहानिर्वाणतन्त्रटीकायां द्वादशोल्लासः ।

त्रयोदशोल्लासः

इति निगदितवन्तं देवदेवं महेशं
निखिलनिगमसारं स्वर्गमोक्षैकबीजम् ।
कलिमलकलितानां पावनैकान्तचित्ता
त्रिभुवनजनमाता पार्वती प्राह भक्त्या ॥ १ ॥

देव्युवाच ।

महद्योनेरादिशक्तेर्महाकाल्या महाद्युतेः ।
सूक्ष्मातिसूक्ष्मभूतायाः कथं रूपनिरूपणम् ॥ २ ॥
रूपं प्रकृतिकार्याणां सा तु साक्षात् परात्परा ।
एतन्मे संशयं देव विशेषाच्छेत्तुमर्हसि ॥ ३ ॥

ओँ नमो ब्रह्मणे ।

इतीत्यादि । निगदितवन्तम् कथितवन्तम् । कलिमलकलितानां पावनैकान्तचित्ता कलिमलैः संयुक्तानां जनानां पावने दृढमानसा ॥ १ ॥

पार्वती महेशं प्रति किमाहेत्यपेक्षायामाह महद्योनेरित्यादिना । महद्योनेः महत्तत्त्वोत्पत्तिस्थानभूतायाः ॥ २ ॥

सा महाकाली । एतत् एतम् ॥ ३ ॥

श्रीसदाशिव उवाच ।

उपासकानां कार्याय पुरैव कथितं प्रिये ।
गुणक्रियानुसारेण रूपं देव्याः प्रकल्पितम् ॥ ४ ॥
श्वेतपीतादिको वर्णो यथा कृष्णे विलीयते ।
प्रविशन्ति तथा काल्यां सर्वभूतानि शैलजे ॥ ५ ॥
अतस्तस्याः कालशक्तेर्निर्गुणाया निराकृतेः ।
हिताया: प्राप्तयोगानां वर्णः कृष्णो निरूपितः ॥ ६ ॥
नित्यायाः कालरूपाया अव्ययायाः शिवात्मनः ।
अमृतत्वाल्ललाटेऽस्याः शशिचिह्नं निरूपितम् ॥ ७ ॥
शशिसूर्याग्निभिर्नित्यैरखिलं कालिकं जगत् ।
समस्यति यतस्तस्मात् कल्पितं नयनत्रयम् ॥ ८ ॥

अत्रोत्तरं श्रीसदाशिव उवाच उपासकानामित्यादिभिर्दशभिः । हे प्रिये उपासकानां जनानां कार्याय गुणक्रियानुसारेण देव्या महाकाल्या रूपं प्रकल्पितं न तु वास्तवमिति पुरैव कथितम् ॥ ४ ॥

श्वेतेत्यादि । हे शैलजे पार्वति यथा कृष्णे वर्णे श्वेतपीतादिको वर्णो विलीयते विशेषेण लीनो भवति तथैव काल्यामपि सर्वभूतानि प्रविशन्ति प्रलीयन्ते । अतो हेतोस्तस्याः काल्या वर्णः कृष्णो निरूपितः कथित इत्यन्वयः । प्राप्तयोगानाम् लब्धज्ञानरूपमोक्षोपायानाम् ॥ ५ ॥ ६ ॥

नित्याया इत्यादिना । नित्याया वृद्धिशून्याया अव्ययाया अपक्षयरहिताया: शिवात्मनः कल्याणस्वरूपायाः कालरूपाया अस्याः काल्या अमृतत्वात् हेतोर्ललाटे शशिचिह्नं निरूपितं कथितम् ॥ ७ ॥

कालिकम् कालसम्भवम् ॥ ८ ॥

ग्रसनात् सर्वसत्त्वानां कालदन्तेन चर्वणात् ।
तद्रक्तसङ्घो देवेश्याः वासोरूपेण भाषितम् ॥ ९ ॥
समये समये जीवरक्षणं विपदः शिवे ।
प्रेरणं स्वस्वकार्येषु वरश्चाभयमीरितम् ॥ १० ॥
रजोजनितविश्वानि विष्टभ्य परितिष्ठति ।
अतो हि कथितं भद्रे रक्तपद्मासनस्थिता ॥ ११ ॥
क्रीड़न्तं कालिकं कालं पीत्वा मोहमयीं सुराम् ।
पश्यन्ती चिन्मयी देवी सर्वसाक्षिस्वरूपिणी ॥ १२ ॥
एवं गुणानुसारेण रूपाणि विविधानि च ।
कल्पितानि हितार्थाय भक्तानामल्पमेधसाम् ॥ १३ ॥

श्रीदेव्युवाच ।

ध्यानं यत् कथितं काल्या जीवनिस्तारहेतवे ।
तस्यानुरूपतो मूर्तिं मृण्मयीं वा शिलामयीम् ॥ १४ ॥

सर्वसत्त्वानाम् अशेषजन्तूनाम् । कालदन्तेन कालरूपेण दन्तेन । तद्रक्तसङ्घः सर्वसत्त्वरुधिरसमूहः ॥ ९ ॥

समये इत्यादि । हे शिवे समये समये काले काले विपदः सकाशात् जीवानां रक्षणं स्वस्वकार्येषु प्रेरणं च कालिकाया वरश्चाभयमीरितम् । विपत्तितो जीवानां रक्षणमभयं कथितं स्वस्वकार्येषु प्रेरणं वरः कथित इत्यर्थः ॥ १० ॥

विष्टभ्य अवलम्ब्य ॥ ११ ॥

कालिकम् कालसम्भवं जगत् । चिन्मयी ज्ञानस्वरूपा ॥ १२ ॥ १३ ॥

आद्यायाः कालिकायास्तद्भिन्नानां च देवतानां प्रतिमाया गृहादीनाञ्च प्रतिष्ठाया विधानं फलं गृहादिप्रदानफलञ्च श्रोतुमिच्छन्ती देव्युवाच—

दारुधातुमयीं वापि निर्माय यदि साधकः ।
विचित्रभवनं कृत्वा वस्त्रालङ्कारभूषिताम् ।
स्थापयेत्तत्र देवेशीं किं फलं तस्य जायते ॥ १५ ॥
प्रतिष्ठा केन विधिना तस्याः प्रतिकृतेः प्रभो ।
कर्तव्या तदशेषेण कृपया मे प्रकाश्यताम् ॥ १६ ॥
वापीकूपगृहारामदेवप्रतिकृतेस्तथा ।
प्रतिष्ठा सूचिता पूर्वं गदिता न विशेषतः ॥ १७ ॥
तद्विधानमपि श्रोतुमिच्छामि त्वन्मुखाम्बुजात् ।
कथ्यतां परमेशान कृपया यदि रोचते ॥ १८ ॥

श्रीसदाशिव उवाच ।

गुह्यमेतत् परं तत्त्वं यत् पृष्टं परमेश्वरि ।
कथयामि तव स्नेहात् समाहितमनाः शृणु ॥ १९ ॥
सकामाश्चैव निष्कामा द्विविधा भुवि मानवाः ।
अकामानां पदं मोक्षः कामिनां फलमुच्यते ॥ २० ॥
यो यद्देवप्रतिकृतिं प्रतिष्ठापयति प्रिये ।
स तल्लोकमवाप्नोति भोगानपि तदुद्भवान् ॥ २१ ॥

ध्यानमित्यादि । हे प्रभो जीवनिस्तारहेतवे काल्या यद्ध्यानं कथितं तस्य ध्यानस्यानुरूपतो मृण्मयीं मृत्तिकाविकारभूतां शिलामयीं दारुधातुमयीं वा मूर्तिं निर्माय विचित्रं भवनं च कृत्वा तत्र भवने वस्त्रालङ्कारभूषितां देवेशीं कालीं साधको यदि स्थापयेत्तदा तस्य साधकस्य किं फलं जायते इत्यन्वयः । प्रतिकृतेः प्रतिमायाः ॥ १४–१७ ॥

अपिना फलम् ॥ १८ ॥

श्रीदेव्यैवं प्रार्थितः सन् श्रीसदाशिव उवाच गुह्यमेतदित्यादि ॥ १९–२१ ॥

51

मृण्मये प्रतिबिम्बे तु वसेत् कल्पायुतं दिवि ।
दारुपाषाणधातूनां क्रमाद्दशगुणाधिकम् ॥ २२ ॥
तृणकाष्ठादिरचितं ध्वजवाहनसंयुतम् ।
मन्दिरं देवमुद्दिश्य काममुद्दिश्य वा नरः ।
संस्कुर्यादुत्सृजेद्वापि तस्य पुण्यं निशामय ॥ २३ ॥
तृणादिनिर्मितं गेहं यो दद्यात् परमेश्वरि ।
वर्षकोटिसहस्राणि स वसेद्देववेश्मनि ॥ २४ ॥
इष्टकागृहदाने तु तस्माच्छतगुणं फलम् ।
ततोऽयुतगुणं पुण्यं शिलागेहप्रदानतः ॥ २५ ॥
सेतुसङ्क्रमदाताऽऽद्ये यमलोकं न पश्यति ।
सुखं सुरालयं प्राप्य मोदते स्वर्निवासिभिः ॥ २६ ॥
वृक्षारामप्रतिष्ठाता गत्वा त्रिदशमन्दिरम् ।
कल्पपादपवृन्देषु निवसन् दिव्यवेश्मनि ।
भुङ्क्ते मनोरमान् भोगान् मनसो यानभीप्सितान् ॥ २७ ॥
प्रीतये सर्वसत्त्वानां ये प्रदद्युर्जलाशयम् ।
विधूतपापास्ते प्राप्य ब्रह्मलोकमनामयम् ।
निवसेयुः शतं वर्षानम्भसां प्रतिशीकरम् ॥ २८ ॥

प्रतिबिम्बे प्रतिमायाम् । अत्र प्रतिष्ठापिते सति इत्यध्याहार्यम् ॥२२॥

निशामय शृणु ॥ २३–२७ ॥

जलाशयम् वापीकूपादिकम् । अनामयम् निरुपद्रवम् । प्रतिशीकरम् प्रत्यम्बुकणम् ॥ २८ ॥

यो दद्याद्वाहनं देवि देवताप्रीतिकारकम् ।
स तेन रक्षितो नित्यं तल्लोके निवसेच्चिरम् ॥ २९ ॥
मृण्मये वाहने दत्ते यत् फलं जायते भुवि ।
दारुजे तद्दशगुणं शिलाजे तद्दशाधिकम् ॥ ३० ॥
रिन्तिका कांस्यताम्रादिनिर्मिते देववाहने ।
दत्ते फलमवाप्नोति क्रमात् शतगुणाधिकम् ॥ ३१ ॥
देव्यागारे महासिंहं वृषभं शङ्करालये ।
गरुडं केशवे गेहे प्रदद्यात् साधकोत्तमः ॥ ३२ ॥
तीक्ष्णदंष्ट्रः करालास्यः शटाशोभितकन्धरः ।
चतुरङ्घ्रिर्वज्रनखो महासिंहः प्रकीर्तितः ॥ ३३ ॥
शृङ्गायुधः शुद्धकायः चतुष्पादसितक्षुरः ।
बृहत्ककुत् कृष्णपुच्छः श्यामस्कन्धो वृषः स्मृतः ॥ ३४ ॥
गरुडः पक्षिजङ्घस्तु नरास्यो दीर्घनासिकः ।
पादसङ्कोचसंविष्टः पक्षयुक्तः कृताञ्जलिः ॥ ३५ ॥

तल्लोके तस्य देवस्य लोके ॥ २९ ॥ ३० ॥

रिन्तिका पित्तलम् ॥ ३१ ॥ ३२ ॥

महासिंहस्वरूपमाह तीक्ष्णदंष्ट्र इत्याद्येकेन । करालास्यः दन्तुरवदनः । शटाशोभितकन्धरः शटया परस्परश्लिष्टरोमविशेषसमूहेन शोभिता कन्धरा यस्य तथाभूतः । चतुरङ्घ्रिः चतुष्पात् ॥ ३३ ॥

वृषभस्वरूपमाह शृङ्गायुध इत्याद्येकेन । असितक्षुरः नीलक्षुरः ॥ ३४ ॥

गरुडस्वरूपमाह गरुड इत्याद्येकेन । नरास्यः मनुष्यमुखः ॥ ३५ ॥

पताकाध्वजदानेन देवप्रीतिः शतं समाः ।
ध्वजदण्डस्तु कर्तव्यो द्वात्रिंशद्धस्तसम्मितः ॥ ३६ ॥
सुदृढश्छिद्ररहितः सरलः शुभदर्शनः ।
वेष्टितो रक्तवस्त्रेण कोटौ चक्रसमन्वितः ॥ ३७ ॥
पताका तत्र संयोज्या तत्तद्वाहनचिह्निता ।
प्रशस्तमूला सूक्ष्माग्रा दिव्यवस्त्रविनिर्मिता ।
शोभमाना ध्वजाग्रे या पताका सा प्रकीर्तिता ॥ ३८ ॥
वासोभूषणपर्यङ्कयानसिंहासनानि च ।
पानप्राशनताम्बूलभाजनानि पतद्ग्रहम् ॥ ३९ ॥
मणिमुक्ताप्रवालादिरत्नान्यात्मप्रियञ्च यत् ।
यो दद्याद्देवमुद्दिश्य श्रद्धाभक्तिसमन्वितः ।
स तल्लोकं समासाद्य तत्तत्कोटिगुणं लभेत् ॥ ४० ॥
कामिनां फलमित्युक्तं क्षयिष्णुः स्वप्नराज्यवत् ।
निष्कामानान्तु निर्वाणं पुनरावृत्तिवर्जितम् ॥ ४१ ॥
जलाशयगृहारामसेतुसंक्रमशाखिनाम् ।
देवतानां प्रतिष्ठायां वास्तुदैत्यं प्रपूजयेत् ॥ ४२ ॥

पताकेत्यादि । पताकाध्वजदानेन पताकासहितध्वजसमर्पणेन । शतं समाः शतवर्षाणि देवप्रीतिर्भवति । तयोर्मध्ये पूर्वं ध्वजस्वरूपमाह ध्वजदण्ड इत्यादिना सार्धेन । कोटौ अग्रभागे ॥ ३६ ॥ ३७ ॥

तत्र ध्वजदण्डे । पताकास्वरूपमाह तत्तद्वाहनचिह्नितेत्यादिना सपादश्लोकेन । ध्वजाग्रे ध्वजदण्डाग्रभागे ॥ ३८ ॥

पतद्ग्रहम् मुखात् पततो जलताम्बूलादेर्वाहकं पात्रविशेषम् ॥ ३९ ॥

अनर्चयित्वा यो वास्तुं कुर्यात् कर्माणि मानवः ।
विघ्नं तस्याऽऽचरेद्वास्तुः परिवारगणैः सह ॥ ४३ ॥
कपिलास्यः पिङ्गकेशो भीषणो रक्तलोचनः ।
कोटराक्षो लम्बकर्णो दीर्घजङ्घो महोदरः ॥ ४४ ॥
अश्वतुण्डः काककण्ठो वज्रबाहुर्व्रतान्तकः ।
एते परिकरा वास्तोः पूजनीयाः प्रयत्नतः ॥ ४५ ॥
मण्डलं शृणु वक्ष्यामि यत्र वास्तुं प्रपूजयेत् ॥ ४६ ॥
वेद्यां वा समदेशे वा शस्ताद्भिरुपलेपिते ।
वाय्वीशकोणयोर्मध्ये हस्तमात्रप्रमाणतः ॥ ४७ ॥
सूत्रपातक्रमेणैव रेखामेकां प्रकल्पयेत् ।
ईशानादग्निपर्यन्तमपरां रचयेत्तथा ॥ ४८ ॥
आग्नेयान्नैर्ऋतं यावत् नैर्ऋताद्वायवावधि ।
दत्त्वा रेखे चतुष्कोणमेकं मण्डलमालिखेत् ॥ ४९ ॥

समासाद्य सम्प्राप्य ॥ ४०–४३ ॥

अथ वास्तुदैत्यस्य परिवारानाह कपिलास्य इत्यादिना सार्धेन । परिकराः परिवाराः ॥ ४४–४६ ॥

वास्तुप्रपूजनार्थं मण्डलमेवाह वेद्यां वेत्यादिभिः । वेद्यां वा शस्ताद्भिः प्रशस्तैर्जलैरुपलेपिते समदेशे वा वाय्वीशकोणयोर्मध्ये सूत्रपातक्रमेणैव हस्तमात्रप्रमाणत एकां रेखां प्रकल्पयेत् रचयेत् । तथा तेनैव प्रकारेण ईशानादीशानकोणमारभ्याऽग्निकोणपर्यन्तम् अपराम् अन्यां रेखां रचयेत् । तथैवाऽऽग्नेयादग्निकोणमारभ्य नैर्ऋतं यावत् नैर्ऋतकोणावधि नैर्ऋतात् नैर्ऋतमपि कोणमारभ्य वायवावधि वायुकोणपर्यन्तं क्रमतो द्वे रेखे दत्त्वा एवं विधानेन एकं चतुष्कोणं मण्डलमालिखेत् ॥ ४७–४९ ॥

कोणसूत्रे पातयित्वा चतुर्धा विभजेत्तु तत् ।
यथा तत्र भवेद्देवि मत्स्यपुच्छचतुष्टयम् ॥ ५० ॥
ततो भित्वा पुच्छमूलं वारुणाद्वासवावधि ।
कौबेराद् याम्यपर्यन्तं दद्याद्रेखाद्वयं सुधीः ॥ ५१ ॥
ततश्चतुर्षु कोणेषु कोणरेखान्वितेष्वपि ।
कर्णाकर्णिप्रयोगेण न्यसेद्रेखाचतुष्टयम् ॥ ५२ ॥
एवं सङ्केतविधिना कोष्ठानां षोड़शं लिखन् ।
पञ्चवर्णेन चूर्णेन रचयेद्यन्त्रमुत्तमम् ॥ ५३ ॥
चतुर्षु मध्यकोष्ठेषु पद्मं कुर्यात् मनोहरम् ।
चतुर्दलं पीतरक्तकर्णिकं रक्तकेसरम् ॥ ५४ ॥

कोणसूत्रे इत्यादि । हे देवि तत्र चतुष्कोणे मण्डले यथा मत्स्यपुच्छचतुष्टयं भवेत्तथा तत् चतुष्कोणं मण्डलं कोणसूत्रे पातयित्वा चतुर्धा विभजेत् विभक्तं कुर्यात् ॥ ५० ॥

तत इत्यादिना । ततः सुधीर्जनो वारुणात् पश्चिममारभ्य वासवावधि पूर्वपर्यन्तं कौबेरादुत्तरमारभ्य याम्यपर्यन्तं दक्षिणावधि च पुच्छमूलं भित्त्वा रखाद्वयं दद्यात् ॥ ५१ ॥

तत इत्यादिना । ततःपरं कोणरेखान्वितेषु चतुर्ष्वपि कोष्ठेषु कर्णाकर्णिप्रयोगेण रेखाचतुष्टयं न्यसेत् । अपिना कोणरेखान्वितेषु चतुर्षु कोष्ठेषु पश्चिमात् पूर्वावधि रेखाद्वयमुत्तरस्माद्दक्षिणावधि च रेखाद्वयं न्यसेत् ॥ ५२ ॥

एवमित्यादि । एवं सङ्केतविधिना इत्थं सङ्केतविधानेन कोष्ठानां षोड़शमालिखेत् । ननु केन द्रव्येणेदं मण्डलमालिखेदित्यपेक्षायामाह पञ्चवर्णेनेत्यादि ॥ ५३ ॥

दलानि शुक्लवर्णानि यद्वा पीतानि कल्पयेत् ।
यथेष्टं पूरयेत् पद्मसन्धिस्थानानि वर्णकैः ॥ ५५ ॥
शाम्भवं कोष्ठमारभ्य कोष्ठानां द्वादशं क्रमात् ।
श्वेतकृष्णपीतरक्तैश्चतुर्वर्णैः प्रपूरयेत् ॥ ५६ ॥
दक्षिणावर्तयोगेन कोष्ठानां पूरणं प्रिये ।
वामावर्तेन देवानां पूजनं तेषु साधयेत् ॥ ५७ ॥
पद्मे समर्चयेद्वास्तुदैत्यं विघ्नोपशान्तये ।
ईशादिद्वादशे कोष्ठे कपिलास्यादिदानवान् ॥ ५८ ॥
कुशण्डिकोक्तविधिना कुर्वन्ननलसंस्कृतिम् ।
यथाशक्त्याऽऽहुतिं दत्त्वा वास्तुयज्ञं समापयेत् ॥ ५९ ॥
इति ते कथिता देवि वास्तुपूजा शुभप्रदा ।
यां साधयन्नरः क्वापि वास्तुविघ्नैर्न बाध्यते ॥ ६० ॥

देव्युवाच ।

मण्डलं कथितं वास्तोर्विधानमपि पूजने ।
ध्यानं न गदितं नाथ तदिदानीं प्रकाशय ॥ ६१ ॥

चतुर्ष्वित्यादि । ततश्चतुर्षु मध्यकोष्ठेषु मनोहरं चतुर्दलं चतुष्पत्रकं पीतरक्तकर्णिकं पीतरक्तवर्णबीजकोशकं रक्तकेसरं पद्मं कुर्यात् ॥ ५४–५६ ॥

एवं वास्तुमण्डलं कथयित्वेदानीं तत्र सपरिवारस्य वास्तोः पूजाया विधानमाह वामावर्तेनेत्यादिना सार्धद्वयेन । तेषु द्वादशसु कोष्ठेषु वामावर्तेन देवानां दीव्यतां कपिलास्यादीनां द्वादशानां दानवानां पूजनं साधयेत् ॥ ५७–६० ॥

एवं वास्तुमण्डलं तत्र सपरिवारस्य वास्तोः पूजाया विधानञ्च श्रुत्वेदानीं वास्तोर्ध्यानं श्रोतुमिच्छन्ती श्रीदेव्युवाच मण्डलमित्यादिना ॥ ६१ ॥

श्रीसदाशिव उवाच ।

ध्यानं वच्मि महेशानि श्रूयतां वास्तुरक्षसः ।
यस्यानुशीलनात् सद्यो नश्यन्ति सकलापदः ॥ ६२ ॥
चतुर्भुजं महाकायं जटामण्डितमस्तकम् ।
त्रिलोचनं करालास्यं हारकुण्डलशोभितम् ॥ ६३ ॥
लम्बोदरं दीर्घकर्णं लोमशं पीतवाससम् ।
गदात्रिशूलपरशुखट्वाङ्गं दधतं करैः ॥ ६४ ॥
असिचर्मधरैर्वीरैः कपिलास्यादिभिर्वृतम् ।
शत्रूणामन्तकं साक्षादुद्यदादित्यसन्निभम् ॥ ६५ ॥
ध्यायेद्देवं वास्तुपतिं कूर्मपद्मासनस्थितम् ।
मारीभये रोगभये डाकिन्यादिभये तथा ॥ ६६ ॥
औत्पातिकापत्यदोषे व्यालरक्षोभयेऽपि च ।
ध्यात्वैवं पूजयेद्वास्तुं परिवारसमन्वितम् ॥ ६७ ॥
तिलाज्यपायसैर्हुत्वा सर्वशान्तिमवाप्नुयात् ।
यथा वास्तुः पूजनीयः प्रोक्तकर्मसु सुव्रते ॥ ६८ ॥
ग्रहाश्चापि तथा पूज्या दशदिक्पतिभिर्युताः ।
ब्रह्मा विष्णुश्च रुद्रश्च वाणी लक्ष्मीश्च शङ्करी ॥ ६९ ॥

एवं प्रार्थितः सन् श्रीसदाशिव उवाच ध्यानमित्यादि ॥ ६२ ॥

वास्तोर्ध्यानमेवाह चतुर्भुजमित्यादिना सार्धत्रयेण ॥ ६३ ॥

लोमशम् बहुलोमविशिष्टम् ॥ ६४ ॥

मातरः सगणेशाश्च सम्पूज्या वसवस्तथा ।
पितरो यद्यतृप्ताः स्युः कर्मस्वेतेषु कालिके ॥ ७० ॥
सर्वं तस्य भवेद्व्यर्थं विघ्नश्चापि पदे पदे ।
अतो महेशि यत्नेन प्रोक्तसंस्कारकर्मसु ॥ ७१ ॥
पितॄणां तृप्तयेऽत्राऽभ्युदयिकं श्राद्धमाचरेत् ।
ग्रहयन्त्रं प्रवक्ष्यामि सर्वशान्तिविधायकम् ॥ ७२ ॥
यत्र सम्पूजिताः सेन्द्रा ग्रहा यच्छन्ति वाञ्छितम् ।
त्रित्रिकोणैर्लिखेद्यन्त्रं तद्बहिर्वृत्तमालिखेत् ॥ ७३ ॥
विदध्याद्वृत्तलग्नानि दलान्यष्टौ च तद्बहिः ।
चतुर्द्वारान्वितं कुर्यात् भूपुरं सुमनोहरम् ॥ ७४ ॥
वासवेशानयोर्मध्ये भूपुरस्य बहिःस्थले ।
वृत्तं विरचयेदेकं प्रादेशपरिमाणकम् ॥ ७५ ॥
रक्षोवारुणयोर्मध्ये चापरं कल्पयेत्तथा ॥ ७६ ॥

उद्यदादित्यसन्निभम् उद्यत्सूर्यसदृशम् ॥ ६५–७२ ॥

सेन्द्राः इन्द्रादिदशदिक्पतिसहिताः । यच्छन्ति ददति ॥ ७३ ॥

ग्रहयन्त्रमेवाह त्रित्रिकोणैरित्यादिभिः । प्रथमतस्त्रिभिस्त्रिकोणैर्विशिष्टं यन्त्रं लिखेत् । ततस्तद्बहिस्त्रित्रिकोणेभ्यो बहिर्वृत्तं वर्तुलमेकं मण्डलमालिखेत् । ततो वृत्तलग्नान्यष्टौ दलानि पत्राणि विदध्यात् कुर्यात् । तद्बहिश्चतुर्द्वारान्वितं सुमनोहरं भूपुरं कुर्यात् । ततो वासवेशानयोर्मध्ये भूपुरस्य बहिःस्थले प्रादेशपरिमाणकमेकं वृत्तं वर्तुलं मण्डलं विलिखयेत् । ततो रक्षोवरुणयोः नैर्ऋत्यपश्चिमयोर्मध्ये भूपुरस्य बहिःस्थले तथैव प्रादेशपरिमाणकमपरं वृत्तं मण्डलं कल्पयेद्रचयेत् ॥ ७४–७६ ॥

नवग्रहाणां वर्णेन नवकोणानि पूरयेत् ।
मध्यत्रिकोणद्वौ पार्श्वौ सव्यदक्षिणभेदतः ॥ ७७ ॥
श्वेतपीतौ विधातव्यौ पृष्ठभागः सितेतरः ।
अष्टदिक्पतिवर्णेन पर्णान्यष्टौ प्रपूरयेत् ॥ ७८ ॥
सितरक्तासितैश्चूर्णैः पुरः प्राकारमाचरेत् ।
पुरो बहिःस्थे द्वे वृत्ते देवि प्रादेशसम्मिते ॥ ७९ ॥
उपर्यधःक्रमेणैव रक्तश्वेते विधाय च ।
सन्धिस्थानानि यन्त्रस्य स्वेच्छया रंजयेत् सुधीः ॥ ८० ॥
यत्कोष्ठे यो ग्रहः पूज्यो यत्पत्रे यश्च दिक्पतिः ।
यद्द्वारेऽवस्थिता ये च तत्क्रमं शृणु साम्प्रतम् ॥ ८१ ॥
मध्यकोणे यजेत् सूर्यं पार्श्वयोररुणं शिखाम् ।
पश्चात् प्रचण्डयोर्दण्डौ पूजयेदंशुमालिनः ॥ ८२ ॥
भानूर्ध्वकोणे पूर्वस्यामर्चयेद्रजनीकरम् ।
आग्नेये मङ्गलं याम्ये बुधं नैर्ऋतकोणके ॥ ८३ ॥

नवग्रहाणामित्यादि । तत् सूर्यादीनां नवग्रहाणां वर्णेन विशिष्टैश्चूर्णैः नवकोणानि पूरयेत् । ततः सव्यदक्षिणभेदतो मध्यत्रिकोणस्य द्वौ पार्श्वौ क्रमतः श्वेतपीतौ विधातव्यौ । मध्यत्रिकोणस्य पृष्ठभागः सितेतरः कृष्णवर्णो विधातव्यः । ततः इन्द्रादीनामष्टानां दिक्पतीनां वर्णेन विशिष्टैश्चूर्णैरष्टौ पर्णानि पत्राणि प्रपूरयेत् ॥ ७७ ॥ ७८ ॥

सितेत्यादि । ततः सितरक्तासितैः श्वेतलोहितकृष्णवर्णैश्चूर्णैः पुरो भूपुरस्य प्राकारमाचरेत् कुर्यात् । हे देवि पुरो भूपुरस्य बहिःस्थे प्रादेशसम्मिते द्वे वृत्ते वर्तुले मण्डले उपर्यधःक्रमेणैव रक्तश्वेते विधाय सुधीः साधको मन्त्रस्य सन्धिस्थानानि स्वेच्छया रंजयेत् ॥ ७९–८३ ॥

बृहस्पतिं वारुणे च दैत्याचार्यं प्रपूजयेत् ।
शनैश्चरं तु वायव्ये कौबेरेशानयोः क्रमात् ।
राहुं केतुं यजेत् चन्द्रं परितस्तारकागणान् ॥ ८४ ॥
सूरो रक्तः शशी शुक्लो मङ्गलोऽरुणविग्रहः ।
बुधजीवौ पाण्डुपीतौ श्वेतः शुक्रोऽसितः शनिः ।
राहुकेतू विचित्राभौ ग्रहवर्णाः प्रकीर्तिताः ॥ ८५ ॥
चतुर्भुजं रविं ध्यायेत् पद्मद्वयवराभयैः ।
चिन्तयेच्छशिनं दानमुद्रामृतकराम्बुजम् ॥ ८६ ॥
कुजमीषत्कुब्जतनुं हस्ताभ्यां दण्डधारिणम् ।
ध्यायेत् सोमात्मजं बालं भाललोलितकुन्तलम् ॥ ८७ ॥
यज्ञसूत्रान्वितं ध्यायेत् पुस्तकाक्षकरं गुरुम् ।
एवं दैत्यगुरुञ्चापि काणं खञ्जं शनैश्चरम् ॥ ८८ ॥

परितः सर्वतः ॥ ८४ ॥

अथ क्रमतः सूर्यादीनां नवग्रहाणां वर्णानाह सूर इत्यादिना सार्धेन । सूरः सूर्यः ॥ ८५ ॥

अथ सूर्यादीनां नवग्रहाणां क्रमतो ध्यानमाह चतुर्भुजमित्यादिभिः । पद्मद्वयवराभयैर्विशिष्टं चतुर्भुजं रविं सूर्यं ध्यायेत् । दानमुद्रामृतकराम्बुजं दानमुद्रा चामृतञ्च कराम्बुजयोर्हस्तपद्मयोर्यस्य तथाभूतं शशिनं चन्द्रं विचिन्तयेत् ॥ ८६ ॥

सोमात्मजम् बुधम् । भाललोलितकुन्तलम् भाले लोलिताश्चलिताः कुन्तलाः केशा यस्य तथाभूतम् ॥ ८७ ॥ ८८ ॥

राहुकेतू शिरःकायौ विकृतौ क्रूरचेष्टितौ ।
स्वैः स्वैर्ध्यानैर्ग्रहानिष्ट्वा यजेदिन्द्रादिदिक्पतीन् ॥ ८९ ॥
दलेष्वष्टसु पूर्वादिक्रमतः साधकोत्तमः ।
सहस्राक्षं यजेदादौ पीतकौषेयवाससम् ॥ ९० ॥
वज्रपाणिं पीतरुचिं स्थितमैरावतोपरि ।
रक्ताभं छागवाहस्थं शक्तिहस्तं हुताशनम् ॥ ९१ ॥
ध्यायेत् कालं लुलापस्थं दण्डिनं कृष्णविग्रहम् ।
निर्ऋतिं खड्गहस्तञ्च श्यामलं वाजिवाहनम् ॥ ९२ ॥
वरुणं मकरारूढं पाशहस्तं सितप्रभम् ।
ध्यायेत् कृष्णत्विषं वायुं मृगस्थञ्चाङ्कुशायुधम् ॥ ९३ ॥
कुबेरं कनकाकारं रत्नसिंहासनस्थितम् ।
स्तुतं यक्षगणैः सर्वैः पाशाङ्कुशकराम्बुजम् ॥ ९४ ॥
ईशानं वृषभारूढं त्रिशूलवरधारिणम् ।
व्याघ्रचर्माम्बरधरं पूर्णेन्दुसदृशप्रभम् ॥ ९५ ॥

इष्ट्वा पूजयित्वा ॥ ८९ ॥

अथ क्रमत इन्द्रादीनामष्टानां दिक्पतीनां ध्यानं वर्णञ्चाह सहस्राक्षमित्यादिभिः । पीतकौशेयवाससम् पीतं कौशेयं कृमिकोशोत्थं वासो वस्त्रं यस्य तथाभूतम् ॥ ९० ॥ ९१ ॥

कालम् यमम् । लुलापस्थम् महिषस्थम् ॥ ९२ ॥

निर्ऋतिम् राक्षसम् ॥ ९३–९५ ॥

ध्यात्वा चैतान् क्रमादिष्ट्वा ब्रह्मानन्तौ पुरो बहिः ।
ऊर्ध्वाधोवृत्तयोरर्च्यौ ततोऽर्च्या द्वारदेवताः ॥ ९६ ॥
उग्रो भीमः प्रचण्डेशौ पूर्वद्वाःस्थाः प्रकीर्तिताः ।
जयन्तः क्षेत्रपालश्च नकुलेशो बृहच्छिराः ।
याम्यद्वारे पश्चिमे च वृकाश्वानन्ददुर्जयाः ॥ ९७ ॥
त्रिशिराः पुरजिच्चैव भीमनादो महोदरः ।
उत्तरद्वारपाश्चैते सर्वे शस्त्रास्त्रपाणयः ॥ ९८ ॥
श्रूयतां ब्रह्मणो ध्यानमनन्तस्यापि सुव्रते ॥ ९९ ॥
रक्तोत्पलनिभो ब्रह्मा चतुरास्यश्चतुर्भुजः ।
हंसारूढो वराभीतिमालापुस्तकपाणिकः ॥ १०० ॥
हिमकुन्देन्दुधवलः सहस्राक्षः सहस्रपात् ।
सहस्रपाणिवदनो ध्येयोऽनन्तः सुरासुरैः ॥ १०१ ॥
ध्यानं पूजाक्रमश्चापि यन्त्रञ्च कथितं प्रिये ।
वास्त्वादिक्रमतो ह्येषां मन्त्रानपि शृणु प्रिये ॥ १०२ ॥

ध्यात्वेत्यादि । एतानिन्द्रादीनष्टौ दिक्पतीनेवं ध्यात्वा क्रमादिष्ट्वा पूजयित्वा च पुरो भूपुराद्बहिरूर्ध्वाधःस्थितयोर्वृत्तयोर्मण्डलयोर्ब्रह्मानन्तौ दिक्पती क्रमतोऽर्च्यौ पूजनीयौ । ततो द्वारदेवता अर्च्याः ॥ ९६ ॥

पूज्या द्वारदेवता एवाह उग्रो भीम इत्यादिना सार्धद्वयेन ॥९७॥९८॥

ब्रह्मणो ध्यानमेवाह रक्तोत्पलनिभ इत्यादिना ॥ ९९ ॥ १०० ॥

अथाऽनन्तस्य ध्यानमाह हिमकुन्देन्दुधवल इत्याद्येकेन ॥ १०१ ॥

एषाम् वास्त्वादीनामनन्तान्तानाम् ॥ १०२ ॥

क्षकारो हव्यवाहस्थः षड्दीर्घस्वरसंयुतः ।
भूषितो नादबिन्दुभ्यां वास्तुमन्त्रः षड़क्षरः ॥ १०३ ॥
तारं मायां तीग्मरश्मे ङेऽन्तमारोग्यदं वदेत् ।
वह्निजायां ततो दत्त्वा सूर्यमन्त्रं समुद्धरेत् ॥ १०४ ॥
कामो माया च वाणी च ततोऽमृतकरेति च ।
अमृतं प्लावय द्वन्दं स्वाहा सोममनुर्मतः ॥ १०५ ॥
ऐँ ह्राँ ह्रीँ सर्वपदाद्दुष्टान्नाशय नाशय ।
स्वाहावसानो मन्त्रोऽयं मङ्गलस्य प्रकीर्तितः ॥ १०६ ॥

वास्त्वादीनां क्रमतो मन्त्रानेवाह क्षकारः इत्यादिभिः । हव्यवाहस्थः हव्यवाहो रेफः तत्स्थः क्षकारः षड्दीर्घस्वरसंयुतो नादबिन्दुभ्यां भूषितश्च कर्तव्यः । एवञ्च क्ष्राँ क्ष्रीँ क्ष्रूँ क्ष्रैँ क्ष्रौँ क्ष्रः इति षड़क्षरो वास्तुमन्त्र उद्धृत आसीत् ॥ १०३ ॥

तारमित्यादि । पूर्वम् तारं प्रणवं वदेत् । ततो मायां ह्रीँ बीजं वदेत् । ततस्तीग्मरश्मे इति वदेत् । ततो ङेऽन्तमारोग्यदं वदेत् । ततो वह्निजायां दत्त्वा सूर्यमन्त्रं समुद्धरेत् । योजनया ओँ ह्रीँ तीग्मरश्मे आरोग्यदाय स्वाहेति सूर्यमन्त्र उद्धृत आसीत् ॥ १०४ ॥

काम इत्यादि । पूर्वं कामः क्लीमिति बीजमुच्येत । ततो माया ह्रीँ बीजमुच्येत । ततो वाणी ऐमिति बीजमुच्येत । ततोऽमृतकरेत्युच्येत । ततोऽमृतमुच्येत । ततः प्लावयद्वन्द्वमुच्येत । ततः स्वाहोच्येत । योजनया क्लीँ ह्रीँ ऐँ अमृतकराऽमृतं प्लावय प्लावय स्वाहेति सोममनुर्मतः ॥ १०५ ॥

ऐमित्यादि । पूर्वम् ऐँ ह्राँ ह्रीँ वदेत् । ततः सर्वपदतो दुष्टान्नाशय नाशयेति वदेत् । योजनया ऐँ ह्राँ ह्रीँ सर्वदुष्टान्नाशय नाशयेति मन्त्रो जातः । स्वाहावसानः स्वाहान्तोऽयं मङ्गलस्य मन्त्रः प्रकीर्तितः ॥ १०६ ॥

ह्रीँ श्रीँ सौम्यपदञ्चोक्त्वा सर्वान् कामां स्ततो वदेत् ।
पूरयाऽन्ते वह्निकान्तामेष सोमात्मजे मनुः ॥ १०७ ॥
तारेण पुटिता वाणी ततः सुरगुरोपदम् ।
अभीष्टं यच्छ यच्छेति स्वाहामन्त्रो बृहस्पतेः ॥ १०८ ॥
शाँ शीँ शूँ शैँ ततः शौँ शँः शुक्रमन्त्रः समीरितः ॥
ह्राँ ह्राँ ह्रीँ ह्रीँ सर्वशत्रून् विद्रावय पदद्वयम् ।
मार्तण्डसूनवे पश्चात् नमो मन्त्रः शनैश्चरे ॥ ११० ॥
राँ ह्रौँ श्रौँ ह्रीँ सोमशत्रो शत्रून् विध्वंसय द्वयम् ।
राहवे नम इत्येष राहोर्मनुरुदाहृतः ॥ १११ ॥

ह्रीमित्यादि । पूर्वम् ह्रीँ श्रीँ सौम्यपदं चोक्त्वा ततः सर्वान् कामान् वदेत् । ततः पूरयान्ते वह्निकान्तां वदेत् । योजनया ह्रीँ श्रीँ सौम्य सर्वान् कामान् पूरय स्वाहेत्येष सोमात्मजे बुधे मनुर्मतः ॥ १०७ ॥

तारेणेत्यादि । तारेण प्रणवेन पुटिता आदावन्ते च संयुक्ता वाणी वक्तव्या । ततः सुरगुरो इति पदं वदेत् । ततोऽभीष्टं यच्छ यच्छेति वदेत् । ततः स्वाहेति वदेत् । योजनया ओँ ऐँ ओँ सुरगुरो अभीष्टं यच्छ यच्छ स्वाहेति बृहस्पतेर्मन्त्रो मतः ॥ १०८ ॥

शाँ शीँ शूँ शैँ शौँ शँः इति शुक्रमन्त्रः समीरितः कथितः ॥१०९॥

ह्राँ ह्रामित्यादि । पूर्वम् ह्राँ ह्राँ ह्रीँ ह्रीँ सर्वशत्रूनिति वदेत् । ततो विद्रावयपदद्वयं वदेत् । ततो मार्तण्डसूनवे इति वदेत् । पश्चान्नमो वदेत् । योजनया ह्राँ ह्राँ ह्रीँ ह्रीँ सर्वशत्रून् विद्रावय विद्रावय मार्तण्डसूनवे नमः इति शनैश्चरे मन्त्रो मतः ॥ ११० ॥

राम्त्यादि । पूर्वं राँ ह्रौँ श्रौँ ह्रीँ सोमशत्रो शत्रूनिति वदेत् । ततो विध्वंसयद्वयं वदेत् । ततो राहवे नम इति वदेत् । योजनया राँ ह्रौँ

क्रूँ ह्रूँ क्रैँ केतवे स्वाहा केतोर्मन्त्रः प्रकीर्तितः ॥ ११२ ॥
लँ रँ मृँ स्त्रूँ वँ यमिति क्षँ हौँ ब्रीममिति क्रमात् ।
इन्द्राद्यनन्तदिक्पानां दशमन्त्राः समीरिताः ॥ ११३ ॥
अन्येषां परिवाराणां नाममन्त्राः प्रकीर्तिताः ।
अनुक्तमन्त्रे सर्वत्र विधिरेष शिवोदितः ॥ ११४ ॥
नमोऽन्तमन्त्रे देवेशि न नमो योजयेद् बुधः ।
स्वाहान्तेऽपि तथामन्त्रे न दद्याद्वह्निवल्लभाम् ॥ ११५ ॥
ग्रहादिभ्यः प्रदातव्यं पुष्पं वासश्च भूषणम् ।
तेषां वर्णानुरूपेण नान्यथा प्रीतये भवेत् ॥ ११६ ॥
कुशण्डिकोक्तविधिना वह्निं संस्थापयन् सुधीः ।
पुष्पैरुच्चावचैर्यद्वा समिद्भिर्होममाचरेत् ॥ ११७ ॥
शान्तिकर्मणि पुष्टौ च वरदो हव्यवाहनः ।
प्रतिष्ठायां लोहिताक्षः शत्रुहा क्रूरकर्मणि ॥ ११८ ॥

श्रैँ ह्रीँ सोमशत्रो शत्रून् विध्वंसय विध्वंसय राहवे नम इत्येष राहोर्मनुरुदाहृतः कथितः ॥ १११ ॥ ११२ ॥

लमित्यादि । लमिति रमिति मृमिति स्त्रूमिति वमिति यमिति क्षमिति हौमिति ब्रीमिति अमित्येते क्रमादिन्द्रादीनामनन्तान्तानां दिक्पानां दशमन्त्राः समीरिताः कथिताः ॥ ११३ ॥ ११४ ॥

वह्निवल्लभाम् स्वाहेति पदम् ॥ ११५ ॥

तेषाम् ग्रहादीनाम् ॥ ११६ ॥

समिद्भिः काष्ठैः ॥ ११७ ॥

शान्तौ पुष्टौ महेशानि तथा क्रूरेऽपि कर्म्मणि ।
ग्रहयागं प्रकुर्व्वाणो वाञ्छितार्थमवाप्नुयात् ॥ ११९ ॥
यथा प्रतिष्ठाकार्येषु देवार्चा पितृतर्पणम् ।
वास्तोर्यागे ग्रहाणाञ्च तद्वदेव विधीयते ॥ १२० ॥
यद्येकस्मिन् दिने द्वित्रिः प्रतिष्ठा यागकर्म्म च ।
तन्त्रेण तत्र देवार्चा पितृश्राद्धाग्निसंस्क्रिया: ॥ १२१ ॥
जलाशयगृहारामसेतुसंक्रमशाखिनः ।
वाहनासनयानानि वासोऽलङ्करणानि च ॥ १२२ ॥
पानाशनीयपात्राणि देयवस्तूनि यान्यपि ।
असंस्कृतानि देवाय न प्रदद्युः फलेप्सवः ॥ १२३ ॥
काम्ये कर्म्मणि सर्वत्र बुधः सङ्कल्पमाचरेत् ।
विधिवाक्यानुसारेण सम्पूर्णसुकृताप्तये ॥ १२४ ॥
संस्कृताभ्यर्च्चितं द्रव्यं नामोच्चारणपूर्वकम् ।
सम्प्रदानाभिधाञ्चोक्त्वा दत्त्वा सम्यक् फलं लभेत् ॥ १२५ ॥
जलाशयगृहारामसेतुसंक्रमशाखिनाम् ।
कथ्यन्ते प्रोक्षणे मन्त्राः प्रयोज्या ब्रह्मविद्यया ॥ १२६ ॥

वरदो वरदनामा । लोहिताक्षो लोहिताक्षाख्यः । शत्रुहा शत्रुहसंज्ञकः ॥ ११८–१२० ॥

तन्त्रेण एकधैव ॥ १२१–१२४ ॥

संस्कृताभ्यर्चितम् शोधितं प्रपूजितम् । संप्रदानाभिधां सम्प्रदाननामधेयम् ॥ १२५ ॥

ब्रह्मविद्यया गायत्र्या सह ॥ १२६ ॥

जीवनाधार जीवानां जीवनप्रद वारुण ।
प्रोक्षणे तव तृप्यन्तु जलभूचरखेचराः ॥ १२७ ॥
तृणकाष्ठादिसम्भूत वासेय ब्रह्मणः प्रिय ।
त्वां प्रोक्षयामि तोयेन प्रीतये भव सर्वदा ॥ १२८ ॥
इष्टकादिसमुद्भूत वक्तव्यन्त्विष्टकामये ॥ १२९ ॥
फलैः पत्रैश्च शाखाद्यैश्छायाभिश्च प्रियङ्कराः ।
यच्छन्तु मेऽखिलान् कामान् प्रोक्षितास्तीर्थवारिभिः ॥१३०॥
सेतुस्त्वं भवसिन्धूनां पारदः पथिकप्रियः ।
मया संप्रोक्षितः सेतो यथोक्तफलदो भव ॥ १३१ ॥
संक्रम त्वां प्रोक्षयामि लोकानां संक्रमं यथा ।
ददासीह तथा स्वर्गे संक्रमो मे प्रदीयताम् ॥ १३२ ॥
आरामप्रोक्षणे मन्त्रो य एव कथितः प्रिये ।
स एव शाखिसंस्कारे प्रयोक्तव्यो मनीषिभिः ॥ १३३ ॥

तेषां मध्ये प्रथमतो जलाशयप्रोक्षणमन्त्रमाह जीवनाधार जीवानामिति । जीवनाधार जलाधार । वारुण वरुणदेवताक ॥ १२७ ॥

अथ गृहप्रोक्षणमन्त्रमाह तृणकाष्ठादिसम्भूतेति । वासेय वासाय हित ॥ १२८ ॥

इष्टकादीत्यादि । इष्टकादिमये गृहे प्रोक्षणीये तृणकाष्ठादिसंभूते इत्यत्र इष्टकादिसमुद्भूतेति वक्तव्यम् ॥ १२९ ॥

अथारामप्रोक्षणमन्त्रमाह फलैः पत्रैश्च शाखाद्यैरिति ॥ १३० ॥

अथ सेतुप्रोक्षणमन्त्रमाह सेतुस्त्वं भवसिन्धूनामिति ॥ १३१ ॥

अथ संक्रमप्रोक्षणमन्त्रमाह संक्रम त्वां प्रोक्षयामीति । संक्रम्यते सम्यक् पादविक्षेपः क्रियते लोकैर्यत्र स संक्रमः सेतुविशेषः तत्सम्बोधने संक्रमेति । संक्रमम् सम्यग्गमनम् ॥ १३२ ॥ १३३ ॥

प्रणवो वारुणश्चाऽस्त्रं बीजत्रितयमम्बिके ।
सर्वसाधारणद्रव्यप्रोक्षणे विनियोजयेत् ॥ १३४ ॥
स्नापनार्हं वाहनं चेत् स्नापयेत् ब्रह्मविद्यया ।
अन्यत्रैवाऽर्घ्यतोयेन कुशाग्रेण विशोधयेत् ॥ १३५ ॥
प्राणप्रतिष्ठामाचर्य तत्तद्वाहनसंज्ञया ।
पूजितोऽलङ्कृतो वाहो देयो भवति दैवते ॥ १३६ ॥
जलाशये पूजनीयो वरुणो यादसां पतिः ।
गृहे प्रजापतिर्ब्रह्माऽऽरामे सेतौ च संक्रमे ।
पूज्यो विष्णुर्जगत्पाता सर्वात्मा सर्वदृग्विभुः ॥ १३७ ॥

देव्युवाच ।

विविधानि विधानानि कथितान्युक्तकर्मसु ।
क्रमो न दर्शितो येन मानवः कर्म साधयेत् ॥ १३८ ॥
क्रमव्यत्ययकर्माणि बह्वायासकृतान्यपि ।
न यच्छन्ति फलं सम्यक् नृणां कर्मानुजीविनाम् ॥ १३९ ॥

प्रणव इत्यादि । हे अम्बिके प्रणव ओङ्कारः वारुणं वं अस्त्रं फडिति बीजत्रितयं सर्वसाधारणद्रव्यप्रोक्षणे विनियोजयेत् ॥ १३४ ॥

ब्रह्मविद्यया गायत्र्या ॥ १३५ ॥

प्राणेत्यादि । पूर्वोक्तेनोहनीयलिङ्गकपदशालिना देवीप्राणप्रतिष्ठामन्त्रेण वाहनस्य प्राणप्रतिष्ठामाचर्य कृत्वा तत्तद्वाहनसंज्ञया पूजितोऽलङ्कृतश्च वाहो वाहनं दैवते देयो भवति ॥ १३६ ॥

सर्वदृक् सकलपदार्थद्रष्टा । विभुः व्यापकः ॥ १३७ ॥

अथोक्तकृत्यतत्तत्कर्मक्रमं जिज्ञासुर्देव्युवाच विविधानीत्यादिना ॥१३८॥ १३९ ॥

श्रीसदाशिव उवाच ।

यदुक्तं परमेशानि मातेव हितकारिणि ।
निःश्रेयसन्तल्लोकानां फलव्यापृतचेतसाम् ॥ १४० ॥
एतेषामुक्तकृत्यानामनुष्ठानं पृथक् पृथक् ।
वास्तुयागक्रमादेवि कथयाम्यवधीयताम् ॥ १४१ ॥
पूर्वेऽह्नि नियताहारः श्वःप्रातः स्नानमाचरेत् ।
कृत्वा पौर्वाह्निकं कर्म गुरुं नारायणं यजेत् ॥ १४२ ॥
ततः स्वकाममुद्दिश्य विधिदर्शितवर्त्मना ।
कृतसङ्कल्पको मन्त्री गणेशादीन् समर्चयेत् ॥ १४३ ॥
बन्धूकाभं त्रिनेत्रं द्विरदवरमुखं नागयज्ञोपवीतं
शङ्खं चक्रं कृपाणं विमलसरसिजं हस्तपद्मैर्दधानम् ।
उद्यद्बालेन्दुमौलिं दिनकरकिरणोद्दीप्तवस्त्राङ्गशोभं
नानालङ्कारयुक्तं भजत गणपतिं रक्तपद्मोपविष्टम् ॥१४४॥
एवं ध्यात्वा यथाशक्त्या पूजयित्वा गणेश्वरम् ।
ब्रह्माणञ्च ततो वाणीं विष्णुं लक्ष्मीं समर्चयेत् ॥ १४५ ॥

एवं प्रार्थितः सन् श्रीसदाशिव उवाच यदुक्तमित्यादिना । फलव्यापृतचेतसाम् फलाय व्यापृतं व्यापारविशिष्टं चेतो येषां ते तेषाम् ॥ १४० ॥

अनुष्ठानम् साधनम् ॥ १४१ ॥

वास्तुयागक्रमादुक्तकृत्यानामनुष्ठानस्य क्रममाह पूर्वेऽह्नीत्यादिभिः ॥ १४२ ॥ १४३ ॥

अथ गणपतिध्यानमाह बन्धूकाभमित्याद्येकेन । बन्धूकाभम् बन्धूकपुष्पसदृशद्युतिम् । उद्यद्बालेन्दुमौलिम् उद्यन् यो बाल इन्दुर्बालश्चन्द्रः स मौलौ

शिवं दुर्गां ग्रहांश्चापि तथा षोडश मातृकाः ।
घृतधारास्वपि वसूनिष्ट्वा कुर्यात् पितृक्रियाम् ॥ १४६ ॥
ततः प्रोक्तविधानेन मण्डलं वास्तुरक्षसः ।
निर्माय पूजयेत्तत्र वास्तुदैत्यं गणैः सह ॥ १४७ ॥
ततस्तु स्थण्डिलं कृत्वा वह्निं संस्कृत्य पूर्ववत् ।
धाराहोमान्तमाचर्य वास्तुहोमं समारभेत् ॥ १४८ ॥
यथाशक्त्याऽऽहुतीस्तस्मै परिवारगणाय च ।
तथा पूजितदेवेभ्यो दत्त्वा कर्म समापयेत् ॥ १४९ ॥
वास्तुयागे पृथक्कार्ये एष ते कथितः क्रमः ।
अनेनैव ग्रहाणाञ्च यज्ञोऽपि विहितः प्रिये ॥ १५० ॥
ग्रहाणामत्र मुख्यत्वान्नाङ्गत्वेन प्रपूजनम् ।
सङ्कल्पानन्तरं कार्यं वास्त्वर्चनमिति क्रमः ॥ १५१ ॥
गणेशाद्यर्चनं सर्वं वास्तुयागविधानवत् ।
ग्रहाणां यन्त्रमन्त्रौ च ध्यानं प्रागेव कीर्तितम् ॥ १५२ ॥
प्रसङ्गात् कथितौ भद्रे ग्रहवास्तुक्रतुक्रमौ ।
अथ प्रस्तुतकृत्यानामुच्यते कूपसंस्क्रिया ॥ १५३ ॥

किरीटे यस्य तथाभूतम् । दिनकरकिरणोद्दीप्तवस्त्राङ्गशोभम् दिनकरकिरणवदुद्दीप्तेन वस्त्रेणाङ्गे शोभा यस्य तथाभूतम् ॥ १४४ ॥ १४५ ॥

इष्ट्वा पूजयित्वा ॥ १४६ ॥ १४७ ॥

आचर्य विधाय ॥ १४८ ॥

तस्मै वास्तुदैत्याय ॥ १४९ ॥

अनेनैव क्रमेण ॥ १५० ॥

अत्र ग्रहयज्ञे ॥ १५१—१५३ ॥

संकल्पं विधिवत् कृत्वा वास्तुपूजनमाचरेत् ।
मण्डले कलशे वापि शालग्रामे यथामति ॥ १५४ ॥
ततः पूज्यो गणपतिर्ब्रह्मा वाणी हरी रमा ।
शिवो दुर्गा ग्रहाश्चापि पूज्या दिक्पतयस्तथा ॥ १५५ ॥
मातरौ वसवोऽष्टौ च ततः कार्या पितृक्रिया ।
प्राधान्यं वरुणस्यात्र स हि पूज्यो विशेषतः ॥ १५६ ॥
नानोपहारैर्वरुणमर्चयित्वा स्वशक्तितः ।
विधिवत् संस्कृते वह्नौ वारुणं होममाचरेत् ॥ १५७ ॥
पूजितेभ्यश्च देवेभ्यो दत्त्वा प्रत्येकमाहुतिम् ।
पूर्णाहुत्यन्तकृत्येन होमकर्म समापयेत् ॥ १५८ ॥
ततो ध्वजपताकास्रग्गन्धसिन्दूरचर्च्चितम् ।
उक्तप्रोक्षणमन्त्रेण प्रोक्षयेत् कूपमुत्तमम् ॥ १५९ ॥
ततः स्वकाममुद्दिश्य देवमुद्दिश्य वा नरः ।
सर्वभूतप्रीणनायोत्सृजेत् कूपजलाशयम् ॥ १६० ॥
कृताञ्जलिपुटो भूत्वा प्रार्थयेत् साधकाग्रणीः ।
सुप्रीयन्तां सर्वभूता नभोभूतोयवासिनः ॥ १६१ ॥
उत्सृष्टं सर्वभूतेभ्यो मयैतज्जलमुत्तमम् ।
तृप्यन्तु सर्वभूतानि स्नानपानावगाहनैः ॥ १६२ ॥
सामान्यं सर्वजीवेभ्यो मया दत्तमिदं जलम् ।
ये च केचिद्विपद्यन्ते स्वस्वकर्मविपाकतः ॥ १६३ ॥

कूपसंस्कारक्रममेवाह संकल्पमित्यादिभिः ॥ १५४ ॥ १५५ ॥
अत्र कूपसंस्कारे । सः वरुणः ॥ १५६--१६० ॥

तत्पापैर्न प्रलिप्येऽहं सफलास्तु मम क्रिया ।
ततस्तु दक्षिणां कृत्वा कृतशान्त्यादिकक्रियः ॥ १६४ ॥
ब्राह्मणान् भोजयेत् कौलान् दीनानपि बुभुक्षितान् ।
जलाशयप्रतिष्ठासु सर्वत्रैष क्रमः शिवे ॥ १६५ ॥
तड़ागादौ च कर्तव्या नागस्तम्भजलेचराः ॥ १६६ ॥
मीनमण्डूकमकरकूर्माश्च जलजन्तवः ।
कार्या धातुमयाश्चैते कर्तृवित्तानुसारतः ॥ १६७ ॥
मत्स्यौ स्वर्णमयौ कुर्यात् मण्डूकावपि हेमजौ ।
राजतौ मकरौ कूर्ममिथुनं ताम्ररिन्तिकम् ॥ १६८ ॥
एतैर्जलचरैः सार्धं तड़ागमपि दीर्घिकाम् ।
सागरञ्च समुत्सृज्य प्रार्थयन्नागमर्चयेत् ॥ १६९ ॥

ननु साधकाग्रणीः किं प्रार्थयेदित्याकाङ्क्षायामाह सुप्रीयन्तामित्यादिभिः ॥ १६१-१६५ ॥

तड़ागादिप्रतिष्ठायां यो विशेषस्तमाह तड़ागादौ चेत्यादिभिः । तड़ागादौ संस्कार्ये सति नागस्तम्भो जलेचराश्च कर्तव्याः ॥ १६६ ॥

ननु किं द्रव्यमयाः के वा जलजन्तवः कर्तव्या इत्यपेक्षायामाह मीनमण्डूकेत्यादिना ॥ १६७ ॥

ननु किं धातुमयाः कति वा मीनादयो जलजन्तवो विधातव्या इत्याकाङ्क्षायामाह मत्स्यौ स्वर्णमयावित्यादिना ॥ १६८ ॥

एतैरित्यादि । एतैर्मीनादिभिर्जलचरैः सार्धं तड़ागं दीर्घिकां सागरञ्चापि समुत्सृज्य नागं प्रार्थयन् सन अर्चयेत् ॥ १६९ ॥

अनन्तो वासुकिः पद्मो महापद्मश्च तक्षकः ।
कुलीरः कर्कटः शङ्खः पाथसां रक्षका इमे ॥ १७० ॥
इत्यष्टौ नागनामानि लिखित्वाऽश्वत्थपल्लवे ।
स्मृत्वा प्रणवगायत्र्यौ घटमध्ये विनिःक्षिपेत् ॥ १७१ ॥
चन्द्रार्कौ साक्षिणौ कृत्वा विलोड्यैकं समुद्धरेत् ।
तत्रोत्तिष्ठति यो नागस्तं कुर्यात्तोयरक्षकम् ॥ १७२ ॥
स्तम्भमेकं समानीय विंशहस्तमितं शुभम् ।
सरलं दारुजं तैलैरुक्षितञ्च हरिद्रया ॥ १७३ ॥
स्नापयेत्तीर्थतोयेन व्याहृत्या प्रणवेन च ।
तत्र ह्रीश्रीक्षमाशान्तिसहितं नागमर्चयेत् ॥ १७४ ॥

ननु कस्मिन् स्थाने कं वा नागमभ्यर्चयेत् किं वा प्रार्थयेदित्यपेक्षायामाह अनन्त इत्यादिना । इमेऽनन्तादयोऽष्टौ नागाः पाथसां जलानां रक्षका भवन्तीत्यन्वयः ॥ १७० ॥

इत्यष्टावित्यादि । इत्येतान्यनन्तादीन्यष्टौ नागनामान्यश्वत्थपल्लवे लिखित्वा प्रणवगायत्र्यौ स्मृत्वा घटमध्ये विनिःक्षिपेत् ॥ १७१ ॥

चन्द्रार्कावित्यादि । ततश्चन्द्रार्कौ साक्षिणौ कृत्वा लिखितनागनामान्यश्वत्थपल्लवानि विलोड्यैकं लिखितनागनामकमश्वत्थपल्लवं समुद्धरेत् । तत्र यो नाग उत्तिष्ठति तं नागं तोयरक्षकं कुर्यात् ॥ १७२ ॥

स्तम्भमित्यादि । विंशहस्तमितं विंशतिहस्तपरिमितं सरलमवक्रं दारुजं काष्ठसम्भवं तैलैर्हरिद्रया चोक्षितमभ्यक्तं शुभमेकं स्तम्भं समानीय व्याहृत्या प्रणवेन च तीर्थतोयेन स्नापयेत् । तत्र स्नापिते स्तम्भे ह्रीश्रीक्षमाशान्तिसहितं नागमर्चयेत् ॥ १७३ ॥ १७४ ॥

नाग त्वं विष्णुशय्याऽसि महादेवविभूषणम् ।
स्तम्भमेनमधिष्ठाय जलरक्षां कुरुष्व मे ॥ १७५ ॥
इति प्रार्थ्य ततो नागस्तम्भं मध्येजलाशयम् ।
समारोप्य तड़ागञ्च कर्ता कुर्यात् प्रदक्षिणम् ॥ १७६ ॥
यूपश्चेत् स्थापितः पूर्वं तदा नागं घटेऽर्चयन् ।
तज्जलं तत्र निःक्षिप्य शिष्टं कर्म समापयेत् ॥ १७७ ॥
एवं गृहप्रतिष्ठायां कृतसंकल्पको बुधः ।
वास्त्वादिवसुपूजान्तं पैत्रं कर्म च कूपवत् ॥ १७८ ॥
विधायाऽत्र विशेषेण यजेद्देवं प्रजापतिम् ।
प्राजापत्यञ्च हवनं कुर्यात् साधकसत्तमः ॥ १७९ ॥

नाग त्वमित्यादि । हे नाग त्वं विष्णुशय्याऽसि महादेवविभूषणञ्चाऽसि एनं स्तम्भमधिष्ठाय मे मम जलरक्षां कुरुष्व ॥ १७५ ॥

इतीत्यादि । इति नागं प्रार्थ्य ततो नागस्तम्भं मध्येजलाशयं जलाशयस्य मध्ये समारोप्य कर्ता तड़ागप्रदक्षिणं कुर्यात् । मध्ये जलाशयमिति "पारे मध्ये षष्ठ्या वा" इत्यनेनाव्ययीभावः ॥ १७६ ॥

यूप इत्यादि । चेद्यदि यूपो नागस्तम्भः पूर्वमेव स्थापितो भवेत् तदा नागं घटेऽर्चयन् कर्ता तज्जलं घटसम्बन्धिजलं तत्र तड़ागे निःक्षिप्य शिष्टमवशेषं कर्म समापयेत् ॥ १७७ ॥

एवं जलाशयप्रतिष्ठाविधानमुक्त्वाऽथ गृहप्रतिष्ठाविधानमाह एवं गृहप्रतिष्ठायामित्यादिभिः ॥ १७८ ॥

अत्र गृहसंस्कारे ॥ १७९ ॥

गृहं पूर्वोक्तमन्त्रेण प्रोक्ष्य गन्धादिनाऽर्चयन् ।
ईशानाभिमुखो भूत्वा प्रार्थयेद्विहिताञ्जलिः ॥ १८० ॥
प्रजापतिपते गेह पुष्पमाल्यादिभूषितः ।
अस्माकं शुभवासाय सर्वथा सुखदो भव ॥ १८१ ॥
ततस्तु दक्षिणां कृत्वा शान्त्याशीर्वादमाचरेत् ।
विप्रान् कुलीनान् दीनांश्च भोजयेदात्मशक्तितः ॥ १८२ ॥
अन्यार्थन्तु प्रतिष्ठा चेत् तद्वासायात्र योजयेत् ।
देवत्राकृतगेहस्य विधानं शृणु शैलजे ॥ १८३ ॥
इत्थं संस्कृत्य भवनं शङ्खतूर्यादिनिःस्वनैः ।
देवतासन्निधिं गत्वा प्रार्थयेद्विहिताञ्जलिः ॥ १८४ ॥
उत्तिष्ठ देवदेवेश भक्तानां वाञ्छितप्रद ।
आगत्य जन्मसाफल्यं कुरु मे करुणानिधे ॥ १८५ ॥

गृहमित्यादि । ततः पूर्वोक्तमन्त्रेण गृहं प्रोक्ष्याऽभिषिच्य गन्धादिना गृहमर्चयन् कर्ता ईशानाभिमुखो भूत्वा विहिताञ्जलिः सन् गृहं प्रार्थयेत् ॥१८०॥

गृहं प्रति प्रार्थनामेवाह प्रजापतिपते इत्याद्येकेन । प्रजापतिः पतिर्यस्य स प्रजापतिपतिः तत्सम्बोधने प्रजापतिपते इति ॥ १८१ ॥ १८२ ॥

अन्यार्थन्त्वित्यादि । चेद्यद्यन्यार्थं गृहस्य प्रतिष्ठा विधीयते तदाऽत्र गृहप्रतिष्ठायां कर्तव्ये संकल्पे तद्वासायेति योजयेत् । हे शैलजे पार्वति देवत्राकृतगेहस्य देवताधीनकृतगृहस्य दानस्य विधानं त्वं शृणु ॥ १८३ ॥

देवत्राकृतगेहदानविधानमेवाह इत्थमित्यादिभिः । इत्थं पूर्वोक्तविधानेन भवनं गृहं संस्कृत्य शङ्खतूर्यादिनिःस्वनैः सह देवतासन्निधिं गत्वा विहिताञ्जलिः सन् देवतां प्रार्थयेत् ॥ १८४ ॥

यत् प्रार्थयेत्तदाह उत्तिष्ठेत्यादिना ॥ १८५ ॥

इत्यभ्यर्थ्य गृहाभ्यर्णे देवमानीय साधकः ।
उपस्थाप्य गृहद्वारि पुरतो वाहनं न्यसेत् ॥ १८६ ॥
त्रिशूलमथवा चक्रं विन्यस्य भवनोपरि ।
रोपयेन्मन्दिरेशाने सपताकं ध्वजं सुधीः ॥ १८७ ॥
चन्द्रातपैः किङ्किणीभिः पुष्पस्रक्चूतपल्लवैः ।
शोभयित्वा गृहं सम्यक् छादयेद्दिव्यवाससा ॥ १८८ ॥
उत्तराभिमुखं देवं वक्ष्यमाणविधानतः ।
स्नापयेद्विहितैर्द्रव्यैस्तत्क्रमं वच्मि ते श्रृणु ॥ १८९ ॥
ऐँ ह्रीँ श्रीमिति मन्त्रान्ते मूलमन्त्रं समुच्चरन् ।
दुग्धेन स्नापयामि त्वां मातेव परिपालय ॥ १९० ॥
प्रोक्तबीजत्रयस्यान्ते तथा मूलं नियोजयन् ।
दध्ना त्वां स्नापयाम्यद्य भवतापहरो भव ॥ १९१ ॥

इतीत्यादि । साधको जन इत्यभ्यर्थ्य गृहाभ्यर्णे गृहसमीपे देवमानीय गृहद्वार्युपस्थाप्य च तस्य पुरतो वाहनं न्यसेत् स्थापयेत् ॥ १८६ ॥

त्रिशूलमित्यादि । सुधीर्जनो भवनोपरि त्रिशूलमथवा चक्रं विन्यस्य संस्थाप्य मन्दिरेशाने गृहेशानकोणे सपताकं पताकासहितं ध्वजं रोपयेत् ॥ १८७ ॥ १८८ ॥

तत्क्रमम् वक्ष्यमाणेन विधानेन विहितैः द्रव्यैर्देवस्नापनस्य क्रमम् ॥ १८९ ॥

तत्क्रममेवाह ऐँ ह्रीँ श्रीमित्यादिभिः । ऐँ ह्रीँ श्रीमिति मन्त्रान्ते मूलमन्त्रं समुच्चरन् तदन्ते च "दुग्धेन स्नापयामि त्वां मातेव परिपालय" इति समुच्चरन् कर्ता पूर्वं दुग्धेन देवं स्नापयेत् ॥ १९० ॥

प्रोक्तेत्यादि । ततः परं प्रोक्तबीजत्रयस्यान्ते तथैव मूलं मन्त्रं विनियोजयन् तदन्ते च "दध्ना त्वां स्नापयाम्यद्य भवतापहरो भव" इति समुच्चरन् कर्ता दध्ना देवं स्नापयेत् ॥ १९१ ॥

पुनर्बीजत्रयं मूलं सर्वानन्दकरेति च ।
मधुना स्नापितः प्रीतो मामानन्दमयं कुरु ॥ १९२ ॥
प्राग्वन्मूलं समुच्चार्य सावित्रीं प्रणवं स्मरन् ।
देवप्रियेण हविषा आयुःशुक्रेण तेजसा ।
स्नानं ते कल्पयामीश मामरोगं सदा कुरु ॥ १९३ ॥
तद्वन्मूलञ्च गायत्रीं व्याहृतिं समुदीरयन् ।
देवेश शर्करातोयैः स्नातो मे यच्छ वाञ्छितम् ॥ १९४ ॥
तथा मूलं समुच्चार्य गायत्रीं वारुणं मनुम् ।
विधात्रा निर्मितैर्दिव्यैः प्रियैः स्निग्धैरलौकिकैः ।
नारिकेलोदकैः स्नानं कल्पयामि नमोऽस्तु ते ॥ १९५ ॥

पुनरित्यादि । पुनः ऐँ ह्रीँ श्रीमिति बीजत्रयं समुच्चरन् तदन्ते मूलं मन्त्रं समुच्चरन् तदन्ते सर्वानन्दकरेति समुच्चरन् तदन्ते च "मधुना स्नापितः प्रीतो मामानन्दमयं कुरु" इति समुच्चरन् कर्ता मधुना देवं स्नापयेत् ॥ १९२ ॥

प्राग्वदित्यादि । प्राग्वदेव मूलं मन्त्रं समुच्चार्य ततः सावित्रीं गायत्रीं प्रणवमोङ्कारं च स्मरन् सन्

"देवप्रियेण हविषा आयुःशुक्रेण तेजसा ।
स्नानन्ते कल्पयामीश मामरोगं सदा कुरु" ॥

इति स्मरन् कर्ता घृतेन देवं स्नापयेत् । आयुःशुक्रेण आयुःशुक्रवर्धकेन तेजसा तेजोवर्धकेन ॥ १९३ ॥

तद्वदित्यादि । तद्वदेव मूलमन्त्रं गायत्रीं व्याहृतिञ्च समुदीरयन् ततो "देवेश शर्करातोयैः स्नातो मे यच्छ वाञ्छितम" इति च समुदीरयन् कर्ता शर्करातोयैर्देवं स्नापयेत् ॥ १९४ ॥

तथेत्यादि । तथैव मूलं मन्त्रं गायत्रीं वारुणं मनुं वमिति मन्त्रं च समुच्चार्य ततः

गायत्र्या मूलमन्त्रेण स्नापयेदिक्षुजै रसैः ॥ १९६ ॥
कामबीजं तथा तारं सावित्रीं मूलमीरयन् ।
कर्पूरागुरुकाश्मीरकस्तूरीचन्दनोदकैः ।
सुस्नातो भव सुप्रीतो भुक्तिमुक्ती प्रयच्छ मे ॥ १९७ ॥
इत्यष्टकलशैः स्नानं कारयित्वा जगत्पतिम् ।
गृहाभ्यन्तरमानीय स्थापयेदासनोपरि ॥ १९८ ॥
स्नापनार्हा न चेदर्चा तद्यन्त्रे वापि तन्मनौ ।
शालग्रामशिलायां वा स्नापयित्वा प्रपूजयेत् ॥ १९९ ॥

विधात्रा निर्मितैर्दिव्यैः प्रियैः स्निग्धैरलौकिकैः ।
नारिकेलोदकैः स्नानं कल्पयामि नमोऽस्तु ते" ॥

इति समुच्चरन् कर्ता नारिकेलजलैर्देवं स्नापयेत् ॥ १९५ ॥

ततो गायत्र्या मूलमन्त्रेण च इक्षुजैः रसैर्देवं स्नापयेत् ॥ १९६ ॥

कामबीजमित्यादि ।, कामबीजं क्लीमिति बीजं तथा तारमोंकारं सावित्रीं गायत्रीं मूलं मन्त्रं चेरयन्नुच्चरन् ततः

"कर्पूरागुरुकाश्मीरकस्तूरीचन्दनोदकैः ।
सुस्नातो भव सुप्रीतो भुक्तिमुक्ती प्रयच्छ मे" ॥

इति चोदीरयन् कर्ता कर्पूरादिवासितैर्जलैर्देवं स्नापयेत् । काश्मीरम् कुङ्कुमम् ॥ १९७ ॥

इतीत्यादि । इत्यनेनैव विधानेन क्रमेण चाष्टकलसैरष्टकलसपरिमितैर्दुग्धादिभिः स्नानं कारयित्वा गृहाभ्यन्तरमानीय च जगत्पतिं देवमासनोपरि स्थापयेत् ॥ १९८ ॥

स्नापनार्हेत्यादि । चेद्यद्यर्चा देवताप्रतिमा स्नापनार्हा स्नापनयोग्या न भवेत् तदा तद्यन्त्रे देवतायन्त्रे तन्मनौ तद्देवतामन्त्रे वा शालग्रामशिलायां वा स्नापयित्वा देवं प्रपूजयेत् ॥ १९९ ॥

अशक्तौ मूलमन्त्रेण स्नापयेच्छुद्धपाथसाम् ।
अष्टभिः कलशैर्यद्वा पञ्चभिः सप्तभिर्यथा ॥ २०० ॥
घटप्रमाणं प्रागेव कथितं चक्रपूजने ।
सर्वत्रागमकृत्येषु स एव विहितो घटः ॥ २०१ ॥
ततो यजेन्महादेवं स्वस्वपूजाविधानतः ।
तत्रोपचारान् वक्ष्यामि शृणु देवि परात्परे ॥ २०२ ॥
आसनं स्वागतं पाद्यमर्घ्यमाचमनीयकम् ।
मधुपर्कस्तथाचम्यं स्नानीयं वस्त्रभूषणे ॥ २०३ ॥
गन्धपुष्पे धूपदीपौ नैवेद्यं वन्दनं तथा ।
देवार्चनासु निर्दिष्टा उपचाराश्च षोडश ॥ २०४ ॥
पाद्यमर्घ्यञ्चाचमनं मधुपर्काचमौ तथा ।
गन्धादिपञ्चकं चैते उपचारा दश स्मृताः ॥ २०५ ॥
गन्धपुष्पे धूपदीपौ नैवेद्यञ्चापि कालिके ।
पञ्चोपचाराः कथिता देवतायाः प्रपूजने ॥ २०६ ॥

अशक्तावित्यादि । दुग्धादिभिः देवतायाः स्नापनेऽशक्तौ सत्यां मूलमन्त्रेण शुद्धपाथसां शुद्धानां जलानामष्टभिः सप्तभिः पञ्चभिर्वा कलशैर्यथावद्देवं स्नापयेत् ॥ २०० ॥ २०१ ॥

महादेवम् महान्तं देवम् । तत्र देवयजने ॥ २०२ ॥

उपचारानेवाह आसनमित्यादिभिः । निर्दिष्टाः कथिताः ॥२०३॥२०४॥

उपचारप्रकारभेदमाह पाद्येत्यादिद्वयेन । स्पष्टम् ॥ २०५ ॥ २०६ ॥

अस्त्रेणाऽर्घ्याम्भसा द्रव्यं प्रोक्ष्य धेनुं प्रदर्शयन् ।
सम्पूज्य गन्धपुष्पाभ्यां द्रव्याख्यानं समुल्लिखेत् ॥ २०७ ॥
वक्ष्यमाणमनुं स्मृत्वा मूलञ्च देवताभिधाम् ।
सचतुर्थीं समुच्चार्य त्यागार्थं वचनं पठेत् ॥ २०८ ॥
निवेदनविधिः प्रोक्तो देवे देयेषु वस्तुषु ।
अनेन विधिना विद्वान् द्रव्यं दद्याद्दिवौकसे ॥ २०९ ॥
आद्यार्चनविधौ पूर्वं पाद्यार्घ्यादिनिवेदनम् ।
अर्पणं कारणादीनां सर्वमेव प्रदर्शितम् ॥ २१० ॥
अनुक्तमन्त्रा ये तत्र तानेवात्र शृणु प्रिये ।
आसनाद्युपचाराणां प्रदाने विनियोजयेत् ॥ २११ ॥
सर्वभूतान्तरस्थाय सर्वभूतान्तरात्मने ।
कल्पयाम्युपवेशार्थमासनं ते नमो नमः ॥ २१२ ॥

अथासनादिसमर्पणविधिमाह अस्त्रेणेत्यादिद्वयेन । अस्त्रेण फडिति-मन्त्रेणार्घ्याम्भसाऽर्घ्यजलेन द्रव्यमासनादिकं प्रोक्ष्याऽभिषिच्य तदुपरि धेनुं मुद्रां प्रदर्शयन् साधको गन्धपुष्पाभ्यां द्रव्यं सम्पूज्य द्रव्याख्यानं द्रव्यनाम समुल्लिखेदुच्चारयेत् । वक्ष्यमाणं मनुं स्मृत्वा मूलं मन्त्रं सचतुर्थीं देवताभिधां च समुच्चार्य त्यागार्थं वचनं पठेत् ॥ २०७ ॥ २०८ ॥

दिवौकसे देवाय ॥ २०९–२११ ॥

आद्यार्चनविधावनुक्तान्मन्त्रानेव क्रमेणाह सर्वभूतान्तरस्थायेत्यादि । हे देव सर्वेषां भूतानामन्तरे तिष्ठतीति सर्वभूतान्तरस्थस्तस्मै सर्वभूतान्तरस्थाय । सर्वेषां भूतानामन्तरात्मने । ते तुभ्यमुपवेशार्थमासनं कल्पयामि समर्पयामि । ते तुभ्यं नमो नमोऽस्तु अनेन मन्त्रेण देवायाऽऽसनं दद्यात् ॥ २१२ ॥

उक्तक्रमेण देवेशि प्रदायाऽऽसनमुत्तमम् ।
कृताञ्जलिपुटो भूत्वा स्वागतं प्रार्थयेत्ततः ॥ २१३ ॥
देवाः स्वाभीष्टसिद्ध्यर्थं यस्य वाञ्छन्ति दर्शनम् ।
सुस्वागतं स्वागतं मे तस्मै ते परमात्मने ॥ २१४ ॥
अद्य मे सफलं जन्म जीवनं सफलाः क्रियाः ।
स्वागतं यत्त्वया तन्मे तपसां फलमागतम् ॥ २१५ ॥
देवमामन्त्र्य संप्रार्थ्य स्वागतप्रश्नमम्बिके ।
विहितं पाद्यमादाय मन्त्रमेनमुदीरयेत् ॥ २१६ ॥
यत्पादजलसंस्पर्शाच्छुद्धिमाप जगत्त्रयम् ।
तत्पादाब्जप्रोक्षणार्थं पाद्यन्ते कल्पयाम्यहम् ॥ २१७ ॥

उक्तेत्यादि । हे देवेशि उक्तक्रमेण देवायोत्तममासनं प्रदाय ततः कृताञ्जलिपुटो भूत्वा देवाः स्वाभीष्टसिद्ध्यर्थमित्यादिवचनद्वयमुदीरयन् अमुकदेव त्वया स्वागतं सुस्वागतमिति स्वागतं भक्त्या देवं प्रार्थयेत ॥ २१३ ॥

देवा इत्यादि । हे परमात्मन् यस्य भवतो दर्शनं देवा अपि स्वाभीष्टसिद्ध्यर्थं वाञ्छन्ति तेन त्वया मे मदर्थं स्वागतं सुस्वागतम् तस्मै परमात्मने ते तुभ्यं नमः ॥ २१४ ॥

अद्येत्यादि । हे देव यद्यतस्त्वया स्वागतं तत् ततो हेतोरद्य मे मम जन्म जीवनञ्च सफलं जातम् । क्रिया अपि सफला जाताः । मे मम तपसामपि फलमागतम् ॥ २१५ ॥

देवमित्यादि । हे अम्बिके देवमामन्त्र्य सम्बोध्य उक्तमन्त्रद्वयमुदीरयन् स्वागतप्रश्नं सम्प्रार्थ्य विहितं पाद्यमादाय गृहीत्वा एतं मन्त्रमुदीरयेद्वदेत् ॥ २१६ ॥

यं मन्त्रमुदीरयेत्तमाह यत्पादजलेति । हे परमेश्वर यत्पादजलसंस्पर्शाज्जगत्त्रयं शुद्धिमाप जगाम तत्पादाब्जप्रोक्षणार्थं ते तुभ्यं पाद्यमहं कल्पयामि समर्पयामि इमं मन्त्रमुदीर्य देवाय पाद्यं दद्यात् ॥ २१७ ॥

परमानन्दसन्दोहो जायते यत्प्रसादतः ।
तस्मै सर्वात्मभूताय आनन्दार्घ्यं समर्पये ॥ २१८ ॥
जातीलवङ्गकक्कोलैर्जलं केवलमेव वा ।
प्रोक्षितार्चितमादाय मन्त्रेणाऽनेन चार्पयेत् ॥ २१९ ॥
यदुच्छिष्टमुपस्पृष्टं शुद्धिमेत्यखिलं जगत् ।
तस्मै मुखारविन्दाय आचामं कल्पयामि ते ॥ २२० ॥
मधुपर्कं समादाय भक्त्याऽनेन समर्पयेत् ॥ २२१ ॥
तापत्रयविनाशार्थमखण्डानन्दहेतवे ।
मधुपर्कं ददाम्यद्य प्रसीद परमेश्वर ॥ २२२ ॥
अशुचिः शुचितामेति यत्स्पृष्टस्पर्शमात्रतः ।
तस्मिंस्ते वदनाम्भोजे पुनराचमनीयकम् ॥ २२३ ॥

परमानन्दसन्दोह इत्यादि । परमानन्दसन्दोहः परमानन्दसमूहः । अनेन मन्त्रेण देवायाऽर्घ्यं दद्यात् ॥ २१८ ॥

जातीत्यादि । प्रोक्षितमर्चितं च जातीलवङ्गकक्कोलैर्वासितं जलं केवलमेव वा जलमादायाऽनेन वक्ष्यमाणेन मन्त्रेण देवाय अर्पयेत् ॥ २१९ ॥

तमेव मन्त्रमाह यदुच्छिष्टमिति । एति प्राप्नोति । अनेन मन्त्रेणाऽऽचमनीयं देवतामुखे दद्यात् ॥ २२० ॥

ततो भक्त्या मधुपर्कं समादायाऽनेन वक्ष्यमाणेन मन्त्रेण देवाय समर्पयेत् ॥ २२१ ॥

तमेव मन्त्रमाह तापत्रयविनाशार्थमिति ॥ २२२ ॥

ततः अशुचिः शुचितामेतीत्यादिना मन्त्रेण पुनर्देवतामुखे आचमनीयं दद्यात् ॥ २२३ ॥

स्नानार्थं जलमादाय प्राग्वत् प्रोक्षितमर्चितम् ।
निधाय देवपुरतो मन्त्रमेनमुदीरयेत् ॥ २२४ ॥
यत्तेजसा जगद्व्याप्तं यतो जातमिदं जगत् ।
तस्मै ते जगदाधार स्नानार्थं तोयमर्पये ॥ २२५ ॥
स्नाने वस्त्रे च नैवेद्ये दद्यादाचमनीयकम् ।
अन्यद्रव्यप्रदानान्ते दद्यात्तोयं सकृत् सकृत् ॥ २२६ ॥
वस्त्रमानीय देवाग्रे शोधितं पूर्ववर्त्मना ।
धृत्वा कराभ्यामुत्तोल्य पठेदेनं मनुं सुधीः ॥ २२७ ॥
सर्वावरणहीनाय मायाप्रच्छन्नतेजसे ।
वाससी परिधानाय कल्पयामि नमोऽस्तु ते ॥ २२८ ॥
नानाभरणमादाय स्वर्णरौप्यादिनिर्मितम् ।
प्रोक्ष्याऽर्चयित्वा देवाय दद्यादेनं समुच्चरन् ॥ २२९ ॥
विश्वाभरणभूताय विश्वशोभैकयोनये ।
मायाविग्रहभूषार्थं भूषणानि समर्पये ॥ २३० ॥

स्नानार्थमित्यादि । ततः प्राग्वत् प्रोक्षितमर्चितं च स्नानार्थं जलमादाय देवपुरतो निधाय संस्थाप्य चैनं मन्त्रमुदीरयेत् ॥ २२४ ॥

यं मन्त्रमुदीरयेत्तमाह यत्तेजसा जगद्व्याप्तमिति । अनेन मन्त्रेण देवाय स्नानार्थं जलं दद्यात् ॥ २२५–२२७ ॥

यं मनुं पठेत् तमाह सर्वावरणहीनायेति । अनेन मन्त्रेण देवाय वस्त्रे दद्यात् ॥ २२८ ॥ २२९ ॥

यं मन्त्रं समुच्चरन् देवाय भूषणानि दद्यात् तमेव मन्त्रमाह विश्वाभरण-भूतायेति ॥ २३० ॥

गन्धतन्मात्रया सृष्टा येन गन्धधरा धरा ।
तस्मै परात्मने तुभ्यं परमं गन्धमर्पये ॥ २३१ ॥
पुष्पं मनोहरं रम्यं सुगन्धं देवनिर्मितम् ।
मया निवेदितं भक्त्या पुष्पमेतत् प्रगृह्यताम् ॥ २३२ ॥
वनस्पतिरसो दिव्यो गन्धाढ्यः सुमनोहरः ।
आघ्रेयः सर्वभूतानां धूपो घ्राणाय तेऽर्प्यते ॥ २३३ ॥
सुप्रकाशो महादीप्तः सर्वतस्तिमिरापहः ।
सबाह्याभ्यन्तरज्योतिर्दीपोऽयं प्रतिगृह्यताम् ॥ २३४ ॥
नैवेद्यं स्वादुसंयुक्तं नानाभक्ष्यसमन्वितम् ।
निवेदयामि भक्त्येदं जुषाण परमेश्वर ॥ २३५ ॥
पानार्थं सलिलं देव कर्पूरादिसुवासितम् ।
सर्वतृप्तिकरं स्वच्छमर्पयामि नमोऽस्तु ते ॥ २३६ ॥
ततः कर्पूरखदिरलवङ्गैलादिभिर्युतम् ।
ताम्बूलं पुनराचम्यं दत्त्वा वन्दनमाचरेत् ॥ २३७ ॥

गन्धतन्मात्रयेति । धरा पृथ्वी । अनेन मन्त्रेण देवाय गन्धं दद्यात् ॥ २३१ ॥

पुष्पमित्यादिना मन्त्रेण देवाय पुष्पं दद्यात् ॥ २३२ ॥

वनस्पतिरस इत्यादि । वनस्पतिरसः वृक्षविशेषरसः । अनेन मन्त्रेण देवाय धूपं दद्यात् ॥ २३३ ॥

सुप्रकाश इत्यादिमन्त्रेण देवाय दीपं दद्यात् ॥ २३४ ॥

नैवेद्यमित्यादिना देवाय नैवेद्यं दद्यात् ॥ २३५ ॥

उपचाराधारदाने साधारं द्रव्यमुल्लिखेत् ।
दद्याद्वा पृथगाधारं तत्तन्नाम समुच्चरन् ॥ २३८ ॥
इत्थमर्चितदेवाय दत्त्वा पुष्पाञ्जलित्रयम् ।
साच्छादनं गृहं प्रोक्ष्य पठेदेनं कृताञ्जलिः ॥ २३९ ॥
गेह त्वं सर्वलोकानां पूज्यः पुण्ययशःप्रदः ।
देवतास्थितिदानेषु सुमेरुसदृशो भव ॥ २४० ॥
त्वं कैलासश्च वैकुण्ठस्त्वं ब्रह्मभवनं गृह ।
यत् त्वया विधृतो देवस्तस्मात् त्वं सुरवन्दितः ॥ २४१ ॥
यस्य कुक्षौ जगत् सर्वं वरीवर्ति चराचरम् ।
मायाविधृतदेहस्य तस्य मूर्तेर्विधारणात् ॥ २४२ ॥
देवमातृसमस्त्वं हि सर्वतीर्थमयस्तथा ।
सर्वकामप्रदो भूत्वा शान्तिं मे कुरु ते नमः ॥ २४३ ॥
इत्यभ्यर्थ्य त्रिरभ्यर्च्य गृहं चक्रादिसंयुतम् ।
आत्मनः काममुद्दिश्य दद्याद्देवाय साधकः ॥ २४४ ॥

पानार्थं सलिलमित्यादिना कर्पूरादिसुवासितं पानार्थं जलं देवाय दद्यात् ॥ २३६–२३९ ॥

एनं कं पठेदित्याकाङ्क्षायामाह गेह त्वमित्यादि ॥ २४० ॥ २४१ ॥

कुक्षौ उदरे ॥ २४२ ॥ २४३ ॥

इतीत्यादि । इति गृहमभ्यर्थ्य त्रिस्त्रिवारमभ्यर्च्य च साधकश्चक्रादि-संयुतं गृहमात्मनः काममुद्दिश्य देवाय दद्यात् ॥ २४४ ॥

विश्वावासाय विश्वाय गृहं ते विनिवेदितम् ।
अङ्गीकुरु महेशान कृपया सन्निधीयताम् ॥ २४५ ॥
इत्युक्त्वाऽर्पितगेहाय देवाय दत्तदक्षिणः ।
शङ्खतूर्यादिघोषैस्तं स्थापयेद्वेदिकोपरि ॥ २४६ ॥
स्पृष्ट्वा देवपदद्वन्द्वं मूलमन्त्रं समुच्चरन् ।
स्थाँ स्थीँ स्थिरो भवेत्युक्त्वा वासस्ते कल्पितो मया ।
इति देवं स्थिरीकृत्य भवनं प्रार्थयेत् पुनः ॥ २४७ ॥
गृह देवनिवासाय सर्वथा प्रीतिदो भव ।
उत्सृष्टे त्वयि मे लोकाः स्थिराः सन्तु निरामयाः ॥ २४८ ॥
द्विसप्तातीतपुरुषान् द्विसप्तानागतानपि ।
मां च मे परिवारांश्च देवधाम्नि निवासय ॥ २४९ ॥
यजनात् सर्वयज्ञानां सर्वतीर्थनिषेवणात् ।
यत्फलं तत्फलं मेऽद्य जायतां त्वत्प्रसादतः ॥ २५० ॥

विश्वेत्यादि । विश्वावासाय विश्वमावासो गृहं यस्य स विश्वावासः तस्मै ॥ २४५ ॥

इतीत्यादि । इति प्रार्थनावाक्यं देवं प्रत्युक्त्वा अर्पितं दत्तं गेहं यस्मै सोऽर्पितगेहः तस्मै अर्पितगेहाय देवाय दत्तदक्षिणः सन् साधकः शङ्खतूर्यादिघोषैस्तं देवं वेदिकोपरि स्थापयेत् ॥ २४६ ॥

स्पृष्ट्वेत्यादि । ततो देवपदद्वन्द्वं स्पृष्ट्वा पूर्वं मूलं मन्त्रं समुच्चरन् ततः स्थाँ स्थीँ स्थिरो भव इत्युक्त्वा वासस्ते कल्पितो मयेति समुच्चरेत् । इत्यनेन मूलमन्त्रसंयुतेन स्थीँ स्थाँ स्थिरो भव वासस्ते कल्पितो मयेति मन्त्रेण देवं स्थिरीकृत्य पुनर्भवनं गृहं प्रार्थयेत् ॥ २४७ ॥

ननु भवनं प्रति किं प्रार्थयेदित्यपेक्षायामाह गृह देवनिवासायेत्यादिना । उत्सृष्टे दत्ते । निरामयाः उपद्रवशून्याः ॥ २४८–२५० ॥

यावत् वसुन्धरा तिष्ठेत् यावदेते धराधराः ।
यावद्दिवानिशानाथौ तावन्मे वर्त्ततां कुलम् ॥ २५१ ॥
इति प्राथ्र्य गृहं प्राज्ञः पुनर्देवं समर्चयन् ।
दर्पणाद्यन्यवस्तूनि ध्वजं चापि निवेदयेत् ॥ २५२ ॥
ततस्तु वाहनं दद्यात् यस्मिन् देवे यथोदितम् ।
शिवाय वृषभं दत्त्वा प्रार्थयेद्विहिताञ्जलिः ॥ २५३ ॥
वृषभ त्वं महाकायस्तीक्ष्णशृङ्गोऽरिघातकः ।
पृष्ठे वहसि देवेशं पूज्योऽसि त्रिदशैरपि ॥ २५४ ॥
क्षुरेषु सर्वतीर्थानि रोम्णि वेदाः सनातनाः ।
निगमागमतन्त्राणि दशनाग्रे वसन्ति ते ॥ २५५ ॥
त्वयि दत्ते महाभाग सुप्रीतः पार्वतीपतिः ।
वासं ददातु कैलासे त्वं मां पालय सर्वदा ॥ २५६ ॥
सिंहं दत्त्वा महादेव्यै गरुडं विष्णवे तथा ।
यथा स्तूयान्महेशानि तन्मे निगदतः शृणु ॥ २५७ ॥
सुरासुरनियुद्धेषु महाबलपराक्रमः ।
देवानां जयदो भीमो दनुजानां विनाशकृत् ॥ २५८ ॥

धराधराः पर्वताः ॥ २५१–२५३ ॥

ननु वृषभं प्रति किं प्रार्थयेदित्याकांक्षायामाह वृषभ त्वमित्यादि ॥ २५४ ॥

दशनाग्रे दन्ताग्रे ॥ २५५ ॥

सुप्रीतः भवतु इति शेषः ॥ २५६ ॥ २५७ ॥

सदा देवीप्रियोऽसि त्वं ब्रह्मविष्णुशिवप्रियः ।
देव्यै समर्पितो भक्त्या जहि शत्रून्नमोऽस्तु ते ॥ २५९ ॥
गरुत्मन् पतगश्रेष्ठ श्रीपतिप्रीतिदायक ।
वज्रचञ्चो तीक्ष्णनख तव पक्षा हिरण्मयाः ।
नमस्तेऽस्तु खगेन्द्राय पक्षिराज नमोऽस्तु ते ॥ २६० ॥
यथा करपुटेन त्वं संस्थितो विष्णुसन्निधौ ।
तथा मामरिदर्पघ्न विष्णोरग्रे निवासय ॥ २६१ ॥
त्वयि प्रीते जगन्नाथः प्रीतः सिद्धिं प्रयच्छति ॥ २६२ ॥
देवाय दत्तद्रव्याणां दद्याद्देवाय दक्षिणाम् ।
तथा कर्मफलञ्चापि भक्त्या तस्मै समर्पयेत् ।
नृत्यैर्गीतैश्च वादित्रैः सामात्यः सहबान्धवः ॥ २६३ ॥
वेश्मप्रदक्षिणं कृत्वा देवं नत्वाऽऽशयेद्द्विजान् ॥ २६४ ॥
देवागारप्रतिष्ठायां य एष कथितः क्रमः ।
आरामसेतुसंक्रामशाखिनामीरितोऽपि सः ॥ २६५ ॥
विशेषेणाऽत्र कृत्येषु पूज्यो विष्णुः सनातनः ।
पूजाहोमौ तथा सर्वं गृहदानविधानवत् ॥ २६६ ॥

सिंहस्तुतिमेव विदधाति सुरासुरेत्यादिभ्यां द्वाभ्याम् ॥२५८॥२५९॥

अथ गरुडस्तुतिं विदधाति गरुत्मन्नित्यादिभिस्त्रिभिः । गरुत्मन् गरुड़ । पतगश्रेष्ठ पक्षिश्रेष्ठ ॥ २६०–२६२ ॥

तस्मै देवाय ॥ २६३ ॥

अप्रतिष्ठितदेवाय नैव दद्यात् गृहादिकम् ।
अर्च्याऽप्रतिष्ठिते देवे पूजादानं विधीयते ॥ २६७ ॥
अथ तत्र श्रीमदाद्याप्रतिष्ठाक्रम उच्यते ।
येन प्रतिष्ठिता देवी तूर्णं यच्छति वाञ्छितम् ॥ २६८ ॥
तद्दिने साधकः प्रातः स्नातः शुचिरुदङ्मुखः ।
संकल्पं विधिवत् कृत्वा यजेद्वास्त्वीश्वरं ततः ॥ २६९ ॥
ग्रहदिक्पतिहेरम्बाद्यर्चनं पितृकर्म च ।
विधाय साधकैर्विप्रैः प्रतिमासन्निधिं व्रजेत् ॥ २७० ॥
प्रतिष्ठितगृहे यद्वा कुत्रचित् शोभनस्थले ।
आनीयाऽर्चामर्चयित्वा स्नापयेत् साधकोत्तमः ॥ २७१ ॥
भस्मना प्रथमं स्नानं ततो वल्मीकमृत्स्नया ।
वराहदन्तिदन्तोत्थमृत्तिकाभिस्ततः परम् ।
वेश्याद्वारमृदा चापि प्रद्युम्नहृदजातया ॥ २७२ ॥
ततः पञ्चकषायेण पञ्चपुष्पैस्त्रिपत्रकैः ।
कारयित्वा गन्धतैलैः स्नापयेत् प्रतिमां सुधीः ॥ २७३ ॥

आशयेत् भोजयेत् ॥ १६४–२६८ ॥

श्रीमदाद्याप्रतिष्ठाक्रममेवाह तद्दिने साधक इत्यादिभिः । तद्दिने श्रीमदाद्याप्रतिष्ठादिने ॥ २६९ ॥

हेरम्बो गणेशः ॥ २७० ॥

प्रतिष्ठितेत्यादि । ततः साधकोत्तमः प्रतिष्ठितगृहे कुत्रचिच्छोभनस्थाने वा अर्चां प्रतिमामानीयाऽर्चयित्वा च स्नापयेत् ॥ २७१ ॥

ननु केन द्रव्येण प्रतिमां स्नापयेदित्यपेक्षायामाह भस्मनेत्यादि ॥ २७२ ॥ २७३ ॥

वाट्यालबदरीजम्बुवकुलाः शाल्मलिस्तथा ।
एते निगदिताः स्नाने कषायाः पञ्च भूरुहाः ॥ २७४ ॥
करवीरं तथा जातीचम्पकं सरसीरुहम् ।
पाटलीकुसुमञ्चापि पञ्चपुष्पं प्रकीर्तितम् ॥ २७५ ॥
वर्वरातुलसीबिल्वं पत्रत्रयमुदाहृतम् ॥ २७६ ॥
एतेषु प्रोक्तद्रव्येषु जलयोगो विधीयते ।
पञ्चामृते गन्धतैले तोययोगं विवर्जयेत् ॥ २७७ ॥
सव्याहृतिं सप्रणवां गायत्रीं मूलमुच्चरन् ।
एतद्द्रव्यस्य तोयेन स्नापयामि नमो वदेत् ॥ २७८ ॥
ततः प्रागुक्तविधिना दुग्धाद्यैरष्टभिर्घटैः ।
कवोष्णसलिलैश्चापि स्नापयेत् प्रतिमां बुधः ॥ २७९ ॥
सितगोधूमचूर्णेन तिलकल्केन वा शिवाम् ।
शालीतण्डुलचूर्णेन मार्जयित्वा विरुक्षयेत् ॥ २८० ॥

ननु कैः पञ्चकषायैः कैः पञ्चपुष्पैस्त्रिपत्रकैश्च कैः प्रतिमां स्नापयेदित्याकाङ्क्षायामाह वाट्यालेत्यादि ॥ २७४–२७६ ॥

ननु केवलैर्भस्मादिभिः प्रतिमां स्नापयेज्जलसंयुक्तैर्वा इत्यपेक्षायामाह एतेष्वित्यादिना ॥ २७७ ॥

ननु केन मन्त्रेण भस्मादिभिः प्रतिमां स्नापयेदित्यपेक्षायामाह सव्याहृतिमित्यादिना । पूर्वं सव्याहृतिं सप्रणवां गायत्रीमुच्चरन् ततो मूलं मन्त्रमुच्चरन् तत एतद्द्रव्यस्य तोयेन स्नापयामि नम इति वदेत् । अनेनैव मन्त्रेण जलसंयुक्तैः भस्मादिभिः प्रतिमां स्नापयेत् ॥ २७८ ॥

तीर्थाम्भसामष्टघटैः स्नापयित्वा सुवाससा ।
सम्मार्जिताङ्गीं प्रतिमां पूजास्थानं समानयेत् ॥ २८१ ॥
अशक्तौ शुद्धतोयानां पञ्चविंशतिसंख्यकैः ।
कलशैः स्नापयेदर्चां भक्त्या साधकसत्तमः ॥ २८२ ॥
स्नाने स्नाने महादेव्याः शक्त्या पूजनमाचरेत् ।
ततो निवेश्य प्रतिमामासने सुपरिष्कृते ।
पाद्यार्घ्याद्यैरर्चयित्वा प्रार्थयेद्विहिताञ्जलिः ॥ २८३ ॥
नमस्ते प्रतिमे तुभ्यं विश्वकर्मविनिर्मिते ।
नमस्ते देवतावासे भक्ताभीष्टप्रदे नमः ॥ २८५ ॥
त्वयि सम्पूजयाम्याद्यां परमेशीं परात्पराम् ।
शिल्पदोषावशिष्टाङ्गं सम्पन्नं कुरु ते नमः ॥ २८६ ॥
ततस्तत्प्रतिमामूर्ध्नि पाणिं विन्यस्य वाग्यतः ।
अष्टोत्तरशतं मूलं जप्त्वा गात्राणि संस्पृशेत् ॥ २८७ ॥
षड़ङ्गमातृकान्यासं प्रतिमाङ्गे प्रविन्यसन् ।
षड्दीर्घभाजा मूलेन षड़ङ्गन्यासमाचरेत् ॥ २८८ ॥

कवोष्णसलिलैः ईषदुष्णैर्जलैः ॥ २७९–२८१ ॥

अर्चां प्रतिमाम् ॥ २८२–२८४ ॥

ननु प्रतिमां प्रति किं प्रार्थयेदित्यपेक्षायामाह नमस्ते प्रतिमे तुभ्य-मित्यादि ॥ २८५–२८७ ॥

षड़ङ्गेत्यादि । ततः पूर्वविधिना प्रतिमाङ्गे षड़ङ्गमातृकान्यासं प्रविन्यसन् साधकः षड्दीर्घभाजा मूलेन मन्त्रेणापि प्रतिमाङ्गे षड़ङ्गन्यासमाचरेत् कुर्यात् ॥ २८८ ॥

तारमायारमाद्यैश्च नमोऽन्तैर्बिन्दुसंयुतैः ।
अष्टवर्गैर्देवताङ्गे वर्णन्यासं प्रकल्पयेत् ॥ २८९ ॥
मुखे स्वरान् कवर्गञ्च कण्ठदेशे न्यसेत् बुधः ।
चवर्गमुदरे दक्षबाहौ टाद्यक्षराणि च ॥ २९० ॥
तवर्गञ्च वामबाहौ दक्षवामोरुयुग्मयोः ।
पवर्गञ्च यवर्गञ्च शवर्ग मस्तके न्यसेत् ॥ २९१ ॥
वर्णन्यासं विधायेत्थं तत्त्वन्यासं समाचरेत् ॥ २९२ ॥
पादयोः पृथिवीतत्त्वं तोयतत्त्वञ्च लिङ्गके ।
तेजस्तत्त्वं नाभिदेशे वायुतत्त्वं हृदम्बुजे ॥ २९३ ॥
आस्ये गगनतत्त्वञ्च चक्षुषो रूपतत्त्वकम् ।
घ्राणयोर्गन्धतत्त्वञ्च शब्दतत्त्वं श्रुतिद्वये ॥ २९४ ॥
जिह्वायां रसंतत्त्वञ्च स्पर्शतत्त्वं त्वचि न्यसेत् ।
मनस्तत्त्वं भ्रुवोर्मध्ये सहस्रदलपङ्कजे ॥ २९५ ॥
शिवतत्त्वं ज्ञानतत्त्वं परतत्त्वं तथोरसि ।
जीवप्रकृतितत्त्वे च विन्यसेत् साधकाग्रणीः ।
महत्तत्त्वमहङ्कारतत्त्वं सर्वाङ्गके क्रमात् ॥ २९६ ॥

तारेत्यादि । ततः तारमायारमाद्यैरोङ्कारह्रीँश्रीमाद्यैर्नमोऽन्तैर्बिन्दुसंयुतैरनुस्वारसहितैरष्टवर्गैर्देवताङ्गे वर्णन्यासं प्रकल्पयेत् कुर्यात् ॥ १८९ ॥

ननु कस्मिन् कस्मिन् देवताङ्गे कं कं वर्गं न्यसेदित्याकांक्षायामाह मुखे स्वरानित्यादि ॥ २९० ॥ २९१ ॥

ननु कस्मिन् कस्मिन् देवताङ्गे किं किं तत्त्वं न्यसेदित्यपेक्षायामाह पादयोः पृथिवीतत्त्वमित्यादि ॥ २९२–२९६ ॥

तारमायारमाद्येन ङे नमोऽन्तेन विन्यसेत् ॥ २९७ ॥
सबिन्दुमातृकावर्णपुटितं मूलमुच्चरन् ।
नमोऽन्तं मातृकास्थाने मन्त्रन्यासं प्रयोजयेत् ॥ २९८ ॥
सर्वयज्ञमयं तेजः सर्वभूतमयं वपुः ।
इयं ते कल्पिता मूर्त्तिरत्र त्वां स्थापयाम्यहम् ॥ २९९ ॥
ततः पूजाविधानेन ध्यानमावाहनादिकम् ।
प्राणप्रतिष्ठां सम्पाद्य पूजयेत् परदेवताम् ॥ ३०० ॥
देवगेहप्रदाने तु ये ये मन्त्राः समीरिताः ।
त एवात्र प्रयोक्तव्या मन्त्रलिङ्गेन पूजने ॥ ३०१ ॥
विधिवत् संस्कृते वह्नावर्चितेभ्योऽर्पिताहुतिः ।
आवाह्य देवीं सम्पूज्य जातकर्माणि साधयेत् ॥ ३०२ ॥
जातनाम्नी निष्क्रमणमन्नप्राशनमेव च ।
चूडोपनयनं चैते षट्संस्काराः शिवोदिताः ॥ ३०३ ॥
प्रणवं व्याहृतिं चैव गायत्रीं मूलमन्त्रकम् ।
सामन्त्रणाभिधानं ते जातकर्मादि नाम च ॥ ३०४ ॥

ननु केन मन्त्रेण पृथिवीतत्त्वादिकं पादादौ न्यसेदित्यपेक्षायामाह तारेत्यादि । तारमायारमाद्येन ओँ ह्रीँ श्रीमादिना ङे नमोऽन्तेन पृथिवीतत्त्वादिना मन्त्रेण पृथिवीतत्त्वादिकं पादादौ विन्यसेत् ॥ २९७ ॥

सबिन्द्वित्यादि । ततः सबिन्दुमातृकावर्णपुटितं सानुस्वारैर्मातृकावर्णैरादावन्ते च संयुक्तं नमोऽन्तं मूलं मन्त्रमुच्चरन् सन् मातृकास्थाने मन्त्रन्यासं प्रयोजयेत् विदध्यात् ॥ २९८ ॥

ततः सर्वयज्ञमयं तेज इत्यादिना देवीं प्रार्थयेत् । वपुः तवेति शेषः ॥ २९९–३०३ ॥

सम्पादयाम्यग्निकान्तां समुच्चार्य विधानवित् ।
पञ्चपञ्चाहुतीर्दद्यात् प्रतिसंस्कारकर्मणि ॥ ३०५ ॥
दत्तनाम्नाऽऽहुतिशतं मूलोच्चारणपूर्वकम् ।
देव्यै दत्त्वाऽऽहुतेरंशं प्रतिमामूर्ध्नि निःक्षिपेत् ॥ ३०६ ॥
प्रायश्चित्तादिभिः शेषं कर्म सम्पादयन् सुधीः ।
भोजयेत् साधकान् विप्रान् दीनानाथांश्च तोषयेत् ॥ ३०७ ॥
उक्तकर्मस्वशक्तश्चेत् पाथसां सप्तभिर्घटैः ।
स्नापयित्वाऽर्चयन् शक्त्या श्रावयेन्नाम देवताम् ॥ ३०८ ॥
इति ते श्रीमदाद्यायाः प्रतिष्ठा कथिता प्रिये ।
एवं दुर्गादिविद्यानां महेशादिदिवौकसाम् ॥ ३०९ ॥
चलतः शिवलिङ्गस्य प्रतिष्ठायामयं विधिः ।
प्रयोक्तव्यो विधानज्ञैर्मन्त्रनामोहपूर्वकम् ॥ ३१० ॥

इति श्रीमहानिर्वाणतन्त्रे सर्वतन्त्रोत्तमोत्तमे सर्वधर्मनिर्णयसारे श्रीमदाद्यासदाशिवसंवादे आद्याकालीप्रतिष्ठानुष्ठाने वास्तुग्रहयागजलाशयादिप्रतिष्ठादेवगृहदानादिसर्वदेवप्रतिष्ठाकथनं नाम त्रयोदशोल्लासः ।

ननु केन मन्त्रेण देव्या जातकर्मादि साधयेदित्यपेक्षायामाह प्रणवमित्यादि । पूर्वम् प्रणवमोङ्कारं ततो व्याहृतिं भूरादिं ततो गायत्रीं ततो मूलमन्त्रं ततः सामन्त्रणाभिधानम् आमन्त्रणसहितदेवीनाम ततस्ते इति पदं ततो जातकर्मादिनाम ततः सम्पादयामीति पदं ततोऽग्निकान्तां स्वाहेति पदं समुच्चार्य विधानवित् साधको देव्या जातकर्माणि साधयेदिति पूर्वेणान्वयो विधेयः ॥ ३०४–३१० ॥

इति श्रीमहानिर्वाणतन्त्रटीकायां त्रयोदशोल्लासः ।

चतुर्दशोल्लासः

श्रीदेव्युवाच ।

आद्यशक्तेरनुष्ठानात् कृपया भूरिसाधनम् ।
कथितं मे कृपानाथ तृप्ताऽस्मि तव भावतः ॥ १ ॥
सचलस्येशलिङ्गस्य प्रतिष्ठाविधिरीरितः ।
अचलस्य प्रतिष्ठायां किं फलं विधिरेव कः ॥ २ ॥
कथ्यतां जगतां नाथ सविशेषेण साम्प्रतम् ।
इदं हि परमं तत्त्वं प्रष्टुं वद वृणोमि कम् ॥ ३ ॥
त्वत्तः को वास्ति सर्वज्ञो दयालुः सर्वविद्विभुः ।
आशुतोषो दीननाथो ममाऽऽनन्दविबर्धनः ॥ ४ ॥

ओँ नमो ब्रह्मणे ।

एवं सकलदेवतानां सचलस्य शिवलिङ्गस्यापि प्रतिष्ठाया विधिं फलञ्च श्रुत्वेदानीमचलस्य शिवलिङ्गस्य प्रतिष्ठायाः फलं विधिं च श्रोतुमिच्छन्ती श्रीदेव्युवाच आद्यशक्तेरित्यादि । भावतः प्रीतितः ॥ १ ॥ २ ॥

परमकारुणिकमाशुतोषं सर्वज्ञमपरं कञ्चित् पृच्छ मां किं पुनः पुनः पृच्छसि तत्राह इदं हि परमं तत्त्वमित्यादि ॥ ३ ॥

सर्ववित् सर्वविचारकः ॥ ४ ॥

श्रीसदाशिव उवाच ।

शिवलिङ्गस्थापनस्य माहात्म्यं किं ब्रवीमि ते ।
यत्स्थापनान्महापापैर्मुक्तो याति परं पदम् ॥ ५ ॥
स्वर्णपूर्णमहीदानाद्वाजिमेधायुतार्जनात् ।
निस्तोये तोयकरणात् दीनार्तपरितोषणात् ॥ ६ ॥
यत् फलं लभते मर्त्यस्तस्मात् कोटिगुणं फलम् ।
शिवलिङ्गप्रतिष्ठायां लभते नात्र संशयः ॥ ७ ॥
लिङ्गरूपी महादेवो यत्र तिष्ठति कालिके ।
तत्र ब्रह्मा च विष्णुश्च सेन्द्रास्तिष्ठन्ति देवताः ॥ ८ ॥
सार्धत्रिकोटितीर्थानि दृष्टादृष्टानि यानि च ।
पुण्यक्षेत्राणि सर्वाणि वर्तन्ते शिवसान्निधौ ॥ ९ ॥
लिङ्गरूपधरं शम्भुं परितो दिग्विदिक्षु च ।
शतहस्तप्रमाणेन शिवक्षेत्रं प्रकीर्तितम् ॥ १० ॥
ईशक्षेत्रं महापुण्यं सर्वतीर्थोत्तमोत्तमम् ।
यत्राऽमरा विराजन्ते सर्वतीर्थानि सर्वदा ॥ ११ ॥
क्षणमात्रं शिवक्षेत्रे यो वसेद्भावतत्परः ।
स सर्वपापनिर्मुक्तो यात्यन्ते शङ्करालयम् ॥ १२ ॥

प्रथमतः शिवलिङ्गप्रतिष्ठायाः फलं श्रीसदाशिव उवाच शिवलिङ्गस्थापनस्येत्यादिभिः ॥ ५–९ ॥

परितः सर्वतः ॥ १०–१२ ॥

अत्र यत् क्रियते कर्म स्वल्पं वा बहुलं तथा ।
प्रभावाद्धूर्जटेस्तत्तत्कोटिकोटिगुणं भवेत् ॥ १३ ॥
यत्र तत्र कृतात् पापान्मुच्यते शिवसन्निधौ ।
शैवक्षेत्रे कृतं पापं वज्रलेपसमं प्रिये ॥ १४ ॥
पुरश्चर्यां जपं दानं श्राद्धं तर्पणमेव च ।
यत् करोति शिवक्षेत्रे तदनन्ताय कल्पते ॥ १५ ॥
पुरश्चर्याशतं कृत्वा ग्रहे शशिदिनेशयोः ।
यत् फलं तदवाप्नोति सकृज्जप्त्वा शिवान्तिके ॥ १६ ॥
गयागङ्गाप्रयागेषु कोटिपिण्डप्रदो नरः ।
यत् प्राप्नोति तदत्रैव सकृत् पिण्डप्रदानतः ॥ १७ ॥
अतिपातकिनो ये च महापातकिनश्च ये ।
शैवतीर्थे कृतश्राद्धास्तेऽपि यान्ति परां गतिम् ॥ १८ ॥
लिङ्गरूपी जगन्नाथो वेद्यां श्रीदुर्गया सह ।
यत्रास्ति तत्र तिष्ठन्ति भुवनानि चतुर्दश ॥ १९ ॥
स्थापितेशस्य माहात्म्यं किञ्चिदेतत् प्रकाशितम् ।
अनादिभूतभूतेशमहिमा वागगोचरः ॥ २० ॥
महापीठे तवाऽर्चायामस्पृश्यस्पर्शदूषणम् ।
विद्यते विद्यते नैतल्लिङ्गरूपधरे हरे ॥ २१ ॥

अत्र शिवक्षेत्रे । धूर्जटेः शिवस्य ॥ १३–१५ ॥

ग्रहे ग्रहणे ॥ १६ ॥ १७ ॥

यथा चक्रार्च्चने देवि कोऽपि दोषो न विद्यते ।
शिवक्षेत्रे महातीर्थे तथा जानीहि कालिके ॥ २२ ॥
बहुनात्र किमुक्तेन तवाग्रे सत्यमुच्यते ।
प्रभावः शिवलिङ्गस्य मया वक्तुं न शक्यते ॥ २३ ॥
अयुक्तवेदिकं लिङ्गं युक्तं वेदिकयाऽपि वा ।
साधकः पूजयेद्भक्त्या स्वाभीष्टफलसिद्धये ॥ २४ ॥
प्रतिष्ठापूर्वसायाह्ने देवतां योऽधिवासयेत् ।
सोऽश्वमेधायुतफलं लभते साधकोत्तमः ॥ २५ ॥
मही गन्धः शिला धान्यं दूर्वा पुष्पं फलं दधि ।
घृतं स्वस्तिकसिन्दूरं शङ्खकज्जलरोचनाः ॥ २६ ॥
सिद्धार्थं काञ्चनं रौप्यं ताम्रं दीपश्च दर्पणम् ।
अधिवासविधौ विंशद्द्रव्याण्येतानि योजयेत् ॥ २७ ॥
प्रत्येकं द्रव्यमादाय मायया ब्रह्मविद्यया ।
अनेनाऽमुष्यपदतः शुभमस्त्वधिवासनम् ॥ २८ ॥

कृतं श्राद्धं येषां ते कृतश्राद्धाः ॥ १८–२४ ॥

अथाचलस्य शिवलिङ्गस्य प्रतिष्ठाया विधिमाह प्रतिष्ठापूर्वसायाह्ने इत्यादिभिः ॥ २५ ॥

ननु केन केन वस्तुना देवतामधिवासयेदित्याकाङ्क्षायामाह महीत्यादि सिद्धार्थः धवलसर्षपः ॥ २६ ॥ २७ ॥

ननु केन विधिना देवतामधिवासयेदित्याकाङ्क्षायाभाह प्रत्येकमित्यादि। प्रत्येकमह्यादिद्रव्यमादाय गृहीत्वा मायया ह्रीँ बीजेन विशिष्टया ब्रह्मविद्यया

इति स्पृशेत् साध्यभालं मह्याद्यैः सर्ववस्तुभिः ।
ततः प्रशस्तिपात्रेण त्रिधैवमधिवासयेत् ॥ २९ ॥
अनेन विधिना देवमधिवास्य विधानवित् ।
गृहदानविधानेन दुग्धाद्यैः स्नापयेत्ततः ॥ ३० ॥
सम्मार्ज्य वाससा लिङ्गं स्थापयित्वाऽऽसनोपरि ।
पूजानुष्ठानविधिना गणेशादीन् समर्चयेत् ॥ ३१ ॥
प्रणवेन करन्यासौ प्राणायामं विधाय च ।
ध्यायेत् सदाशिवं शान्तं चन्द्रकोटिसमप्रभम् ॥ ३२ ॥
व्याघ्रचर्मपरीधानं नागयज्ञोपवीतिनम् ।
विभूतिलिप्तसर्वाङ्गं नागालङ्कारभूषितम् ॥ ३३ ॥
धूम्रपीतारुणश्वेतरक्तैः पञ्चभिराननैः ।
युक्तं त्रिनयनं बिभ्रज्जटाजूटधरं विभुम् ॥ ३४ ॥
गङ्गाधरं दशभुजं शशिशोभितमस्तकम् ।
कपालं पावकं पाशं पिनाकं परशुं करैः ॥ ३५ ॥
वामैर्दधानं दक्षैश्च शूलं वज्राङ्कुशं शरम् ।
वरञ्च बिभ्रतं सर्वैर्देवैर्मुनिवरैः स्तुतम् ॥ ३६ ॥

गायत्र्या संयुक्तेन अनेन द्रव्येण अमुष्य दैवतस्य शुभमधिवासनमस्तु इति मन्त्रेण मह्याद्यैः सर्ववस्तुभिः साध्यस्य देवस्य भालं स्पृशेत् । ततःपरं प्रशस्तिपात्रेण त्रिधा त्रिवारमेवं विधिना देवमधिवासयेत् ॥ २८–३२ ॥

बिभ्रत बिभ्रतम् । 'सुपां सुलुक्' इत्यमो लुक् ॥ ३३–३५ ॥

बिभ्रतं दधतम् ॥ ३६ ॥

परमानन्दसन्दोहोल्लसत्कुटिललोचनम् ।
हिमकुन्देन्दुसङ्काशं वृषासनविराजितम् ॥ ३७ ॥
परितः सिद्धगन्धर्वैरप्सरोभिरहर्निशम् ।
गीयमानमुमाकान्तमेकान्तशरणप्रियम् ॥ ३८ ॥
इति ध्यात्वा महेशानं मानसैरुपचारकैः ।
संपूज्याऽऽवाह्य तल्लिङ्गे यजेच्छक्त्या विधानतः ॥ ३९ ॥
आसनाद्युपचाराणां दाने मन्त्राः पुरोदिताः ।
मूलमत्र मनुं वक्ष्ये महेशस्य महात्मनः ॥ ४० ॥
माया तारः शब्दबीजं सन्ध्यर्णान्ताक्षरान्वितम् ।
अर्धेन्दुबिन्दुभूषाढ्यं शिवबीजं प्रकीर्तितम् ॥ ४१ ॥
सुगन्धिपुष्पमाल्येन वाससाऽऽच्छाद्य शङ्करम् ।
निवेश्य दिव्यशय्यायां देवीमेवं विशोधयेत् ॥ ४२ ॥
वेद्यां प्रपूजयेद्देवीमेवमेव विधानतः ।
माययाऽत्र करन्यासौ प्राणायामं समाचरेत् ॥ ४३ ॥

परमानन्दसन्दोहोल्लसत्कुटिललोचनम् परमानन्दसन्दोहेनोल्लसन्ति कुटिलानि च लोचनानि यस्य तथाभूतम् । सन्दोहः समूहः ॥ ३७–४० ॥

महेशस्य मूलमन्त्रमेवाह मायेत्यादिना । पूर्वं माया ह्रीँ बीजमुच्येत ततस्तारः प्रणवो वाच्यः । ततः सन्ध्यर्णान्ताक्षरान्वितं सन्ध्यक्षरान्ताक्षरसंयुक्तम् अर्धेन्दुबिन्दुभूषाढ्यञ्च शब्दबीजं हकाररूपमक्षरं वाच्यम् । सकलपदयोजनया ह्रीँ ओँ ह्रौँ इति शिवबीजं प्रकीर्तितम् ॥ ४१ ॥ ४२ ॥

मायया ह्रीँ बीजेन ॥ ४३ ॥

उद्यद्भानुसहस्रकान्तिममलां वह्न्यर्कचन्द्रेक्षणाम्
मुक्तायन्वितहेमकुण्डललसत्स्मेराननाम्भोरुहाम् ।
हस्ताब्जैरभयं वरञ्च दधतीं चक्रं तथाब्जं दधत्
पीनोत्तुङ्गपयोधरां भयहरां पीताम्बरां चिन्तये ॥ ४४ ॥
इति ध्यात्वा महादेवीं पूजयेन्निजशक्तितः ।
ततस्तु दश दिक्पालान् वृषभञ्च समर्चयेत् ॥ ४५ ॥
भगवत्या मनुं वक्ष्ये येनाऽऽराध्या जगन्मयी ॥ ४६ ॥
मायां लक्ष्मीं समुच्चार्य थान्तं षष्ठस्वरान्वितम् ।
बिन्दुयुक्तं तदन्ते च योजयेद्वह्निवल्लभाम् ॥ ४७ ॥

अथ महादेव्या ध्यानमेवाहैकेन उद्यद्भान्वित्यादिना। महादेवीमहं चिन्तये । कथम्भूतां महादेवीम् उद्यद्भानुसहस्रकान्तिम् उद्यतां भानूनां सूर्याणां सहस्रस्येव कान्तिर्दीप्तिर्यस्याः तथाभूताम् । पुनः कीदृशीम् अमलां निर्मलाम् । पुनः कीदृशीम् वह्न्यर्कचन्द्रेक्षणाम् वह्न्यर्कचन्द्राः ईक्षणानि लोचनानि यस्यास्तथाभूताम् । पुनः कीदृशीम् मुक्तायन्त्रितहेमकुण्डल-लसत्स्मेराननाम्भोरुहाम् मुक्ताभिर्यन्त्रिताभ्यां सम्बद्धाभ्यां हेमकुण्डलाभ्यां लसद्दीप्यमानं स्मेरमीषद्धसनशीलम् आननाम्भोरुहं मुखपद्मं यस्याः तथाभूताम् । पुनः कीदृशीम् हस्ताब्जैः पाणिकमलैः अभयं वरं चक्रं तथा सुगन्धादिकं दधदब्जं कमलं च दधतीम् । पुनः कीदृशीम् पीनोत्तुङ्गपयोधराम् पीनौ महान्तावुत्तुङ्गावुन्नतौ पयोधरौ स्तनौ यस्यास्तथाभूताम् । पुनः कीदृशीम् भयहराम् भयहन्त्रीम् । पुनः कीदृशीम् पीताम्बराम् पीतमम्बरं वस्त्रं यस्यास्तथाभूताम् ॥ ४४–४६ ॥

भगवत्या मन्त्रमेवाह मायामित्यादिना । मायां ह्रीँ बीजं लक्ष्मीं श्रीँ बीजं च समुच्चार्य ततः षष्ठस्वरान्वितं बिन्दुयुक्तं च थान्तं वर्णं समुच्चार्य

पूर्ववत् स्थापयन् देवीं सर्वदेवबलिं हरेत् ।
दधियुक्तमाषभक्तं शर्करादिसमन्वितम् ॥ ४८ ॥
ऐशान्यां बलिमादाय वारुणेन विशोधयेत् ।
संपूज्य गन्धपुष्पाभ्यां मन्त्रेणानेन चार्पयेत् ॥ ४९ ॥
सर्वे देवाः सिद्धगणा गन्धर्वोरगराक्षसाः ।
पिशाचा मातरो यक्षा भूताश्च पितरस्तथा ॥ ५० ॥
ऋषयो येऽन्यदेवाश्च बलिं गृह्णन्तु संयताः ।
परिवार्य महादेवं तिष्ठन्तु गिरिजामपि ॥ ५१ ॥
ततो जपेन्महादेव्या मन्त्रमेनं यथेप्सितम् ।
गीतवाद्यादिभिः सद्भिर्विदध्यान्मङ्गलक्रियाम् ॥ ५२ ॥
अधिवासं विधायेत्थं परेऽह्नि विहितक्रियः ।
संकल्पं विधिवत् कृत्वा पञ्च देवान् प्रपूजयेत् ॥ ५३ ॥

तदन्ते वह्निवल्लभां योजयेत् । सकलपदयोजनया ह्रीँ श्रीँ हूँ स्वाहेति मन्त्रो जातः । थान्तमित्यत्र सान्तमिति वाक्वचित् ॥ ४७ ॥

पूर्ववदित्यादि । ततः पूर्ववत् शिवलिङ्गवत् सुगन्धिपुष्पमाल्येन वाससा चाऽऽच्छाद्य दिव्यशय्यायां देवीं स्थापयन् सन् दधियुक्तं शर्करादिसमन्वितं च माषभक्तं सर्वदेवबलिं हरेद्दद्यात् ॥ ४८ ॥

ननु केन विधिना सर्वदेवबलिं दद्यादित्याकाङ्क्षायामाह ऐशान्यामित्यादि । वारुणेन वमिति मन्त्रेण ॥ ४९ ॥

सर्वदेवबलिसमर्पणमन्त्रमेवाह सर्वे देवाः सिद्धगणा इत्यादिकम् ॥ ५० ॥ ॥ ५१ ॥

एनं ह्रीँ श्रीँ हूँ स्वाहेतीमम् ॥ ५२ ॥

मातृपूजां वसोर्धारां वृद्धिश्राद्धं समाचरन् ।
महेशद्वारपालांश्च यजेत् भक्त्या समाहितः ॥ ५४ ॥
नन्दी महाबलः कीशवदनो गणनायकः ।
द्वारपालाः शिवस्यैते सर्वे शस्त्रास्त्रपाणयः ॥ ५५ ॥
ततो लिङ्गं समानीय वेदीरूपां च तारिणीम् ।
मण्डले सर्वतोभद्रे स्थापयेद्वा शुभासने ॥ ५६ ॥
अष्टभिः कलशैः शम्भुं मनुना त्र्यम्बकेन च ।
स्नापयित्वाऽर्चयेत् भक्त्या षोड़शैरुपचारकैः ॥ ५७ ॥
वेदीं च मूलमन्त्रेण तद्वत् संस्थाप्य पूजयन् ।
कृताञ्जलिपुटः साधुः प्रार्थयेत् शङ्करं शिवम् ॥ ५८ ॥
आगच्छ भगवन् शम्भो सर्वदेवनमस्कृत ।
पिनाकपाणे सर्वेश महादेव नमोऽस्तु ते ॥ ५९ ॥
आगच्छ मन्दिरे देव भक्तानुग्रहकारक ।
भगवत्या सहाऽऽगच्छ कृपां कुरु नमो नमः ॥ ६० ॥
मातर्देवि महामाये सर्वकल्याणकारिणि ।
प्रसीद शम्भुना सार्धं नमस्तेऽस्तु हरप्रिये ॥ ६१ ॥

पञ्च देवान् ब्रह्मादीन् ॥ ५३ ॥ ५४ ॥

सम्पूज्यान्महेशद्वारपालानाह नन्दीत्यादिनैकेन ॥ ५५ ॥ ५६ ॥

मनुना ह्रीँ ओँ हौँ इति मन्त्रेण । त्र्यम्बकेन त्र्यम्बकं यजामहे इत्यादिना मन्त्रेण ॥ ५७ ॥

मूलमन्त्रेण ह्रीँ श्रीँ क्रूँ स्वाहेति मन्त्रेण । वेदीमित्यत्र देवीमितिवा क्वचित् ॥ ५८ ॥

आयाहि वरदे देवि भवनेऽस्मिन् वरप्रदे ।
प्रीता भव महेशानि सर्वसम्पत्करी भव ॥ ६२ ॥
उत्तिष्ठ देवदेवेशि स्वैः स्वैः परिकरैः सह ।
सुखं निवसतां गेहे प्रीयेतां भक्तवत्सलौ ॥ ६३ ॥
इति प्रार्थ्य शिवं देवीं मङ्गलध्वनिपूर्वकम् ।
प्रदक्षिणं त्रिधा वेश्म कारयित्वा प्रवेशयेत् ॥ ६४ ॥
पाषाणखनिते गर्ते इष्टकारचितेऽपि वा ।
अधस्त्रिभागलिङ्गस्य रोपयेन्मूलमुच्चरन् ॥ ६५ ॥
यावच्चन्द्रश्च सूर्यश्च यावत् पृथ्वी च सागराः ।
तावदत्र महादेव स्थिरो भव नमोऽस्तु ते ॥ ६६ ॥
मन्त्रेणानेन सुदृढं कारयित्वा सदाशिवम् ।
उत्तराग्रां तत्र वेदीं मूलेनैव प्रवेशयेत् ॥ ६७ ॥
स्थिरा भव जगद्धात्रि सृष्टिस्थित्यन्तकारिणि ।
यावद्दिवानिशानाथौ तावदत्र स्थिरा भव ॥ ६८ ॥

ननु शङ्करं शिवाञ्च प्रति किं प्रार्थयेदित्यपेक्षायामाह आगच्छ भगवन् शम्भो इत्यादि ॥ ५९–६४ ॥

पाषाणेत्यादि । ततो मूलं मन्त्रमुच्चरन् साधकः पाषाणे खनिते इष्टकारचितेऽपि वा गर्ते लिङ्गस्याऽधस्त्रिभागमधो रोपयेत् ॥ ६५ ॥ ६६ ॥

मन्त्रेणेत्यादि । अनेन यावच्चन्द्रश्च सूर्यश्चेत्यादिना मन्त्रेण सदाशिवं सुदृढं कारयित्वा मूलेनैव मन्त्रेण तत्र सदाशिवे वेदीं प्रवेशयेत् ॥ ६७ ॥ ६८ ॥

अनेन सुदृढीकृत्य लिङ्गं स्पृष्ट्वा पठेदिमम् ॥ ६९ ॥
व्याघ्रा भूताः पिशाचाश्च गन्धर्वाः सिद्धचारणाः ।
यक्षा नागाश्च वेतालाः लोकपाला महर्षयः ॥ ७० ॥
मातरो गणनाथाश्च विष्णुर्ब्रह्मा बृहस्पतिः ।
यस्य सिंहासने युक्ता भूचराः खेचरास्तथा ॥ ७१ ॥
आवाहयामि तं देवं त्र्यक्षमीशानमव्ययम् ।
आगच्छ भगवन्नत्र ब्रह्मनिर्मितयन्त्रके ॥ ७२ ॥
ध्रुवाय भव सर्वेषां शुभाय च सुखाय च ।
ततो देवप्रतिष्ठोक्तविधिना स्नापयन् शिवम् ॥ ७३ ॥
प्राग्वद्ध्यात्वा मानसोपचारैः सम्पूजयेत् प्रिये ।
विशेषमर्घ्यं संस्थाप्य समर्च्य गणदेवताः ।
पुनर्ध्यात्वा महेशानं पुष्पं लिङ्गोपरि न्यसेत् ॥ ७४ ॥
पाशाङ्कुशपुटा शक्तिर्यादिसान्ताः सबिन्दुकाः ।
हौँ हंस इति मन्त्रेण तत्र प्राणान् निवेशयेत् ।
चन्दनागुरुकाश्मीरैर्विलिप्य गिरिजापतिम् ॥ ७५ ॥
यजेत् प्रागुक्तविधिना षोड़शैरुपचारकैः ।
जातनामादिसंस्कारान् कृत्वा पूर्वविधानवत् ॥ ७६ ॥

सुदृढ़ीकृत्य वेदीमिति शेषः ॥ ६९ ॥

इमं कं पठेदित्याकाङ्क्षायामाह व्याघ्रभूता इत्यादीत्यादि ॥७०–७४॥

पाशेत्यादि । पाशाङ्कुशपुटा पाशाङ्कुशाभ्याम् आँ क्रोँ बीजाभ्यां पुट आद्यन्तयोः संयोगो यस्यास्तथाभूता शक्तिः ह्रीँ बीजं पूर्वमुच्येत । ततः

समाप्य सर्वं विधिवत् वेद्यां देवीं महेश्वरीम् ।
अभ्यर्च्य तत्र देवस्य मूर्तीरष्टौ प्रपूजयेत् ॥ ७७ ॥
शर्वः क्षितिः समुद्दिष्टा भवो जलमुदाहृता ।
रुद्रोऽग्निरुग्रो वायुः स्याद् भीम आकाशशब्दितः ॥ ७८ ॥
पशोः पतिर्यजमानो महादेवः सुधाकरः ।
ईशानः सूर्य इत्येते मूर्तयोऽष्टौ प्रकीर्तिताः ॥ ७९ ॥
प्रणवादिनमोऽन्तेन प्रत्येकाह्वानपूर्वकम् ।
पूर्वादीशानपर्यन्तमष्ट मूर्तीः क्रमाद्यजेत् ॥ ८० ॥
इन्द्रादिदिक्पतीनिष्ट्वा ब्राह्मयाद्याश्चाऽष्टमातृकाः ।
वृषं वितानं गेहादि दद्यादीशाय साधकः ॥ ८१ ॥
ततः कृताञ्जलिर्भक्त्या प्रार्थयेत् पार्वतीपतिम् ॥ ८२ ॥

सबिन्दुकाः सानुस्वारा यादिसान्ता वर्णा वक्तव्याः । ततो हौँ हंसः इत्युच्येत । योजनया आँ ह्रीँ क्रोँ यं रं लं वं शं षं सं हौँ हंसः इति मन्त्रो जातः । इत्यनेन मन्त्रेण प्रागुक्तविधानेन तत्र लिङ्गे प्राणान्निवेशयेत् ॥ ७५ ॥ ७६ ॥

तत्र वेद्यामेव ॥ ७७ ॥

महादेवस्य प्रपूज्या अष्टौ मूर्तीराह शर्वः क्षितिरित्यादिभ्यां द्वाभ्याम् ॥ ७८ ॥ ७९ ॥

ननु केन विधिना महादेवस्याष्टौ मूर्तीः प्रपूजयेदित्यपेक्षायामाह प्रणवादीत्यादि । प्रणवादिनमोऽन्तेन नाममन्त्रेण । पूर्वात् पूर्वमारभ्य । यथा शर्व क्षितिमूर्ते इहागच्छ इह तिष्ठ इह सन्निधेहि मम पूजां गृहाणेत्याहूय ओँ शर्वाय क्षितिमूर्तये नम इति मन्त्रेण वेद्यां पूर्वदेशे गन्धपुष्पादिभिः शर्वं क्षितिमूर्तिं यजेत् । एवमेवाऽऽग्नेयादिषु क्रमतोऽन्या अपि सप्त मूर्तीर्यजेत् ॥ ८० ॥

इष्ट्वा पूजयित्वा ॥ ८१ ॥ ८२ ॥

गृहेऽस्मिन् करुणासिन्धो स्थापितोऽसि मया प्रभो ।
प्रसीद भगवन् शम्भो सर्वकारणकारण ॥ ८३ ॥
यावत् ससागरा पृथ्वी यावत् शशिदिवाकरौ ।
तावदस्मिन् गृहे तिष्ठ नमस्ते परमेश्वर ॥ ८४ ॥
गृहेऽस्मिन् यस्य कस्यापि जीवस्य मरणं भवेत् ।
न तत्पापैः प्रलिप्येऽहं प्रसादात्तव धूर्जटे ॥ ८५ ॥
ततः प्रदक्षिणीकृत्य नमस्कृत्य गृहं व्रजेत् ।
प्रभाते पुनरागत्य स्नापयेच्चन्द्रशेखरम् ॥ ८६ ॥
शुद्धैः पञ्चामृतैः स्नानं प्रथमं प्रतिपादयेत् ।
ततः सुगन्धितोयानां कलशैः शतसंख्यकैः ॥ ८७ ॥
संपूज्य तं यथाशक्त्या प्रार्थयेत् भक्तिभावतः ॥ ८८ ॥
विधिहीनं क्रियाहीनं भक्तिहीनं यदर्चितम् ।
सम्पूर्णमस्तु तत् सर्वं त्वत्प्रसादादुमापते ॥ ८९ ॥
यावच्चन्द्रश्च सूर्यश्च यावत् पृथ्वी च सागराः ।
तावन्मे कीर्तिरतुला लोके तिष्ठतु सर्वदा ॥ ९० ॥
नमस्त्र्यक्षाय रुद्राय पिनाकवरधारिणे ।
विष्णुब्रह्मेन्द्रसूर्याद्यैरर्च्चिताय नमो नमः ॥ ९१ ॥

ननु पार्वतीपतिं किं प्रार्थयेदित्याकाङ्क्षायामाह गृहेऽस्मिन् करुणासिन्धो इत्यादि ॥ ८३–८६ ॥

ननु केन द्रव्येण शिवं स्नापयेदित्यपेक्षायामाह शुद्धैरित्यादि ॥ ८७ ॥

तम् शिवम् ॥ ८८ ॥

ततस्तु दक्षिणां दत्त्वा भोजयेत् कौलिकान् द्विजान् ।
भक्ष्यैः पेयैश्च वासोभिर्दरिद्रान् परितोषयेत् ॥ ९२ ॥
प्रत्यहं पूजयेद्देवं यथाविभवमात्मनः ।
स्थावरं शिवलिङ्गं तु न कदापि विचालयेत् ॥ ९३ ॥
अचलस्येशलिङ्गस्य प्रतिष्ठा कथितेति ते ।
सङ्क्षेपात् परमेशानि सर्वागमसमुद्धृता ॥ ९४ ॥

श्रीदेव्युवाच ।

यद्यकस्माद्देवतानां पूजाबाधो भवेद्विभो ।
विधेयं तत्र किं भक्तैस्तन्मे कथय तत्त्वतः ॥ ९५ ॥
अपूजनीया कैर्दोषैर्भवेयुर्देवमूर्तयः ।
त्याज्या वा केन दोषेण तदुपायश्च भण्यताम् ॥ ९६ ॥

श्रीसदाशिव उवाच ।

एकाहमर्चनाबाधे द्विगुणं देवमर्चयेत् ।
दिनद्वये तद्द्विगुणं तद्द्वैगुण्यं दिनत्रये ॥ ९७ ॥
ततः षण्मासपर्यन्तं यदि पूजा न सम्भवेत् ।
तदाऽष्टकलशैर्देवं स्नापयित्वा यजेत् सुधीः ॥ ९८ ॥
षण्मासात् परतो देवं प्राक्संस्कारविधानतः ।
पुनः सुसंस्कृतं कृत्वा पूजयेत् साधकाग्रणीः ॥ ९९ ॥

ननु शिवं किं प्रार्थयेदित्याकाङ्क्षायामाह विधिहीनमित्यादि ॥८९–९४॥ श्रीदेव्युवाच यदीत्यादि । तत्र पूजाबाधे सति ॥ ९५ ॥ ९६ ॥ एवं प्रार्थितः सन् श्रीसदाशिव उवाच एकाहमर्चनाबाधे इत्यादि ॥ ९७–९९ ॥

खण्डितं स्फुटितं व्यङ्गं संस्पृष्टं कुष्ठरोगिणा ।
पतितं दुष्टभूम्यादौ न देवं पूजयेद्बुधः ॥ १०० ॥
हीनाङ्गं स्फुटितं भग्नं देवं तोये विसर्जयेत् ।
स्पर्शादिदोषदुष्टं तु संस्कृत्य पुनरर्चयेत् ॥ १०१ ॥
महापीठेऽनादिलिङ्गे सर्वदोषविवर्जिते ।
सर्वदा पूजयेत्तत्र स्वं स्वमिष्टं सुखाप्तये ॥ १०२ ॥
यद्यत्पृष्टं महामाये नृणां कर्मानुजीविनाम् ।
निःश्रेयसाय तत् सर्वं सविशेषं प्रकीर्तितम् ॥ १०३ ॥
विना कर्म न तिष्ठन्ति क्षणार्धमपि देहिनः ।
अनिच्छन्तोऽपि विवशाः कृष्यन्ते कर्मवायुना ॥ १०४ ॥
कर्मणा सुखमश्नन्ति दुःखमश्नन्ति कर्मणा ।
जायन्ते च प्रलीयन्ते वर्तन्ते कर्मणो वशात् ॥ १०५ ॥
अतो बहुविधं कर्म कथितं साधनान्वितम् ।
प्रवृत्तयेऽल्पबोधानां दुश्चेष्टितनिवृत्तये ॥ १०६ ॥
यतो हि कर्म द्विविधं शुभञ्चाऽशुभमेव च ।
अशुभात् कर्मणो यान्ति प्राणिनस्तीव्रयातनाम् ॥ १०७ ॥
कर्मणोऽपि शुभाद्देवि फलेष्वासक्तचेतसः ।
प्रयान्त्यायान्त्यमुत्रेह कर्मशृङ्खलयन्त्रिताः ॥ १०८ ॥

व्यङ्गम् विगताङ्गम् ॥ १००–१०७ ॥

एवं नानाविधानि सुखप्रापकानि प्रचुरसाधनसंयुक्तानि कर्माणि व्याहृत्येदानीं ब्रह्मज्ञानेनैव लोका मुक्तिमधिगच्छेयुर्नतु कर्मभिरिति व्याहर्तुमुप-

यावन्न क्षीयते कर्म शुभं वाऽशुभमेव वा ।
तावन्न जायते मोक्षो नृणां कल्पशतैरपि ॥ १०९ ॥
यथा लौहमयैः पाशैः पाशैः स्वर्णमयैरपि ।
तथा बद्धो भवेज्जीवः कर्मभिश्चाऽशुभैः शुभैः ॥ ११० ॥
कुर्वाणः सततं कर्म कृत्वा कष्टशतान्यपि ।
तावन्न लभते मोक्षं यावत् ज्ञानं न विन्दति ॥ १११ ॥
ज्ञानं तत्त्वविचारेण निष्कामेणापि कर्मणा ।
जायते क्षीणतमसां विदुषां निर्मलात्मनाम् ॥ ११२ ॥
ब्रह्मादितृणपर्यन्तं मायया कल्पितं जगत् ।
सत्यमेकं परं ब्रह्म विदित्वैवं सुखी भवेत् ११३ ॥
विहाय नामरूपाणि नित्ये ब्रह्मणि निश्चले ।
परिनिश्चिततत्त्वो यः स मुक्तः कर्मबन्धनात् ॥ ११४ ॥

क्रमते कर्मणोऽपि शुभादित्यादि । हे देवि शुभादपि कर्मणो हेतोः फलेष्वासक्तचेतसो जनाः कर्मशृङ्खलयन्त्रिताः कर्मरूपेण निगडेन बद्धाः सन्तो लोकादस्मादमुत्र परलोके प्रयान्ति तस्माच्च लोकात् पुनरिहाऽऽयान्ति मुक्तिभाजिनस्तु न भवन्तीत्यर्थः ॥ १०८–११० ॥

न विन्दति न लभते ॥ १११ ॥

ननु मोक्षैकसाधनं ज्ञानं कथमुत्पद्यते तत्राह ज्ञानमित्यादि । तत्त्वविचारेण ब्रह्मणो विचारेण क्षीणतमसाम् क्षीणाज्ञानरूपान्धकाराणाम् । निर्मलात्मनां विमलान्तःकरणानाम् ॥ ११२ ॥ ११३ ॥

न मुक्तिर्जपनाद्धोमादुपवासशतैरपि ।
ब्रह्मैवाऽहमिति ज्ञात्वा मुक्तो भवति देहभृत् ॥ ११५ ॥
आत्मा साक्षी विभुः पूर्णः सत्योऽद्वैतः परात्परः ।
देहस्थोऽपि न देहस्थो ज्ञात्वैवं मुक्तिभाग् भवेत् ॥ ११६ ॥
बालक्रीड़नवत् सर्वं रूपनामादिकल्पनम् ।
विहाय ब्रह्मनिष्ठो यः स मुक्तो नाऽत्र संशयः ॥ ११७ ॥
मनसा कल्पिता मूर्तिर्नृणां चेन्मोक्षसाधनी ।
स्वप्नलब्धेन राज्येन राजानो मानवास्तदा ॥ ११८ ॥
मृच्छिलाधातुदार्वादिमूर्तावीश्वरबुद्धयः ।
क्लिश्यन्तस्तपसा ज्ञानं विना मोक्षं न यान्ति ते ॥ ११९ ॥
आहारसंयमक्लिष्टा यथेष्टाहारतुन्दिलाः ।
ब्रह्मज्ञानविहीनाश्चेन्निष्कृतिं ते व्रजन्ति किम् ॥ १२० ॥
वायुपर्णकणातोयव्रतिनो मोक्षभागिनः ।
सन्ति चेत् पन्नगा मुक्ताः पशुपक्षिजलेचराः ॥ १२१ ॥

विहायेत्यादि । नित्ये अविनाशिनि निश्चले पूर्वरूपापरित्यागिनि परिनिश्चितं सम्यक् निर्णीतं तत्त्वं याथार्थ्यं येन स परिनिश्चिततत्त्वः ॥ ११४ ॥ ११५ ॥

आत्मेत्यादि । साक्षी शुभाशुभद्रष्टा । विभुः व्यापकः । पूर्णः अखण्डरूपः । अद्वैतः स्वजातीयविजातीयस्वगतभेदशून्यः ॥ ११६–११८ ॥

तपसा कृच्छ्रचान्द्रायणादिना ॥ ११९ ॥

निष्कृतिम् निस्तारम् । व्रजन्ति प्राप्नुवन्ति ॥ १२० ॥ १२१ ॥

उत्तमो ब्रह्मसद्भावो ध्यानभावस्तु मध्यमः ।
स्तुतिर्जपोऽधमो भावो बहिः पूजाऽधमाधमा ॥ १२२ ॥
योगो जीवात्मनोरैक्यं पूजनं सेवकेशयोः ।
सर्वं ब्रह्मेति विदुषो न योगो न च पूजनम् ॥ १२३ ॥
ब्रह्मज्ञानं परं ज्ञानं यस्य चित्ते विराजते ।
किं तस्य जपयज्ञाद्यैस्तपोभिर्नियमव्रतैः ॥ १२४ ॥
सत्यं विज्ञानमानन्दमेकं ब्रह्मेति पश्यतः ।
स्वभावात् ब्रह्मभूतस्य किं पूजा ध्यानधारणा ॥ १२५ ॥
न पापं नैव सुकृतं न स्वर्गो न पुनर्भवः ।
नापि ध्येयो न वा ध्याता सर्वं ब्रह्मेति जानतः ॥ १२६ ॥
अयमात्मा सदा मुक्तो निर्लिप्तः सर्ववस्तुषु ।
किं तस्य बन्धनं कस्मान्मुक्तिमिच्छन्ति दुर्धियः ॥ १२७ ॥

उत्तम इत्यादि । ब्रह्मैव सत् तद्भिन्नं सर्वमसदित्युत्तमो भावः । उत्तमं भजनं भवतीत्येवमन्वयः । ध्यानभावः ध्यानरूपं भजनम् ॥ १२२ ॥

योग इत्यादि । सर्वं ब्रह्मैव भवतीति विदुषो जानतो जनस्य जीवात्मनोरैक्यमेव योगो भवति । सेवकेशयोः सेवकेश्वरयोरैक्यमेव पूजनं भवति । तद्भिन्नो योगो नास्ति । तद्भिन्नं पूजनमपि नास्ति तस्य ॥ १२३ ॥ १२४ ॥

सत्यमित्यादि । विज्ञानं विज्ञानस्वरूपम् । एकम् अद्वैतम् । धारणा चित्तवृत्तिनिरोधः ॥ १२५ ॥

न पुनर्भवः न पुनरुत्पत्तिः ॥ १२६ ॥

निर्लिप्तः अनासक्तः ॥ १२७ ॥

स्वमायारचितं विश्वमवितर्क्यं सुरैरपि ।
स्वयं विराजते तत्र ह्यप्रविष्टः प्रविष्टवत् ॥ १२८ ॥
बहिरन्तर्यथाऽऽकाशं सर्वेषामेव वस्तुनाम् ।
तथैव भाति सद्रूपो ह्यात्मा साक्षी स्वरूपतः ॥ १२९ ॥
न बाल्यमस्ति वृद्धत्वं नात्मनो यौवनं जनुः ।
सदैकरूपश्चिन्मात्रो विकारपरिवर्जितः ॥ १३० ॥
जन्मयौवनवार्धक्यं देहस्यैव न चाऽऽत्मनः ।
पश्यन्तोऽपि न पश्यन्ति मायाप्रावृतबुद्धयः ॥ १३१ ॥
यथा शरावतोयस्थं रविं पश्यत्यनेकधा ।
तथैव मायया देहे बहुधाऽऽत्मानमीक्षते ॥ १३२ ॥
यथा सलिलचाञ्चल्यं मन्यन्ते तद्गते विधौ ।
तथैव बुद्धेश्चाञ्चल्यं पश्यन्त्यात्मन्यकोविदाः ॥ १३३ ॥
घटस्थं यादृशं व्योम घटे भग्नेऽपि तादृशम् ।
नष्टे देहे तथैवात्मा समरूपो विराजते ॥ १३४ ॥

नन्वात्मनो देहरूपं बन्धनमस्त्येव कथमुच्यते अयमात्मा सदामुक्त इत्यादि तत्राह स्वमायेत्यादि । अवितर्क्यम् अनूहनीयम् ॥ १२८ ॥ १२९ ॥

जनुः जन्म । आत्मनो बालत्वादेरभावे हेतूनाह सदैकरूप इत्याद्यर्धेन ॥ १३० ॥

तर्हि कस्य जन्मादिकं भवति तत्राह जन्मेत्यादि ॥ १३१ ॥

ननु तत्तद्देहस्थित आत्मा नानारूपः प्रतीयते कथमुच्यते सदैकरूप इति तत्राह यथेत्यादि ॥ १३२ ॥

आत्मज्ञानमिदं देवि परं मोक्षैकसाधनम् ।
जानन्निहैव मुक्तः स्यात् सत्यं सत्यं न संशयः ॥ १३५ ॥
न कर्मणा विमुक्तः स्यान्न सन्तत्या धनेन वा ।
आत्मनाऽऽत्मानमाज्ञाय मुक्तो भवति मानवः ॥ १३६ ॥
प्रियो ह्यात्मैव सर्वेषां नात्मनोऽस्त्यपरं प्रियम् ।
लोकेऽस्मिन्नात्मसम्बन्धात् भवन्त्यन्ये प्रियाः शिवे ॥ १३७ ॥
ज्ञानं ज्ञेयं तथा ज्ञाता त्रितयं भाति मायया ।
विचार्यमाणे त्रितये आत्मैवैकोऽवशिष्यते ॥ १३८ ॥
ज्ञानमात्मैव चिद्रूपो ज्ञेयमात्मैव चिन्मयः ।
विज्ञाता स्वयमेवात्मा यो जानाति स आत्मवित् ॥ १३९ ॥
एतत्ते कथितं ज्ञानं साक्षान्निर्वाणकारणम् ।
चतुर्विधावधूतानामेतदेव परं धनम् ॥ १४० ॥

श्रीदेव्युवाच ।

द्विविधावाश्रमौ प्रोक्तौ गार्हस्थो भैक्षुकस्तथा ।
किमिदं श्रूयते चित्रमवधूताश्चतुर्विधाः ॥ १४१ ॥
श्रुत्वा वेदितुमिच्छामि तत्त्वतः कथय प्रभो ।
चतुर्विधावधूतानां लक्षणं सविशेषतः ॥ १४२ ॥

तद्गते विधौ सलिलगते चन्द्रे । अकोविदाः अविद्वांसः ॥१३३–१४०॥

चतुर्विधानामवधूतानां लक्षणं विज्ञातुमिच्छन्ती श्रीदेव्युवाच द्विविधावित्यादि ॥ १४१ ॥ १४२ ॥

श्रीसदाशिव उवाच ।

ब्रह्ममन्त्रोपासका ये ब्राह्मणक्षत्रियादयः ।
गृहाश्रमे वसन्तोऽपि ज्ञेयास्ते यतयः प्रिये ॥ १४३ ॥
पूर्णाभिषेकविधिना संस्कृता ये च मानवाः ।
शैवावधूतास्ते ज्ञेयाः पूजनीयाः कुलार्च्चिते ॥ १४४ ॥
ब्राह्मावधूताः शैवाश्च स्वाश्रमाचारवर्तिनः ।
विदध्युः सर्वकर्माणि मदुदीरितवर्त्मना ॥ १४५ ॥
विना ब्रह्मार्पितं चैते तथा चक्रार्पितं विना ।
निषिद्धमन्नं तोयञ्च न गृह्णीयुः कदाचन ॥ १४६ ॥
ब्राह्मावधूतकौलानां कौलानामभिषेकिणाम् ।
प्रागेव कथितो धर्म आचारश्च वरानने ॥ १४७ ॥
स्नानं सन्ध्याऽशनं पानं दानं च दाररक्षणम् ।
सर्वमागममार्गेण शैवब्राह्मावधूतयोः ॥ १४८ ॥
उक्तावधूतो द्विविधः पूर्णापूर्णविभेदतः ।
पूर्णः परमहंसाख्यः परिव्राडपरः प्रिये ॥ १४९ ॥
कृतावधूतसंस्कारो यदि स्यात् ज्ञानदुर्बलः ।
तदा लोकालये तिष्ठन्नात्मानं स तु शोधयेत् ॥ १५० ॥

श्रीदेव्यैवं प्रार्थितः सन् श्रीसदाशिव उवाच ब्रह्ममन्त्रोपासका य इत्यादि ॥ १४३ ॥ १४४ ॥

विदध्युः कुर्युः ॥ १४५–१४८ ॥

अपरः अपूर्णः ॥ १४९–१५३ ॥

रक्षन् स्वजातिचिह्नञ्च कुर्वन् कर्माणि कौलवत् ।
सदा ब्रह्मपरो भूत्वा साधयेत् ज्ञानमुत्तमम् ॥ १५१ ॥
ओँ तत्सन्मन्त्रमुच्चार्य सोऽहमस्मीति चिन्तयन् ।
कुर्यादात्मोचितं कर्म सदा वैराग्यमाश्रितः ॥ १५२ ॥
कुर्वन् कर्माण्यनासक्तो नलिनीदलनीरवत् ।
यतेताऽऽत्मानमुद्धर्तुं तत्त्वज्ञानविवेकतः ॥ १५३ ॥
ओँ तत्सदिति मन्त्रेण यो यत् कर्म समाचरेत् ।
गृहस्थो वाऽप्युदासीनस्तस्याऽभीष्टाय तद् भवेत् ॥ १५४ ॥
जपो होमः प्रतिष्ठा च संस्काराद्यखिलाः क्रियाः ।
ओँ तत्सन्मन्त्रनिष्पन्नाः सम्पूर्णाः स्युर्न संशयः ॥ १५५ ॥
किमन्यैर्बहुभिर्मन्त्रैः किमन्यैर्भूरिसाधनैः ।
ब्राह्मयेणानेन मन्त्रेण सर्वकर्माणि साधयेत् ॥ १५६ ॥
सुखसाध्यमबाहुल्यं सम्पूर्णफलदायकम् ।
नास्त्येतस्मान्महामन्त्रादुपायान्तरमम्बिके ॥ १५७ ॥
पुरः प्रदेशे देहे वा लिखित्वा धारयेदिमम् ।
गेहस्तस्य महातीर्थं देहः पुण्यमयो भवेत् ॥ १५८ ॥
निगमागमतन्त्राणां सारात्सारतरो मनुः ।
ओं तत्सदिति देवेशि तवाग्रे सत्यमीरितम् ॥ १५९ ॥

अथ ओँ तत्सदिति मन्त्रस्य माहात्म्यमाह ओँ तत्सदिति मन्त्रेणेत्यादिभिः । समाचरेत् कुर्यात् ॥ १५४–१५७ ॥

इमम् ओँ तत्सदिति मन्त्रम् ॥ १५८–१६० ॥

ब्रह्मविष्णुमहेशानां भित्त्वा तालुशिरःशिखाः ।
प्रादुर्भूतोऽयमों तत्सत् सर्वमन्त्रोत्तमोत्तमः ॥ १६० ॥
चतुर्विधानामन्नानामन्येषामपि वस्तुनाम् ।
मन्त्रान्यैः शोधनेनाऽलं स्याच्चेदेतेन शोधितम् ॥ १६१ ॥
पश्यन् सर्वत्र सद्रूपं जपंस्तत्सन्महामनुम् ।
स्वेच्छाचारः शुद्धचित्तः स एव भुवि कौलराट् ॥ १६२ ॥
जपादस्य भवेत् सिद्धो मुक्तः स्यादर्थचिन्तनात् ।
साक्षाद् ब्रह्मसमो देही सार्थमेनं जपन् मनुम् ॥ १६३ ॥
त्रिपदोऽयं महामन्त्रः सर्वकारणकारणम् ।
साधनादस्य मन्त्रस्य भवेन्मृत्युञ्जयः स्वयम् ॥ १६४ ॥
युग्मं युग्मपदं वापि प्रत्येकपदमेव वा ।
जप्त्वैतस्य महेशानि साधकः सिद्धिभाग् भवेत् ॥ १६५ ॥
शैवावधूतसंस्कारविधूताखिलकर्मणः ।
नापि दैवे न वा पित्रे नार्षे कृत्येऽधिकारिता ॥ १६६ ॥
चतुर्णामवधूतानां तुरीयो हंस उच्यते ।
त्रयोऽन्ये योगभोगाढ्या मुक्ताः सर्वे शिवोपमाः ॥ १६७ ॥
हंसो न कुर्यात् स्त्रीसङ्गं न वा धातुपरिग्रहम् ।
प्रारब्धमश्नन् विहरेन्निषेधविधिवर्जितः ॥ १६८ ॥

चतुर्विधानामित्यादि । चतुर्विधानाम् भक्ष्यचर्व्यलेह्यचोष्याणाम् ॥ १६१–१६७ ॥

अश्नन् भुञ्जानः ॥ १६८ ॥

त्यजेत् स्वजातिचिह्नानि कर्माणि गृहमेधिनाम् ।
तुरीयो विचरेत् क्षौणीं निःसङ्कल्पो निरुद्यमः ॥ १६९ ॥
सदात्मभावसन्तुष्टः शोकमोहविवर्जितः ।
निर्निकेतस्तितिक्षुः स्यान्निःशङ्को निरुपद्रवः ॥ १७० ॥
नाऽर्पणं भक्ष्यपेयानां न तस्य ध्यानधारणाः ।
मुक्तो विरक्तो निर्द्वन्द्वो हंसाचारपरो यतिः ॥ १७१ ॥
इति ते कथितं देवि चतुर्णां कुलयोगिनाम् ।
लक्षणं सविशेषेण साधूनां मत्स्वरूपिणाम् ॥ १७२ ॥
एतेषां दर्शनात् स्पर्शादालापात् परितोषणात् ।
सर्वतीर्थफलावाप्तिर्जायते मनुजन्मनाम् ॥ १७३ ॥
पृथिव्यां यानि तीर्थानि पुण्यक्षेत्राणि यानि च ।
कुलसन्न्यासिनां देहे सन्ति तानि सदा प्रिये ॥ १७४ ॥
ते धन्यास्ते कृतार्थाश्च ते पुण्यास्ते कृताध्वराः ।
यैरर्चिताः कुलद्रव्यैर्मानवैः कुलसाधवः ॥ १७५ ॥
अशुचिर्याति शुचितामस्पृश्यः स्पृश्यतामियात् ।
अभक्ष्यमपि भक्ष्यं स्यात् येषां संस्पर्शमात्रतः ॥ १७६ ॥

गृहमेधिनाम् गृहस्थानाम् । निरुद्यमः आत्मशरीरनिर्वाहार्थव्यापार-शून्यः ॥ १६९ ॥

सदात्मेत्यादि । भावः चिन्तनम् । निर्निकेतः नियतसततवासशून्यः । तितिक्षुः सहनशीलः ॥ १७०–१७२ ॥

अथावधूताना माहात्म्यमाह एतेषामित्यादिभिः ॥ १७३ ॥ १७४ ॥

कुलद्रव्यैः मद्यादिभिः ॥ १७५ ॥ १७६ ॥

किराताः पापिनः क्रूराः पुलिन्दा यवनाः खसाः ।
शुद्ध्यन्ति येषां संस्पर्शात्तान् विना कोऽन्यमर्च्चयेत् ॥ १७७ ॥
कुलतत्त्वैः कुलद्रव्यैः कौलिकान् कुलयोगिनः ।
येऽर्च्चयन्ति सकृद्भक्त्या तेऽपि पूज्या महीतले ॥ १७८ ॥
कौलधर्मात् परो धर्मो नास्त्येव कमलानने ।
अन्त्यजोऽपि यमाश्रित्य पूतः कौलपदं व्रजेत् ॥ १७९ ॥
करिपादे विलीयन्ते सर्वप्राणिपदा यथा ।
कुलधर्मे निमज्जन्ति सर्वे धर्मास्तथा प्रिये ॥ १८० ॥
अहो पुण्यतमाः कौलास्तीर्थरूपाः स्वयं प्रिये ।
ये पुनन्त्यात्मसम्बन्धान् म्लेच्छश्वपचपामरान् ॥ १८१ ॥
गङ्गायां पतिताम्भांसि यान्ति गाङ्गेयतां यथा ।
कुलाचारे विशन्तोऽपि सर्वे गच्छन्ति कौलताम् ॥ १८२ ॥
यथाऽर्णवगतं वारि न पृथग्भावमाप्नुयात् ।
तथा कुलाम्बुधौ मग्ना न भवेयुर्जनाः पृथक् ॥ १८३ ॥
विप्राद्यन्त्यजपर्यन्ता द्विपदा येऽत्र भूतले ।
ते सर्वेऽस्मिन् कुलाचारे भवेयुरधिकारिणः ॥ १८४ ॥

पुलिन्दाः चाण्डालविशेषाः । खसाः सङ्कर जातिविषेषाः । यदुक्तम् ।
झल्लो मल्लश्च राजन्यो व्रात्यो लिच्छविरेव च ।
नटश्च करणश्चैव खसो द्राविड एव च ॥ इति ॥ १७७ ॥
कुलतत्त्वैः मांसादिभिः । कुलद्रव्यैः मद्यैः ॥ १७८–१८६ ॥

आहूताः कुलधर्मेऽस्मिन् ये भवन्ति पराङ्मुखाः ।
सर्वधर्मपरिभ्रष्टास्ते गच्छन्त्यधमां गतिम् ॥ १८५ ॥
प्रार्थयन्ति कुलाचारं ये केचिदपि मानवाः ।
तान् वञ्चयन् कुलीनोऽपि रौरवं नरकं व्रजेत् ॥ १८६ ॥
चाण्डालं यवनं नीचं मत्वा स्त्रियमवज्ञया ।
कौलं न कुर्यात् यः कौलः सोऽधमो यात्यधोगतिम् ॥ १८७ ॥
शताभिषेकात् यत् पुण्यं पुरश्चर्याशतैरपि ।
तस्मात् कोटिगुणं पुण्यमेकस्मिन् कौलिके कृते ॥ १८८ ॥
ये ये वर्णाः क्षितौ सन्ति यद्यद्धर्ममुपाश्रिताः ।
कौला भवन्तस्ते पाशैर्मुक्ता यान्ति परं पदम् ॥ १८९ ॥
शैवधर्माश्रिताः कौलाः तीर्थरूपाः शिवात्मकाः ।
स्नेहेन श्रद्धया प्रेम्णा पूज्या मान्याः परस्परम् ॥ १९० ॥
बहुनाऽत्र किमुक्तेन तवाग्रे सत्यमुच्यते ।
भवाब्धितरणे सेतुः कुलधर्मो हि नापरः ॥ १९१ ॥
छिद्यन्ते संशयाः सर्वे क्षीयन्ते पापसञ्चयाः ।
दह्यन्ते कर्मजालानि कुलधर्मनिषेवणात् ॥ १९२ ॥
सत्यव्रता ब्रह्मनिष्ठाः कृपयाऽऽहूय मानवाने ।
पावयन्ति कुलाचारैस्ते ज्ञेयाः कौलिकोत्तमाः ॥ १९३ ॥
इति ते कथितं देवि सर्वधर्मविनिर्णयम् ।
महानिर्वाणतन्त्रस्य पूर्वार्धे लोकपावनम् ॥ १९४ ॥

अवज्ञया तिरस्क्रियया ॥ १८७–१९४ ॥

य इदं शृणुयान्नित्यं श्रावयेद्वापि मानवान् ।
सर्वपापविनिर्मुक्तः सोऽन्ते निर्वाणमाप्नुयात् ॥ १९५ ॥
सर्वागमानां तन्त्राणां सारात्सारं परात्परम् ।
तन्त्रराजमिदं ज्ञात्वा जायते सर्वशास्त्रवित् ॥ १९६ ॥
किन्तस्य तीर्थभ्रमणैः किं यज्ञैर्जपसाधनैः ।
जानन्नेतन्महातन्त्रं कर्मपाशैर्विमुच्यते ॥ १९७ ॥
सं विज्ञः सर्वशास्त्रेषु सर्वधर्मविदां वरः ।
स ज्ञानी ब्रह्मवित् साधुर्य एतद्वेत्ति कालिके ॥ १९८ ॥
अलं वेदैः पुराणैश्च स्मृतिभिः संहितादिभिः ।
किमन्यैर्बहुभिस्तन्त्रैर्ज्ञात्वेदं सर्वविद्भवेत् ॥ १९९ ॥
आसीद् गुह्यतमं यन्मे साधनं ज्ञानमुत्तमम् ।
तव प्रश्नेन तन्त्रेऽस्मिंस्तत् सर्वं सुप्रकाशितम् ॥ २०० ॥
यथा त्वं ब्रह्मणः शक्तिर्मम प्राणाधिका परा ।
महानिर्वाणतन्त्रं मे तथा जानीहि सुव्रते ॥ २०१ ॥
यथा नगेषु हिमवान् तारकासु यथा शशी ।
भास्वांस्तेजःसु तन्त्रेषु तन्त्रराजमिदं तथा ॥ २०२ ॥
सर्वधर्ममयं तन्त्रं ब्रह्मज्ञानैकसाधनम् ।
पठित्वा पाठयित्वाऽपि ब्रह्मज्ञानी भवेन्नरः ॥ २०३ ॥
विद्यते यस्य भवने सर्वतन्त्रोत्तमोत्तमम् ।
न तस्य वंशे देवेशि पशुर्भवति कर्हिचित् ॥ २०४ ॥

अथ महानिर्वाणतन्त्रस्य माहात्म्यमभिधत्ते य इदं शृणुयान्नित्य मित्यादिभिः ॥ १९५–२०१ ॥

अज्ञानतिमिरान्धोऽपि मूर्खः कर्मजडोऽपि वा ।
शृण्वन्नेतन्महातन्त्रं कर्मबन्धाद्विमुच्यते ॥ २०५ ॥
एतत्तन्त्रस्य पठनं श्रवणं पूजनं तथा ।
वन्दनं परमेशानि नृणां कैवल्यदायकम् ॥ २०६ ॥
उक्तं बहुविधं तन्त्रमेकैकाख्यानसंयुतम् ।
सर्वधर्मान्वितं तन्त्रं नातःपरतरं क्वचित् ॥ २०७ ॥
पातालचक्रं भूचक्रज्योतिश्चक्रसमन्वितम् ।
परार्धमस्य यो वेत्ति स सर्वज्ञो न संशयः ॥ २०८ ॥
परार्धसहितं ग्रन्थमेनं जानन्नरो भवेत् ।
त्रिकालवार्तां त्रैलोक्यवृत्तान्तं कथितुं क्षमः ॥ २०९ ॥
सन्ति तन्त्राणि बहुधा शास्त्राणि विविधान्यपि ।
महानिर्वाणतन्त्रस्य कलां नार्हन्ति षोडशीम् ॥ २१० ॥
महानिर्वाणतन्त्रस्य माहात्म्यं किं ब्रवीमि ते ।
विदित्वैतन्महातन्त्रं ब्रह्मनिर्वाणमाप्नुयात् ॥ २११ ॥

इति श्रीमहानिर्वाणतन्त्रे सर्वतन्त्रोत्तमोत्तमे सर्वधर्मनिर्णयसारे श्रीमदाद्यासदाशिवसंवादे पूर्वकाण्डे शिवलिङ्गस्थापनचतुर्विधावधूतविवरणकथनं नाम चतुर्दशोल्लासः ।

समाप्तोऽयं पूर्वार्धः ।

तेजःसु तेजस्विषु ॥ २०२–२११ ॥

इति श्रीमहानिर्वाणतन्त्रटीकायां चतुर्दशोल्लासः ।
